譯註

思政殿訓義 資治通鑑綱目 1

周 烈王 23年~周 赧王 59年

編著 朱熹
譯註 辛承云

전통문화연구회

國譯委員

譯　　註　辛承云
潤　　文　朴勝珠　姜大杰
校　　訂　南賢熙　李孝宰
出　　版　權永順
管　　理　咸明淑
普　　及　徐源英

東洋古典飜譯編輯委員會

委員長　宋載卲
委　　員　金慶浩　柳浚弼　李東哲　張元泰　田好根　河元洙

任　員

常任顧問　李漢東
顧　　問　琴章泰　宋載卲　安炳周　李龍兌　李澤徽　李廷燮
　　　　　鄭愚相　鄭太鉉

會　　長　李啓晃
副會長　金千式　成百曉　宋丙大　李戊澈
理事長　趙富英
理　　事　權五春　金東柱　金　炫　文福姬　朴錫興　徐形來
　　　　　宋基采　吳圭根　李建一　李光虎　李英姬　全廣鎭
　　　　　田好根　趙源喆　崔三龍　韓熙喆　咸明淑　許鎬九
監　　事　金炳愛　李殷澤

思政殿訓義 資治通鑑綱目을 발간하며

본회가 東洋古典의 飜譯과 教育, 情報化 등 古典現代化 사업을 시작한 지 어느덧 25년이 지났다. 그간 많은 어려움이 있었으나 1988년 본회가 발족한 뒤 동양고전 번역사업에 착수하여 四書三經을 註까지 懸吐完譯함으로써 東洋學과 韓國學 전공자들의 필독서가 되어 教育界와 文化界까지 많은 영향을 주었다.

본회에서는 四書三經, 十三經 등 儒家의 핵심 경전을 번역하는 동시에 동양고전의 한 축인 歷史 고전에도 눈을 돌려 ≪通鑑節要≫, ≪國語≫, ≪戰國策≫뿐만 아니라, 동양 역사 철학의 진수가 담긴 ≪春秋左氏傳≫을 완역함으로써 東洋學과 韓國學 연구에 礎石과 架橋를 마련하였다. 이러한 성과를 바탕으로 經史一體의 모범인 ≪資治通鑑綱目≫ 완역을 기획하여 번역에 착수하였다.

'經史一體'란 經典과 歷史가 하나라는 동양의 독특한 관념인데, 이는 기록을 통해 인물과 사건을 도덕적으로 평가하는 풍토를 낳았다. 이러한 기록문화의 중시는 다른 문화권에서는 엄두도 못 낼 막대한 역사 기록을 남기게 하는 배경이 되었다. 굳이 중국 역사서를 언급할 것 없이 ≪朝鮮王朝實錄≫, ≪承政院日記≫, ≪日省錄≫ 같은 방대한 우리의 역사문헌은 이를 잘 보여준다. 이러한 우리 선조들의 역사 서술에 큰 영향을 미친 책이 바로 朱熹의 ≪資治通鑑綱目≫이다.

≪資治通鑑綱目≫은 조선시대 經筵에서 가장 많이 읽은 역사서이자 우리나라 역사 서술에 가장 큰 영향을 미쳤다는 점에서 현재 韓國學 研究에 필수적인 동양 역사 고전이라 할 수 있다. 비록 중국의 역사서이지만, 우리 先學들이 중국의 性理學을 독자적으로 계승 발전시킨 것처럼 ≪資治通鑑綱目≫ 역시 우리의 입장에서 보다 정밀하고 종합적으로 읽고자 하였다. 그 결실이 바로 世宗朝 때 간행된 思政殿訓義本 ≪資治通鑑綱目≫이다.

동양의 대표적 역사서는 紀傳體의 ≪史記≫, 編年體의 ≪資治通鑑≫, 綱目體의 ≪資治通鑑綱目≫으로 대변된다. 北宋 때의 司馬光은 帝王이 여가에 친람하여 정치에 도움이 되게 할 목적으로 ≪資治通鑑≫을 편찬하였고, 朱熹는 ≪資治通鑑≫을 바탕으로 이를 압축적으로 정리하여 보다 읽기 쉽게 하면서 유교적 褒貶을 엄정히 내렸다는 점에서, 이 책들은 제왕의 정치교과서 역할을 하였다. 이런 ≪資治通鑑≫과 ≪資治通鑑綱目≫에 대해 조선조 문화군주였던 세종의 주도하에 연구가 진행되었으며, 그 결과물이 바로 思政殿訓義本 ≪資治通鑑≫과 ≪資治通鑑綱目≫이다.

思政殿은 景福宮의 便殿으로, 세종이 이곳에서 당대 뛰어난 문신들을 참여시켜 ≪資治通鑑≫과 ≪資治通鑑綱目≫에 대한 訓義의 편찬을 주도하였다. 訓義는 의미를 해석한다는 뜻으로, 思政殿訓義는 기존 중국에서 이루어진 ≪資治通鑑≫과 ≪資治通鑑綱目≫의 주석을 集大成하고 군주와 신하들이 읽기 쉽도록 우리만의 주석서를 만든 것이다. 중국 이외 나라에서 ≪資治通鑑≫과 ≪資治通鑑綱目≫ 전체에 주석을 단 것은 조선이 처음일 것이다.

현재까지도 ≪資治通鑑≫과 ≪資治通鑑綱目≫을 원전으로 읽기 위해서는 중국의 연구 성과에 의지하여야 했다. 비록 ≪資治通鑑≫은 중국, 일본, 한국에서 번역되었으나 주석까지 완역되지 못하였고, ≪資治通鑑綱目≫은 번역도 되지 못한 상황이다. 이번 우리나라의 독자적인 주석서인 思政殿訓義本 ≪資治通鑑綱目≫의 완역을 통해 기존에 잊혔던 세종 시기의 ≪資治通鑑綱目≫에 대한 연구 성과를 알리는 동시에, 이를 동양학과 한국학 연구에 활용할 수 있는 기반을 마련하고자 한다. 아울러 이를 통해 古典現代化의 水準을 높이고 融合的이고 自生的인 학문연구가 이루어질 수 있기를 바라는 바이다.

끝으로 이번 思政殿訓義本 ≪資治通鑑綱目≫의 번역에 참여하여 헌신하시는 모든 분들께 무한한 감사를 드린다. 또한 고전현대화에 대한 政府의 지대한 關心과 支援에 감사를 드리며, 그간 직간접으로 지도편달하여 주신 학계와 교육계 및 문화계 인사 여러분께 심심한 謝意를 표하며, 앞으로도 따뜻한 관심과 엄정한 叱正을 부탁드리며 내내 평강과 행복을 기원한다.

社團法人 傳統文化硏究會 會長 李啓晃

解題

辛承云[*)]

1. 머리말

≪資治通鑑綱目≫은 朝鮮시대 中國史 인식의 기본 틀이었다. 한반도에는 일찍부터 중국의 역사서가 전래되었으며, 그 종류도 매우 많았다. 新羅 元聖王 4년(788)에 讀書三品科를 설치하였는데, 그중에 三史, 즉 ≪史記≫, ≪漢書≫, ≪後漢書≫가 포함되었다. 高麗는 중국과의 교류가 더욱 활발하였으니, 당연히 더 많은 중국의 역사서들이 전래되었을 것이다. 紀傳體 正史인 ≪三國史記≫를 편찬한 후기에는 ≪資治通鑑≫과 ≪資治通鑑綱目≫이 널리 읽혔는데, 이는 고려가 ≪續資治通鑑≫을 간행한 것에서도 쉽게 짐작된다. 특히 朱熹의 ≪자치통감강목≫은 깊은 영향을 끼쳤는데 고려 忠肅王 4년(1317) 閔漬는 ≪本朝編年綱目≫을 편찬하였다.

조선시대는 중국 역사책들이 왕성하게 수입되었으며, 역사서에 대한 연구도 심화되었다. 특히 性理學이 官學化의 길로 들어가며 經史에 대한 관심이 고조되었다. 세종은 고려시대를 정리하여 正史를 편찬하려 하였다. 중국 역사서에 대해 많이 연구하였고 그에 따라 중국사에 대한 이해가 깊어졌다. 당시에 적극적으로 수집된 역사책들과 세종과 그 신하들 사이에 오고간 역사와 역사서의 편찬에 왕성한 논의가 이를 증명한다. 결과적으로 성리학을 국시로 하는 조선이라는 새로운 시대와, 세종이라는 걸출한 임금이 가진 역사에 지대한 관심은, ≪자치통감≫과 ≪자치통감강목≫의 思政殿訓義라는 커다란 업적으로 결실을 맺었다. -이하의 서술에서는 ≪자치통감≫은 ≪통감≫, ≪자치통감강목≫은 ≪강목≫으로 약칭하였다. 이런 약칭한 사례는 ≪朝鮮王朝實錄≫에서도 자주 보이며, ≪小微家塾通鑑節要≫는 ≪通鑑節要≫로 약칭한 사례가 다수 보인다.-

---

*) 성균관대학교 문헌정보학과 교수

2. 司馬光의 ≪資治通鑑≫

≪통감≫은 北宋 때 英宗의 지시에 따라 司馬光이 편찬한 通史이다. 1065년에 편찬하기 시작하여 1084년에 완성하였으니, 20년이 걸렸다. 처음에는 ≪通志≫라고 하였는데, 神宗이 ≪자치통감≫이라고 명명하였으며, 줄여서 ≪통감≫이라 불렀다. 編年體 형식으로 周나라 威烈王이 晉나라 3卿(韓·魏·趙)을 제후로 公認한 B.C. 403년부터 五代 後周의 世宗 때인 959년까지 16朝 1,362년의 역사를 16紀 294권으로 완성한 것이다.

동양의 대표 역사서인 ≪史記≫는 역사를 비단 짜듯 독창적인 편사기법인 紀傳體를 창안하여, "史記"라는 이름을 正史를 지칭하는 보통명사로 만들었다. 司馬遷은 〈太史公自序〉에서 다음과 같이 말하였다. 孔子는 ≪春秋≫를 저술하여 역사적 사실에 대한 포폄(春秋筆法－유교적 평가)을 내려 이상 정치의 실체를 제시하였지만, 자신은 天人의 관계(공간적 관계)와 古今의 추이(시간적 변화)를 밝혀내어 一家의 저술을 이루려고 한다고 하였다. ≪사기≫라는 전혀 새로운 형태의 역사서가 출현된 것이며, 前朝의 正統을 계승하는 하나의 상징물로 자리매김되었다. 역사서가 역사적 정체성, 즉 하나의 歷史體가 된 것이다.

이와는 달리 司馬光은 帝王이 여가에 萬機를 친람할 수 있는 역사책을 만드는 것이 목적이라고 제시하였다. 제왕이 보는 이유는 정치를 잘하기 위해서이다. 그래서 다스림의 바탕이 된다는 의미의 '資治'로 이름하였다. 다스림, 즉 정치를 잘하기 위하여 보아야 할 역사적 사실이란 무엇인가? 사마광은 두 가지를 제시하였다. 첫째 국가의 흥망과 성쇠, 둘째 백성의 생업과 안정이다. 그중에서 제왕으로서 본받을 만한 것과 경계해야 할 것, 즉 제왕이 당연히 알아야 할 것이 그 내용이라고 하였다. 이는 ≪사기≫와는 달리 실용적인 입장에서 역사를 정리한 것이다.

거울이라는 뜻의 '鑑'은 네가 한 정치를 비추어보라는 뜻이니, 역사에 비교해봄으로써 방향을 잃지 말라는 것이다. '通'은 보편성의 획득을 말한다. 시간적으로는 공간적으로 通觀한다는 뜻이니 공간과 시간을 통합한 개념이다. 이전까지 斷代史 중심의 역사서에서 通史로 발전시킨 것이며, 아울러 모든 시대에 또 모든 공간에 보편적으로 적용되는 공통된 원리를 역사에 적용한 것이다. 나라와 시대에 관계없이 일정한 원칙으로 가지고 원인과 결과로 역사를 보는 것이다. 그래서 宋나라의 前代인 唐나라만을 대상으로 한 것이 아니라, 孔子가 지은 ≪춘추≫를 이어 戰國시대부터 唐나라까지를 통관하였다. 의미로 보자면 공자의 ≪춘추≫를 계승한 것이지만, 전국 이후 전 시대를 通觀함으로써 지금의 제왕이 지향해야 할 바를 가리킨 것이다. 이런 것을 한마디로 말한다면 君主論이며 帝王學이다. 기사는 나라별로 구분되어 있으며, 한 나라가 한 紀를 갖는다. 따라서 전체의 순번에 따라서 일정한 계통을 가질 수밖에 없는데, 이는 이른바 天下一統의 縱的 구현으로서 通史로 이름한 까닭이다. 사마광은 이렇게 구성한 편찬물에 大同社會 실현의 주체자로서의 군주가 반드시 알아야 할 부분에 구체적인 자신의 판단을 덧붙였는데 이것이 史論이다. 이것이 공간적인 通觀이다.

≪자치통감≫ 구성표[1)]

순번	篇名	卷數	卷次	始作	期間	史論	제외 史論
1	周紀	5	권1~5	威烈王 23(B.C. 403)	148	8	1
2	秦紀	3	권6~8	昭襄王 52(B.C. 255)	49	4	1
3	漢紀	60	권9~68	高祖 1(B.C. 206)	425	40	3
4	魏紀	10	권69~78	文帝 黃初 1(220)	45	3	1
5	晉紀	40	권79~118	武帝 泰始 1(265)	155	14	
6	宋紀	16	권119~134	武帝 永初 1(420)	59	3	
7	齊紀	10	권135~144	高帝 建元 1(479)	23	6	
8	梁紀	22	권145~166	武帝 天監 1(502)	55	5	
9	陳紀	10	권167~176	武帝 永定 1(557)	32	3	
10	隋紀	8	권177~184	文帝 開皇 9(589)	29	1	
11	唐紀	81	권185~265	高祖 武德 1(618)	289	25	
12	後梁紀	6	권266~271	太祖 開平 1(907)	16		
13	後唐紀	8	권272~279	莊宗 同光 1(923)	13	1	
14	後晉紀	6	권280~285	高祖 天福 1(936)	11	2	
15	後漢紀	4	권286~289	高祖 天福 12(947)	4	1	
16	後周紀	5	권290~294	太祖 廣順 1(951)	9	3	
총계	16紀	294			1,362	119	

위 표는 사론의 분포 현황을 보인 것이다. 〈漢紀〉와 〈唐紀〉에 집중된 것으로 보이나

1) '史論'은 사마광의 史論 수를 말하며, '제외 史論'은 ≪綱目≫에서 빠진 사론 수이다. 이 통계는 ≪四庫全書≫에 수록된 본을 바탕으로 검색하여 얻은 수치이다. 아래도 같다.

그것은 漢나라와 唐나라의 기간이 길기 때문이며, 전체적으로 보자면 시간에 따라 고르게 분포되어 있다. 사마광은 시대 상황에 관계없이 유교를 역사적으로 구현하기 위해서는 공자의 ≪춘추≫와 같이 유교적 기준을 가진 비판이 지속적으로 필요하다고 생각하였고, 그를 대신하여 사론을 붙인 것이다. 말하자면 사마광은 '춘추필법'을 자신의 사론으로 구현한 것이다.

3. 朱熹의 ≪資治通鑑綱目≫

≪강목≫은 ≪통감≫을 바탕으로 주희가 편찬한 새로운 史體의 역사서이다. 綱과 目으로 구분하여 서술하는 編年體이다. 주희는 이 서술의 기본 원칙인 〈序例〉를 만들었고, 강을 제외한 목의 대부분은 그의 제자인 趙師淵이 담당하였다. 제목에서도 알 수 있듯이 ≪통감≫을 모체로 하여 강목체로 재조직하였다. '綱目'이란 그물의 벼리와 코를 말한다. 벼리줄을 당기면 나머지 그물코가 모두 오그라들듯이 역사를 編織했다는 뜻이다. 즉 역사적 史實을 '綱'으로 판단하고 '目'으로 실증한 것이다. 따라서 '綱'과 '目'은 ≪春秋≫와 ≪左傳≫의 관계를 구현한 것이다.

≪강목≫이라는 이름에는 매우 진한 유교적 이데올로기가 배어 있다. 시간을 의미하는 '춘추'와 찬자의 성씨를 표시한 '좌전'은 일반적인 명칭이다. 그리고 '춘추필법'은 공자가 역사를 서술한 의미를 대표하여 이름한 것이다. 그러나 ≪강목≫은 그렇지 않다. 그 이름에 분명한 가치체계가 부여되어 있다. 즉 유교적 판단으로 역사적 史實을 재단하고, 그를 통해 현재의 정치에 개입하는 것이다. 따라서 사마광의 군주학적 의도보다 직접적이고 적극적인 정치 개입이며, 더욱 이데올로기적이다. 주희는 자신이 생각하는 '춘추필법'이라는 유교적 역사 판단방식을 이 책의 서술에 그대로 적용하여, 역사는 단순히 기술하는 차원에서가 아니라 판단하는 차원으로 바꾸어버렸다.

주희는 ≪강목≫의 〈序例〉에서 편찬 이유를 다음과 같이 설명하였다. ≪통감≫이 완성된 이후 사마광은 너무 거질이라고 생각하여 그 핵심을 간추려서 ≪目錄≫을 만들었다. 그리고 만년에는 ≪통감≫이 지나치게 자세하다고 생각하여 다시 ≪擧要曆≫을 만들어서 적당한 규모로 축약하였지만 미처 완성하지 못한 채 죽었다. 그러자 南宋 紹興(1131~1162) 초에 胡安國은 미완성된 ≪거요력≫을 바탕으로 ≪通鑑擧要補遺≫를 만들었다. 비록 내용이 간략하면서도 사실에 빠짐이 없다는 칭송을 받았지만, 호안국은 오히려 스스로 기억력이 나빠져서 핵심을 간추리지 못했으며 史實에 있어서도 빠진 부분이 있다고 생각하였다. 그래서 주희 자신이 孝宗 연간에 사마광의 ≪통감≫, ≪목록≫, ≪거요력≫과 호안국의 ≪통감거요보유≫ 4종의 책을 가지고 따로 의례를 만들고 이를 바탕으로 ≪강목≫을 대략 완성했다고 하였다. 그러나 ≪四庫全書總目提要≫에서는 주희가 사마광의 ≪통감≫과 호안국의 ≪통감거요보유≫를 바탕으로 두 가지를 절충하여 ≪강목≫을 만들었다고 하였다.

葛兆光은 주희가 ≪통감강목≫을 편찬하게 된 것에 대하여 다음과 같이 설명하고 있다. 첫째, 주희는 호안국의 ≪통감거요보유≫가 내용이 간략하면서도 사실이 구비되어 있어 매우 훌륭하지만, 史體의 핵심을 얻지는 못했다고 생각하였다. 둘째, 호안국의 아들인 胡寅이 편찬한 ≪讀史管見≫에 대하여 주희는 모순되는 점이 자못 있다고 비평하였다. 따라서 주희의 ≪강목≫ 편찬은 호안국과 호인 두 사람의 장점을 취하면서도 부족한 점을 보완한 것이며, 두 사람의 사업을 계승하여 두 사람이 발전시키지 못한 부분을 발전시킨 것이라고 하였다. 갈조광의 이런 견해는 바로 ≪통감≫의 대체로서 ≪강목≫이 만들어진 것이 아니라 사마광과 호안국이 만들려 했던 ≪통감거요≫를 완성한 것이 ≪강목≫이라는 의미이다.

주희의 ≪강목≫ 편찬원칙은 그의 서문에 잘 나타난다.

> 대개 歲를 드러내어 年을 앞에 두고, 年을 통해서 正統을 나타냈다. 큰 글씨로써 핵심을 끌어올렸고 두 줄로 註를 달아서 내용을 갖추었다.2)

맨 처음에 干支를 두어 끝없이 순환하는 天文을 표기하고, 간지의 아래에 정통 왕조의 연호를 표기한다. 그 아래에 큰 글씨로 핵심인 강을 들어 올렸으며, 작은 글씨 두 줄로 주를 달아서 목의 내용을 갖추었다는 뜻이다. 다시 말해서 ≪강목≫의 본문은 강이며, 목은 단지 강을 설명하는 註釋이라는 뜻이다. 이런 점은 조사연에게 준 편지에서 "강은 엄정히 하되 빠짐이 없도록 하고, 목은 자세히 하되 번잡하지 않도록 해야 한다.〔綱欲謹嚴而無脫落目欲詳備而不煩冗〕"는 말에서도 나타난다. 즉 주희는, 사마광의 ≪거요력≫, 호안국의 ≪거요보유≫를 바탕으로 자신이 편찬한 ≪提要≫ 59권을 가지고 조사연으로 하여금 강을 만들게 하고 그 아래에 주석 형식의 목을 붙이도록 한 것이다.

---

2) ≪資治通鑑綱目序例≫, 蓋表歲以首年 而因年以著統 大書以提要 而分注以備言

≪綱目≫의 구성표

卷次	分卷	시작	끝	年數	司馬光 史論	제외 史論	胡寅 史論
1	3	周 威烈王 23 戊寅(B.C. 403)	周 赧王 59 乙巳(B.C. 256)	148	7		5
2	3	丙午(B.C. 255)	楚 霸王 4·漢王 4 戊戌(B.C. 203)	53	3		8
3	3	漢 高祖 5 己亥(B.C. 202)	漢 文帝 後7 甲申(B.C. 157)	46	11		11
4	3	漢 景帝 1 乙酉(B.C. 156)	漢 武帝 元鼎 6 庚午(B.C. 111)	46	2	1	5
5	3	漢 武帝 元封 1 辛未(B.C. 110)	漢 宣帝 元康 4 己未(B.C. 62)	49	6		10
6	3	漢 宣帝 神爵 1 庚申(B.C. 61)	漢 成帝 陽朔 4 庚子(B.C. 21)	41	6		6
7	2	漢 成帝 鴻嘉 1 辛丑(B.C. 20)	漢 平帝 元始 2 壬戌(A.D. 2)	22	1		5
8	3	漢 平帝 元始 3 癸亥(3)	漢 光武帝 建武 2 丙戌(26)	24	2		3
9	3	漢 光武帝 建武 3 丁亥(27)	漢 明帝 永平 18 乙亥(75)	49	1		3
10	3	漢 章帝 建初 1 丙子(76)	漢 安帝 延光 4 乙丑(125)	50	1		3
11	3	漢 順帝 永建 1 丙寅(126)	漢 桓帝 延熹 9 丙午(166)	41	2		
12	3	漢 桓帝 永康 1 丁未(167)	漢 獻帝 初平 4 癸酉(193)	27	4		1
13	3	漢 獻帝 興平 1 甲戌(194)	漢 獻帝 建安 13 戊子(208)	15			
14	2	漢 獻帝 建安 14 己丑(209)	漢 後主 建興 5 丁未(227)	19	3		
15	3	漢 後主 建興 6 戊申(228)	漢 後主 延熙 15 壬申(252)	25	1		
16	3	漢 後主 延熙 16 癸酉(253)	晉 武帝 咸寧 5 己亥(279)	27	4		
17	2	晉 武帝 太康 1 庚子(280)	晉 惠帝 永興 1 甲子(304)	25			
18	2	晉 惠帝 永興 2 乙丑(305)	晉 元帝 太興 1 戊寅(318)	14	1		
19	2	晉 元帝 太興 2 己卯(319)	晉 成帝 咸康 3 丁酉(337)	19	1		
20	2	晉 成帝 咸康 4 戊戌(338)	晉 穆帝 升平 3 己未(359)	22	1		

卷次	分卷	시작	끝	年數	司馬光 史論	제외 史論	胡寅 史論
21	2	晉 穆帝 升平 4 庚申(360)	晉 孝武帝 太元 9 甲申(384)	25	4		
22	2	晉 孝武帝 太元 10 乙酉(385)	晉 安帝 隆安 2 戊戌(398)	14	1		
23	2	晉 安帝 隆安 3 己亥(399)	晉 安帝 義熙 6 庚戌(410)	12	1		
24	2	晉 安帝 義熙 7 辛亥(411)	宋 文帝 元嘉 4 魏 太武帝 始光 4 丁卯(427)	17	2		
25	3	宋 文帝 元嘉 5 魏 太武帝 神䴥 1 戊辰(428)	宋 文帝 元嘉 27 魏 太武帝 太平眞君 11 庚寅(450)	23	2		
26	2	宋 文帝 元嘉 28 魏 太武帝 太平眞君 12 辛卯(451)	宋 明帝 泰始 1 魏 文成帝 和平 6 乙巳(465)	15			1
27	2	宋 明帝 泰始 2 魏 獻文帝 天安 1 丙午(466)	齊 武帝 永明 1 魏 孝文帝 太和 7 癸亥(483)	18			
28	2	齊 武帝 永明 2 魏 孝文帝 太和 8 甲子(484)	齊 明帝 建武 3 魏 孝文帝 太和 20 丙子(496)	13	5		2
29	2	齊 明帝 建武 4 魏 孝文帝 太和 21 丁丑(497)	梁 武帝 天監 3 魏 宣武帝 正始 1 甲申(504)	8	1		
30	3	梁 武帝 天監 4 魏 宣武帝 正始 2 乙酉(505)	梁 武帝 普通 6 魏 孝明帝 孝昌 1 乙巳(525)	21	2		
31	2	梁 武帝 普通 7 魏 孝明帝 孝昌 2 丙午(526)	梁 武帝 中大通 4 魏 孝武帝 永熙 1 壬子(532)	7	2		12
32	2	癸丑(533)	丁卯(547)	15	1		8
33	2	戊辰(548)	甲戌(554)	7			8
34	2	乙亥(555)	丁卯(571)	17	1		4
35	2	壬辰(572)	癸卯(583)	12	2		10
36	3	甲辰(584)	隋 煬帝 大業 3 丁卯(607)	24	1		8
37	3	隋 煬帝 大業 4 戊辰(608)	戊寅(618)	10.5			5
38	2	隋 恭帝 皇泰 1 唐 高祖 武德 1 戊寅(618)	唐 高祖 武德 7 甲申(624)	6.5			11

卷次	分卷	시작	끝	年數	司馬光 史論	제외 史論	胡寅 史論
39	3	唐 高祖 武德 8 乙酉(625)	唐 太宗 貞觀 14 庚子(640)	16	3		20
40	2	唐 太宗 貞觀 15 辛丑(641)	唐 高宗 龍朔 1 辛酉(661)	21	2		17
41	3	唐 高宗 龍朔 2 壬戌(662)	唐 中宗 嗣聖 13 丙申(696)	35			26
42	3	唐 中宗 嗣聖 14 丁酉(697)	唐 玄宗 開元 1 癸丑(713)	17	1		17
43	3	唐 玄宗 開元 2 甲寅(714)	唐 玄宗 天寶 6 丁亥(747)	34	5		16
44	3	唐 玄宗 天寶 7 戊子(748)	唐 肅宗 乾元 1 戊戌(758)	11	3		26
45	3	唐 肅宗 乾元 2 己亥(759)	唐 代宗 大曆 13 戊午(778)	20	1		25
46	3	唐 代宗 大曆 14 己未(779)	唐 德宗 興元 1 甲子(784)	5.5	1		29
47	3	唐 德宗 興元 1 甲子(784)	唐 德宗 貞元 16 庚辰(800)	16.5	2		23
48	3	唐 德宗 貞元 17 辛巳(801)	唐 憲宗 元和 13 戊戌(818)	18			33
49	3	唐 憲宗 元和 14 己亥(819)	唐 文宗 開成 2 丁亥(837)	19	5		26
50	3	唐 文宗 開成 3 戊午(838)	唐 懿宗 咸通 8 丁亥(867)	30	2		24
51	2	唐 懿宗 咸通 9 戊子(868)	唐 僖宗 中和 4 甲辰(884)	16.5			13
52	2	唐 僖宗 中和 4 甲辰(884)	唐 昭宗 乾寧 3 丙辰(896)	12.5			15
53	2	唐 昭宗 乾寧 4 丁巳(897)	唐 昭宗 天祐 3 丙寅(906)	10	1		10
54	2	丁卯(907)	己卯(919)	13			14
55	2	庚辰(920)	丙戌(926)	7			17
56	3	丁亥(927)	丙申(936)	10	1		19
57	3	丁酉(937)	丙午(946)	10	2		20
58	2	丁未(947)	辛亥(951)	5	1		16
59	2	壬子(952)	己未(959)	8	3		12
총계	149			1,362	115		547

위 표를 보면 ≪강목≫이 ≪통감≫과의 구성에 있어서 차이점이 잘 드러난다. ≪통감≫은 독립적이었던 紀를 모두 풀어버린 점이다. 전체가 하나의 단위로 묶여 있으며, 구분 점은 단지 干支일 뿐이다. 더욱이 한 권에 秦나라와 漢나라가 함께 묶여 있으며, 隋나라와 唐나라가 함께 묶여 있다. ≪통감≫에서는 劉邦이 漢王에 봉해진 B.C. 206년을 기점으로 삼았지만, ≪강목≫에서는 실제로 유방이 항우를 이겨 천하를 통일하고 황제로 등극하는 B.C. 202년에 의미를 두었다. 당나라의 경우도 수나라 恭帝 楊侑는 당나라 高祖가 세운 황제이므로 이를 당나라의 기점으로 삼았다. 역사의 중심이 실제 어떻게 흘러가고 있는가를 중시한 것이며 나라를 하나의 구분자로 보지 않은 것이다.

주희는 綱을 통해 포폄을 하고, 그 포폄을 시간순으로 배열함으로써 역사의 맥락을 자신의 의도대로 정리하였다. 또 순환하는 天文에 대응하는 것이 人事라는 점을 나타냈다. 이런 점은 ≪통감≫에서는 기사가 없는 해에는 연도를 쓰지 않았지만, ≪강목≫에서는 한 해도 빈 해가 없도록 연도를 배열한 것에서 알 수 있다. 이 방식은 역사의 맥락을 一覽할 수 있는 장점을 가진다. ≪통감≫과는 달리 ≪강목≫은 통사 자체를 일정한 시간적 간격을 가지고 이해할 수 있다.

주희는 자신이 주장한 역사순환론을 실제로 역사서에서 구현하였다. 그는 ≪大學≫의 서문에서 "천운이 순환하여 가서 오지 않는 것이 없다.〔天運循環 無往不復〕"라는 말로 자신의 역사관을 천명하였다. 一治一亂의 순환론이며, 인과론이다. 이런 순환론 즉 인과론적 관점에서 역사를 보자면 반드시 시간적 추이를 살필 수 있는 장치가 필요하다. 이 장치가 바로 간지이자, 간지에 딸린 강이며 포폄은 인과를 인식하는 틀이다. 좋은 일이 누적되어 시간적으로 쌓이면 치세가 되며, 치세가 극성해지면 나쁜 일이 나타나기 시작하고 그것이 누적되면 난세가 된다는 것이다. 이런 관점하의 독서법이 가능하도록 독창적인 아이디어로 만든 것이 바로 ≪강목≫이다.

4. 朝鮮에 수입된 ≪강목≫

世宗이 訓義의 저본으로 삼은 ≪강목≫은 아마도 明나라 때의 通行本이었을 것이다. 앞에서 언급하였지만 ≪강목≫은 이미 고려 후기부터 한반도에 통행되었고, 조선의 太祖도 ≪강목≫ 읽기를 좋아했다는 기사가 ≪太祖實錄≫ 〈總序〉에도 보이므로 상당히 넓게 퍼졌을 것이다. 아래는 ≪朝鮮王朝實錄≫에 나타난 ≪강목≫의 수입 기사만을 추린 것이다. 대략 6차례 정도이니 실제로는 이 이상일 것이다.

《자치통감강목》 수입 관련 《조선왕조실록》 기사

차례	시기	내용	비고
1	太宗 3년 9월 13일(1403)	成石璘・李原・李庭堅이 중국에서 가져옴	
2	太宗 6년 12월 22일(1406)	明나라에서 황제가 사신을 통해서 보내옴	
3	太宗 8년 4월2일(1408)	明나라에 간 세자에게 황제가 하사함	
4	世宗 8년 11월 24일(1426)	明나라에 간 사신에게 황제가 하사함	
5	世宗 12년 11월(1430)	明나라에서 황제가 하사함	世宗 32년 2월 22일(世宗行狀)
6	世宗 15년 12월 13일(1433)	明나라에 간 사신에게 황제가 하사함	

明나라에서 내어주는 서책은 조선의 요구에 부응하는 것이 일반적이므로 《강목》의 수요가 높았다는 것을 알 수 있다. 이때에 조선에 들어온 것이 어떤 본인지 분명하지 않다. 다만 卷首에 나타난 서발을 통해서 추측해볼 수 있다.

아래 표에 의하면 《통감강목》은 1219년 眞德秀가 建安에서 간행한 것이 유일하고 나머지는 모두 주희의 〈序例〉를 별도로 간행한 것이다. 특히 〈서례〉는 여러 차례 간행되었는데, 이는 그만큼 대중적인 인기가 있었다는 뜻이다. 어쨌든 이 두 종의 서책이 통합되어 하나로 된 것이 훈의본의 저본이었을 것이며, 130여 년 동안 지어진 序跋에서 《강목》 본문에 대한 언급이 없는 것을 보면 〈서례〉를 제외한 《강목》은 조사연이 편찬한 것에서 크게 바뀌지 않고 明代까지 이어진 것으로 보인다.

훈의본 《통감강목》에 수록된 서발과 주요 내용

차례	제목	찬자	시기	주요 내용
1	建安舊刻本李氏後序	李方子	嘉定 己卯 10월(1219)	眞德秀가 福建省 建安에서 1219년경에 初刊 (〈序例〉 빠짐)
2	金華刻本王魯齋後語	王柏	咸淳 乙丑 1월 15일(1265)	朱熹의 〈序例〉를 1책으로 간행 目부분. 趙師淵 서술 밝힘. 浙江省 金華 涵古堂에서 刊行
3	宣城刻本廬山文氏識語	文天祐	自乾道壬辰 今百年矣(1272)	安徽省 宣城에서 〈序例〉 1책 重刊
4	海寧任家刻本新安汪氏序	汪克寬	至正 3년 癸未 10월(1343)	海寧 任用和가 〈序例〉 1책 重刊

주로 朝貢을 통해 수입된 ≪강목≫은 조선에서도 여러 차례 飜刻된 것으로 보인다. ≪세종실록≫ 3년(1421) 3월 24일 기사에 의하면 세종은 ≪강목≫을 찍어내라고 명령하고 集賢殿의 학사들로 하여금 잘못된 곳을 교정하게 하였는데, 1420년 겨울부터 1421년 겨울까지 완성하였고, ≪세종실록≫ 9년(1427) 11월 3일 기사에서는 세종이 內庫의 倭紙 959貼을 내어 鑄字所에 명하여 ≪강목≫과 ≪통감≫을 인쇄하게 하였다. 이렇듯 조선 초기에는 중국에서 수입된 ≪통감≫과 ≪강목≫을 가지고 필요에 따라 누차 인쇄하여 사용한 기록이 ≪실록≫에 나타난다.

5. 思政殿訓義 ≪資治通鑑≫과 ≪資治通鑑綱目≫

'사정전훈의'는 世宗에 의해 편찬이 주도된 ≪통감≫과 ≪강목≫의 주석서 명칭이다. 景福宮의 思政殿은 세종이 머물던 便殿이다. 세종이 이곳에서 훈의의 작업을 지휘했다. 尹淮 등 고위관료와 金末 등 集賢殿의 문신들이 대거 참여했다. 그러나 '사정전'이라고 이름한 것은 단순히 전제군주 시대이어서가 아니라 실제로 이 사업에 있어서 세종의 비중이 매우 높았기 때문이다. 세종은 이미 역사서의 편찬에 대한 매우 높은 수준의 식견을 가지고 있었으며, 이 일에도 적극적으로 간여하였다.

현재 思政殿의 모습

'訓義'란 '訓'과 '義'의 합성어이다. '訓'이란 해석한다는 뜻이고 '義'는 의미이다. 따라서 의미를 해석한다는 말이다. 이 '훈의'의 의미는 ≪永樂大典≫에 대한 아래 설명에 잘 나타난다.

太宗 皇帝께서 여러 儒臣을 모으고 고금의 여러 역사책과 일반 서적을 널리 수집하

여 그것을 바탕으로 찬술하여 책을 만들게 하여 ≪영락대전≫이라 이름하도록 명하였습니다. 예를 들어 天이란 글자가 있으면 고금에 해석〔訓〕한 天字의 뜻〔義〕을 모으고, 地란 글자가 있으면 고금에 해석한 地字의 뜻을 모아서 모든 글자에 대하여 이렇게 하지 않은 것이 없어 천하 事物의 이치가 모두 大典에 있습니다.3)

세종은 처음 ≪통감≫에 대한 훈의부터 시작하였다. 세종 16년(1434) 6월 26일 尹淮 등을 집현전에 불러 모아서 ≪자치통감≫을 考閱하라고 명하였다. 글 뜻이 이해하기 어려운 부분을, 趙完璧의 ≪資治通鑑源委≫, 王幼學의 ≪通鑑綱目集覽≫, 王逢의 ≪通鑑釋義≫를 비롯하여 여러 전적에 이르기까지 모두 참고하고 연구하여 註解를 모아서 해당 구절에 붙이게 하고, 훈의라고 이름한 것이다. 다시 말해서 ≪통감≫과 ≪강목≫에 대한 이전의 모든 주해를 集大成하겠다는 것이 세종의 의도인데, 이런 생각은 당시에 이미 明나라에서 수입되어 조선 유학의 일대 전기를 가져온 ≪永樂三大全≫에서 쓰인 방식이다.

세종이 생각한 것은 왕조의 흥망성쇠를 이해하고 국가를 경영하는 기본 자료로서 經史의 완벽한 세트이다. 세종은 이것을 體用으로 표현하기도 하고, 內外로도 표현하기도 했으며, 그 작용을 博約으로 정의하기도 했지만, 어쨌든 완벽한 세트를 구성하는 것이 목표였다. 經書는 이미 ≪영락대전≫의 수입과 간행으로 충족되었지만, 史書는 그렇지 못했다는 것은 "내가 ≪통감≫을 보니 제가의 주석이 맞는 것과 그른 것이 어지러이 섞여 있고, 자세한 것과 간략한 것이 복잡하게 얽혀 있어 이것을 하나로 모아서 반드시 모든 역사에 博通하게 하려고 하였다.〔予觀通鑑 諸家注釋 得失詳略 紛紜雜錯 欲會于一 須資博洽〕"(≪세종실록 18년 4월 25일≫)는 세종의 술회에서 드러난다.

훈의의 편찬에 직접 참고한 것으로 추정되는 관련서목

서명 · 권수	편저자	실록기사
資通鑑綱目書法 50권	劉友益(宋)	世宗 17년 8월 24일
資治通鑑綱目發明 59권	尹起莘(宋)	世宗 31년 4월 6일
資治通鑑音注	胡三省(1230~1302)	世宗 17년 8월 24일

3) ≪世宗實錄≫ 17년 12월 13일, 太宗皇帝命集儒臣 博采古今諸史諸書 撰述成書 名之曰永樂大典 假如天字則聚古今所訓天字之義 地字則聚古今所訓地字之義 至於諸字之義 莫不皆然 天下事物之理 都在大典

서명 · 권수	편저자	실록기사
通鑑綱目集覽 59권	王幼學(1275~1368)	太宗 1년 12월 9일
通鑑釋義	王逢(明 宣德 初年경)	世宗 16년 6월(千頃堂書目)
通鑑源委 23책	趙完璧(미상)	世宗 17년 8월 24일

따라서 세종은 ≪통감≫과 ≪강목≫에 모두 주목했다. 사마광 ≪통감≫의 대체품으로서 ≪강목≫이 아니며, 단순히 주희가 정통론 때문에 재편한 것이라고 생각하지 않았다. 오히려 둘 다 모두 중요한 史書라고 생각하였다. 그래서 진강도 함께했고, 간행도 모두 하였으며, 훈의의 작업도 둘 다 한 것이다. 세종의 이런 생각은 아래 柳義孫에게 쓰게 한 서문에 잘 나타난다.

朱文公의 ≪綱目≫은 ≪春秋≫의 筆法을 본받았으니, 글은 史이나 뜻은 經입니다. 임금께서 명하시기를, "무릇 학문의 방법은 經學을 근본으로 삼아, 참으로 마땅히 먼저 해야 하지만, 경학만을 공부하고 역사에 통하지 않는다면 그 학문은 넓지 않을 것이다. 史學을 공부하고자 한다면 ≪강목≫만 한 것이 없다. 지난번에 ≪통감훈의≫를 찬술하였고, 또 이를 이어 ≪강목≫까지 아울러 註解하여 後學에게 은혜를 베풀고자 하니, 너희들은 ≪강목≫의 훈의에 힘을 쓰도록 하라." 하시었습니다. -중략-

신은 생각건대, 세상에 통행되는 역사서가 많지만 자세하기로는 ≪통감≫만 한 것이 없고 핵심적인 것으론 ≪강목≫에 비길 것이 없으니, 실로 천하 만세의 귀감입니다. 그러나 諸儒의 주석이 자못 상세하기도 하고 간략하기도 하며, 또 서로 모순되기도 하여, 진실로 전체를 읽고 두 책을 절충하기가 쉽지 않았습니다. 우리 주상 전하께서는 하늘이 내신 聖學으로 經과 史에 潛心하시어, 萬機를 살피시는 여가에, 두 서적을 읽으시고는 여러 註解의 異同을 연구하여 하나로 돌아가게 하시고, 하나하나 낱낱이 분석하여 환하게 상고할 수 있게 하시니, 진실로 史書의 大全입니다.

공부하는 이가 능히 聖上의 가르침을 본받아 먼저 經學을 밝히고 난 후에, ≪통감≫으로 확장하고 ≪강목≫으로 압축한다면, 本末이 모두 갖추어지고 內外가 두루 통하여, 원리를 밝혀서 실제에 적용하는 體用의 학문에 어긋남이 없게 될 것이다. -후략-[4)]

4) ≪세종실록≫ 18년(1436) 7월 29일

세종은 ≪고려사≫의 편찬에도 깊게 관여하였으며, 신하들과 經史의 관계와 그의 현실적 적용에 대하여 많은 고민을 하였다. 그 결과로 ≪통감≫과 ≪강목≫에 주목하였고, 기존의 주석서로는 만족할 수 없었다. 특히 ≪영락삼대전≫을 통해 안목이 높아지고 인식이 제고된 그로서는 그에 버금가는 역사 주석서의 집대성을 충분히 꿈꿀 만했다. 이전에 없었던 通史를 기획해 역사서로서의 뛰어난 완성도를 가진 사마광의 ≪통감≫과, 褒貶敍述(綱目)이라는 독특한 방법으로 유교 이데올로기를 高度化시킨 주희의 ≪강목≫은 史部의 ≪영락대전≫이 되기에 부족함이 없었고 세종은 바로 그런 입장에서 사정전훈의에서 그것을 구현하려 한 것이다.

6. 사정전훈의 ≪강목≫의 유포와 영향

≪통감≫과 ≪강목≫의 사정전훈의본이 출현한 이후로 조선에서의 중국사 인식은 대체적으로 이 두 책을 통하여 형성되었으며, 이는 ≪통감≫이나 ≪강목≫이 조선 초기부터 후기에 이르기까지 經筵의 과목에 꾸준히 등장한 것에서도 알 수 있다. 특히 成宗과 英祖는 이 두 서종에 대해 깊은 관심을 가져서 이 두 책을 가장 많이 進講하였다. 이제 조선시대 임금 중 재위 기간이 어느 정도 길고 ≪실록≫에 나타난 ≪통감≫과 ≪강목≫의 진강 횟수가 비교적 많은 임금들을 비교해 보이면 다음과 같다.

조선 成宗, 中宗, 肅宗, 英祖의 ≪통감≫ 및 ≪강목≫ 진강 횟수

구분 \ 왕	성종	중종	숙종	영조	소계
재위기간	25년	39년	46년	52년	
≪통감≫ 진강 횟수	20회			44회	64회
주로 진강한 기간	11~17년			17~24년	
≪강목≫ 진강 횟수	59회	52회	16회	28회	155회
주로 진강한 기간	5~11년	1~21년	1년	즉위년~2년	

위 표는 ≪실록DB≫에서 ≪강목≫과 ≪통감≫의 진강 기사 중 분명한 내용을 추출하여 누계한 것이다. 따라서 이것이 곧 실제의 진강 횟수는 아니지만 전반적인 추세를 보는 데는 무리가 없을 것으로 생각된다.

진강은 신하의 의견이 반영되는 것이 일반적이지만, 그 결정은 결국 왕이 하는 것이므로 진

강 과목은 대부분 왕의 기호에 따라 결정된다. 위의 표를 보면 ≪통감≫의 진강 횟수가 ≪강목≫의 진강 횟수에 비하여 매우 적은 것을 알 수 있다. 물론 영조 같은 경우엔 ≪강목≫보다 ≪통감≫의 진강 횟수가 많지만, 중종이나 숙종 같은 경우에는 ≪통감≫의 진강 기록이 거의 드러나지 않는다. 이를 통해 조선시대에 ≪통감≫보다 ≪강목≫이 훨씬 더 중시되었음을 알 수 있다.

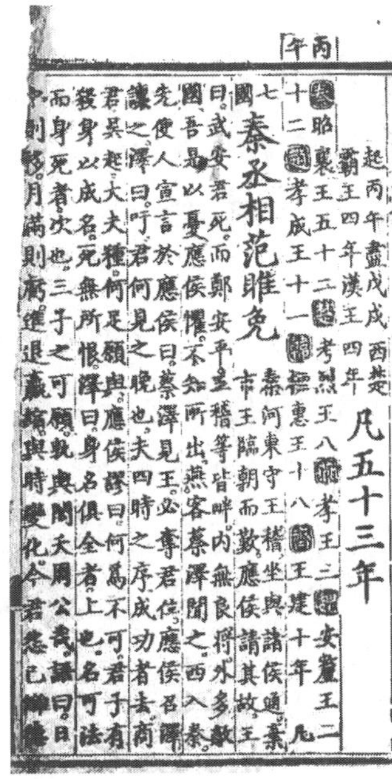

중국본

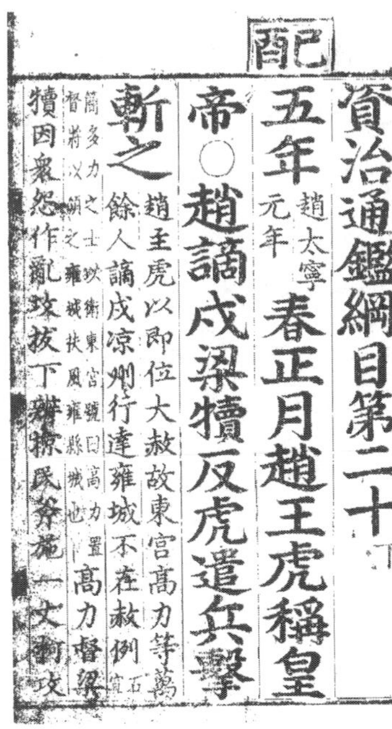

훈의본

이런 현상은 간행에서도 드러난다. ≪강목≫과 ≪통감≫의 비교하여 조사한 바는 없으나, 조선시대 ≪통감≫의 간행과 유통 상황을 살펴본 연구에 의하면 ≪통감≫은 주로 활자로 인행되었고, 목판본에 대한 기록을 확인할 수 없으며, 오히려 필요에 따라 외국에서 수입하는 경우가 많았다고 하였다. 이와는 달리 ≪강목≫은 현존하는 목판본도 다수 있으며, 특히 국립중앙도서관에 소장된 목판본은 거의 훈의본 ≪강목≫이라는 점에서 누차에 걸쳐 목판으로 간행되었음을 짐작할 수 있다.

훈의본 ≪강목≫의 판본은 중국본과는 달리 매우 도드라진 특징을 가지고 있다. 綱의 글자가 매우 큰 것이다. 유의손은 서문에서 글자가 작으면 나이 들어 보기 어려울까 봐 세종이 晉陽大君 李瑈, 즉 世祖를 시켜서 큰 글자를 쓰게 하고, 그것을 模本으로 활자를 주조하게 하여 綱을 찍게 하였다고 하였다. 이를 보면 세종은 단순히 글자를 크게 해서 보기에 편하게 하려고 한 것 같다. 그런데 여기서 보기에 편하게 하려 한다는 것은 綱이나 目보다는 훈의 부분에 방점이 있는 것으로 보인다. 즉 강의 글자를 키우지 않는다면 훈의의 글자가 너무 작아지기 때문이다. 훈의는 주석이므로 당연히 주석의 대상인 목의 아래에

分註해야 하는데, 목의 글자가 작으면 분주할 수 없다.

그런데 이렇게 글자의 크기를 구성하다 보니, 본문인 강이 마치 제목이나 요약처럼 보이고, 目이 본문처럼 되었다. 즉 시각적으로 강이 매우 도드라지게 보여서, 중국본 ≪강목≫과 비교할 때 강이 제목이나 요약의 구실을 하고 있으며, 나아가 강만 발췌하여 읽는 것도 편하게 되어있다.

실제로 ≪통감≫을 읽어보면 글자의 크기가 동일하고 간지도 없으며, 간신히 연호로 구분할 수 있을 뿐인데, 그에 비해 ≪강목≫은 연도에 따른 구분이 분명하고, 또 강만으로도 기사의 내용을 파악할 수 있어 주희의 의도와 관계없이 가독성을 높인다. 따라서 조선에서 성리학이 심화되는 과정 속에서, 유교 이데올로기가 고도화된 ≪강목≫의 수용성 역시 조선 지식인에게 더 강화되었을 것이다. 결국 ≪강목≫은 조선 지식인의 중국사 인식의 기본 토대가 되었을 것이 분명하다.

參考文獻

◇ 原典

紀昀 等 撰, ≪四庫全書總目提要≫, 文淵閣四庫全書 제1책, 臺灣商務印書館, 1984.

司馬光 撰, 胡三省 音註, ≪資治通鑑≫, 中華書局, 1992.(제5판)

朱熹 撰, 聖祖 批, ≪御批資治通鑑綱目≫ 文淵閣四庫全書 제689-692책 史部447-450, 臺灣商務印書館, 1984.

朱熹 撰, ≪資治通鑑綱目≫, 國立中央圖書館 所藏本

◇ 譯書

이성규, ≪사마천 사기≫, 서울대학교 출판부, 2009.(수정판)

권중달, ≪資治通鑑≫ 전1-32책, 도서출판 삼화, 2007~2010.

조수익, ≪新譯 通鑑≫, 弘新文化史, 1989.

이충구, ≪通鑑節要≫ 1, 뿌리출판사, 1993.

김도련・정민, ≪懸吐註解 通鑑節要1・2≫, 傳統文化硏究會, 1995.

李國祥 等, ≪資治通鑑全譯≫, 貴州人民出版社, 1994.

加藤繁・公田連太, ≪國譯 資治通鑑≫, 景仁文化社, 1996.

◇ 著 術

內藤虎次郎, ≪支那史學史≫, 弘文堂, 1961.
施丁・沈志華, ≪資治通鑑大辭典≫ 上・下, 吉林人民出版社, 1994.

◇ 論 文

권중달, 〈≪자치통감≫의 사학사적 의미〉, ≪한국사학사보≫ 21, 한국사학사학회, 2010.
三浦國雄 저, 표교열 역, 〈≪자치통감≫의 성격〉, ≪중국의 역사인식≫ 창비사, 1985.
오정환・송일기・김유리, 〈조선시대 ≪자치통감≫의 간행과 유통에 관한 연구〉, ≪서지학연구≫ 50, 서지학회, 2011.
오항녕, 〈조선 세종대 ≪자치통감사정전훈의≫와 ≪자치통감강목사정전훈의≫의 편찬〉, ≪태동고전연구≫ 15, 태동고전연구소, 1998.
오항녕, 〈조선초기 ≪치평요람≫ 편찬배경과 성격〉, ≪한국사학사학보≫13, 한국사학사학회, 2006
이성규, 〈≪史記≫의 역사서술과 文史一體〉, ≪중국의 역사인식≫ 창비사, 1985.
田中謙二 저, 백영서 역, 〈≪자치통감≫의 이해〉, ≪중국의 역사인식≫ 창비사, 1985.
竹內照夫 저, 김형종 역, 〈≪春秋≫와 춘추필법〉, ≪중국의 역사인식≫ 창비사, 1985.
陳芳明 저, 이범학 역, 〈송대 정통론의 형성과 내용〉, ≪중국의 역사인식≫ 창비사, 1985.

凡 例

1. 본서는 南宋 때 朱熹가 編著하고, 朝鮮 世宗 때 思政殿에서 訓義한 ≪資治通鑑綱目≫을 번역한 것으로 ≪譯註 思政殿訓義 資治通鑑綱目≫ 제1책이다.
2. 본서의 底本은 서울대학교 규장각 소장본(奎7500, 藍書 口訣)이며, 규장각(奎7512, 朱書 口訣)과 국립중앙도서관(한古朝50-5, 墨書 口訣) 소장본을 참조하였다. 이들은 모두 木版本으로, 大字(綱)는 晉陽大君(훗날 世祖)이 써서 鑄造한 丙辰字로, 中小字(目, 序文, 凡例, 訓義 등)는 再造甲寅字로 되어 있다.

   이 밖에도 嚴文儒와 顧宏義가 校點한 ≪資治通鑑綱目≫(≪朱子全書≫ 8-11, 上海古籍出版社・安徽教育出版社, 2002), 文淵閣四庫全書 ≪御批資治通鑑綱目≫, 朝鮮 世宗 때 간행된 思政殿訓義 ≪資治通鑑≫(국립중앙도서관 일산古221-43, 규장각 奎7526), 標點資治通鑑小組에서 標點한 ≪資治通鑑≫(中華書局, 1992(제5판)) 등을 참고하였다.
3. 序와 綱・目의 원문에는 규장각(奎7500, 奎7512)과 국립중앙도서관(한古朝50-5)의 口訣本을 참조하여 懸吐하였고, 朱熹의 凡例와 訓義는 한국에서 재래로 사용해오던 표점 방식을 보완하여 文理의 이해를 돕는 수준에서 간략히 標點하였다.
4. '綱'과 '目'을 구분하기 위해 각각 번역문 앞에 【綱】과 【目】을 표기하였다. 目은 단락이 길 경우 의미 단락별로 分節하였다. 訓義는 저본의 해당 위치에 ①, ②, ③ 등으로 표기하고 綱이나 目 아래에 번역문과 원문을 배치하였다.

예	
【綱】 周나라 顯王 16년이다.……크게 패하였다. 十六年이라……敗績①하다	綱
① 크게 무너지는 것을 敗績이라 한다. 大崩曰敗績.	訓義
【目】 처음에 孫臏이 龐涓과 함께 兵法을 배웠는데,…… 初에 孫臏이 與龐涓으로 俱學兵法①이러니……	目
① 臏은 頻忍의 切이니 발을 자르는 것이다.…… 臏, 頻忍切, 刖也.……	訓義

5. 번역문은 한글과 한자를 혼용하였으며, 맞춤법과 띄어쓰기는 한글 맞춤법과 표준어 규정을 따랐다.
6. 원문이나 번역문의 한자 중에 僻字나 讀音이 특수한 글자는 한글로 音을 달아주었다.
7. 圖版은 地圖, 人物, 故事, 器物 등을 수록하였으며, ≪增像全圖東周列國志≫, ≪養正圖解≫, ≪三才圖會≫, ≪五經圖彙≫, ≪孟子全圖≫ 등을 참고하였다.
8. 譯註는 校勘, 人物, 制度, 官職, 역사적 사건, 인용문의 出典, 異說, 故事, 전문용어, 難解語 등에 관한 사항을 밝혔다.
9. 校勘은 원문의 誤字, 脫字, 衍文, 倒文 등을 대상으로 하였다.
10. 附錄에 실린 年表의 주요사건은 綱의 내용을 중심으로 ≪中國の歷史 1-原始から春秋戰國≫(貝塚茂樹, 伊藤道治, 講談社, 1974), ≪中國の歷史 2-都市國家から中華へ≫(平勢隆郎, 講談社, 2005) 등의 연구서를 참조하여 국가의 흥망, 天子와 諸侯의 즉위, 주요인물의 행적, 외교, 전쟁, 제도, 인사 등을 기록하였다.
11. 본서의 校勘에 사용된 符號는 다음과 같다.
   ( )〔 〕: (저본의 誤字)〔교감한 正字〕
   〔 〕: 저본의 脫字 보충
   ( ) : 저본의 衍字 표시
12. 본서에 사용한 주요 부호는 다음과 같다.
   " " : 1차 인용
   ' ' : 2차 인용
   「 」: 3차 인용
   ( ) : 원문의 讀音 및 번역문의 間註
   〔 〕: 번역문과 뜻은 같으나 音이 다른 경우
   ≪ ≫ : 書名, 典據
   〈 〉: 篇章名, 作品名 표기
   【 】: 綱과 目의 표시
   ◑, ○ : 저본에 사용된 부호 遵用
13. 본서 朱熹의 凡例와 訓義에 사용한 標點은 다음과 같다.
   . : 문장의 종결
   , : 한 문장 안에서 句나 節의 구분이 필요한 곳
   · : 대등한 명사나 구절의 병렬
   " " : 1차 인용
   ' ' : 2차 인용
   「 」: 3차 인용

參考書目

◇ 底本 관련자료

• 《資治通鑑綱目》, 朱熹(宋) 撰, 思政殿 訓義, 保景文化社, 1987.
• 《資治通鑑綱目》, 朱熹(宋) 撰, 思政殿 訓義, 규장각 소장본.(청구기호:奎7500)
• 《資治通鑑綱目》, 朱熹(宋) 撰, 思政殿 訓義, 규장각 소장본.(청구기호:奎7512)
• 《資治通鑑綱目》, 朱熹(宋) 撰, 思政殿 訓義, 국립중앙도서관 소장본.(청구기호:한古朝50-5)
• 《資治通鑑綱目》(《朱子全書》 8-11), 朱熹(宋) 撰, 嚴文儒·顧宏義 校點, 上海古籍出版社·安徽教育出版社, 2002.
• 《少微家塾點校附音通鑑節要》, 江贄(宋) 編, 고려대도서관 소장본.
• 《少微家塾點校附音通鑑節要》, 江贄(宋) 編, 규장각 소장본.
• 《御批資治通鑑綱目》, 朱熹(宋) 撰, 聖祖(淸) 批 文淵閣四庫全書, 제689-692책 史部 447-450, 臺灣商務印書館, 1984.
• 《資治通鑑》, 司馬光(北宋) 撰, 胡三省(元) 音註, 中華書局, 1992.(제5판)

◇ 經 部

• 《論語集註大全》, 朱熹(宋) 集註, 胡廣(明) 等 編, 朝鮮 內閣本, 影印本, 學民文化社.
• 《孟子集註大全》, 朱熹(宋) 集註, 胡廣(明) 等 編, 朝鮮 內閣本, 影印本, 學民文化社.
• 《書傳大全》, 蔡沈(宋) 集傳, 胡廣(明) 等 編, 朝鮮 內閣本, 影印本, 學民文化社.
• 《詩傳大全》, 朱熹(宋) 集傳, 胡廣(明) 等 編, 朝鮮 內閣本, 影印本, 學民文化社.
• 《禮記集說大全》, 陳澔(元) 集說, 胡廣(明) 等 編, 朝鮮 內閣本, 影印本, 學民文化社.
• 《周易傳義大全》, 程頤(宋) 傳, 朱熹(宋) 本義, 胡廣(明) 等 編, 朝鮮 內閣本, 影印本, 學民文化社.
• 《春秋經傳集解》, 左丘明(周) 傳, 杜預(晉) 註, 林堯叟(宋)·朱申(宋·元) 附註, 朝鮮 金屬活字本(戊申字), 影印本, 保景文化社.
• 《春秋公羊傳》, 十三經注疏整理委員會 整理, 北京大學出版社, 2000.

◇ 史 部

- ≪綱目續麟≫, 文淵閣四庫全書 제323책 史部81, 臺灣商務印書館, 1984.
- ≪綱目訂誤≫, 文淵閣四庫全書, 제323책 史部81, 臺灣商務印書館, 1984.
- ≪大事記≫, 呂祖謙(宋) 撰, 文淵閣四庫全書 제324책 史部82, 臺灣商務印書館, 1984.
- ≪文白對照 資治通鑑輯覽≫ 1-36책, 文白對照御批歷代通鑒輯覽編委會 編, 馬建石 主編, 國際文化出版公司, 2002.
- ≪文白對照全譯 資治通鑑≫ 전3책, 張宏儒・沈志華 主編, 改革出版社, 1991.
- ≪柏楊白話版 資治通鑑≫ 1집, 柏楊 編譯, 北岳文藝出版社, 2006.
- ≪史記≫, 司馬遷(漢) 撰, 中華書局, 1999.
- ≪史記索隱≫, 文淵閣四庫全書 제246책 史部4, 臺灣商務印書館, 1984.
- ≪史記正義≫, 文淵閣四庫全書 제247-248책 史部5-6, 臺灣商務印書館, 1984.
- ≪史記集解≫, 文淵閣四庫全書 제245-246책 史部3-4, 臺灣商務印書館, 1984.
- ≪二十史略≫, 民昌文化社, 1990.
- ≪戰國策≫, 劉向(漢) 編, 국립중앙도서관 소장본.
- ≪資治通鑑綱目集覽鐫誤≫, 瞿佑(明) 撰, 韓國學中央研究院, 1980.
- ≪資治通鑑釋文≫, 史炤(宋) 撰, 臺灣商務印書館, 1980.
- ≪資治通鑑地理今釋≫, 吳熙載(淸) 撰, 江蘇書局, 1882.
- ≪集註 通鑑節要≫ 1-2, 金都鍊 編註, 亞細亞文化史, 1982, 1986.
- ≪通鑑釋文辯誤≫, 胡三省(元) 撰, 文淵閣四庫全書 제312책 史部70, 臺灣商務印書館, 1984.
- ≪通鑑五十卷詳節要解≫, 九淵禪師(朝鮮) 著, 國立中央圖書館 所藏本
- ≪通鑑地理通釋≫, 王應麟(宋) 撰, 文淵閣四庫全書 제312책 史部70, 臺灣商務印書館, 1984.
- ≪標點索引 少微通鑑節要≫, 뿌리문화사, 1999.
- ≪漢書≫, 班固(後漢) 撰, 中華書局, 2002.
- ≪漢書補註≫, 王先謙(淸) 補注, 王雲五 主編, 臺灣商務印書館, 1968.
- ≪後漢書≫, 范曄(南朝 宋) 撰, 中華書局, 1996.
- ≪後漢書集解≫, 王先謙(淸) 集解, 臺灣商務印書館, 1968.

◇ 子 部

- ≪孫武子直解≫, 孫武(周) 著, 劉寅(明) 直解, 국립중앙도서관 소장본.
- ≪荀子集解≫, 荀況(周) 撰, 王先謙(淸) 集解, 中華書局, 1988.

◇ 사전 및 공구서

- 施丁・沈志華 共譯, 《資治通鑑大辭典》 上・下, 吉林人民出版社, 1994.
- 梁玉繩 撰, 《漢書人表考》, 臺灣商務印書館, 1968.
- 呂宗力 主編, 《中國歷代官制大辭典》, 北京出版社, 1994.
- 魏連科 編, 《漢書人名索引》, 中華書局, 1979.
- 李曉光・李波 主編, 《史記索引》, 中國廣播電視出版社, 1989.
- 鍾華 編, 《史記人名索引》, 中華書局, 1977.
- 陳厚耀(淸) 撰, 《春秋戰國異辭》, 文淵閣四庫全書 제403책 史部161, 臺灣商務印書館, 1984.
- 倉修良 主編, 《史記辭典》, 山東教育出版社, 1991.
- ──────, 《漢書辭典》, 山東教育出版社, 1996.
- 洪業 等 編纂, 《漢書及補注綜合引得》, 上海古籍出版社, 1988.

◇ 研究論著 및 飜譯書

- 加藤繁・公田連太, 《國譯 資治通鑑》, 景仁文化社, 1996.
- 權重達, 《資治通鑑》 전1-32책, 도서출판 삼화, 2007~2010.
- 金都鍊・鄭珉, 《懸吐註解 通鑑節要》 1・2, 傳統文化硏究會, 1995.
- 金忠烈, 《通鑑節要》 天・地・人, 三省出版社, 1987.
- 劉華淸, 《漢書全譯》, 貴州人民出版社, 1994.
- 辛承云, 《譯註 禮記集說大全1》, 傳統文化硏究會, 2004.
- 王利器, 《史記註譯》, 三秦, 1997.
- 李國祥 等, 《資治通鑑全譯》, 貴州人民出版社, 1994.
- 李忠九, 《通鑑節要》 1, 뿌리출판사, 1993.
- 趙洙翼, 《新譯 通鑑》, 弘新文化史, 1989.
- 池松旭, 《詳密註釋 通鑑諺解》, 學民文化社, 1992.

◇ 데이터베이스(DB) 자료

- 한국고전종합DB(http://db.itkc.or.kr)
- 동양고전종합DB(http://db.cyberseodang.or.kr)
- 電子版 文淵閣四庫全書, 上海古籍出版社.
- 상우천고(http://www.s-sangwoo.kr)

目 次

≪資治通鑑綱目≫의 序例

資治通鑑綱目序例

先正 溫國 司馬文正公(司馬光)이 황제의 명을 받고 ≪資治通鑑≫을 편찬하여 완성한 뒤에 또 그 精要한 말을 뽑아서 따로 ≪資治通鑑目錄≫ 30권을 만들어 아울러 황제에게 올렸다. 공이 晩年에 ≪資治通鑑≫은 너무 상세하고 ≪資治通鑑目錄≫은 너무 간략한 것을 근심하여, 다시 ≪資治通鑑擧要曆≫ 80권을 저술하여 그 중도를 취하려 하였으나 완성하지 못하였다. 紹興[1] 초에 故 侍讀 南陽 胡文定公(胡安國)[2]이 비로소 다시 공의 遺稿로 인하여 ≪資治通鑑擧要補遺≫ 약간 권을 다듬어 완성하였는데, 그 문장은 더욱 요약되었고 그 사실은 더욱 갖추어졌다.

그러나 지난번에 호문정공 집에서 책을 얻어 공경히 읽었으나 문정공은 오히려 기억력이 좋지 못하여 그 요점을 이해하고 그 상세함에 미칠 수 없음을 스스로 부족하게 여겼었다. 그리하여 일찍이 지나치게 스스로를 헤아리지 못하고 문득 同志들과 함께 두 공이 편찬한 4책을 바탕으로 따로 義例를 만들어 加減하고 矯正하여 이 책을 만들었다.

先正溫國司馬文正公이 受詔編集資治通鑑하야 旣成에 又撮其精要之語하야 別爲目錄三十卷하야 弁上之라 晩病本書太詳하고 目錄太簡이라하야 更著擧要曆八十卷하야 以適厥中而未成也라 紹興初에 故侍讀南陽胡文定公이 始復因公遺稿하야 修成擧要補遺若干卷하니 則其文愈約而事愈備矣라 然往者得於其家而伏讀之에 猶竊自病記識之弗彊하야 不能有以領其要而及其詳也라 故嘗過不自料하고 輒與同志로 因兩公四書하야 別爲義例호대 增損檃括하야 以就此編이라

대개 歲를 표기하여 年을 먼저 하고[3], 年으로 인하여 正統을 드러내었으며, 큰 글자

1) 紹興 : 南宋 高宗(재위 1127~1162)의 연호로 1131년부터 1162년까지 32년간 사용되었다.

2) 胡文定公 : 文定은 胡安國(1074~1138)의 시호이다. 호안국은 宋나라 建州 崇安 사람으로 字는 康侯이며, 胡淵의 아들이다. 哲宗 紹聖 4년(1097) 進士가 되었으며, 太學博士와 給事中, 中書舍人 등을 거쳐 侍讀을 겸하면서 ≪春秋≫를 專講하였다. 王安石이 ≪春秋≫를 폐하여 ≪春秋≫의 학문이 쇠퇴한 것을 탄식하고, 20년을 연구하여 ≪春秋胡氏傳≫ 30권을 저술하였다. 또 ≪資治通鑑擧要補遺≫ 100권과 문집 15권이 있었으나 현재 전하지 않는다.

3) 歲를……하고 : 歲는 干支를 가리키고 年은 某王某年 또는 某年을 가리킨다. ≪資治通鑑綱目≫의

로 요점을 제시하고, 分注로 상세히 설명하여, 歲年의 오래되고 가까움, 國統의 흩어지고 합함, 사건 설명의 상세하고 간략함, 논의의 같고 다름을 通貫하여 환하게 밝혀서 마치 손바닥을 보는 것과 같게 하고, ≪資治通鑑綱目≫이라 命名하니 모두 약간 권이 되었다. 이를 상자에 넣어두고서 우선은 사사로이 檢閱하기에 편리하게 하고 스스로 遺忘에 대비하였을 뿐이다.

蓋表歲以首年①하고 而因年以著統②하며 大書以提要③하고 而分注以備言④하야 使夫歲年之久近과 國統之離合과 事辭之詳略과 議論之同異를 通貫曉析호대 如指諸掌하니 名曰資治通鑑綱目凡若干卷이라 藏之巾笥하야 姑以私便檢閱하고 自備遺忘而已라

① 每年마다 匡郭[4] 바깥에 '某甲子'라고 썼고 干支에 '甲'字와 '子'字가 있으면 붉은색 글씨로 구별하였다. 비록 기록할 사실이 없더라도 ≪資治通鑑擧要曆≫에 따라 또한 歲와 年을 갖추었다[5].
逐年之上에 行外書某甲子하고 遇甲字子字則朱書以別之라 雖無事라도 依擧要亦備(載)〔歲〕[6]年이라

② 무릇 正統의 年은 간지 아래에 큰 글자로 쓰고, 정통이 아닌 것은 두 줄로 分注하였다.
凡正統之年은 歲下에 大書하고 非正統者는 兩行分注라

③ 무릇 큰 글자로 쓴 것은 正例와 變例가 있다. 正例는 始終과 興廢, 災祥, 沿革, 號令, 征伐, 殺生, 除拜 등의 큰일과 같은 것이고, 變例는 이 중에는 들어가지 않으나 본받을 만한 善과 경계해야 할 惡과 같은 것을 모두 특별히 기록하였다.
凡大書有正例有變例하니 正例는 如始終興廢災祥沿革及號令征伐殺生除拜之大者요 變例는 如不在此例而善可爲法과 惡可爲戒者를 皆特書之也라

④ 무릇 分注는 그 시초를 추구한 것도 있고, 그 결과를 설명한 것도 있으며, 그 사건을 상세히 진술한 것도 있고, 그 말을 갖추어 기록한 것도 있다. 시초와 결과로 인하여 나타낸 것도 있고, 관직의 제수와 파면으로 인하여 나타낸 것도 있으며, 비슷한 사건으로 인하여 드러낸 것도 있고, 家世(집안의 世系)로 인하여 드러낸 것도 있으며, 溫公이 주장한 말과 취합한 의론이 있고, 胡氏가 수합한 설과 저술한 평도 있다. 그리고 두 공이 빠뜨린 것과 근세의 大儒先生이 절충한 말을 지금 또 자못 채집하여 그 사이에 붙였다.
凡分注는 有追原其始者하고 有遂言其終者하고 有詳陳其事者하고 有備載其言者하며 有因始終而

맨 처음에는 "戊寅 周威烈王二十三年"으로 되어 있고, 그 다음 해는 "己卯 二十四年", "庚辰 安王元年"으로 되어 있는 것으로 알 수 있다.

4) 匡郭 : 옛날 書冊에서 인쇄한 면의 가장자리에 그은 검은 선이다.

5) 歲와……갖추었다 : 周나라 安王 7년(B.C. 395)에는 사건 기록은 하나도 없이 歲年만을 기록하였는데, ≪資治通鑑綱目≫에는 "丙戌 七年"이라고 표시하였다.

6) (載)〔歲〕: 저본에는 '載'로 되어 있으나, ≪朱子全書≫의 ≪資治通鑑綱目≫(上海古籍出版社 2002, 이하 同)과 문맥에 근거하여 바로잡았다.

見者하고 有因拜罷而見者하고 有因事類而見者하고 有因家世而見者하며 有溫公所立之言과 所取之論하고 有胡氏所收之說과 所著之評호대 而兩公所遺與夫近世大儒先生折衷之語를 今亦頗采以附於其間云이라

두 公이 述作한 本意와 같은 것은 구구하게 감히 언급할 것이 아니다. 비록 그러하지만 歲年이 위에서 순환하여 天道가 분명해지고, 國統이 아래에서 바로잡혀서 人道가 정해졌다. 大綱이 모두 거론되어 鑑戒를 밝혔으며, 衆目이 모두 펼쳐져서 幾微를 드러내었다. 이는 지식을 지극히 하고 사물의 이치를 궁구하는 모든 학자가 또한 장차 여기에 개연히 느낌을 받아서 두 公의 뜻을 혹 마음속으로 알 수 있게 될 것이다. 그래서 그 指意와 條例를 이와 같이 서술하여 篇端에 나열하고 뒷날의 군자를 기다린다.

乾道 壬辰年[7](1172) 여름 4월 甲子日에 新安 朱熹는 삼가 쓰다.

若兩公述作之本意는 則有非區區所敢及者라 雖然이나 歲周於上而天道明矣요 統正於下而人道定矣요 大綱槪擧而監戒昭矣요 衆目畢張而幾微著矣라 是則凡爲致知格物之學者 亦將慨然有感於斯하야 而兩公之志를 或庶乎其可以默識矣리라 因述其指意條例如此하야 列於篇端하야 以俟後之君子云이라 乾道壬辰夏四月甲子에 新安朱熹는 謹書하노라

7) 乾道 壬辰年 : 乾道는 南宋 孝宗(재위 1162~1189)의 연호로 1165년부터 1173년까지 9년간 사용되었으며, 壬辰年은 乾道 8년이다.

朱子가 訥齋 趙氏 師淵[1])에게 보낸 ≪資治通鑑綱目≫을 논의하는 편지

朱子與訥齋趙氏師淵論綱目手書

• ≪資治通鑑綱目≫을 얼마만큼 보았는가. 잘 整頓하여 이어서 한 책으로 만드는 것도 아름다운 일이네.

綱目을 看得如何오 得爲整頓하야 續成一書도 亦佳事也라

• ≪자치통감강목≫을 잘 정돈하였는가. 유념하기를 바라네.

綱目을 能爲整頓否아 得留念幸甚이라

• ≪자치통감강목≫은 眼疾 때문에 자세히 볼 수가 없었는데, 다만 몇 군데를 보니 이미 자못 상세하게 갖추어졌네. 東平王 劉蒼이 파직되어 藩國으로 돌아간 일과 이어진 아래 문장에 황제가 鄴에 간 일[2])이 元本에 누락되어 있었는데, 이미 제시한 내용에 따라 보완하였다네. 이 책은 다른 방법이 없고 다만 綱은 謹嚴하게 하면서 탈락된 것이 없게 하고, 目은 상세하게 갖추면서 번잡하지 않도록 할 뿐이네.

通鑑綱目은 以眼疾不能細看이나 但觀數處하니 已頗詳盡이라 東平王蒼罷歸藩과 連下文幸鄴事는 元本漏하야 已依所示者補之矣라 此書無他法이요 但其綱欲謹嚴而無脫落하고 目欲詳備而不煩冗耳라

• ≪자치통감강목≫은 생각하건대 그동안에 정돈을 다하여 볼 만할 것인데, 안타까운

---

1) 趙氏 師淵 : 조사연(1150~1210)은 朱子의 門人이며 자는 幾道, 호는 訥齋이다. 주자를 도와 ≪자치통감강목≫을 편찬하였는데, 綱은 주자가 작성하고 目은 조사연이 작성하였다.

2) 東平王……일 : 後漢 明帝 永平 5년(62)에 나오는 기사이다. 동년 2월에 光武帝의 아들이며 驃騎將軍이었던 동평왕이 至親으로 聲望이 높아지자 불안하게 여기고 사직하는 상소를 올려 허락을 받고 돌아갔다. 10월에는 황제가 鄴으로 갔다가 환궁하였다.

것은 서로 거리가 멀어서 함께 만나서 토론할 수 없는 것이라네.

綱目은 想間中整頓得儘可觀이로대 恨相去遠하야 不得相聚討論也라

• ≪자치통감강목≫은 차례가 어떠한가. 인편이 있으면 즉시 보내주기 바라네.

通鑑綱目은 次第如何오 有便幸逐旋寄來하라

• 보완한 ≪자치통감강목≫은 빨리 다른 권까지 보았으면 좋겠네. ≪資治通鑑綱目提要≫[3]를 일찍이 하나하나 살펴보았는지 모르겠네. 만일 그동안 정돈을 한번 한다면 또한 다행한 일이네. 巡幸과 還宮은 논한 바대로 하는 것이 합당하나 다만 그 사이에 사건이 있는 것은 마땅히 일에 따라 筆削을 하고 한 가지 사례에 구애되어서는 안 되네. 後漢 때 單于가 계속해서 즉위하는 것을 적지 않은 것은 본래 匈奴가 이미 쇠퇴하여 상세히 기록할 필요가 없었기 때문이니, 마치 王侯를 봉하고, 三公을 제수하고, 赦宥를 시행하는 것과 같은 종류라네. 다시 상세하게 알려주니 사례 중에서 그 의미를 대략 알 수 있을 것이네.

所補綱目은 幸早見示及他卷이나 不知提要를 曾爲一一看過否아 若間中能爲整頓得一番이면 亦幸事也라 巡幸還宮은 當如所諭나 但其間有事者는 自當隨事筆削하고 不可拘一例耳라 後漢單于繼立不書는 本以匈奴已衰하야 不足詳載니 如封王侯・拜三公・行赦宥之類耳라 更告詳之하니 却於例中略見其意也라

• 그동안 ≪자치통감강목≫을 完結하는 것 또한 한 가지 일인데, 어느 부분까지 이루었는지 모르겠네. 옛날부터 태평한 날은 적고 혼란한 날이 많았으므로 사람들이 史書를 잘 보지 않는 것은 사람의 神氣를 해쳐서이네. 다만 어찌 할 수 없음을 알아야 하네. 나는 지금 큰 병으로 거의 죽었다가 다행히 다시 살아났는데, 아프지 않았을 때 ≪稽古錄≫[4] 3, 4권을 보완하였으나 지금 또 감히 이어서 整理할 수가 없고, 다시 ≪大事記≫[5]의

3) 資治通鑑綱目提要 : 朱子가 ≪자치통감강목≫을 편찬할 때 사전에 만든 59권의 책을 가리키는데, 현재 전하지 않는다.

4) 稽古錄 : 司馬光(1019~1086)이 ≪資治通鑑≫과 ≪歷年圖≫, ≪百官表≫ 등을 바탕으로 伏羲氏부터 北宋의 英宗 治平 4년(1067)까지 20권으로 간략하게 만든 책이다.

5) 大事記 : 宋나라 呂祖謙(1137~1181)이 ≪春秋≫의 뒤를 이어 獲麟을 한 周나라 敬王 39년(B.C. 481)부터 漢武帝 征和 3년(B.C. 90)까지 사실을 편찬한 책으로 12권이다. 書法은 司馬遷을 본받았으며, ≪大事紀≫라고도 한다.

熙寧[6] 이후를 이어서 하려고 하지만 손을 대기 어렵다는 것을 깨달았네. 이것은 다른 날에 그대가 用功하는데 아울러 누가 되는 일이 또한 많지 않을지 염려가 되네.

間中了得綱目이 亦是一事나 不知已至甚處요 自古治日少亂日多하야 史書不好看은 損人神氣로되 但又要知不奈何耳라 某今此大病幾死라가 幸而復蘇라 未病時에 補得稽古錄三四卷이나 今亦未敢接續整理요 更欲續大事記熙寧以後나 亦覺難措手也라 此恐他日에 幷累賢者用功亦不多也라

• 보완한 ≪자치통감강목≫을 지금 돌려보내는데, 끝내 자세히 보지는 못하였네. 이 책을 다시 어떻게 정돈해야 할지 모르겠네. 모름지기 다시 本書와 ≪資治通鑑目錄≫, ≪稽古錄≫, ≪皇極經世書≫[7], ≪編年通載≫[8] 등의 서적을 가지고 그 綱을 참작하여 결정하여, 먼저 큰일들을 모두 빠뜨리지 않게 한 다음에 일마다 원인과 결과를 고찰하여 그 目을 작성해야 하네. 혹 한때 治道를 강론한 말이 綱이 없이 수록할 수 있는 것은 오직 唐나라의 〈太宗紀〉 가운데 가장 많을 것이네. 비록 비슷한 사안으로 억지로 붙였으나 끝내 편안하지 못하니, 또한 그 너무 심한 것을 삭제해야 하는 것이 아닌지 모르겠네. 그리고 崩葬 부분에 總敍를 하나 만들었는데, 대략 이 순서에 따라 갖추어 싣는 것이 어떻겠는가.

나는 매우 老衰하여서 차례대로 禮書를 완결해야 하나 이미 餘力이 없으니, 이 일은 온전히 幾道 자네에게 의지해서 완성해야 하는 것이 또한 한 가지 일이네. 또 ≪稽古錄≫ 가운데 混亂과 滅亡에 관한 일을 기록한 것은 간혹 그 일을 일으킨 자의 姓名을 드러내지 않아서 懲罰을 표시하고 警戒를 말할 수 없네. 이 또한 하나의 큰 眼目을 가진 사람이 그자와 그와 같은 편으로 조력한 자를 분명하게 드러내어 그들의 惡名이 무궁토록 전하여 萬世의 분명한 본보기가 되게 하지 않으면 안 될 것이네.

所補綱目을 今附還하니 亦竟未及細看이라 不知此書更合如何整頓가 恐須更以本書目錄及稽古錄皇極經世編年通載等書로 參定其綱하여 先令大事都無遺漏然後에 逐事考究首尾하야 以修

6) 熙寧 : 北宋 神宗(재위 1067~1084)의 연호로 1068년부터 1077년까지 10년간 사용되었다.

7) 皇極經世書 : 北宋의 학자 邵雍(1011~1077)이 저술한 12권의 책으로 易理를 응용하여 數理로써 천지만물의 생성변화를 설명하였다. 12辰을 1일, 30일을 1월, 12월을 1년, 30년을 1世, 12세를 1運, 30운을 1會, 12회를 1元으로 하는데, 1원은 12만 9,600년이며, 天地는 1원마다 한 번 변천하고, 만물은 이 시간적 순서에 따라 진보한다는 것이다. 堯임금의 甲辰年부터 後周 顯德 6년(959)까지 治亂을 적었다.

8) 編年通載 : 北宋의 학자 章衡(1025~1099)이 편찬한 책이다.

其目하라 其有一時講論治道之言이 無綱可附者는 唯唐太宗紀中最多하니 雖以事類로 强而附之나 然終未安하니 不知亦可去其太甚否아 而於崩葬處에 作一總敍호대 略依次序該載如何오 某衰朽殊甚하야 次第只了得禮書나 已無餘力하니 此事全賴幾道爲結裏了却이 亦是一事也라 又如稽古錄中書亂亡事는 時或不著其用事人姓名하야 無以示懲而作戒하니 此亦一大眼目이 不可不明著其人與其交黨之尤用力者하야 使其遺臭無窮爲萬世之明鑑也라

建安舊刻本에 실린 李氏 方子[1)]의 後序

建安舊刻本李氏方子後序

≪春秋≫는 魯史의 舊名이고, 編年은 魯史의 舊制이며, 策書[2)]는 魯史의 舊文이다. 夫子(孔子)는 傳述만 하고 새로 創作하지 않으셨는데, 어찌 ≪춘추≫를 창작하였다고 말하는가. 이는 그 사건은 전술하였으나 그 의리는 창작하였기 때문이다. 天道에 근본하여 人事를 바로잡고 王道에 근본하여 伯圖(霸業)를 바로잡으며, 임금과 신하를 엄히 하고 안과 밖을 분별하며 惡을 징계하고 善을 권장하였으니, 그 요점은 亂世를 다스리고 正常을 회복하는 데 귀결되어 加筆할 곳은 가필하고 刪削할 곳은 산삭하였으니, 聖人이 아니면 누가 능히 그것을 창작할 수 있겠는가. 그러므로 ≪춘추≫는 史書인데도 經이라 하는 것이다.

聖經이 홀로 세상에 流傳되면서부터 三家[3)]가 각각 들은 바로 傳을 지었으나, 어그러지고 잘못되며 일치하지 않아 성인의 뜻에 모두 합하지 못하니 학자들이 병통으로 여겼다. 그러나 그 大經大法은 天地에 세워도 어그러지지 않으며, 鬼神에게 質正하여도 의심이 없으며, 百世에 聖人을 기다려도 疑惑되지 않는 것이니, 진실로 專門名家라는 자들이 掩蔽할 수 있는 것이 아니다.

春秋는 魯史之舊名也요 編年은 魯史之舊制也요 策書는 魯史之舊文也라 夫子述而不作하시니 孰謂春秋爲作고 曰 其事則述이요 其義則作이니 本天道以正人事하고 本王道以正伯圖하며 嚴君臣辨內外하고 懲惡而勸善하니 其要歸於撥亂世反諸正하야 筆則筆 削則削하니 非聖人이면 孰能

1) 李氏 方子 : 李方子는 朱子의 문인으로 생몰년은 미상이다. 이방자는 자는 公晦이고, 호는 果齋이며, 南宋 寧宗 嘉靖 7년(1214)에 進士가 되었으며, 泉州 觀察推官을 지냈다. 그때 泉州 知州로 있던 眞德秀와 교유했다. 저서에 ≪傳道精語≫, ≪禹貢解≫, ≪朱子年譜≫ 등이 있다.

2) 策書 : 옛날에 史實을 기록하였던 簡冊이다. 晉나라 杜預는 〈春秋左氏傳序〉에서 "孔子가 魯나라 사관이 쓴 策書의 成文에 따라 그 眞僞를 고찰하고 그 典禮를 기록하였다."라고 하였다.

3) 三家 : 戰國時代에 ≪春秋≫에 주석을 붙인 세 사람, 곧 ≪公羊傳≫을 지은 公羊高, ≪穀梁傳≫을 지은 穀梁赤, ≪左氏傳≫을 지은 左丘明을 가리킨다. 이를 春秋三傳이라 하는데, ≪公羊傳≫과 ≪穀梁傳≫은 經文 해석 중심이고, ≪左氏傳≫은 ≪춘추≫에 기록된 史實에 대한 해석을 중심으로 하고 있다.

作之아 故春秋는 史也而謂之經이라 自聖經孤行으로 三家各以所聞爲傳호대 舛誤異同이 不能盡合於聖人之意하니 學者病之라 然其大經大法은 所以建諸天地而不悖하고 質諸鬼神而無疑하고 百世以俟聖人而不惑者니 固非專門名家之流所能揜蔽之也라

紀傳體가 만들어진 뒤부터 編年體의 법이 폐지되었고, 작은 일이나 큰일이나 버리지 아니하고 함부로 뒤섞이고 기강이 없어서 策書의 법이 폐지되었으며, 是非와 去取가 한쪽의 견해로 말미암아 聖人에게 잘못되지 않음이 없으니 勸善懲惡의 법이 또한 폐지되었다. 오직 司馬公만이 史法이 폐지되어 사라진 시기에 살면서 초연히 멀리 내다보고 荀悅[4)]의 ≪漢紀≫에서 근원을 연구하여 ≪資治通鑑≫ 1책을 편찬하였는데, 모두 1,362년 동안의 일을 유려한 문장으로 잘 연결하여 粲然하게 고찰할 수 있게 하였다. 그리하여 ≪春秋≫의 편년의 법이 비로소 회복되었으니 그 공적이 훌륭하다고 하겠다.

策書의 법과 같은 것은 공이 일찍이 ≪稽古錄≫을 저술하였으므로 여기에서는 언급하지 않았다. 그러나 서로 비슷하여 널리 기록하고 말을 갖추어서 조리가 분명하고 널리 통하며, 포괄한 것이 많고 전후가 서로 이어져서 마치 長江과 大河처럼 순탄하게 동쪽으로 흘러가니, 비록 한계를 구분하려고 하나 할 수 없다. 대개 그 상세함은 참으로 쉽게 기록할 수 없으며 그 大要 또한 쉽게 대략을 거론할 수가 없다.

曹魏를 황제로 하고 蜀漢을 寇賊으로 삼은 것과 朱梁[5)]을 황제로 하고 河東[6)]을 구적으로 삼은 것, 則天武后의 年號를 사용한 것, 中宗의 연호를 배척한 것, 屈原과 四皓의 일이 삭제된 것, 揚雄과 荀彧의 일이 채택된 것 등 이와 같은 사례는 ≪춘추≫의 勸善懲

4) 荀悅 : 148~209. 潁川 潁陰 사람으로 자는 仲豫이고, 荀儉의 아들이다. 荀淑은 아들 8명이 모두 훌륭하여 荀氏八龍으로 불렸는데, 荀儉이 그 첫째 아들이다. 순열은 12살 때 ≪春秋≫에 통했지만, 성장해서는 병약하여 세상에 나가기를 싫어하였으며, 저술하기를 좋아했다. 曹操의 부름을 받고 黃門侍郎이 되어 獻帝에게 강의를 했고, 侍中에 올랐다. 헌제가 班固의 ≪漢書≫는 문장이 번잡하고 살피기 어렵다고 하여, 순열에게 ≪춘추≫와 같은 편년체로 고치라고 지시하자, ≪漢紀≫ 30권을 편찬하였는데 "문장은 간략하지만 사건은 상세하고 논변이 좋았다."는 평을 들었다. 이외에 ≪申鑒≫, ≪崇德≫, ≪正論≫ 등을 저술하였다.

5) 朱梁 : 朱全忠이 세운 梁나라 곧 後梁(907~923)으로 5代10國 시기 5代의 첫 번째 나라이다. 주전충은 黃巢를 따라다니다 唐나라에 항복하였는데, 僖宗이 全忠이라는 이름을 하사하고 宣武軍節度使로 임명하였다. 昭宗 때 梁王에 봉해지고 907년에 唐나라의 마지막 황제 昭宣帝(哀帝)를 폐위하고 스스로 황제에 올라 後梁의 太祖가 되었다. 주전충은 초명이 溫이며, 황제가 되어 晃으로 고쳤다. 5代는 梁, 唐, 晉, 漢, 周인데 모두 앞선 시기의 왕조와 이름이 같아 '後'자를 추가하여 後梁, 後唐, 後晉, 後漢, 後周로 구분한다.

6) 河東 : 河東節度使 李克用을 가리킨다. 이극용은 黃巢를 평정하여 昭宗이 晉王으로 봉하였는데, 그의 아들 李存勗이 後梁을 멸망시키고 後唐을 세웠다. 이극용은 후량이 세워진 뒤에 후량의 연호를 사용하지 않고 昭宗의 연호 天祐를 사용하였다.

惡의 법에 대하여 또한 완전히 사용하지 않은 것이 있는데, 이것이 朱子가 ≪資治通鑑綱目≫을 지은 까닭이다.

粤自紀傳創興으로 而編年之法이 廢하고 細大不捐하고 猥釀不綱하야 而策書之法이 廢하고 是非去取 (申)〔由〕[7]其一隅之見하야 不能不謬於聖人而懲勸之法이 又廢矣라 獨司馬公이 處史法廢墜之餘하야 超然遠覽하고 推本荀悅漢紀하야 以爲資治通鑑一書하니 凡一千三百六十二年之事를 珠貫繩聯하야 粲然可考而春秋編年之法이 始復(복)하니 其功可謂偉矣라 若策書之法은 公嘗著於稽古錄而不引之於此나 以相附近하야 廣記備言하고 曲暢旁通하며 包括旣衆하고 前後相承하야 若長江大河 順流東趨하니 雖欲盡爲界限이나 而莫可得이라 蓋其詳은 固未易記識이요 而其大要도 亦未易以槪擧也라 至於帝曹魏而寇蜀漢과 帝朱梁而寇河東과 繫武后之年과 黜中宗之號와 與夫屈原四晧之見削과 揚雄荀彧之見取하야 若此類는 其於春秋懲勸之法에 又若有未盡用[8]者니 此子朱子[9]綱目之所爲作也라

編年의 成文을 계승하고 策書의 舊制를 복원하여 1년의 기간에 綱은 그 조목으로 구별하고 1조목의 아래에 그 요점을 채록하여 정연하게 조리가 있는 것이 마치 손바닥을 보는 것과 같았다. 사소한 일과 허황된 말은 깎아내고 지극한 말과 명확한 의론은 더 많이 증보하니, 간략하면서도 주밀하고 상세하면서도 정리되었다. 綱은 ≪春秋≫를 모방하여 여러 史書의 좋은 점을 참고하여 취하였고, 目은 左氏를 모방하여 여러 儒者의 좋은 것을 고찰하여 모았다. 大經大法에 있어서는 한결같이 성인이 述作하신 뜻에 근본하여 明君과 賢輔로 하여금 그 공적을 빛나게 하고, 亂臣과 賊子로 하여금 그 죄를 피할 곳이 없게 하였다. 그리고 무릇 古今의 제어하기 어려운 변란과 판단하기 어려운 의문을 모두 조사하고 결정하여 天理의 바름과 人心의 편안함에 합당하게 하고, 후세의 權謀術數와 利害에 구차한 사사로움이 터럭만큼도 참여함이 없게 하였다. 이는 ≪춘추≫를 계승하여 저술한 것으로 이 책처럼 성대한 것이 없다. 하물며 策牘의 제도를 겸하고 文・質의 中道를 모아서 단독으로 간행되어 후세에 異同의 말이 나오지 않게 하였으니, 그 또한 터럭만큼도 遺恨이 없다.

---

7) (申)〔由〕: 저본에는 '申'으로 되어 있으나, ≪朱子全書≫의 ≪資治通鑑綱目≫과 ≪四庫全書≫의 ≪御批資治通鑑綱目≫에 근거하여 '由'로 바로잡았다.

8) 用 : ≪朱子全書≫의 ≪資治通鑑綱目≫과 ≪四庫全書≫의 ≪御批資治通鑑綱目≫에는 '同'으로 되어 있다.

9) 子朱子 : 앞에 붙인 '子'는 朱子를 더욱 높여 존칭하기 위하여 붙인 것이다.

踵編年之成文하고 還策書之舊制하야 一年之內에 綱別其條하고 一條之下에 採摭其要하야 井井有條하야 如指諸掌이라 細故浮辭는 固就刊削하고 至言確論은 複多增補하니 簡而周하고 詳而整이라 綱倣春秋而參取群史之良하고 目倣左氏而稽合諸儒之粹하니 至於大經大法則一本於聖人之述作하야 使明君賢輔로 有以昭其功하고 亂臣賊子로 無所逃其罪요 而凡古今難制之變과 難斷之疑를 皆得參驗稽決하야 以合於天理之正人心之安하고 而後世權謀術數利害苟且之私 一毫無得參焉하니 則是繼春秋而作이 未有若此書之盛者也라 況於兼策牘之制하고 會文質之中하야 不使孤行以啓後世異同之說하니 其亦毫髮無遺恨矣라

어떤 사람이 말하기를, "그렇다면 이 책을 지으면서 어찌하여 《春秋》의 뒤를 이어 서술하지 않았는가? 麗澤先生 呂公[10])이 《大事記》를 저술할 때 참으로 獲麟[11])의 뒤를 이어서 서술하였고, 또 始作을 依託하면서 先幾에 어두웠다는 말은 〈齋居感興〉[12])이라는 詩에서 朱子가 이미 언급하였는데 지금 바꾸지 않는 것은 무슨 까닭인가."라고 하니, 답하기를 "《대사기》는 司馬遷의 법을 사용한 것이므로 獲麟에 이어서 서술하는 것은 혐의가 없지만, 《資治通鑑綱目》은 《춘추》의 뜻을 본받았으므로 獲麟에 이어서 서술하는 것은 옳지 못하다. 진실로 각각 합당함이 있는 것이다. 史冊이 생기고서 《춘추》가 있었고, 《춘추》가 있고 나서 《資治通鑑》이 있었고, 《자치통감》이 있고 나서 《자치통감강목》이 있었다. 그 사이에 대체로 晩歲에 조금 더 更定하여 詳密하게 하려고 하였으나 힘이 거기에 미칠 겨를이 없었다. 그러나 그 大經大法이 있는 바이니 이는 어찌 秦漢 이후에 붓을 잡고 글을 쓰는 사람이 능히 그 門庭을 지나 그 단계에 이르렀겠는가."라고 하였다.

---

10) 麗澤先生 呂公 : 呂祖謙(1137~1181)은 南宋 婺州 金華 사람으로 자는 伯恭, 호는 東萊이다. 孝宗 隆興 원년(1163) 進士에 급제하고 다시 博學宏詞科에 합격했다. 朱熹와 張栻과 강학하면서 학문이 더욱 정밀해졌는데, 당시 東南三賢으로 불렸다. 저서에 《呂氏家塾讀詩記》 32권과 《東萊先生左氏博議》 25권, 《呂東萊先生文集》 40권, 《歷代制度詳說》 등이 있으며, 주희와 共著한 《近思錄》이 유명하다

11) 獲麟 : 《春秋》의 마지막 기사로 魯 哀公 14년(B.C. 481)의 "봄에 서쪽으로 사냥하다 麒麟을 잡았다.〔春 西狩獲麟〕"를 가리킨다. 그런데 《左氏傳》에는 이 이후로 기사가 더 있으며, 애공 16년 "여름 4월 己丑日에 孔丘가 卒하였다.〔夏四月己丑 孔丘卒〕"로 끝맺었다.

12) 齋居感興 : 朱子의 詩로 20首이다. 그 제5수에 "司馬光이 孔子의 업적을 조술하면서 시작을 의탁한 데는 많은 슬픔이 있었고, 못 잊어 하는 뜻이야 참으로 충후하였으나 너무 先幾에 어두웠다네.〔馬公述孔業 託始有餘悲 拳拳信忠厚 無乃迷先幾〕"라고 하였는데, 여기서 '시작을 의탁한 데〔託始〕'라고 한 것은 《資治通鑑》이 "처음으로 晉나라의 大夫인 魏斯, 趙籍, 韓虔을 명하여 諸侯로 삼았다.〔初命晉大夫魏斯趙籍韓虔爲諸侯〕"라는 기사로 시작한 것을 의미한다.

或曰 然則此書之作이 曷爲不繼春秋아 麗澤先生呂公之爲大事記也에 固接於獲麟하고 且託始而迷先幾는 齋居感興에 亦旣言之矣라 今而不易은 何也오하니 曰 事記之書는 用馬遷之法者也라 故續獲麟而無嫌이나 綱目之書는 本春秋之旨者也라 故續獲麟而不可하니 夫固各有當也라 自有史冊而有春秋하고 自有春秋而有通鑑하고 有通鑑而有綱目하니 其間에 蓋欲晩歲稍加更定하야 以趨詳密이나 而力有未暇焉者라 然其大經大法之所存은 是豈秦漢以後에 操觚執簡之士 所能歷其庭而涉其級哉아

지난 庚午年[13](1210)에 내가 비로소 嗣子 寺正君[14]에게서 이 책을 전수받고 마음으로 신봉하였다. 관직을 맡아 남쪽으로 오면서 그 책을 가지고 왔는데, 마침 建安의 眞侯 德秀[15]가 우리 고을에 왔으므로 한가한 날에 그 책을 읽고는 한숨을 쉬면서 탄식하기를, "크고 깊도다. 참으로 《春秋》 이후로 없는 책이다. 人君이 되어서 이 책을 통달하면 충분히 德威의 근본을 밝히고 治亂의 근원을 살필 수 있고, 人臣이 되어서 이 책을 통달하면 충분히 經事의 正道를 지키고 變事의 權道를 이룰 수 있다. 대개 이치를 궁구하여 그 쓸모를 다하는 일을 모두 종합한 것으로 萬世 史筆의 법도가 되는 準繩과 規矩이다."라고 하였다.

郡의 살림이 겨우겨우 부족함을 면한 것을 개탄하면서 이에 서로 쓸데없이 사용되는 예산을 조사하여 모으고, 다시 寺正君의 새로 교정한 책을 구하여 참고하고 확정하여 목판에 새겼다. 대체로 위로는 乙夜(2更)에 觀覽하시는데 도움이 되게 하고 아래로는 學者들이 講明하는데 보탬이 되게 하였다. 해를 넘겨 책을 완성하였는데, 眞侯는 체직되어 江右 지역을 다스렸는데, 군대를 거느리고 장차 떠나려 하였다. 이에 빨리 조정에 알리고 그 板木을 成均館에 올려보내 사방의 요구에 부응하도록 청하였으며, 또 소문이 나서 임금에게 알려지기를 기대하였다. 또 나에게 이 책을 판각하게 된 까닭을 서술하

13) 庚午年 : 南宋 寧宗 嘉定 3년이다. 嘉定은 寧宗(재위 1194~1224)의 연호로 1208년부터 1224년까지 17년간 사용되었다.

14) 寺正君 : 朱在(1169~1231)로 朱子의 셋째 아들이다. 자는 敬之 또는 叔敬이고 호는 立紀이며 徽州 婺源 사람이다. 呂祖謙의 딸과 혼인하였으며, 벼슬은 泉州通判과 南康軍奉祠 등을 거쳐 吏部郞에 이르렀다.

15) 眞侯 德秀 : 眞德秀(1178~1235)는 南宋 建寧府 浦城人으로, 자는 景希, 호는 西山, 시호는 文忠이다. 寧宗 慶元 5년(1199) 進士가 되고, 開禧 원년(1205) 博學宏詞科에 합격했다. 泉州와 福州의 知州를 지냈으며, 戶部尙書와 翰林學士를 거쳐 參知政事에 이르렀다. 강직하기로 유명해 조정에서 명성이 자자했다. 저술에 《大學衍義》와 《讀書記》, 《文章正宗》, 《西山文集》 등이 있다. 진덕수는 嘉定 9년(1216)에 泉州의 知州가 되었는데, 이때 李方子가 천주의 觀察推官을 맡았다.

게 하였는데, 내가 참으로 사양할 수가 없었다.

歲在庚午에 方子始獲傳此於嗣子寺正君而服膺焉이라 試吏南來에 負以與俱러니 會建安眞侯德秀惠臨此邦하야 暇日에 取而讀之하고 喟然歎曰 大哉深乎여 信春秋以來로 未之有也라 爲人君而通此書하면 足以明德威之柄하고 燭治亂之原이요 爲人臣而通此書하면 足以守經事之正하고 達變事之權이니 蓋窮理致用之總會요 而萬世史筆之準繩規矩也라 慨郡計堇堇無乏하야 乃相與隱覈滲漏之餘財하고 復求寺正君新校之本하야 參定而鋟諸木하니 蓋將上裨乙夜之觀覽하고 而下淑學者之講明이라 閱歲書成에 而侯易帥江右하야 元戎將啓行矣라 於是에 亟以告諸朝廷하야 請上其板于成均하야 以給四方之求하고 且庶幾乎轉以上聞이라 又俾方子書其所爲刻之故일새 方子固不得而辭也라

예전에 삼가 들으니, 두 程子께서 斯道를 倡明하여 끊어진 학문의 전통을 이었으나, 史書를 편찬하는 일에 대해서는 급급하게 여기지 않으신 것처럼 하셨다. 그러나 伯子(程顥)는 ≪漢書≫를 읽고 일찍이 한 마디도 남기지 않았으나, 叔子(程頤)는 매번 史書를 보다가 반쯤 이르면 반드시 책을 덮고 그 성공과 실패를 생각하고 합당하지 않음이 있으면 또다시 깊이 생각하여 정밀하게 연구하기를 이와 같이 하였으니 어찌 다른 까닭이 있겠는가. 학문의 全體와 大用이 진실로 마땅히 그 極을 쓰지 않음이 없는 것이다.

이 책이 완성되자 義理가 바루어지고 法則이 엄격해졌으며 문장이 분명해지고 뜻이 깊어져서, 歷代의 보편적이지 못했던 것을 바르게 하였으며 一理의 순수함을 모아 귀결하여, 麟經(≪春秋≫)의 끊어진 실마리를 진작시켰으며 아름다운 모범을 장래에 보여주었으니 이는 斯文의 能事가 갖추어졌다. 가령 司馬溫公이 이것을 본다면 반드시 마음은 만족하고 뜻은 흡족하여 나를 일깨웠다는 탄식[16]을 할 것이다. 그런데 王安石[17]은 性命을 높여 말하고 史學을 絶滅시켜 끝내 夷狄의 禍가 생기게 만들었으니 君子가 깊이 誅罰하고 따르지 않는 까닭이다.

비록 그러하나 ≪五經≫이 갖추어진 뒤에 ≪춘추≫가 만들어졌고, ≪오경≫이 그 理

---

16) 나를……탄식 : 이 말은 ≪論語≫ 〈八佾〉篇에 孔子가 詩에 대하여 子夏와 문답하면서, 자하를 칭찬하여, "나를 일깨운 자는 商이로다. 비로소 더불어 시를 말할 만하구나.〔起予者 商也 始可與言詩已矣〕"라고 한 데서 나온 고사이다.

17) 王安石 : 1021~1086. 北宋 撫州 臨川 사람으로 新法黨의 영수이다. 자는 介甫, 半山이다. 仁宗 慶曆 2년(1042) 進士가 되었다. 熙寧 2년(1069)에 參知政事가 되어 變法을 강력하게 주장한 것이 神宗의 뜻과 일치해 역사적으로 유명한 파격적인 개혁정책을 실시하게 되었다. 저서에 ≪王臨川先生集≫, ≪周官新義≫, ≪尙書新義≫, ≪詩經新義≫ 등이 있다.

를 말하자 《춘추》가 그 用을 말하였다. 理가 精微함에 다하지 못하니 《춘추》를 쉽게 배울 수 없었다. 子朱子가 먼저 四子書[18]를 해석하여 道에 들어가는 요점을 보여주었고, 차례로 여러 經典을 언급하였으니, 그런 다음에 이 책을 읽을 수 있기 때문이다. 배우는 자가 반드시 순서에 따라 배운 다음에야 本末이 겸비되고 內外가 관통하여 學問의 全體와 大用에 아마도 가깝게 될 것이다. 진실로 그 本을 헤아리지 않고 그 末을 가지런히 하며, 그 內를 기르지 않고 그 外를 급하게 하여, 갑자기 이 책을 먼저 본다면 어찌 事業을 행하는데 부족하지 않겠으며, 끝내 體用을 겸비하는 것이 순수하고 아름다움이 되는 것만 못할 것이다. 그러므로 구체적으로 언급하였다. 그리고 著書의 凡例와 立言의 異同은 또 그 뒤에 나열해 붙여서 보는 자들로 하여금 고찰하게 하였다.

嘉定 己卯年[19](1219) 겨울 10월 庚午日에 門人 文林郎 泉州觀察推官 李方子는 삼가 쓰다.

昔者竊聞之호니 二程子倡明斯道하사 以續絶學之傳이나 其於史事에 若未數數然也라 然伯子讀漢書에 未嘗輒遺一字하고 叔子每觀史至半에 必掩卷思其成敗하고 其有不合이면 又復深思하야 硏精若此하니 豈有他哉아 學之全體大用이 固當無所不用其極也라 至於此書之成하야는 義正而法嚴하고 辭覈而旨深하며 陶鎔歷代之偏駁하고 會歸一理之純粹하며 振麟經之墜緖하고 垂懿範於將來하니 蓋斯文之能事備矣라 使司馬公見之면 必將心滿意愜하야 有起予之歎이리라 而王氏高談性命하고 絶滅史學하야 卒稔夷狄之禍하니 君子所以深誅而不聽者也라 雖然이나 五經備而後春秋作하니 五經言其理하고 春秋言其用이라 理未極於精微하니 春秋未易學也라 子朱子首釋四子[20]하야 以示入道之要하고 次及諸經하니 而後可以讀此書焉이라 學者必循序而學之然後에 本末兼該하고 內外融貫하야 其於學之全體大用에 儻庶幾乎라 苟不揣其本而齊其末하고 不養其內而急其外하야 遽以此書爲先이면 夫豈不足措之事業이리오 終不若體用兩全之爲純且懿也라 故具論之라 而著書之凡例와 立言之異同은 又附列於其後하야 使覽者得考焉이라 嘉定己卯冬十月庚午에 門人 文林郎 泉州觀察推官 李方子는 謹書하다

---

18) 四子書 : 《論語》, 《大學》, 《中庸》, 《孟子》 4책을 가리킨다. 이 4책은 孔子, 曾子, 子思, 孟子의 저술이므로 '四子書' 또는 '四書'라고 칭한다.

19) 己卯年 : 嘉定 12년이다.

20) 子 : 《朱子全書》의 《資治通鑑綱目》과 《四庫全書》의 《御批資治通鑑綱目》에는 '書'로 되어 있다.

金華刻本에 실려 있는 王魯齋 栢[1]의 後語

金華刻本王魯齋栢後語

≪資治通鑑綱目≫이 後學들에게 도움을 준 것이 오래되었다. 李果齋(李方子)의 後語에 "著書의 凡例와 立言의 異同은 또 그 뒤에 나열해 붙였다."라고 하였다. 그런데 이 말은 있었지만 이 글은 보지 못하였다. 50여 년이 지났으므로 그 상세한 사정을 알 수 없어서 일찍이 책을 어루만지며 한숨 쉬면서 이에 대하여 생각을 하지 않음이 없었다.

아, 春秋筆法이 끊어져 史法이 무너졌으므로 司馬溫公이 옛일을 거울삼아 세 諸侯가 僭命한 것을 처음으로 삼았는데[2], 이로부터 權謀와 變詐하는 습속이 날로 심해져서 軍士를 파묻고 나라를 멸망시키며 正統을 간섭하고 宗族을 誅滅하는 것이 서로 이어 분주히 하여 興廢와 離合이 1,362년 동안이나 어지러웠으니 그 실마리가 매우 많았다.

朱子가 絜矩의 道를 미루고 權衡의 붓에 붙여서 큰 글자로 쓴 綱과 두 줄로 分註한 目이 서로 섞여 있어서 經傳의 체제를 갖추었는데, 司馬遷 이래로 처음 있는 일이었다. 진실로 發凡과 釋例[3]로 하나의 이치를 꿰뚫어 말하지 않았다면 述作의 뜻을 누가 밝히고, 勸善懲惡의 뜻을 누가 구분하며, 大經大法이 天倫을 부지하고 人欲을 막아 百王의 軌度를 닦아서 萬世의 準繩이 되는 것을 어찌 直書하고 숨기지 않는 실상에서 드러내었겠는가. 이것이 어찌 글줄을 찾고 글자를 세며 억지로 찾는 자가 그 비슷한 것을 얻을 수 있겠는가. 後學이 크게 한스러운 것이 마땅하다.

通鑑綱目之惠後學이 久矣라 李果齋後語에 曰 著書之凡例와 立言之異同은 附列於其後라 然이나 有是言也而未見是書也라 五十有餘年에 莫有知其詳者일새 未嘗不撫卷太息하고 遐想

---

1) 王魯齋 栢 : 王栢(1197~1274)은 南宋 婺州 金華 사람으로 자는 會之 또는 伯會이고, 魯齋는 호이다. 저서에 ≪讀易記≫, ≪讀書記≫, ≪詩辨說≫ 등이 있다.

2) 세 諸侯가……삼았는데 : 周나라 威烈王 23년(B.C. 403)에 "처음으로 晉나라 大夫 魏斯, 趙籍, 韓虔을 명하여 諸侯로 삼았다."는 구절로 ≪資治通鑑≫이 시작한 것을 말한다.

3) 發凡과 釋例 : 發凡은 晉나라 杜預가 ≪春秋經傳集解序≫에서 "凡字를 써서 例를 말한다.〔發凡以言例〕"라고 한 데서 나온 것으로 글의 要旨와 體例를 제시한다는 의미이다. 釋例는 범례를 설명한다는 뜻으로, 杜預의 서문에 "例의 異同을 드러내어 그 차이를 설명하고 ≪釋例≫라고 이름하였다.〔顯其異同 從而釋之 名曰釋例〕"에서 나왔다.

於斯焉이라 噫라 麟筆絶而史法壞러니 司馬公이 鑑古하야 託始三侯之僭命하야 自是權謀變詐之習이 益深하고 坑師滅國과 干統夷族이 相迹而奔하고 興廢離合이 轇轕於一千三百六十二年之間하니 其端如毛라 朱子推(挈)〔絜〕[4]矩之道하고 寓權衡之筆하야 大書分註하야 自相錯綜이 以備經傳之體하니 史遷以來로 未始有也라 苟非發凡釋例하야 一以貫之면 則述作之意를 孰得而明하며 勸懲之意를 孰得而辨하며 而大經大法이 所以扶天倫遏人欲하고 修百王之軌度하야 爲萬世之準繩者를 何以見(현)直書不隱之實가 是豈尋行數墨彊探力索者 所可得其彷彿哉아 宜後學之所大恨也라

어느 날 訥齋 趙公(趙師淵)의 文集을 보니, 그 안에 考亭(朱熹)과 주고받은 편지가 있었고, 그제야 綱 아래에 붙인 目은 대개 訥齋에게 찬술하게 하였다는 것을 알았는데, 이는 예전에 듣지 못한 사실이었다. 눌재가 말하기를, "凡例 1책은 이미 베낀 것이 이곳에 있습니다."라고 하였으니, 참으로 과연 이 책이 있었던 것이다. 오래된 옛날 책이 장차 나오려 하니 影響이 저절로 드러난 것이다. 그리고 上蔡書堂의 奉祠[5] 謝君 作章이 趙公의 姻戚이므로 그 책에 대한 확인을 힘써 부탁하니, 謝君이 말하기를, "일찍이 水害에 훼손되었으므로 꼭 있지는 않을 것입니다."라고 하였다.

1년 뒤에 비로소 謝君이 말하기를, "범례를 다행히 趙君 與巒의 집에서 찾았습니다."라고 하며, 그것을 베껴 전해주었는데, 마치 天球와 弘璧[6]을 얻은 것 같았다. 다시 傃軒 趙公의 소장본을 구하여 서로 참고하여 교정하여 드디어 全書를 이루었다. 지금 여러 판본에 간행된 序例가 바로 이 범례의 서문이다. 그 뒤에 붙은 항목이 모두 19門 137條이다.

綱 아래에 目이 있고 目 아래에 類가 있는데, 正統과 無統의 구분이 매우 엄격하고, 有罪와 無罪의 구별 또한 현저하였다. 혹 그 王을 君으로 하고 그 帝를 主로 하며, 혹 盛大함으로 쓰고 혹 僭濫함으로 쓰며, 혹 得과 失로 쓰고 혹 更革과 建立으로 썼다. 자

4) (挈)〔絜〕: 저본에는 '挈'로 되어 있으나, ≪朱子全書≫의 ≪資治通鑑綱目≫과 ≪四庫全書≫의 ≪御批資治通鑑綱目≫에 근거하여 '絜'로 바로잡았다.

5) 奉祠 : 宋나라의 관직 이름이다. 宮觀使와 判官 등의 직책에 물러난 관료들을 임명하여 職事는 없이 녹봉만 수령하게 하였는데, 宮觀使 등의 임무가 제사를 모시는 것이므로 奉祠라고 칭하였다. ≪宋史 권170 職官10 宮觀≫

6) 天球와 弘璧 : 모두 옥으로 만든 진귀한 구슬이다. ≪書經≫ 〈周書 顧命〉에 "玉을 五重으로 하며 보물을 진열하니, 赤刀와 大訓과 弘璧과 琬琰은 西序에 있고, 大玉과 夷玉과 天球와 河圖는 東序에 있다.〔越玉五重陳寶 赤刀大訓弘璧琬琰在西序 大玉夷玉天球河圖在東序〕"라고 하였다. 이 중에 弘璧과 琬琰, 大玉, 夷玉, 天球가 오중의 옥이다.

신이 직접하고 자신이 칭한 것으로 쓴 것도 있고, 현명한 사람과 그렇지 않은 사람을 등용하고 버린 것으로 쓴 것도 있으며, 경계로 삼고 법으로 삼을 것으로 쓴 것도 있고, 의심을 보여서 거짓을 드러낸 것으로 쓴 것도 있다. 혹 刑臣(환관)이 功績이 있게 된 시작을 드러내고, 혹 刑臣이 정치에 참여한 시작을 드러내고, 혹 外家가 정치에 참여한 시작을 드러내었다. 征과 寇, 誅와 殺의 차이와 薨과 殂, 卒과 死의 차이 있음을 조리 있게 분석하고 광범하게 살피고 신중하고 엄격하게 하여 治亂이 분명하게 드러났다.

一日에 觀訥齋趙公文集하니 間有考亭往來書問하고 乃知綱下之目을 蓋屬筆於訥齋而昔未之聞이라 訥齋曰 凡例一冊은 已抄在此라하니 信乎果有是書也라 塵編將發에 影響自露라 及(來)〔因〕[7]上蔡書堂奉祠謝君作章爲趙之婣하야 力囑其訪問하니 曰 嘗毀於水而未必存이라하다 越一年에 始報曰 凡例幸得於趙君與巒이라하야 錄以見授하니 如獲天球弘璧이요 復得傃軒趙公本하야 參校互正하야 遂成全書하니 今諸本所刊序例 卽此凡例之序也라 其後列十有九門하니 總一百三十有七條라 綱[8]下有目하고 目下有類하야 正統無統之分甚嚴하고 有罪無罪之別亦著하며 或君其王하고 或主其帝하며 或以盛書하고 或以僭書하고 或以得失書하고 或以更革建立書하며 有以自爲自稱書者하고 有以賢否用舍書者하고 有以可戒可法書者하고 有以示疑著僞書者하며 或著刑臣有功之始하고 或著刑臣與政之始하고 或著外家與政之始하며 征寇誅殺之不同하고 薨殂卒死之有異하야 條分縷析하고 該覈謹嚴하야 治亂躍如也라

옛날 공자가 《春秋》를 지을 적에 魯史의 舊文을 따르고 筆削한 자취를 보이지 않았으니 바로 범례가 없었다는 증거이다. 朱子가 말하기를, "《춘추》의 傳例는 믿을 수 없는 것이 많으니 夫子가 하신 것이 아니다."라고 하였다. 지금 《資治通鑑綱目》의 범례는 바로 朱子가 직접 정한 것이니 그 大義의 명백함은 진실로 한결같이 夫子에게 근본을 두었으며, 사실을 왜곡하고 기강을 어지럽히며 다른 사람의 죄악을 숨기고 진실을 감추는 것에 대해서는 先儒들이 미진하였던 부분을 모두 거론하여 크게 바로잡았다. 이는 邪說이 橫流하는 것이 진실로 홍수나 맹수의 해로움보다 더 심함이 있다고 여겨서 그 책임을 사양하지 않은 것이다. 朱子도 《자치통감강목》의 義例가 더욱 精密하여 亂臣賊子가 참으로 그 모습을 숨길 수 없을 것이라고 하였다. 옛날의 많은 어리석음을 계

7) (來)〔因〕: 저본에는 '來'으로 되어 있으나, 《朱子全書》의 《資治通鑑綱目》과 《四庫全書》의 《御批資治通鑑綱目》에 근거하여 '因'으로 바로잡았다.

8) 綱: 《朱子全書》의 《資治通鑑綱目》과 《四庫全書》의 《御批資治通鑑綱目》에는 '凡'으로 되어 있다.

발하고 세상을 다스리는 큰 방법을 다하였으니, 續春秋라고 불러도 또한 무슨 부끄러움이 있겠는가.

아, 朱子의 글은 천하에 유포되어 빠뜨린 것이 없었는데, 오직 이 책 1권만 자취를 감춘 지 이미 오래되어 장차 사라질 뻔하였다. 이를 널리 전파하지 않는다면 이 글을 읽는 자가 끝내 의심을 풀고 의혹을 구분할 방법이 없을 것이다. 감히 涵古堂에서 간행하여 同志들과 함께 공유한다.

宋나라 咸淳 乙丑年[9](1265) 正月 보름에 金華 王柏은 쓰다.

昔夫子之作春秋에 因魯史之舊文하고 不見其筆削之迹하니 正以無凡例之可證이라 朱子曰 春秋傳例는 多不可信이니 非夫子之爲也라하니라 今綱目之凡例는 乃朱子之所自定이니 其大義之炳如者는 固一本於夫子하고 至若曲筆亂紀隱慝匿情은 有先儒之所未盡者를 悉擧而大正之라 蓋深以邪說橫流 誠有甚於洚水猛獸之害하야 有不可辭其責이라 朱子亦謂綱目義例益精密하야 亂臣賊子 眞無所匿其形矣라 開歷古之群蒙하고 極經世之大用하니 謂之續春秋라도 亦何愧焉가 吁라 朱子之書流行天下에 無有遺者로대 獨此一卷이 晦迹旣久하야 殆將堙淪하야 不廣其傳하니 則讀是書者終無釋疑而辨惑일새 敢[10]鋟梓于涵[11]古堂하야 與同志共之하노라 有宋咸淳乙丑正月望에 金華〔王栢〕[12]은 書하다

9) 咸淳 乙丑年 : 咸淳은 南宋 度宗(재위 1264~1274)의 연호로 1265년부터 1274년까지 10년간 사용되었으며, 乙丑年은 咸淳 1년이다.

10) 敢 : ≪朱子全書≫의 ≪資治通鑑綱目≫과 ≪四庫全書≫의 ≪御批資治通鑑綱目≫에는 '遂'로 되어 있다.

11) 涵 : ≪朱子全書≫의 ≪資治通鑑綱目≫과 ≪四庫全書≫의 ≪御批資治通鑑綱目≫에는 '稽'로 되어 있다.

12) 〔王栢〕: 저본에는 3자의 缺落이 있다. ≪朱子全書≫의 ≪資治通鑑綱目≫과 ≪四庫全書≫의 ≪御批資治通鑑綱目≫에 근거하여 2자를 보충하였다.

宣城刻本에 실린 廬山 文氏 天祐의 識語

宣城刻本廬山文氏〔天祐〕[1]識(지)語

이 ≪資治通鑑綱目凡例≫를 현재 貳車[2]로 있는 潘公 子輿에게서 얻었는데, 대개 金華(王栢)가 처음 간행하였으나 學者들이 많이 보지 못하였다. 이 책은 진실로 ≪資治通鑑綱目≫과 함께 간행되어야 마땅한 것이다. 그러나 乾道 壬辰年(1172)부터 지금까지 100년이 되었는데, 저처럼 先後로 나타났다가 사라진 까닭은 그 운수가 있었던 것인가.

凡字를 써서 例를 말한 것은 夫子가 어찌 우리들에게 숨긴 것이겠는가. 후세 사람들로 하여금 義理에 따라 昭明하게 하였으니 아마도 맡긴 바가 있는 듯하다. 그렇지 않다면 朱子가 어찌 이를 아껴서 전하지 않았겠는가. 傳例를 가지고 ≪春秋≫의 義理를 구하는 것은 안 되지만 이 책을 가지고 ≪綱目≫의 義理를 구하는 것은 된다. ≪綱目≫이 아니면 ≪春秋≫를 알 수 없고, 이 책이 아니면 ≪綱目≫을 읽을 수 없으니 참으로 그 전파를 널리 하지 않을 수 없다.

貳車가 家學이 考亭의 학문임을 생각하고 學宮에서 간행하여 우리들에게 도움이 되게 하자고 하였다. 이미 간행한 다음에 다시 서로 말하기를, "어찌 ≪綱目≫과 함께 간행하고 이 한 책을 갖추어서 배움을 베푸는 크고 화려한 전례로 삼지 않겠는가."라고 하였다.

郡文學掾 廬山 文天祐는 삼가 기록한다.

右通鑑綱目凡例를 得之今貳車潘公〔子輿〕[3]하니 蓋金華始鋟木而學者多未見也라 是書固宜與綱目竝出이나 然自乾道壬辰으로 今百年矣라 彼先後顯晦之故 抑有其數耶아 發凡以言例는 夫子何隱乎爾리오 而使〔後之〕[4]人으로 隨義而昭明之하니 殆有所屬이라 不然이면 朱子豈靳乎是而

---

1) 〔天祐〕: 저본에는 2자의 缺落이 있다. ≪朱子全書≫의 ≪資治通鑑綱目≫과 ≪四庫全書≫의 ≪御批資治通鑑綱目≫에 근거하여 보충하였다.

2) 貳車 : 뒤따르는 수레로 보좌하는 사람을 말한다. ≪禮記≫ 〈少儀〉에 "貳車를 타면 구부리고, 佐車를 타면 구부리지 않는다."라고 하였는데, 그 주석에 "貳車와 佐車는 다 副車이다."라고 하였다.

3) 〔子輿〕: 저본에는 2자의 缺落이 있다. ≪朱子全書≫의 ≪資治通鑑綱目≫과 ≪四庫全書≫의 ≪御批資治通鑑綱目≫에 근거하여 보충하였다.

不傳哉아 〔執〕[5]傳例以求春秋勿可요 執是書以求綱目則可라 微綱目이면 無以〔知春秋〕[6]요 微是書면 無以讀綱目이니 信其傳之不可不廣也라 貳車念〔家學考〕[7]亭하야 請刻諸學宮하야 以惠我人하니 旣成矣에 復相語曰 安得併〔刻綱目하야 備〕[8]此一書하야 以爲宣學鉅麗之典也哉아하니라 郡文學掾 廬山 文〔天祐는 謹識〕[9]하다

4) 〔後之〕 : 저본에는 2자의 缺落이 있다. ≪朱子全書≫의 ≪資治通鑑綱目≫과 ≪四庫全書≫의 ≪御批資治通鑑綱目≫에 근거하여 보충하였다.

5) 〔執〕 : 저본에는 1자의 缺落이 있다. ≪朱子全書≫의 ≪資治通鑑綱目≫과 ≪四庫全書≫의 ≪御批資治通鑑綱目≫에 근거하여 보충하였다.

6) 〔知春秋〕 : 저본에는 3자의 缺落이 있다. ≪朱子全書≫의 ≪資治通鑑綱目≫과 ≪四庫全書≫의 ≪御批資治通鑑綱目≫에 근거하여 보충하였다.

7) 〔家學考〕 : 저본에는 4자의 缺落이 있다. ≪朱子全書≫의 ≪資治通鑑綱目≫과 ≪四庫全書≫의 ≪御批資治通鑑綱目≫에 근거하여 3자를 보충하였다.

8) 〔刻綱目備〕 : 저본에는 4자의 缺落이 있다. ≪朱子全書≫의 ≪資治通鑑綱目≫과 ≪四庫全書≫의 ≪御批資治通鑑綱目≫에 근거하여 보충하였다.

9) 〔天祐謹識〕 : 저본에는 4자의 缺落이 있다. ≪朱子全書≫의 ≪資治通鑑綱目≫과 ≪四庫全書≫의 ≪御批資治通鑑綱目≫에 근거하여 보충하였다.

海寧任家刻本에 실린 新安 汪氏 克寬[1]의 序
海寧任家刻本新安汪氏克寬序

어떤 사람이 ≪春秋≫의 凡例에 대하여 물으니, 子朱子가 말하기를, "≪춘추≫에 범례가 있는 것은 확실하다. 어찌 夫子가 만드신 것이 아니겠는가."[2]라고 하였다. 夫子가 ≪춘추≫를 지으실 때, 쓸 것은 쓰고 삭제할 것은 삭제하시니, 子游와 子夏도 오히려 한 글자도 관여하지 못하였다.[3] 그런데 三傳에서 각각 범례를 만들고 후세에 ≪춘추≫를 말하는 자들도 각각 범례를 만들어 거의 수십 백의 학설이 되었고 사람마다 달랐으니 學者들이 장차 어떻게 절충을 하겠는가.

子朱子가 ≪資治通鑑≫에 대하여 쓸 것은 쓰고 삭제할 것은 삭제하여 ≪資治通鑑綱目≫을 만들어 褒貶과 去取를 한결같이 ≪춘추≫의 書法을 따랐다. 統系를 따로 하여 大一統[4]의 뜻을 밝히고, 歲年을 표시하여 首時의 체제[5]를 본떴으며, 名號를 분별하여 그 名分을 바로하고, 卽位와 改元을 기록하여 그 처음을 바로하였다. 尊立과 崩葬을 기

1) 汪氏 克寬 : 汪克寬(1304~1372)은 元나라 新安 祁門縣 사람으로 字는 德輔 또는 仲裕이고 號는 環谷이다. 왕극관의 祖父 汪華는 朱子의 再傳弟子 饒魯의 門人이고, 왕극관은 饒魯의 문인 吳迂에게 배웠다. 저술에는 ≪周易程朱傳義音考≫, ≪春秋胡傳附錄纂疏≫, ≪詩集傳音義會通≫, ≪經禮補逸≫, ≪四書音證≫, ≪通鑒綱目考異≫ 등이 있다. ≪明史≫ 권282에 汪克寬의 傳이 실려 있다.

2) 어떤……아니겠는가 : ≪朱子語類≫ 권83 〈春秋綱領〉에 나오는 말로, 어떤 사람이 ≪춘추≫의 범례를 언급한 것에 대한 답변의 일부분이다.

3) 夫子가……못하였다 : ≪史記≫ 권47 〈孔子世家〉에, "공자께서 ≪春秋≫를 지으실 때, 쓸 것은 쓰고 삭제할 것은 삭제하시니, 子夏의 무리가 감히 한 글자도 관여하지 못하였다.〔至於爲春秋 筆則筆 削則削 子夏之徒不能贊一辭〕"라고 하였다.

4) 大一統 : 천하의 제후국이 모두 천자에게 복속되어 그 문물과 제도를 따르는 것을 말한다. ≪春秋≫ 隱公 元年에 "元年春王正月"이라 하였는데, ≪春秋公羊傳≫에서 "어째서 王正月이라고 하였는가. 크게 하나로 통일하기 위해서이다.〔何言乎王正月 大一統也〕"라고 하여, 제후들이 周나라 王을 중심으로 통일되어야 한다는 의미로 설명하였다.

5) 首時의 체제 : 首時는 사계절의 첫 번째 달인 正月, 4월, 7월, 10월을 말한다. ≪春秋公羊傳≫ 隱公 6년 "秋七月" 주석에 "이때는 아무 일이 없었는데 왜 秋七月이라 기록하였는가. ≪春秋≫에는 비록 일이 없더라도 首時가 지나가면 기록한다. 首時가 지나가면 왜 기록하는가. ≪春秋≫는 編年體이므로 四時가 갖추어진 다음에 年이 이루어진다.〔此無事 何以書 春秋雖無事 首時過則書 首時過則何以書 春秋編年 四時具然後爲年〕"라고 하였다.

록하여 始終을 서술하고, 簒弑[6]와 廢徙를 기록하여 亂賊을 討罪하였다. 祭祀를 기록하여 吉禮의 得失을 드러내고, 行幸과 田狩를 기록하여 각처로 놀러 다니며 다스림에 게으른 모습을 나타내었으며, 恩澤과 制詔를 기록하여 命令의 좋고 나쁨을 드러내고, 朝會와 聘問을 기록하여 賓禮의 옳고 그름을 나타내었다. 封拜와 廢黜과 罷免을 기록하여 賞罰의 마땅하고 마땅하지 않음을 보이고, 征伐과 戰功을 기록하여 用兵의 올바르고 거짓됨을 드러내었으며, 人事를 기록하여 관직을 제수하고 빼앗음을 표시하고, 災祥을 기록하여 권면하고 告戒한 것을 보였으므로 片言隻字도 마치 저울을 가지고 輕重을 비교해서 銖를 쌓고 黍를 나누는데 芒과 忽[7]도 어긋나지 않은 것처럼 하였다.

그러므로 직접 쓰신 범례 1권에 쓸 것은 쓰고 삭제할 것은 삭제한 법을 갖추어 나열하였다. 배우는 자가 이것에 근거하여 《자치통감강목》의 뜻을 구한다면 다시 주석을 붙이는 것을 기다릴 필요도 없이 역사 기록 외에 마음을 전하는 要典을 눈에 환하게 보이고 손바닥을 보듯이 쉬울 것이니, 傳을 지은 사람들이 각자 범례를 만들어 《춘추》를 말한 것과 天壤之差일 뿐만이 아니다.

그러나 魯齋 王公(王栢)이 金華에서 간행한 것과 敬所 文君(文天祐)이 宣城에서 간행한 것은 널리 전파되지 못하였다. 至元 丁丑[8](1337)에 友人 倪仲弘[9]이 우연히 그의 친구 朱平仲(朱晏)에게서 이 책을 얻었는데 마침내 내게 보여주었다. 내가 이 책이 後學에게 도움이 됨을 기뻐하여 木板에 새겨 간행하여 널리 전파되게 하려고 하였다. 海寧의 任用和는 그 아들 때문에 나를 좇아 종유하였는데 이 소식을 듣고 기뻐하며 바로 家塾에서 목판을 새겼다. 내가 이어서 그 同異를 고찰하여 그 뒤에 붙이고 아울러 그 所從來의 顚末을 卷首에 기록하였다.

至正 3년 癸未年[10](1343) 良月(10월) 旣望에 後學 新安 汪克寬은 삼가 쓰다.

或問春秋凡例한대 子朱子曰 春秋之有例固矣라 奈何非夫子之所爲也오하니라 夫子作春秋에 筆則筆하고 削則削하야 游夏尚不能措一辭어늘 而三傳各立凡例하고 後之言春秋者도 又各立例하야

---

6) 簒弑 : 범례에는 簒賊으로 되어 있다.

7) 芒과 忽 : 아주 작은 단위를 뜻한다.

8) 至元 丁丑 : 至元은 元나라 마지막 皇帝 順帝(재위 1333~1368)의 연호로 1335년부터 1340년까지 6년간 사용되었으며, 丁丑年은 至元 3년이다.

9) 倪仲弘 : 元나라 徽州 休寧人 倪士毅(1303~1348)로 仲弘는 字이다. 호는 道川, 私諡는 文靜이다. 생졸년은 기록에 따라 미상으로 된 곳도 있다. 陳櫟에게 수학하였으며, 저서에 《重訂四書輯釋》 등이 있다.

10) 至正……癸未年 : 至正은 元나라 順帝(재위 1333~1367)의 연호로 1341년부터 1367년까지 27년간 사용되었다.

殆將數十百家言하야 人人殊하니 學者將安取衷哉아 子朱子筆削資治通鑑爲綱目하고 褒貶去取를 一準春秋書法하고 別統系以明大一統之義하고 表歲年以倣首時之體하고 辨名號以正名하고 紀卽位改元以正始하며 書尊立崩葬以叙始終하고 書簒弑廢徙以討亂賊하고 書祭祀以著吉禮之得失하고 書行幸田狩以著巡遊之荒怠하고 書恩澤制詔以著命令之美惡하고 書朝會聘問以著賓禮之是非하고 書封拜黜罷以見賞罰之當否하고 書征伐戰攻以著用兵之正僞하고 書人事以寓予奪하고 書災祥以垂勸戒하야 片言隻字如持權衡以較輕重하야 銖積黍分하고 芒忽靡忒이라 故手筆凡例一卷하야 備列所以筆削之法하야 學者據此以求綱目之旨하면 不須更設注脚而史外傳心之要典이 瞭然在目하고 如視諸掌이라 與傳者之自立例以言春秋로 蓋不霄壤翅矣라 然魯齋王公이 刊之金華하고 敬所文君이 刊之宣城이나 而傳之未廣也라 至元丁丑에 友人倪仲弘이 偶得於其友朱平仲하야 遂以示余할새 余喜其有益於後學하야 欲鋟棗하야 俾遠其傳이라 海寧任用和以其子從余遊러니 聞而樂之하야 迺刻諸家塾이라 余因考其同異하야 以附於後하야 幷識(지)其所從來之顚末於卷首云이라 至正三年癸未良月旣望에 後學新安汪克寬은 謹書하다

朱子가 지은 ≪資治通鑑綱目≫이 權度[11]가 精切하고, 筆削이 謹嚴한 것에 대해서는 선배들이 논평한 것이 상세하니 ≪자치통감강목≫을 칭송하는 군더더기 말은 더 이상 필요가 없다. 오직 凡例만은 세상에 오히려 드물게 전하여 學者들이 書法에 대하여 그 요점을 알 수 없었다. 至元 後 戊寅年[12](1338) 겨울에 友人 朱平仲 晏이 泗濱에서 돌아왔는데, 그 다음 해 봄에 그가 베껴온 책을 내보이면서 말하기를, "趙公 繼淸 篔翁의 아들 嘉績 礎에게서 얻었다."라고 하여 비로소 책을 얻어 읽어보았다.

이에 그 책을 베끼고 한가한 때에 자세히 보았으며, 인하여 서로 베껴 적었는데 작은 誤謬가 없지 않았으나 안타깝게도 다른 판본이 없어서 참조하여 교감할 수 없었다. 이에 알 수 있는 바에 따라 錯簡된 3조항과 빠지고 잘못되고 군더더기 글자 모두 30여 자를 바로잡고, 建安 劉叔簡 錦文에게 주어 坊中에서 간행하여 사방의 배우는 자들과 공유하게 하였다.

또 기억하건대 옛날 先師 定宇 陳先生[13]에게 학문을 배울 때, 李氏(李方子) 〈綱目論〉 1篇을 얻었는데 참으로 朱子의 ≪자치통감강목≫의 大旨를 잘 설명하였으나 본 사람이

---

11) 權度 : 權은 輕重을 재는 저울이며, 度는 長短을 재는 자이다.

12) 至元 後 戊寅年 : 元나라 順帝 至元 4년이다.

13) 定宇 陳先生 : 陳櫟(1252~1334)은 자는 壽翁이고, 定宇는 호이다. 宋나라가 망하자 은거하여 학문과 제자 양성에 힘썼다. 저서에는 ≪尙書集傳纂疏≫, ≪四書發明≫, ≪歷朝通略≫, ≪勤有堂隨錄≫, ≪定宇集≫ 등이 있다.

또한 드물었으므로 이제 아울러 기록하여 뒤에 붙였다. 대개 범례는 마땅히 ≪자치통감강목≫과 함께 아울러 세상에 통행되어야 하고, 李氏 〈綱目論〉도 마땅히 尹氏의 ≪資治通鑑綱目發明≫[14]과 함께 아울러 통행되어야 한다. ≪자치통감강목≫ 및 윤씨의 글과 같은 것은 모두 성행하였으므로 이 두 책을 갖추어 전하기를 바라고 진실로 능히 서로 더불어 講習하면, 朱子가 ≪춘추≫의 筆法을 이은 것이 환연하게 밝을 것이니 그 世敎에 어찌 작은 보탬이 된다고 말하겠는가.

至正 2년 壬午年(1342) 여름 5월 辛未朔에 新安 倪士毅는 삼가 쓰다.

朱子綱目之作이 權度精切而筆削謹嚴은 先輩論之詳矣니 贅不待贅라 惟凡例는 世尙罕傳하야 學者於書法에 有未窺其要者라 至元後戊寅冬에 友人朱平仲晏이 歸自泗濱하야 明年春에 出其所錄之本하고 謂得於趙公繼淸貫翁之子嘉績礙라하야 始獲披閱이라 遂即錄之하야 暇日詳觀하야 因轉相傳錄而不能無小誤일새 惜未有他本可以參校라 乃隨所可知하야 正其錯簡三條①와 漏誤衍文이 共三十餘字라 以寄建安劉叔簡錦文하야 刊之坊中하야 與四方學者共之라 又記昔受學于先師定宇陳先生時에 得(方)〔李〕[15]氏綱目論一篇하야 實能發朱子此書之大旨而見者亦少일새 今併錄以附于後라 蓋凡例는 當與綱目竝行而(方)〔李〕氏綱目論은 當與尹氏綱目發明竝行이라 若綱目及尹氏之書皆盛行矣라 故願以是二書備傳之하야 苟能相與講習이면 則朱子繼春秋之筆이 煥然以明하리니 其於世敎에 豈曰小補리오 至正二年壬午夏五月辛未朔에 新安倪士毅는 謹書하다

① 歲年門 2條와 卽位門 1條이다.
歲年門二條・卽位門一條.

14) 資治通鑑綱目發明 : 尹起莘이 저술한 것이다. 윤기신은 南宋의 寧宗(재위 1194~1224)과 理宗(재위 1224~1264) 시기의 학자로 생졸년은 미상이며, 字는 耕道이다. 일생을 隱居하고 벼슬을 하지 않았으며 역사 연구에 전념하여, ≪資治通鑑綱目發明≫ 59권을 저술하였다.

15) (方)〔李〕 : 저본에는 '方'으로 되어 있으나, ≪朱子全書≫의 ≪資治通鑑綱目≫과 ≪四庫全書≫의 ≪御批資治通鑑綱目≫에 근거하여 '李'로 바로잡았다. 아래도 같다.

≪資治通鑑綱目訓義≫의 序

資治通鑑綱目訓義序

朱文公의 ≪資治通鑑綱目≫은 ≪春秋≫의 筆法을 본받았으니, 그 글은 史書이지만 그 뜻은 經書이다. 正統 丙辰年[1)](1436) 가을 7월에 上께서 集賢殿 副校理 臣 李季甸[2)]과 金汶[3)] 등에게 명하기를, "무릇 學問하는 방법은 經學이 근본이니, 진실로 마땅히 먼저 공부해야 한다. 그러나 단지 經學만 공부하고 史學에 精通하지 않으면 그 學問이 넓지 못할 것이다. 史學을 공부하고자 한다면 ≪자치통감강목≫ 1책과 같은 것이 없다. 지난번에 이미 ≪資治通鑑訓義≫를 찬술하였는데, 또 이 책으로 인하여 ≪자치통감강목≫까지 아울러 註解하여 後學에게 도움을 주고자 하니, 너희들은 그것에 힘써라." 하였다. 이에 이계전 등이 參酌하여 增損하고 그 요긴한 말을 뽑아 節目에 따라 나누어 붙이되, 무릇 버리고 취하는 것을 모두 여쭈어서 임금의 재가를 받았다.

계속하여 集賢殿副校理 臣 李思哲[4)]과 修撰 臣 崔恒[5)] 등에게 명하여 校正하게 하여, 3년이 지난 뒤에 책이 이루어졌다. 다만 그 예전에 만든 活字는 글자 모양이 조금 조밀하였는데, 상께서 춘추가 많아지면 보기가 어려울 것을 염려하여 晉陽大君 臣 李瑈[6)]로

1) 正統 丙辰年 : 正統은 明나라 英宗(재위 1435~1449, 1457~1464)의 연호로 1436년부터 1449년까지 14년간 사용되었으며, 丙辰年은 正統 1년으로 1436년이고, 朝鮮 世宗 18년이다.

2) 李季甸 : 1404(태종 4)~1459(세조 5). 字는 屛甫, 號는 存養齋, 諡號는 文烈이다. 본관은 韓山이며 李穡의 손자이다. 1427년(세종 9) 친시문과에 급제하여 집현전 학사가 되고, 1436년 왕명으로 金汶 등과 ≪資治通鑑訓義≫와 ≪資治通鑑綱目訓義≫를 편찬하였다.

3) 金汶 : ?~1448(세종 30). 본관은 彦陽, 자는 潤甫, 호는 西軒이다. 1420년(세종 2) 식년문과에 병과로 급제, 성균관에 들어갔다. 1435년 集賢殿修撰이 되었고, 集賢殿副校理, 集賢殿直提學을 지냈다. 이계전과 함께 ≪資治通鑑訓義≫를 편찬하였다.

4) 李思哲 : 1405(태종 5)~1456(세조 2). 본관은 全州이며 자는 誠之이고 시호는 文安이다. 1432년(세종 14) 식년문과에 丙科로 급제하였다. 1453년(단종 1) 癸酉靖難에 가담하여 靖難功臣 1등이 되고, 甄城君에 봉해졌다. 1455년 世祖가 즉위하자 右議政이 되고, 佐翼功臣 2등과 甄城府院君에 봉해졌다.

5) 崔恒 : 1409(태종 9)~1474(성종 5). 본관은 朔寧이며 자는 貞父이고 호는 太虛亭이며 시호는 文靖이다. 1434년(세종 16) 알성문과에 장원으로 급제하고 集賢殿副修撰이 되어 ≪資治通鑑訓義≫의 편찬에 참여하였다. 靖難功臣과 佐翼功臣, 佐理功臣에 참여하였으며, 벼슬은 領議政에 이르렀다.

6) 晉陽大君 臣 李瑈 : 조선의 제7대 임금 世祖(1417 태종 17~1468 세조 14)이다. 世宗의 둘째 아들로

하여금 大字를 쓰게 하고 이를 새로 鑄造하였다. 새 글자로 綱을 적고 옛 글자로 目을 적게 하였으며, 또 卷帙이 무겁고 큰 것을 혹은 上中下로 만들고 혹은 上下로 만들어 모두 149권을 장차 인쇄하여 세상에 널리 전하게 하려고 마침내 臣에게 명하여 序文을 짓게 하였다.

臣 柳義孫이 생각하건대, 史籍이 세상에 통행된 것이 많으나 ≪資治通鑑≫보다 상세한 것이 없고 ≪자치통감강목≫보다 요긴한 것이 없으니, 실로 天下 萬世의 龜鑑이다. 그러나 諸儒의 註釋은 자못 상세하고 간략한 것이 있고, 또한 서로 矛盾되기도 하여 진실로 두루 보고 절충하기가 쉽지 않다.

삼가 생각하건대, 우리 主上殿下께서는 하늘이 내신 聖學으로 經學과 史學에 潛心하여 萬機를 살피는 여가에 두 책을 읽고 여러 註釋의 異同을 참조하고 연구하여 하나로 통일시키고 세밀하게 分析하여 분명하게 고찰하게 하였으니, 진실로 史書의 大全이다. 이를 읽는 사람이 진실로 聖上의 教訓을 우러러 본받아 먼저 經學을 밝히고 난 후에 ≪자치통감≫으로 학문을 넓히고 ≪자치통감강목≫으로 要約한다면, 本末이 兼備되고 內外가 融通되어, 本體를 밝히고 使用에 적합한 학문에서 벗어나지 않을 것이다. 만일 혹 躐等을 하여 한갓 涉獵하는 데 힘을 쓴다면, 어찌 우리 聖上께서 道學을 倡明하여 세상에 전하는 가르침을 세운 아름다운 뜻이 되겠는가. 훗날에 이 책을 보는 사람은 마땅히 스스로 깨우치고 살펴야 할 것이다.

正統 3년 戊午年[7](1438) 겨울 11월 일에 中訓大夫 集賢殿直提學 知製教 經筵侍讀官 臣 柳義孫[8]은 손을 모아 절하고 머리를 조아리며 삼가 序文을 쓴다.

朱文公綱目은 祖春秋之筆하니 其文則史요 而義則經也라 正統丙辰秋七月에 上命集賢殿副校理臣李季甸金汶等하야 曰 凡爲學之道는 經學爲本이니 固所當先이라 然只治經學而不通乎史면 則其學未博이요 欲治史學인댄 無若綱目一書라 頃既撰資治通鑑訓義하고 又欲因此書併註綱目하야 以惠後學하노니 爾等其勉之하라하시다 於是에 季甸等이 參酌增損하고 撮其要語하야 逐節分附하야 凡所去取를 悉稟睿斷이라 繼而命集賢殿副校理臣李思哲修撰臣崔恒等하야 讐校하고 三閱歲而書成이라 第其舊鑄는 字様稍密하야 上慮春秋高則難於觀覽하야 令晉陽大君臣瑈書大字하야 新鑄之하고 以新字爲綱하고 舊字爲目하며 又以卷帙重大로 或釐爲上中下하고 或爲上下하야 摠一

자는 粹之이며, 晉陽大君은 그의 봉호인데 나중에 首陽大君으로 고쳤다.

7) 正統……戊午年 : 明나라 英宗 3년으로 1438년이며, 朝鮮 世宗 20년이다.

8) 柳義孫 : 1398(태조 7)~1450(세종 32). 본관은 全州이며 자는 孝叔이고 호는 檜軒 또는 聾巖이다. 1419년(세종 1) 생원시, 1426년(세종 8) 식년문과에 급제하였으며, 문장에 능하였다.

百四十有九卷을 將使模印하야 以廣其傳이라 遂命臣序之라 臣義孫竊謂史籍之行于世者多矣나 莫詳於通鑑而莫要乎綱目하니 實天下萬世之龜鑑也라 然其諸儒註釋이 頗有詳略하고 且相牴牾하야 固未易遍觀而折衷이라 恭惟我主上殿下天縱聖學으로 潛心經史하사 萬機之暇에 繙閱二書하사대 參究諸註之異同하야 俾歸于一하고 毫分縷析하야 粲然可考하니 誠史書之大全也라 讀者苟能仰體聖訓하야 先明經學하고 然後博之於通鑑하야 約之以綱目이면 則本末兼該하고 內外融貫하야 而庶不繆乎明體適用之學矣리라 倘或躐等而徒務於涉獵이면 則豈吾聖上倡明道學垂世立教之美意哉아 後之觀是書者 當自警省云이라 正統三年戊午冬十一月日에 中訓大夫 集賢殿直提學 知製教 經筵侍讀官 臣 柳義孫은 拜手稽首 謹序하다

≪資治通鑑綱目≫의 凡例

資治通鑑綱目凡例

晦庵 朱氏

1. 統系

正統, 列國, 簒賊, 建國, 僭國, 無統, 不成君, 遠方小國에 관한 사항

무릇 正統은 周나라, 秦나라, 漢나라, 晉나라, 隋나라, 唐나라를 이른다.

凡正統, 謂周①・秦②・漢③・晉④・隋⑤・唐⑥.

① 周나라는 篇首의 威烈王 23년(B.C. 403)부터 시작하여 赧王 59년(B.C. 256)까지이다.
起篇首威烈王二十三年, 盡赧王五十九年.

② 秦나라는 始皇 26년(B.C. 221)부터 시작하여 二世 3년(B.C. 207)까지이다.
起始皇二十六年, 盡二世三年.

③ 漢나라는 高祖 5년(B.C. 202)부터 시작하여 炎興 원년(263)까지이다. 이것은 習鑿齒 및 程子의 說을 따랐다. 建安 25년(220) 이후부터는 魏나라 年號를 버리고 漢나라의 정통에 이어 司馬氏(司馬光)와는 달리하였다.
起高祖五年, 盡炎興元年. 此用習鑿齒及程子說. 自建安二十五年以後, 黜魏年而繫漢統, 與司馬氏異.

④ 晉나라는 太康 원년(280)부터 시작하여 元熙 2년(420)까지이다.
起太康元年, 盡元熙二年.

⑤ 隋나라는 開皇 9년(589)부터 시작하여 大業 13년(617)까지이다.
起開皇九年, 盡大業十三年.

⑥ 唐나라는 武德 원년(618)부터 시작하여 天祐 4년(907)까지이다.
起武德元年, 盡天祐四年.

◑ 列國은 正統이 봉한 나라를 이른다.

列國, 謂正統所封之國①.

① 예를 들면 周나라 때 秦나라, 晉나라, 齊나라, 楚나라, 燕나라, 魏나라, 韓나라, 趙나라, 田氏의 齊나라와 같은 큰 나라, 그리고 漢나라 때 諸侯王의 부류이다.
如周之秦・晉・齊・楚・燕・魏・韓・趙・田齊大國, 及漢諸侯王之類.

◑ 簒賊은 正統에게서 簒位하였으나 자손에게 전하지 못한 것을 이른다.

簒賊, 謂簒位于統, 而不及傳世者①.

① 예를 들면 漢나라의 呂后와 王莽, 唐나라의 武后의 부류이다. 그러나 漢나라의 隗囂[1]와 公孫述[2], 唐나라의 安祿山[3]과 史思明[4]의 무리는 또 이 사례에 들어가지 않는다.
如漢之呂后・王莽, 唐之武后之類. 其隗囂・公孫述・安史之屬, 又不得入此例.

◑ 建國은 正義를 주장하여 스스로 왕이 되었거나 혹은 서로가 왕으로 호칭한 것을 이른다.

建國, 謂仗義自王, 或相王者①.

① 예를 들면 秦나라 때 楚나라와 趙나라, 齊나라, 燕나라, 魏나라, 韓나라이다.
如秦之楚・趙・齊・燕・魏・韓.

◑ 僭國은 혼란한 시기를 틈타서 簒位하였거나 혹은 지역에 웅거한 것을 이른다.

僭國, 謂乘亂簒位, 或據土者①.

① 예를 들면 漢나라 때 魏나라와 吳나라, 晉나라 때 漢나라와 趙나라, 여러 燕나라, 두 魏나라, 두 秦나라, 成漢, 代, 여러 涼나라, 西秦, 夏의 무리이다.[5] 이 중에서 두 秦나라 이상은

---

1) 隗囂 : ?~33. 王莽의 新나라 말기인 A.D. 23년에 起兵하여 隴西를 거점으로 활동했다. 劉玄에게 귀순하였다가 西州上將軍이라 자칭하고, 또 光武帝에게 귀순했다가 반란을 일으켜 公孫述에게 붙었다. 建武 9년(33)에 漢나라에 패하여 죽었다.

2) 公孫述 : ?~36. A.D. 23년에 成都에서 기병하여 24년에 蜀王이라 자칭하고 25년에 成帝라 칭하였다.

3) 安祿山 : 703(?)~757. 唐나라 사람으로 突厥系의 雜胡 출신이다. 전공을 세워 玄宗과 楊貴妃의 총애를 받아 平盧, 范陽, 河東의 節度使를 겸하였다. 재상 楊國忠과 반목하여 天寶 14년(755) 범양에서 반란을 일으켜 이후 洛陽과 長安을 함락시켰다. 이듬해에 나라 이름을 大燕, 연호를 聖武라 하였으나 아들 安慶緖에게 피살되었다.

4) 史思明 : ?~761. 唐나라 사람으로 突厥族이다. 원래 窣干이었으나 玄宗이 '思明'이라는 이름을 내렸다. 安祿山과 동향으로, 안녹산이 반란을 일으키자 행동을 같이하였으며, 至德 2년(757) 安慶緖가 안녹산을 죽이자 唐나라로 귀순하였다. 다시 배반하여 안경서 등을 죽이고 大燕皇帝라 칭하며 洛陽을 함락시켰다. 아들 史朝義와 그 부하들에게 살해당했다.

5) 晉나라……무리이다 : 5胡16國을 가리킨다. 漢은 匈奴族 劉淵이 세운 나라이며, 이후 趙(前趙)로

大國이고 成漢 이하는 小國이다.

如漢之魏・吳, 晉之漢・趙・諸燕・二魏・二秦・成漢・代・諸涼・西秦・夏之屬. 內二秦以上爲大國, 成漢以下爲小國.

◑ 無統은 周나라와 秦나라의 사이, 秦나라와 漢나라의 사이, 漢나라와 晉나라의 사이, 晉나라와 隋나라의 사이, 隋나라와 唐나라의 사이, 五代의 시기를 이른다.

無統, 謂周秦之間① ・秦漢之間② ・漢晉之間③ ・晉隋之間④ ・隋唐之間⑤ ・五代⑥.

① 秦, 楚, 燕, 魏, 韓, 趙, 齊, 代는 8大國이고 이 시기는 모두 24년간이다.
秦・楚・燕・魏・韓・趙・齊・代八大國, 凡二十四年.

② 楚, 西楚, 漢은 3대국이고 雍 이하는 小國이며 이 시기는 모두 4년간이다.
楚・西楚・漢, 三大國, 雍以下爲小國, 凡四年.

③ 魏, 吳, 晉은 3대국이고 이 시기는 모두 16년간이다.
魏・吳・晉三大國, 凡十六年.

④ 宋, 魏, 齊, 梁, 北齊, 後周, 陳, 隋는 대국이고, 西秦, 夏, 涼, 北燕, 後梁은 소국이며 이 시기는 모두 170년간이다.
宋・魏・齊・梁・北齊・後周・陳・隋爲大國, 西秦・夏・涼・北燕・後梁爲小國, 凡一百七十年.

⑤ 隋, 唐, 魏, 夏, 梁, 涼, 秦, 定楊, 吳, 楚, 鄭, 北梁, 漢東이고 이상 이 시기는 모두 5년간이다.
隋・唐・魏・夏・梁・涼・秦・定楊・吳・楚・鄭・北梁・漢東, 以上凡五年.

⑥ 梁, 唐, 晉, 漢, 周는 대국이고, 二蜀(前蜀과 後蜀)과 晉, 岐, 吳, 南漢, 吳越, 楚, 荊, 閩, 南唐, 殷, 北漢은 소국이며 모두 53년간이다.
梁・唐・晉・漢・周爲大國, 二蜀・晉・岐・吳・南漢・吳越・楚・荊・閩・南唐・(敖)〔殷〕[6]・北漢爲小國, 凡五十三年.

◑ 不成君은 正義를 주장하며 정통을 승계하였으나 공을 이루지 못한 것을 이른다.

국명을 바꾸었다. 羯族의 石勒이 前趙를 멸망시키고 後趙를 세웠다. 燕은 鮮卑族인 慕容氏가 세운 나라로 前燕, 後燕, 南燕, 北燕 등을, 魏는 後趙를 무너뜨린 冉閔의 冉魏와 鮮卑族인 拓跋氏의 北魏를, 秦은 氐族인 苻氏의 前秦과 羌族의 後秦을, 涼은 前涼, 後涼, 南涼, 西涼, 北涼 등을 가리킨다. 成漢은 氐族의 하나인 巴氐族이 세운 나라이고, 代는 拓跋氏가 세운 나라로 북위의 전신이다. 西秦은 鮮卑族인 乞伏國仁이 세운 나라이고, 夏는 南匈奴의 후예인 赫連勃勃에 의해 건국된 나라이다.

6) (敖)〔殷〕: 저본에는 '敖'로 되어 있으나, ≪朱子全書≫의 ≪資治通鑑綱目≫과 ≪四庫全書≫의 ≪御批資治通鑑綱目≫에 근거하여 '殷'으로 바로잡았다.

不成君, 謂仗義承統, 而不能成功者①.

① 예를 들면 劉玄[7]이다.
如劉玄.

무릇 正統은 온전히 天子의 制度로 사방을 다스린 것으로 書法은 舊文을 많이 따랐으며, 대략 ≪春秋≫에서 周나라와 魯나라의 일을 서술한 것과 같이 하여 일이 서로 관련이 있는 것은 연결하여 서술하였다. 諸國이 혹은 신하가 되었거나 혹은 반란을 하였을 때 각각 그 제도로 처리하여 일은 각각 앞에 國號를 기록하고, 연결하여 서술하지 않았다.

凡(王)〔正〕[8]統, 全用天子之制, 以臨四方, 書法多因舊文, 略如春秋書周・魯事, 事有相因者, 連書之①. 諸國或臣或叛, 各以其制處之②, 事各冠以國號, 不連書.

① 簒賊한 일도 연결하여 서술하였다. 단 매년 歲首 및 이상한 일이 있는 곳에는 한결같이 그 이름을 덧붙였다.
簒賊事亦連書, 但每歲首及有異事處, 一加其名.
② 예를 들면 漢나라의 昭烈帝 이후부터는 吳나라를 안으로 여겨 중시하고 魏나라를 바깥으로 여겨 도외시하였다.
如漢自昭烈以後, 卽內吳而外魏.

무릇 無統은 바로 敵國이 되고 彼此가 대등하여 억양하는 바가 없으므로 書法은 舊文을 많이 바꾸었으며, 대략 ≪春秋≫에서 他國의 일을 서술한 것과 같이 하여 일은 각각 앞에 국호를 기록하고, 연결하여 서술하지 않았다.

凡無統, 卽爲敵國, 彼此均敵, 無所抑揚, 書法多變舊文, 略如春秋書他國事. 事各冠以國號, 不連書①.

① 무릇 연결하여 서술함의 여부는 褒貶에 있는 것이 아니라 단지 文勢의 편의에 따랐을 뿐이다.
凡連書與否, 非有褒貶, 但從文勢之便耳.

---

7) 劉玄 : ?~25. 前漢 景帝의 후손으로 後漢 光武帝의 族兄이다. 更始 원년(23)에 更始將軍이 되었다가 즉위하여 연호를 更始로 하였다. 建武 원년(25) 赤眉가 長安을 침입하자 달아났으며, 淮陽王으로 봉해지고 나중에 赤眉에게 살해되었다.

8) (王)〔正〕: 저본에는 '王'으로 되어 있으나, ≪朱子全書≫의 ≪資治通鑑綱目≫과 ≪四庫全書≫의 ≪御批資治通鑑綱目≫에 근거하여 '正'으로 바로잡았다.

무릇 諸國號는 그 本稱을 따랐다. 혹 여러 번 고치거나 바꾼 경우에는 史家들이 칭하는 것을 따랐으나, 建國한 처음에는 "바로 某國이다.〔是爲某國〕"라고 즉시 주석[9]을 달았다.

凡諸國號, 從其本稱. 或屢更易, 卽從史家所稱, 而於建國之始, 卽註云是爲某國①.

① 예를 들면 晉나라 太元 10년(385)에 乞伏國仁이 單于라고 칭하자, 바로 '이것이 西秦이다.' 라고 주석을 단 것이다.[10]
如晉太元十年, 乞伏國仁稱單于, 卽註云是爲西秦.

무릇 諸國이 같은 시기에 같은 국호를 사용한 경우는, 뒤에 생긴 나라에 '後'자를 붙여 부르고 前國이 망하게 되면 後國에서 '後'자를 제거하였다. 그리고 무릇 前國을 追想하여 불러야 할 곳에서는 '前'자를 붙였다.

凡諸國同時同號者, 後起者稱後. 至前國亡, 則後國去後字. 而凡追稱前國處, 加前字.

무릇 먼 지역의 소국〔遠方小國〕은 계승과 변천을 다 적을 수 없으므로 사건과 연관된 것만 나타내었다.

凡遠方小國, 繼世遷徙, 不能悉書, 因事乃見①.

① 예를 들면 仇池 楊氏[11]의 부류이다. ◑ 무릇 "사건과 연관된 것만 나타내었다."라고 말한 것은 本條에는 비록 사건이 없으나 전후로 참조할 만한 것들이 모두 이것이다.
如仇池楊氏之類. ◑ 凡言因事乃見者, 本條雖無事, 而可參照前後者皆是.

2. 歲年

무릇 歲는 歲陽의 명칭[12]을 쓰지 않고 단지 甲子를 쓴다. 匡郭의 가로줄 위에 '甲'자

---

9) 주석 : 凡例에서 '주석'이라 말한 것은 ≪資治通鑑綱目≫의 目을 가리켜 한 말이다.

10) 晉나라……것이다 : ≪資治通鑑綱目≫에서 乙酉(385) 晉 孝武帝 太元 10년 9월에 "乞伏國仁이 單于라 자칭하였다.〔乞伏國仁自稱單于〕"라 하고, 目에서 "걸복국인이 선우라 칭하고 장수와 승상을 두었으며 그 땅을 나누어 12군을 설치하고 勇士城을 축성하고 도읍으로 하였다. 秦나라에서 봉하여 宛川王으로 삼으니 바로 西秦이다.〔國仁稱單于 置將相 分其地置十二郡 築勇士城而都之 秦封以爲宛川王 是爲西秦〕"라 하였다.

11) 仇池 楊氏 : ≪資治通鑑綱目≫에서 丙辰(296) 晉 惠帝 元康 6년에 綱에 "12월에 略陽의 저족 楊茂搜가 仇池에 웅거하였다.〔十二月 略陽氐楊茂搜據仇池〕"라 하고 目에서 그 내용을 설명하고 있다.

와 '子'자를 크게 써서 붉은색으로 구분하고, 그 나머지는 모두 검은색으로 쓴다.

凡歲不用歲陽名, 只用甲子①. 大書於橫行之上, 甲字・子字, 別之以朱, 其餘皆墨.

① ≪史記≫ 〈年表〉에 따라 간편함을 좇았다.
依史記年表, 以從簡便.

무릇 正統은, 周나라는 篇首부터, 秦나라・漢나라・晉나라・隋나라・唐나라는 처음 천하를 통일한 때부터 모두 匡郭의 가로줄 아래에 크게 쓰는데, 붉은색 글씨로 國號, 諡號, 君名, 年號를 썼고, 검은색 글씨로 某年을 썼다. 그 다음 해부터는 단지 가로줄 아래에 검은색 글씨로 某年이라 썼다.

凡正統, 周自篇首, 秦・漢・晉・隋・唐自初幷天下, 皆大書於橫行之下, 朱書國號①・諡號②・君名③・年號④, 墨書某年⑤, 次年以後, 但於行下墨書某年⑥.⑦

① 예를 들면 周・秦・漢・晉・隋・唐이다.
如云周・秦・漢・晉・隋・唐.

② 예를 들면 周나라는 威烈王, 秦나라는 始皇帝, 漢나라는 太祖高皇帝・世祖光武皇帝, 晉나라는 世祖武皇帝, 隋나라는 高祖文皇帝, 唐나라는 高祖神堯皇帝이다.
如周云威烈王, 秦云始皇帝, 漢云太祖高皇帝, 世祖光武皇帝, 晉云世祖武皇帝, 隋云高祖文皇帝, 唐云高祖神堯皇帝.

③ 예를 들면 午[13]이다. ○ 篇首는 앞에서 이어받은 바가 없으므로 이러한 범례를 만들었다. 이후에는 卽位가 금년 안에 있는 경우에는 이 범례를 사용하였다.[14]
如云午. ○ 惟篇首前無所承, 故立此例. 後有卽位在今年內者用之.

④ 周나라, 秦나라, 漢나라 초기에는 이를테면 晉나라의 太康, 隋나라의 開皇, 唐나라의 武德처럼 연호가 없었다.
周・秦・漢初未有如晉卽云太康, 隋云開皇, 唐云武德.

⑤ 예를 들면 周나라는 23년, 秦나라는 26년, 漢나라는 5년, 晉나라는 元年, 隋나라는 9년, 唐나라는 7년[15]이라는 것이다.

---

12) 歲陽의 명칭 : 古代에 干支로 紀年할 때 十干을 歲陽, 十二支를 歲陰이라 하였는데, 이를 古甲子라 한다. 곧 甲은 閼逢, 乙은 旃蒙이라 하는데 閼逢과 旃蒙은 歲陽의 명칭이고, 子는 困敦, 丑은 赤奮若이라 하는데 困敦과 赤奮若은 歲陰의 명칭이다. 여기서는 紀年을 閼逢困敦과 旃蒙赤奮若으로 하지 않고 甲子와 乙丑으로 한다는 것이다. ≪資治通鑑≫의 기년에는 이러한 古甲子를 썼는데, 古甲子와 그 의미에 대한 설명이 思政殿訓義 ≪資治通鑑≫ 권1 周紀1 맨 앞에 자세히 보인다. 사정전훈의 ≪자치통감≫에 대해서는 본서 해제 참조.

13) 午 : 周나라 威烈王의 이름이다.

14) 篇首는……사용하였다 : ≪資治通鑑綱目≫은 처음에 "周威烈王午二十三年"으로 되어 있는데, 맨 처음이기 때문에 君名인 午를 썼다.

如周云二十三年, 秦云二十六年, 漢云五年, 晉云元年, 隋云九年, 唐云七年.

⑥ 예를 들면 威烈王의 경우 24년이라 한 것이다.
如威烈王云二十四年.

⑦ "次年以後"부터 "墨書某年"까지는 舊本에 잘못되어 다음 조항의 "朱注列國"의 아래에 있었다.
自"次年以後"至"墨書某年", 舊本誤在後條"朱注列國"之下.

篇首의 周나라 몇 년의 아래에 列國을 붉은색 글씨로 주석을 달고, 謚爵과 君名과 某年을 검은색 글씨로 주석을 달았다. 주석으로 붙인 열국은 대개 나라가 생긴 선후로 차례를 삼았는데, 오래된 나라와 새로 생긴 나라의 사이에는 동그라미를 넣어 구분하였다. 그 끝에 다시 동그라미를 넣어 구분하고, 아래에 '건국한 지 오래된 나라 몇과 새로 건국한 나라 몇을 합하여 모두 몇 나라'로 總結하고 붉은색 글씨로 주석을 달았다. 그 다음 해부터는 오직 元年인 경우에만 앞의 방법대로 주석을 달았다.

篇首周年之下, 朱注列國①, 墨注謚爵②・君名③・某年. 所注列國, 頗以興起先後爲次, 而於新舊之間, 以圈隔之. 其末又以圈隔, 下朱註總結統舊國若干, 新國若干, 凡若干國. 次年以後, 唯元年註之如前法④. ⑤

① 예를 들면 秦나라, 晉나라, 楚나라, 齊나라, 燕나라, 魏나라, 韓나라, 趙나라 등이다.
如云秦・晉・楚・齊・燕・魏・韓・趙.

② 예를 들면 簡公과 烈公의 경우이다. 三晉은 처음으로 侯가 되었고 改元을 하지 않았으므로 謚爵을 쓰지 않았다.
如云簡公・烈公之類. 惟三晉初爲侯而不改元, 故未書謚爵.

③ 예를 들면 止와 當[16]의 경우이다. 이름이 없으면 기록하지 않았다.
如止・如當之類, 無則闕之.

④ 예를 들면 燕나라 僖公 元年의 경우이고, 총결하지 않았다.[17] 列國에 增損이 있는 경우에는 범례대로 총결하였고, 오래된 나라와 새로 생긴 나라도 아울러 앞에서 총결한 방법대로 하였다.
如燕僖公元年之類, 不結. 有增損者, 依例結之, 新舊竝如前結.

---

15) 周나라는……7년 : ≪資治通鑑綱目≫에서 正統의 나라인 周나라는 B.C. 403년인 '周 威烈王 23년'부터 시작하고, 秦나라는 B.C. 221년인 '秦 始皇帝 26년'부터, 漢나라는 B.C. 202년인 '漢 太祖高皇帝 5년'부터, 晉나라는 A.D. 280년인 '晉 世祖武皇帝 太康 원년'부터, 隋나라는 A.D. 589년인 '隋 高祖文皇帝 開皇 9년'부터, 唐나라는 A.D. 624년인 '唐 高祖神堯皇帝 武德 7년'부터 시작함을 말한다.

16) 止와 當 : 止는 晉나라 烈公의 이름이고, 當은 楚나라 聲王의 이름이다.

17) 燕나라……않았다 : ≪資治通鑑綱目≫에서 列國에 대한 주석을 달면서 己卯(B.C. 402) 周 威烈王 24년에는 前年과 달리 "燕僖公 元年"이라 하고 다른 열국과 총결한 내용을 적지 않은 것을 말한다.

⑤ "墨注諡爵"부터 "凡若干國"까지는 舊本에 잘못하여 다음 조항 "其不成君 亦依正統已絶之例"의 아래에 있었다. "唯元年注之如前法" 한 구절 위에는 舊本에 또 "列國" 두 글자가 있었고 따로 한 조항을 이루었다. 이제 이 두 글자를 잘라내고 전후 조항의 범례에 따라 "次年以後" 네 글자를 보태어 이 조항에 붙였다.
自"墨注諡爵"至"凡若干國", 舊本誤在後條"其不成君 亦依正統已絶之例"下. "唯元年注之如前法"〔一〕18)句上, 舊本又〔有〕19)"列國"二字, 別爲一條. 今僭刪此二字, 依前後條之例, 增"次年以後"四字, 而屬於此.

무릇 天子가 선왕을 계승하면 단지 광곽의 가로줄 아래에 붉은색 글씨로 諡號와 年號를 쓰고, 검은색 글씨로 元年을 썼다. 그 다음 해부터는 篇首의 다음 해에 사용한 방법대로 하였다. 秦나라와 漢나라 이후는 列國에 다시 주석을 달지 않았다.

凡天子繼世, 則但於行下朱書諡號①·年號②, 墨書元年③. 次年以後, 如篇首次年之法. 秦漢以後, 列國不復注.

① 예를 들면 周나라 安王과 秦나라 二世皇帝의 경우이다. 이름을 기록하지 않은 것은 이름을 이미 드러내었기 때문이다. 나중에 廢位를 당하여 諡號가 없는 경우에는 단지 '帝某'라 하고, 후세 사람이 폄하한 작위를 사용하지 않았는데, 이는 그것이 천하를 소유한 호칭이 아니기 때문이다.
如安王·二世皇帝之類. 不名者, 名已見. 其後有被廢無諡者, 但曰帝某, 而不用後人所貶之爵, 以其非有天下之號也.
② 예를 들면 漢나라 建元의 경우이다.
如漢建元之類.
③ 周나라는 列國의 元年도 그 아래에 주석을 달았다.
周則列國之元亦注其下.

◑ 建國과 僭國이 큰 경우에는 年條 아래에 붉은색 글씨로 國名과 諡號, 姓名, 年號를 쓰고, 원년은 검은색 글씨로 썼다. 다음 해부터는 國名을 붉은색 글씨로 주석을 달았고, 年號와 某年은 검은색 글씨로 주석을 달았다. 建國과 僭國이 작은 경우에는 周나라 列國의 범례에 따랐다. 단 年號는 검은색 글씨로 주석을 달았고, 그동안 增損된 오래된 나라와 새로 생긴 나라도 또한 앞의 방법대로 하였다.

18) 〔一〕: 저본에는 1자의 缺落이 있다. ≪朱子全書≫의 ≪資治通鑑綱目≫과 ≪四庫全書≫의 ≪御批資治通鑑綱目≫에 근거하여 보충하였다.
19) 〔有〕: 저본에는 1자의 缺落이 있다. ≪朱子全書≫의 ≪資治通鑑綱目≫과 ≪四庫全書≫의 ≪御批資治通鑑綱目≫에 근거하여 보충하였다.

建國・僭國之大者, 則於年下朱書國名・諡號・姓名①・年號②, 墨注元年. 次年以後, 則朱注國名, 墨注年號某年. 其小者, 則依周列國例. 但年號用墨注, 首尾增損新舊之間, 亦如前法.

① 예를 들면 楚나라 隱王 陳勝과 魏나라 文帝 曹丕의 경우이다. 시호가 없으면 단지 '某王某'라고 한다.
如楚隱王陳勝・魏文帝曹丕之類. 無諡者, 但云某王某.

② 예를 들면 魏나라 黃初(魏 文帝의 연호, 220~226)의 경우이다.
如魏黃初之類.

正統에서 簒賊하였는데 정통이 이미 끊어져서 연계를 할 年條가 없으면, 匡郭의 가로줄 아래에 그 國名을 붉은색 글씨로 주석을 달고 年號를 검은색 글씨로 주석을 달았다. 정통이 비록 끊어졌더라도 옛 임금이 생존해 있으면 정통의 年條를 좇아서 연계하고 그 아래에 주석을 달았다.

其簒賊于統, 而正統已絶, 無年可繫, 則朱注其國名, 墨注年號於行下①. 正統雖絶, 而故君尙存, 則追繫正統之年, 而注其下②.

① 예를 들면 漢나라 呂氏[20]와 新莽[21]의 경우이다.
如漢之呂氏・新莽之類.

② 예를 들면 唐나라 武氏[22]의 경우로 范氏의 ≪唐鑑≫[23] 및 胡氏의 ≪資治通鑑擧要補遺≫[24]의 義例를 따랐다.
如唐之武氏, 用范氏唐鑑及胡氏補遺義例.

---

20) 呂氏 : ≪資治通鑑綱目≫에서 漢나라의 2대 황제인 惠帝가 죽은 뒤에 呂后가 다스리기 시작한 甲寅(B.C. 187)을 "高皇后 呂氏 元年"이라 한 것을 말한다. 辛酉(B.C. 180)까지 여후가 다스렸다.

21) 新莽 : 漢나라가 망하고 王莽이 新나라를 세웠는데, ≪資治通鑑綱目≫에서 己巳(9)를 "新莽 始建國 元年"이라 한 것을 말한다. 신나라는 A.D. 9년부터 23년까지이다.

22) 唐나라 武氏 : ≪資治通鑑綱目≫에서 唐나라 中宗 원년인 甲申(684)에 "中宗皇帝 嗣聖 元年"이라 하고, 그 밑에 "九月 太后 光宅 元年"이라 하며, 中宗 2년인 乙酉(685)에 "二年"이라 하고 그 밑에 "太后 垂拱 元年"이라 한 것을 말한다.

23) 范氏의 唐鑑 : 范祖禹(1041~1098)가 唐나라 高祖에서 昭宣帝(哀帝)까지 300년 동안의 정치적 득실을 논한 책이다. 범조우는 北宋 成都 華陽 사람으로 자는 淳甫 또는 夢得이다. 仁宗 嘉祐 8년(1063) 進士가 되었다. 司馬光을 도와 ≪資治通鑑≫을 편찬하였고, ≪神宗實錄≫을 편찬할 때 검토관을 맡았다. 저서에 ≪論語說≫, ≪唐鑑≫, ≪中庸論≫, ≪范太史集≫이 있다. 시호는 正獻이다.

24) 胡氏의 資治通鑑擧要補遺 : 胡安國(1074~1138)이 지었다. 호안국은 29쪽 역주 2) 참조.

不成君 또한 正統이 이미 끊어졌을 때의 범례에 따랐다.

其不成君, 亦依正統已絶之例①.

① 예를 들면 漢帝 玄(劉玄)[25]의 경우이다.
如漢帝玄之類.

무릇 無統은 별행 앞부분에서부터 바로 광곽의 가로줄 아래에 諸國의 연도를 分注하였는데, 큰 글자로 紀年을 작은 글자로 紀元을 붉은색 글씨로 썼고, 새로 생긴 나라와 오래된 나라가 그동안 增損된 것은 모두 앞의 방법대로 하였다. 단 興廢가 번다하면 歲를 기준으로 總結하였다. 紀年을 하지 않은 경우는 또 그 國號를 차례로 나열하였다.

凡無統自更端處①, 卽於行下分注諸國之年, 大者紀年, 小者紀元, 朱書, 新舊首尾增損, 皆如前法. 但其興廢促數, 則歲結之. 不紀年者, 亦列數其國號.

① 예를 들면 秦나라 昭襄王 52년(B.C. 255), 楚나라와 漢나라 원년(B.C. 206), 吳나라 黃武 원년(222), 宋나라 永初 원년(420), 隋나라 義寧 원년(617), 梁나라 開平 원년(907)이다.
如秦昭襄王五十二年, 楚・漢元年, 吳黃武元年, 宋永初元年, 隋義寧元年, 梁開平元年.

3. 名號

正統, 僭國, 簒賊, 不成君, 無統에 관한 사항

무릇 正統의 임금은 周나라 때는 '王'이라 하였고, 秦漢 이후에는 '帝'라 하였으며, 그 列國의 임금은 周나라 때는 '某爵某'라 하였다.

凡正統之君, 周曰王, 秦漢以下曰帝①. 其列國之君, 周曰某爵某②.

① '上(임금)'이라는 것은 당시에 신하들이 하는 말이므로 이제 사용하지 않는다. 다만 주석에서는 혹 舊文으로 인하여 사용하였다.
其曰上者, 當時臣子之辭, 今不用. 唯注中或因舊文.

② 예를 들면 趙侯 籍의 경우이다.

---

25) 漢帝 玄(劉玄) : ≪資治通鑑綱目≫에서 癸未(23)에 "漢帝玄 更始 元年"이라 한 것을 말한다. 劉玄은 王莽의 新나라가 멸망한 후 漢나라를 재건하였다가 赤眉軍에 의해 죽임을 당하였다. 이후 光武帝가 漢나라를 세우고 그를 淮陽王으로 추증하였다. 更始는 그의 연호로 후대에 更始帝라 부르고 그의 漢나라를 玄漢이라 하였다. 유현은 不成君에 해당하여 앞의 建國과 僭國의 경우처럼 年條 아래 國名, 謚號, 姓名, 年號, 元年을 써야 하는데, 謚號가 없으므로 帝를 쓴 것이다.

如趙侯籍之類.

◑ 僭稱한 왕은 '某君某'라 하였고, 漢나라 이후에는 '某王某'라 하였다. 그 참칭한 帝는 '某主某'라 하였다.

僭稱王者, 曰某君某①, 漢以後曰某王某②. 其僭稱帝曰某主某③.

① 예를 들면 楚君 當의 경우이다. 주석이 있는 경우 주석에서는 本文[26]의 호칭을 따랐다. ○ 살피건대 ≪資治通鑑≫은 魏晉 이후에는 오직 一國의 年紀事를 위주로 하여 그 임금을 '帝'라고 하였으며, 그 나머지 나라의 임금은 모두 '主'라고 하였다. 처음부터 正閏(正統과 非正統)의 구별을 없게 하여 오히려 두 '帝'가 있게 되는 혐의를 피하려고 하였다. 周나라 말기에 제후들이 모두 王號를 참칭하였는데도 도리어 그대로 인습하고 고치지 않았다. 이는 처음 筆削할 때에 義例를 정하지 않았기 때문에 이러한 잘못이 있는 것이다. 이제 특별히 이것을 바로잡아 대체로 ≪春秋≫의 의리를 따랐다.
如楚君當之類. 有注則從本文 ○ 按通鑑魏晉以後, 獨以一國之年紀事, 而謂其君曰帝, 其餘皆謂之主. 初無正閏之別, 而猶避兩帝之嫌. 至周末, 諸侯皆僭王號, 顧反因而不改. 蓋其筆削之初, 義例未定, 故有此失. 今特正之, 庶幾竊取春秋之義.

② 예를 들면 齊王 信(韓信)의 경우이다.
如齊王信之類.

③ 예를 들면 魏主 丕(曹丕)의 경우이다. 주석 첫머리에는 이렇게 하고 그 뒤로는 곧바로 이름을 썼다.
如魏主丕之類. 注首如之, 後直書名.

◑ 簒賊한 사람은 '某'라 하였다.

簒賊曰某①.

① 新莽의 경우이다.
新莽之類.

◑ 不成君은 '帝某'라 하였다.

不成君曰帝某①.

① 예를 들면 帝玄(劉玄)의 경우이다. 주석에서는 本文의 호칭을 따랐다.[27]

26) 本文 : ≪資治通鑑≫의 본문을 가리키는 것으로 보인다. 이하의 本文도 같다. 주석, 즉 目의 내용은 ≪자치통감≫의 표현을 따른 것이다. 예를 들면 綱에서는 魏君 罃이라 하였으나 目에서는 魏 惠王이라 하였다.

如帝玄之類. 注則從本文.

무릇 無統의 임금은 周나라와 秦나라의 사이에는 '某王'이라 하였고, 秦나라와 漢나라의 사이에는 '某帝'라 하고, '某王'이라 하였다. 漢나라 이후 稱帝한 자는 '某主'라 하였고, 小國은 '某主某', '某王某', '某公某'라 하였다.

凡無統之君, 周・秦之間曰某王①, 秦・漢之間曰某帝②, 曰某王③, 漢以後稱帝曰某主④, 其小國曰某主某⑤・某王某⑥・某公某⑦.

① 秦王과 韓王의 경우이다. 폄하하는 文字가 없는 것은 周室이 이미 망하였고 諸侯들이 또 모두 그렇게 불렀으니, 더 이상 天子의 호칭이 되지 않았다.
秦王・韓王之類. 無貶文者, 周室既亡, 而諸侯又皆稱之, 則已不爲天子之號矣.

② 楚나라 義帝의 경우이다. ◑ 폄하하는 문자가 없는 것은 이 당시 천하에 임금이 없었고 義帝가 실제로 천하의 共主였기 때문이다. 단 强臣에게 제어되고 나중에 弑害되어 죽었기 때문에 正統이 되지 못하였다.
楚義帝之類. ◑ 無貶文者, 是時天下無君, 義帝實天下之共主. 但制於强臣, 尋以弑殞, 故不得爲正統耳.

③ 예를 들면 漢王의 경우이다.
如漢王之類.

④ 吳나라, 晉나라, 宋나라, 魏나라의 경우이다. 주석의 호칭도 같다.
吳・晉・宋・魏之類, 注同.

⑤ 예를 들면 夏나라 임금 勃勃(赫連勃勃)의 경우이다.
如夏主勃勃之類.

⑥ 예를 들면 北涼王 蒙遜(沮渠蒙遜)의 경우이다.
如北涼王蒙遜之類.

⑦ 예를 들면 涼公 歆(西涼 李歆)의 경우이다. 무릇 小國은 주석이 僭國의 범례와 같다.
如涼公歆之類. 凡小國, 注如僭國之例云.

4. 卽位

建都, 起兵, 加號, 傳國에 관한 사항

무릇 正統은, 周나라 왕이 선왕을 계승하면 "아들 某가 섰다.〔子某立〕"라 하고, 주석에

27) 주석의……따랐다 : 綱에서는 帝玄 또는 玄으로 표기하였으나, 目에서는 ≪자치통감≫을 따라 更始로 표기하였다.

서 "바로 某王이다.〔是爲某王〕"라 하였다. 秦나라는 호칭을 고쳐 '王'이라 하였고,[28] 처음 천하를 통일하였을 때 호칭을 고쳐 '皇帝'라 하였고, 선왕을 계승하면 "某가 제위를 계승하였다.〔某襲位〕"라 하였다.

凡正統, 周王繼世曰子某立, 注云是爲某王①, 秦更號曰王, 初幷天下, 更號曰皇帝②, 繼世曰某襲位③.

① 예를 들면 安王의 경우[29]이다. 자식이 아니면 각각 그 親屬으로 하였는데, 예를 들면 顯王의 경우[30]이다. 卽位라고 하지 않은 것은 옛날에 嗣君은 初喪 때 定位를 하고 해를 넘긴 뒤에 즉위를 하였기 때문이다. 戰國시대 末年에도 이 예법이 존속되었는데, 예를 들면 秦나라 昭襄王이 薨하고 그 다음 해 10월에 孝文王이 즉위하였다가 3일 뒤에 薨한 경우[31]가 그것이다. 그러므로 舊史에서는 '立'이라 하고 '卽位'라 하지 않았는데, 이제 이것을 따른다.
如安王之類. 非子則各以其屬, 如顯王之類. 不言卽位者, 古者嗣君定位初喪, 踰年而後卽位. 戰國末年, 此禮猶在, 如秦昭王薨, 次年十月, 孝文王乃卽位, 三日而薨是也. 故舊史言立而不言卽位, 今從之.

② 始皇이 처음 王位에 올랐을 때는 아직 천하를 소유하지 못하였으므로 자연히 無統의 범례를 따랐다. 비록 周나라 왕의 계승하는 법을 썼으나 '卽位'라고 쓰지 않았다. 천하를 통일하고 나서 또 일찍이 즉위하는 禮를 고쳐서 행하지 않고 단지 바꾼 칭호를 불렀을 뿐이다.[32]
始皇初卽王位時, 未有天下, 自從無統之例. 雖用周王繼世之法, 亦不書卽位. 及幷天下, 又未嘗改行卽位之禮, 但稱更號耳.

---

28) 秦나라는……하였고 : ≪資治通鑑綱目≫에서 丙申(B.C. 325) 周 顯王 44년에 "여름 4월에 秦나라가 처음으로 왕이라 칭하였다.〔夏四月 秦初稱王〕"라 하였다.

29) 安王의 경우 : ≪資治通鑑綱目≫에서 周나라 威烈王이 죽고 아들 安王이 즉위한 것에 대하여 己卯(B.C. 402) 威烈王 24년에 "왕이 崩하고 아들 驕가 섰다.〔王崩 子驕立〕"라 하고, 그 目에 "바로 安王이다.〔是爲安王〕"라 하였다.

30) 顯王의 경우 : ≪資治通鑑綱目≫에서 周나라 烈王이 죽고 동생 顯王이 즉위한 것에 대하여 壬子(B.C. 369) 烈王 7년에 "왕이 崩하고 동생 扁이 섰다.〔王崩 弟扁立〕"라 하고, 그 目에 "바로 顯王이다.〔是爲顯王〕"라 하였다.

31) 秦나라……경우 : ≪資治通鑑綱目≫에서 庚戌(B.C. 251) 秦 昭襄王 56년에 "가을에 秦나라 왕 稷이 薨하고 태자가 즉위하였다.〔秋 秦王稷薨 太子立〕"라 하였고, 그 다음 해인 辛亥(B.C. 250) 秦 孝文王 원년에 "겨울 10월에 秦나라 왕이 薨하고 아들 楚가 섰다.〔冬十月 秦王薨 子楚立〕"라 하고 그 目에 "효문왕이 즉위하여 3일 만에 훙하고 아들 초가 섰다.〔孝文王卽位 三日而薨 子楚立〕"라 하였다.

32) 始皇이……뿐이다 : ≪資治通鑑綱目≫에서 秦나라 始皇이 처음 왕위에 오른 甲寅(B.C. 247) 秦 莊襄王 3년에 "5월 秦나라 왕 楚가 薨하고 아들 政이 섰다.〔五月 秦王楚薨 子政立〕"라 하였고, 천하를 통일한 庚辰(B.C. 221) 秦 始皇帝 26년에 "왕이 처음으로 천하를 겸병하고 칭호를 황제로 고쳤다.〔王初幷天下 更號皇帝〕"라 하였다.

③ 胡亥의 경우로 本文을 따랐다.33)
胡亥從本文.

◑ 漢나라 이후는, 創業이나 中興을 하면 "王이 皇帝에 즉위하였다.〔王卽皇帝位〕"라 하였고, 선왕을 계승하면 "太子 某가 즉위하였다.〔太子某卽位〕"라 하였고, 까닭이 있으면 사안에 따라 썼다.

漢以後, 創業中興曰王卽皇帝位①, 繼世曰太子某卽位②, 有故則隨事書之③.

① 漢나라 高祖는 이미 漢王이라 칭하였고, 晉나라 元帝는 이미 晉王이라 칭하였으므로 단지 王으로 칭하였다.34) 오직 光武帝와 昭烈帝는 각각 그 호칭으로 썼다.35) ◑ 晉나라, 隋나라, 唐나라는 創業할 때 아직 천하를 소유하지 못하였으므로 자연히 無統의 범례를 따랐다.36)
漢高祖已稱漢王, 晉元帝已稱晉王, 故但稱王. 唯光武・昭烈, 各以其號書. ◑ 晉・隋・唐創業時未有天下, 自從無統之例.

② 漢나라 惠帝 이하는 이 범례를 사용37)하였는데, 古禮가 이미 폐지되었으므로 本文을 따랐다. 太子가 아니면 또 事情에 따라 썼다.
漢惠帝以下用此例, 古禮已廢, 從本文也. 非太子則又隨事書之.

③ 예를 들면 秦나라 子嬰과 漢나라 文帝의 경우38)이다.

---

33) 胡亥의……따랐다 : ≪資治通鑑綱目≫에서 辛卯(B.C. 210) 秦 始皇帝 37년에 "돌아와 咸陽에 이르러 胡亥가 제위를 이었다.〔還至咸陽 胡亥襲位〕"라 하였다.

34) 漢나라……칭하였다 : ≪資治通鑑綱目≫에서 漢나라 高祖가 황제에 즉위한 己亥(B.C. 202) 漢 高皇帝 5년에 "2월에 왕이 황제에 즉위하였다.〔二月 王卽皇帝位〕"라 하였고, 晉나라 元帝가 황제에 즉위한 戊寅(318) 東晉 元帝 大興 元年에 "3월에 왕이 황제에 즉위하였다.〔三月 王卽皇帝位〕"라 하였다.

35) 光武帝……썼다 : ≪資治通鑑綱目≫에서 後漢 光武帝가 즉위한 乙酉(25) 建武 원년에 "6월에 蕭王이 황제에 즉위하였다.〔六月 蕭王卽皇帝位〕"라 하였고, 蜀漢 昭烈帝가 즉위한 辛丑(221) 章武 元年에 "여름 4월에 漢中王이 황제에 즉위하였다.〔夏四月 漢中王卽皇帝位〕"라 하였다. 여기서 소왕은 광무제를, 한중왕은 소열제를 가리킨다.

36) 晉나라와……따랐다 : ≪資治通鑑綱目≫에서 晉나라 世祖 武帝 司馬炎이 稱帝한 乙酉(265) 泰始 원년에 "12월에 晉王 炎이 황제를 칭하였다.〔十二月 晉王炎稱皇帝〕"라 하였고, 隋나라 文帝 楊堅이 칭제한 辛丑(581) 開皇 원년에 "봄 2월에 隋王 楊堅이 황제를 칭하였다.〔春二月 隋王堅稱皇帝〕"라 하였고, 唐나라 高祖 李淵이 칭제한 戊寅(618) 武德 원년에 "5월에 唐王 李淵이 황제를 칭하였다.〔五月 唐王淵稱皇帝〕"라 하였다.

37) 漢나라……사용 : ≪資治通鑑綱目≫에서 漢나라 高祖가 죽고 혜제가 즉위한 丙午(B.C. 195) 漢 高祖 12년에 "여름 4월에 황제가 崩하였다.〔夏四月 帝崩〕"라 하고 "5월에 태자 盈이 즉위하였다.〔五月 太子盈卽位〕"라 하였다.

38) 秦나라……경우 : ≪資治通鑑綱目≫에서 秦나라 子嬰의 즉위는 甲午(B.C. 207) 秦 二世 3년에 "8월에 趙高가 望夷宮에서 황제를 시해하고 자영을 세워 왕으로 삼았다.〔八月 趙高弑帝于望夷宮 立子嬰

如秦子嬰・漢文帝之類.

무릇 列國의 계승은 쓰지 않았으나 사건으로 인한 것은 주석에서 나타내었다. 그 까닭이 있는 경우에는 사안에 따라 썼다.

凡列國繼世不書, 因事注中見之. 其有故者, 乃隨事書之①.

① 예를 들면 燕나라 平과 楚나라 橫, 齊나라 法章, 楚나라 完의 경우[39]이다.
如燕平・楚橫・齊法章・楚完.

무릇 나라를 세워 自立한 경우는 "某가 자립하여 某王이 되었다.〔某自立爲某王〕"라 하였다.

凡建國自立者, 曰某自立爲某王①.

① 예를 들면 陳勝의 경우[40]이다.
如陳勝之類.

◑ 사람들이 추대하여 세운 경우는 "某가 某를 추대하여 某로 삼았다.〔某尊某爲某〕"라 하였고, 혹은 "某國이 某를 세워 某로 삼았다.〔某國立某爲某〕"라 하였고, 혹은 "某人이 某를 세워 某王으로 삼았다.〔某人立某爲某王〕"라 하였고, 혹은 "某王 某가 某를 세워 某王으로 삼았다.〔某王某立某爲某王〕"라 하였다.

爲王〕"라 하였고, 漢나라 文帝의 즉위는 辛未(B.C. 180) 漢 高皇后 呂氏 8년에 "여러 대신이 代王 劉恒을 맞이하여 세웠다. 후9월(윤9월)에 장안에 이르러 즉위하고 呂后가 孝惠帝의 아들이라 명명한 劉弘 등을 죽이고 사면령을 내렸다.〔諸大臣迎立代王恒 後九月 至 卽位 誅呂后所名孝惠子弘等赦〕"라 하였다.

39) 燕나라……경우 : ≪資治通鑑綱目≫에서 燕나라 平은 己酉(B.C. 312) 周 赧王 3년에 "燕나라 사람이 태자 平을 세워 임금으로 삼았다.〔燕人立太子平爲君〕"라 하였고, 楚나라 橫은 壬戌(B.C. 299) 周 赧王 16년에 "楚나라 사람이 태자 橫을 세웠다.〔楚人立太子橫〕"라 하였고, 齊나라 法章은 戊寅(B.C. 283) 周 赧王 32년에 "齊나라 사람이 淖齒를 토벌하여 죽이고 그 임금의 아들 법장을 세우고 莒城을 지켰다.〔齊人討殺淖齒 而立其君之子法章 保莒城〕"라 하였고, 楚나라 完은 戊戌(B.C. 263) 周 赧王 52년에 "楚나라 태자 완이 秦나라에서 도망쳐서 돌아왔다. 楚나라 임금 橫이 졸하자 완이 즉위하여 黃歇을 정승으로 삼아 春申君으로 봉하였다.〔楚太子完自秦逃歸 楚君橫卒 完立 以黃歇爲相 封春申君〕"라 하였다.

40) 陳勝의 경우 : ≪資治通鑑綱目≫에서 壬辰(B.C. 209) 秦 二世 원년에 "가을 7월에 楚나라 사람 陳勝과 吳廣이 蘄 땅에서 기병을 하고, 진승이 스스로 서서 楚王이 되었으며 오광을 假王으로 삼아 滎陽을 공격하였다.〔秋七月 楚人陳勝吳廣起兵於蘄 勝自立爲楚王 以廣爲假王 擊滎陽〕"라 하였다.

人所立者, 曰某尊某爲某①, 或曰某國立某爲某, 或曰某人立某爲某王②, 或曰某王某立某爲某王.

① 項籍이 義帝를 추대하여 세운 경우41)이다.
項籍尊義帝之類.

② 예를 들면 秦嘉가 景駒를 세운 경우42)이다.
如秦嘉立景駒之類.

무릇 僭國이 처음 皇帝를 稱한 경우는 "某號 姓名이 皇帝를 칭하였다.〔某號姓名稱皇帝〕"라 하였고, 계승을 하면 "太子 某가 섰다.〔太子某立〕"라 하였다.

凡僭國始稱帝者曰某號姓名稱皇帝①, 繼世曰太子某立②.

① 예를 들면 魏王 曹丕와 宋王 劉裕, 梁王 朱晃의 경우43)이다.
如魏王曹丕・宋王劉裕・梁王(宋)〔朱〕44)晃之類.

② 예를 들면 魏太子 曹叡의 경우45)이다.
如魏太子叡.

◑ 처음 王을 칭한 경우는 "姓名이 某王을 칭하였다.〔姓名稱某王〕"라 하였고, 계승을 하면 '嗣'라 하였다.

---

41) 項籍이……경우 : ≪資治通鑑綱目≫에서 乙未(B.C. 206) 楚 義帝 원년에 "봄 정월에 項籍이 楚 懷王을 높여 義帝로 삼았다.〔春正月 項籍尊楚懷王爲義帝〕"라 하였다.

42) 秦嘉가……경우 : ≪資治通鑑綱目≫에서 癸巳(B.C. 208) 秦 二世 2년에 "秦嘉가 景駒를 세워 楚王으로 삼았다.〔秦嘉立景駒爲楚王〕"라 하였다.

43) 魏王……경우 : ≪資治通鑑綱目≫에서 曹丕는 庚子(220) 後漢 獻帝 延康 원년에 "겨울 10월에 魏王 曹丕가 황제를 칭하고 廢帝를 山陽公으로 삼았다.〔冬十月 魏王曹丕稱皇帝 廢帝爲山陽公〕"라 하였고, 劉裕는 庚申(420) 東晉 恭帝 元熙 2년에 "6월에 宋王 劉裕가 建康으로 돌아와 황제를 칭하였다.〔六月 宋王裕還建康 稱皇帝〕"라 하였고, 朱晃은 丁卯(907) 唐 昭宣帝 天祐 4년에 "梁王 朱全忠이 이름을 晃으로 다시 고치고 황제를 칭하였다.〔梁王全忠更名晃 稱皇帝〕"라 하였다.

44) (宋)〔朱〕 : 저본에는 '宋'으로 되어 있으나, ≪朱子全書≫의 ≪資治通鑑綱目≫과 ≪四庫全書≫의 ≪御批資治通鑑綱目≫에 근거하여 '朱'로 바로잡았다. 朱晃은 朱全忠의 改名이며, 907년에 唐나라를 멸망시키고 梁나라 곧 後梁을 건국하였다.

45) 魏太子……경우 : 魏王 曹丕는 丙午(226) 後主 建興 4년 5월에 죽었는데, ≪資治通鑑綱目≫에는 "여름 5월에 魏나라 임금 조비가 卒하였다.〔夏五月 魏主丕卒〕"라고만 되어 있고, 태자 曹叡의 즉위에 관한 내용은 目에서 "태자 조예가 즉위하였다.〔太子叡卽位〕"라고 하였다. 이는 ≪朱子全書≫의 ≪資治通鑑綱目≫과 ≪四庫全書≫의 ≪御批資治通鑑綱目≫에도 동일하다. 단 ≪御批資治通鑑綱目≫에는 '卒'자 아래에 '子叡立' 3자를 보충해야 한다고 하면서 범례의 이 조항을 근거로 들었다.

始稱王者, 姓名稱某王, 其繼世曰嗣.

◑ 나라를 회복하면 "某가 다시 즉위하여 某王이 되었다.〔某復立爲某王〕"라 하였고, 호칭을 회복하면 "某國이 다시 王을 칭하였다.〔某國復稱王〕"라 하였다.

復國曰某復立爲某王①, 復號曰某國復稱王②.

① 예를 들면 拓跋珪의 경우46)이다.
如拓跋珪之類.
② 예를 들면 西秦의 경우47)이다.
如西秦之類.

무릇 簒賊은 簒弑한 범례48)에 따로 드러내었다.

凡簒賊, 自見簒弑例.

무릇 不成君은 그가 처음 섰을 때 列國 이하의 범례를 사용해야 마땅하다.

凡不成君者, 其初立用列國以下例, 惟所當①.

① 예를 들면 劉信과 劉玄의 경우49)이다.
如劉信·劉玄之類.

무릇 無統은 周나라와 秦나라 사이에는 오직 秦나라만 계승을 하였으므로 특별히 周나라 王의 범예를 따랐고, 諸國은 그대로 列國의 범례를 썼다. 漢나라와 晉나라 이후부

---

46) 拓跋珪의 경우 : ≪資治通鑑綱目≫에서 丙戌(386) 東晉 孝武帝 太元 11년에 "봄 정월에 拓跋珪가 다시 서서 代王이 되었다.〔春正月 拓跋珪復立爲代王〕"라 하였다.

47) 西秦의 경우 : ≪資治通鑑綱目≫에서 己酉(409) 東晉 安帝 義熙 5년에 "가을 7월에 西秦이 다시 왕을 칭하였다.〔秋七月 西秦復稱王〕"라 하였다. 西秦은 甘肅省에 있던 5胡16國의 하나로 鮮卑族의 乞伏國仁이 秦 苻堅의 신하로 있다가 385년에 건국하였다. 400년에 後秦에게 패하여 신하가 되어 王號를 버렸으나, 後秦이 쇠퇴하자 409년에 다시 독립하였다가 431년 乞伏慕末 때에 夏나라에 멸망당하였다. 따라서 존속기간은 385~400년, 409~431년이다.

48) 簒弑한 범례 : 86쪽의 '簒賊'의 凡例를 가리킨다.

49) 劉信과……경우 : ≪資治通鑑綱目≫에서 劉信은 丁卯(7) 漢 孺子嬰 居攝 2년에 "가을 7월에 東郡太守 翟義가 기병하여 王莽을 토벌하고 劉信을 세워 천자로 삼았다.〔秋九月 東郡太守翟義起兵討莽立劉信爲天子〕"라 하였고, 劉玄은 癸未(23) 漢帝玄 更始 元年에 "2월에 新市와 平林의 여러 장수가 모두 更始將軍 劉玄을 세워 황제로 삼았으며, 크게 사면을 하고 개원하였다.〔二月 新市平林諸將共立更始將軍劉玄爲皇帝 大赦 改元〕"라 하였다.

터는 僭國의 범례를 썼다. 단 稱帝한 경우는 姓을 쓰지 않았다.

凡無統, 周秦之間, 惟秦繼世, 特從周王例, 諸國仍用列國例. 自漢晉以後, 用僭國例, 但稱帝者不書姓①.

① 예를 들면 晉王 炎(司馬炎)과 齊王 道成(蕭道成)의 경우50)이다.
如晉王炎·齊王道成之類.

무릇 처음 도읍을 세운 것을 '都'라 하였고, 다른 곳에서 와서 옮긴 것을 '徙都'라 하였으며, 여러 번 옮긴 뒤에 정한 것을 '定都'라 하였다. 사안이 작은 경우는 "某가 어디로 천도하였다.〔某遷于某〕"라 하였고, 나라가 작은 경우는 "某가 어디로 옮겼다.〔某徙居某〕"라 하였다. 옮겨 봉한 것은 '徙封'이라 하였고, 다른 사람이 옮겨준 것은 "某人이 某人을 某地로 옮겼다.〔某人徙某人于某地〕"라 하였다.

凡始建都曰都①, 自他所來徙曰徙都②, 屢徙而後定曰定都③. 事之微者曰某遷于某④, 國之微者曰某徙居某⑤. 徙封曰徙封⑥, 爲人所徙曰某人徙某人于某地⑦.

① 高帝(漢 高祖)가 櫟陽을 도읍으로 삼고, 帝玄(劉玄)이 宛을 도읍으로 삼고, 光武帝가 洛陽을 도읍으로 삼은 경우51)이다.
高帝都櫟陽, 帝玄都宛, 光武都洛陽.

② 韓나라가 鄭으로 徙都하고, 秦나라가 咸陽으로 徙都한 경우52)이다. ○ 무릇 "서쪽으로 가서 某를 도읍으로 삼았다.〔西都某〕", "북쪽으로 가서 某를 도읍으로 삼았다.〔北都某〕"라 한 것 또한 이런 경우이지만 本文을 따랐을 뿐이다.
韓徙都鄭, 秦徙都咸陽. ○ 凡言西都某·北都某者, 亦此類而從本文耳.

---

50) 晉王……경우 : ≪資治通鑑綱目≫에서 司馬炎은 乙酉(265) 晉 武帝 泰始 원년에 "12월에 晉王 사마염이 황제를 칭하고 魏나라 임금을 폐하여 陳留王으로 삼았다.〔十二月 晉王炎稱皇帝 廢魏主爲陳留王〕"라 하였고, 蕭道成은 己未(479) 齊 高帝 建元 원년에 "齊王 소도성이 황제를 칭하고 宋나라 임금을 폐하여 汝陰王으로 삼고 丹楊으로 옮겼다.〔齊王道成稱皇帝 廢宋主爲汝陰王 徙之丹楊〕"라 하였다.

51) 高帝가……경우 : ≪資治通鑑綱目≫에서 丙申(B.C. 205) 漢 高祖 2년에 "高帝가 櫟陽에 도읍하였다.〔高帝都櫟陽〕"라 하였고, 癸未(23) 漢 帝玄 更始 元年에 "王莽의 棘陽縣長 岑彭이 宛城을 가지고 漢나라에 항복하니 劉玄이 들어가 도읍으로 삼았다.〔莽棘陽長岑彭以宛城降漢 玄入都之〕"라 하였고, 後漢 光武帝가 乙酉(25) 建武 원년에 "朱鮪가 洛陽을 가지고 항복하니 겨울 10월에 황제가 들어가 도읍으로 삼았다.〔朱鮪以洛陽降 冬十月 帝入都之〕"라 하였다.

52) 韓나라가……경우 : ≪資治通鑑綱目≫에서 韓나라는 丙午(B.C. 375) 周 烈王 원년에 "韓나라가 鄭나라를 멸망시키고 陽翟에서 옮겨 도읍으로 삼았다.〔韓滅鄭 自陽翟徙都之〕"라 하였고, 秦나라는 辛未(B.C. 350) 周 顯王 19년에 "秦나라가 咸陽으로 도읍을 옮기고 처음으로 井田을 폐지하였다.〔秦徙都咸陽 始廢井田〕"라 하였다.

③ 漢나라 高帝가 長安에 이르러 비로소 도읍을 옮기는 것을 결정한 경우[53]이다.
漢高帝至長安, 始定徙都.

④ 예를 들면 楚나라가 鉅陽으로 옮긴 경우[54]이다.
如楚遷于鉅陽之類.

⑤ 예를 들면 衛나라가 野王으로 옮긴 경우[55]이다.
如衛徙居野王之類.

⑥ 예를 들면 楚나라가 黃歇을 吳에 옮겨 봉한 경우[56]로 황헐이 강하고 횡포하여 임금을 무시한 사실을 드러내었다. 나머지는 封拜의 범례에 들어 있다.
如楚黃歇徙封于吳之類, 見其强橫無君之實, 餘入封拜例.

⑦ 예를 들면 楚나라 사람이 魯나라 왕을 莒에 옮긴 경우[57]이다.
如楚人徙魯于莒之類.

무릇 正義에 따라 군사를 일으킨 것을 '起兵'이라 하고, 그 군사를 일으킨 것이 비록 정의롭지 않더라도 더불어 싸우는 상대가 또 그들을 盜賊으로 규정할 수 없으면 '兵起'라 하였다.

凡起兵以義者曰起兵①, 其起雖不義, 而所與敵者, 又不得以盜賊名之, 則曰兵起②.

① 예를 들면 秦나라 말기의 諸侯, 漢나라 劉崇과 翟義와 劉縯의 경우, 漢나라 말기 關東의 州郡[58] 등이다.

---

53) 漢나라……경우 : ≪資治通鑑綱目≫에서 辛丑(B.C. 200) 漢 高祖 7년에 "2월에 황제가 長安에 이르러 처음으로 도읍을 옮기는 것을 정하였다.〔二月 帝至長安 始定徙都〕"라고 하였다.

54) 楚나라가……경우 : ≪資治通鑑綱目≫에서 戊申(B.C. 255) 秦 昭襄王 54년에 "楚나라가 鉅陽으로 천도하였다.〔楚遷于鉅陽〕"라 하였다.

55) 衛나라가……경우 : ≪資治通鑑綱目≫에서 庚申(B.C. 241) 秦 始皇帝 6년에 "衛나라가 野王으로 옮겼다.〔衛徙居野王〕"라 하였다.

56) 楚나라가……경우 : ≪資治通鑑綱目≫에서 癸丑(B.C. 248) 秦 莊襄王 2년에 "楚나라가 黃歇을 吳에 옮겨 봉하였다.〔楚黃歇徙封于吳〕"라 하였다.

57) 楚人이……경우 : ≪資治通鑑綱目≫에서 丙午(B.C. 255) 秦 昭襄王 52년에 "楚나라 사람이 魯나라를 莒에 옮기고 그 땅을 차지하였다.〔楚人徙魯于莒而取其地〕"라 하였다.

58) 秦나라……州郡 : ≪資治通鑑綱目≫에서 秦나라 말기의 諸侯는 壬辰(B.C. 209) 秦 二世 원년에 "9월에 楚나라 사람 劉邦이 沛에서 기병하고 스스로 서서 沛公이라 하였다.〔九月 楚人劉邦起兵於沛 自立爲沛公〕"라 하고, 또 "楚나라 사람 項梁이 吳에서 기병하였다.〔楚人項梁起兵於吳〕"라 하였다. 劉崇과 翟義와 劉縯은 각각 丙寅(6) 漢 孺子嬰 居攝 원년에 "여름 4월에 安衆侯 劉崇이 기병하여 王莽을 토벌하였으나 이기지 못하고 죽었다.〔夏四月 安衆侯劉崇起兵討莽 不克 死之〕"라 하고, 丁卯(7) 漢 孺子嬰 居攝 2년에 "가을 9월에 東郡太守 翟義가 기병하여 왕망을 토벌하고 劉信을 세워 천자로 삼았다.〔秋九月 東郡太守翟義起兵討莽 立劉信爲天子〕"라 하고, 壬午(22) 新莽 地皇 3년에 "漢나라 종실 劉縯과 동생 劉秀가 舂陵에서 기병하여 제실을 부흥시켰다.〔漢宗室劉縯及弟秀起兵舂陵 興復帝室〕"라 하였다. 關東의 州郡은 庚午(190) 後漢 獻帝 初平 원년에 "봄 정월에 관동의 주군이 기병하여 董卓

如秦末諸侯, 漢劉崇·翟義·劉縯之類, 漢末關東州郡.

② 예를 들면 新나라 王莽 때 州郡 및 樊崇과 刁子都의 무리59)이다.

如新莽時州郡及樊崇·刁子都之屬.

무릇 國家에 임금이 없고 四方에서 州郡에 근거하며 牧守(州郡의 장관)라 칭한 경우는 "某人이 스스로 某가 되다.〔某人自爲某〕", "某라 자칭하였다.〔自稱某〕", "스스로 某官을 총괄하였다.〔自領某官〕"라 하였고, 그 傳襲은 각각 그 사안에 따라 기록하였다.

凡國家無主, 四方據州郡稱牧守者, 曰某人自爲某·自稱某·自領某官①, 其傳襲各隨其事書之②.

① 袁紹와 曹操의 경우60)이다.

袁紹·曹操之類.

② 孫權과 袁尙의 경우61)이다.

孫權·袁尙之類.

무릇 天子가 이미 皇帝라 칭하였는데 다시 다른 稱號를 추가한 경우는 사안에 따라 기록하였다.

凡天子已稱皇帝, 而復加他號者, 隨事書之①.

① 예를 들면 漢나라의 陳聖劉太平, 周(北周)나라의 天元, 唐나라의 尊號와 같은 경우62)이다.

을 토벌할 때 袁紹를 추대하여 맹주로 삼았다.〔春正月 關東州郡起兵討卓 推袁紹爲盟主〕"라 하였다.

59) 新나라……무리 : ≪資治通鑑綱目≫에서 丁丑(17) 新莽 天鳳 4년에 "臨淮와 琅邪와 荊州의 綠林山에서 기병하였다.〔臨淮琅邪及荊州綠林兵起〕"라 하고, 戊寅(18) 新莽 天鳳 5년에 "琅邪 樊崇과 東海 刁子都 등이 기병하였다.〔琅邪樊崇東海刁子都等兵起〕"라 하였다.

60) 袁紹와……경우 : ≪資治通鑑綱目≫에서 袁紹는 辛未(191) 後漢 獻帝 初平 2년에 "원소가 冀州牧 韓馥을 축출하고 스스로 州事를 이끌었다.〔袁紹逐冀州牧韓馥 自領州事〕"라 하고, 曹操는 壬申(192) 後漢 獻帝 初平 3년에 "황건적이 兗州를 침략하여 刺史 劉岱를 죽이자 조조가 들어가 머물면서 刺史를 자칭하였다.〔黃巾寇兗州 殺刺史劉岱 曹操入據之 自稱刺史〕"라 하였다.

61) 孫權과……경우 : ≪資治通鑑綱目≫에서 孫權은 壬申(252) 蜀漢 後主 延熙 15년에 "여름 4월에 吳나라 임금 손권이 졸하고 태자 孫亮이 즉위하여 諸葛恪으로 太傅를 삼았다.〔夏四月 吳主權卒 太子亮立 以諸葛恪爲太傅〕"라 하고, 袁尙은 壬午(202) 後漢 獻帝 建安 7년에 "여름 5월에 袁紹가 卒하고 어린 아들 원상이 주사를 습행하고, 장자 袁譚은 黎陽에 나가 주둔하였는데 曹操가 공격하여 패퇴시켰다.〔夏五月 袁紹卒 幼子尙襲行州事 長子譚出屯黎陽 操攻敗之〕"라 하였다.

62) 漢나라의……경우 : ≪資治通鑑綱目≫에서 丙辰(B.C. 5) 漢 哀帝 建平 2년에 "크게 사면을 하고 太初로 개원하고 陳聖劉太平皇帝로 칭호를 고쳤다.〔大赦 改元太初 更號陳聖劉太平皇帝〕"라 하고, 己亥(579) 周 靜帝闡 大象 원년에 "周나라 임금 宇文贇이 태자 宇文闡에게 전위하고 天元皇帝로 자칭하였다.〔周主贇傳位于太子闡 自稱天元皇帝〕"라 하고, 丙寅(666) 乾封 원년에 "亳州에 이르러 老君

如漢陳聖劉太平・周天元・唐尊號之類.

무릇 나라를 다른 사람에게 주는 경우, 子弟면 '傳'이라 하였고, 他人이면 '讓'이라 하였다.

凡以國與人者, 子弟曰傳①, 他人曰讓②. ③

① 趙나라 主父의 경우63)이다.
趙主父之類.
② 燕나라 噲의 경우64)이다.
燕噲之類.
③ 舊本에는 改元門의 끝에 있었는데, 이제 目錄의 次序를 감안하여 여기로 옮겼다.
舊本在改元門之末, 今按目錄次序而移於此.

5. 改元

後唐과 石晉(石敬塘의 後晉)의 사이는 司馬溫公의 舊例가 더욱 顚錯되었다.
後唐・石晉之間, 溫公舊例尤爲顚錯.

무릇 재위 중간에 改元한 경우 그 처음을 드러내었고, 나머지는 모두 사건으로 인하여 나타내었다.

凡中世而改元者, 著其始①, 餘皆因事見之②.

① 魏나라 惠王 1년, 漢나라 文帝의 後元과 武帝의 元狩의 경우65)이다.
魏惠王一年・漢文帝後元・武帝元狩之類.

을 높여 太上玄元皇帝라 하였다.〔至亳州 尊老君爲太上玄元皇帝〕"라 하였다.

63) 趙나라……경우 : ≪資治通鑑綱目≫에서 壬戌(B.C. 299) 周 赧王 16년에 "趙나라 임금이 태자 章을 폐하고 작은 아들 何에게 나라를 전하고 스스로 主父라고 이름하였다.〔趙君廢其太子章 而傳國於少子何 自號主父〕"라 하였다.

64) 燕나라……경우 : ≪資治通鑑綱目≫에서 乙巳(B.C. 316) 周 愼靚王 5년에 "燕나라 임금 噲가 나라를 정승 子之에게 선양하였다.〔燕君噲以國讓其相子之〕"라 하였다.

65) 魏나라……경우 : ≪資治通鑑綱目≫에서 丁亥(B.C. 334) 周 顯王 35년에 "魏惠王一年"이라 하고, 丁丑(B.C. 164) 漢 文帝 16년에 "조서를 내려 다시 명년을 원년으로 한다고 하였다.〔詔更以明年爲元年〕"라 하고, 己未(B.C. 122) 漢 武帝 元狩 1년에 "겨울 10월에 5畤에 제사 지낼 때 일각수를 잡았으므로 燎 제사를 지내고 비로소 천서를 기원으로 하였다.〔冬十月 祠五畤 獲一角獸以燎 始以天瑞紀元〕"라 하였다.

② 예를 들면 章和의 경우66)이다.
如章和之類.

무릇 재위 중간에 改元하였는데 事義가 없는 경우 바꾼 연호를 정식으로 삼았다. 연호를 폐지하거나 새로 정할 때 義理의 得失과 관련된 것은 바꾸기 이전의 연호를 정식으로 삼았고 아래에 改元한 내용을 주석으로 달았다.

凡中歲而改元, 無事義者, 以後爲正①. 其在廢興之際, 關義理得失者, 以前爲正, 而注所改於下②.

① 溫公의 舊例에 따라 간편함을 좇았다.
依溫公舊例, 以從簡便.
② 예를 들면 漢나라 建安 25년(220) 10월에 魏나라가 처음으로 稱帝하고 黃初로 改元하였는데, ≪資治通鑑≫에서는 이해의 처음부터 곧바로 '魏나라 黃初'라 하였다. 또 章武 3년(223) 5월에 後主가 卽位하고 建興으로 개원하였는데, ≪資治通鑑目錄≫과 ≪資治通鑑擧要≫에서는 이해의 처음부터 곧바로 '建興'이라 칭하였다. 무릇 이와 같은 경우는 그 事實을 잃었을 뿐만 아니라 君臣과 父子의 가르침에 있어서 해로움이 더욱 크므로 이제 바로잡았다. 다만 建安 25년 3월에 延康으로 개원한 것은 范曄의 ≪後漢書≫ 및 陳壽의 ≪三國志≫의 주석을 상고하면 漢나라의 年號이고, ≪資治通鑑≫의 기록은 바로 曹丕가 稱王할 때 고친 것으로 되어 있으니, 이제 다 알 수 없다.
如漢建安二十五年十月, 魏始稱帝, 改元黃初, 而通鑑從是年之首, 卽爲魏黃初. 又章武三年五月, 後主卽位, 改元建興, 而通鑑於目錄·擧要, 自是年之首, 卽稱建興. 凡若此類, 非惟失其事實, 而於君臣父子之敎, 所害尤大, 故今正之. 但建安二十五年三月改元延康, 考之范史及陳志注文, 是漢號, 而通鑑所書乃若曹丕稱王時所改者, 今不能悉見.

6. 尊立

尊은 太上皇과 太皇太后, 皇太后를 높이는 것을 말하고, 立은 皇后와 皇太子를 세우는 것을 말한다. 諸王은 封拜의 凡例에 들어 있다.
尊謂尊太上皇·太皇太后·皇太后. 立謂立皇后·皇太子. 其諸王自入封拜例.

무릇 正統은 尊立을 모두 쓴다. 尊은 "某를 높여 某라 하였다.〔尊某爲某〕"라 하였고,

66) 章和의 경우 : ≪資治通鑑綱目≫에서 丁亥(87) 後漢 章帝 章和 원년에 "改元"이라 하고 그 目에 "이때 여러 차례 아름다운 상서가 있으니 말하는 사람이 모두 아름답다고 하여 마침내 조서를 내려 章和로 개원하였다.〔是時 屢有嘉瑞 言者咸以爲美 遂詔改元章和〕"라 하였다.

그 어머니가 正嫡이 아니면 姓氏를 더하였고, 칭호를 고치면 "某를 고쳐 某라 하였다.〔更某爲某〕"라 하였다. 后를 세우면 "皇后 某氏를 세웠다.〔立皇后某氏〕"라 하였고, 后가 正嫡이 아니면 "某氏를 세워 皇后로 삼았다.〔立某氏爲皇后〕"라 하였다. 太子를 세우면 "아들 某를 세워 皇太子로 삼았다.〔立子某爲皇太子〕"라 하였다.

凡正統尊立皆書. 尊曰尊某爲某①. 其母非正嫡, 則加姓氏②. 更曰更某爲某③. 立后曰立皇后某氏④. 非正嫡曰立某氏爲皇后⑤. 立太子曰立子某爲皇太子⑥.

① 漢나라 高祖가 太公을 높여 太上皇으로[67] 하였는데, 이후 皇太后를 높여 太皇太后로, 皇后를 높여 皇太后로 한 것은 모두 이 전례를 따랐다.
漢高祖尊太公爲太上皇, 後凡尊皇太后爲太皇太后, 尊皇后爲皇太后, 皆用此例.

② 定陶太后와 丁姬와 愼園貴人의 경우[68]이다.
定陶太后・丁姬・愼園貴人之類.

③ 漢나라 高祖가 王后를 고쳐 皇后라 하고, 王太子를 皇太子라 하였다.[69]
漢高祖更王后曰皇后, 王太子曰皇太子.

④ 예를 들면 惠帝 張后의 경우[70]이다.
如惠帝張后之類.

⑤ 예를 들면 文帝 竇后의 경우[71]이다.
如文帝竇后之類.

⑥ 漢나라 文帝가 처음에 景帝를 세워 太子로 삼을 때 단지 '아들 계〔子啓〕'라 하였다.[72] 中年 이후에 여러 아들을 왕으로 봉하며 처음으로 '皇子'로 칭하였는데 후세에 드디어 그대로 따

67) 漢나라……太上皇으로 : ≪資治通鑑綱目≫에서 庚子(B.C. 201) 漢 高祖 6년에 "여름 5월에 太公을 높여 太上皇으로 삼았다.〔夏五月 尊太公爲太上皇〕"라 하였다.

68) 定陶太后와……경우 : ≪資治通鑑綱目≫에서 甲寅(B.C. 7) 漢 成帝 綏和 2년에 "定陶太后 傅氏를 높여 定陶恭皇太后라 하고 어머니 丁姬를 定陶恭皇后라 하고 丁明과 傅晏을 봉하여 모두 열후로 삼았다.〔尊定陶太后傅氏曰定陶恭皇太后 母丁姬曰定陶恭皇后 封丁明傅晏皆爲列侯〕"라 하고, 戊申(168) 漢 靈帝 建寧 원년에 "윤월에 황조를 추존하여 孝元皇帝, 부인을 孝元后, 아버지를 孝仁皇帝, 어머니 董氏를 높여 愼遠貴人이라 하였다.〔閏月 追尊皇祖爲孝元皇 夫人爲孝元后 考爲孝仁皇 尊母董氏爲愼遠貴人〕"라 하였다.

69) 王后를……하였다 : ≪資治通鑑綱目≫에서 己亥(B.C. 202) 漢 高祖 5년에 "王后를 고쳐 皇后라 하고 王太子를 皇太子로 하고 先媼을 추존하여 昭靈夫人이라 하였다.〔更王后曰皇后 王太子曰皇太子 追尊先媼曰昭靈夫人〕"라 하였다.

70) 惠帝……경우 : ≪資治通鑑綱目≫에서 庚戌(B.C. 191) 漢 惠帝 4년에 "겨울 10월에 皇后 張氏를 세웠다.〔冬十月 立皇后張氏〕"라 하였다.

71) 文帝……경우 : ≪資治通鑑綱目≫에서 壬戌(B.C. 179) 漢 文帝 1년에 "2월에 竇氏를 皇后로 삼았다.〔二月 立竇氏爲皇后〕"라 하였다.

72) 漢나라……하였다 : ≪資治通鑑綱目≫에서 壬戌(B.C. 179) 漢 文帝 1년에 "봄 정월에 아들 啓를 세워 황태자로 삼았다.〔春正月 立子啓爲皇太子〕"라 하였다.

라서 칭하였다. 지금 살펴보건대 책봉하여 세우는 명령은 천자에게서 나오므로 스스로 그 아들을 皇子로 칭해서는 안 되니, 다만 文帝의 처음 사례만 따랐다.

漢文帝初立景帝爲太子時但云子啓. 中年以後封王諸子, 始有稱皇子者, 後遂稱之. 今按封立之命出於天子, 不應自謂其子爲皇子, 只從文帝初例.

무릇 正統이 아니면 기록하지 않았는데, 사안에 인하여 특별히 기록할 경우에는 皇號를 없앴다.

凡非正統則不書, 因事特書者, 去皇號①.

① 漢나라가 太子 盈을 세운 것은 사건이 없는데도 특별히 기록한 경우[73]로 漢나라의 일을 갖춘 것이다. 皇號는 太上皇을 생략해서는 안 되지만 한 번 기록한 다음에는 단지 太上이라 하였다.

漢立太子盈, 無事而特書者, 備漢事. 皇號惟太上皇不可省, 然惟一見, 後但云太上而已.

7. 崩葬

陵廟, 追尊, 改葬에 관한 사항

무릇 正統은 임금이 승하한 경우 '崩'이라 하고, 지방에서 죽으면 지명을 기록하고, 해를 넘기지 않은 不成君의 경우는 '薨'이라 하고, 지위를 잃은 경우는 '卒'이라 하였다. 太皇太后와 皇太后, 皇后가 죽으면 모두 "某后 某氏가 崩하였다.〔某后某氏崩〕"라 하고, 自殺한 경우는 '自殺'이라 하고, 罪가 있으면 곧 '有罪' 2자를 추가하며, 죄가 없는데도 幽閉되어 죽었으면 '幽殺之'라 하였다. 廢后는 기록하지 않는데 사건으로 인하여 나타내는 경우에는 '卒'이라 하고, 自殺을 하였으면 '自殺'이라 하고, 나라가 망하고 몸은 폐위되었으나 守節하여 뜻을 바꾸지 않다가 國統이 회복된 경우는 그 故號가 있으면 '崩'이라 하였다. 秦漢 이후는 王과 侯가 죽으면 모두 '卒'이라 하고, 賢者인 경우는 注에 '諡曰某'라 하고, 自殺한 경우는 后의 凡例와 같이 하였다. 僭國의 임금으로 稱帝한 자는 "某主 姓某가 卒하였다.〔某主姓某卒〕"라 하고, 稱王公한 자는 "某王公 姓某가 卒하였다.〔某王公姓某卒〕"라 하였다. 后夫人은 쓰지 않았고 사건으로 인하여 나타낸 것은 "某號 某氏가 卒하였다.〔某號某氏卒〕"라 하였다.

---

73) 漢나라가……경우 : ≪資治通鑑綱目≫에서 丙寅(B.C. 205) 漢 高祖 2년에 "漢王이 櫟陽으로 돌아와 아들 盈을 세워 태자로 삼았다.〔漢王還櫟陽 立子盈爲太子〕"라 하였다.

凡正統曰崩①, 在外則地②. 未踰年不成君曰薨③. 失尊曰卒④. 其太皇太后・皇太后・皇后, 皆曰某后某氏崩. 自殺曰自殺⑤, 有罪卽加有罪字⑥, 無罪而以幽死者曰幽殺之⑦. 廢后不書, 因事見者曰卒, 自殺者曰自殺, 國亡身廢, 守節不移, 而國統尋復者, 則存其故號而書崩⑧. 秦漢以後, 王侯死皆曰卒, 賢者則注云諡曰某⑨. 自殺者如后例⑩. 僭國之君稱帝者曰某主姓某卒, 稱王公者曰某王公姓某卒⑪. 后夫人不書, 因事而見者曰某號某氏卒.

① 그 舊史에 신하들이 한 말을 따랐다.
因其舊史臣子之辭.

② 秦나라 始皇과 漢나라 安帝의 경우74)이다.
秦始皇・漢安帝之類.

③ 漢나라 北鄕侯75)의 기록에 근거하였다.
本漢北鄕侯.

④ 예를 들면 周나라 赧王과 漢나라 獻帝의 경우76)이다.
如周赧・漢獻之類.

⑤ 罪가 의심스러운 것을 말한다.
謂罪疑者.

⑥ 上文에서 이미 反逆이라고 썼으면 '有罪' 2자를 추가할 필요가 없다. 예를 들면 衛后와 戾太子의 경우77)이다.
上文已書反逆者, 不必加有罪字. 如衛后・戾太子是.

⑦ 自殺도 같다.

---

74) 秦나라……경우 : ≪資治通鑑綱目≫에서 秦 始皇은 辛卯(B.C. 210) 秦 始皇帝 37년에 "가을 9월에 砂丘에 이르러 崩하였다.〔秋七月 至沙丘崩〕"라 하고, 安帝는 乙丑(125) 後漢 安帝 延光 4년에 "황제가 葉에서 崩하고 궁으로 돌아와 발상하였다.〔帝崩于葉 還宮發喪〕"라 하였다.

75) 北鄕侯 : 後漢의 제7대 임금인 劉懿이다. A.D. 125년 3월에 安帝의 뒤를 이어 즉위하였으나 동년 10월에 병으로 죽었다. ≪資治通鑑綱目≫에서 乙丑(125) 後漢 安帝 延光 4년에 3월에는 "北鄕侯 劉懿를 맞이하여 즉위하였다.〔迎北鄕侯懿入卽位〕"라 하고, 10월에는 "북향후가 죽었다.〔北鄕侯薨〕"라 하였다.

76) 周나라……경우 : ≪資治通鑑綱目≫에서 赧王은 乙巳(B.C. 256) 周 赧王 59년에 "秦나라가 마침내 周나라에 침입하여 노략질을 하니 왕이 秦나라에 들어가 周나라 땅을 바치고 돌아와 卒하였다.〔秦遂入寇 王入秦 盡獻其地 歸而卒〕"라 하고, 獻帝는 甲寅(234) 蜀漢 後主 建興 12년에 "3월에 山陽公이 卒하였다.〔三月 山陽公卒〕"라 하였다.

77) 衛后와……경우 : ≪資治通鑑綱目≫에서 庚寅(B.C. 91) 漢 武帝 征和 2년에 "황제가 甘泉宮에 갔다. 가을 7월에 황태자 據가 사자 江充을 살해하니, 황후가 군사를 내어 반란을 일으켰다고 말하였다. 조서를 내려 승상 屈氂에게 토벌하게 하니 據가 패하여 湖로 달아났다. 황후 衛氏와 據가 모두 자살하였다.〔帝如甘泉 秋七月 皇太子據殺使者江充 白皇后發兵反 詔丞相屈氂討之 據敗走湖 皇后衛氏及據皆自殺〕"라 하였다. 여기서 皇后 衛氏가 衛后이고, 태자 據가 戾太子이다. 사후에 태자에게 戾를 追諡하였다.

自殺亦同.

⑧ 孝平皇后의 경우78)이다.

孝平皇后.

⑨ 살피건대 劉秘丞79)이 말한 "제후왕 이하는 陸淳80)의 사례와 같이 卒로 써야 한다."라는 것을 溫公이 명확한 의론이라고 하면서도 이미 進上한 〈周紀〉, 〈秦紀〉, 〈漢紀〉의 대본을 추후 개정할 수 없음을 한탄하였다. 이는 이미 ≪資治通鑑≫에서 薨이라 쓴 것이 잘못임을 깨닫고 후회한 것이다. 陸淳의 말은 ≪春秋纂例≫에 보인다. 대체로 薨은 바로 그 신하들이 하는 말이니, 마땅히 國史에 사용해서는 안 된다. 이제 그 학설을 따른다. 또 謚號는 산 사람에 대한 칭호가 아닌데, ≪資治通鑑≫에서는 謚號를 薨과 卒의 위에 더하였으니 또한 잘못되었다. 이제 역시 바로잡는다. 그러나 賢者가 아니라면 시호가 헛되이 기리는 칭호가 될 것이니, 또한 취할 바가 없으므로 더 이상 시호를 이름 아래에 쓰지 않았다.

按劉秘丞說, 凡諸侯王以下, 當依陸淳例書卒, 溫公以爲確論, 而恨周秦漢紀不可請本追改, 則是已覺通鑑書薨之失而悔之矣. 陸淳說見春秋纂例, 蓋薨乃臣子之辭, 不當施之於國史也. 今從其說. ◑又諡, 非生者之稱, 而通鑑以諡加於薨卒之上, 亦非是. 今亦正之. 然非賢者, 則虛美之稱, 亦無所取, 故不復書.

⑩ 反逆이 七國(吳楚七國)과 같은 것은 다시 죄가 있음을 말하지 않았다.

反逆如七國者, 不復言有罪.

⑪ 살피건대 溫公이 인용한 ≪三十國春秋≫의 여러 나라의 임금은 모두 卒이라고 하였다.

按溫公引三十國春秋諸國之君皆書卒.

무릇 無統의 임금이 稱帝한 경우는 "某王 某가 殂하였다.〔某王某殂〕"라 하였고, 稱王公한 경우는 "某王公 某가 薨하였다.〔某王公某薨〕"라 하였다. 그 后夫人은 僭國의 凡例와 같다.

凡無統之君稱帝者, 曰某王某殂. 稱王公者, 曰某王公某薨①, 其后夫人如僭國例.

① 위로 天子가 없으므로 그 신하들이 하는 말을 따른 것이다.

上無天子, 故得因其臣子之辭.

---

78) 孝平皇后의 경우 : ≪資治通鑑綱目≫에서 癸未(23) 漢 帝玄 更始 원년에 "孝平皇后가 스스로 불에 타서 崩하였다.〔孝平皇后自焚 崩〕"라 하였다. 효평황후는 漢나라 平帝의 부인으로 王莽의 딸이었다. 왕망이 평제를 시해하고 劉嬰을 황태자로 세우면서 孺子라 칭하였다. 그 후 孺子를 폐하여 定安公이라 하고, 효평황후를 定安太后라 하였다가 다시 黃皇室主라 하며 지위를 낮추었다. 효평황후는 아버지인 왕망에게 협조하지 않다가 왕망이 패하기 직전에 스스로 불에 타서 죽었다.

79) 劉秘丞 : 宋나라의 학자 劉恕(1032~1078)이다. 유서는 字가 道原이고 筠州 사람이며, 史學으로 이름이 높았다. 사마광을 도와 ≪자치통감≫을 편찬하였다.

80) 陸淳 : 唐나라 학자 陸質의 초명이다. 그는 啖助와 趙匡에게 ≪春秋≫를 배워 ≪春秋微旨≫와 ≪春秋集傳辨疑≫, ≪春秋集傳纂例≫ 등을 저술하였다.

무릇 蠻夷의 君長은 '死'라 하였다.

凡蠻夷君長曰死①.

① 匈奴의 單于와 烏孫의 昆彌[81]의 경우이다.
匈奴單于・烏孫昆彌.

무릇 盜賊의 대장은 '死'라 하였다.

凡盜賊酋帥曰死①.

① 隗囂의 경우[82]이다.
隗囂之類.

무릇 正統의 임금이 폐위되어 王公으로 죽은 경우에는 卒이라 쓰고 그 시호를 주석으로 달았다.

凡正統之君, 廢爲王公而死者, 書卒而注其諡.

모든 正統의 임금은 葬禮 지내고, 사당〔廟〕을 세우며, 미리 陵과 사당을 만들고, 廟號를 追崇한 것은 모두 사안에 따라 기록하였다.

凡正統之君, 葬①, 立廟②, 預作陵③・廟④, 追崇廟號⑤, 皆隨事書之.

① 驪山, 萬年, 長陵[83] 이하의 경우이다.
驪山・萬年・長陵以下.
② 太上皇廟와 高廟의 경우[84]이다.

81) 匈奴의……昆彌 : 匈奴와 烏孫은 북방 유목족으로 單于와 昆彌는 중국의 王號에 해당하는 칭호이다. ≪資治通鑑綱目≫에서 庚辰(B.C. 161) 漢 文帝 後元 3년에 "봄에 흉노 老上單于가 죽고 아들 軍臣單于를 세웠다.〔春 匈奴老上單于死 子軍臣單于立〕"라 하고, 辛酉(B.C. 60) 漢 宣帝 神爵 2년에 "烏孫의 昆彌 翁歸靡가 죽고 狂王 泥靡를 세웠다.〔烏孫昆彌翁歸靡死 狂王泥靡立〕"라 하였다.

82) 隗囂의 경우 : ≪資治通鑑綱目≫에서 癸巳(33) 後漢 光武帝 建武 9년에 "隗囂가 죽으니 여러 장수가 그 아들 純을 세웠다.〔隗囂死 諸將立其子純〕"라 하였다. 외효는 57쪽 역주 1) 참조.

83) 驪山……長陵 : ≪資治通鑑綱目≫에서 秦 始皇은 辛卯(B.C. 210) 秦 始皇帝 37년에 "9월에 驪山에 장사 지냈다.〔九月 葬驪山〕"라 하고, 漢 高祖 太上皇은 甲辰(B.C. 197) 漢 高祖 10년에 "여름 5월에 太上皇이 崩하였다. 가을 7월에 萬年에서 장사 지내고 제후왕의 나라에 모두 묘를 세우게 했다.〔夏五月 太上皇崩 秋七月 葬萬年 令諸侯王國皆立廟〕"라 하고, 한 고조는 丙午(B.C. 195) 漢 高祖 12년에 "5월에 長陵에 장사 지냈다.〔五月 葬長陵〕"라 하였다.

84) 太上皇廟와……경우 : 태상황묘는 앞의 역주 83) 참조. ≪資治通鑑綱目≫에서 高廟는 丙午(B.C. 195) 漢 高祖 12년에 "군국에 高廟를 세우게 했다.〔令郡國立高廟〕"라 하였다.

太上皇廟・高廟之類.

③ 漢나라 景帝가 陽陵邑을 만들고 백성들을 모아서 옮겨 살게 한 경우[85]이다.
漢景作陽陵邑, 募民徙居之類.

④ 漢나라 文帝가 顧成廟를 만든 경우[86]이다.
漢文作顧成廟之類.

⑤ 漢나라 太祖, 太宗, 世宗, 中宗의 경우[87]이다.
漢太祖・太宗・世宗・中宗之類.

모든 正統의 后를 單陵으로 장례 지내는 경우 "某諡皇后를 某陵에 장례 지냈다.〔葬某諡皇后于某〕"라 하였고, 合葬은 왕과 왕후를 구분하지 않았고, 합장을 해서는 안 되는데 합장을 한 경우는 특별히 "某陵에 합장하였다.〔合葬某陵〕"라 썼다.

凡正統之后特葬, 曰葬某諡皇后于某①, 合葬不地②, 不當合而合, 則特書合葬某陵③.

① 漢나라 宣帝의 許后부터 비로소 諡號가 있었으므로[88] 이 사례와 같이 장례를 기록하였다.
自漢宣帝許后始有諡, 而書葬如此例.

② 예를 들면 後漢 光武帝와 昭烈帝의 경우[89]이다.
如漢光武・昭烈之類.

③ 漢나라 哀帝가 傅太后를 渭陵에 合葬한 경우[90]이다.

---

85) 漢나라……경우 : ≪資治通鑑綱目≫에서 己丑(B.C. 152) 漢 景帝 5년에 "봄 정월에 陽陵邑을 만들고 백성을 모아 옮겨 살게 하였다.〔春正月 作陽陵邑 募民徙之〕"라 하였다. 양릉읍은 景帝가 長安의 동북쪽에 자신의 壽陵을 미리 만들고 縣名을 양릉읍이라 하였다.

86) 漢나라……경우 : ≪資治通鑑綱目≫에서 文帝가 자신의 사당을 미리 만들었는데, 乙丑(B.C. 176) 漢 文帝 4년에 "顧成廟를 만들었다.〔作顧成廟〕"라 하였다.

87) 漢나라……경우 : ≪資治通鑑綱目≫에서 乙酉(B.C. 156) 漢 景帝 원년에 "겨울 12월에 高皇帝를 높여 太祖, 孝文皇帝를 太宗으로 하고 郡國에 太宗廟를 세우게 하였다.〔冬十二月 尊高皇帝爲太祖 孝文皇帝爲太宗 令郡國立太宗廟〕"라 하였고, 戊申(B.C. 72) 漢 宣帝 本始 2년에 "孝武帝廟를 높여 世宗이라 하고 행행한 군국에 모두 묘를 세웠다.〔尊孝武帝廟爲世宗 所幸郡國皆立廟〕"라 하였고, 甲子(4) 漢 平帝 元始 4년에 "孝宣廟를 높여 中宗, 孝元廟를 높여 高宗이라 하였다.〔尊孝宣廟爲中宗 孝元廟爲高宗〕"라 하였다.

88) 漢나라……있었으므로 : ≪資治通鑑綱目≫에서 庚戌(B.C. 71) 漢 宣帝 本始 3년에 "恭哀皇后를 杜陵 남쪽 동산에 장사 지냈다.〔葬恭哀皇后於杜陵南園〕"라 하였다. 霍光의 부인 霍顯이 자기 딸을 황후로 만들려고 女醫 淳于衍을 시켜 황후 許氏를 독살시켰으므로 시호를 恭哀라 하였다.

89) 後漢……경우 : ≪資治通鑑綱目≫에서 丁巳(57) 後漢 光武帝 建武中元 2년에 "3월에 原陵에 장사 지냈다.〔三月 葬原陵〕"라 하였다. 그런데 癸卯(223) 蜀漢 昭烈帝 章武 3년 4월에 소열제가 죽었다는 기록만 있고 장례에 관한 기록이 보이지 않는다. 다른 자료에는 동년 8월에 成都의 惠陵에 장사 지냈으며 甘夫人과 吳夫人을 합장하였다고 하였다.

90) 漢나라……경우 : ≪資治通鑑綱目≫에서 戊子(B.C. 33) 漢 元帝 竟寧 원년에 "가을 渭陵에 장사 지냈다.〔秋七月 葬渭陵〕"라 하였는데, 己未(B.C. 2) 漢 哀帝 元壽 원년에 "황태태후 傅氏가 崩하였

漢哀帝, 傅太后合葬渭陵之類.

모든 僭國과 無統의 임금은 陵廟를 사안을 통해서만 기록하였고, 사안이 없으면 주석에서 나타내었다. 그 后夫人도 같다.

凡僭國無統之君, 陵廟因事乃書, 無事則見之注下①. 其后夫人亦然.

① 사안에 따른 것은 예를 들면 魏나라가 壽陵을 만들고 三祖廟를 세운 경우91)이다.
因事如魏作壽陵, 立三祖廟之類.

모든 正統은 追尊과 改葬과 立廟에 관하여 모두 기록하였다.

凡正統, 追尊·改葬·立廟皆書①.

① 漢나라 高祖 5년에 어머니를 昭靈夫人으로 추존하였고, 昭帝는 鉤弋夫人을 황태후로 추존하였다. 宣帝는 戾太子, 悼考, 悼后를 追謚하고 園邑을 설치하였으며, 悼考를 皇考로 추존하고 寢廟를 세웠다. 哀帝는 定陶共王의 칭호에서 定陶 2자를 삭제하였고, 光武帝는 洛陽에 四親廟를 세우고 章陵을 옮겼다.92)
漢高祖五年, 昭靈夫人. 昭帝, 鉤弋夫人. 宣帝追謚戾太子·悼考·悼后, 置園邑, 追尊悼考爲皇考, 立寢廟. 哀帝定陶共王去定陶之號. 光武立四親廟於洛陽, 徙章陵.

8. 簒賊

晉나라의 董狐와 齊나라의 太史는 趙盾(조돈)과 崔杼(최저)가 임금을 弑害한 사실을 기록하고 숨기지 않았으니 史氏의 正法이다.93) 예를 들어 ≪春秋≫에서 魯나라 임금이 시해되면

는데, 孝元皇后(부씨)를 위릉에 합장하였다.〔皇太太后傅氏崩 合葬孝元皇后於渭陵〕"라 하였다.

91) 魏나라가……경우 : ≪資治通鑑綱目≫에서 壬寅(222) 蜀漢 昭烈帝 章武 2년에 "魏나라가 壽陵을 만들었다.〔魏作壽陵〕"라 하였는데, 魏나라 曹丕가 壽陵을 축조한 것이고, 丁巳(237) 蜀漢 後主 建興 15년에 "魏나라가 三祖를 훼손하지 않는 묘로 한다고 제명하였다.〔魏制三祖爲不毁之廟〕"라 하였는데, 魏나라가 武帝(曹操)를 太祖, 文帝(曹丕)를 高祖, 明帝(曹叡)를 烈祖로 하는 三祖廟를 세운 것이다.

92) 漢나라……옮겼다 : ≪資治通鑑綱目≫에서 己亥(B.C. 202) 漢 高祖 5년에 "先媼을 추존하여 昭靈夫人이라 하였다.〔追尊先媼曰昭靈夫人〕"라 하였고, 甲午(B.C. 87) 漢 昭帝 後元 2년에 "鉤弋夫人을 추존하여 황태후로 삼았다.〔追尊鉤弋夫人爲皇太后〕"라 하였고, 戊申(B.C. 73) 漢 宣帝 本始 원년에 "戾太子, 戾夫人의 悼考와 悼后를 추시하고 園邑을 설치하였다.〔追謚戾太子戾夫人悼考悼后 置園邑〕"라 하였고, 丙辰(B.C. 65) 漢 宣帝 元康 원년에 "도고를 추존하여 황고로 삼고 침묘를 세웠다.〔追尊悼考爲皇考 立寢廟〕"라 하였고, 丙辰(B.C. 5) 漢 哀帝 建平 2년에 "定陶共王에서 定陶의 칭호를 제거하라고 조서를 내렸다.〔詔共皇去定陶之號〕"라 하였고, 丁亥(27) 後漢 光武帝 建武 3년에 "洛陽에 四親廟를 세웠다.〔立四親廟於洛陽〕"라 하였다.

薨이라 쓰고 地名을 드러내어 말하지 않은 경우이다. 이는 신하로서 숨기려는 의리이자 聖人의 微意이다. 前世의 史官으로 그 本朝의 역사를 기술하는 자가 ≪춘추≫의 법을 많이 취하였으나 이미 史法이 아니다. 하물며 후세 사람이 前代의 역사를 기술할 때 또한 숨기는 것을 두어서 亂臣賊子의 罪가 세상 사람들의 耳目에 명백히 드러나게 하지 않는다면 의리에 어떻게 합당하게 하겠는가. ≪資治通鑑≫에 기록한 것은 이미 이러한 폐단을 혁파하였으나 또한 깊이 절실하지 않은 것이 있다. 지금 자못 아래와 같이 바로잡았으니 보는 사람은 자세히 살피라.

晉董狐・齊太史書趙盾・崔杼弑君而不隱, 史氏之正法也. 正如春秋魯君被弑, 則書薨而以不地著之. 蓋臣子隱諱之義, 聖人之微意也. 前世史官, 修其(不)〔本〕[94]朝之史者, 多取春秋之法. 然已非史法. 又況后世之人修前代之史, 乃亦有爲之隱諱, 而使亂臣賊子之罪不白於世人之耳目者, 則於義何所當乎. 通鑑所書, 已革此弊. 然亦有未深切者. 今頗正之如左, 觀者詳之.

무릇 正統은 周나라와 秦나라 이전의 列國에서 임금을 시해한 경우, 미천한 자가 죽였으면 "某君 某를 盜殺하였다.〔盜殺某君某〕"라 하였고, 역사서에 賊(시해한 자)을 알지 못하면 "某國이 그 임금 某를 시해하였다.〔某國弑其君某〕"라 하였고, 賊을 알 수 있으면 "某가 그 임금 某를 弑害하였다.〔某弑其君某〕"라 하였다. 임금이 失名을 하였으면 이름을 기록하지 않았고, 賊官을 알 수 있으면 모두 드러내었고, 임금을 시해하고 그 親屬까지 미쳤으면 모두 기록하였다. 임금이 도망하였는데 시해되었으면 "某君이 도망갔는데 某가 시해하였다.〔某君出走 某弑之〕"라 하였고, 그 임금의 父母를 시해한 경우는 사건에 따라 기록하였다. 秦나라 이후에 兵器로 시해된 자가 天子이면 "某人이 某에서 皇帝를 시해하였다.〔某人弑帝于某〕"라 하였고, 僭國과 無統이면 "某國 某人이 그 임금을 某에서 시해하였다.〔某國某人弑其君于某〕"라 하였다.

凡正統, 周秦以前列國弑君, 微者曰盜殺某君某①. 史失賊, 曰某國弑其君某②. 賊可見者曰某弑其君某③. 君失名則不名④. 賊官可見者竝著之⑤. 弑君而及其親屬者, 并書之⑥. 君出走而弑之, 曰某君出走某弑之⑦. 弑其君之父母者, 隨事書之⑧. 秦以後以兵弑者, 天子則曰

93) 晉나라……正法이다 : 董狐는 춘추시대 晉나라 史官이다. 동호는 "趙盾이 임금 靈公을 죽였다."라고 史策에 直書하였다. 이에 대해 孔子는 "동호는 옛날의 훌륭한 사관이었다. 그의 書法은 숨기는 일이 없었다."라고 평하였다. 이 내용은 ≪春秋左氏傳≫ 宣公 2년에 나온다.

太史는 춘추시대 齊나라 사관이다. "崔杼가 그 임금을 시해하였다."라고 기록하니 최저가 그를 죽였다. 이어 그 아우가 그 사실을 기록하여 또 죽임을 당하였다. 다시 그 아우가 또 기록하니 최저가 죽이지 않고 놓아주었다. 이 내용은 ≪春秋左氏傳≫ 襄公 25년에 나온다.

94) (不)〔本〕 : 底本에는 '不'로 되어 있으나, ≪朱子全書≫의 ≪資治通鑑綱目≫과 ≪四庫全書≫의 ≪御批資治通鑑綱目≫에 근거하여 '本'으로 바로잡았다.

某人弑帝于某⑨. 僭國無統, 則曰某國某人弑其君于某⑩.

① 楚나라 임금 當의 경우95)이다.
楚君當之類.

② 鄭나라 임금의 경우96)이다.
鄭君之類.

③ 韓나라 嚴遂의 경우97)이다.
韓嚴遂之類.

④ 韓나라 哀侯의 경우98)이다.
韓哀侯之類.

⑤ 秦나라 庶長 改의 경우99)이다.
秦庶長改之類.

⑥ 秦나라 出公 및 그 어머니의 경우100)이다.
秦出公及其母.

⑦ 淖齒의 경우101)이다.
淖齒之類.

⑧ 秦나라 魏冉이 惠文后를 시해한 경우와 趙나라 李兌가 主父를 시해한 경우102)이다.
秦魏冉弑惠文后, 趙李兌弑主父之類.

⑨ 예를 들면 趙高의 경우로 地名을 기록하여 그 사실을 드러내었다.103)

---

95) 楚나라……경우 : ≪資治通鑑綱目≫에서 己卯(B.C. 402) 周 威烈王 24년에 "楚나라 임금 當을 盜殺하였다.〔盜殺楚君當〕"라 하였다.

96) 鄭나라……경우 : ≪資治通鑑綱目≫에서 乙酉(B.C. 396) 周 安王 6년에 "鄭나라가 그 임금 駘를 시해하였다.〔鄭弑其君駘〕"라 하였다.

97) 韓나라……경우 : ≪資治通鑑綱目≫에서 庚戌(B.C. 371) 周 烈王 5년에 "韓나라 嚴遂가 그 임금을 시해하였다.〔韓嚴遂弑其君〕"라 하였다.

98) 韓나라……경우 : 嚴遂가 韓나라 哀侯를 시해하였는데, ≪資治通鑑綱目≫에서 庚戌(B.C. 371) 周 烈王 5년에 "韓나라 엄수가 그 임금을 시해하였다.〔韓嚴遂弑其君〕"라 하였고, 乙巳(B.C. 376) 周 安王 26년에 애후가 즉위할 때도 성명을 기록하지 않았다.

99) 秦나라……경우 : ≪資治通鑑綱目≫에서 丙申(B.C. 385) 周 安王 17년에 "秦나라 庶長 改가 그 임금과 임금의 어머니를 시해하였다.〔秦庶長改弑其君及其君母〕"라 하였다.

100) 秦나라……경우 : ≪資治通鑑綱目≫에서 丙申(B.C. 385) 周 安王 17년에 "秦나라 庶長 改가 그 임금과 임금의 어머니를 시해하였다.〔秦庶長改弑其君及其君母〕"라 하였는데, 서장 개가 죽인 임금과 그 어머니는 出公과 출공의 어머니이다.

101) 淖齒의 경우 : ≪資治通鑑綱目≫에서 丁丑(B.C. 284) 周 赧王 31년에 "齊나라 임금 地가 달아나자 齊나라 재상 淖齒가 그를 죽였다.〔齊君地出走 其相淖齒殺之〕"라 하였다.

102) 秦나라……경우 : ≪資治通鑑綱目≫에서 魏冉의 경우는 丙辰(B.C. 305) 周 赧王 10년에 "秦나라 魏冉이 그 임금의 적모를 시해하였다.〔秦魏冉弑其君之嫡母〕"라 하였고, 李兌의 경우는 丙寅(B.C. 295) 周 赧王 20년에 "마침내 主父를 沙丘에서 시해하였다.〔遂弑主父於沙丘〕"라 하였다.

如趙高之類, 書地以著其實.

⑩ 예를 들면 魏나라 司馬昭의 경우104)이다.

如魏司馬昭之類.

무릇 毒을 써서 시해한 경우는 '進毒(毒을 올리다)' 2자를 추가하되 누가 하였는지는 구분하지 않았다. 의심스러운 경우는 '中毒崩(中毒되어 崩하였다)'이라 하였다.

凡以毒弑者, 加進毒字而不地①. 疑者, 曰中毒崩②.

① 구분할 수 없기 때문에 '進毒' 2자를 추가하여 그 사실을 드러내었다. 예를 들면 王莽과 梁冀의 경우105)이다. 霍顯의 경우에는 또 '使醫(의관을 시켜)' 2자를 추가하였다.106)

不可得而地, 故加進毒以著其實. 如莽・冀之類, 霍顯又加使醫字.

② 예를 들면 晉나라 惠帝의 경우107)이다. 史家가 혹 "司馬越이 鴆毒을 사용하였다."라고 말하였으나 ≪資治通鑑≫에는 그 말을 드러내지 않았다. 이제 다만 이와 같이 하여 傳疑108)의 예로 기록하고 史家의 원래 말을 그 아래 주석에 나타내었다.

如晉惠帝之類. 史言或曰司馬越之鴆, 而通鑑不著其語. 今但如此, 書以傳疑, 而著史家本語於其下.

무릇 事義가 같지 않은 것은 사안에 따라 文例를 달리하였다.

凡事義不同者, 隨事異文①.

① 예를 들면 呂后가 少帝를 폐위하고 가두어서 죽인 경우109)이다. 少帝는 본래 孝惠帝의 아

103) 趙高의……드러내었다 : ≪資治通鑑綱目≫에서 甲午(B.C. 207) 秦 二世 3년에 "趙高가 望夷宮에서 황제를 시해하였다.〔趙高弑帝于望夷宮〕"라 하였다.

104) 魏나라……경우 : ≪資治通鑑綱目≫에서 庚辰(260) 蜀漢 後主 景耀 3년에 "魏나라 司馬昭가 그 임금 曹髦를 남궐 아래에서 시해하였다.〔魏司馬昭弑其主髦於南闕下〕"라 하였다.

105) 王莽과……경우 : ≪資治通鑑綱目≫에서 乙丑(5) 漢 平帝 元始 5년에 "겨울 12월에 安漢公 王莽이 황제를 시해하였다.〔冬十二月 安漢公莽弑帝〕"라 하였고, 丙戌(146) 後漢 質帝 本初 원년에 "대장군 梁冀가 독을 올려 황제를 시해하였다.〔大將軍冀進毒弑帝〕"라 하였다.

106) 霍顯은……추가하였다 : ≪資治通鑑綱目≫에서 庚戌(B.C. 71) 漢 宣帝 本始 3년에 "대장군 霍光의 처 霍顯이 황후 許氏를 시해하였다.〔大將軍光妻顯弑皇后許氏〕"라 하여 범례와 달리 '使醫'를 넣지 않았다.

107) 晉나라……경우 : ≪資治通鑑綱目≫에서 丙寅(306) 晉 惠帝 光熙 원년에 "11월 황제가 중독되어 崩하였다.〔十一月 帝中毒崩〕"라 하였다.

108) 傳疑 : 의심스러운 것은 의심스러운 대로 전한다는 뜻이다. ≪春秋穀梁傳≫ 桓公 5년조에 "≪春秋≫의 의리는 미더운 것은 미더운 대로 전하고, 의심스러운 것은 의심스러운 대로 전하는 것이다.〔春秋之義 信以傳信 疑以傳疑〕"라고 하였다.

109) 呂后가……경우 : ≪資治通鑑綱目≫에서 丁巳(B.C. 184) 漢 高皇后 呂氏 3년에 "少帝를 폐하고

들이 아닌데 특별히 呂后가 임금으로 세우고 죽였으므로 弑害하였다고 기록하지 않았다. 만일 少帝가 참으로 임금으로 세워야 될 사람이고 폐위시킬 만한 죄가 없다면, 婦人의 도리상 남편이 죽은 뒤에는 자식을 따라야 하는데 하물며 천하의 주인이겠는가. 비록 여후가 主母(太后)라 하더라도 또한 임금을 시해하였다는 오명을 면할 수 없을 것이다. 元魏의 馮后와 顯祖의 일[110]은 이 논리로 재단하였다.

如呂后廢少帝幽殺之之類. 少帝本非孝惠子, 特呂后所自立而殺之, 故不得以弑書. 若少帝眞當立之人, 無可廢之罪, 則婦人之義, 夫死從子, 況天下之主乎. 雖其主母, 亦不得免弑君之名矣. 元魏馮后・顯祖之事, 當以此裁之.

무릇 簒國은 그 事案이 같지 않으므로 사안에 따라 文例를 달리하되 더욱 그 처음을 신중하게 하였다.

凡簒國, 其事不同, 故隨事異文, 而尤謹其始①.

① 예를 들면 田氏가 齊나라를 합병하고[111], 三晉이 땅을 나누고[112], 秦나라 사람이 침입하여 노략질한 경우[113]이다. 王莽, 董卓, 曹操 등이 스스로 그 정권을 잡고, 벼슬을 올리고, 나라를 세웠는데 모두 范曄의 ≪後漢書≫에 의거하여 그대로 "스스로 하고 스스로 섰다.〔自爲自立〕"라고 기록하였다. 革命을 하였으면 '稱帝'라고 하고 '受禪(禪讓을 받다)'이라 하지 않았으며, 그 옛 임금을 봉하였으면 '廢'라 하고 '奉'이라 하지 않았다. 시해한 경우는 자연히 앞의 弑를 붙인 凡例를 따랐다.

如田氏幷齊, 三晉分地, 秦人入寇之類. 至王莽・董卓・曹操等自其得政・遷官・建國, 皆依范史, 直以自爲自立書之. 革命則曰稱帝而不曰受禪. 封其故君則曰廢而不曰奉. 其弑之者, 自加弑例.

가두었다가 죽였다.〔廢少帝 幽殺之〕"라 하였다.

110) 元魏의……일 : 元魏는 拓跋珪가 세운 北魏(386~534)로 後魏라고도 한다. 馮后(441~490)는 北魏 文成帝의 부인으로 文成文明皇后이다. 顯祖는 北魏 獻文帝(재위 466~471)의 廟號이다. ≪資治通鑑綱目≫에서 辛亥(471) 北魏 孝文帝 延興 원년에 "8월에 魏나라 임금 拓跋弘이 태자 拓跋宏에게 전위하고 스스로 태상황제라 칭하였다.〔八月 魏主弘傳位於太子宏 自稱太上皇帝〕"라 하였다.

111) 田氏가……합병하고 : ≪資治通鑑綱目≫에서 壬寅(B.C. 379) 周 安王 23년에 "齊侯 貸가 졸하니 자식이 없었다. 田氏가 마침내 齊나라를 겸병하였다.〔齊侯貸卒無子 田氏遂幷齊〕"라 하였다.

112) 三晉이……나누고 : ≪資治通鑑綱目≫에서 乙巳(B.C. 376) 周 安王 26년에 "三晉이 함께 그 임금 俱酒를 폐위시켜서 가인으로 만들고 그 땅을 나누어 가졌다.〔三晉共廢其君俱酒爲家人而分其地〕"라 하였다.

113) 秦나라……경우 : ≪資治通鑑綱目≫에서 乙巳(B.C. 256) 周 赧王 59년에 "秦나라가 韓나라와 趙나라를 정벌하자 왕이 제후들에게 명하여 秦나라를 토벌하게 하였다. 秦나라가 마침내 周나라를 침입하여 노략질을 하니 왕이 秦나라에 들어가 周나라의 땅을 바치고 돌아와 卒하였다.〔秦伐韓趙 王命諸侯討之 秦遂入寇 王入秦 盡獻其地 歸而卒〕"라 하였다.

무릇 다른 나라의 임금을 살해한 경우도 또한 사안에 따라 文例를 달리하였다.

凡殺他國之君, 亦隨事而異文①.

① 魏나라가 衛나라 임금을 살해한 경우114)이다. 전쟁으로 인하여 죽이는 것은 征伐의 凡例에 보인다.
魏殺衛君之類. 其因戰而殺之, 見征伐例.

9. 廢徙

廢徙는 아랫사람이 윗사람을 폐하는 것을 이른다. 윗사람이 아랫사람을 폐하는 것은 廢黜의 凡例에 들어 있다.
謂下廢上者. 其上廢下, 自入廢黜例.

무릇 未成君으로 罪가 있어 폐위된 경우는 "某가 罪가 있어서 某官 某가 아뢰어 폐위시켰다.〔某有罪 某官某奏廢之〕"라 하였고, 죄가 없는데 강한 신하에게 폐위된 경우는 "某가 某를 폐위시키고 某로 삼았다.〔某廢某爲某〕"라 하였다. 卽位하지 못한 경우는 本號대로 하였다. 列國이 그 임금을 폐위하는 경우는 "某國이 그 임금 某를 폐위시키고 某로 삼았다.〔某國廢其君某爲某〕"라 하였고, 옮기면 "某가 그 임금을 某로 옮겼다.〔某遷其君于某〕"라 하였다.

凡未成君而有罪當廢者, 曰某有罪, 某官某奏廢之①. 無罪爲强臣所廢者, 曰某廢某爲某②. 未卽位者如本號③. 列國廢其君, 曰某國廢其君某爲某④. 遷則曰某遷其君于某⑤.

① 昌邑王 賀의 경우115)이다.
昌邑王賀之類.
② 弘農王의 경우116)이다.
弘農王之類.
③ 孺子의 경우117)이다.

---

114) 魏나라가……경우 : ≪資治通鑑綱目≫에서 己酉(B.C. 252) 秦 昭襄王 59년에 "魏나라 사람이 衛나라 임금을 시해하고 그 동생을 세웠다.〔魏人殺衛君而立其弟〕"라고 하였다.

115) 昌邑王……경우 : ≪資治通鑑綱目≫에서 丁未(B.C. 74) 漢 昭帝 元平 1년에 "昌邑王에게 죄가 있어 대장군 霍光이 여러 신하를 이끌고 태후에게 아뢰어 폐위하였다.〔昌邑王有罪 大將軍光率群臣奏太后廢之〕"라 하였다.

116) 弘農王의 경우 : ≪資治通鑑綱目≫에서 己巳(189) 後漢 靈帝 中平 6년에 "董卓이 황제를 폐위하여 弘農王으로 삼고 陳留王 劉協을 받들어 즉위시켰다.〔卓廢帝爲弘農王 奉陳留王協卽位〕"라 하였다.

孺子之類.

④ 三晉의 경우118)이다.

三晉之類.

⑤ 齊나라 田和의 경우119)이다.

齊田和之類.

10. 祭祀

郊祀, 封禪, 宗廟, 雜祠祭, 冠昏, 擧盛禮, 宴饗, 學校의 관한 사항

무릇 正統은 天地에 지내는 郊祀, 建置, 遷徙를 모두 기록하였다. 그 行禮는 한 세대에 한 번 나타내었으며, 나머지는 혹 사안을 통해 기록하였다.

凡正統, 郊祀天地・建置・遷徙皆書①. 其行禮, 世一見之, 餘或因事而書.

① 雍의 5畤120)와 甘泉의 太畤, 汾陰의 后土, 汶上의 明堂, 渭陽의 五帝, 長安의 南郊와 北郊이다.

雍五畤・甘泉太畤・汾陰后土・汶上明堂・渭陽五帝・長安南北郊.

무릇 封禪은 모두 기록하였다.

凡封禪皆書.

무릇 宗廟의 禮와 建置, 更革은 모두 기록하였다. 그 行禮는 기록하지 않았는데, 혹 盛禮를 거행하였거나 혹 다른 사안을 통해서만 기록하였다.

凡宗廟之禮・建置・更革皆書①. 其行禮不書. 或擧盛禮, 或因他事乃書.

① 漢王 2년에 宗廟와 社稷을 세웠는데121), 사례가 기록하기에는 합당하지 않으나 특별히 기

117) 孺子의 경우 : ≪資治通鑑綱目≫에서 丙寅(6) 漢 孺子嬰 居攝 원년에 "3월에 선제의 현손 嬰을 세워 황태자로 삼고 이름을 孺子라 하였다.〔三月立宣帝玄孫嬰爲皇太子 號曰孺子〕"라 하였다.

118) 三晉의 경우 : 88쪽 역주 112) 참조.

119) 齊나라……경우 : ≪資治通鑑綱目≫에서 庚寅(B.C. 391) 周 安王 11년에 "齊나라 田和가 그 임금 貸를 해상으로 옮기고 성 한 개를 식읍으로 주었다.〔齊田和遷其君貸於海上 食一城〕"라 하였다.

120) 雍의 5畤 : ≪資治通鑑綱目≫에서 戊申(B.C. 133) 漢 武帝 元光 2년에 "겨울 10월에 황제가 雍에 가서 5畤에 제사 지냈다.〔冬十月 帝如雍 祠五畤〕"라 한 것 등이다. 畤는 帝王이 天地의 五帝에게 제사를 드리는 장소를 말한다.

록하여 漢나라의 일을 갖춘 것이다. 太上皇廟, 高廟, 原廟, 顧成廟, 太宗廟의 경우이다.
漢王二年立宗廟社稷, 例不合書, 特書以備漢事. 太上皇・高廟・原廟・顧成廟・太宗廟之類.

무릇 雜祠祭는 사안을 통해서만 기록하였다. 혹 得失을 法式과 警戒로 삼을 수 있는 것은 특별히 기록하였다. ◑ 非正統은 正統의 雜祠祭의 凡例를 썼다.

凡雜祠祭, 因事乃書. 或有得失可法戒, 則特書之①. ◑ 非正統, 用正統雜祠祭例②.

① 得은 始皇이 舜임금과 禹임금을 제사 지낸 경우122)와 高帝가 孔子를 제사 지낸 경우123)이고, 失은 文帝가 汾陰廟를 지은 경우124)와 武帝가 竈王에게 제사 지내고 神仙을 구한 경우125)이다.
得如始皇祠舜・禹, 高帝祠孔子之類. 失如文帝作汾陰廟, 武帝祠竈求仙之類.
② 秦王이 雍에서 上帝에게 郊祭를 지낸 일126)은 僭禮이기 때문에 기록하였고, 또 漢나라가 5畤를 만들게 된 이유127)를 나타내었다.
秦王郊見上帝于雍, 以僭書. 又以見漢五畤所由起.

무릇 冠昏은 오직 正統에만 기록하였다. ◑ 非正統은 事義가 있지 않으면 기록하지

121) 漢王……세웠는데 : ≪資治通鑑綱目≫에서 丙寅(B.C. 205) 漢 高祖 2년에 "8월에 漢王이 滎陽에 가서 蕭何에게 명하여 관중을 지키고 종묘와 사직을 세우게 하였다.〔八月 漢王如滎陽 命蕭何守關中 立宗廟社稷〕"라 하였다.

122) 始皇이……경우 : ≪資治通鑑綱目≫에서 辛卯(B.C. 210) 秦 始皇帝 37년에 "겨울 10월에 황제가 동쪽으로 순행하여 雲夢에 이르러 虞舜에게 제사 지내고, 會稽山에 올라가 大禹에게 제사 지내고 비석을 세워 덕을 칭송하였다.〔冬十月 帝東巡 至雲夢 祀虞舜 上會稽 祭大禹 立石頌德〕"라 하였다.

123) 高帝가……경우 : ≪資治通鑑綱目≫에서 丙午(B.C. 195) 漢 高祖 12년에 "11월에 魯를 지나면서 大牢로 孔子에게 제사 지냈다.〔十一月 過魯 以大牢祠孔子〕"라 하였다.

124) 文帝가……경우 : ≪資治通鑑綱目≫에서 丁丑(B.C. 164) 漢 文帝 16년에 "汾陰廟를 지었다.〔治汾陰廟〕"라 하였다.

125) 武帝가……경우 : ≪資治通鑑綱目≫에서 戊申(B.C. 133) 漢 武帝 元光 2년에 "처음으로 친히 부엌에 제사 지내고 방사를 보내어 신선을 구하였다.〔始親祠竈 遣方士求神僊〕"라 하였다.

126) 秦王이……일 : ≪資治通鑑綱目≫에서 戊申(B.C. 253) 秦 昭襄王 54년에 "秦나라 왕이 雍의 교외에서 上帝에게 제사 지냈다.〔秦王郊見上帝於雍〕"라 하였다. 秦나라가 雍 땅에 畤를 만들고 上帝를 모셨는데, 白帝, 青帝, 黃帝, 赤帝의 사당이다.

127) 漢나라가……이유 : ≪資治通鑑綱目≫에서 丙子(B.C. 165) 漢 文帝 15년에 "여름 4월에 황제가 雍에 가서 교외에서 五帝에게 제사 지냈다.〔夏四月 帝如雍 郊見五帝〕"라 하였다. 漢나라에서 黑帝를 모시는 사당을 만들고, 秦나라 때의 白帝, 青帝, 黃帝, 赤帝의 사당과 함께 5畤라 하며 제사를 올렸다.

않았다.

凡冠昏, 惟正統書①. 非正統則非有事義不書②.

① 冠禮는 漢나라 惠帝와 昭帝의 경우[128]이고, 昏禮는 漢나라 平帝의 경우[129]이다.
冠如漢惠・昭之類, 昏如漢平之類.

② 예를 들면 秦나라 王이 冠禮를 할 때 劍을 찼기 때문에 기록한 경우[130]와 楚나라가 婦人을 맞이할 때 원수를 잊었기 때문에 기록한 경우[131]이다.
如秦王冠以帶劒書, 楚迎婦以忘讐書之類.

무릇 禮儀는 正統의 盛禮 및 事義가 있어서 得失을 나타내는 것만 기록하였다.

凡禮儀, 惟正統盛禮, 及有事義見得失者乃書①.

① 文帝가 籍田을 갈고,[132] 明帝가 大射禮와 養老禮를 한 경우[133]는 得으로 기록하였고, 明帝의 靈臺에 올라간 경우[134]는 盛禮로 기록하였다.
文帝籍田, 明帝大射・養老之屬, 以得書. 登靈臺, 以盛書.

무릇 置酒宴饗은 사안을 통해서만 기록하였다. ◑ 非正統은 또한 上例와 같다.

凡置酒宴饗, 因事乃書①. 非正統者亦同上例②.

① 漢나라 高祖가 南宮에 주연을 베푼 경우와 朝賀를 받고 주연을 베푼 경우[135]이다.

---

128) 冠은……경우 : ≪資治通鑑綱目≫에서 庚戌(B.C. 191) 漢 惠帝 4년에 "여름 6월에 황제가 관례를 하였다.〔夏六月 帝冠〕"라 하였고, 甲辰(B.C. 77) 漢 昭帝 元鳳 4년에 "봄 정월에 황제가 관례를 하였다.〔春正月 帝冠〕"라 하였다.

129) 昏은……경우 : ≪資治通鑑綱目≫에서 癸亥(3) 漢 平帝 元始 3년에 "봄에 安漢公 王莽의 딸에게 장가들어 황후로 삼았다.〔春 聘安漢公莽女爲皇后〕"라 하였다.

130) 秦나라……경우 : ≪資治通鑑綱目≫에서 癸亥(B.C. 238) 秦王 9년에 "秦나라 왕이 관례를 할 때 검을 찼다.〔秦王冠 帶劍〕"라 하였다.

131) 楚나라가……경우 : ≪資治通鑑綱目≫에서 己巳(B.C. 292) 周 赧王 23년에 "楚나라 임금이 秦나라에서 신부를 맞이하였다.〔楚君迎婦于秦〕"라 하였다.

132) 文帝가……갈고 : ≪資治通鑑綱目≫에서 癸亥(B.C. 178) 漢 文帝 2년에 "봄 정월에 籍田에서 親耕을 하였다.〔春正月 親耕籍田〕"라 하였다.

133) 明帝가……경우 : ≪資治通鑑綱目≫에서 己未(59) 漢 明帝 永平 2년에 "3월에 辟雍에 나아가서 大射禮를 행하였다.〔三月 臨辟雍 行大射禮〕"라 하였고, 또 "겨울 10월에 養老禮를 행하였다.〔冬十月 行養老禮〕"라 하였다.

134) 明帝의……경우 : ≪資治通鑑綱目≫에서 己未(59) 漢 明帝 永平 2년에 "봄 정월에 명당에서 光武皇帝를 높여 제사 지냈는데 처음으로 관면과 옥패를 착용하였으며 영대에 올라 구름의 색깔을 살폈다.〔春正月 宗祀光武皇帝於明堂 始服冠冕玉佩 登靈臺 望雲物〕"라 하였다.

漢置酒南宮, 朝賀置酒之類.

② 魏나라 임금 曹髦가 養老한 경우136)이다.

魏主髦養老之類.

무릇 學校의 興廢는 모두 기록하였다.

凡學校興廢皆書.

무릇 사안이 道術에 관련된 것은 모두 기록하였다.

凡事關道術者皆書①.

① 石渠, 白虎, 求書, 典校, 圖讖, 漢禮, 律曆 등이다.

石渠·白虎·求書·典校·圖讖·漢禮·律曆.

11. 行幸

巡幸, 田獵, 奔走에 관한 사항

무릇 正統은 郡國을 巡行하면 "황제가 어디에 갔다.〔帝如某〕"라 하였다. ◑ 순행하다가 중지하면 "가지 않고 돌아왔다.〔不至而還〕"라 하였다. ◑ 순행한 지역에 일이 있으면 "황제가 어디에 이르렀다.〔帝至某〕"라 하였다. ◑ 순행한 지역이 한 곳이 아니면 그 방향을 지목하여 "황제가 어느 쪽으로 순행하였다.〔帝某巡〕"라 하였다. ◑ 돌아오면 "황제가 還宮하였다.〔帝還宮〕"라 하였다. ◑ 잠시 돌아왔다가 다시 나가면 "며칠 머물러 있었다.〔留幾日〕"라 하였다.

凡正統巡行郡國, 曰帝如某. ◑ 既行而止, 曰不至而還. ◑ 所過有事, 曰帝至某①. ◑ 所詣非一, 則指其方, 曰帝某巡. ◑ 還曰帝還宮②. ◑ 暫還復出, 曰留幾日.

① 중간에 특별한 일이 없으면 '帝'를 쓰지 않았다.

---

135) 漢나라……경우 : ≪資治通鑑綱目≫에서 癸亥(B.C. 202) 漢 高祖 5년에 "남궁에 주연을 베풀었다.〔置酒南宮〕"라 하였고, 辛丑(B.C. 200) 漢 高祖 7년에 "겨울 10월에 장락궁을 완성하여 조하를 받고 주연을 베풀었다.〔冬十月 長樂宮成 朝賀置酒〕"라 하였다.

136) 魏나라……경우 : ≪資治通鑑綱目≫에서 戊寅(258) 蜀漢 後主 景耀 원년에 "가을 8월에 魏나라 임금 曹髦가 태학에서 노인을 봉양하고 가르침을 구하는 養老乞言의 예를 하였다.〔秋八月 魏主髦養老乞言於太學〕"라 하였다.

間無異事則不書帝.

② 중간에 특별한 일이 없으면 '帝'를 쓰지 않았다.
間無異事則不書帝.

무릇 官府와 第宅에 가는 것을 '幸'이라 하였다. ◑ 學校에 가는 것을 '臨' 혹은 '視'라 하였다. ◑ 사사로이 나가는 것을 '微行'이라 하였다.

凡官府·第宅曰幸. ◑ 學校曰臨曰視. ◑ 私出曰微行.

무릇 游觀하고 田獵한 일은 각각 그 일로 기록하였다.

凡游觀田獵之事, 各以其事書.

무릇 奔走는 사실만을 기록하였다. ◑ 列國은 만일 僭國과 無統의 임금이 달아나면 "某號 某가 어디로 도망갔다.〔某號某出奔某〕"라 하였고, 도착한 지역이 아직 있지 않으면 '出走'라 하였다.

凡奔走, 以實書. ◑ 列國若僭國無統之君出走, 曰某號某出奔某①. 未有所至曰出走②.

① 諸侯가 失地를 하면 이름을 쓴다.137)
諸侯失地名.

② 齊나라 임금 地의 경우138)이다.
齊君地.

무릇 非正統도 書法은 같다. 단 '還'을 쓰지 않았다. 혹 특별히 써서 사실을 나타낼 경우에는 '還某'라 하고, 幸은 아래에 '其'字를 붙였다.

凡非正統, 書法同. 但不書還, 或當特書以見事實, 則曰還某①. 幸下著其字.

① 예를 들면 魏나라 임금 某가 洛陽으로 돌아왔다고 하는 경우139)이다.
如魏主某還洛陽之類.

---

137) 諸侯가……쓴다 : 이 말은 ≪禮記≫ 〈曲禮 下〉에 나온다.

138) 齊나라……경우 : 86쪽 역주 101) 참조.

139) 魏主……경우 : 魏나라 임금은 남북조시대 北魏의 孝文帝이다. ≪資治通鑑綱目≫에서 丁丑(497) 魏 高祖 太和 21년에 "魏나라 임금이 洛陽으로 돌아왔다.〔魏主還洛陽〕"라 하였다.

12. 恩澤

制詔, 更革, 戒諭, 遺詔, 遣使巡行, 號令에 관한 사항

무릇 恩澤은 모두 기록하였다. 正統은 '赦'라 하였다. ◑ 非正統은 "그 경내를 사면하였다.〔赦其境內〕"라 하였다. ◑ 賜復(세금 면제)도 기록하였다. ◑ 租稅와 力役을 덜어준 일도 기록하였다. ◑ 疾苦를 위문하고 가난을 구제한 일도 기록하였다. ◑ 死喪을 구휼한 일도 기록하였다. ◑ 죄수를 기록한 일과 연회를 내려준 일도 기록하였다.

凡恩澤皆書. 正統曰赦①. ◑ 非正統者, 曰赦其境內. ◑ 賜復②. ◑ 除減租力役③. ◑ 問疾苦, 貸貧乏④. ◑ 恤死喪⑤. ◑ 錄囚徒⑥, 賜酺⑦.

① 漢나라 高祖 5년(B.C. 202)부터 시작하여 元帝 永光 2년(B.C. 42)에 이르러 한 해에 2번 赦免한 뒤에는 胡氏의 例에 따라 事意가 없으면 다시 기록하지 않았다.140)
起漢高祖五年, 至元帝永光二年, 再赦之後, 依胡氏例, 無事意者不復書.

② 예를 들면 高帝가 자식을 낳은 사람에게 세금을 면제한 경우141)와 沛 땅을 지나갈 때 그 백성들에게 세금을 면제한 경우142)이다.
如高帝復產子者, 過沛復其民之類.

③ 惠帝가 戍卒을 줄인 경우143)와 文帝가 田租를 덜어준 경우144)이다.
惠帝減戍卒, 文帝除田租之類.

④ 예를 들면 漢나라 文帝가 빈민을 진휼하고 노인을 봉양하는 법을 정한 경우145)이다.

---

140) 元帝……않았다 : ≪資治通鑑綱目≫에서 己卯(B.C. 42) 漢 元帝 永光 2년에 "봄 2월에 사면하였다.〔春二月 赦〕"라 하고, "여름 6월에 사면하였다.〔夏六月 赦〕"라 하여 사면을 두 번 하였는데, 目에 "胡氏의 규례에 이 이후로는 赦免이 事義가 없는 것은 다시 기록하지 않았는데, 이제 그것을 따른다.〔胡氏例 自此後 赦之無事義者不復載 今從之〕"라고 하였다.

141) 高帝가……경우 : ≪資治通鑑綱目≫에서 辛丑(B.C. 200) 漢 高祖 7년에 "봄에 낭중에게 耏罪 이상의 죄만 청하게 하고 자식을 나은 백성에게 세금을 면제해주고 2년간 부역을 없게 하였다.〔春 令郎中有罪耏以上 請之 民產子復 勿事二歲〕"라 하였다.

142) 沛……경우 : ≪資治通鑑綱目≫에서 丙午(B.C. 195) 漢 高祖 12년에 "황제가 沛 땅을 지나가면서 그곳 백성의 세금을 면제하고 대대로 부역에 참여하지 못하게 하였다.〔帝還過沛 復其民 世世無有所與〕"라 하였다.

143) 惠帝가……경우 : ≪資治通鑑綱目≫에서 丁卯(B.C. 54) 漢 宣帝 五鳳 4년에 "수졸 10분의 2를 감축하였다.〔減戍卒什二〕"라 하여 宣帝 때의 일로 되어 있다. 따라서 범례의 惠帝는 宣帝의 잘못으로 보인다.

144) 文帝가……경우 : ≪資治通鑑綱目≫에서 甲戌(B.C. 167) 漢 文帝 13년에 "6월에 밭의 조세를 면제하였다.〔六月 除田之租稅〕"라 하였다.

145) 漢나라……경우 : ≪資治通鑑綱目≫에서 壬戌(B.C. 179) 漢 文帝 원년에 "조서를 내려 곤궁한 백성을 구제하고 노인을 봉양하는 명령을 정하였다.〔詔定振窮養老之令〕"라 하였다.

如漢文帝定振貧・養老之類.

⑤ 예를 들면 漢나라 王이 吏士를 장사 지내게 한 경우146)이다.

如漢王棺斂吏士.

⑥ 宣帝가 郡國에 繫囚를 올리라고 명령한 경우147)이다.

宣帝令郡國上繫囚.

⑦ 趙나라 主父가 잔치를 5일 동안 한 경우148)이다.

趙主父酺五日.

무릇 制詔는 이전에 없었던 것으로 처음 한 것은 모두 기록하였다.

凡制詔, 謂前此所無而始爲之者, 皆書之①.

① 秦나라가 丞相을 설치한 일149), 趙나라가 胡服을 입은 일150), 秦나라가 郡縣을 설치하고 水德으로 정한 일151), 漢나라가 처음 算賦를 만들고 朝儀를 만들며 原廟를 세운 일152) 등이다.

秦置丞相, 趙胡服, 秦置郡縣・爲水德, 漢初爲算賦・起朝儀・立原廟之類, 是也.

무릇 更革은 이전에 있었던 것으로 지금 처음 고친 것은 모두 기록하였다.

凡更革, 謂前此所有而今始改之者, 皆書之①.

146) 漢王이……경우 : ≪資治通鑑綱目≫에서 戊戌(B.C. 203) 漢 高祖 4년에 "漢나라 왕이 관리에게 죽은 군사를 관을 갖추어 그 집으로 보내게 하였다.〔漢王令軍士死者 吏爲棺斂送其家〕"라 하였다.

147) 宣帝가……경우 : ≪資治通鑑綱目≫에서 乙卯(B.C. 66) 漢 宣帝 地節 4년에 "군국으로 하여금 태형을 받아 죽었거나 병들어 죽은 자를 보고하게 하여 성적을 매겼다.〔令郡國歲上繫囚掠笞瘦死者以課殿最〕"라 하였다.

148) 趙나라……경우 : ≪資治通鑑綱目≫에서 丙寅(B.C. 295) 周 赧王 25년에 "趙나라 主父가 燕나라와 齊나라의 군사로 中山을 멸망시키고 돌아와 크게 사면하고 5일 동안 잔치하였다.〔趙主父以燕齊之師滅中山 歸 大赦 酺五日〕"라 하였다.

149) 秦나라가……일 : ≪資治通鑑綱目≫에서 壬子(B.C. 309) 周 赧王 6년에 "秦나라가 처음 승상을 설치하였다.〔秦初置丞相〕"라 하였다.

150) 趙나라가……일 : ≪資治通鑑綱目≫에서 甲寅(B.C. 307) 周 赧王 8년에 "趙나라가 처음으로 호복을 입고 말 타고 활 쏘는 사람을 초청하였다.〔趙始胡服 招騎射〕"라 하였다.

151) 秦나라가……일 : ≪資治通鑑綱目≫에서 庚辰(B.C. 221) 秦 始皇帝 26년에 "수덕으로 정하고 10월을 세수로 삼았다.〔定爲水德 以十月爲歲首〕"라 하고, "천하를 나누어 36군으로 만들었다.〔分天下爲三十六郡〕"라 하였다.

152) 漢나라가……일 : ≪資治通鑑綱目≫에서 算賦는 戊戌(B.C. 203) 漢 高祖 4년에 "8월에 漢나라가 처음으로 세금을 징수하였다.〔八月 漢初爲算賦〕"라 하였고, 朝儀는 庚子(B.C. 201) 漢 高祖 6년에 "박사 叔孫通에게 명하여 조정의 의식을 만들었다.〔命博士叔孫通起朝儀〕"라 하였고, 原廟는 庚戌(B.C. 191) 漢 惠帝 4년에 "원묘를 세웠다.〔立原廟〕"라 하였다.

① 秦나라의 變法[153], 井田 폐지[154], 賦稅法을 바꾸고[155], 칭호를 바꾸며, 謚法을 없애고, 兵器를 녹이며[156], 성곽을 파괴하고[157], 書冊을 불태운 일[158], 漢나라 高祖가 秦나라 苛法을 제거한 일[159], 文帝의 肉刑 제거와 短喪의 경우[160] 등이다.
秦變法, 廢井田, 更賦稅法・更號・除謚・銷兵・壞城・焚書・漢高除秦苛法, 文帝除肉刑, 短喪之類.

무릇 興作과 土工은 모두 기록하였다.

凡興作・土工皆書之①.

① 예를 들면 秦나라가 涇水를 파서 도랑을 만들고[161], 궁궐을 짓고 도로를 닦은 일[162]이다.
如秦鑿涇水爲渠, 築宮, 治道.

무릇 戒論는 모두 기록하였다.

凡戒諭皆書①.

---

153) 秦나라의 變法 : ≪資治通鑑綱目≫에서 壬戌(B.C. 359) 周 顯王 10년에 "秦나라가 衛鞅을 左庶長으로 삼고 법을 변경하는 명령을 정하였다.〔秦以衛鞅爲左庶長 定變法之令〕"라 하였다.

154) 井田 폐지 : ≪資治通鑑綱目≫에서 辛未(B.C. 350) 周 顯王 19년에 "秦나라가 咸陽으로 도읍을 옮기고 비로소 井田을 폐지하였다.〔秦徙都咸陽 始廢井田〕"라 하였다.

155) 賦稅法을 바꾸고 : ≪資治通鑑綱目≫에서 癸酉(B.C. 348) 周 顯王 21년에 "秦나라가 賦稅法을 고쳤다.〔秦更賦稅法〕"라 하였다.

156) 칭호를……녹이며 : ≪資治通鑑綱目≫에서 庚辰(B.C. 221) 秦 始皇帝 26년에 "왕이 처음 천하를 병합하고 칭호를 황제로 고쳤다.〔王初幷天下 更號皇帝〕", "시법을 없앴다.〔除謚法〕", "천하를 나누어 36군으로 만들고 병기를 녹였다.〔分天下爲三十六郡 銷兵器〕"라 하였다.

157) 성곽을 파괴하고 : ≪資治通鑑綱目≫에서 丙戌(B.C. 215) 秦 始皇帝 32년에 "성곽을 무너뜨리고 제방을 텄다.〔壞城郭 決隄防〕"라 하였다.

158) 書冊을 불태운 일 : ≪資治通鑑綱目≫에서 戊子(B.C. 213) 秦 始皇帝 34년에 "시와 서, 백가의 책을 불태웠다.〔燒詩書百家語〕"라 하였다.

159) 漢나라……일 : ≪資治通鑑綱目≫에서 乙未(B.C. 206) 漢 高祖 원년에 "沛公이 咸陽에 들어갔다가 군사를 霸上으로 돌리면서 秦나라의 가혹한 법을 폐지하였다.〔沛公入咸陽 還軍霸上 除秦苛法〕"라 하였다.

160) 文帝의……경우 : ≪資治通鑑綱目≫에서 甲戌(B.C. 167) 漢 文帝 13년에 "5월에 肉刑을 폐지하였다.〔五月 除肉刑〕"라 하였고, 甲申(B.C. 157) 漢 文帝 後元 7년에 "여름 6월에 황제가 崩하였는데 短喪을 하라고 유조를 남겼다.〔夏六月 帝崩 遺詔短喪〕"라 하였다.

161) 秦나라가……만들고 : ≪資治通鑑綱目≫에서 乙卯(B.C. 246) 秦 始皇帝 원년에 "秦나라가 涇水를 파서 도랑을 만들었다.〔秦鑿涇水爲渠〕"라 하였다.

162) 궁궐을……일 : ≪資治通鑑綱目≫에서 己丑(B.C. 212) 秦 始皇帝 35년에 "直道를 닦았다.〔除直道〕", "朝宮을 짓고 前殿인 阿房宮을 지었다.〔營朝宮 作前殿阿房〕"라 하였다.

① 周나라 王이 東周公에게 楚나라를 깨우치게 한 일163)이다.
周王使東周公喩楚.

무릇 遺詔 중에 일과 관련된 것은 모두 기록하였다.

凡遺詔有事者皆書①.

① 예를 들면 文帝의 短喪164), 武帝와 宣帝와 昭烈帝의 顧命165), 章帝의 罷鹽鐵166)이다.
如文帝短喪, 武帝・宣帝・昭烈顧命, 章帝罷鹽鐵.

무릇 사신을 보낸 것과 巡行은 각각 사안에 따라 기록하였다.

凡遣使巡行, 各隨事書之.

무릇 號令은 한때의 일에 대한 조치도 모두 기록하였다.

凡號令, 謂措置一時之事者, 皆書之①.

① 예를 들면 秦나라가 백성들에게 곡식을 내게 하고 벼슬을 제수한 일167), 文帝가 四方에서 와서 물품을 바치지 못하게 한 일168), 列侯에게 자신의 나라로 가게 한 일169) 등이다.

---

163) 周나라……경우 : ≪資治通鑑綱目≫에서 庚辰(B.C. 281) 周 赧王 34년에 "楚나라가 침입하여 노략질을 하려고 하자 왕이 東周公으로 하여금 타일러 그만두게 하였다.〔楚謀入寇 王使東周公喩止之〕"라 하였다.

164) 文帝의 短喪 : 97쪽 역주 160) 참조.

165) 武帝와……顧命 : ≪資治通鑑綱目≫에서 甲午(B.C. 87) 漢 武帝 後元 2년에 "봄 2월에 황제가 五柞宮에 가서 弗陵을 세워 황태자로 삼고, 霍光을 대사마 대장군, 金日磾를 거기장군, 上官桀을 좌장군으로 삼아서 유조를 받아 어린 임금을 보필하게 하였다.〔春二月 帝如五柞宮 立弗陵爲皇太子 以霍光爲大司馬大將軍 金日磾爲車騎將軍 上官桀爲左將軍 受遺詔輔少主〕"라 하였고, 壬申(B.C. 49) 漢 宣帝 黃龍 원년에 "황제가 병이 들자 史高를 대사마 거기장군, 蕭望之를 전장군 광록훈, 周堪을 광록대부로 삼아 유조를 받아 정사를 보필하는 영상서사로 삼았다.〔帝寢疾 以史高爲大司馬車騎將軍 蕭望之爲前將軍光祿勳 周堪爲光祿大夫 受遺詔輔政 領尙書事〕"라 하였고, 癸卯(223) 蜀漢 後主 建興 원년에 "승상 諸葛亮이 유조를 받아 정사를 보필하였다.〔丞相亮受遺詔輔政〕"라 하였다.

166) 章帝의 罷鹽鐵 : ≪資治通鑑綱目≫에서 戊子(88) 後漢 章帝 章和 2년에 "여름 4월에 유조로 염철법을 폐지하였다.〔夏四月 以遺詔罷鹽鐵之禁〕"라 하였다.

167) 秦나라가……일 : ≪資治通鑑綱目≫에서 戊午(B.C. 243) 秦 始皇帝 4년에 "백성으로 하여금 곡식을 납부하게 하고 벼슬을 주었다.〔令民納粟拜爵〕"라 하였다.

168) 文帝가……일 : ≪資治通鑑綱目≫에서 壬戌(B.C. 179) 漢 文帝 원년에 "사방에서 와서 물품을 바치지 못하게 하였다.〔令四方毋來獻〕"라 하였다.

169) 列侯에게……일 : ≪資治通鑑綱目≫에서 癸亥(B.C. 178) 漢 文帝 2년에 "조서를 내려 열후에게 각자의 나라로 돌아가게 하였다.〔詔列侯之國〕"라 하였다.

如秦令民納粟拜爵, 文帝令四方毋來獻, 列侯之國之類.

13. 朝會

聘問, 游說, 和好, 交質, 割地, 降附, 貢獻에 관한 사항

무릇 朝會는 비상 상황과 같은 일이 있으면 기록하였다. 正統은 "某侯가 와서 조회하였다.〔某侯來朝〕"라 하였다. 漢나라 이후에는 이름을 썼으며 여럿이면 '等'을 썼다.

凡朝, 有事若非常乃書. 正統曰某侯來朝①. 漢以後則書名, 衆則曰等.

① 周나라 烈王 때 齊侯가 와서 조회한 일170)과 秦나라 公子 少官이 諸侯들을 모아 와서 조회한 일171) 등이다.
周齊侯・秦公子少官會諸侯來朝之類.

非正統으로 서로 조회한 경우는 "某가 某에 들어와 조회하였다.〔某入朝于某〕"라 하였고, 서로 同類이면서 조회하지 않은 경우는 각각 그 일로써 기록하였다.

非正統而相朝者, 曰某入朝于某①. 其相如而非朝者, 各以其事書②.

① 예를 들면 韓나라 왕이 秦나라에 들어와 조회한 일172)이다.
如韓王朝秦之類.
② 예를 들면 秦나라 왕 稷이 薨하였을 때 韓나라 왕이 喪服을 입고 祠堂에서 조문한 일173), 齊나라와 趙나라가 秦나라에 들어가 置酒한 일174)이다.
如秦王稷薨, 韓王衰絰入弔祠. 齊・趙入秦置酒之類.

---

170) 周나라……일 : ≪資治通鑑綱目≫에서 辛亥(B.C. 370) 周 烈王 6년에 "齊侯가 周나라에 와서 조회하였다.〔齊侯來朝〕"라 하였다.

171) 秦나라……일 : ≪資治通鑑綱目≫에서 戊寅(B.C. 343) 周 顯王 26년에 "秦나라가 公子 少官으로 하여금 군사를 거느리고 제후들을 모아 조회하게 하였다.〔秦使公子少官帥師會諸侯來朝〕"라 하였다.

172) 韓나라……일 : ≪資治通鑑綱目≫에서 丁未(B.C. 254) 秦 昭襄王 53년에 "韓나라 왕이 秦나라에 들어가 조회하였다.〔韓王入朝于秦〕"라 하였다.

173) 秦나라……일 : ≪資治通鑑綱目≫에서 庚戌(B.C. 251) 秦 昭襄王 56년에 "가을에 秦나라 왕 稷이 薨하자 태자 柱가 즉위하였다. 韓나라 왕이 상복을 입고 사당에 들어가 조문하였다.〔秋 秦王稷薨 太子柱立 韓王衰絰入弔祠〕"라 하였다.

174) 齊나라와……일 : ≪資治通鑑綱目≫에서 甲子(B.C. 237) 秦 始皇 10년에 "齊나라와 趙나라가 秦나라에 들어가 주연을 베풀었다.〔齊趙入秦置酒〕"라 하였다.

무릇 會盟은 모두 기록하였다. 主宰하는 자가 있으면 "某가 某와 某에서 회맹하였다.〔某會某于某〕"라 하였고, 主宰하는 자가 없으면 "某와 某가 某에서 회맹하였다.〔某某會于某〕"라 하였다. 일이 있으면 각각 그 일을 연계하여 기록하였다.

凡會盟皆書, 有主者曰某會某于某①. 無主者曰某某會于某②. 有事者各以事繫之③.

① 齊나라 田和가 魏侯와 衛나라 사람을 濁澤에서 만난 일175), 秦나라 公子 少官이 諸侯들을 모아 와서 조회한 일176), 秦나라가 楚나라 임금을 꾀어 武關에서 만난 일177), 秦나라가 宛에서 楚나라와 만난 일178) 등이다.
齊田和會魏·衛于濁澤, 秦公子少官會諸侯來朝, 秦誘楚會武關, 秦會楚于宛之類.

② 齊나라와 魏나라가 사냥을 한 일179), 諸侯들이 京師에 모인 일180), 齊나라와 魏나라가 徐州에서 만난 일181) 등이다.
齊·魏會田, 諸侯會京師, 齊·魏會徐州之類.

③ 예를 들면 濁澤에서 諸侯가 되기를 요구한 일182), 徐州에서 서로 왕으로 칭하자고 한 일183) 등이다.
如濁澤以求爲諸侯, 徐州以相王之類.

무릇 聘問은 正統이 使臣을 他國에 보내는 경우는 "某官 某를 어디에 사신으로 보냈다.〔遣某官某使某〕"라 하였고, 사신의 신분이 낮고 일이 없는데 가는 경우는 "사신을 보내서 어디로 갔다.〔遣使如某〕"라 하였다. 왕래하여 우호가 있으나 신하가 되지 않은 他

---

175) 齊나라……일 : ≪資治通鑑綱目≫에서 壬辰(B.C. 389) 周 安王 13년에 "齊나라 田和가 魏侯와 楚나라 사람과 魏나라 사람을 濁澤에서 만나 諸侯가 되기를 요구하였다.〔齊田和會魏侯楚人衛人于濁澤 求爲諸侯〕"라 하였다.

176) 秦나라……來朝한 일 : 99쪽 역주 171) 참조.

177) 秦나라가……만난 일 : ≪資治通鑑綱目≫에서 壬戌(B.C. 299) 周 赧王 16년에 "秦나라가 楚나라를 정벌하여 성 8개를 빼앗고 드디어 楚나라 임금 槐를 武關에 유인하여 잡아서 돌아갔다.〔秦伐楚 取八城 遂誘楚君槐于武關 執之以歸〕"라 하였다.

178) 秦나라가……만난 일 : ≪資治通鑑綱目≫에서 丙子(B.C. 285) 周 赧王 30년에 "秦나라가 宛에서 楚나라와 회견하고 趙나라와 中陽에서 회견하였다.〔秦會楚于宛 會趙于中陽〕"라 하였다.

179) 齊나라와……일 : ≪資治通鑑綱目≫에서 丙寅(B.C. 355) 周 顯王 14년에 "齊나라와 魏나라가 교외에서 만나 사냥을 하였다.〔齊魏會田于郊〕"라 하였다.

180) 諸侯들이……일 : ≪資治通鑑綱目≫에서 丁丑(B.C. 344) 周 顯王 25년에 "제후들이 京師에 모였다.〔諸侯會于京師〕"라 하였다.

181) 齊나라와……일 : ≪資治通鑑綱目≫에서 丁亥(B.C. 334) 周 顯王 35년에 "齊나라와 魏나라가 徐州에서 만나 서로 왕으로 칭하자고 하였다.〔齊魏會于徐州以相王〕"라 하였다.

182) 濁澤에서……일 : 앞의 역주 175) 참조.

183) 徐州에서……일 : 앞의 역주 181) 참조.

國이 사신을 보내오는 경우는 "某國이 사신을 보내어 와서 빙문하였다.〔某國遣使來聘〕"라 하였고, 使者가 일이 있어 가면 "그 신하 某를 보냈다.〔遣其臣某〕"라 하였고, 使者가 벼슬이 높으면 "그 某官 某를 보냈다.〔遣其某官某〕"라 하였다. ◑ 두 나라 사이에 특별한 일이 없는데도 보답하는 사신을 보내면 "某官 某를 보내어 답하였다.〔遣某官某報之〕"라 하였고, 특별한 일이 있으면 "某官 某를 보내어 그 사신을 따라가 답하게 하였다.〔遣某官某報其使〕"라 하였다.

凡聘問, 正統遣使於他國, 曰遣某官某使某①. 使卑而無事者, 曰遣使如某. 他國通好而不臣者, 使來, 曰某國遣使來聘. 使者有事, 則曰遣其臣某. 使者官重, 則曰遣其某官某. ◑ 間無異事而遣報使, 則曰遣某官某報之. 有異事, 則曰遣某官某報其使.

① 漢나라의 陸賈와 劉敬의 경우[184]이다.
漢陸賈·劉敬.

非正統은 "某가 某를 사신으로 보내어 어디로 갔다.〔某使某如某〕"라 하였고, 간략하게는 "某가 사신을 보내어 어디로 갔다.〔某遣使如某〕"라 하였다. ◑ 나라 사이에 유세하면 "某가 某를 보내어 某를 설득하였다.〔某使某說某〕"라 하였고, 그 일을 연계하여 기록하였다. ◑ 乞師는 "某가 某를 보내어 어디로 가서 군사의 출병을 요청하였다.〔某使某如某乞師〕"라 하였다. ◑ 獻物은 "某가 某를 보내어 某에게 某를 바쳤다.〔某使某獻某于某〕"라 하였다.

非正統, 則曰某使某如某①, 略則曰某遣使如某. ◑ 間說則曰某使某說某, 而繫其事②. ◑ 乞師曰某使某如某乞師③. ◑ 獻物曰某使某獻某于某④.

① 燕나라 樂毅의 경우[185]이다.
燕樂毅.
② 秦나라가 張儀를 시켜 諸侯에게 유세하여 連衡을 하게 한 일[186], 黃歇을 돌아가게 하여 화

---

184) 漢나라의……경우 : ≪資治通鑑綱目≫에서 壬戌(B.C. 179) 漢 文帝 원년에 "太中大夫 陸賈를 보내어 南越에 사신 가게 하였다.〔遣太中大夫陸賈使南越〕"라 하였고, 癸卯(B.C. 198) 漢 高祖 9년에 "겨울에 劉敬을 보내어 匈奴에 사신 가서 화친을 맺게 하였다.〔冬 遣劉敬使匈奴 結和親〕"라 하였다.

185) 燕나라……경우 : ≪資治通鑑綱目≫에서 丙子(B.C. 285) 周 赧王 30년에 "燕나라가 亞卿 樂毅로 하여금 趙나라에 가게 하였다.〔燕使亞卿樂毅如趙〕"라 하였다.

186) 秦나라가……일 : ≪資治通鑑綱目≫에서 庚戌(B.C. 311) 周 赧王 4년에 "秦나라가 張儀로 하여금 楚나라, 韓나라, 齊나라, 趙나라, 燕나라를 유세하여 연횡으로 秦나라를 섬기게 하였는데, 秦나라 임금이 卒하여 제후들이 다시 합종을 하였다.〔秦使張儀說楚韓齊趙燕連衡以事秦 秦君卒 諸侯復合從〕"라 하였고, 그 目에 "燕나라 왕이 常山의 끝에 있는 5성을 바치며 화친을 청하였다. 장의가

친을 약속한 일[187]은 이 凡例를 썼다. 燕나라가 장의에게 돌아가 보고하게 하였는데 도착하기 전에 秦나라 王이 죽었다. 이에 제후들이 모두 連衡을 배반하고 다시 合從한 일[188]을 기록하지 않은 것은, 秦나라는 燕나라가 부릴 수 있는 나라가 아니었고, 燕나라는 다만 그 행위의 바탕이 되었을 뿐이다.

秦使張儀說諸侯連衡, 使黃歇歸約親, 用此例. 燕使(蘇秦)〔張儀〕[189]報未至, 秦王薨, 諸侯皆畔衡, 復合從而不書者, 秦非燕所能使, 燕特資其行耳.

③ 趙나라 公子 勝이 楚나라에 가서 군사의 출병을 요청한 경우[190]이다.
趙公子勝如楚乞師.

④ 趙나라가 藺相如를 보내어 璧을 秦나라에 바친 경우[191]이다.
趙使藺相如獻璧于秦.

무릇 和好는 각각 本文에 따라 기록하였다. 非正統은 혹 "某가 某로써 某에 화친을 청하였다.〔某以某爲和於某〕"라 하거나 "某가 某에 화친을 청하였다.〔某請成于某〕", "某와 某가 화친하였다.〔某與某平〕", "某가 某와 화친하였다.〔某與某和親〕", "화친을 약속하다.〔約親〕"라 하였다. ◑ 正統은 우리가 하고자 하였으면 "某를 某에 보내어 화친을 맺었다.〔遣某使某結和親〕", "某와 화친하였다.〔與某和親〕"라 하였고, 저쪽이 하고자 하였으면 "某가 화친을 청하였다.〔某請和親〕"라 하였다.

凡和好, 各依本文書之. 其非正統, 或曰某以某爲和於某, 或曰某請成于某, 或曰某與某平, 或曰某與某和親, 或曰約親. ◑ 正統, 我所欲曰遣某使某結和親, 或曰與某和親. 彼所

돌아가 보고하려는데 咸陽에 도착하기 전에 惠王이 훙하고 아들 武王이 즉위하였다. 무왕은 태자 때부터 장의를 좋아하지 않았으므로 제후들이 소식을 듣고 모두 연횡을 배반하고 다시 합종을 하였다.〔燕王請獻常山之尾五城以和 儀歸報未至 而惠王薨 子武王立 武王自爲太子時 不說儀 諸侯聞之 皆畔衡 復合從〕"라 하였다.

187) 黃歇을……일 : ≪資治通鑑綱目≫에서 己丑(B.C. 272) 周 赧王 43년에 "楚나라 태자 完이 秦나라에 인질이 되었다.〔楚太子完質於秦〕"라 하였는데, 그 目에 "왕이 그 말을 따라 黃歇로 하여금 돌아가 楚나라와 화친을 맺게 하였다.〔王從之 使歇歸 約親於楚〕"라 하였다.

188) 燕나라가……일 : 101쪽 역주 186) 참조.

189) (蘇秦)〔張儀〕: 저본에는 '蘇秦'으로 되어 있으나, 庚戌(B.C. 311) 周 赧王 4년의 기사에 근거하여 '張儀'로 바로잡았다. ≪朱子全書≫의 ≪資治通鑑綱目≫과 ≪四庫全書≫의 ≪御批資治通鑑綱目≫에도 '蘇秦'으로 잘못되어 있다.

190) 趙나라……경우 : ≪資治通鑑綱目≫에서 癸卯(B.C. 258) 周 赧王 57년에 "趙나라 公子 勝이 楚나라에 가서 군대를 빌리자, 楚나라 黃歇이 군대를 이끌고 趙나라를 구원하였다.〔趙公子勝如楚乞師 楚黃歇帥師救趙〕"라 하였다.

191) 趙나라가……경우 : ≪資治通鑑綱目≫에서 戊寅(B.C. 283) 周 赧王 32년에 "趙나라가 藺相如로 하여금 秦나라에 璧을 바치게 하였다.〔趙使藺相如獻璧于秦〕"라 하였다.

欲, 曰某請和親.

무릇 交質(옛날에 列國이 서로 인질을 교환하던 일)은 "某와 某가 某에서 인질을 교환하였다.〔某某質于某〕"라 하였다.

凡交質, 曰某某質于某.

무릇 割地는 小國에서 大國으로 편입하는 것은 "某가 某에 어느 땅을 바쳤다.〔某獻某地于某〕"라 하거나 혹 "某가 某에 어느 땅을 주었다.〔某入某地于某〕", "某가 某를 정벌하자 某가 某를 바쳤다.〔某伐某某獻某〕", "某가 某로써 某에 화친을 청하였다.〔某以某爲成於某〕", "……某가 某를 다 주면서 감사해 하였다.〔云云 某盡入某以謝〕", "某가 某를 갈라서 某에 화친하였다.〔某割某以和于某〕"라 하였다. 대국에서 소국으로 편입하는 것은 "某가 某에게 某를 주었다.〔某與某某〕"라 하였다.

凡割地, 從小入大, 曰某獻某地于某, 或曰某入某地于某, 或曰某伐某某獻某, 或曰某以某爲成於某, 或曰云云某盡入某以謝, 或曰某割某以和于某. 從大入小, 曰某與某某.

무릇 降附(投降하고 歸附함)는 正統은 "某가 와서 항복하다.〔某來降〕"라 하였다. ◑ 무력으로 복속시키는 것은 '降之'라 하였다. ◑ 혹 사안에 따라 기록하였다.

凡降附, 正統曰某來降. ◑ 力致曰降之①. ◑ 或隨事書之②.

① 예를 들면 赤眉의 경우192)이다.
如赤眉之類.

② 예를 들면 南越王이 稱臣하며 奉貢하는 경우193)이다.
如曰南越王稱臣奉貢之類.

非正統은 "某가 某에게 항복하다.〔某降于某〕"라 하였다. ◑ 혹 사안에 따라 기록하였다.

非正統, 曰某降于某. ◑ 或隨事書之①.

---

192) 赤眉의 경우 : ≪資治通鑑綱目≫에서 丁亥(27) 後漢 光武帝 建武 3년에 "馮異가 崤底에서 赤眉를 대파시키니 적의 무리들이 동쪽으로 달아났다. 황제가 군사를 통솔하여 宜陽에서 항복시키고 傳國의 옥새와 인끈을 얻었다.〔馮異大破赤眉於崤底 賊衆東走 帝勒軍宜陽降之 得傳國璽綬〕"라 하였다.

193) 南越王이……경우 : ≪資治通鑑綱目≫에서 乙巳(B.C. 196) 漢 高祖 11년에 "5월에 옛 秦나라 南海尉 趙佗를 南粤王으로 삼았다.〔五月 立故秦南海尉趙佗爲南粤王〕"라 하였다.

① 예를 들면 衛나라가 三晉에 복속한 일194), 秦나라의 명령을 듣는 일195), 韓나라가 秦나라에 藩臣이라 칭한 일196), 王陵이 군사를 거느리고 漢나라에 복속한 일197), 隨何가 九江王을 漢나라에 귀부시킨 일198) 등이다.
如衛服屬三晉, 聽命于秦, 韓稱藩于秦, 王陵以兵屬漢, 隨何以九江王歸漢之類.

무릇 貢獻은 正統은 "某가 사신을 보내어 조공하였다.〔某遣使入貢〕"라 하거나 혹 "某物을 바쳤다.〔獻某物〕"라 하였다.

凡貢獻, 正統曰某遣使入貢, 或云獻某物.

非正統은 "某가 사신을 보내어 某에게 공물을 바쳤다.〔某遣使貢獻于某〕"라 하거나 혹 "某物을 바쳤다.〔獻某物〕"라 하였다.

非正統曰某遣使貢獻于某, 或曰獻某物①.

① 예를 들면 趙나라가 藺相如를 시켜 璧을 秦나라에 바친 경우199)이다.
如趙使藺相如獻璧于秦之類.

14. 封拜

選擧, 賞賜, 殊禮, 徵聘, 錄子孫, 賜爵, 賜姓에 관한 사항

무릇 正統은 封王은 모두 기록하였는데 "某를 세워 某王으로 삼았다.〔立某爲某王〕"라 하였고, 更立은 '更立(다시 세움)'이라 하거나 혹 '徙'라고 하였다. 封侯는 까닭이 있어야

194) 衛나라가……일 : ≪資治通鑑綱目≫에서 乙亥(B.C. 346) 周 顯王 23년에 "衛나라가 칭호를 낮추어 侯로 하고 三晉에 복속되었다.〔衛貶號曰侯 服屬三晉〕"라 하였다.

195) 秦나라의……일 : ≪資治通鑑綱目≫에서 丁未(B.C. 254) 秦 昭襄王 53년에 "魏나라 전체가 秦나라의 명에 따랐다.〔魏擧國聽令於秦〕"라 하였다.

196) 韓나라가……일 : ≪資治通鑑綱目≫에서 庚戌(B.C. 311) 周 赧王 4년에 "秦나라가 張儀로 하여금 楚나라, 韓나라, 齊나라, 趙나라, 燕나라를 유세하여 연횡으로 秦나라를 섬기게 하였는데, 秦나라 임금이 卒하여 제후들이 다시 합종을 하였다.〔秦使張儀說楚韓齊趙燕連衡以事秦 秦君卒 諸侯復合從〕"라 하였는데, 그 目에 "韓나라와 梁나라가 번신으로 칭하였다.〔韓梁稱藩臣〕"라 하였다.

197) 王陵이……일 : ≪資治通鑑綱目≫에서 乙未(B.C. 206) 漢 漢王 원년에 "王陵이 군사를 이끌고 漢나라에 귀속하였다.〔王陵以兵屬漢〕"라 하였다.

198) 隨何가……일 : ≪資治通鑑綱目≫에서 丁未(B.C. 204) 漢 漢王 3년에 "隨何가 九江王 黥布를 漢나라에 귀부시켰다.〔隨何以九江王布歸漢〕"라 하였다.

199) 趙나라가……경우 : 102쪽 역주 191) 참조.

기록하였는데 "某를 봉하여 某侯로 삼았다.〔封某爲某侯〕"라 하였고, 인하여 명령한 것은 "처음 某를 명하여 諸侯로 삼았다.〔初命某爲諸侯〕"라 하였다. 封한 자가 많으면 통합하여 말하였다. 益封과 進爵은 까닭이 있어야 기록하였다. 先代 聖王의 후손을 褒獎하여 봉한 것은 모두 기록하였다.

凡正統, 封王皆書, 曰立某爲某王①. 更立曰更立, 或曰徙②. 封侯, 有故乃書, 曰封某爲某侯③. 因而命之者, 初命某爲諸侯④. 封者多則統言之⑤. 益封進爵, 有故則書⑥. 褒先代聖王之後而封者, 悉書之⑦.

① 漢나라 高祖가 長沙王 芮와 從兄 賈, 弟 交, 兄 喜, 子 肥를 세운 일200) 등이다. 武帝 元朔 2년 이후는 王을 봉하는데 事義가 없으면 모두 기록하지 않았다. 廢徙와 國除도 이 例를 따랐다.
漢高祖立長沙王芮·從兄賈·弟交·兄喜·子肥之類. 自武帝元朔二年以後, 封王無事義者皆不書. 廢徙國除倣此例.

② 齊王 韓信과 濟北王 劉志의 경우201)이다.
齊王信·濟北王志.

③ 雍齒의 경우202)이다.
雍齒之類.

④ 周나라 威烈王이 三晉을 제후로 삼은 일203), 安王이 田和를 제후로 삼은 일204)이다.
周威烈(王)〔三〕205)晉, 安王田和之類.

⑤ 예를 들면 처음에 符節을 나누어 功臣을 봉하여 徹侯로 삼은 일206)과 太后가 여러 呂氏

200) 漢나라……일 : ≪資治通鑑綱目≫에서 己亥(B.C. 202) 漢 高祖 5년에 "옛 衡山王 吳芮를 세워 長沙王으로 삼았다.〔立故衡山王芮爲長沙王〕"라 하였고, 庚子(B.C. 201) 漢 高祖 6년에 "봄 정월에 종형 賈를 荊王, 동생 交를 楚王, 형 喜를 代王, 아들 肥를 齊王으로 삼았다.〔春正月 立從兄賈爲荊王 弟交爲楚王 兄喜爲代王 子肥爲齊王〕"라 하였다.

201) 齊王……경우 : ≪資治通鑑綱目≫에서 己亥(B.C. 202) 漢 高祖 5년에 "다시 齊王 韓信을 세워 楚王으로 삼았다.〔更立齊王信爲楚王〕"라 하였고, 丁亥(B.C. 154) 漢 景帝 3년에 "濟北王 劉志를 옮겨 菑川王으로 삼았다.〔徙濟北王志爲菑川王〕"라 하였다.

202) 雍齒의 경우 : ≪資治通鑑綱目≫에서 庚子(B.C. 201) 漢 高祖 6년에 "雍齒를 봉하여 什方侯로 삼았다.〔封雍齒爲什方侯〕"라 하였다.

203) 周나라……일 : ≪資治通鑑綱目≫에서 戊寅(B.C. 403) 周 威烈王 23년에 "처음으로 晉나라의 대부 魏斯, 趙籍, 韓虔을 명하여 제후로 삼았다.〔初命晉大夫魏斯趙籍韓虔爲諸侯〕"라 하였다.

204) 安王이……일 : ≪資治通鑑綱目≫에서 乙未(B.C. 386) 周 安王 16년에 "처음으로 齊나라 田和를 명하여 제후로 삼았다.〔初命齊田和爲諸侯〕"라 하였다.

205) (王)〔三〕 : 저본에는 '王'으로 되어 있으나, ≪朱子全書≫의 ≪資治通鑑綱目≫과 ≪四庫全書≫의 ≪御批資治通鑑綱目≫에 근거하여 '三'으로 바로잡았다.

206) 符節을……일 : ≪資治通鑑綱目≫에서 庚子(B.C. 201) 漢 高祖 6년에 "처음에 병부를 나누어 공신을 봉하여 徹侯로 삼았다.〔始剖符封功臣爲徹侯〕"라 하였다.

를 왕으로 봉한 일[207], 齊王이 졸하자 齊나라 땅을 나누어 悼惠王의 아들 6명을 왕으로 세운 일[208], 梁王 劉武가 죽자 梁나라 땅을 나누어 그 아들 5명을 왕으로 세운 일[209]이다.

如云始剖符封功臣爲徹侯, 太后王諸呂, 齊王卒分齊地, 立悼惠王子六人爲王, 梁王武卒分梁地, 王其子五人.

⑥ 漢나라 文帝가 論功할 때 戶를 더 주는 데 차등을 둔 일[210], 成帝가 河間王 劉良에게 益封한 일과 孔吉 등에게 進爵한 일[211]이다.

漢文帝論功益戶有差, 成帝益封河間王良, 進孔吉等爵之類.

⑦ 武帝가 姬嘉를 봉한 일[212]과 成帝가 孔吉을 봉한 일[213]이다.

武帝封姬嘉, 成帝封孔吉.

무릇 宦官가 封爵된 경우에는 모두 '宦者' 2자를 추가하였다.

凡宦者封爵, 皆加宦者字①.

① 예를 들면 鄭衆의 무리[214]로 刑臣(환관)이 功이 있게 된 잘못을 드러내었다[215].

如鄭衆之屬, 以著刑臣有功之禍.

---

207) 太后가……일 : ≪資治通鑑綱目≫에서 甲寅(B.C. 187) 漢 高皇后 呂氏 원년에 "아버지 呂公을 추존하여 宣王으로 삼고, 형 呂澤을 悼武王으로 삼았다.〔追尊父呂公爲宣王 兄澤爲悼武王〕"라 하였고 그 目에 "여러 여씨를 왕으로 삼으려는 조짐이 되었다.〔欲以王諸呂爲漸也〕"라 하였다.

208) 齊王이……일 : ≪資治通鑑綱目≫에서 丁丑(B.C. 164) 漢 文帝 16년에 "齊나라 땅을 나누어 悼惠王의 아들 6인을 세워 왕으로 삼았다.〔分齊地 立悼惠王子六人爲王〕"라 하였다.

209) 梁王……일 : ≪資治通鑑綱目≫에서 丁酉(B.C. 144) 漢 景帝 中元 6년에 "여름 4월에 梁王 劉武가 卒하자 梁나라 땅을 나누어 그 아들 5인을 왕으로 삼았다.〔夏四月 梁王武卒 分梁地 王其子五人〕"라 하였다.

210) 漢나라……일 : ≪資治通鑑綱目≫에서 壬戌(B.C. 179) 漢 文帝 원년에 "陳平을 좌승상, 周勃을 우승상, 灌嬰을 태위로 삼아 공을 논하여 호를 더 줄 때 차등을 주었다.〔以陳平爲左丞相 周勃爲右丞相 灌嬰爲太尉 論功益戶有差〕"라 하였다.

211) 成帝가……일 : ≪資治通鑑綱目≫에서 甲寅(B.C. 7) 漢 成帝 綏和 2년에 "河間王 良에게 만호를 더 봉하였다.〔益封河間王良萬戶〕"라 하였고, 癸丑(B.C. 8) 漢 成帝 綏和 1년에 "孔吉을 봉하여 殷紹嘉侯로 삼았다. 3월에 周承休侯와 함께 모두 작위를 올려 공으로 삼았다.〔封孔吉爲殷紹嘉侯 三月與周承休侯皆進爵爲公〕"라 하였다.

212) 武帝가……일 : ≪資治通鑑綱目≫에서 戊辰(B.C. 113) 漢 武帝 元鼎 4년에 "周나라 후예 姬가를 周子南君으로 봉하였다.〔封周後姬嘉爲周子南君〕"라 하였다.

213) 成帝가……일 : 앞의 역주 211) 참조.

214) 鄭衆의 무리 : ≪資治通鑑綱目≫에서 壬寅(102) 後漢 和帝 永元 14년에 "鄭衆을 鄛鄕侯로 봉하였다.〔封鄭衆爲鄛鄕侯〕"라 하였다.

215) 鄭衆의……드러내었다 : ≪資治通鑑綱目≫에서 壬辰(92) 後漢 和帝 永元 4년에 "환관 鄭衆을 大長秋로 삼았다.〔以宦者鄭衆爲大長秋〕"라 하였다.

무릇 親戚으로 貴重하게 된 경우에는 그 親屬을 기록하였다.

凡以親戚貴重者, 書其屬①.

① 예를 들면 元舅 王鳳의 무리216)로 外家가 정치에 참여하는 잘못을 드러내었다.
如元舅王鳳之類, 以著外家與政之禍.

무릇 非正統이 그 臣子를 封하는 경우, 까닭이 있으면 "某가 某를 봉하여 某로 삼았다.〔某封某爲某〕"라 하였고, 親屬은 "某가 某某를 봉하여 某로 삼았다.〔某封某某爲某〕"라 하였다.

凡非正統, 封其臣子, 有故則書曰某封某爲某①, 親屬則曰某封某某爲某②.

① 卽墨大夫와 商君의 경우217)이다.
(如阿)〔卽墨〕218)大夫・商君之類.
② 趙勝의 경우219)이다.
趙勝之類.

무릇 相王은 卽位의 凡例에 보인다.

凡相王, 見卽位例.

무릇 正統은 官吏를 임명하는 경우 "某人을 某로 삼다.〔以某人爲某〕"라 하였고, 宰相은 모두 기록하였으며, 나머지 관직은 까닭이 있지 않으면 기록하지 않았다. 宦者의 除拜를 기록해야 하는 경우는 모두 '宦者' 2자를 덧붙였다. ◑ 일로 인하여 관직을 임명하는 경우는 "某人이……某官으로 삼았다.〔某人云云以爲某官〕"라 하였다.

凡正統, 命官, 曰以某人爲某, 宰相皆書①. 餘官非有故不書②. 宦者除拜當書者, 皆加宦

216) 元舅……무리 : ≪資治通鑑綱目≫에서 戊子(B.C. 33) 漢 元帝 竟寧 원년에 "元舅 王鳳을 대사마 대장군으로 삼고 영상서사로 삼았다.〔以元舅王鳳爲大司馬大將軍 領尙書事〕"라 하였다.

217) 卽墨大夫와……경우 : ≪資治通鑑綱目≫에서 辛亥(B.C. 370) 周 烈王 6년에 "제후가 卽墨大夫를 봉하고 阿大夫를 烹하였다.〔齊侯封卽墨大夫 烹阿大夫〕"라 하였고, 辛巳(B.C. 340) 周 顯王 29년에 "秦나라가 商鞅을 봉하여 商君으로 삼았다.〔秦封鞅爲商君〕"라 하였다.

218) (如阿)〔卽墨〕: 저본에는 '如阿'로 되어 있으나, ≪朱子全書≫의 ≪資治通鑑綱目≫과 ≪四庫全書≫의 ≪御批資治通鑑綱目≫에 근거하여 '卽墨'으로 바로잡았다.

219) 趙勝의 경우 : ≪資治通鑑綱目≫에서 癸亥(B.C. 298) 周 赧王 17년에 "趙나라 임금이 동생 勝을 봉하여 平原君으로 삼았다.〔趙君封弟勝爲平原君〕"라 하였다.

者字③. ◑ 因事而命官者, 某人云云以爲某官④.

① 漢나라 丞相, 相國, 三公 및 權臣으로 정권을 잡은 자는 모두 기록하였다. 御史大夫는 사안을 통해서만 기록하였다. 永初 元年 이후는 三公은 사안을 통해서만 기록하였다.
漢丞相·相國·三公及權臣秉政者, 皆書. 御史大夫因事乃書. 自永初元年以後, 三公因事乃書.

② 功이 있거나 사안이 있는 경우, 만일 그 사람의 賢否用舍가 시대의 治亂安危와 관련이 있어야만 특별히 기록하였다.
有功有事, 若其人之賢否用舍, 繫時之治亂安危者, 乃特書之.

③ 예를 들면 石顯의 무리로 刑臣이 정치에 참여하는 잘못을 드러내었다[220].
如石顯之類, 以著刑臣與政之(屬)〔禍〕[221].

④ 周나라 때 吳起와 漢나라의 蘇武[222]이다.
周吳起, 漢蘇武.

非正統은 官吏를 임명하는 경우, 까닭이 있지 않으면 기록하지 않았다.

非正統, 命官, 非有故不書①.

① 衛鞅과 申不害의 경우[223]이다.
衛鞅·申不害之類.

魏晉 이후는 한 번에 여러 관직을 임명할 경우 그 중요한 직책만 기록하였다. ◑ 州鎭은 단지 '都督某某等州軍事'라 하였고, 都督의 칭호가 없으면 단지 '某州刺史'라 하였고, 특이함이 있으면 전부 쓰고 아울러 진정시킬 지역도 썼다.

魏晉以後, 一除數官, 則書其重者①. ◑ 州鎭, 但云都督某某等州軍事, 無都督號者, 但云某州刺史. 有異者, 全書及所鎭②.

① 三公, 丞相, 大將軍, 大司馬, 侍中, 中書監令, 尙書令, 僕射 등이다.

---

220) 石顯의……드러내었다 : ≪資治通鑑綱目≫에서 甲戌(B.C. 47) 漢 元帝 初元 2년에 "환관 石顯을 중서령으로 삼았다.〔以宦者石顯爲中書令〕"라 하였다.

221) (屬)〔禍〕: 저본에는 '屬'으로 되어 있으나, ≪朱子全書≫의 ≪資治通鑑綱目≫과 ≪四庫全書≫의 ≪御批資治通鑑綱目≫에 근거하여 '禍'로 바로잡았다.

222) 周나라……蘇武 : ≪資治通鑑綱目≫에서 甲午(B.C. 387) 周 安王 15년에 "魏나라 吳起가 楚나라로 달아나자 楚나라가 정승으로 삼았다.〔魏吳起奔楚 楚以爲相〕"라 하였고, 庚子(B.C. 81) 漢 昭帝 始元 6년에 "蘇武가 匈奴에서 돌아오자 전속국으로 삼았다.〔蘇武還自匈奴 以爲典屬國〕"라 하였다.

223) 衛鞅과……경우 : ≪資治通鑑綱目≫에서 壬戌(B.C. 359) 周 顯王 10년에 "秦나라가 衛鞅을 좌서장으로 삼고 법을 변경하는 명령을 정하였다.〔秦以衛鞅爲左庶長 定變法之令〕"라 하였고, 庚午(B.C. 351) 周 顯王 18년에 "韓나라가 申不害를 정승으로 삼았다.〔韓以申不害爲相〕"라 하였다.

三公・丞相・大將軍・大司馬・侍中・中書監令・尙書令・僕射.

② 예를 들면 琅邪王 司馬睿를 安東將軍 및 都督揚州로 삼아 建業을 다스린 일이다[224].
如琅邪王睿爲安東將軍都督揚州, 治建業之類.

무릇 選擧는 모두 기록하였다.

凡選擧, 皆書①.

① 예를 들면 漢나라 高帝가 求賢하는 詔書[225], 惠帝가 孝弟하고 力田하는 자를 復戶(부역이나 조세를 면제)한 일[226], 文帝가 賢良하고 方正한 사람을 천거하라는 조서[227] 등이다.
如漢高帝求賢詔, 惠帝復孝弟力田, 文帝擧賢良方正之類.

무릇 賜服과 賜爵, 號, 姓, 婦人號, 物은 모두 기록하였다.

凡賜服①・賜爵②・號③・姓④・婦人號⑤・物⑥, 皆書.

① 周나라가 秦나라에 黼黻을 하사한 경우[228]이다.
周賜秦以黼黻之類.

② 卜式의 경우[229]이다.
卜式之類.

③ 婁敬의 경우[230]이다.
婁敬之類.

---

224) 琅邪王……일이다 : ≪資治通鑑綱目≫에서 丁卯(307) 晉 懷帝 永嘉 원년에 "가을 7월에 琅邪王 司馬睿를 안동장군 도독양주제군사로 삼아 建業을 진수하였다.〔秋七月 以琅邪王睿爲安東將軍 都督揚州諸軍事 鎭建業〕"라 하였다.

225) 漢나라……詔書 : ≪資治通鑑綱目≫에서 乙巳(B.C. 196) 漢 高祖 11년에 "군국에 조서를 내려 아직 등용되지 않은 현인을 구하였다.〔詔郡國求遺賢〕"라 하였다.

226) 惠帝가……일 : ≪資治通鑑綱目≫에서 庚戌(B.C. 191) 漢 惠帝 4년에 "봄 정월에 백성 중에 효도하고 공경하고 열심히 일하는 자를 뽑아 신역을 면제하였다.〔春正月 擧民孝弟力田者 復其身〕"라 하였다.

227) 文帝가……조서 : ≪資治通鑑綱目≫에서 癸亥(B.C. 178) 漢 文帝 2년에 "조서를 내려 현량한 사람과 방정한 사람, 능히 직언하고 극간하는 사람을 천거하게 하였다.〔詔擧賢良方正能直言極諫者〕"라 하였다.

228) 周나라가……경우 : ≪資治通鑑綱目≫에서 丁巳(B.C. 364) 周 顯王 5년에 "秦나라가 三晉의 군사를 石門에서 패배시키니 왕이 보불복을 하사하였다.〔秦敗三晉之師于石門 賜以黼黻之服〕"라 하였다.

229) 卜式의 경우 : ≪資治通鑑綱目≫에서 壬戌(B.C. 119) 漢 武帝 元狩 4년에 "卜式을 중랑으로 삼고 좌서장의 작위를 하사하였다.〔以卜式爲中郎 賜爵左庶長〕"라 하였다.

230) 婁敬의 경우 : ≪資治通鑑綱目≫에서 己亥(B.C. 202) 漢 高祖 5년에 "황제가 關中을 西都로 하고 婁敬을 낭중으로 삼고 劉氏를 사성하였다.〔帝西都關中 以婁敬爲郎中 賜姓劉氏〕"라 하였다.

④ 위의 例와 같다.
同上.
⑤ 博平君의 경우231)이다.
博平君之類.
⑥ 董宣과 毛義, 鄭均의 경우232)이다.
董宣・毛義・鄭均之類.

무릇 殊禮(특별한 禮數)는 모두 기록하였다.

凡殊禮, 皆書①.

① 예를 들면 秦나라에 方伯의 임무를 맡긴 일233), 蕭何에게 전각에서 劍을 차고 신을 신게 한 일234), 淮南王에게 几杖을 하사한 일235), 王莽에게 號와 九錫을 더한 일236)이다. 王莽은 이것을 스스로 하였으므로 '스스로 하였다.〔自爲〕'고 썼다.
如致伯于秦, 蕭何劍履上殿, 賜淮南王几杖, 王莽加號九錫之類. 王莽是自爲之, 以自爲書.

무릇 隱士를 徵聘하는 것은 그 본문을 따라서 혹 '迎'이라 하고, 혹 '徵'이라 하였다.

凡徵聘隱士, 從其本文, 或曰迎①, 或曰徵②.

① 申公과 龔勝의 경우237)이다.

231) 博平君의 경우 : ≪資治通鑑綱目≫에서 乙卯(B.C. 66) 漢 宣帝 地節 4년에 "봄 2월에 외조모에게 博平君이란 봉호를 하사하였다.〔春二月 賜外祖母號爲博平君〕"라 하였다.

232) 董宣과……경우 : ≪資治通鑑綱目≫에서 癸卯(43) 後漢 光武帝 建武 19년에 "낙양령 董宣에게 전 30만을 하사하였다.〔賜洛陽令董宣錢三十萬〕"라 하였고, 甲申(84) 後漢 章帝 元和 1년에 "毛義와 鄭均에게 각각 곡식 1,000곡을 하사하였다.〔賜毛義鄭均穀各千斛〕"라 하였다.

233) 秦나라에……일 : ≪資治通鑑綱目≫에서 戊寅(B.C. 343) 周 顯王 26년에 "秦나라에 방백의 임무를 맡기니 제후들이 하례하였다.〔致伯于秦 諸侯賀之〕"라 하였다.

234) 蕭何에게……일 : ≪資治通鑑綱目≫에서 庚子(B.C. 201) 漢 高祖 6년에 "승상 蕭何에게 칼을 차고 가죽신을 신고 대전에 오르며, 조정에 들어와 종종걸음을 하지 않는 특전을 하사하였다.〔賜丞相何劍履上殿 入朝不趨〕"라 하였다.

235) 淮南王에게……일 : ≪資治通鑑綱目≫에서 甲寅(B.C. 127) 漢 武帝 元朔 2년에 "겨울에 淮南王 劉安에게 궤장을 하사하고 조회에 나오지 말라고 하였다.〔冬 賜淮南王安几杖 毋朝〕"라 하였다.

236) 王莽에게……일 : ≪資治通鑑綱目≫에서 甲子(4) 漢 平帝 元始 4년에 "安漢公 王莽에게 宰衡의 호칭을 더하였다.〔加安漢公莽號宰衡〕"라 하였고, 乙丑(5) 漢 平帝 元始 5년에 "5월에 안한공 왕망에게 九錫을 더하였다.〔五月 加安漢公莽九錫〕"라 하였다. 九錫은 천자가 공로가 큰 제후와 대신에게 하사한 9가지 물품이다.

237) 申公과……경우 : ≪資治通鑑綱目≫에서 辛丑(B.C. 140) 漢 武帝 建元 원년에 "申公을 맞이하여 중대부로 삼았다.〔迎申公爲中大夫〕"라 하였고, 辛未(11) 新莽 始建國 3년에 "王莽이 龔勝을 맞이하여 태자사우좨주로 삼았다.〔莽迎龔勝爲太子師友祭酒〕"라 하였다.

申公・龔勝之類.

② 周黨과 嚴光의 경우238)이다.

周黨・嚴光之類.

무릇 功勳과 才能 있는 사람을 추후에 褒崇한 것은 모두 기록하였다.

凡追褒勳賢, 皆書①.

① 예를 들면 畫像을 그린 일239), 光武帝가 蕭何와 霍光을 제사 지낸 일240), 獻帝가 陳蕃 등에게 제사 지낸 일241)이다.

如(書)〔畫〕242)像, 如光武祭蕭何・霍光, 祭陳蕃等之類.

무릇 功臣子孫을 기록한 것은 모두 썼다.

凡錄功臣子孫, 皆書①.

① 예를 들면 宣帝가 高祖의 功臣子孫으로 侯가 되지 못한 자를 찾아서 黃金을 하사하고 세금을 면제해준 일243), 蕭何의 子孫을 酇侯로 봉한 일244)이다.

如宣帝求高祖功臣子孫失侯者, 賜金, 復其家, 封蕭何子孫之類.

---

238) 周黨과……경우 : ≪資治通鑑綱目≫에서 己丑(29) 後漢 光武帝 建武 5년에 "처사 周黨과 嚴光, 王良을 불러 경사에 이르렀는데, 주당과 엄광은 뜻을 굽히지 않았고 왕량은 간의대부가 되었다.〔徵處士周黨嚴光王良至京師 黨光不屈 以良爲諫議大夫〕"라 하였다.

239) 畫像을 그린 일 : ≪資治通鑑綱目≫에서 庚午(B.C. 51) 漢 宣帝 甘露 3년에 "麒麟閣에 공신의 화상을 그렸다.〔畫功臣於麒麟閣〕"라 하였다.

240) 光武帝가……일 : 光武帝가 蕭何와 霍光에게 제사를 지낸 기사는 없고, 明帝가 제사를 지냈다는 기사가 있다. ≪資治通鑑綱目≫에서 己未(59) 後漢 明帝 永平 2년에 "11월에 사신을 보내 蕭何와 霍光에게 중뢰로 제사 지냈다. 황제가 그 묘를 지나갈 때 경례하였다.〔十一月 遣使以中牢祠蕭何霍光 帝過式其墓〕"라 하였다. ≪朱子全書≫의 ≪資治通鑑綱目≫과 ≪四庫全書≫의 ≪御批資治通鑑綱目≫에도 저본과 같이 '光武'로 되어 있으나, 저본의 '光武'는 '明帝'의 잘못으로 판단된다.

241) 獻帝가……일 : ≪資治通鑑綱目≫에서 己巳(189) 後漢 獻帝 中平 6년에 "사신을 보내 陳蕃과 竇武 및 여러 당인을 弔祭하고 그 작위를 회복시켰다.〔遣使弔祭陳蕃竇武及諸黨人 復其爵位〕"라 하였다.

242) (書)〔畫〕: 저본에는 '書'로 되어 있으나, ≪朱子全書≫의 ≪資治通鑑綱目≫과 ≪四庫全書≫의 ≪御批資治通鑑綱目≫에 근거하여 '畫'로 바로잡았다.

243) 宣帝가……일 : ≪資治通鑑綱目≫에서 己未(B.C. 62) 漢 宣帝 元康 4년에 "高祖의 공신 자손 중에 작위를 잃은 자를 찾아서 금을 주고 그 집의 세금을 면제하였다.〔求高祖功臣子孫失侯者 賜金 復其家〕"라 하였다.

244) 蕭何의……일 : ≪資治通鑑綱目≫에서 乙巳(B.C. 16) 漢 成帝 永始 元年에 "蕭何의 6세손 蕭喜를 酇侯로 봉하였다.〔封蕭何六世孫喜爲酇侯〕"라 하였다.

15. 征伐

叛亂, 僭竊, 夷狄, 遣將, 師名, 戰, 勝負에 관한 사항

무릇 正統은 아랫사람이 윗사람을 배반하는 것을 '反'이라 하고, 謀議가 아직 드러나지 않은 것을 '謀反'이라 하고, 병사가 대궐을 향하는 것을 '군대를 동원하여 대궐을 침범하였다.〔擧兵犯闕〕'라 하였다.

凡正統, 自下逆上曰反, 有謀未發者曰謀反, 兵向闕曰擧兵犯闕.

무릇 군대 파견은 '發'이라 하고, 병사 모집은 '募'라 하고, 군대 정비는 '勒'이라 하고, 行定은 '徇行'이라 하고, 取함은 '略'이라 하고, 마음대로 노략질함은 '侵'이라 하고, 준비되지 않은 것을 엄습함은 '襲'이라 하고, 같이하고자 함은 '同'이라 하고, 세력을 합함은 '連兵'이라 하고, 함께 나아감은 '合兵'이라 하고, 먼 곳에서 따르는 것은 '應'이라 하고, 서로 접함은 '迎'이라 하고, 服屬함은 '從'이라 하고, 그 세력을 더함은 '助'라 하고, 그 급함을 구원함은 '救'라 하고, 그 포위를 열어줌은 '解'라 하고, 서로 싸움은 '戰'이라 하고, 그 뒤를 따름은 '追'라 하고, 그 城을 둘러쌈은 '圍'라 하였다.

凡調兵曰發, 集兵曰募, 整兵曰勒, 行定曰徇行, 取曰略, 肆掠曰侵, 掩其不備曰襲, 同欲曰同, 合勢曰連兵, 竝進曰合兵, 在遠而附之曰應, 相接曰迎, 服屬曰從, 益其勢曰助, 援其急曰救, 開其圍曰解, 交兵曰戰, 尾其後曰追, 環其城曰圍.

무릇 쉽게 승리한 것은 "某 군대를 패배시켰다.〔敗某師〕"라 하고, 어렵게 평정한 것은 "포로로 잡고 수급을 베다.〔捕斬之〕"라 하였다. ◑ 이쪽을 버리고 저쪽에 가는 것은 '叛', "某에게 항복하였다.〔降于某〕", "某에게 붙었다.〔附于某〕"라 하였다. ◑ 城邑을 침범하여 약탈함은 '陷'이라 하고, 머물고 있음은 '據'라 하였다.

凡勝之易者曰敗某師, 平之難者曰捕斬之. ◑ 舍此之彼曰叛, 曰降于某, 附于某. ◑ 犯城邑, 寇得曰陷, 居曰據.

무릇 名號를 참칭함은 '稱'이라 하였고, 신분이 낮고 사건이 작으면 '作亂(난을 일으켰다.)'이라 하였고, 신분이 낮고 무리가 적으면 '盜'라 하였고 , 무리가 많으면 '群盜'라 하였고, 순리를 위반하면 '寇'라 하였다.

凡僭名號曰稱①. 人微事小曰作亂, 人微衆少曰盜, 衆多曰群盜. 犯順曰寇②.

① 周나라 때 列國이 稱王하고 稱帝한 경우245), 漢나라 이후 僭國과 簒賊이 稱皇帝하고, 盜賊이 稱帝와 稱天子한 경우이다.
周列國稱王稱帝, 漢以後僭國簒賊稱皇帝, 盜賊稱帝稱天子之類.

② 秦나라가 韓나라와 趙나라를 정벌하자, 周나라가 諸侯와 약속하여 秦나라를 정벌하고자 하였는데 秦나라 사람들이 西周를 공격하였다246).
秦伐韓趙, 周約諸侯欲伐秦, 秦人攻西周.

무릇 中國에 주인이 있을 때 夷狄이 오면 '入寇(쳐들어와서 약탈하였다.)'라 하고, 혹 '寇某郡(某郡을 침략하였다.)'이라 하고, 사건이 작으면 "어느 곳을 소란케 했다.〔擾某處〕"라 하였다. 中國에 주인이 없을 때는 단지 '入邊(변방에 쳐들어왔다.)'이라 하고, 혹 '入塞(변방에 쳐들어왔다.)'라 하고, 혹 "某郡에 쳐들어와서 관민을 약탈하고 죽였다.〔入某郡殺掠吏民〕"라 하였다.

凡中國有主, 則夷狄曰入寇, 或曰寇某郡, 事小曰擾某處. 中國無主, 則但云入邊, 或云入塞, 或云入某郡殺掠吏民.

무릇 正統은 天子가 친히 군대를 거느리면 "황제가 직접 거느렸다.〔帝自將〕"라 하였고, 將帥를 파견하면 "某官 某를 보내어 군대를 거느리게 하였다.〔遣某官某將兵〕"라 하였다. ◑ 大將이 諸軍을 겸하여 통솔하면 "여러 장군을 통솔하였다.〔率幾將軍〕"라 하였고, 혹 "諸軍을 독려하다.〔督諸軍〕", 혹 "여러 장군들을 감독하였다.〔護諸將〕"라 하였다. ◑ 장수의 지위가 낮고 군대가 적어 큰 勝負가 없으면 단지 '遣兵'이라 하였다. ◑ 군대를 파견하지 않고 州郡이 스스로 토벌하면 '州郡'이라 하고, 혹 '州兵', 혹 '郡兵'이라 하였다. 守令을 두어 盜賊을 평정하면 "某人을 某로 삼아…….〔以某人爲某云云〕"라 하였다.

凡正統, 天子親將兵曰帝自將①. 遣將則曰遣某官某將兵. ◑ 大將兼統諸軍, 則曰率幾將軍, 或云督諸軍, 或云護諸將. ◑ 將卑師少, 無大勝負, 則但云遣兵. ◑ 不遣兵而州郡自討, 則云州郡, 或云州兵, 或云郡兵. 置守令平盜賊, 曰以某人爲某云云②.

---

245) 周나라……경우 : ≪資治通鑑綱目≫에서 癸酉(B.C. 288) 周 赧王 27년에 "겨울 10월에 秦나라 임금이 西帝를 자칭하고 사신을 보내어 齊나라 임금을 세워 東帝로 삼았으나 얼마 후 모두 사용하지 않았다.〔冬十月 秦君稱西帝 遣使立齊君爲東帝 已而皆去之〕"라 하였다.

246) 秦나라가……공격하였다 : 寇를 쓴 예를 보인 것으로, 88쪽 역주 113) 참조.

① 예를 들면 漢나라 高祖가 臧荼(장도)와 利幾를 격파한 경우247)이다.
如漢高擊臧荼・利幾之類.

② 成帝 河平 2년에 西夷가 서로 공격할 때 陳立을 牂柯太守로 삼아 토벌하여 평정한 경우248), 後漢 安帝가 虞詡를 朝歌의 長으로 삼아 토벌한 경우249)이다.
成帝河平二年西夷相攻, 以陳立爲牂柯太守討平之, 以虞詡爲朝歌長之類.

무릇 正統이 참람하게 배반한 신하에게 군대를 사용할 때 '征', '討'라 하였고, 夷狄에 대해서는 만일 그 신하가 아닐 때는 '伐', '攻', '擊'이라 하였고, 그 應兵은 '備', '禦', '拒'라 하여 모두 그 本文에 따라 기록하였다.

凡正統, 用兵於臣子之僭叛者, 曰征曰討①. 於夷狄, 若非其臣子者, 曰伐曰攻曰擊. 其應兵曰備, 曰禦, 曰拒, 皆因其本文②.

① 예를 들면 漢나라 高祖가 韓王 韓信에 대한 경우250)이다.
如漢高祖於韓王信之類.

② 예를 들면 漢나라 高祖가 共尉, 臧荼, 利幾, 匈奴에 대한 경우251)이다.
如漢高祖於共尉・臧荼・利幾・匈奴之屬.

무릇 사람들이 擧兵하여 簒逆한 賊을 토벌한 것은 모두 '討'라 하였다.

凡人擧兵討簒逆之賊, 皆曰討①.

① 漢王이 西楚를 토벌하고, 呂臣과 劉崇과 翟義의 경우252)이다.

---

247) 漢나라……경우 : ≪資治通鑑綱目≫에서 己亥(B.C. 202) 漢 高祖 5년에 "가을 7월에 燕王 臧荼가 반란을 하니 황제가 친히 군사를 거느리고 격파하였다.〔秋七月 燕王臧荼反 帝自將虜擊之〕"라 하고, "옛 楚나라 장수 利幾가 반란을 하니 황제가 친히 군사를 거느리고 격파하였다.〔故楚將利幾反 帝自將擊破之〕"라 하였다.

248) 成帝……경우 : ≪資治通鑑綱目≫에서 甲午(B.C. 27) 漢 成帝 河平 2년에 "西夷가 서로 공격하였다. 陳立을 장가태수로 삼아 토벌하여 평정하였다.〔西夷相攻 以陳立爲牂柯太守 討平之〕"라 하였다.

249) 後漢……경우 : ≪資治通鑑綱目≫에서 庚戌(110) 後漢 安帝 永初 4년에 "虞詡를 朝歌의 장으로 삼아 현의 경내에 있는 도둑 무리를 토벌하여 평정하였다.〔以虞詡爲朝歌長 討縣境群盜 平之〕"라 하였다.

250) 漢나라……경우 : ≪資治通鑑綱目≫에서 辛丑(B.C. 200) 漢 高祖 7년에 "황제가 친히 군사를 거느리고 韓王 韓信을 토벌하니 信과 匈奴가 모두 패하여 달아났다. 황제가 추격하다가 平城에서 포위되었다가 7일 만에 포위를 풀었다.〔帝自將討韓王信 信及匈奴皆敗走 帝追擊之 被圍平城 七日乃解〕"라 하였다.

251) 漢나라……경우 : ≪資治通鑑綱目≫에서 己亥(B.C. 202) 漢 高祖 5년에 "劉賈를 보내 臨江王 共尉를 공격하여 포로로 잡았다.〔遣劉賈擊臨江王共尉 虜之〕"라 하였다. 臧荼와 利幾에 대해서는 앞의 역주 247) 참조. 흉노에 대해서는 앞의 역주 250) 참조.

漢王討西楚, 呂臣・劉崇・翟義之類.

무릇 전쟁은 어떤 전쟁인지 구분하지 않았으나, 여러 번 전쟁하였으면 구분하였고 매우 먼 지방이면 구분하였다.

凡戰不地, 屢戰則地, 極遠則地.

무릇 敵을 기록할 때는 敵國에 대해서는 '滅之(멸망시켰다)'라 하였고, 亂賊에 대해서는 '平之(평정하였다)'라 하였다. 敵國과 亂賊이 세월이 오래되고 지역이 넓어 여러 번 싸운 뒤에 평정이 되면 결론을 "어느 지역이 모두 평정되었다.〔某地悉定〕", 혹 "어느 지역이 평정되었다.〔某地平〕"라 하였다.

凡書敵, 於敵國曰滅之①. 於亂賊曰平之. 敵國亂賊, 歲久地廣, 屢戰而後定, 則結之曰某地悉定, 或曰某地平.

① 韓나라가 鄭나라를 멸망시킨 경우[253]이다.
韓滅鄭之類.

무릇 罪人을 잡을 경우 신하에 대해서는 '誅'라 하였고, 夷狄에 대해서는 만일 臣子가 아니면 '斬', '殺'이라 하였다.

凡得其罪人者, 於臣子, 曰誅. 於夷狄, 若非臣子者, 曰斬, 曰殺.

무릇 그 君長과 將帥를 잡을 경우 '執', '虜', '禽獲', '得'은 모두 그 本文을 따랐다.

凡執其君長將帥曰執, 曰虜, 曰禽獲, 曰得, 皆從其本文.

---

252) 呂臣과……경우 : ≪資治通鑑綱目≫에서 癸巳(B.C. 208) 秦 二世 2년에 "납월에 楚나라 莊賈가 그 임금 陳勝을 죽이고 秦나라에 항복하였다. 呂臣이 장가를 토벌하여 죽였다.〔臘月 楚莊賈弑其君勝以降於秦 呂臣討賈 殺之〕"라 하였고, 丙寅(6) 漢 孺子嬰 居攝 원년에 "여름 4월에 安衆侯 劉崇이 기병하여 王莽을 토벌하였으나 이기지 못하고 죽었다.〔夏四月 安衆侯劉崇起兵討莽 不克 死之〕"라 하였고, 丁卯(7) 漢 孺子嬰 居攝 2년에 "가을 9월에 동군태수 翟義가 기병하여 왕망을 토벌하고 劉信을 천자로 세웠다. 三輔의 호걸이 기병하여 호응하니 왕망이 군대를 보내 막아서 공격하니 적의가 이기지 못하고 죽었다.〔秋九月 東郡太守翟義起兵討莽 立劉信爲天子 三輔豪傑起兵應之 莽遣兵拒擊義戰不克 死之〕"라 하였다.

253) 韓나라가……경우 : ≪資治通鑑綱目≫에서 丙午(B.C. 375) 周 烈王 원년에 "韓나라가 鄭나라를 멸망시키고 陽翟에서 이사하여 도읍으로 삼았다.〔韓滅鄭 自陽翟徙都之〕"라 하였다.

무릇 阬斬(구덩이에 빠뜨려 죽임)은 그 수가 많지 않으면 기록하지 않았다. ◑ 땅을 취함은 그 땅이 많지 않고 중요하지 않으면 기록하지 않았다.

凡阬斬, 非多不書. ◑ 取地, 非多且要, 不書.

무릇 군사가 들어오는 것을 '還'이라 하고, 全勝을 하여 돌아오는 것을 '振旅(군대를 정돈하였다)'라 하고, 작게 패하면 '不利'라 하고, 상대가 이겼으면 '不克(이기지 못하였다)'이라 하고, 크게 패하면 '大敗' 혹은 '敗績'이라 하고, 將帥가 死節하면 '死之(죽었다)'라 하였다.

凡師入曰還, 全勝而歸曰振旅①. 小敗曰不利. 彼爲主曰不克. 大敗曰大敗, 或曰敗績. 將帥死節曰死之.

① 趙充國의 경우254)이다.
趙充國之類.

무릇 사람들이 逆賊을 토벌하다가 敗한 것도 '不克'이라 하고, 죽으면 '死之'라 하고, 그 '破滅'이라 한 것도 스스로 패한 것을 표현한 것이다.

凡人討逆賊而敗者, 亦曰不克, 死曰死之①, 其破滅者, 亦以自敗爲文②.

① 劉崇과 翟義의 경우255)이다.
劉崇・翟義之類.
② 三輔의 군대가 모두 파멸된 경우256)이다.
三輔兵皆破滅之類.

무릇 非正統이 서로 공격한 경우 먼저 시작한 자를 '寇'나 '陷'이라 하지 않고, 나중에 응한 자를 '征'이나 '討'라 하지 않았으며, 그 외에는 모두 本文을 따랐다. 오직 그 신하의 叛亂을 다스린 자만 '討'를 쓰고, 토벌하여 죽이면 '誅'라 하였다.

凡非正統而相攻, 先發者不曰寇陷, 後應者不曰征討, 其他悉從本文. 惟治其臣子之叛亂者, 書討, 討而殺之曰誅.

---

254) 趙充國의 경우 : ≪資治通鑑綱目≫에서 辛酉(B.C. 60) 漢 宣帝 神爵 2년에 "여름 5월에 趙充國이 개선하며 돌아왔다.〔夏五月 趙充國振旅而還〕"라 하였다.

255) 劉崇과…… 경우 : 115쪽의 역주 252) 참조.

256) 三輔……경우 : ≪資治通鑑綱目≫에서 戊辰(8) 漢 孺子嬰 初始 원년에 "三輔의 군대가 모두 파멸되었다.〔三輔兵皆破滅〕"라 하였다.

16. 廢黜

后, 太子, 諸王, 國除에 관한 사항

무릇 正統은 그 后, 太子, 諸侯王을 폐위하면서 그 罪의 實狀을 고찰할 수 없는 것은 "某人이 폐위되었다.〔某人廢〕"라 하였고, 罪狀이 明白한 것은 '有罪' 두 글자를 추가하였고, 罪가 없는 경우는 "某人을 폐위하였다.〔廢某人〕"라 하였다.

凡正統, 廢其后・太子・諸侯王, 而無以考其罪之實者, 曰某人廢①. 罪狀明白者, 加有罪字②. 無罪曰廢某人③.

① 예를 들면 漢나라 彭越과 陳后의 경우257)이다.
如漢彭越・陳后之類.

② 罪가 이미 드러난 것은 '以罪'라 하였다. 만일 反逆大罪가 이미 드러났으면 〈'有罪' 두 글자를〉 반드시 추가하지 않았다.
罪已見者・云以罪. 若反逆大罪已見, 則不必加.

③ 예를 들면 漢나라 景帝가 薄后와 太子 榮을 폐한 경우258)이다.
如漢景帝廢薄后・太子榮之類.

무릇 '國除'259)라고 쓴 것은 그 일을 드러낸 것이고, 罪가 있을 때에도 같이 하였다.

凡書國除者, 著其事①, 有罪亦如之.

① 燕王 建의 경우260)이다.
燕王建之類.

무릇 스스로 칭호를 낮춘 것은 그 本文을 따랐다.

凡自貶號者, 因其本文①.

---

257) 漢나라……경우 : ≪資治通鑑綱目≫에서 彭越은 乙巳(B.C. 196) 漢 高祖 11년에 "양왕 彭越을 폐하고 촉으로 옮겼다. 3월에 그를 죽이고 삼족을 멸하였다.〔梁王越廢 徙蜀 三月 殺之 夷三族〕"라 하였고, 辛亥(B.C. 130) 漢 武帝 元光 5년에 "황후 陳氏를 폐하였다.〔皇后陳氏廢〕"라 하였다.

258) 漢나라……경우 : ≪資治通鑑綱目≫에서 庚寅(B.C. 151) 漢 景帝 6년에 "가을 9월에 황후 薄氏를 폐하였다.〔秋九月 廢皇后薄氏〕"라 하였고, 辛亥(B.C. 150) 漢 景帝 7년에 "겨울 11월에 태자 榮을 폐하여 臨江王으로 삼았다.〔冬十一月 廢太子榮爲臨江王〕"라 하였다.

259) 國除 : 공훈으로 얻은 爵位를 죄를 짓거나 후사가 없는 등의 이유로 상실하는 것을 말한다.

260) 燕王 建의 경우 : ≪資治通鑑綱目≫에서 庚申(B.C. 181) 漢 高皇后 呂氏 7년에 "9월에 연왕 建이 卒하자 태후가 그 아들을 죽이니 나라가 없어졌다.〔九月 燕王建卒 太后殺其子 國除〕"라 하였다.

① 衛侯와 衛君의 경우[261]이다.
衛侯・衛君之類.

무릇 非正統은 文句 위에 모두 國號를 추가하였다. '廢'자가 위에 있으면 그 아래에 '其'자를 추가하였다.

凡非正統者, 句上皆加國號. 廢字在上者, 下加其字①.

① 例는 이를 따랐다.
例放此.

17. 罷免

囚繫, 流竄, 誅殺, 寬宥에 관한 사항

무릇 罷免은 罪가 드러나지 않았으면 "某官 某가 파면되었다.〔某官某免〕"라 하였고, 爵位를 아울러 파면하였으면 "某官 某爵 某가 파면되어 庶人이 되었다.〔某官某爵某免爲庶人〕"라 하였다. 죄가 드러났으면 이름 아래에 '有罪' 2자를 추가하였다. 죄가 없으면 "某官 某를 면직하였다.〔免某官某〕"라 하였고, 爵位를 아울러 罷免하였으면 "某官 某爵 某를 파면하여 庶人으로 삼았다.〔免某官某爵某爲庶人〕"라 하였다. 策書로 관직을 파면하였으면 '策免' 2자를 추가하였다.

凡罷免, 罪不著者, 曰某官某免. 幷免爵者, 曰某官某爵某免爲庶人①. 著者, 名下加有罪字②. 無罪者, 曰免某官某. 幷免爵者, 曰免某官某爵某爲庶人. 策免者, 加策免字.

① 流徙하였으면 '爲庶人'이라 하지 않았다.
流徙者, 卽不言爲庶人.
② 혹 '以罪'라고 하였다.
〔或作以罪〕[262].

---

261) 衛侯와……경우 : 《資治通鑑綱目》에서 乙亥(B.C. 346) 周 顯王 23년에 "衛나라가 칭호를 낮추어 侯로 하고 三晉에 복속하였다.〔衛貶號曰侯 服屬三晉〕"라 하였고, 辛丑(B.C. 320) 周 愼靚王 원년에 "衛나라가 다시 칭호를 낮추어 君으로 하였다.〔衛更貶號曰君〕"라 하였다.

262) 〔或作以罪〕: 저본에는 이 4자가 없으나, 《朱子全書》의 《資治通鑑綱目》과 《四庫全書》의 《御批資治通鑑綱目》에 근거하여 보충하였다.

무릇 謝病(병으로 사직함)과 請老와 致仕는 宰相과 賢臣일 경우 기록하였다.

凡謝病・請老・致仕, 宰相賢臣則書①.

① 張良, 王吉, 二疏, 韋賢의 경우263)이다.
張良・王吉・二疏・韋賢之類.

무릇 '就國(자기 본국으로 나아감)'과 '貶', '左遷'은 또한 罷免의 凡例에 따랐다. 세 등급으로 나누어 罪가 의심스러우면 姓名을 위에 두었고, 罪가 드러나면 '有罪' 2자를 추가하였고, 無罪면 "某人을 보내어 자기 本國에 나아가게 하였다.〔遣某人就國〕", "某官 某를 貶職시켜 某官으로 삼았다.〔貶某官某爲某官〕", "某를 좌천시켜 某官으로 삼았다.〔左遷某爲某官〕"라 하였다.

凡就國・貶・左遷, 亦依罷免例. 分三等, 罪疑則姓名在上, 罪著則加有罪字, 無罪則云遣某人就國, 貶某官某爲某官, 左遷某爲某官.

무릇 印綬를 바치거나 印綬를 걷는 경우는 本文을 따랐다.

凡上印綬, 收印綬, 從本文①.

① 鄧禹와 王商의 경우264)이다.
鄧禹・王商之類.

무릇 下獄死는 罪가 드러나지 않으면 "某官 某가 하옥되어 죽었다.〔某官某下獄死〕"라 하였고, 罪狀이 明白하면 이름 아래에 '有罪' 2자를 추가하였고, 無罪면 "某官 某를 하옥시켜 죽였다.〔下某官某獄殺之〕"라고 하였다. 그 赦出(사면하여 내보냄)하거나 혹 被刑(형벌을 받음)으로써 만일 自殺하거나 음식을 먹지 않고 죽은 경우에는 각각 그 일에 따라 기

---

263) 張良과……경우 : 二疏는 漢나라 宣帝 때의 名臣인 疏廣과 조카 疏受를 말한다. ≪資治通鑑綱目≫에서 己亥(B.C. 202) 漢 高祖 5년에 "張良이 병으로 사직하고 辟穀하였다.〔張良謝病辟穀〕"라 하였고, 庚申(B.C. 61) 漢 宣帝 神爵 원년에 "諫大夫 王吉이 병으로 사직하고 돌아갔다.〔諫大夫王吉謝病歸〕"라 하였고, 戊午(B.C. 63) 漢 宣帝 元康 3년에 "疏廣과 疏受가 물러나게 해주기를 청하자 금을 하사하고 돌려보냈다.〔疏廣疏受請老 賜金遣歸〕"라 하였고, 甲寅(B.C. 67) 漢 宣帝 地節 3년에 "5월 승상 韋賢이 致仕하였다.〔五月 丞相賢致仕〕"라 하였다.

264) 鄧禹와……경우 : ≪資治通鑑綱目≫에서 丁亥(27) 後漢 光武帝 建武 3년에 "鄧禹가 大司徒의 인수를 바치자 우장군으로 삼았다.〔鄧禹上大司徒印綬 以爲右將軍〕"라 하였고, 丙申(B.C. 25) 漢 成帝 河平 3년에 "여름 4월 승상 樂昌侯 王商의 인수를 거두라는 조칙을 내리자 王商이 근심하다 卒하였다.〔夏四月 詔收丞相樂昌侯王商印綬 商以憂卒〕"라 하였다.

록하였다. 官이 이미 나타난 경우는 다시 나타내지 않았다. 오직 無罪이면서 賢者는 특별히 기록하였고 비록 廢免(罷免)이라도 또한 '故某官爵某'라 하였다.

凡下獄死, 罪不著者, 曰某官某下獄死. 罪狀明白者, 名下加有罪字①. 無罪者, 曰下某官某獄殺之. 其以赦出或被刑, 若自殺・不食死之類, 各隨其事書之. 官已見者, 不復見. 惟無罪而賢者, 則特書之, 雖以廢免, 亦曰故某官爵某.

① 혹 '以罪'라고 하였다.
或云以〔罪〕265).

무릇 叛逆이나 혹 大罪를 지은 자를 誅殺하면 "某官 某가 죄를 받고 죽었다.〔某官某伏誅〕"라 하거나 혹 "某官 某를 죽였다.〔誅某官某〕" 혹 "某官 某를 토벌하여 죽였다.〔討某官某誅之〕"라 하였다.

凡誅殺叛逆(成)〔或〕266)大罪, 曰某官某伏誅, 或曰誅某官某, 或曰討某官某誅之①.

① 秦나라의 趙高267), 漢나라의 韓王 韓信과 呂氏들, 아들 弘, 七國(吳楚七國)의 경우268)이다.
秦趙高・漢韓王信・諸呂・子弘・七國之類.

무릇 그 죄가 명백하면 "罪가 있어 棄市하였다.〔有罪棄市〕"라 하였고, 罪가 의심스러우면 '有罪' 2자를 제거하였고, 無罪면 "某官 某를 죽였다.〔殺某官某〕"라 하였다.

凡他罪明白者, 曰有罪棄市. 罪疑者, 去有罪字. 無罪曰殺某官某①.

① 趙나라의 李牧269)과 秦나라의 李斯270), 漢나라의 韓信과 彭越의 경우271)이다.

---

265) 〔罪〕: 저본에는 이 1자가 없으나, ≪朱子全書≫의 ≪資治通鑑綱目≫과 ≪四庫全書≫의 ≪御批資治通鑑綱目≫에 근거하여 보충하였다.

266) (成)〔或〕: 저본에는 '成'으로 되어 있으나, ≪朱子全書≫의 ≪資治通鑑綱目≫과 ≪四庫全書≫의 ≪御批資治通鑑綱目≫에 근거하여 '或'으로 바로잡았다.

267) 秦나라의 趙高 : ≪資治通鑑綱目≫에서 甲午(B.C. 207) 秦 二世 3년에 "9월에 子嬰이 趙高를 토벌하여 죽이고 삼족을 멸하였다.〔九月 子嬰討殺高 夷三族〕"라 하였다.

268) 漢나라의……경우 : ≪資治通鑑綱目≫에서 乙巳(B.C. 196) 漢 高祖 11년에 "韓王 韓信을 복주하였다.〔韓王信伏誅〕"라 하였고, 辛酉(B.C. 180) 漢 高皇后 呂氏 8년에 "齊王 劉襄이 군사를 동원하여 여러 呂氏를 토벌하였다.〔齊王襄發兵討諸呂〕", "여러 대신이 代王 劉恒을 맞이하여 세웠다. 후9월에 장안에 도착하여 즉위하고 여후가 孝惠帝의 아들이라 명명한 劉弘 등을 죽이고 사면령을 내렸다.〔諸大臣迎立代王恒 後九月 至 卽位 誅呂后所名孝惠子弘等 赦〕"라 하였다. 丁亥(B.C. 154) 漢 景帝 3년에 "吳王 劉濞와 膠西王 劉卬, 膠東王 劉雄渠, 菑川王 劉賢, 濟南王 劉辟光, 楚王 劉戊, 趙王 劉遂가 반란을 일으켰다.〔吳王濞 膠西王卬 膠東王雄渠 菑川王賢 濟南王辟光 楚王戊 趙王遂反〕"라 하고 그 伏誅 결과를 기록하였다.

趙李牧 · 秦李斯 · 漢韓信 · 彭越之類.

무릇 관직을 쓰는〔書官〕 凡例는 下獄의 凡例와 같다. "그 집안을 족멸하다.〔族其家〕"와 "그 족속을 멸하다.〔夷其族〕", "삼족을 멸하다.〔夷三族〕", "某人의 집안을 족멸하였다.〔族誅某人家〕", "某人의 집안을 족멸하였다.〔族滅某人家〕"는 모두 本文을 따랐다.

凡書官例, 與下獄例同. 族其家, 夷其族, 夷三族, 族誅某人家, 族滅某人家, 皆從本文.

무릇 죽이려다가 석방한 경우가 있다. ◑ 다스리려다가 용서한 경우가 있다. ◑ 誅罰해야 하는데 하지 않은 경우가 있다.

凡欲殺而釋之者①. ◑ 欲治而寬之者②. ◑ 當誅而不果者③.

① 韓信과 朱雲의 경우272)이다.
韓信 · 朱雲之類.

② 梁王 劉立의 경우273)이다.
梁王立之類.

③ 王氏 五侯의 경우274)이다.
王氏五侯之類.

---

269) 趙나라의 李牧 : ≪資治通鑑綱目≫에서 壬申(B.C. 229) 秦 始皇 18년에 "趙나라가 그 대장군 李牧을 죽였다.〔趙殺其大將軍李牧〕"라 하였다.

270) 秦나라의 李斯 : ≪資治通鑑綱目≫에서 癸巳(B.C. 208) 秦 二世 2년에 "秦나라가 우승상 馮去疾과 좌승상 李斯를 옥리에 내렸는데, 풍거질은 자살하고 이사는 허리가 잘리고 삼족을 멸하였다. 趙高를 중승상으로 삼았다.〔秦下右丞相馮去疾左丞相李斯吏 去疾自殺 要斬斯 夷三族 以趙高爲中丞相〕"라 하였다.

271) 漢나라의……경우 : ≪資治通鑑綱目≫에서 乙巳(B.C. 196) 漢 高祖 11년에 "봄 정월에 황후가 淮陰侯 韓信을 죽이고 삼족을 멸하였다.〔春正月 皇后殺淮陰侯韓信 夷三族〕"라 하고, "梁王 彭越을 폐하고 蜀으로 옮겼다. 3월에 그를 죽이고 삼족을 멸하였다.〔梁王越廢 徙蜀 三月 殺之 夷三族〕"라 하였다.

272) 韓信과……경우 : ≪資治通鑑綱目≫에서 庚子(B.C. 201) 漢 高祖 6년에 "겨울 12월에 황제가 陳 땅에 제후를 모이게 하고 楚王 韓信을 잡아 돌아갔다. 洛陽에 이르러 한신을 사면하여 淮陰侯로 삼았다.〔冬十二月 帝會諸侯於陳 執楚王信以歸 至洛陽 赦爲淮陰侯〕"라 하였고, 己酉(B.C. 12) 漢 成帝 元延 원년에 "옛 槐里令 朱雲이 직언을 하여 죄를 얻었으나 조금 있다가 석방되었다.〔故槐里令朱雲言事得罪 旣而釋之〕"라 하였다.

273) 梁王……경우 : ≪資治通鑑綱目≫에서 戊申(B.C. 13) 漢 成帝 永始 4년에 "有司가 梁王 劉立의 죄를 아뢰자 은폐하고 다스리지 않았다.〔有司奏梁王立罪 寢不治〕"라 하였다.

274) 王氏 五侯의 경우 : ≪資治通鑑綱目≫에서 癸卯(B.C. 18) 漢 成帝 鴻嘉 3년에 "왕씨 오후가 죄가 있었는데 궁궐에 나아가 사죄하니 사면하고 죽이지 않았다.〔王氏五侯有罪 詣闕謝 赦不誅〕"라 하였다. 왕씨 오후는 成帝 때 외척인 王氏 성의 다섯 제후로 王譚, 王商, 王立, 王根, 王逢時를 가리킨다.

18. 人事

무릇 鄕里와 世系는 모두 기록할 수 없고 오직 賢者만 간략하게 드러내었다.

凡鄕里世系不能悉記, 惟賢者則著其略.

무릇 여러 신하들의 죽음은 오직 宰相만 모두 기록하였다. 재상 가운데 賢者는 "某官某爵 姓名이 卒하였다.〔某官某爵姓名卒〕"라 하며 그 諡號를 주석으로 달았고, 常人은 爵位와 姓과 諡號를 기록하지 않았다.

凡諸臣之卒, 惟宰相悉書. 賢者, 曰某官某爵姓名卒, 而注其謚①. 常人, 則不爵不姓不謚②.

① 관련 사항은 崩葬의 凡例에 보인다.
說見崩葬例.
② 姓이 나타나지 않은 자는 드러내었다.
姓未見者著之.

무릇 賢臣은 특별히 기록하였는데 賢相의 凡例를 따라 官爵만 두었다. 處士는 '處士'라 하였고, 衆人은 사안에 따라 나타내었는데 "某官 姓名이 卒하였다.〔某官姓名卒〕"라고만 하였다. 官職이 없으면 爵位를, 작위가 없으면 姓名만 썼다. 그 官爵이 이미 나타난 것은 또 다시 기록하지 않았다.

凡賢臣特書, 依賢相例, 官爵惟所有. 處士曰處士. 衆人則因事而見, 曰某官姓名卒而已, 無官則爵, 無爵則姓名而已. 其官爵已見者, 亦不復書.

무릇 軍陣에서 죽은 것은 '軍'이라 하였고, 죽은 곳이 자기 나라가 아니면 죽은 장소를 기록하였다.

凡卒于軍者曰軍①, 非其地則地②.

① 祭遵과 馮異의 경우[275]이다.
祭遵·馮異.

275) 祭遵과……경우 : ≪資治通鑑綱目≫에서 癸巳(33) 後漢 光武帝 建武 9년에 "봄 정월에 정로장군 潁陽侯 祭遵이 군중에서 卒하였다.〔春正月 征虜將軍潁陽侯祭遵卒於軍〕"라 하였고, 甲午(34) 後漢 光武帝 建武 10년에 "여름에 정서대장군 夏陽侯 馮異가 군중에서 卒하였다.〔夏 征西大將軍夏陽侯馮異卒於軍〕"라 하였다.

② 管寧의 경우276)이다.
管寧之類.

무릇 自殺이면 '自殺'이라 하였고, 罪가 있으면 '有罪' 2자를 추가하였다.

凡自殺者曰自殺, 有罪者加有罪字.

무릇 賢臣이 살해를 당하면 "某가 某를 죽였다.〔某殺某〕"라 하였고, 그 官爵은 本例(賢臣의 범례)와 같다.

凡賢臣遇害曰某殺某, 其官爵如本例①.

① 來歙과 岑彭의 경우277)이다.
來歙·岑彭之類.

무릇 여러 사람이 죽인 것은 '人'이라 칭하였고, 盜殺(암살)은 '盜'라 칭하였다.

凡衆殺稱人①. 盜殺稱盜②.

① 吳起와 蘇秦의 경우278)이다.
吳起·蘇秦之類.
② 俠累의 경우279)이다.
俠累之類.

무릇 死節한 사람은 모두 文例를 달리하여 褒奬함을 나타내었다.

凡死節者, 皆異文以見褒①.

---

276) 管寧의 경우 : ≪資治通鑑綱目≫에서 辛酉(241) 蜀漢 後主 延熙 4년에 "管寧이 魏나라에서 卒하였다.〔管寧卒於魏〕"라 하였다.

277) 來歙과……경우 : ≪資治通鑑綱目≫에서 乙未(35) 後漢 光武帝 建武 11년에 "公孫述이 王元을 보내어 河池에서 막게 하였다. 6월에 여러 장수가 왕원을 격파하였다. 공손술이 자객을 시켜 감호사자 來歙을 암살하니, 조서를 내려 장군 馬成으로 대신하였다.〔公孫述遣王元拒河池 六月 諸將擊破之 述使盜殺監護使者來歙 詔以將軍馬成代之〕"라 하고, "겨울 10월에 공손술이 자객을 시켜 정남대장군 舞陰侯 岑彭을 암살하였다.〔冬十月 公孫述使盜刺殺征南大將軍舞陰侯岑彭〕"라 하였다.

278) 吳起와……경우 : ≪資治通鑑綱目≫에서 庚子(B.C. 381) 周 安王 21년에 "楚나라 임금 類가 卒하니 楚나라 사람이 吳起를 죽였다.〔楚君類卒 楚人殺吳起〕"라 하였고, 甲辰(B.C. 317) 周 愼靚王 4년에 "齊나라 대부가 蘇秦을 죽였다.〔齊大夫殺蘇秦〕"라 하였다.

279) 俠累의 경우 : ≪資治通鑑綱目≫에서 甲申(B.C. 397) 周 安王 5년에 "韓나라 정승 俠累를 盜殺하였다.〔盜殺韓相俠累〕" 하였다.

① 劉崇, 翟義[280], 劉快[281], 龔勝[282], 王經[283], 劉諶[284], 諸葛瞻[285] 등이다.
劉崇·翟義·劉快·龔勝·王經·劉諶·諸葛瞻.

무릇 無統의 시대에는 宰相도 다 기록하지 않았고, 나머지는 아울러 正統의 凡例에 따랐다. 다만 각각 그 國名만 추가하였다.

凡無統之世, 惟宰相不悉書, 餘竝依正統例, 但各加其國名.

무릇 僭國의 신하는 賢否를 따지지 않고 모두 사안을 통해서만 나타내되 無統의 常人의 凡例에 따랐다.

凡僭國之臣, 不以賢否, 皆因事乃見, 而依無統常人之例.

무릇 簒賊한 신하는 '死'라고 기록하였다.

凡簒賊之臣書死①.

① 范增, 王舜, 揚雄의 경우[286]이다.
范增·王舜·揚雄之類.

무릇 戰死는 '死'라 기록하였다.

---

280) 劉崇 翟義 : 115쪽 역주 252) 참조.

281) 劉快 : ≪資治通鑑綱目≫에서 己巳(9) 新莽 始建國 원년에 "여름 4월에 徐鄕侯 劉快가 기병하여 王莽을 토벌하였으나 이기지 못하고 죽었다.〔夏四月 徐鄕侯劉快起兵討莽 不克 死之〕"라 하였다.

282) 龔勝 : ≪資治通鑑綱目≫에서 辛未(11) 新莽 始建國 3년에 "王莽이 龔勝을 맞이하여 태자사우좨주로 삼으니 공승이 음식을 먹지 않고 죽었다.〔莽迎龔勝爲太子師友祭酒 勝不食而卒〕"라 하였다.

283) 王經 : ≪資治通鑑綱目≫에서 庚辰(260) 蜀漢 後主 景耀 3년에 "여름 5월에 魏나라 司馬昭가 그 임금 曹髦를 남궐 아래에서 시해하고 상서 王經도 죽였다.〔夏五月 魏司馬昭弑其主髦於南闕下 尙書王經死之〕"라 하였다.

284) 劉諶 : ≪資治通鑑綱目≫에서 癸未(263) 蜀漢 後主 炎興 원년에 "鄧艾가 成都에 이르니 황제가 나와 항복하고 황자 北地王 劉諶이 죽으니 漢나라가 망하였다.〔鄧艾至成都 帝出降 皇子北地王諶死之 漢亡〕"라 하였다.

285) 諸葛瞻 : ≪資治通鑑綱目≫에서 癸未(263) 蜀漢 後主 炎興 원년에 "위장군 諸葛瞻이 鄧艾와 綿竹에서 싸워서 지자 그 아들 諸葛尙과 함께 모두 죽었다.〔衛將軍諸葛瞻及鄧艾戰於綿竹 敗績 及其子尙皆死之〕"라 하였다.

286) 范增과……경우 : ≪資治通鑑綱目≫에서 丁酉(B.C. 204) 漢 高祖 3년에 "亞父 范增이 죽었다.〔亞父范增死〕"라 하였고, 辛未(11) 新莽 始建國 3년에 "王莽이 태사 王舜을 죽였다.〔莽太師王舜死〕"라 하였고, 戊寅(18) 新莽 天鳳 5년에 "왕망이 대부 揚雄을 죽였다.〔莽大夫揚雄死〕"라 하였다.

凡戰死書死.

무릇 한 사람의 往來去就가 國家의 利害에 관계되고 時世의 輕重에 달렸으면 賢否를 따지지 않고 모두 기록하였다. 혹 다른 일도 마땅히 나타낼 것은 또 기록하였다.

凡一人之往來去就, 關國家利害, 繫時世輕重者, 不以賢否皆書①. 或有他事當見者亦書②.

① 孟軻287), 吳起288), 衛鞅289), 李斯290), 張良291), 諸葛亮292), 管寧293)의 경우이다.
孟軻・吳起・衛鞅・李斯・張良・諸葛亮・管寧之類.
② 田文의 경우294)이다.
田文之類.

무릇 관직이 있는 자는 관직을 썼는데, 처음 제수될 때 한 번 나타내고 나중에는 다른 관직에 제수되면 다시 나타내었다.

凡有官者書官, 惟初除一見, 後改除乃復見之.

무릇 宰相으로 官職이 중요한 자는 관직을 쓰고 姓을 쓰지 않았으며, 爵位가 특별한 자는 작위를 쓰고 姓을 쓰지 않았다.

---

287) 孟軻 : ≪資治通鑑綱目≫에서 乙酉(B.C. 336) 周 顯王 33년에 "孟軻가 魏나라에 이르렀다.〔孟軻至魏〕"라 하였고, 壬寅(B.C. 319) 周 愼靚王 2년에 "魏나라 임금 罃이 卒하였다. 孟軻가 魏나라를 떠나 齊나라에 갔다.〔魏君罃卒 孟軻去魏適齊〕"라 하였다.

288) 吳起 : ≪資治通鑑綱目≫에서 甲午(B.C. 387) 周 安王 15년에 "魏나라 吳起가 楚나라로 달아나자 楚나라가 정승으로 삼았다.〔魏吳起奔楚 楚以爲相〕"라 하였다.

289) 衛鞅 : ≪資治通鑑綱目≫에서 庚申(B.C. 361) 周 顯王 8년에 "魏나라 公孫鞅이 秦나라에 들어갔다.〔衛公孫鞅入秦〕"라 하였다.

290) 李斯 : ≪資治通鑑綱目≫에서 甲子(B.C. 237) 秦 始皇 10년에 "秦나라가 크게 빈객을 찾아내어 추방하였다. 객경 李斯가 글을 올리자 그를 불러 옛 관직을 회복시키고 마침내 그 명령을 없앴다.〔秦大索 逐客 客卿李斯上書 召復故官 遂除其令〕"라 하였다.

291) 張良 : ≪資治通鑑綱目≫에서 癸未(B.C. 218) 秦 始皇 29년에 "황제가 동쪽 지방으로 유람하다가 陽武에 이르렀을 때 韓나라 사람 張良이 저격하였으나 잘못하여 副車를 맞췄다.〔帝東遊至陽武 韓人張良狙擊 誤中副車〕"라 하였다.

292) 諸葛亮 : ≪資治通鑑綱目≫에서 丁亥(207) 後漢 獻帝 建安 12년에 "劉備가 隆中에서 諸葛亮을 만났다.〔劉備見諸葛亮於隆中〕"라 하였다.

293) 管寧 : ≪資治通鑑綱目≫에서 辛未(191) 後漢 獻帝 初平 2년에 "管寧, 邴原, 王烈이 遼東으로 갔다.〔管寧邴原王烈適遼東〕"라 하였다.

294) 田文의 경우 : ≪資治通鑑綱目≫에서 庚子(B.C. 321) 周 顯王 48년에 "齊나라가 薛公 田文의 칭호를 孟嘗君이라 하였다.〔齊號薛公田文爲孟嘗君〕"라 하였다.

凡宰相官重者, 書官而去姓①. 爵異者, 書爵而去姓②.

① 예를 들면 相國 何(蕭何)와 大將軍 光(霍光)의 경우이다.
如相國何・大將軍光之類.

② 魏公 操(曹操)와 魏王 操(曹操)의 경우이다.
魏公操・魏王操之類.

무릇 無統 중에 大國의 신하는 正統의 小國을 따랐고, 僭國은 비록 權臣으로 지위가 높고 직임이 중하더라도 단지 姓名만 썼다.

凡無統大國之臣, 依正統小國. 僭國, 雖權臣貴重, 但書姓名.

무릇 正統은 諸侯王이 죽은 뒤에는 모두 謚號로 칭하였다.

凡正統, 諸侯王旣卒, 皆以謚稱.

19. 災祥

무릇 災異는 모두 기록하였고, 祥瑞는 혹 의심을 보여주거나 혹 거짓을 나타내는 것이라야 기록하였다.

凡災異悉書, 祥瑞或以示疑, 或以著僞乃書.

무릇 災異로 인하여 스스로 貶損하고 求言하여 政事를 닦고 은혜를 베푼 것은 모두 기록하였다. 실상이 없는 것은 혹 다 기록하지 않았다.

凡因災異而自貶損求言, 修政施惠者, 皆書. 無實者, 或不悉書.

≪資治通鑑綱目≫ 凡例의 考異

資治通鑑綱目凡例考異

後學 新安 汪克寬 서술[1)]

克寬이 삼가 살펴보니, 앞에 있는 ≪資治通鑑綱目≫의 凡例와 ≪자치통감강목≫의 책은 모두 朱子가 직접 쓴 것으로서, 선악에 대한 褒貶이 밝게 義例에 드러나 있다. 이 모든 것은 春秋筆法을 채용하여 한 자도 구차하지 않다. 그러나 학자들이 베껴서 쓰고 書肆에서 새겨서 전하는 사이에 세월이 오래되면서 누락되거나 틀린 것이 많게 되었는데, 尹氏의 ≪資治通鑑綱目發明≫[2)]은 바로 이것을 왜곡하여 논설한 것이다. 아, 주자께서 ≪春秋≫의 變例를 논하면서 제자들에게 다음과 같이 말씀하였다.

"이것이 어떻게 믿을 만한가. 성인이 ≪춘추≫를 지으신 것은 바로 만세의 변하지 않는 법도를 보여주고자 하신 것이다. 그런데 지금 문득 이 논리를 써서 사람을 벌하더니, 얼마 후 다시 이 논리를 가지고 사람을 상 주어, 천하 후세의 사람들로 하여금 모두 그 의미를 알려고 해도 알지 못하게 만드니, 이는 바로 후세의 법도를 농단하여 교묘하게 글을 만들어낸 관리들의 소행이다. 일찍이 大中至正의 道라고 말한 것이 이와 같다는 것인가."[3)]

삼가 이 말씀을 자세히 살펴보면 ≪자치통감강목≫이 범례와 더불어 때에 따라 혹 차이가 나는 것은 모두 베끼어 쓰거나 판에 새길 때 잘못된 것이라는 뜻이다. 하물며 윤씨가 기록한 ≪자치통감강목발명≫에서 "秦王이 太后를 옮겼다."라는 기사를 "秦人"이라고 잘못 썼고, "隋나라 임금 楊堅이 介公闡(北周 靜帝)을 시해하였다."라는 기사를 "慕容弘을 죽였다."라고 잘못 썼으며, "敗死"를 "貶死"라 하고 "徵士 陶潛"을 "處士"라고 한 것과 같은 등속은 매우 심한 오류에 속한다.

---

1) 後學……서술 : 원문은 "後學 新安 汪克寬學"으로 되어 있는데 뒤의 '學'字는 '서술한다'는 뜻이다.

2) 資治通鑑綱目發明 : 尹起莘의 저술이다. 尹起莘은 52쪽 역주 14) 참조.

3) 이것이……것인가 : ≪朱子語類≫ 권83 〈春秋 綱領〉에 나오는 말로, 어떤 사람이 ≪춘추≫를 논하면서 變例가 많다는 것에 대한 답변이다.

극관이 어려서부터 ≪자치통감≫을 배우며 이런 점을 의심하였지만 반드시 그렇다고 확신하지는 못하였다. 이제 분수에 참람되게 삼가 간행본 ≪자치통감강목≫이 주자의 범례와 서로 어긋나는 것들을 삼가 모아서 아래와 같이 기록하여 뒷날 식견이 있는 자를 기다린다.

克寬謹按컨대 前綱目凡例與綱目之書는 皆子朱子手筆로 褒善貶惡하고 明著義例를 悉用春秋書法하야 一字不苟라 然學者鈔錄하고 書肆傳刊에 久而漏誤者多라 尹氏發明은 乃或曲爲之說이라 噫라 朱子論春秋變例하사 謂門人曰 此烏可信가 聖人作春秋는 正欲示萬世不易之法이라 今乃忽用此說以誅人하고 未幾에 又用此說以賞人하야 使天下後世로 皆求之而莫識其意하니 是乃後世弄法舞文之吏之所爲也라 曾謂大中至正之道而如此乎아 竊詳此言이면 則綱目之與凡例時或異同이 皆鈔錄傳刊之失也라 況尹氏所紀綱目은 如秦王遷太后를 誤作秦人하고 隋主堅弑介公闡을 誤作殺慕容泓하고 敗死를 作貶死하고 徵士陶潛을 作處士之類하야 訛舛尤甚이라 克寬自幼受讀하야 嘗有所疑而未敢決其必然이라 今僭躐謹摭刊本綱目이 與子朱子凡例相戾者를 敬錄如左하야 以俟有識者考焉하노라

歲年은 凡例에서, "정통의 경우에는 匡郭의 가로줄 아래에 붉은색 글씨로 國號, 諡號, 君名, 年號를 쓰고, 建國이나 僭國의 경우에는 국명, 시호, 성명, 연호를 붉은색 글씨로 주석을 달며, 列國의 경우에는 國名을 붉은색 글씨로 주석을 달고, 簒賊 및 不成君(정통은 계승했으나 임금이 되지 못함)의 경우에도 또한 國名을 붉은색 글씨로 주석을 단다."라고 하였다.

歲年例曰 "正統, 於橫行之下, 朱書國號·諡號·君名·年號. 建國·僭國, 朱注國名·諡號·姓名·年號. 列國, 朱注國名. 簒賊及不成君, 亦朱注國名."

극관이 살펴보니, 붉은색 글씨의 본문과 주석은 刊本에서는 당연히 白字[4]를 사용하였다. 지금 통행되는 坊刻本에는 綱과 目의 匡郭의 가로줄 위의 甲子는 그대로 백자를 썼으니 匡郭의 가로줄 아래의 큰 글씨로 쓴 綱과 두 줄로 分注한 目에 원래 붉은색 글씨로 쓴 것도 당연히 백자로 바꾸었다.

◑ 또 편수의 威烈王의 이름은, 범례에서 正統의 경우 "君名" 아래의 주석에서 "예

4) 白字 : 음각된 부분을 말한다. 글자는 흰색이고 바탕이 먹색이기 때문에 백자라고 한 것이다.

를 들면 午(威烈王의 이름)이다.〔如云午〕"라고 하였는데, 지금 〈午를 작은 글자로 쓴〉 간본의 細註 또한 帝奕[5]의 예와 비교할 때 크게 써야 한다.

克寬按朱書朱注, 刊本當用白字. 今坊本綱・目行上甲子字, 仍用白字, 則行下大書分注元用朱字者, 亦當易以白字. ◑ 又篇首威烈王名, 凡例, 於正統君名下注曰如云午, 今刊本細注, 亦當比帝奕例大書.

名號는 凡例에서, "秦나라와 漢나라 이후에는 帝라고 호칭한다."라고 하고, 그 주에서 "上이라는 것은 당시 신하들이 임금을 부를 때 쓰는 말로 지금은 쓰지 않는다. 다만 주석에서는 혹 舊文에 따라서 쓰기도 하였다."라고 하였다.

名號例曰 "秦漢稱帝." 注曰 "其曰上者, 當時臣子之辭, 今不用. 唯注中或因舊文."

지금 간본에, 唐나라 中宗의 기사에서 "上이 저잣거리에서 觀燈의 행사를 구경했다."라고 쓰고, 玄宗의 기사에서는 "상이 興慶宮의 옆에서 몸소 땅을 갈았다." "상이 궁중의 동산에서 보리밭에 김을 맸다." "상이 다시 左藏庫에 거둥하였다."라고 하였다. 그리고 숙종의 기사에서는 "상이 서쪽 황궁에서 太上皇에게 朝謁하였다."라고 하였으며, 代宗의 기사에서는 "상이 陝州로 납시었다." "상이 長安으로 돌아왔다." "상이 章敬寺에 거둥하였다."라고 하였고, 德宗의 기사에서는 "상이 생일에 헌수를 받지 않았다."라고 하였으며, 穆宗의 기사에서는 "상이 驪山에서 사냥하였다."라고 하였다. 그리고 文宗의 기사에서는 "상이 병이 있었다."라고 했고, 武宗의 기사에서는 "상이 法籙을 받았다."고 했으며, 懿宗의 기사에서는 "상이 16陵에 두루 참배하였다."고 했고, 僖宗의 기사에서는 "상이 鳳翔으로 달아났다."고 했으며, 昭宗의 기사에서는 "상이 이름을 고쳤다.", "상이 圓丘에서 제사를 올렸다.", "상이 石門鎭에 납시었다."라고 하여 모두 帝라고 쓰지 않았다.

今刊本 "唐中宗書上觀燈于市里." 玄宗書 "上躬耕興慶宮側." "上芟麥苑中." "上復幸左藏." 肅宗書 "上朝太上皇於西內." 代宗書 "上如陝州." "上還長安." "上幸章敬寺." 德宗書 "上生日不受獻." 穆宗書 "上畋驪山." 文宗書"上有疾." 武宗書 "上受法籙." 懿宗書 "上歷拜十六陵."

5) 帝奕 : 晉나라 廢帝(재위 365~371) 司馬奕이 365년에 즉위하였는데, ≪자치통감강목≫의 366년 기사에서 "帝奕太和元年"이라 하였다. 극관 당시 간본 중에 威烈王의 이름인 午가 작은 글자로 되어 있는데, 앞의 주자 범례에 따라 정통의 君名은 큰 글자로 써야 한다는 것이다. 司馬奕의 이름을 큰 글자로 쓴 것을 가지고 증거로 삼은 것이다.

僖宗書 "上奔鳳翔." 昭宗書 "上更名." "上祀圜丘." "上如石門鎭." 皆不書帝.

卽位는 凡例에서, "무릇 僭國으로 처음에 帝를 稱한 경우는 '某號 姓名이 皇帝를 칭하였다.〔某號姓名稱皇帝〕'라 하였다." 하고, 주에서 "魏王 曹丕와 宋王 劉裕, 梁王 朱晃의 경우이다."라고 하였다.

卽位例曰 "凡僭國始稱帝者, 曰某號姓名稱皇帝." 注云 "魏王曹丕, 宋王劉裕, 梁王朱晃之類."

지금 간본에, 오직 조비의 경우만 성을 쓰고, 송왕 유, 양왕 황은 모두 성을 쓰지 않았다.

今刊本, 惟曹丕書姓, 宋王裕・梁王晃, 皆不書姓.

또 말하기를, "무릇 처음 王을 칭한 경우는 계승을 하면 嗣라 하였다."고 하였다.

又曰 "凡始稱王者, 繼世曰嗣."

지금 간본에, "魏王 曹操가 졸하자 태자 丕가 섰다."라고 썼으며 嗣라고 하지 않았다.

今刊本, 書 "魏王曹操卒, 太子丕立, 不曰嗣."

또 말하기를, "호칭을 회복하면 '某國이 다시 王을 칭하였다.〔某國復稱王〕'라 하였다." 하고, 주석에서 "예를 들면 西秦의 경우이다."라고 하였다.

又曰 "復號曰某國復稱王." 注曰 "如西秦之類."

지금 간본에, 晉나라 武帝 太元 10년조에 "乞伏國仁이 單于라고 칭했다."라고 쓰고 그 주석에서 "이것이 西秦이 되었다."라고 하였으며, 13년조에 "西秦王 乞伏國仁이 죽었다."고 쓰고 "西秦이 다시 王을 칭하였다.〔西秦復稱王〕"라고 쓰지 않았으나 아마도 누락된 것으로 보인다.

今刊本, 晉武帝太元十年, 書 "乞伏國仁稱單于." 注云 "是爲西秦." 十三年, 書 "西秦王乞伏國仁卒." 而不書 "西秦復稱王." 疑脫簡也.

改元은 凡例에서, "義理의 得失과 관련된 것은 바꾸기 이전의 연호를 정식으로 삼았고 아래에 改元한 내용을 주석으로 달았다."라고 하고, 그 주석에서 "章武 3년 5월에 後主가 卽位하고 '建興'으로 개원하였는데, ≪資治通鑑綱目≫과 ≪資治通鑑擧要≫에는 이해의 처음부터 곧바로 建興이라 칭하였다. 무릇 이와 같은 경우는 그 事實을 잃었을 뿐만 아니라 君臣과 父子의 가르침에 있어서 해로움이 더욱 크므로 이제 바로잡았다."라고 하였다.

改元例曰 "關義理得失者, 以前爲正, 而注所改於下." 注曰 "章武三年五月, 後主卽位, 改元建興, 而通鑑於目錄・擧要, 自是年之首, 卽稱建興. 凡若此類, 非惟失其事實, 而於君臣父子之敎, 所害尤大, 故今正之."

> 지금 간본에, 癸卯年 章武 3년조에 "後主 建興元年"이라고 쓰고 章武를 쓴 해는 산입하지 않았다. 그러나 唐나라 中宗 景龍 4년 6월 睿宗이 즉위하였는데, 이해에 그대로 "四年"이라고 쓰고 그 아래에 "睿宗 景雲元年"이라고 分註하였다. 그리고 다음 해에는 "睿宗皇帝 景雲二年"이라고 썼으니, 建興元年은 잘못으로 의심된다.
>
> 今刊本, 癸卯章武三年, 書後主建興元年, 而不數章武之年. 然唐中宗景龍四年六月, 睿宗卽位, 是年仍書四年, 而分注睿宗景雲元年. 至次年, 書睿宗皇帝景雲二年, 則建興元年疑誤.

尊立은 凡例에서, "太子를 세우면 '아들 某를 세워 皇太子로 삼았다.〔立子某爲皇太子〕'라 한다."고 하고, 그 주에서 "漢나라 文帝가 처음에 景帝를 세워 太子로 삼을 때 단지 '아들 啓'라 하였다. 中年 이후에 여러 아들을 왕으로 봉하며 처음으로 皇子로 칭하였는데 후세에 드디어 그대로 따라서 칭하였다. 지금 살펴보건대 책봉하여 세우는 명령은 천자에게서 나오므로 응당 스스로 그 아들을 皇子라고 칭해서는 안 되니, 다만 文帝의 처음 사례를 따른다."라고 하였다.

尊立例曰 "立太子曰立子某爲皇太子." 注曰 "漢文帝立景帝爲太子, 但云子啓. 中年以後封王諸子, 始有稱皇子者, 後遂稱之. 今按封立之命出於天子, 不應自謂其子爲皇子, 只從文帝初例."

지금 간본에, 漢나라 順帝 建康 원년조에 "皇子 炳을 세워서 太子로 삼았다."고 썼고, 唐나라 太宗 貞觀 21년조에 "皇子 明을 세워서 曹王으로 삼았다."고 썼으며, 玄宗 開元 2년조에 "皇子 嗣眞을 세워 鄫王으로 삼았다."고 썼고, 代宗 大歷 14년조에 "皇子 다섯 명을 세워서 왕으로 삼고, 皇弟 두 명을 세워서 왕으로 삼았다."고 썼는데, 잘못하여 '皇'字가 더 들어갔다.

今刊本, 漢順帝建康元年, 書"立皇子炳爲太子." 唐太宗貞觀二十一年, 書"立皇子明爲曹王." 玄宗開元二年, 書"立皇子嗣眞爲鄫王." 代宗大(歷)〔曆〕[6]十四年, 書"立皇子五人爲王, 皇弟二人爲王." 誤加皇字.

또 말하기를, "正統이 아닌데, 사안에 인하여 특별히 기록할 경우에는 皇號를 없앴다."라고 하였다.

又曰"非正統, 因事特書者, 去皇號."

지금 간본에, 宋나라 武帝 永初 원년조에 "아들 義符를 세워서 皇太子로 삼았다." 고 하였으니, 또한 皇字를 잘못 넣은 것이며, 당나라 穆宗 長慶 2년조에 "景王 湛을 세워서 太子로 삼았다."고 하였는데, 역시 皇字를 잘못 없앤 것이다.

今刊本, 宋武帝永初元年"立子義符爲皇太子." 亦誤加皇字. 唐穆宗長慶二年"立景王湛爲太子." 又誤去皇字.

崩葬은 범례에서, "秦漢 이후는 王과 侯가 죽으면 모두 '卒'이라 한다." 하고, 주석에서 "薨은 바로 그 신하들이 하는 말이니 마땅히 國史에 써서는 안 된다." 라고 하였다.

崩葬例曰"秦漢以後, 王侯死皆曰卒." 注曰"薨乃臣子之辭, 不當施之國史也."

지금 간본에, 唐나라 武宗 會昌 3년조에 "昭義節度使 劉從諫이 薨했다."고 썼으며, 僖宗 乾符 원년에 "同平章事 劉瞻이 薨했다."고 썼으니, 모두 薨을 잘못 쓴 것이다.

今刊本, 唐武宗會昌三年, 書"昭義節度使劉從諫薨." 僖宗乾符元年, 書"同平章事劉瞻

6) (歷)〔曆〕: 저본에는 '歷'으로 되어 있으나, ≪資治通鑑≫과 ≪舊漢書≫, ≪新漢書≫ 등에 근거하여 '曆'으로 바로잡았다.

薨." 皆誤作薨.

또 말하기를, "謚號는 산 사람에 대한 호칭이 아닌데 ≪자치통감≫에서는 시호를 薨과 卒의 위에 더하였으니 또한 잘못되었다. 이제 역시 바로잡는다. 그러나 賢者가 아니라면 시호가 헛되이 기리는 칭호가 될 것이니, 또한 취할 바가 없으므로 더 이상 시호를 이름 아래에 쓰지 않았다."라고 하였다.

又曰 "謚, 非生者之稱, 而通鑑以謚加於薨卒之上, 亦非是. 今亦正之. 然非賢者, 則虛美之稱, 亦無所取, 故不復(注)〔書〕[7].

지금 간본에, 梁 文惠公 狄仁傑, 梁 文獻公 姚崇, 許 文憲公 蘇頲, 廣平 文貞公 宋璟, 武穆王 李光弼, 文簡公 楊綰, 汾陽 忠武王 郭子儀, 西平 忠武王 李晟, 北平 莊武王 馬燧, 南康 忠武王 韋皐, 邠宣公 杜黃裳, 晉 文忠公 裴度에 대하여 모두 시호를 썼다.

今刊本, 梁文惠公狄仁傑·梁文獻公姚崇·許文憲公蘇頲·廣平文貞公宋璟·武穆王李光弼·文簡公楊綰·汾陽忠武王郭子儀·西平忠武王李晟·北平莊武王馬燧·南康忠武王韋皐·邠宣公杜黃裳·晉文忠公裴度, 皆書謚.

또 말하기를, "無統의 임금이 稱王公한 경우에는 '某王公 某가 薨하였다.〔某王公某薨〕'라 한다."라고 하고, 그 주에서 "위로 天子가 없으므로 그 신하가 호칭한 것을 따른 것이다."라고 하였다." 하였다.

又曰 "無統之君, 稱王公者, 曰某王公某薨." 注曰 "上無天子, 故得因其臣子之辭."

지금 간본에, 宋나라와 魏나라의 사이에 "秦王 乞伏熾磐이 卒하였다."고 하였고, "武都王 楊玄이 卒하였다."고 하였으며, "涼王 蒙遜이 卒하였다."고 하였다. 五代 때에는 "吳越 武肅王 錢鏐이 卒하였다."고 하였고, "吳越 文穆王 錢元瓘이 卒하였다."고 하였으며, "楚 文昭王 希範이 卒하였다."고 하였고, "吳越 忠獻王 弘佐가 卒하였다." 고 하여 모두 薨이라고 쓰지 않았다.

今刊本, 宋魏之間, 書 "秦王乞伏熾磐卒." "武都王楊玄卒." "涼王蒙遜卒." 五季之間, 書

7) (注)〔書〕: 저본에는 '注'로 되어 있으나, 本書 앞에 있는 凡例에 근거하여 '書'로 바로잡았다.

"吳越武肅王錢鏐卒." "吳越文穆王錢元瓘卒." "楚文昭王希範卒." "吳越忠獻王弘佐卒." 皆不書薨.

또 말하기를, "무릇 정통의 임금이 폐위되어 王公으로 죽은 경우에는 卒이라고 썼다."라고 하였다.

又曰 "凡正統之君, 廢爲王公而死者, 書卒."

지금 간본에, 唐나라 高祖 武德 2년조에 "酅公이 薨하였다."고 하고 卒이라고 쓰지 않았다.

今刊本, 唐高祖武德二年 "酅公薨." 不書卒.

簒賊은 범례에서, "임금이 도망하였는데 시해되었으면 '某君이 도망갔는데 某가 시해하였다.〔某君出走 某弑之〕'라 한다."라고 하고, 그 주에 "淖齒의 경우이다." 라고 하였다. 또 "僭國과 無統이면 '某國 某人이 그 임금을 某에서 시해하였다.〔某國某人弑其君某〕'라 한다." 하였다.

簒賊例曰 "君出走而弑之, 曰某君出走某弑之." 注 "淖齒之類." 又 "僭國無統, 則曰某國某人弑(某)〔其〕[8]君某."

지금 간본에, "齊나라 임금 田地가 도망치니 그 재상 淖齒가 그를 죽였다〔殺〕."고 썼고, 또 "後周의 郭威가 병사를 일으켜 반란을 하고 드디어 그 임금인 承祐를 죽였다〔殺〕."고 썼는데 尹起莘이 ≪資治通鑑綱目發明≫에서 모두 이것을 왜곡하여 논설하였다. 내가 살펴보니, 秦나라 二世와 隋나라 煬帝도 또한 모두 교만하고 포악무도하였는데 그대로 시해하였다〔弑〕고 썼으며, 또 오랑캐의 신하들이 그 임금과 추장을 죽였을 때 또 시해하였다〔弑〕라고 썼으니 이것은 반드시 잘못이 그대로 이어진 것이다.

今刊本, 書 "齊君地出走, 其相淖齒殺之." 又書 "周郭威擧兵反, 遂殺其主承祐." 而尹起莘發明, 皆曲爲之說. 愚按秦二世・隋煬, 亦皆驕暴無道, 而仍書弑. 又如夷狄臣下殺其君

8) (某)〔其〕: 저본에는 '某'로 되어 있으나, ≪資治通鑑綱目≫ 凡例에 근거하여 '其'로 바로잡았다.

長, 且以弑書, 此必傳誤.

또 말하기를, "무릇 毒을 써서 시해한 경우에는 進毒(毒을 올리다) 2자를 추가하되 누가 하였는지는 구분하지 않았다."고 하고, 주에서 "霍顯의 경우에는 또 '使醫(의원을 시켜)' 2자를 추가하였다."라고 하였다.

又曰 "凡以毒弑者, 加進毒字而不地." 注曰 "霍顯又加使醫字."

지금 간본에, 다만 "대장군 霍光의 처 霍顯이 황후 許氏를 시해하였다."라고만 쓰고 "의원을 시켜서 毒을 올렸다."라는 말은 쓰지 않았으니, 아마도 누락되었을 것이다.

今刊本, 但書曰 "大將軍光妻顯弑皇后許氏." 而不書 "使醫進毒." 恐漏.

또 말하기를, "簒國은 그 事案에 따라 文例를 달리 하였다."고 하고, 주에서 "그 옛 임금을 봉하였으면 '廢'라 하고 '奉'이라 하지 않았다."라고 하였다.

又曰 "簒國, 隨事異文." 注曰 "封其故君, 則曰廢而不曰奉."

지금 간본에, 唐나라 昭宣帝 天祐 4년에 "梁王 朱全忠이 皇帝를 칭하고 唐帝를 받들어 濟陰王으로 삼았다."라고 하고 廢라고 쓰지 않았다.

今刊本, 唐昭宣帝天祐四年, 書 "梁王全忠稱皇帝, 奉唐帝爲濟陰王." 不書曰廢.

巡行은 범례에, "무릇 正統은 郡國을 巡行하면 '황제가 어디에 갔다.〔帝如某〕'고 하였고, 官府와 第宅에 가는 것을 '幸'이라 하였고, 學校에 가는 것을 '臨' 혹은 '視'라 하였다."라고 하였다.

巡行例曰 "凡正統巡行郡國曰帝如某, 官府・第宅曰幸, 學校曰臨曰視."

지금 간본에, 唐나라 高祖 武德 7년에 "皇帝가 國子學에 갔다〔詣〕."고 하였고, 太宗 貞觀 14년에 "國子監에 갔다〔詣〕."고 하였으며, 高宗 調露 원년과 永淳 원년과 玄宗 開元 10년에 모두 "東都에 行幸하였다〔幸〕." 하였고, 僖宗 中和 원년에는 "成都에 行幸하였다〔幸〕."고 하였으니, 모두 凡例와 같지 않다.

今刊本, 唐高祖武德七年, 書"帝詣國子學." 太宗貞觀十四年, 書"詣國子監." 高宗調露元年・永淳元年・玄宗開元十年, 皆書"幸東都." 僖宗中和元年, 書"幸成都." 皆與凡例不同.

封拜는 범례에, "무릇 宦官이 封爵된 경우에는 모두 '宦者' 2자를 추가하였다." 라고 하였다.

封拜例曰 "凡宦者封爵, 皆加宦者字."

지금 간본에, 唐나라 玄宗 開元 원년에 "高力士를 右監門將軍知內侍省事로 삼았다."고 하고, 그 아래에 "宦官이 치성한 것이 이때부터 시작되었다."고 分注하였는데, '宦者'라는 말은 쓰지 않았다.

今刊本, 唐玄宗開元元年 "以高力士爲右監門將軍知內侍省事." 分注 "宦官之盛自此始." 而不書宦者字.

또 말하기를, "무릇 殊禮는 모두 기록하였다."고 하고, 주에서 "王莽에게 號와 九錫을 더한 일이다. 王莽은 이것을 스스로 하였으므로 스스로 하였다〔自爲〕고 썼다."라고 하였다.

又曰 "凡殊禮皆書." 注曰 "王莽加號九錫之屬, 王莽是自爲之, 以自爲書."

지금 간본에, "安漢公 王莽에게 宰衡의 호칭을 더하고 宰衡을 올려서 諸侯王의 위에 놓았으며, 안한공 왕망에게 九錫을 더하였다."고 하였는데 모두 스스로 했다고 쓰지 않았다. 내가 살펴보니 簒賊 범례의 주석에서 "王莽, 董卓, 曹操 등이 스스로 정권을 잡고, 벼슬을 올리고, 나라를 세웠는데 모두 范曄의 ≪後漢書≫에 의거하여 그대로 '스스로 하고 스스로 섰다.'고 기록하였다."라고 하였다. 지금 董卓, 曹操, 司馬昭 등이 벼슬을 높여서 殊禮한 것에 대해서는 모두 스스로 했다고 칭했고, 오직 왕망에 대해서는 스스로 했다는 말이 없는데 아마도 이것은 누락되어 잘못된 것일 뿐이다.

今刊本 "加安漢公莽號宰衡, 升宰衡諸侯王上, 加安漢公莽九錫." 竝不書自. 愚按簒賊例注曰 "王莽・董卓・曹操等, 自其得政遷官建國, 皆依范史, 直以自爲自立書之." 今董卓・曹操・司馬昭等, 遷官殊禮, 皆稱自, 惟王莽不書自, 蓋漏誤耳.

征伐은 범례에, "名號를 참칭함을 '稱'이라 한다."라고 하였고, 그 주에서 "周나라 때 列國이 稱王하였다."라고 하였다.

征伐例曰 "僭名號曰稱." 注曰 "周列國稱王."

지금 간본에, 周나라 顯王 35년에 齊나라와 魏나라가 서로 왕이라고 호칭했고, 44년에 秦나라가 처음으로 왕이라 호칭했으며, 46년에 韓나라와 燕나라가 왕이라고 호칭하였다고 하였다. 그 주에 "당시에 諸侯들이 모두 왕을 稱하였는데, 趙나라 武靈王이 홀로 옳게 여기지 않고 나라 사람들로 하여금 자신을 호칭할 때 임금〔君〕으로 부르게 하였다."라고 하였다. 周나라 赧王 17년에 아래 주석에 "趙나라 惠文王 원년"이라고 하였으니, 趙나라도 역시 稱王한 것이다. 그러나 趙나라가 稱王했다고 쓰지 않았으니 아마도 누락된 것이다.

今刊本, 周顯王三十五年, 書齊・魏相王. 四十四年, 書秦初稱王. 四十六年, 書韓・燕稱王. 注曰 "時諸侯皆稱王, 趙武靈王獨不肯, 令國人謂己曰君." 而赧王十七年, 下注 "趙惠文王元年." 則趙亦稱王矣. 然不書趙稱王疑漏也.

또 말하기를, "무릇 中國에 주인이 있을 때 夷狄이 오면 '入寇'라 하고, 혹 '寇某郡'이라 하며, 中國에 주인이 없을 때는 단지 '入邊'이라 하고, 혹 '入某郡'이라 한다."라고 하였다.

又曰 "中國有主, 則夷狄曰入寇, 或曰寇某郡. 中國無主, 則但云入邊, 或云入某郡."

지금 간본에, 漢나라 明帝 永平 16년에 "北匈奴가 크게 雲中으로 들어왔다."고 쓰고, 五季(五代)의 시대에는 "契丹이 入寇하였다."고 여러 번 쓰여 있다.

今刊本, 漢明帝永平十六年, 書 "北匈奴大入雲中." 五季之間, 屢書 "契丹入寇."

또 말하기를, "무릇 正統이 참람하게 배반한 신하에게 군대를 사용할 때 '征', '討'라 하고, 夷狄에 대해서는 만일 그 신하가 아닐 때는 '伐', '攻', '擊'이라 하였다."라고 하였다.

又曰 "凡正統, 用兵於臣子之僭叛者, 曰征曰討. 於夷狄, 若非其臣子者, 曰伐曰攻曰擊."

지금 간본에, 漢나라 高祖 8년에는 "韓王 韓信의 餘寇를 쳤다〔擊〕."고 썼고, 10년에는 "代의 相國 陳豨가 반란을 일으키니 황제가 스스로 군사를 이끌고 가서 쳤다〔擊〕."고 썼으며, 11년에는 "淮南王 英布가 반란을 일으키니 황제가 스스로 군사를 이끌고 가서 쳤다〔擊〕."고 써서 모두 '征'이나 '討'를 쓰지 않았다. 武帝 元鼎 6년에는 "西羌을 討했다."고 썼으며, 光武 建武 17년에는 "馬援이 交趾를 討했다."고 썼고, 明帝 永平 원년에는 "祭肜이 烏桓을 討했다."고 써서 모두 '攻擊'이라고 하지 않았으니, 대개 서로 틀린 것이다.

今刊本, 漢高祖八年, 書 "擊韓王信餘寇." 十年, 書 "代相國陳豨反帝自將擊之." 十一年, 書 "淮南王布反帝自將擊之." 皆不書征討. 武帝元鼎六年, 書 "討西羌." 光武建武十七年, 書 "馬援討交趾." 明帝永平元年, 書 "祭肜討烏桓." 皆不曰攻擊, 蓋互誤.

廢黜은 범례에, "무릇 正統이 그 后와 太子, 諸侯王을 폐위하는데, 죄가 없는 경우에는 '某人을 폐위하였다.〔廢某人〕'라 하였다."라고 하였다.

廢黜例曰 "凡正統廢其后・太子, 無罪者曰廢某人."

지금 간본에, 唐나라 高宗 顯慶 원년에 "太子 忠을 梁王으로 삼았다."라 하였는데 '廢'라 쓰지 않았다.

今刊本, 唐高宗顯慶元年 "以太子忠爲梁王." 不曰廢.

극관이 살펴보니 書肆에서 간행한 ≪자치통감강목≫에는, 예를 들어 '英布'를 잘못하여 '黥布'로 쓰고, '狄道'를 잘못하여 '秋道'로 썼으며, 劉裕가 彭城에 이르러 '戒嚴'한 것을 잘못하여 '解嚴'으로 쓴 것 같은 사례들을 모두 다 열거할 수 없다. 이제 義例에 긴밀하게 관련되어 있는 것을 뽑아서 凡例의 뒤에 붙여놓으니 ≪자치통감강목≫을 읽는 초학자가 이를 통해 의혹이 없기를 바란다.

克寬按書肆所刊綱目, 如英布誤作黥布, 狄道誤作秋道, 劉裕至彭城戒嚴誤作解嚴之類, 未可悉擧. 今取其關於義例之切要者, 附於凡例之後, 庶幾初學受讀者, 可以無惑云.

思政殿訓義 資治通鑑綱目 제1권 상

周 烈王 23년~周 顯王 31년

≪資治通鑑綱目≫ 제1은 戊寅年 周나라 威烈王 23년(B.C. 403)부터 시작하여 乙巳年 周나라 赧王 59년(B.C. 256)까지이니, 모두 148년이다.

起戊寅周威烈王二十三年하야 **盡乙巳周赧王五十九年**①이니 **凡百四十八年**이라

① 甲은 만물이 껍질〔符甲〕을 가르고 나오는 것을 말한다. 符甲은 孚甲과 같다. 乙은 만물이 구불구불 힘들게 자라는 것을 말한다. 丙은 陽道가 밝게 드러나는 것을 말한다. 丁은 만물의 건장함을 말한다. 戊는 中宮이니 六甲[1]과 五龍[2]이 서로 얽혀 있음〔拘絞〕을 본뜬 것이다. 戊는 丁을 이어 사람의 옆구리〔人脅〕를 본떴다. 五土는 정해진 거처가 없이 주로 가운데 있으면서 왕래하며 서로 넘지 않기 때문에 拘絞라 한다. 人脅은 또 서로 맡음이니 가운데 있는 土의 형상이다. 己는 중궁이니 만물이 오그라들어 구부러진 모양을 본뜬 것이다. 만물이 음양의 기운과 함께 감춰지면 土로 돌아가 굴곡되고 포용하는 것은 사람의 배〔人腹〕가 둥글고 굽은 것을 본든 것이다. 人腹은 중앙이다. 庚은 陰氣가 만물을 바꾸는 것을 말한다. 辛은 만물이 새롭게 태어남을 말한다. 壬의 뜻은 임신하다이니 陽氣가 아래에서 만물을 임신하고 길러주는 것을 말한다. 癸의 뜻은 '헤아리다'이니 만물을 헤아릴 수 있다는 말이다.

子는 '번성하다'이니 만물이 아래에서 번성함을 말한다. 丑은 묶는다이니 양기가 위에 있으면서 아직 내려오지 않아 만물의 쌓인 厄이 감히 나오지 않는 것을 말한다. 寅은 만물이 처음 꿈틀거리며〔螾然〕 생겨나는 것을 말한다. 螾은 引과 愼의 두 가지 음이 있다. 卯의 뜻은 '무성하다'이니 만물이 무성함을 말한다. 辰은 만물이 움직이는 것〔蜄〕을 말한다. 蜄은 음이 振인데 혹 娠과 같은 음이라 한다. 巳는 양기가 이미 다하였음을 말한다. 午는 음양이 교차하는 것을 말한다. 未는 만물이 모두 이루어 滋味가 있음을 말한다. 申은 陰이 일을 하여 만물을 거듭 상하게 하는 것을 말한다. 酉는 만물이 늙었음을 말한다. 戌은 만물이 모두 없어짐을 말한다. 亥는 갖춘다는 것이니 양기가 아래에서 감추어진 것을 말한다.

甲者, 言萬物剖符甲而出也, 符甲猶孚甲也. 乙者, 言萬物生軋軋也. 丙者, 言陽道著明也. 丁者, 言萬物之丁壯也. 戊, 中宮也, 象六甲五龍相拘絞也. 戊承丁, 象人脅也. 五土, 無定居, 主

---

1) 六甲 : ≪漢書≫ 〈律曆志 上〉에 "날에는 육갑이 있다.〔日有六甲〕"라 하였다.

2) 五龍 : 사람의 얼굴에 龍의 몸을 가진 5명의 仙人을 가리키며, 道教에서는 五行의 神이라 하였다.

在中往來不相越, 故曰拘絞. 人脅, 亦相任也, 在中土象. 己, 中宮也, 象萬物辟藏詘之形也. 萬物與陰陽之氣藏則歸土屈曲包容, 象人腹圜曲也. 人腹, 中央也. 庚者, 言陰氣庚[3]萬物也. 辛者, 言萬物之辛[4]生也. 壬之爲言, 任也, 言陽氣任養萬物於下也. 癸之爲言, 揆也, 言萬物可揆度(탁)也. 子者, 滋也, 言萬物滋於下也. 丑者, 紐也, 言陽氣在上未降, 萬物厄紐, 未敢出. 寅, 言萬物始生螾然也. 螾, 引・愼二音. 卯之爲言, 茂也, 言萬物茂也. 辰者, 言萬物之蜄也, 蜄, 音振, 或作娠同音. 巳者, 言陽氣之已盡也. 午者, 言陰陽交也. 未者, 言萬物皆成, 有滋味也. 申者, 言陰用事, 申賊萬物. 酉者, 言萬物之老也. 戌者, 言萬物盡滅也. 亥者, 該也, 言陽氣藏於下也.

戊寅年(B.C. 403)

【綱】周나라 威烈王 午 23년이다.

周威烈王午二十三年①이라

① 威烈王은 考王의 아들이다. 周나라는 武王에서 平王까지 모두 13대이고, 平王에서 威烈王까지가 또 18대이다.
威烈王, 考王子. 周, 自武王至平王, 凡十三世. 自平王至威烈王, 又十八世.

【目】秦나라 簡公 12년이다.

秦簡公十二年①이라

① 秦나라는 姓은 嬴이고 分封 時의 爵位는 伯爵이다. 周나라 考王이 伯翳(백예)의 후손 非子를 汧水와 渭水의 중간에 봉하여 附庸[5]을 삼고 채읍으로 주었다. 秦나라는 증손 秦仲이 幽王 때에 犬戎과의 전투에서 죽었다. 平王이 東遷한 다음 진중의 손자 襄公을 제후로 봉하였다. 襄公에서 簡公까지 모두 21君이다.
秦, 嬴姓, 伯爵. 周考王封伯翳之後非子於汧・渭之間, 爲附庸而邑之. 秦至曾孫秦仲, 死於幽王犬戎之亂. 平王東遷, 封秦仲孫襄公爲諸侯. 自襄公至簡公, 凡二十一君.

【目】晉나라 烈公 止 17년이다.

晉烈公止十七年①이라

---

3) 庚 : '更'과 통용된다.
4) 辛 : ≪釋名≫에 "辛은 新이다."라고 하였다.
5) 附庸 : 큰 나라에 의탁한 작은 나라를 말한다.

① 晉나라는 姓은 姬이고 分封 시의 작위는 侯爵이다. 周나라 成王이 아우 叔虞를 唐에 봉하였다. ≪括地志≫[6]에 "옛 唐城의 터가 幷州의 晉陽縣의 북쪽에 있는데, 堯가 쌓은 것이다." 하였다. 숙우의 아들 燮父가 晉水의 곁으로 옮겨간 후 국호를 晉으로 바꿨다. 叔虞에서 烈公까지 모두 37君이다.
晉, 姬姓, 侯爵. 周成王封其弟叔虞于唐. 括地志"故唐城在幷州晉陽縣北, 堯所築也." 子燮父徙居晉水之旁, 改曰晉. 自叔虞至烈公, 凡三十七君.

【目】 齊나라 康公 貸 2년이다.

齊康公貸二年①이라

① 齊나라는 姓은 姜이고 分封 시의 작위는 侯爵이다. 周나라 武王이 太公望을 齊에 봉하였는데, 唐나라 靑州의 臨淄가 그 지역이다. 太公에서 康公까지 모두 29君이다.
齊, 姜姓, 侯爵. 周武王封太公望於齊, 唐青州之臨淄是也. 自太公至康公, 凡二十九君.

【目】 楚나라 聲王 當 5년이다.

楚聲王當五年①이라

① 楚나라는 성은 芈(미)이고 分封 시의 작위는 子爵이다. 周나라 成王이 祝融의 후손 熊繹을 荊蠻에 봉하였다. 丹陽에 살다가 뒤에 국호를 楚로 바꾸었다. 熊繹에서 熊通까지 18君이다. 왕을 칭하기 시작한 熊通부터 聲王까지가 15君이니, 모두 32君이다.
楚, 芈姓, 子爵. 周成王封祝融之後熊繹於荊蠻. 居丹陽, 後更號楚. 自熊繹至熊通十八君, 始稱王, 自熊通至聲王十五君, 凡三十二君.

【目】 燕나라 閔公 31년이다.

燕閔公三十一年①이라

① 燕나라는 姓은 姬이고 분봉 시의 작위는 伯爵이다. 周나라 武王이 召公 奭을 봉한 곳인데 그 지역은 唐나라 幽州의 薊縣이다. 召公부터 閔公까지 모두 34君이다.
燕, 姬姓, 伯爵. 周武王封召公奭, 其地則唐幽州薊(계)縣. 自召公至閔公, 凡三十四君.

【目】 魏나라 文侯 斯 22년이다.

◑魏文侯斯二十二年①이라

6) 括地志 : 중국 唐나라 貞觀 연간에 편찬된 지리지이다. 魏王 李泰가 主編하였는데, 전체가 550권이고 序略이 5권이다.

① 魏나라의 조상은 畢公高의 후손인데 周나라와 同姓이다. 그 후손 畢萬이 처음으로 魏에 봉해졌고 魏舒 대에 와서 처음으로 晉나라의 正卿이 되었다. 3대를 지나 斯에 이르렀다.
魏之先畢公高後, 與周同姓. 其苗裔曰畢萬, 始封於魏, 至魏舒, 始爲晉正卿. 三世至斯.

【目】 趙나라 烈侯 籍 6년이다.

趙烈侯籍六年①이라

① 趙나라의 조상은 造父이다. 후에 叔帶 대에 와서 처음으로 周나라에서 晉나라로 갔다. 趙夙 대에 와서 비로소 耿에 봉해졌고, 趙盾 대에 와서 비로소 晉나라의 正卿이 되었다. 6대를 지나 籍에 이르렀다.
趙之先造父. 後至叔帶, 始自周適晉. 至趙夙, 始封於耿, 至趙盾(돈), 始爲晉正卿. 六世至籍.

【目】 韓나라 景侯 虔 6년이다.

韓景侯虔六年①이라

① 韓나라의 조상은 周나라 武王에서 나왔다. 韓武子 대에 와서 晉나라를 섬겨 韓原에 봉해졌고 韓厥에 이르러 晉나라의 正卿이 되었다. 6대를 지나 虔에 이르렀다.
韓之先出於周武王. 至韓武子, 事晉, 封於韓原, 至韓厥, 爲晉正卿. 六世至虔.

【目】 〈한·위·조 세 나라를〉 모두 처음으로 諸侯로 삼았다.

皆始爲侯하다

【目】 건국한 지 오래된 나라 다섯과 새로 건국한 나라 셋을 합하여 모두 8大國7)이다.

◑ 統舊國五新國三하야 凡八大國이라

【綱】 처음으로 晉나라의 大夫인 魏斯·趙籍·韓虔을 명하여 諸侯로 삼았다.

初命晉大夫魏斯·趙籍·韓虔하야 爲諸侯하다

7) 8大國 : 周나라의 諸侯國인 秦, 晉, 齊, 楚, 燕은 舊國이고, 威烈王 23년에 처음 제후가 된 魏, 趙, 韓이 新國이다.

三家의 晉나라 分割 이전 상황

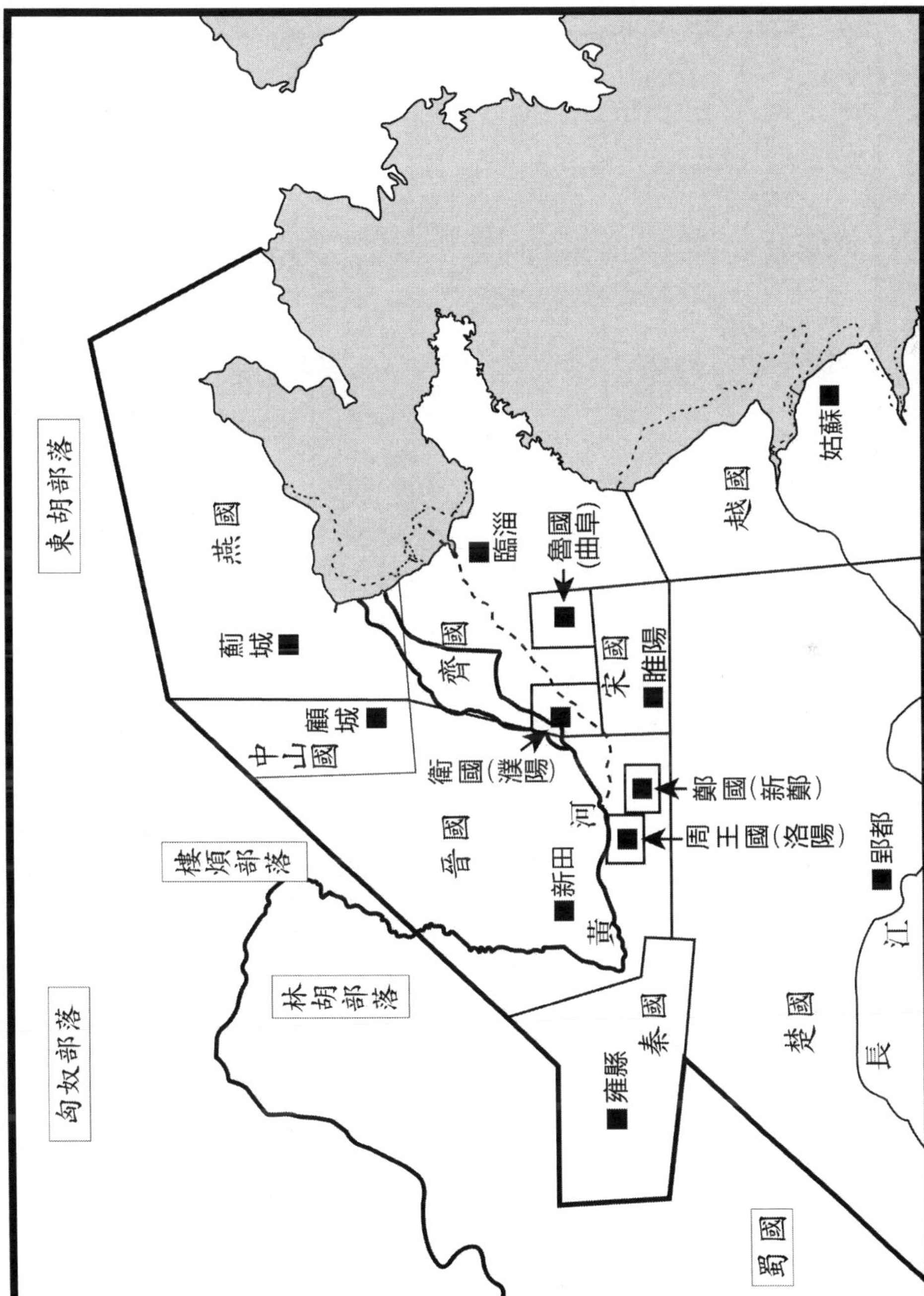

三家의 晉나라 分割

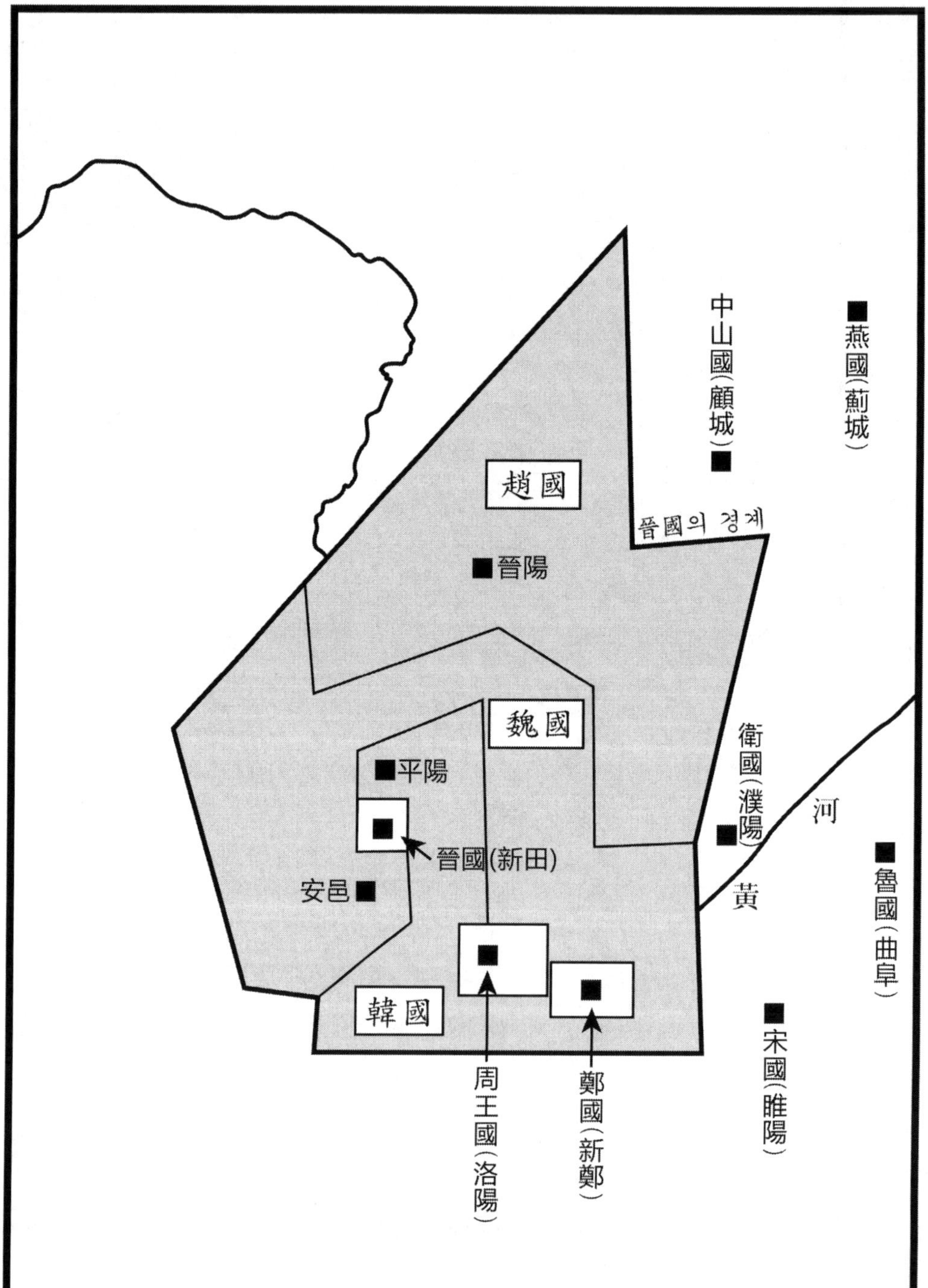
中山國(顧城)
燕國(薊城)
趙國
晉國의 경계
晉陽
魏國
平陽
晉國(新田)
安邑
衛國(濮陽)
河
黃
魯國(曲阜)
韓國
周王國(洛陽)
鄭國(新鄭)
宋國(睢陽)

【目】 司馬溫公(司馬光)이 다음과 같이 평하였다.

"天子의 직책이 禮보다 큰 것이 없고, 禮는 分보다 큰 것이 없고, 分은 名보다 큰 것이 없으니, 무엇을 禮라 하는가? 紀綱이 이것이오. 무엇을 分이라 하는가? 君臣이 이것이오. 무엇을 名이라 하는가? 公・侯・卿・大夫가 이것이다. 四海의 넓음과 億兆 百姓의 많음으로 한 사람의 군주에게 통제를 받아서, 비록 絶倫한 힘과 세상에 뛰어난 지혜를 가지고도 군주를 위해 분주히 달려가서 일하지 않는 사람이 없는 것은 어찌 禮를 紀綱으로 삼았기 때문이 아니겠는가. 그러므로 天子가 三公을 통솔하고 三公은 諸侯를 거느리고 諸侯는 卿大夫를 통제하고 卿大夫는 士庶人을 다스려서, 귀한 사람으로서 천한 사람을 다스리고 천한 사람으로서 귀한 사람을 받들어서, 君臣의 分이 하늘과 땅이 바뀔 수 없음과 같다. 그런 뒤에야 上下가 서로 보호하여 國家가 다스려지고 편안한 것이다.

그러나 禮는 名이 아니면 드러나지 않고 器가 아니면 나타나지 않는다. 名으로 명명하고 器로 구별한 연후에 上下가 찬연하게 차례가 있게 되니 名과 器가 이미 없어지면 禮가 어떻게 홀로 남아 있을 수가 있겠는가. 그러므로 繁纓(반영)[8]은 작은 물건인데도 孔子가 애석하게 여기시고, 正名은 하찮은 일인데도 孔子가 우선하셨다. 대개 일이 미세한 데서 시작하여 드러난 데서 이루어지지 않음이 없다. 聖人은 생각이 深遠하므로 능히 그 미세함을 삼가서 다스리고, 衆人은 식견이 얕으므로 반드시 그 드러남을 기다린 뒤에 救濟한다. 그 미세함을 다스리면 힘을 적게 써도 功은 많고 그 드러남을 구제하면 힘을 다해도 미칠 수 없다.

아, 周나라의 道가 쇠퇴함에 紀綱이 흩어지고 무너져서 禮의 大體가 10에 7, 8이 없어졌다. 그런데도 오히려 수백 년이 지나도록 天下의 宗主가 된 것은 다만 名과 分이 아직도 남아 있었기 때문이다. 지금 晉나라 大夫가 그 군주를 업신여기며 무시하고 그 땅을 쪼개어 차지하였는데도 천자가 이미 토벌하지 못하고 또 은총으로 벼슬을 주어서 諸侯의 반열이 되게 하였으니 이는 區區한 名과 分을 더 이상 지키지 못하여 모두 버린 것이다. 先王의 禮가 이때에 다 없어졌다.

或者는 말하기를 '이때를 당하여 周나라 王室이 微弱하고 三晉[9]이 强盛하니 비록 허락하지 않으려 하더라도 그렇게 할 수 있었겠는가.'라고 하니, 이는 크게 옳지 않다. 저

---

8) 繁纓(반영) : 제후의 말에만 꾸밀 수 있는 뱃대끈과 굴레이다.

9) 三晉 : 韓, 魏, 趙를 말한다. 이들은 본래 춘추시대 晉나라의 대부였으나 스스로 제후가 되었으며, 이때로부터 戰國시대가 되었다.

三晉이 만일 천하의 誅伐을 개의치 않았다면 천자에게 명을 청하지 않고 스스로 섰을 것이다. 천자에게 명을 청하지 않고 스스로 섰다면 悖逆의 신하가 되는 것이다. 천하에 만일 齊나라 桓公과 晉나라 文公과 같은 임금이 있었다면 반드시 禮義를 받들어서 정벌했을 것이다. 이제 천자에게 청하여 천자가 허락하였으니 이는 천자의 명을 받고서 諸侯가 된 것이다. 누가 그들을 토벌할 수 있겠는가. 그러므로 三晉이 제후의 반열에 오른 것은 三晉이 예를 무너뜨린 것이 아니라 바로 천자가 스스로 무너뜨린 것이다. 아, 君臣의 禮가 이미 무너졌으므로 천하가 智力으로 雄長을 가려서 드디어 聖賢의 후예들을 泯絶되게 하고 生民의 무리들을 다 없어지게 하였으니 어찌 슬퍼하지 않겠는가."

司馬公曰 天子之職이 莫大於禮요 禮莫大於分이요 分莫大於名①이니 何謂禮요 紀綱이 是也요 何謂分이오 君臣이 是也요 何謂名이오 公侯卿大夫是也라 夫以四海之廣과 兆民之衆으로 受制於一人②하야 雖有絶倫之力과 高世之智라도 莫不奔走而服役者는 豈非以禮爲之綱紀哉아 故天子統三公하고 三公率諸侯하고 諸侯制卿大夫하고 卿大夫治士庶人③하야 貴以臨賤하고 賤以承貴而君臣之分이 猶天地之不可易然後에 上下相保而國家治安④하리니 然禮非名不著요 非器不形이라 名以命之하고 器以別之然後에 上下粲然有倫⑤이니 名器旣亡則禮安得獨在哉리오 故繁纓은 小物也而孔子惜之⑥하시고 正名은 細務也而孔子先之⑦하시니 蓋事未有不始於微而成於著라 聖人之慮가 遠이라 故能謹其微而治之하고 衆人之識이 近이라 故必待其著而後救之하나니 治其微則用力寡而功多하고 救其著則竭力而不能及也니라 嗚呼라 周道之衰에 綱紀散壞하야 禮之大體什喪七八⑧이나 然猶歷數百年하야 宗主天下는 徒以名分이 尙存故也라 今晉大夫暴蔑其君하고 剖分其地⑨호대 天子旣不能討하고 又寵秩之하야 使得列於諸侯⑩하니 是는 區區之名分을 復不能守而幷棄之也라 先王之禮於斯盡矣⑪로다 或者以爲當是之時하야 周室이 微弱하고 三晉이 彊盛하니 雖欲勿許나 其可得乎⑫아하니 是大不然하다 夫三晉이 苟不顧天下之誅면 則不請命而自立矣니 不請命而自立이면 則爲悖逆之臣⑬이라 天下에 苟有桓文之君이면 必奉禮義而征之하리니 今請於天子而天子許之하니 是는 受天子之命而爲諸侯也라 誰得而討之리오 故三晉之列於諸侯는 非三晉之壞禮라 乃天子自壞之也⑭니라 嗚呼라 君臣之禮旣壞⑮라 則天下以智力相雄長⑯하야 遂使聖賢之後로 無不泯絶하고 生民之類로 糜滅幾盡하니 豈不哀哉⑰리오

① 分(분수)은 扶問의 切[10]이다.
分, 扶問切.

② 夫는 음이 扶이니 語辭이다.

---

10) 切 : 反切音을 표시한 것이다. '反'은 뒤집는다는 뜻으로 번역을 의미하고, '切'은 자른다는 의미이다. 앞 글자의 初聲을 따고 뒷글자의 中聲과 終聲을 따서 읽는 것이다.

夫, 音扶, 語辭.

③ 治(다스리다)는 直之의 切이다.

治, 直之切.

④ 治(다스려지다)는 直吏의 切이다.

治, 直吏切.

⑤ 名은 爵號이고 器는 車服이다. 別(구별하다)은 必列의 切이다.

名, 爵號也. 器, 車服也. 別, 必列切.

⑥ 繁은 음이 盤이니 말갈기 위의 장식이고, 纓은 음이 盈이니 말 가슴 앞의 장식이니, 모두 諸侯의 복식이다. 衛나라 孫桓子가 齊나라 군대와 전쟁을 하다가 패배하였는데, 大夫 仲叔于奚가 桓子를 구하여 살려주었다. 衛나라 사람이 읍으로 보상하니 사양하고 繁纓을 갖추고 조회할 것을 청하였는데 이를 허락하였다. 仲尼가 이를 듣고 말하기를 "애석하구나! 器와 名은 다른 사람에게 빌려주어서는 안 되는 것이다."라고 하였다.

繁, 音盤, 馬鬣上飾. 纓, 音盈, 馬膺前飾. 皆諸侯之服. 衛孫桓子, 與齊師戰敗. 大夫仲叔于奚救桓子免. 衛人賞之以邑辭, 請繁纓以朝, 許之. 仲尼聞之曰 "惜也. 惟器與名, 不可以假人."

⑦ 先(우선하다)은 悉薦의 切이다.

先, 悉薦切.

⑧ 喪(잃다)은 去聲이다.

喪, 去聲.

⑨ 蔑은 음이 滅이니 없다는 뜻이다. 剖는 普口의 切이니 가른다는 뜻이다.

蔑, 音滅, 無也. 剖, 普口切, 破也.

⑩ 秩은 序(位次)이다.

秩, 序也.

⑪ 區區는 작은 모양이고, 復(다시)는 扶又의 切이다.

區區, 小貌. 復, 扶又切.

⑫ 魏斯와 趙籍과 韓虔이 晉나라의 땅을 같이 나누었으므로 三晉이라 하였다.

魏斯・趙籍・韓虔共分晉地, 號曰三晉.

⑬ 悖는 蒲內의 切이고, 蒲沒의 切이니, 거스른다는 뜻이다.

悖, 蒲內・蒲沒二切, 逆也.

⑭ 壞는 음이 怪이니 사람이 무너뜨린다는 뜻이다.

壞, 音怪, 人壞之也.

⑮ 이 壞는 그 뜻이 成壞(만들고 무너뜨리다)의 壞가 되므로 本音대로 읽는다.

此壞, 其義爲成壞之壞, 讀如字[11].

---

11) 讀如字 : 本音대로 읽는다는 뜻으로 한 글자에 두 가지 이상의 음이 있을 때, 가장 통상적인 음으로 읽는 것을 말한다. '壞讀如字'의 경우 壞에는 '무너뜨릴 괴'와 '혹 회'의 두 가지 음이 있는데, 여기서는 일반적인 '무너뜨릴 괴'로 읽으라는 것이다.

⑯ 長(우두머리)은 展兩의 切이다.
長, 展兩切.

⑰ 泯은 民과 敏 두 가지 음이 있으니 멸한다는 뜻이다. 縻는 忙皮의 切인데 가루가 된다는 뜻으로 縻爛의 뜻을 가져온 것이다. 幾는 음이 基이니 가깝다는 뜻이다.
泯, 民·敏二音, 滅也. 縻, 忙皮切, 糝也, 取縻爛之義. 幾, 音基, 近也.

【目】 胡氏(胡寅)가 다음과 같이 평하였다.

"陰陽의 운행, 天地의 조화, 物理와 人事의 始終이 모두 芒·忽·毫·釐(리)같이 작은 데서부터 비롯하여 막을 수 없는 데 이른다. 그러므로 德을 닦는 자는 작은 행실에 삼가고 다스림을 도모하는 자는 未然에 근심하니 君子가 기미를 보고 일어나는 것을 귀하게 여기는 까닭이다.

저 三晉이 宗國을 쪼개어 차지하려고 한 것이 오래되었다. 悼公으로부터 이래로 陰氣가 모여 서리가 되고 쌓여서 단단한 얼음이 되듯이 야심을 품은 지 100년이 되었으니 왕이 제후로 명하는 것이 대개 부득이하였을 것이다. 이 때문에 천하와 국가를 잘 다스리는 자는 언제나 작은 일에 삼갈 뿐이다.

낮은 궁궐과 거친 의복은 사치를 염려하는 것이고, 한가히 식사할 겨를도 없이 바쁜 것은 편안함과 즐거움을 막는 것이며, 두려워서 떨며 위태롭게 여기는 것은 지나치게 교만함을 경계하는 것이고, 언제나 法度를 지키는 것은 禍亂을 염려하는 것이다. 嗜欲을 채우지 않으면 演戲를 한다는 말이 나오지 않고, 功利를 좋아하지 않으면 궁궐을 짓는 계획은 저절로 없어지니, 참으로 이와 같으면 비록 六卿이 함께 일어나고 三家가 무리지어 나오며 王莽, 曹操, 司馬懿, 桓溫[12]이 조정에 잇달아 나오더라도 바야흐로 이들이 충성을 바치고 힘을 펴기에 겨를이 없을 것이다. 그런데 어찌 다른 뜻을 두겠는가. 이 때문에 韓·趙·魏가 제후가 된 것은 孔子가 이른바 '내 어찌 할 수가 없다.[13]'는 것이다. 임금이 이것을 거울삼으려고 한다면 또한 작은 일에 삼갈 뿐이다."

胡氏曰① 陰陽之運 天地之化 物理人事之始終이 皆自芒忽毫釐로 至不可禦②라 故修德者矜細行하고 圖治者憂未然③하나니 君子所以貴於見幾而作也니라 夫三晉之欲剖分宗國이 舊矣라 自悼公以來로 陰凝氷堅하야 垂及百載하니 王之命之蓋亦不得已焉이라 是故로 善爲天下國家者는

12) 王莽……桓溫 : 王莽은 新나라를 일으킨 역신이고, 曹操는 後漢의 역신이며, 司馬懿는 조조의 신하로서 魏나라에 배반한 역신이고, 桓溫은 東晉의 역신이다.

13) 내……없다 : ≪論語≫ 〈子罕〉에 "기뻐하기만 하고 실마리를 찾지 않으며, 따르기만 하고 잘못을 고치지 않는다면 내 그를 어찌할 수가 없다.〔說而不繹 從而不改 吾末如之何也已矣〕"라 하였다.

每謹於微而已矣니 卑宮惡服은 慮侈汰也[④]요 不遑暇食은 防逸豫也요 慄慄危懼는 戒驕溢也요 動守憲度은 虞禍亂也라 不爲嗜欲則娛樂之言이 無自進이요 不好功利則興作之計가 無自生이니 誠如是면 雖使六卿이 竝起하고 三家輩出하고 莽操懿溫이 接跡於朝라도 方且效忠宣力之不暇니 而何有於他志[⑤]리오 是故로 韓趙魏之爲諸侯는 孔子所謂吾末如之何者라 人君이 監此인대 亦謹於微而已矣니라

① 胡氏는 이름이 寅이고 宋나라 建安 사람이다. ≪讀史管見≫ 30권을 저술하였다.
胡氏, 名寅, 宋建安人. 著讀史管見三十卷.

② 芒은 一本에 茫으로 되어 있다. 10茫이 眇가 되고 10묘가 塵이 되고 10진이 微가 되고 10미가 忽이 되고 10홀이 絲가 되고 10사가 毫가 되고 10호가 氂가 된다.
芒, 一作茫. 十茫爲眇, 十眇爲塵, 十塵爲微, 十微爲忽, 十忽爲絲, 十絲爲毫, 十毫爲氂.

③ 矜은 삼간다는 뜻이다.
矜, 謹也.

④ 汰는 忲와 통용되니 사치하다는 뜻이다.
汰, 通作忲, 奢也.

⑤ 六卿은 晉나라의 智氏와 趙氏와 韓氏와 魏氏와 范氏와 中行氏이고, 三家는 魯나라의 大夫 孟孫과 叔孫과 季孫이다. 朝(조정)는 음이 潮이다. 效는 바친다는 뜻이다.
六卿, 晉智氏・趙氏・韓氏・魏氏・范氏・中行氏. 三家, 魯大夫孟孫・叔孫・季孫. 朝, 音潮. 效, 呈也.

【目】 처음에 智宣子가 智瑤를 후사로 삼으려 하니, 智果가 "智宵를 후사로 삼는 것이 더 낫습니다. 지요는 다른 사람에 비해 장점이 다섯이고 단점이 하나입니다. 수염이 아름답고 체격이 큰 것, 활쏘기와 전차를 모는 역량이 뛰어난 것, 才藝를 겸전한 것, 문장과 말솜씨가 뛰어난 것, 의지가 굳고 과단성이 있는 것은 장점입니다. 그러나 이런 다섯 가지 장점을 갖고 있으면서도 매우 不仁하니, 그가 이 다섯 가지 장점으로 남을 업신여기면서 不仁한 일을 행한다면 누가 그를 용납할 수 있겠습니까. 만일 지요를 후사로 세우신다면 智氏 宗族은 반드시 망할 것입니다."라고 만류하였다. 지선자가 받아들이지 않으니, 지과가 太史에게 智氏에서 분리해주기를 청하여 輔氏가 되었다.

◑初에 智宣子가 將以瑤爲後[①]러니 智果가 曰 不如宵也[②]니라 瑤之賢於人者가 五요 其不逮者가 一也[③]니 美鬚(수)長大則賢[④]이요 射御足力則賢이요 伎藝畢給則賢[⑤]이요 巧文辯慧則賢[⑥]이요 彊毅果敢則賢이요 如是而甚不仁하니 夫以其五賢으로 陵人而以不仁으로 行之면 其誰能待之[⑦]리오 若果立瑤也면 智宗必滅하리라 弗聽이어늘 智果가 別族於太史하야 爲輔氏[⑧]하다

① 이 사실은 威烈王 23년 이전에 있었던 일이므로 먼저 '처음에'라고 시작한 것이다. 宣子는 晉나라 卿인 荀躒의 아들인 荀甲이다. 瑤는 宣子의 아들 智伯인데, 시호가 襄이다.
事在威烈王二十三年之前, 故先以初字發之. 宣子, 晉卿荀躒之子甲也. 瑤, 宣子之子智伯也, 謚曰襄也.
② 果는 智氏 집안사람이다. 宵는 宣子의 庶子이다.
果, 智氏之族. 宵, 宣子庶子.
③ 賢은 잘하다, 뛰어나다는 뜻이다.
賢, 能也, 過也.
④ 鬚(수)는 《國語》에는 鬢(빈)으로 되어 있고, 《資治通鑑》에는 "一本에 또한 鬢으로 되어 있다." 하였다.14)
鬚, 國語作鬢. 通鑑 "一本亦作鬢."
⑤ 伎(재주)는 음이 妓이다. 給은 넉넉하다는 뜻이다.
伎, 音妓. 給, 足也.
⑥ 巧文은 글짓기에 능한 것을 뜻한다.
巧文, 巧於文辭.
⑦ 待는 假(용서하다)와 같다.
待, 猶假也.
⑧ 周나라 제도에 小史는 姓氏를 정하고 그 기록은 太史가 관장한다.
周制, 小史定姓氏, 其書則太史掌之.

【目】 趙簡子의 아들 중에 큰아들은 伯魯라 하고 작은 아들은 無恤이라 불렀다. 후사를 세우려 할 때 누구를 세우는 것이 좋을지 몰라서 두 개의 竹簡에 훈계하는 말을 써서 두 아들에게 주면서 "마음속에 분명히 기억해두거라."라고 말하였다. 3년이 지난 뒤에 조간자가 물으니 백로는 죽간에 쓴 글을 말하지 못하였고, 죽간의 소재를 물으니 이미 잃어버리고 없었다. 이어서 무휼에게 물으니 무휼은 죽간에 써서 준 말을 매우 익숙하게 暗誦하였고, 죽간의 소재를 물으니 소매 속에서 꺼내어 바쳤다. 이 일로 해서 조간자는 무휼이 재능이 있다고 생각하여 그를 후사로 세웠다.

조간자가 尹鐸에게 晉陽을 다스리게 하자 윤탁이 청하기를 "繭絲로 삼을까요? 아니면 保障으로 삼을까요?15)"라고 하니, 조간자가 말하기를 "마땅히 保障으로 삼으라."라고

14) 鬚(수)는……하였다 : '美鬚長大'의 鬚는 《朱子全書》의 《資治通鑑綱目》과 思政殿訓義 《資治通鑑》에는 鬢으로 되어 있다. 특히 思政殿訓義에는 세속에 전하는 《資治通鑑》에 美鬚는 잘못되었다고 하고 《國語》를 따라 '美鬚長大'로 한다고 하였다.

15) 繭絲로……삼을까요 : 繭絲로 삼는다는 것은 조세를 걷는 대상으로 여긴다는 것이고 保障으로 삼는다는 것은 침략을 받았을 때 들어가 웅거할 곳으로 만든다는 것이다. 思政殿訓義 《資治通

하였다. 윤탁은 부임하자 납세할 호구의 숫자를 줄였다. 조간자가 무휼에게 "晉나라에 어려운 일이 발생하거든 너는 윤탁을 가볍게 보지 말고 또 진양을 멀다고 생각하지도 말고 반드시 歸依할 곳으로 생각하라."라고 하였다.

趙簡子之子는 長曰伯魯요 幼曰無恤①이라 將置後할새 不知所立하야 乃書訓戒之辭於二簡하야 以授二子曰 謹識(지)之②하라 三年而問之한대 伯魯는 不能擧其辭하고 求其簡하니 已失之矣요 問無恤한대 誦其辭甚習하고 求其簡하니 出諸袖中而奏之라 於是에 簡子가 以無恤爲賢하야 立以爲後③하니라 簡子가 使尹鐸으로 爲晉陽④한대 請曰 以爲繭(견)絲乎아 抑爲保障乎⑤아 簡子가 曰 保障哉인저 尹鐸이 損其戶數⑥하다 簡子가 謂無恤曰 晉國이 有難이어든 而無以尹鐸으로 爲少하며 無以晉陽으로 爲遠하고 必以爲歸⑦호라

① 簡子는 이름이 鞅이다. 無恤은 본래 毋卹로 쓰는데, 襄子의 이름이다.
簡子, 名鞅. 無恤, 本作毋卹, 襄子名.

② 簡은 竹策이다. 고대에는 紙類가 없어서 기록할 일이 있으면 竹簡에 썼다. 識는 음이 志이니 기억한다는 뜻이다.
簡, 竹策也. 古者無紙, 有事書之於簡. 識, 音志, 記也.

③ 奏는 바친다는 뜻이다.
奏, 進也.

④ 爲는 다스린다는 뜻이다. ≪漢書≫ 〈地理志〉에 "太原에 晉陽縣이 있다." 하였다.
爲, 治也. 地理志"太原有晉陽縣."

⑤ 繭(누에고치)은 古典의 切이고, 障(보루)은 之亮의 切이다. 繭絲는 賦稅를 지칭한 것이고, 保障은 藩籬를 가리켜 말한 것이다.
繭, 古典切. 障, 之亮切. 繭絲者, 指賦稅而言. 保障者, 指藩籬而言.

⑥ 戶口의 수를 줄이면 賦稅가 줄어서 백성들의 생활이 펴지게 된다.
減損戶數, 則賦稅輕而民力舒.

⑦ 難(어렵다)은 去聲이고, 아래도 같다. 而는 너라는 뜻이다. 少는 始紹의 切이니 가볍게 여기다의 뜻이다. 무겁게 여기는 것은 多라 하고, 가볍게 여기는 것은 少라 한다.
難, 去聲, 下同. 而, 汝也. 少, 始紹切, 輕之也. 重之曰多, 輕之曰少.

【目】 智宣子가 卒하고 智襄子가 執政하게 되었을 때, 韓康子·魏桓子와 함께 藍臺에서 연회를 열었는데 酒席에서 智伯이 康子를 희롱하고 段規에게 모욕을 주었다. 智國이 듣

鑑≫에 繭絲는 백성들의 피와 땀을 흘려 가꾼 곡식을 수탈하기를 마치 누에고치에서 실을 뽑듯이 그치지 않는 것이고, 保障은 백성들의 생활이 풍족해져 백성 스스로 보루가 되는 것이라고 하였다.

고는 諫하기를 "君主가 危難에 대비하지 않으면 난은 분명히 일어납니다."라고 하니, 智伯이 말하기를 "난이 일어나고 일어나지 않는 것은 내게 달려 있는데, 내가 난을 일으키지 않는다면 누가 감히 난을 일으키겠는가."라고 하자, 지국이 답하기를 "그렇지 않습니다. 〈夏書〉에 '한 사람이 세 가지 잘못을 하였으니, 원망이 어찌 밝은 데에 있겠는가. 나타나지 않았을 때에 도모하여야 한다.'[16]라고 하였습니다. 군자는 근신하여 일이 작을 때에 처리하기 때문에 大患이 없는 것입니다. 이제 군주께서 한 차례의 연회에서 남의 君主와 輔相을 욕보이고 게다가 난에 대비는 하지 않고 '누구도 감히 난을 일으키지 못할 것이다.'라고 하시니, 아마도 그릇된 일이 아니겠습니까. 蜹蟻(모기와 개미)와 蜂蠆(벌과 전갈) 같은 작은 벌레들도 사람을 해칠 수 있는데 하물며 君主와 輔相이겠습니까." 라고 하였으나, 받아들이지 않았다.

及智宣子가 卒하고 智襄子가 爲政하야는 與韓康子·魏桓子로 宴於藍臺①러니 智伯이 戲康子而侮段規②한대 智國이 聞之하고 諫曰③ 主가 不備면 難必至矣④리라 智伯이 曰 難將由我니 我不爲難이면 誰敢興之리오 對曰 不然하다 夏書에 有之하니 曰 一人이 三失이어니 怨豈在明이리오 不見(현)是圖라하니 夫君子는 能勤小物이라 故無大患⑤이니 今主가 一宴而恥人之君相하고 又不備하야 曰 不敢興難이라하니 無乃不可乎⑥아 蜹蟻蜂蠆(예의봉채)가 皆能害人하나니 況君相乎아 弗聽⑦하다

① 康子는 이름이 虎이고, 桓子는 이름이 駒이다. 藍臺는 지명이다.
康子, 名虎. 桓子, 名駒. 藍臺, 地名.
② 段規는 康子의 謀臣이다.
段規, 康子謀臣.
③ 國은 智氏의 집안사람이다.
國, 智氏之族.
④ 고대에는 諸侯의 大夫를 그 집안의 가신이나 자녀들이 모두들 主로 불렀고, 죽은 뒤에는 先主로 불렀다.
古者, 諸侯之大夫, 其家之臣子, 皆稱之曰主, 死則曰先主.
⑤ 物은 일이다.
物, 事也.
⑥ 君은 康子이고 相은 段規이다. 相(재상)은 去聲이다.
君, 康子. 相, 段規. 相, 去聲.
⑦ 蜹는 儒稅의 切이니, 蚊蜹(모기)이다. 蠆는 丑邁의 切이니 毒蟲이다.
蜹, 儒稅切, 蚊蜹. 蠆, 丑邁切, 毒蟲.

16) 夏書에……한다 : ≪書經≫ 〈夏書 五子之歌〉에 보인다.

【目】智伯이 韓康子에게 토지를 요구하였는데 강자가 주지 않으려 하자, 段規가 "智伯은 이익을 좋아하고 패려한 성격이라 땅을 주지 않으면 우리를 정벌하려들 것이니, 땅을 주는 것이 낫습니다. 저들이 우리의 토지를 받은 후에 땅을 받는 것이 버릇이 되어 반드시 다른 사람에게 다시 요구할 것이고 다른 사람들이 주지 않으면 분명 군사력을 동원할 것이니, 그렇게 되면 우리는 환란을 벗어나게 되고 事勢의 변화를 기대할 수 있을 것입니다."라고 하니, 강자가 "좋다."라고 하며 토지를 지백에게 주었다.

지백이 기뻐하여 다시 魏桓子에게 토지를 요구하니, 환자가 주지 않으려 하자, 任章이 이유를 물으니, 환자가 "이유도 없이 요구하기 때문이다."라고 하였다. 임장이 "이유 없이 토지를 요구하면 대부들이 반드시 두려워할 것이고, 우리가 토지를 준다면 지백이 반드시 교만해질 것입니다. 지백은 교만해져서 적을 가볍게 보고 대부들은 지백을 두려워하여 서로 친화하게 될 것이니, 서로 친밀해진 군대로 적을 경시하는 군대와 맞선다면 智氏의 운명은 오래가지 않을 것입니다. 토지를 주어 지백을 교만하게 만든 뒤에 友國을 가려서 외교관계를 맺어 도모하는 것만 못합니다. 무엇 때문에 우리만 智氏의 예물이 되어야겠습니까."라고 하니, 환자가 "좋다."라고 하며 토지를 내주었다.

지백이 다시 趙襄子에게 蔡나라 皐狼의 땅을 달라고 요구하니, 양자가 주지 않자 지백이 노하여 韓氏와 魏氏의 군사를 거느리고 공격하였다. 양자가 달아날 준비를 하면서 "내가 어디로 가야 하는가?"라고 하니, 수행하는 자가 "長子縣이 가깝고 성은 견고하고 완전합니다."라고 하였다. 양자가 "백성들이 정력을 다 쏟아 城을 완전하게 만들어놨는데 이제 또 목숨을 걸고 지키라 하면 누가 나와 함께하겠는가."라고 하니, 수행하는 자가 "邯鄲의 창고가 충실합니다."라고 하였다. 양자가 말하기를 "백성을 수탈하여 창고를 충실하게 해놓고 이제 또 이 창고 때문에 죽게 한다면 누가 나와 함께하겠는가. 晉陽으로 가야겠다. 그곳은 先主께서 부탁한 곳이고 尹鐸이 정사를 너그럽게 베푼 곳이니 백성들도 반드시 나와 和合할 것이다."라고 하고 진양으로 달아났다.

智伯이 請地於韓康子한대 康子가 欲弗與어늘 段規가 曰 智伯이 好利而愎①하니 不與면 將伐我리니 不如與之라 彼狃於得地하야 必請於他人②이요 他人이 不與면 必嚮之以兵하리니 然則我得免於患而待事之變矣리라 康子가 曰 善타 乃與之한대 智伯이 悅하야 又求地於魏桓子하니 桓子가 欲弗與어늘 任章이 問焉③한대 桓子가 曰 無故니라 任章이 曰 無故索地하면 諸大夫가 必懼④요 吾與之地하면 智伯이 必驕하리니 彼驕而輕敵하고 此懼而相親이라 以相親之兵으로 待輕敵之人이면 智氏之命이 必不長矣니 不如與之하야 以驕智伯하고 然後에 可以擇交而圖之니 奈何獨以吾로 爲智氏質(지)乎⑤리오 桓子가 曰 善타 亦與之한대 智伯이 又求蔡皐狼之地於趙襄子⑥하니 襄子가 弗與어늘

智伯이 **怒**하야 **帥韓魏之甲以攻之**한대 **襄子**가 **將出**할새 **曰 吾何走乎**아 **從者**가 **曰 長子**가 **近**하고 **且城厚完**⑦하니라 **襄子**가 **曰 民罷**(피)**力以完之**어늘 **又斃死以守之**면 **其誰與我**⑧리오 **從者**가 **曰 邯鄲之倉庫**가 **實**⑨하니라 **襄子**가 **曰 浚民之膏澤**하야 **以實之**어늘 **又因而殺之**면 **其誰與我**⑩리오 **其晉陽乎**인져 **先主之所屬**(촉)**也**요 **尹鐸之所寬也**니 **民必和矣**⑪리라하고 **乃走晉陽**한대

① 好(좋아하다)는 去聲이다. 愎은 弼力의 切이니 패려궂다는 뜻이다.
好, 去聲. 愎, 弼力切, 狠也.

② 狃는 女九의 切이니 습관이다.
狃, 女九切, 習貫也.

③ 任章은 桓子의 輔相이다.
任章, 桓子之相.

④ 索은 山客의 切이니 요구하다의 의미이다. 諸大夫는 韓과 趙 二家를 말하니, 그때 막 大夫가 되었다.
索, 山客切, 求也. 諸大夫, 謂韓趙二家, 時方爲大夫.

⑤ 質(예물)는 음이 至이다. 贄로도 쓴다. 貨자와 같다. 일설에는 본음대로 읽으니, 모탕이나 과녁을 말한다. 智伯이 노하면 반드시 魏나라를 공격할 것이니 이가 마치 모탕이 도끼의 날을 받고 과녁이 화살을 받는 것과 같다는 뜻이다.
質, 音至, 亦作贄, 猶貨也. 一說讀如字, 謂椹質也, 質的也. 智伯怒必加兵於魏, 如椹質之受斧, 質的之受矢也.

⑥ 皐는 음이 高이고 狼은 盧當의 切이다. ≪漢書≫ 〈地理志〉에서는 西河郡에 皐狼縣이 있고 또 藺縣도 있다 하였다. 漢代의 西河는 모두 晉나라와 접경하고 있고 古文의 藺字는 蔡字와 흡사하다. 혹자는 蔡字는 藺字의 잘못이라고 하였다.
皐, 音高. 狼, 盧當切. 漢書地理志, 西河郡有皐狼縣, 又有藺縣. 漢之西河, 皆爲晉境, 而古文藺字, 與蔡字近. 或者, 蔡字, 其藺字之(說)〔訛〕17)也.

⑦ 從(따르다)은 才用의 切이다. 長은 본음대로 읽는다. ≪漢書≫ 〈地理志〉에 "長子縣은 上黨郡의 속현이다."라고 하였다.
從, 才用切. 長, 如字. 班志 "長子縣屬上黨郡."

⑧ 罷는 음이 皮이니, 지치다의 뜻이다. 斃는 음이 敝이니 죽는다는 뜻이다. "誰與我"는 누가 나와 힘을 합하겠는가라는 말이다.
罷, 音皮, 勞也. 斃, 音敝, 踣也. 誰與我, 言誰與我同力也.

⑨ 邯鄲은 음이 寒丹이니, 趙나라의 別縣이다.
邯鄲, 音寒丹, 趙別縣.

⑩ 浚은 탈취한다는 뜻이다.
浚, 取也.

17) (說)〔訛〕: 저본에는 '說'로 되어 있으나, 思政殿訓義 ≪資治通鑑≫에 근거하여 '訛'로 바로잡았다.

⑪ 屬은 음이 燭이니 맡긴다는 뜻이다.
屬, 音燭, 委也.

【目】 三家가 晉陽城을 포위하고 성안으로 물을 대니 성에 물이 잠기지 않은 곳은 3版 높이의 지역뿐이었다. 오랜 기간 부엌이 물에 잠겨 개구리가 알을 깔 정도였지만 백성들은 배반하려는 마음이 없었다.

智伯이 강물을 터서 晉陽城을 잠그다

智伯(智襄子)이 물을 끌어들이는 상황을 순시하러 나갔을 때 魏桓子가 말을 몰고 韓康子가 그 수레에 同乘하였다. 지백이 말하기를 "내 오늘에야 물이 나라를 망하게 할 수 있음을 알았다."라고 하자, 桓子가 康子를 팔꿈치로 꾹꾹 찌르고 강자도 환자의 발등을 슬쩍 밟았는데, 이는 汾水를 이용하여 安邑에 水攻을 가할 수 있고 絳水를 이용하여 平陽에 수공을 가할 수 있기 때문이었다.

絺疵(치자)가 지백에게 "韓과 魏는 틀림없이 배반할 것입니다."라고 하니, 지백이 "그대가 어떻게 아는가?" 하였다. 치자가 "인정과 사리로 판단하여 압니다. 우리가 韓과 魏와 合從을 맺어 趙를 공격하였는데 趙가 망하고 나면 형세상 위험이 반드시 韓과 魏에 미치게 될 것입니다. 이제 趙를 이기면 그 땅을 三家가 三分하기로 약속되어 있고, 城의 投降이 눈앞에 있는데도 환자와 강자가 기뻐하는 표정은 없고 도리어 근심하는 기색이 있으니, 이것이 배반을 생각하는 징조가 아니고 무엇입니까."라고 하였다. 다음날에 지백이 치자가 한 말을 두 사람에게 하니, 두 사람이 말하기를 "이 말은 讒臣이 趙를 대신하여 遊說하여 主君께서 우리 두 사람을 의심하게 해서 趙에 대한 공격을 게을리 하게 하려는 것입니다. 그런 것이 아니라면 우리 두 사람이 머지않아 조씨의 땅을 분배받게 되는 이익을 버리고 어찌 이렇게 위험하고 성사될 수 없는 일을 하려고 하겠습니까."라고 하였다.

三家가 圍而灌之하니 城不浸者가 三版①이라 沈竈産鼃호대 民無叛意②러라 智伯이 行水할새 魏桓子가 御하고 韓康子가 驂乘③이러니 智伯이 曰 吾가 乃今에 知水可以亡人國也와라 桓子가 肘康子하고 康子가 履桓子之跗하니 以汾水可以灌安邑이요 絳水可以灌平陽也④일새라 絺疵가 謂智伯曰 韓魏는 必反矣⑤로다 智伯이 曰 子가 何以知之오 對曰 以人事知之호라 夫從韓魏而攻趙⑥에 趙亡이면 難必及韓魏矣리라 今約勝趙而三分其地하야 城降有日⑦이어늘 而二子가 無喜志하고 有憂色하니 是는 非反而何오 明日에 智伯이 以其言으로 告二子한대 二子가 曰 此는 讒臣이 欲爲趙氏游說하야 使主로 疑二家而懈於攻趙也⑧라 不然이면 二家가 豈不利朝夕分趙氏之田而欲爲此危難不可成之事乎아

① 三家는 智氏와 韓氏와 魏氏이다. 높이가 2尺인 것을 版이라 한다.
三家, 智・韓・魏. 廣[18]二尺曰版.

② 沈(잠기다)은 持林의 切이니, 세상에서 沉으로 쓰는 것은 잘못이다. 鼃는 烏瓜의 切이니, 蝦蟆(개구리)이다. 産鼃는 부엌에서 개구리가 알을 낳는다는 뜻이다.
沈, 持林切, 俗作沉非. 鼃, 烏瓜切, 蝦蟆也. 産鼃, 鼃生於竈也.

③ 行은 下孟의 切이니 巡視이다. 乘(수레)은 去聲이다. 수레를 타는 법은 尊者는 왼쪽에 타고 御者는 중간에 타는데 또 한 사람이 있으면 수레의 오른쪽에 타서 수레가 기울어지는 것을 대비한다. 이 때문에 전쟁에서는 車右라고 칭하고 그 나머지는 驂乘이라 한다. 驂은 셋을 뜻하니 대체로 세 사람에게서 취하여 이름을 삼았다.
行, 下孟切, 巡視也. 乘, 去聲. 乘車之法, 尊者居左, 御者居中, 又有一人處車之右, 以備傾側. 是以戎事則稱車右, 其餘則曰驂乘. 驂者, 三也, 蓋取三人爲名義耳.

④ 肘는 陟柳의 切이니 팔꿈치이다. 감히 바로 말할 수 없어 팔꿈치로 찌른 것이다. 跗는 음이 夫이니 발등이다. 汾은 음이 墳이다. ≪資治通鑑綱目集覽≫[19]에 "汾水의 근원은 嵐州 管岑山에서 나와 東南으로 幷州로 들어가 곧 西南으로 絳州와 蒲州를 거쳐 東北으로 安邑을 거쳐 西南으로 河水에 들어가며, 安邑은 魏桓子의 읍이다."라고 하였다. ≪漢書≫ 〈地理志〉에 "安邑縣은 河東郡에 속한다."고 하였다. ≪史記正義≫[20]에 "絳水의 근원은 潞州 屯留縣에서 나와 西南으로 方山, 東北으로 冀州에 흘러 바다로 들어간다."고 하였다. 平陽은 韓康子의 邑인데 옛날 堯임금의 도읍이다.
肘, 陟柳切, 臂節. 不敢正語, 以肘築之. 跗, 音夫, 足上也. 汾, 音墳. 集覽 "汾源出嵐州管岑山, 東南入幷州, 卽西南經絳州蒲州, 東北歷安邑, 西南入河. 安邑, 魏桓子邑." 班志 "安邑縣

18) 廣 : 너비를 뜻하지만, 여기서 版은 성을 쌓는데 사용하는 목판을 가리키므로 목판의 너비는 곧 높이가 된다.

19) 資治通鑑綱目集覽 : 元나라 王幼學이 편찬한 책으로 모두 59권이다.

20) 史記正義 : 張守節이 편찬한 것으로 모두 30권이다.

屬河東郡." 正義 "絳源出潞州屯留縣, 西南方山, 東北流冀州入海." 平陽, 韓康子邑, 昔堯之都也.

⑤ 絺는 郗로 되어야 하고, 抽遲의 切이니 姓이다. 古字에 많이 차용하였다. 疵는 음이 玆이다.
絺, 當作郗. 抽遲切, 姓也. 古字多借用. 疵, 音玆.

⑥ 從은 子容의 切이니, 縱橫의 縱으로 병력을 연합하는 것을 말한다.
從, 子容切, 縱橫之縱, 謂連兵也.

⑦ 降(항복하다)은 平聲이다.
降, 平聲.

⑧ 爲(위하다)는 去聲이다. 說는 음이 稅이니 달랜다는 뜻이다. 韓과 魏 二家가 거짓으로 智伯을 높였기 때문에 主라고 불렀다.
爲, 去聲. 說, 音稅, 誘也. 韓·魏二家佯尊智伯, 故稱曰主.

【目】 두 사람이 나가거늘 絺疵가 들어와 말하기를, "임금께서는 무슨 일로 신이 드린 말씀을 두 사람에게 하였습니까?"라고 하니, 智伯이 말하기를, "자네가 그것을 어떻게 아는가?"라고 하자, 치자가 대답하기를, "臣은 그들이 신을 힐긋 보고 재빨리 피하는 것을 보았는데, 그것은 그들이 臣이 그들의 속마음을 파악한 줄을 알았기 때문입니다."라고 하였다. 그러나 지백은 생각을 바꾸지 않았다.

趙襄子가 張孟談을 시켜 몰래 나가서 두 사람을 보고 말하기를, "臣이 들으니 '입술이 없어지면 이가 시리다.'라고 하였습니다. 趙가 망하면 韓과 魏가 다음 차례가 될 것입니다."라고 하였다. 두 사람은 마침내 은밀하게 약속하여 날짜를 정하고 장맹담을 돌려보냈다. 襄子가 밤에 사람을 시켜 제방을 지키는 관리를 살해하고 물을 터서 지백의 軍中으로 물을 대니 지백의 군사들이 물에서 빠져나오느라 어지러워졌다. 韓과 魏가 좌우에서 공격하니, 양자가 병사를 거느리고 그 앞은 막아 지백의 군대를 크게 패배시키며 마침내 지백을 죽이고 그 종족을 멸하고 그 땅을 나누니 오직 輔氏(智果)만 살아남게 되었다.

二子出커늘 絺疵入曰 主何以臣之言으로 告二子也오 智伯이 曰 子何以知之오 對曰 臣이 見其視臣端而趨疾하니 知臣得其情故也①라 智伯不悛②이라 趙襄子使張孟談으로 潛出見二子曰 臣聞唇亡則齒寒이라하니 趙亡則韓魏爲之次矣리라 二子乃陰與約하야 爲之期日而遣之러니 襄子夜使人으로 殺守隄之吏而決水灌智伯軍한대 智伯軍이 亂이어늘 韓魏翼而擊之하니 襄子將卒犯其前하야 大敗其衆③하야 遂殺智伯하고 滅其族而分其地하니 唯輔果在러라

① 視端은 두려워하는 것이고 趨疾은 피하는 것이다. 아마도 치자가 함께 지백을 보자고 요청

하자 말문이 막힌 듯하다.

視端, 畏之. 趨疾, 避之. 恐疵要之與見智伯而辭屈也

② 悛은 음이 銓이니 고친다는 뜻이다.

悛, 音銓, 改也.

③ 將은 卽亮의 切이고, 또 본음대로 읽으니, 거느린다는 뜻이다. 卒은 臧沒의 切이니 병사이다. 상대를 깨뜨리는 것은 敗이니 補邁의 切이며, 스스로 깨지는 것은 敗이니 본음대로 읽는다.

將, 卽亮切, 又如字, 領也. 卒, 臧沒切, 兵也. 破他曰敗, 補邁切. 自破曰敗, 如字.

【目】 司馬溫公이 다음과 같이 평하였다.

"智伯이 망한 것은 재주가 德을 이겼기 때문이다. 聰察하고 彊毅한 것을 재주라 하고 正直하고 中和한 것을 德이라 하니 재주는 德의 바탕이요 德은 재주의 장수이다. 이 때문에 재주와 덕이 온전히 다 있는 것을 聖人이라 하고 재주와 덕이 모두 없는 것을 愚人이라 하며, 德이 재주를 이긴 것을 君子라 하고 재주가 덕을 이긴 것을 小人이라 하니, 무릇 사람을 취하는 방법은 만약 聖人과 君子를 얻어 더불어 같이하지 못할진댄 小人을 얻기보다는 愚人을 얻는 것이 낫다. 그러나 德 있는 사람은 사람이 두려워하고 재주 있는 사람은 사람들이 사랑하니 사랑하는 자와는 쉽게 친해지지만 두려워하는 자와는 쉽게 소원해진다. 이 때문에 잘 살피는 사람도 대부분 재주 있는 사람에게 가려져서 덕 있는 이를 놓치니, 예로부터 나라를 어지럽히는 신하와 집안을 망치는 자식들 중에는 재주는 넉넉하지만 덕이 부족하여 顚覆됨에 이른 자가 많았다. 어찌 다만 지백뿐이겠는가."

司馬公曰 智伯之亡也는 才勝德也니 聰察彊毅之謂才요 正直中和之謂德이니 才者는 德之資요 德者는 才之帥也라 是故로 才德全盡을 謂之聖人이요 才德兼亡(무)를 謂之愚人[①]이요 德勝才를 謂之君子요 才勝德을 謂之小人이니 凡取人之術이 苟不得聖人君子而與之[②]인댄 與其得小人으론 不若得愚人이니라 然德者는 人之所嚴이요 才者는 人之所愛[③]니 愛者는 易親이요 嚴者는 易疎라 是以로 察者多蔽於才而遺於德하나니 自古以來로 國之亂臣과 家之敗子가 才有餘而德不足하야 以至於顚覆者多矣라 豈特智伯哉[④]리오

① 亡은 無이니 옛날에는 通用하였다.

亡, 無, 古通用.

② 與之는 더불어서 함께 일을 한다는 뜻이다.

與之, 言與之共事.

③ 嚴은 공경한다는 뜻이다.
嚴, 敬也.

④ 覆은 芳服의 切이니 무너진다는 뜻이다.
覆, 芳服切, 敗也.

【目】趙襄子가 智伯의 머리에 옻칠을 하여 변기통을 만들었다. 지백의 신하 豫讓이 지백을 위하여 원수를 갚고자 해서 마침내 刑人으로 위장하여 匕首를 품고 襄子의 궁중으로 들어가 측간에서 흙을 바르고 있다가 붙잡혔다. 좌우의 신하들이 그를 죽이려고 하자 양자가 말하기를, "지백이 죽고 후손이 없는데 이 사람이 그 원수를 갚고자 하니 참으로 의로운 사람이다. 내가 조심해서 그를 피하면 될 뿐이다."라고 하였다.

예양이 또 몸에 옻을 칠하여 문둥이처럼 꾸미고 뜨거운 숯을 입에 물어 벙어리가 되어 시장에서 구걸을 하고 다니니, 그의 처는 알아보지 못하였지만 그의 친구는 알아보고 그를 위하여 울면서 말하기를, "자네의 재주로 趙孟의 신하가 되어 섬기면 반드시 가까이하고 총애를 받을 것이니, 자네가 그때 하고자 하는 바를 하는 것이 도리어 쉽지 않겠는가. 어찌하여 스스로 고생하는 것을 이와 같이 하는가?"라고 하니, 예양이 말하기를, "몸을 맡기어 신하가 되고서 그를 죽이려고 한다면 이는 두 마음을 품는 것이다. 내가 이렇게 하는 까닭은 장차 천하와 후세에 남의 신하가 되어 두 마음을 품는 자를 부끄럽게 하기 위해서이다."라고 하였다. 나중에 또 다리 밑에 숨어 있다가 양자를 죽이려고 하였는데, 양자가 그를 죽였다.

◑ 趙襄子가 漆智伯之頭하야 以爲飮器①하니 智伯之臣豫讓이 欲爲之報仇②하야 乃詐爲刑人하야 挾匕首하고 入襄子宮中하야 塗厠③이어늘 左右欲殺之한대 襄子曰 智伯이 死無後어늘 而此人이 欲爲報仇하니 眞義士也라 吾謹避之耳라하더라 讓이 又漆身爲癩하고 呑炭爲啞하야 行乞於市하니 其妻는 不識也④하고 其友識之하야 爲之泣曰 以子之才로 臣事趙孟하면 必得近幸⑤하리니 子乃爲所欲爲顧不易邪아 何乃自苦如此⑥오 讓이 曰委質爲臣이요 而求殺之면 是는 二心也⑦니 吾所以爲此者는 將以愧天下後世之爲人臣而懷二心者也로라 後에 又伏於橋下하야 欲殺襄子어늘 襄子殺之하니라

① 飮器는 虎子 같은 것이니 소변을 담는 것이다. 혹자는 "술을 마시는 그릇이다."라고 한다.
飮器, 虎子屬也, 所以溲便者. 或曰 "飮酒之器也."

② 豫는 姓이고 讓은 名이니 畢萬의 후예이다. 爲(위하다)는 去聲이다. 仇는 원수이다.
豫, 姓, 讓, 名, 畢萬之後. 爲, 去聲. 仇, 讎也.

③ 刑人은 ≪周禮≫ 〈大司寇〉에 "무릇 萬民으로 罪過가 있으나 법에 걸리지 않은 자를 司空에

서 일을 시킨다."라고 하였고, 註에 "百工의 일을 주게 하는 것이다."라고 하였다. 匕는 음이 比이다. 匕首는 短劍이니 길이는 1尺 8寸이고 그 머리 부분이 숟가락과 비슷하므로 匕首라 하였다. 塗는 벽에 흙을 바르는 것이다. 厠(측간)은 初吏의 切이다.

刑人, 周禮大司寇"凡萬民之有罪過而未麗於法者, 役諸司空." 註曰"使給百工之役也." 匕, 音比. 匕首, 短劍也, 長, 尺八寸, 其頭類匕, 故云匕首. 塗, 杇鏝也. 厠, 初吏切.

④ 癩는 음이 賴이니 악질(고치기 힘든 병)이다. 漆은 毒이 있어 사람이 가까이하면 부스럼이 나서 마치 문둥이와 같다. 그러므로 豫讓이 몸에 옻칠을 하여 그 모습을 바꾼 것이다. 啞는 倚下의 切이니 벙어리이다. 예양이 乞食을 하니, 그의 처가 말하기를 "모습은 우리 남편과 같지 않은데, 어떻게 그 목소리는 우리 남편과 같은가?"라고 하였다. 예양이 드디어 뜨거운 숯을 머금어 그 목소리를 바꾸었다.

癩, 音賴, 惡疾. 漆有毒, 人近之, 則患瘡腫, 若癩然. 故讓漆身以變其容. 啞, 倚下切, 瘖也. 讓乞食, 其妻曰"貌不似吾夫, 何其音似吾夫." 讓遂呑炭以變其音.

⑤ 春秋시대부터 趙宣子를 宣孟이라 하고, 趙文子를 趙孟이라 하였다. 그 후로 드디어 그대로 따라서 趙孟이라 불렀다. 孟은 맏이이다.

自春秋之時, 趙宣子謂之宣孟, 趙文子謂之趙孟, 其後遂襲而呼爲趙孟. 孟, 長也.

⑥ 顧는 도리어이다. 邪는 不定辭이다.

顧, 反也. 邪, 不定之辭.

⑦ 質은 職日의 切이다. 委質은 그 몸을 맡겨 임금을 섬기는 것이다.

質, 職日切. 委質, 委其體以事君.

【目】 胡氏가 다음과 같이 평하였다.

"君子가 名譽를 위하여 善行을 하면 그 선행은 반드시 진실하지 못하고, 人臣이 利祿을 위하여 忠誠을 바치면 그 충성은 반드시 극진하지 못하다. 가령 智伯이 후손이 있는데도 豫讓이 그를 위하여 원수를 갚았다면 그 마음을 알 수 없지마는, 지백이 후손이 없는데도 예양이 國士로 대우해준 은혜를 잊지 않고 목숨으로 원수를 갚으려고 하여 두 번 세 번씩 시도할수록 더욱 철저하게 하였으니, 이는 알아줄 사람이 없는데도 복수를 한 것이므로 참으로 의로운 사람이라고 할 수 있다. 그러나 趙襄子가 이와 같음을 알면서도 끝내 그를 죽였으니 무엇으로 人臣에게 충성을 권할 수가 있겠는가."

胡氏曰 君子가 爲名譽而爲善이면 則其善이 必不誠이요 人臣이 爲利祿而效忠이면 則其忠이 必不盡이라 使智伯有後而豫子爲之報仇면 其心을 未可知也어니와 智伯이 無後矣而讓也不忘國士之遇하고 以死許之하야 至再三而愈篤하니 則無所爲而爲之者라 (其)〔眞〕[21] 可謂義士矣①로다 然

21) (其)〔眞〕: 저본에는 '其'로 되어 있으나, ≪四庫全書≫의 ≪御批資治通鑑綱目≫에 근거하여 '眞'으로 바로잡았다.

襄子知其如此而終殺之하니 **何以爲人臣之勸哉**리오

① 國士는 나라의 奇士이다. 豫讓이 말하기를 "中行氏는 衆人으로 나를 대우하였으므로 나도 그를 衆人으로 섬겼고, 智伯은 國士로 나를 대우하였으므로 나도 그를 國士로 보답하였다."라고 하였다.
國士, 國家之奇士也. 豫讓曰 "中行衆人畜我, 我故衆人事之. 智伯國士遇我, 我故國士報之."

【目】 襄子는 伯魯[22]가 후사로 세워지지 않았기 때문에 아들 5명이 있었으나 후사로 삼으려 하지 않고 백로의 손자 浣을 후사로 세우니 이 사람이 獻子이다. 헌자가 籍을 낳았는데 이 사람이 烈侯이다. 魏斯는 桓子의 손자이니 이 사람이 文侯이다. 韓虔은 康子의 손자이니 이 사람이 景侯이다. 대개 三家가 智伯을 멸망시킨 때로부터 지금에 이르기까지 51년이다.

◑ **襄子爲伯魯之不立也**하야 **有子五人**호대 **不肯置後**하고 **立伯魯之孫浣**하니 **是爲獻子**①라 **獻子生籍**하니 **是爲烈侯**요 **魏斯者**는 **桓子之孫**이니 **是爲文侯**요 **韓虔者**는 **康子之孫**이니 **是爲景侯**니 **蓋自三家之滅智伯**으로 **至是五十一年矣**러라

① 浣은 음이 緩이다.
浣, 音緩.

【目】 魏나라 文侯가 卜子夏와 田子方을 스승으로 삼고 매번 段干木의 집을 지날 때마다 반드시 경의를 표하니 四方의 어진 선비들이 많이 그에게 귀의하였다. 문후가 여러 신하들과 함께 술을 마시며 즐기는데 하늘에서 비가 내렸다. 수레에 멍에를 매도록 명하고 장차 들로 나가려고 하자 좌우의 신하들이 말하기를, "오늘 술을 마셔 즐겁고 하늘에서 비까지 내리는데, 임금께서는 장차 어디로 가려고 하십니까?"라고 하니, 문후가 말하기를, "내가 虞人과 함께 사냥하기로 약속하였으니, 비록 즐거우나 어찌 한 번 만나기로 한 약속을 어기겠는가."라고 하고, 마침내 몸소 가서 약속을 파하였다.

韓나라가 魏나라에서 군사를 빌려 趙나라를 정벌하려고 하니, 문후가 말하기를, "趙나라는 兄弟의 나라이므로 감히 명을 들을 수 없습니다."라고 하고, 趙나라가 군사를 빌려 韓나라를 정벌하려고 하자 또 똑같이 대답을 하니 두 나라가 모두 화를 내었다. 얼마 있다가 그들은 문후가 자신들을 講和시키려 했다는 것을 알고 모두 魏나라에 모이니 魏나라가 이로 말미암아 비로소 三晉 중에서 강대해졌다.

---

22) 伯魯 : 趙襄子의 형이다. 아버지 趙簡子가 伯魯의 동생 無恤을 후사로 세웠는데 바로 趙襄子이다.

◑魏文侯以卜子夏田子方으로 爲師하고 每過段干木之廬에 必式①하니 四方賢士가 多歸之하더라 文侯가 與群臣으로 飮酒樂而天雨②러니 命駕將適野한대 左右曰 今日에 飮酒樂하고 天又雨하니 君將安之③오 文侯曰 吾與虞人期獵④하니 雖樂이나 豈可無一會期哉리오 乃往하야 身自罷之⑤하니라 韓이 借師於魏하야 以伐趙어늘 文侯曰 趙는 兄弟也라 不敢聞命이로다 趙가 借師以伐韓이어늘 對亦如之한대 二國이 皆怒러니 已而요 知文侯以媾23)於己也하고 皆朝于魏⑥하니 魏由是始大於三晉하니라

魏 文侯가 비가 오는데도 虞人과의 약속을 지키다

① 過는 平聲이니 지나감이다. 段干은 複姓이다. 式은 수레 앞의 橫木이니, 공경할 대상이 있으면 이곳에 몸을 구부려 의지한다.
過, 平聲, 經過也. 段干, 複姓. 式, 車前橫木, 有所敬, 則俯而憑之.
② 樂(즐기다)은 음이 洛이다.
樂, 音洛.
③ 安은 어디이다. 之는 감이다.
安, 何也. 之, 往也.
④ 虞人은 苑囿를 지키는 관리이다. 虞는 헤아림이니, 山林의 크고 작음과 그 생산물을 헤아려 아는 것이다.
虞人, 守苑囿之吏也. 虞, 度也. 度知山林之大小及其所生.
⑤ 會期는 옛날에 그와 함께 기약하였으니 지금 가서 만나는 것을 말한다.
會期, 言昔與之期, 今往會之也.
⑥ 媾는 古后의 切이다. 화해를 구하는 것이 媾이다.
媾, 古后切. 求和曰媾.

【目】 文侯가 樂羊으로 하여금 中山을 정벌하게 하고 이겨서 그 아들 擊을 봉하였는데,

23) 媾 : 저본에는 '媾'으로 되어 있으나, ≪資治通鑑≫과 ≪戰國策≫ 등에는 '講'으로 되어 있다.

다른 날에 여러 신하들에게 묻기를, "나는 어떤 임금인가?"라고 하니, 모두 대답하기를 "어진 임금입니다."라고 하였다. 任座가 말하기를, "임금께서 중산을 얻고서 임금의 동생을 봉하지 않으시고 임금의 아들을 봉하셨으니 어찌 어진 임금이라 이를 수 있겠습니까?"라고 하자, 문후가 노여워하니 임좌가 종종걸음으로 나갔다. 문후가 다음으로 翟璜에게 물으니, 대답하기를, "어진 임금입니다."라고 하였다. 문후가 말하기를, "어떻게 아는가?"라고 하자, 대답하기를, "임금이 어질면 신하가 곧은 말을 한다고 하였으니, 조금 전에 임좌의 말이 곧았습니다. 이 때문에 압니다."라고 하였다. 문후가 기뻐하여 적황으로 하여금 임좌를 불러 돌아오게 하고 친히 堂을 내려가 맞이하여 上客으로 삼았다.

문후가 田子方과 함께 술을 마시고 있었는데, 문후가 말하기를, "종소리가 조화롭지 않도다. 왼쪽이 높구나."라고 하니, 전자방이 웃었다. 문후가 말하기를, "어찌하여 웃는가?"라고 하니, 전자방이 말하기를, "臣은 들으니 임금이 밝으면 百官을 다스리는 일을 즐기고, 밝지 않으면 음악을 즐긴다고 하였습니다. 지금 임금께서 음악에 밝으시니 신은 백관을 다스리는 일에 어두울까 염려됩니다."라고 하니, 문후가 말하기를, "좋은 말이다."라고 하였다.

子擊이 외출하였을 때에 전자방을 길에서 만나 수레에서 내려 엎드려 배알하였으나 전자방이 禮를 하지 않자, 자격이 화를 내며 전자방에게 말하기를, "富貴한 자가 남에게 교만하게 하는가. 貧賤한 자가 남에게 교만하게 하는가?"라고 하니, 전자방이 말하기를, "역시 빈천한 자가 남에게 교만하게 하는 것이다. 부귀한 자가 어찌 감히 남에게 교만하게 하겠는가? 國君으로서 남에게 교만하게 하면 그 나라를 잃고 大夫로서 남에게 교만하게 하면 그 집을 잃으니, 그 나라와 집을 잃은 자를 國君과 大夫로 대우하는 자가 있다는 말을 듣지 못하였다. 선비는 빈천한 자이므로 말이 쓰이지 않고 행실이 부합하지 않으면 신을 신고 떠나가니 어디로 간들 빈천하지 않겠는가."라고 하니, 자격이 마침내 사과하였다.

文侯使樂羊으로 伐中山克之하야 以封其子擊①이러니 他日에 問於群臣호대 我何如主오 皆曰 仁君이니이다 任座曰② 君이 得中山하야 不以封君之弟하고 而以封君之子하니 何謂仁君이리오 文侯怒한대 座趨出이어늘 次問翟璜③한대 對曰 仁君也니이다 文侯曰 何以知之오 對曰 君仁則臣直하나니 嚮者에 任座之言이 直하니 是以로 知之호라 文侯悅하야 使璜으로 召座而反之하고 親下堂迎之하야 以爲上客④하다 文侯與田子方으로 飮이러니 文侯曰 鐘聲이 不比乎인저 左高⑤로다 田子方이 笑어늘 文侯曰 何笑오 子方이 曰 臣은 聞之호니 君明樂官이요 不明樂音⑥이라하니 今君이 審於音하니 臣이 恐其聾於官也⑦로다 文侯曰 善타 子擊이 出할새 遭田子方於道하야 下車伏謁이어늘 子方이 不爲

禮한대 擊이 怒謂子方曰 富貴者驕人乎아 貧賤者驕人乎아 子方이 曰 亦貧賤者驕人耳라 富貴者安敢驕人이리오 國君而驕人이면 則失其國하고 大夫而驕人이면 則失其家하나니 失其國家者는 未聞有以國家待之者也어니와 夫士는 貧賤이라 言不用行不合이면 則納履而去니 安往而不得貧賤哉리오 擊이 乃謝之⑧하다

① 樂은 姓이다. 中山은 春秋시대의 鮮虞이다. 城 안에 산이 있으므로 中山이라 하였다.
樂, 姓也. 中山, 春秋之鮮虞也. 城中有山, 故曰中山.
② 座는 一本에 痤로 되어 있으니, 才戈의 切이다.
座, 一作痤, 才戈切.
③ 翟은 狄과 澤 두 가지 음이 있으니 姓이다. 璜은 음이 黃이니 이름이다.
翟, 狄·澤二音, 姓也. 璜, 音黃, 名也.
④ 下(내려가다)는 去聲이다.
下, 去聲.
⑤ 比는 음이 毗이니 조화이다. 이것은 대개 編鍾을 매단 것이 왼쪽이 높기 때문에 그 소리가 조화롭지 않은 것이다.
比, 音毗, 和也. 此, 蓋編鍾之懸左高, 故其聲不和.
⑥ 樂은 음이 洛이다. ≪戰國策≫에 "임금이 밝으면 官을 즐긴다."라고 하였는데, 백관을 다스리는 일을 즐거워함을 말한다. 一說에는 樂은 본음대로 읽으니, 임금은 樂官(악관)을 아는 데 밝아서 사람을 가려서 임명해야 하고, 음악의 소리에 밝을 필요가 없음을 말한 것이다.
樂, 音洛. 戰國策 "君明則樂官." 謂以治官爲樂. 一說, 樂, 如字, 言人君當明樂官, 擇人而任之, 不必明樂音也.
⑦ 審은 자세히 듣는 것이다.
審者, 聽之察也.
⑧ 行(행실)은 去聲이다. 아래의 薄行의 行도 같다.
行, 去聲. 下薄行同.

【目】文侯가 李克에게 이르기를, "先生이 말하기를 '집이 가난할 때는 어진 아내를 생각하고 나라가 어지러울 때는 어진 정승을 생각한다.'라고 하였는데, 지금 정승을 맡길 사람은 魏成이 아니면 翟璜이니 두 사람이 어떠합니까?"라고 하니, 대답하기를, "낮은 사람은 높은 사람에 대하여 의논하지 아니하고, 소원한 사람은 친척에 대하여 의논하지 아니합니다. 신은 대궐 밖에 있는 소원한 사람으로 감히 명을 따를 수 없습니다."라고 하였다. 문후가 이르기를, "선생은 나랏일에 사양을 하지 마십시오."라고 하니, 이극이 대답하기를, "거처할 때는 그 친한 바를 살펴보며 부유할 때는 그 주는 바를 살펴보고, 영달하였을 때는 그 천거하는 바를 살펴보며 궁핍할 때는 그 하지 않는 바를 살펴보고,

가난할 때는 그 취하지 않는 바를 보아야 하니, 이 다섯 가지로 충분히 결정할 수 있습니다."라고 하였다. 문후가 이르기를, "선생은 관사로 가십시오. 나의 정승을 결정하였습니다."라고 하였다.

魏 文侯가 李克에게 정승을 천거하게 하다

이극이 나가자 적황이 말하기를, "임금이 선생을 불러 정승을 천거하게 하였다고 들었습니다. 과연 누가 되었습니까?"라고 하자, 이극이 대답하기를, "위성입니다."라고 하였다. 적황이 분노하며 말하기를, "西河守 吳起는 내가 천거한 사람이며, 임금이 속으로 鄴縣을 걱정하셨으므로 내가 西門豹를 천거하였고, 임금이 中山을 정벌하려고 하셨으므로 내가 樂羊을 천거하였으며, 중산이 함락되자 지키게 할 사람이 없자 선생을 천거하였고, 임금의 아들이 師傅가 없으므로 내가 屈侯鮒를 천거하였으니, 귀와 눈이 보고 기억하는 바로 볼 때 내가 어찌 위성보다 못하겠습니까."라고 하자, 이극이 말하기를, "그대가 임금에게 나를 천거한 것은 어찌 장차 아첨을 하여 大官을 구하려고 한 것이겠습니까? 임금이 나에게 정승에 대하여 물으시기에 내가 이와 같이 대답을 하였습니다. 임금이 반드시 위성을 정승으로 삼을 것을 제가 아는 까닭은 위성이 食祿 千鍾 중에서 10분의 9를 밖으로 나누어주었습니다. 이 때문에 동쪽으로 卜子夏와 田子方과 段干木을 얻었는데, 이 세 사람은 임금이 모두 스승으로 모시고, 그대가 천거한 다섯 사람은 임금이 모두 신하로 삼았으니, 그대가 어떻게 위성과 견줄 수 있겠습니까."라고 하였다. 적황이 再拜하고 사례하며 말하기를, "제가 드릴 말씀이 없습니다. 끝내 제자가 되기를 원합니다."라고 하였다.

文侯謂李克曰 先生이 有言호대 家貧에 思良妻요 國亂에 思良相이라하더니 今所置非成則璜이니 二子何如①오 對曰 卑不謀尊하고 疎不謀戚하니 臣在闕門之外하야 不敢當命②이로다 文侯曰 先生은 臨事勿讓하라 克이 曰 居視其所親하며 富視其所與하며 達視其所擧하며 窮視其所不爲하며 貧視其所不取이니 五者足以定之矣니이다 文侯曰 先生은 就舍하라 吾之相定矣라 李克이 出커늘

翟璜이 曰 聞君이 召先生而卜相하니 果誰爲之오 克이 曰 魏成이니라 璜이 忿然曰 西河守吳起는 臣所進也③요 君이 內以鄴爲憂어늘 臣이 進西門豹④하고 君이 欲伐中山이어늘 臣이 進樂羊하고 中山이 已拔에 無使守之臣이어늘 進先生⑤하고 君之子無傅어늘 臣이 進屈侯鮒⑥하니 以耳目之所覩記론 臣何負於魏成⑦이리오 克이 曰 子之言克於君者는 豈將比周하야 以求大官哉⑧아 君이 問相於克이어늘 克之對如是하니 所以知君之必相魏成者는 成이 食祿千鍾에 什九在外⑨라 是以로 東得卜子夏田子方段干木하니 此三人은 君皆師之하고 子所進五人者는 君皆臣之하니 子惡得與成比也⑩리오 璜이 再拜謝曰 鄙人이 失對하니 願卒爲弟子하노라

① 成(魏成)은 文侯의 동생이다.
成, 文侯弟.

② 闕門의 밖에 있다는 것은 疎遠함을 말한다.
在闕門之外謂疎遠也.

③ ≪漢書≫ 〈地理志〉에 "魏나라 땅은 그 경계가 高陵의 동쪽으로부터 河東과 河內를 다 포함한다."고 하였다. 高陵縣은 漢나라 때 馮翊에 속하였는데, 그 지역이 河西에 있었으므로 西河의 외곽이라는 것이다. 魏나라가 처음에 吳起로 하여금 그곳을 지키게 하였다.
班志 "魏地, 其界自高陵以東, 盡河東河內." 高陵縣, 漢屬馮翊, 其地在河西, 所謂西河之外者也. 魏初使吳起守之.

④ ≪漢書≫ 〈地理志〉에 "鄴縣은 魏郡에 속한다."고 하였다. 西門은 複姓이다.
班志 "鄴縣屬魏郡." 西門, 複姓.

⑤ 城을 얻는 것을 拔이라 하니, 樹木을 그 뿌리와 아울러 뽑는 것과 같다.
得城曰拔, 若拔樹木幷其根.

⑥ 傅는 德義로 도와주는 것이므로 인하여 官名으로 삼았다. 屈侯는 複姓이다. 鮒는 음이 付이니 이름이다. 一說에 屈은 晉나라 땅인데 당시에 魏나라에 속하였다. 魏나라가 鮒를 봉하여 屈侯로 삼았다고 한다.
傅者, 傅之以德義, 因以爲官名. 屈侯, 複姓. 鮒, 音付, 名也. 一說, 屈, 晉地, 時屬魏. 蓋魏封鮒爲屈侯.

⑦ 이기지 못하는 것이 負이다.
不勝爲負.

⑧ 比는 음이 鼻이다. 比周는 阿黨(아부)이다.
比, 音鼻. 比周, 阿黨也.

⑨ 10釜를 鍾이라 하니 6斛 4斗를 담는다.
釜十爲鍾, 受六斛四斗.

⑩ 惡(어찌)는 음이 烏이다.
惡, 音烏.

【目】 吳起는 衛나라 사람이다. 魯나라에서 벼슬을 하였는데 齊나라 사람이 魯나라를 공격하자, 魯나라 사람이 오기를 장수로 삼으려고 하였다. 그러나 오기가 齊나라 여자를 아내로 삼았으므로 魯나라 사람이 이를 의심하였다. 오기가 아내를 죽이고 장수가 되기를 요구하여 齊나라 군대를 大破하였다. 혹자가 오기를 참소하여 말하기를, "오기가 처음에는 曾參을 섬기다가 어머니가 죽었는데도 喪에 달려가지 않자 증삼이 그를 끊었습니다. 또 아내를 죽이고 장수가 되기를 요구하였으니 오기는 잔인하고 박절한 사람입니다."라고 하니, 오기가 죄를 얻을까 두려워하여 魏나라 文侯가 어질다는 말을 듣고 마침내 가서 귀의하였다.

吳起가 아내를 죽이고 장수되기를 구하다

문후가 李克에게 묻자, 이극이 대답하기를, "오기가 명예를 탐하고 女色을 좋아하나 用兵은 司馬穰苴라도 그보다 낫지 못할 것입니다."라고 하였다. 이에 문후가 오기를 장수로 삼아서 秦나라를 공격하여 다섯 성을 함락하였다.

오기는 장수가 되었을 때 누울 때는 자리를 펴지 않고 다닐 때는 말이나 수레를 타지 않고 직접 식량을 싸서 짊어져 士卒 중에 가장 낮은 자와 衣食을 함께하며 勞苦를 나누었다. 사졸 중에 등창을 앓는 자가 있자 오기가 종기를 빨아주었는데, 사졸의 어미가 이 말을 듣고 통곡을 하였다. 혹자가 그 까닭을 물으니 대답하기를, "왕년에 吳公이 그 아비의 종기를 빨아주었는데 그 아비가 용감하게 싸우고 후퇴하지 않아서 마침내 적에게 죽었습니다. 오공이 지금 또 그 자식의 종기를 빨아주었으니 첩은 자식이 어느 곳에서 죽을지 모르겠습니다."라고 하였다.

吳起者는 衛人이라 仕於魯러니 齊人이 伐魯할새 魯人이 欲以爲將호대 起取齊女[①]라 魯人이 疑之어늘 起殺妻以求將하야 大破齊師러니 或이 譖之曰 起始事曾參이라가 母死不奔喪이어늘 曾參이 絶之러니

又殺妻以求爲將하니 起는 殘忍薄行人也라한대 起恐得罪하야 聞魏文侯賢하고 乃往歸之어늘 文侯問諸李克한대 克이 日 起貪而好色②하나 然用兵은 司馬穰苴라도 弗能過也③니이다 於是에 文侯以爲將하야 擊秦拔五城하다 起爲將에 臥不設席하며 行不騎乘하고 親裹贏糧하야 與士卒最下者로 同衣食分勞苦④하더라 卒有病疽者어늘 起爲吮之⑤러니 卒母聞而哭之어늘 或이 問之한대 對曰 往年에 吳公이 吮其父하니 其父戰不還(선)踵하야 遂死於敵⑥이러니 吳公이 今又吮其子하니 妾不知其死所矣로다

① 取는 娶라고 읽는다.
取, 讀曰娶.

② 吳起의 집이 본래 千金을 가진 부자였는데 破產하여 벼슬을 구하였다. 지금 '탐하였다'고 말한 것은 실제로 재물을 탐한 것이 아니라 榮華와 名譽를 탐했을 뿐이다. 어머니가 죽었는데 돌아가지 않은 것과 아내를 죽이고 장수가 되기를 요구한 것이 이것이다.
起家本千金, 破產求仕. 今言貪, 非實貪也, 貪榮名耳. 母死不歸, 殺妻求將是也.

③ 司馬는 官名이다. 穰苴는 본래 齊나라의 田氏 姓이었는데, 齊나라에서 벼슬하여 이 관직을 지냈으므로 사마양저라고 불렀다. 齊나라 景公 때의 賢將이다.
司馬, 官名. 穰苴本齊田姓, 仕齊爲是官, 故以稱之. 齊景公之賢將.

④ 말을 타는 것을 騎라 한다. 수레를 타는 것을 乘이라 한다. 贏은 음이 盈이니 메는 것이다. 吳起가 士卒이 짊어지고 갈 양식을 직접 싼 것을 말한다.
騎馬爲騎. 乘車爲乘. 贏, 音盈, 擔也. 言起親裹士卒所齎擔之糧也.

⑤ 疽는 千余의 切이니 癰瘡(종기)이다. 爲(위하다)는 去聲이다. 吮은 才軟의 切이니, 빠는 것이다. 嗽는 色角의 切이니 빠는 것이다.
疽, 千余切, 癰瘡也. 爲, 去聲. 吮, 才軟切, 嗽也. 嗽, 色角切, 含吸也.

⑥ 還(돌리다)은 旋이라고 읽는다. 踵은 음이 冢이니 발뒤꿈치이다.
還, 讀曰旋. 踵, 音冢, 足後也.

【目】趙나라 烈侯가 음악을 좋아하더니 相國 公仲連에게 이르기를, "寡人이 좋아하는 사람이 있는데 그를 尊貴하게 할 수 있겠는가?"라고 하니, 仲連이 대답하기를, "그를 부유하게 하는 것은 되지만 존귀하게 하는 것은 안 됩니다."라고 하였다. 임금이 이르기를, "네 말이 맞다. 鄭나라에서 온 歌手 槍과 石 두 사람에게 내가 田地를 하사하되 각각 萬畝씩 주겠다."라고 하니, 공중련이 허락을 하고는 주지 않았다. 열후가 여러 번 물었으나 공중련이 마침내 병을 핑계 대고 조정에 나오지 않았다. 番吾君(파오군)이 공중련에게 이르기를, "임금이 참으로 善을 좋아하지만 실천할 방법을 모르니, 당신이 인재를 천거한 적이 있습니까?"라고 하니, 공중련이 대답하기를, "없습니다."라고 하였다. 파오

군이 말하기를, "牛畜과 荀欣과 徐越이 모두 천거할 만합니다."라고 하여, 공중련이 그들을 천거하였다. 우축이 仁義로써 권유하니 열후가 온화해졌다. 明日에 순흔이 어진 사람을 천거하고 능력 있는 사람을 임용하는 것으로써 권유하고, 명일에 서월이 재물을 절약하는 도리와 功德을 살피고 헤아려서 하사하는 바를 충분하게 하는 방법으로 권유하니, 임금이 기뻐하였다. 마침내 공중련에게 이르기를, "歌手들에게 田地를 지급하는 것을 그만두라."라고 하며, 우축으로 師를 삼고, 순흔으로 中尉를 삼고, 서월로 內史를 삼았으며 공중련에게는 상하의 두 벌을 하사하였다.

◑ 趙烈侯好音하더니 謂相國公仲連曰[①] 寡人이 有愛하니 可以貴之乎아 連이 曰 富之는 可커니와 貴之則否니이다 君曰 然하다 鄭歌者槍石二人을 吾賜之田호대 人萬畝[②]호리라 連이 諾而不與러니 烈侯屢問한대 連이 乃稱疾不朝어늘 番吾君이 謂連曰[③] 君實好善而未知所持하니 公仲이 亦有進士乎아 連이 曰 未也로라 曰 牛畜・荀欣・徐越이 皆可하니라 連이 進之한대 畜이 侍以仁義하니 烈侯逌然[④]이러니 明日에 欣이 侍以擧賢使能하고 明日에 越이 侍以節財儉用察度功德所與無不充[⑤]하니 君이 說하야 乃謂連曰[⑥] 歌者之田을 且止하라하고 以畜으로 爲師하고 欣으로 爲中尉하고 越로 爲內史[⑦]하고 賜連衣二襲[⑧]하다

① 相國의 벼슬이 여기서 비롯되었는데, 秦나라와 漢나라가 이를 따랐다. 漢나라와 魏나라는 그 位望을 낮추었으나 丞相보다 높았다.
相國之官始此, 秦・漢因之, 漢・魏以降其位望, 尊於丞相.

② 槍은 七羊의 切이다. 槍과 石은 두 가수의 이름이다.
槍, 七羊切. 槍・石, 二歌者之名.

③ 番는 婆, 盤, 蒲 세 가지 음이 있다. 글자도 蒲로 쓰기도 한다. ≪史記正義≫에 "常山郡의 番吾縣이 아마도 番吾君의 邑인 듯하다."라고 하였다. 파오군은 史書에 그 姓名이 전하지 않는다.
番, 婆・盤・蒲三音, 字亦作蒲. 正義"常山郡, 番吾縣, 疑卽番吾君邑." 番吾君, 史失其姓名.

④ 侍는 권유한다는 말과 같다. 逌(유)는 옛 攸字이다. 攸攸는 氣가 즐거운 것으로 너그러운 모습이다.
侍, 猶言勸也. 逌, 古攸字. 攸攸, 氣悅也, 寬緩貌.

⑤ 充은 가득함이니 무릇 하사하는 것이 모두 그 功德에 맞는 것을 말한다.
充, 滿也, 言凡所賜與, 皆稱其功德也.

⑥ 說(기쁘다)은 悅로 읽는다.
說, 讀曰悅.

⑦ 中尉와 內史는 모두 관직명이다.
中尉・內史, 皆官名.

⑧ 上下를 모두 갖춘 것을 襲이라 한다.

上下皆具曰襲.

己卯年(B.C. 402)

【綱】周나라 威烈王 24년이다.

二十四年이다

【目】燕나라 僖公 원년이다.

燕僖公元年[①]이라

① 僖公은 閔公의 아들이다.
僖公, 閔公子.

【綱】威烈王이 崩하고 아들 驕가 즉위하였다.

王이 崩하고 子驕立하다

【目】바로 安王이다.

是爲安王이라

【綱】楚나라 임금 當을 盜殺(암살)하였다.

盜殺楚君當하다

庚辰年(B.C. 401)

【綱】周나라 安王 원년이다.

安王元年이라

【目】楚나라 悼王 類 원년이다.

楚悼王類元年[①]이라

① 悼王은 聲王의 아들이다.
悼王, 聲王子.

【綱】 秦나라가 魏나라를 정벌하였다.

秦伐魏하다

辛巳年(B.C. 400)

【綱】 周나라 安王 2년이다. 魏나라와 韓나라와 趙나라가 楚나라를 정벌하였다.

二年이라 魏韓趙伐楚하다

【綱】 鄭나라가 韓나라 陽翟을 포위하였다.

◑ 鄭이 圍韓陽翟[①]하다

① 鄭나라는 姬姓이고 分封 時의 爵位는 伯爵이다. 周나라 宣王이 그의 동생 友를 鄭에 봉하였으니 곧 西都 畿內 咸林의 땅이다. 友는 시호가 桓公이다. 桓公으로부터 繻公에 이르기까지 22君이다. 수공은 이름이 駘(태)이다. ≪漢書≫ 〈地理志〉에 "陽翟縣은 潁川郡에 속한다." 하였다.
鄭, 姬姓, 伯爵. 周宣王封其弟友於鄭, 卽西都畿內咸林之地. 友, 諡桓公. 自桓公至繻公, 二十二君, 繻公, 名駘. 班志"陽翟縣屬潁川郡."

壬午年(B.C. 399)

【綱】 周나라 安王 3년이다.

三年이라

【目】秦나라 惠公과 趙나라 武侯와 韓나라 烈侯 取의 원년이다.

秦惠公①과 趙武侯②와 韓烈侯取③ 元年이라

① 惠公은 簡公의 아들이다.
簡公子.
② 武侯는 烈侯의 동생이다.
烈侯弟.
③ 烈侯는 景侯의 아들이다.
景侯子.

【綱】虢山이 무너져서 黃河를 막았다.

虢山이 崩하야 壅河①하다

① 《括地志》에 "虢山은 陝州 陝縣의 서쪽에 있는데 黃河에 맞대어 있다."고 하였다.
括地志 "虢山在陝州陝縣西, 臨黃河."

癸未年(B.C. 398)

【綱】周나라 安王 4년이다. 楚나라가 鄭나라를 포위하였다.

四年이라 楚圍鄭하다

甲申年(B.C. 397)

【綱】周나라 安王 5년이다. 일식이 있었다.

五年이라 日食①하다

① 周天은 365度 4分度의 1이다. 日과 月이 모두 하늘에서 오른쪽으로 운행하는데 1晝夜에 日은 1度를 운행하고 月은 13度 19分度의 7을 운행하며 29日 남짓이 되면 月이 하늘을 一周하여 日을 뒤쫓아가서 만나게 된다. 서로 만날 때 日과 月이 같은 길에 있으면 食이 되는데, 月이 혹 日道의 바깥에 있거나 혹 日道의 안쪽에 있으면 食이 생기지 않는다. 또 曆家에서 交食(일식과 월식)하는 法은 대체로 173日 남짓으로 한계를 삼는다. 그러나 月이 먼저 안쪽에 있으면 한계에 따라 食이 많고, 만약 月이 바깥에 있으면 한계에 따라 食이 적

다. 杜預24)가 그것이 고르지 않은 것을 보고 말하기를, "日과 月이 비록 하는 度數가 일정하긴 하지만 조금 남음과 모자람이 없을 수 없다. 그러므로 비록 서로 만나더라도 食이 생기지 않는 경우가 있고 혹 자주 만나서 食이 생기는 경우도 있다."라고 하였으니, 이 말이 옳다. 지금 이 책에 年은 쓰고 月과 晦와 朔을 쓰지 않은 것은 사관이 그 기록을 잃어버린 것이다.

周天, 三百六十五度四分度之一. 日月皆右行於天, 一晝一夜, 日行一度, 月行十三度十九分度之七, 二十九日有餘而月行天一周, 追及於日而與之會. 交會而日月同道則食, 月或在日道表, 或在日道裏, 則不食矣. 又曆家爲交食之法, 大率以一百七十有三日有奇爲限. 然月先在裏, 則依限而食者多, 若月在表則依限而食者少. 杜預見其參差, 乃云"雖行道有大量, 不能不小有贏縮, 故有雖交會而不食者, 或有頻交而食者." 此得之矣. 今此書年而不書月與晦朔, 史失之也.

【綱】韓나라 정승 俠累를 盜殺(암살)하였다.

◑盜殺韓相俠累하다

【目】俠累는 濮陽의 嚴仲子와 서로 사이가 나빴다. 엄중자가 軹邑 사람 聶政의 용감함을 듣고서 黃金 100鎰로 섭정 어머니의 장수를 축원하고 인하여 원수를 갚고자 하였다. 섭정이 받지 않으며 말하기를, "늙은 어머니가 계시니 감히 다른 사람을 위하여 제 목숨을 바치는 것을 허락하지 못합니다."라고 하였다. 어머니가 죽은 뒤에 엄중자가 마침내 섭정으로 하여금 협루를 살해하게 하였다. 협루가 官府에 앉아 있는데 호위하는 병사가 매우 많았다. 섭정이 곧바로 들어가 협루를 찔러 죽이고는 이어서 스스로 칼로 얼굴을 베어 피부를 벗기고 눈을 도려내며 배를 갈라 내장이 나오게 하였다. 韓나라 사람이 그 시신을 저잣거리에 내어놓고 현상금을 걸고 어떤 사람인지를 확인하였으나 아무도 아는 사람이 없었다. 그의 누나 聶嫈(섭앵)이 소식을 듣고 가서 곡을 하며 말하기를, "이 사람은 軹邑 深井里의 섭정이다. 내가 있기 때문에 거듭 스스로 몸을 난도질하여 신분을 감추었으니, 내가 어찌 죽음을 두려워하여 끝내 훌륭한 동생의 이름을 없어지게 하겠는가."라고 하며, 마침내 동생의 시신 옆에서 자결하였다.

俠累與濮陽嚴仲子로 有惡①이러니 仲子聞軹人聶政之勇②하고 以黃金百鎰로 爲政母壽하고 欲因以報仇③한대 政不受曰 老母在하니 政身을 未敢以許人也④라 及母卒에 仲子乃使政刺俠累⑤한대

24) 杜預 : 晉나라 때의 학자로 ≪春秋左氏傳≫에 능통하며, ≪春秋左氏經傳集解≫를 지었다.

俠累方坐府上하야 **兵衛甚衆**이어늘 **聶政**이 **直入刺之**하고 **因自皮面決眼**하고 **自屠出腸**⑥하니 **韓人**이 **暴其尸於市**하야 **購問**호대 **莫能識**⑦이러니 **其姊嫈**이 **聞而往哭之曰 是軹深井里聶政也**⑧라 **以妾在之故**로 **重自刑以絶從**⑨하니 **妾**이 **奈何畏沒身之誅**하야 **終滅賢弟之名**이리오하고 **遂死政尸之旁**하다

① 俠은 姓이다. 累는 力追의 切이다. 濮은 음이 卜이다. 濮陽은 春秋시대의 帝丘로 漢나라 때 濮陽縣이 되어 東郡에 소속되었다. 惡은 본음대로 읽으니, 친하지 않다는 뜻이다.
俠, 姓也. 累, 力追切. 濮, 音卜. 濮陽, 春秋之帝丘, 漢爲濮陽縣, 屬東郡. 惡, 如字, 不善也.

② 軹는 음이 紙이다. 春秋시대에는 原邑이었고 漢나라 때 軹縣이 되어 河內郡에 소속되었다. 聶은 尼輒의 切이니 姓이다.
軹, 音紙, 春秋原邑, 漢爲軹縣, 屬河內郡. 聶, 尼輒切, 姓也.

③ 24兩이 鎰이다. 무릇 '爲壽'라고 하는 것은 尊者에게 술잔을 올리고 무한한 수명을 바치는 것이다.
二十四兩爲鎰. 凡言爲壽, 謂進爵於尊者, 而獻無疆之壽.

④ ≪禮記≫ 〈曲禮 上〉에 "부모가 계시면 친구를 위하여 죽는 것을 허락하지 않는다."라고 하였다.
禮記 "父母存, 不許友以死."

⑤ 刺(찌르다)은 七亦의 切이고, 또 본음대로 읽는다.
刺, 七亦切, 又如字.

⑥ 皮面은 칼로 얼굴을 벗겨서 그 피부를 떼어내는 것이다. 決眼은 눈동자를 도려내는 것이다.
皮面, 以刀剺面而去其皮. 決眼, 謂出其眼睛.

⑦ 暴은 步木의 切이고, 또 본음대로 읽으니, 드러낸다는 뜻이다. 購는 음이 構이니, 재물로 구하는 바가 있는 것이다.
暴, 步木切, 又如字, 露也. 購, 音構, 以財有所求.

⑧ 姊는 음이 子이다. 男子는 먼저 태어난 女子 형제를 姊라고 한다. 嫈은 음이 鶯이니 그 누나의 이름이다. 深井은 里名이다.
姊, 音子. 男子謂女子先生爲姊. 嫈, 音鶯, 其姊名. 深井, 里名.

⑨ 重은 持用의 切이니 復(부)와 같다. 누나 때문에 거듭 스스로 자기의 몸을 난도질하여 다른 사람으로 하여금 알아보지 못하게 한 것을 이른다. 從은 음이 蹤이니, 스스로 그 종적을 끊었음을 이른다.
重, 持用切, 猶復也, 謂以妾故復自刑其身, 令人不識也. 從, 音蹤, 謂自絶其蹤跡.

乙酉年(B.C. 396)

【綱】 周나라 安王 6년이다. 鄭나라가 그 임금 駘를 시해하였다.

六年이라 鄭이 弑其君駘[①]하다

① 國人이 그 동생 乙을 세우니 바로 康公이다.
國人立其弟乙, 是爲康公.

丙戌年(B.C. 395)

【綱】周나라 安王 7년이다.

七年이라

丁亥年(B.C. 394)

【綱】周나라 安王 8년이다. 齊나라가 魯나라를 정벌하였다.

八年이라 齊伐魯[①]하다

① 魯나라는 姬姓이고, 分封 時의 작위는 侯爵이다. 周나라 文王의 제4子 周公 旦이 큰 훈공이 있어서 成王이 그의 아들 伯禽을 魯에 봉하였다. 곧 少昊의 遺墟로 曲阜이다. 伯禽부터 穆公까지 27君이다. 穆公은 이름이 顯이다.
魯, 姬姓, 侯爵, 周文王第四子周公旦有大勳勞, 成王封其子伯禽於魯, 卽少昊之墟, 曲阜也. 自伯禽至穆公, 二十七君. 穆公, 名顯.

戊子年(B.C. 393)

【綱】周나라 安王 9년이다. 魏나라가 鄭나라를 정벌하였다.

九年이라 魏伐鄭하다

己丑年(B.C. 392)

【綱】周나라 安王 10년이다.

十年이라

【目】 晉나라 孝公 傾 원년이다.

晉孝公傾元年[①]이라

① 孝公은 烈公의 아들이다.
孝公, 烈公子.

庚寅年(B.C. 391)

【綱】 周나라 安王 11년이다. 秦나라가 韓나라 宜陽을 정벌하여 여섯 邑을 취하였다.

十一年이라 秦이 伐韓宜陽하야 取六邑[①]하다

① ≪漢書≫ 〈地理志〉에 "宜陽縣은 弘農郡에 소속되었다."고 하였다.
班志 "宜陽縣, 屬弘農郡."

【綱】 齊나라 田和가 그 임금 貸를 해안가로 옮기고 城 한 개를 식읍으로 주었다.

◑齊田和遷其君貸於海上하고 食一城하다

【目】 和는 田恒의 曾孫이다.

和는 田恒之曾孫也[①]라

① 陳나라 公子 完이 齊나라로 달아났는데, 桓公이 그를 卿으로 삼았다. 후에 陳氏를 田氏로 고쳤다. 8세손 恒이 簡公을 시해하고 드디어 齊나라의 정권을 오로지하였다. 恒이 襄子 盤을 낳고, 盤이 莊子 白을 낳고, 白이 太公 和를 낳았다.
陳公子完奔齊, 桓公使爲卿, 後改爲田氏. 八世孫恒弑簡公, 遂專齊政. 恒生襄子盤, 盤生莊白生太公和.

辛卯年(B.C. 390)

【綱】周나라 安王 12년이다. 秦나라와 晉나라가 武城에서 전쟁을 하였다.

十二年이라 秦晉이 戰于武城①하다

① ≪括地志≫에 "옛 武城은 일명 武平城으로 華州 鄭縣의 동북쪽에 있다."고 하였다.
括地志 "故武城一名武平城, 在華州鄭縣東北."

【綱】齊나라가 魏나라를 정벌하였다.

◑ 齊伐魏하다

【綱】魯나라가 齊나라의 군대를 平陸에서 패배시켰다.

◑ 魯敗齊師于平陸①하다

① ≪漢書≫ 〈地理志〉에 "東平國에 東平陸縣이 있는데 戰國시대의 平陸이다."라고 하였다.
班志 "東平國有東平陸縣, 戰國時之平陸也."

壬辰年(B.C. 389)

【綱】周나라 安王 13년이다. 秦나라가 晉나라를 침략하였다.

十三年이라 秦이 侵晉하다

【綱】齊나라의 田和가 魏侯와 楚나라 사람과 衛나라 사람을 濁澤에서 만나 諸侯가 되기를 요구하였다.

◑ 齊田和會魏侯楚人衛人于濁澤하야 求爲諸侯①하다

① 諸侯가 隙地[25]에서 서로 만나는 것을 會라고 한다. 衛나라는 姬姓이고 分封 時의 작위는

25) 隙地 : 兩國의 변경에 있는 주인 없는 땅을 이른다.

侯爵이다. 周나라 武王이 그 동생 康叔을 衛에 봉하고 河水와 淇水의 사이 옛 殷墟에 거주하게 하였다. 懿公에 이르러 狄에게 멸망되어 동쪽으로 度河로 옮겼고, 文公이 楚丘로 옮겨 거주하였으며 드디어 僕陽에 도읍을 하였다. 康叔부터 愼公까지 35君이다. 愼公은 이름이 頹이다. 徐廣이 ≪史記註≫에 이르기를 "長社에 濁澤이 있다."라고 하였다.
諸侯相見於隙地曰會. 衛, 姬姓, 侯爵. 周武王封其弟康叔封於衛, 居河・淇之間故殷墟也. 至懿公爲狄所滅, 東徙度河, 文公徙居楚丘, 遂國於僕陽. 自康叔至愼公, 三十五君. 愼公, 名頹. 徐廣史記註曰"長社有濁澤."

【目】田和가 諸侯가 되기를 요구하여, 魏나라 文侯가 그를 위하여 왕과 諸侯에게 청하니, 왕이 이를 허락하였다.

田和求爲諸侯어늘 魏文侯爲之請於王及諸侯한대 王이 許之하시다

癸巳年(B.C. 388)

【綱】周나라 安王 14년이다.

十四年이라

甲午年(B.C. 387)

【綱】周나라 安王 15년이다. 秦나라가 蜀나라를 정벌하여 南鄭을 취하였다.

十五年이라 秦이 伐蜀하야 取南鄭①하다

① 蜀나라의 선조는 人皇氏 때부터 비롯하였다. 黃帝의 아들 昌意가 蜀山氏의 딸과 혼인하여 帝嚳을 낳았다. 帝嚳이 즉위한 뒤에 그 支庶를 蜀에 봉하여 虞나라, 夏나라, 商나라, 周나라까지 이어졌다. 周나라가 쇠퇴하자 蠶叢이 먼저 王이라 칭하였다. ≪漢書≫ 〈地理志〉에 "南鄭縣은 漢中郡에 소속되었다."고 하였다.
蜀之先, 肇自人皇之際. 黃帝子昌意娶蜀山氏女, 生帝嚳. 旣立, 封其支庶於蜀, 歷虞・夏・商・周. 周衰, 蠶叢先稱王. 班志"南鄭縣, 屬漢中郡."

【綱】魏侯 斯가 卒하다.

◑ **魏侯斯卒**하다

【綱】魏나라 吳起가 楚나라로 달아나자 楚나라가 정승으로 삼았다.

◑ **魏吳起奔楚**어늘 **楚以爲相**하다

【目】魏나라 武侯가 西河에 배를 띄워 내려갈 때에 吳起를 돌아보며 이르기를, "아름답다. 山河의 險固함이여. 이는 魏나라의 보배이다."라고 하니, 오기가 대답하기를, "나라를 지키는 것은 德에 있고 險固함에 있지 않습니다. 옛날에 三苗氏는 왼쪽에 洞庭湖가 있고 오른쪽에 彭蠡湖가 있었으나 德義를 닦지 않았으므로 禹임금이 멸망시켰고, 夏桀이 살던 도읍은 왼쪽에 河水와 濟水가 있고 오른쪽에 泰華山이 있었으며 伊闕山이 그 남쪽에 있고 羊腸이 그 북쪽에 있었으나 政事를 닦음에 仁으로 하지 않았으므로 湯임금이 추방하였고, 商紂의 國都는 왼쪽에 孟門山이 있고 오른쪽에 太行山이 있었으며 常山이 그 북쪽에 있고 大河가 그 남쪽을 경유하였으나 정사를 닦음에 德으로 하지 않았으므로 武王이 죽였습니다. 이로 말미암아 보건대 나라를 지키는 것은 德에 있고 險固함에 있지 않으니, 임금께서 만약 德을 닦지 않으면 배 안의 사람들이 모두 敵國의 사람이 될 것입니다."라고 하자, 무후가 이르기를 "훌륭한 말이다."라고 하였다.

魏武侯浮西河而下①러니 **顧謂吳起曰 美哉**라 **山河之固**여 **此魏國之寶也**로다 **對曰 在德**이요 **不在險**이니이다 **昔**에 **三苗氏**는 **左洞庭右彭蠡**로대 **德義不修**어늘 **禹滅之**②하시고 **夏桀之居**는 **左河濟右泰華**요 **伊闕**이 **在其南**하고 **羊腸**이 **在其北**호대 **修政不仁**이어늘 **湯**이 **放之**③하시고 **商紂之國**은 **左孟門右太行**(항)이요 **常山**이 **在其北**하고 **大河經其南**호대 **修政不德**이어늘 **武王**이 **殺之**④하시니 **由此觀之**컨대 **在德**이요 **不在險**이니 **君若不修德**하시면 **舟中之人**이 **皆敵國也**니이다 **武侯曰 善**하다

① 西河는 곧 ≪書經≫ 〈夏書 禹貢〉에서 말하는 龍門西河이다.
西河, 卽禹貢之龍門西河.

② ≪書經≫ 〈虞書 舜典〉의 蔡氏傳에 "三苗國은 江南의 荊州와 揚州의 사이에 있는데 지형의 험고함을 믿고 난을 일으킨 자이다."라고 하였다. ≪資治通鑑綱目集覽≫에 "洞庭湖는 岳州 巴陵의 서쪽에 있는데 서쪽으로 赤沙를 포함하고 남쪽으로 靑草에 연결되어 너비가 7, 8백 리에 이른다. 彭蠡湖는 潯陽 동남쪽에 있다."라고 하였다.
書蔡氏傳 "三苗國在江南荊・揚之間, 恃險爲亂者也." 集覽 "洞庭湖在岳州巴陵西, 西呑赤沙,

南連青草, 橫亘七八百里. 彭蠡湖在潯陽東南."

③ ≪資治通鑑綱目集覽≫에 "夏桀의 도읍은 지금 河南 陽翟縣이 이곳이다."라고 하였다. 濟는 子禮의 切이다. 〈地志〉에 "濟水는 常山 房子縣에서 나와 贊皇山 동쪽을 지나 鉅鹿 癭陶縣에 이르러 泜水로 들어간다."라고 하였다. 泰는 太와 통용하여 쓴다. 〈地志〉에 "太華山은 弘農 華陰縣에 있다."라고 하였다. 酈道元의 註에 "≪水經≫에 이르기를 '禹임금이 龍門을 뚫어 물이 통하게 하였다.'라고 하였으니, 두 산이 서로 마주하여 바라보는 것이 闕[26]과 같고 伊水가 그 사이를 자나가므로 伊闕이라 이름하였다."라고 하였다. ≪資治通鑑綱目集覽≫에 "羊腸山은 太原 서북쪽에 있다."라고 하였다.

集覽 "夏桀之居, 今河南陽翟縣是." 濟, 子禮切. 地志 "濟水出常山房子縣贊皇山東, 至鉅鹿癭陶縣, 入泜." 泰, 通作太. 地志 "太華山在弘農華陰縣." 酈道元註 "水經云 '禹疏龍門以通水.' 兩山相對, 望之若闕然, 伊水歷其間, 故名伊闕." 集覽 "羊腸山在太原西北."

④ 孟門은 晉나라의 험한 산이다. 紂임금이 朝歌에 도읍을 정하였으니 孟門이 그 서쪽에 있다. 지금 "紂의 國都 왼쪽에 孟門이 있다."라고 하였으니 동쪽에 별도의 孟門이 있는 듯하다. 行은 음이 抗이다. 太行은 또한 晉나라의 험한 산이다. ≪資治通鑑綱目集覽≫에 "太行山은 河內 山陽縣 서북쪽 上黨 남쪽에 있다."라고 하였다. 常山은 北嶽 恒山이니, 漢나라에서 文帝의 諱를 피하여 常山으로 하였다.

孟門, 晉山隘也. 紂都朝歌, 孟門在其西. 今言"紂之國左孟門." 則東邊別有孟門也. 行, 音抗. 太行, 亦晉山隘也. 集覽 "太行山在河內山陽縣西北上黨南." 常山, 北嶽恒山, 漢避文帝諱, 作常山.

【目】 魏나라가 田文[27]을 정승으로 삼으니, 吳起가 기뻐하지 아니하여 전문에게 말하기를, "청컨대 그대와 功을 논하고 싶은데 그래도 되겠는가?"라고 하니, 전문이 대답하기를, "좋습니다."라고 하였다. 오기가 말하기를 "三軍을 거느려 士卒로 하여금 기꺼이 목숨을 바치게 하고 敵國이 감히 도모하지 못하게 한 것은 그대가 어찌 나만 같겠는가?"라고 하니, 전문이 대답하기를 "당신만 못합니다."라고 하였다. 오기가 말하기를 "百官을 다스리고 萬民을 친애하며 府庫를 충실하게 하는 것이 그대가 어찌 나만 같겠는가?"라고 하니, 전문이 대답하기를 "당신만 못합니다."라고 하였다. 오기가 말하기를 "西河를 지켜서 秦나라 군대가 감히 동쪽으로 향해 오지 못하고 韓나라와 趙나라가 손님처럼 따르게 하는 것은, 그대가 어찌 나만 같겠는가?"라고 하니, 전문이 대답하기를 "당신만

---

26) 闕 : 천자나 제후의 宮門 밖에 두 개의 臺를 만들고 위에 樓觀을 지으니, 백성들로 하여금 우러러보게 한다 하여 이름을 觀이라 하고, 두 觀을 양쪽에 세우고 중앙은 비워서 길을 만들기 때문에 이를 일러 闕(빠뜨림)이라고 한다.

27) 田文 : ≪資治通鑑≫의 註에 여기의 田文은 齊나라 田文(孟嘗君)이 아니라 하였다.

못합니다."라고 하였다. 오기가 말하기를 "이 세 가지는 그대가 모두 나보다 못한데도 地位가 나보다 위에 있음은 어째서인가?"라고 하니, 전문이 대답하기를 "군주가 어리고 나라가 의심스러워 大臣이 따르지 않고 百姓이 믿지 않으니 이러한 때에 당신에게 맡기겠습니까, 나에게 맡기겠습니까?"라고 하니, 오기가 묵묵히 한동안 있다가 말하기를 "그대에게 맡기겠다."라고 하였다.

얼마 후에 魏나라 정승 公叔이 오기를 시기하여 참소하자 武侯가 의심을 하였다. 오기가 죽음을 당할까 두려워하여 드디어 楚나라로 도망하였다.

楚나라 悼王은 평소 그가 현명하다는 말을 들었으므로 오기가 이르자 그에게 정사를 맡기고 정승으로 삼았다. 오기는 法을 밝히고 명령을 살펴서 시급하지 않은 관리를 줄이고 公族으로 疏遠한 자들을 폐하여 戰士를 기르니, 요체는 부국강병에 있었으며, 合從連衡으로 유세하는 자들을 물리쳤다. 이에 남쪽으로 百越을 평정하고 북쪽으로 三晉을 물리치고 서쪽으로 秦나라를 정벌하니, 諸侯들이 모두 楚나라의 강성함을 걱정하였고 楚나라의 貴戚大臣들 중에 오기를 원망하는 자가 많았다.

魏相田文하니 起不悅하야 謂文曰 請與子論功이 可乎인저 文曰 可라 起曰 將三軍하야 使士卒樂死하고 敵國이 不敢謀는 子孰與起①오 文曰 不如子로라 起曰 治百官親萬民實府庫는 子孰與起오 文曰 不如子로라 起曰 守西河而秦兵이 不敢東鄕하고 韓趙賓從은 子孰與起②오 文曰 不如子로라 起曰 此三者는 子皆出吾下而位加吾上은 何也오 文曰 主少國疑하야 大臣이 未附하고 百姓이 不信③하니 方是之時에 屬之子乎아 屬之我乎④아 起默然良久曰 屬之子矣리라 久之에 魏相公叔이 害起譖之⑤한대 武侯疑之어늘 起懼誅하야 遂奔楚하니 楚悼王이 素聞其賢이러니 至則任之爲相하다 起明法審令하야 捐不急之官하고 廢公族疏遠者하야 以養戰士⑥하니 要在彊兵하며 破游說之言從橫者⑦러라 於是에 南平百越하고 北却三晉하고 西伐秦⑧하니 諸侯皆患楚之彊而楚之貴戚大臣이 多怨起者러라

① 與는 如이다.
與, 如也.

② 鄕(향하다)은 嚮으로 읽는다. 賓은 敬과 같다.
鄕, 讀曰嚮. 賓, 猶敬也.

③ 少(어리다)는 去聲이다.
少, 去聲.

④ 屬(맡기다)은 음이 燭이다.
屬, 音燭.

⑤ 公叔은 韓나라의 公族이다. 害는 미워하고 꺼리는 것이다.

公叔, 韓之公族. 害, 嫉也, 忌也.

⑥ 疏는 踈와 같다.
疏, 與踈同.

⑦ 游說는 말을 꾸미고 속임수를 써서 天下에 분주히 다니면서 당시의 권세를 구하는 것이다. 從은 將容의 切이다. 橫은 衡과 통하니 胡盲의 切이다. 이익으로 합하는 것을 從이라 하고, 威力으로 서로 위협하는 것을 橫이라 한다.
游說, 飾辯辭, 設詐謀, (馳遂)〔馳逐〕28)於天下, 以要時勢者. 從, 將容切. 橫, 與衡通, 胡盲切. 以利合曰從, 以威力相脅曰橫.

⑧ 百越은 한 종류가 아님을 이르니 百蠻이라 말하는 것과 같다. 却은 물러남이다.
百越, 謂非一種, 猶言百蠻. 却, 退也.

乙未年(B.C. 386)

【綱】 周나라 安王 16년이다.

十六年이라

【目】 秦나라 出公, 魏나라 武侯 擊, 趙나라 敬侯 章, 韓나라 文侯 원년이다.

秦出公①과 **魏武侯擊**과 **趙敬侯章**②과 **韓文侯**③**元年**이라

① 秦나라 惠公의 아들인 出公의 出은 諡號가 아니다. 나라를 잃고 나가서 죽었으므로 出公이라 하였다.
惠公子出, 非諡也. 以其失國出死, 故曰出公.

② 趙나라 敬侯는 烈侯의 아들이다.
敬侯, 烈侯子.

③ 韓나라 文侯는 烈侯의 아들이다.
烈侯子.

【目】 田氏의 齊나라 太公 和 원년이다.

◑ **田齊太公和元年**이라

---

28) (馳遂)〔馳逐〕: 저본에는 '馳遂'으로 되어 있으나, 思政殿訓義 《資治通鑑》에 근거하여 '馳逐'으로 바로잡았다.

【目】 秦나라, 晉나라, 齊나라, 楚나라, 燕나라, 趙나라, 魏나라, 韓나라 등 오래된 나라 여덟과 새로 생긴 田氏의 齊나라를 합하면 모두 9大國이다.

◑ 統秦晉齊楚燕趙魏韓舊國八田齊新國一하야 凡九大國이라

【綱】 처음으로 齊나라의 대부 田和를 명하여 諸侯로 삼았다.

初命齊田和하야 爲諸侯하다

【綱】 魏나라가 趙나라의 邯鄲을 습격하여 이기지 못하였다.

◑ 魏襲趙邯鄲하야 不克①하다

① 襲은 준비되지 않았을 때 갑자기 공격하는 것이다.
襲, 掩其不備也.

丙申年(B.C. 385)

【綱】 周나라 安王 17년이다. 秦나라 庶長 改가 그 임금과 임금의 어머니를 시해하였다.

十七年이라 秦庶長改弑其君及其君母하다

【目】 庶長 改가 靈公의 아들을 河西에서 맞이하여 임금으로 세우니, 이 사람이 獻公이다. 마침내 出公과 그의 어머니를 죽여 연못에 집어넣었다.

庶長改迎靈公之子于河西而立之하니 是爲獻公이라 遂殺出子及其母하야 沈之淵旁①하다

① 長은 展兩의 切이다. 庶長은 秦나라 벼슬이니, 여러 열의 장이라는 말이다. 改는 이름이고 姓은 菌이다. 懷公의 太子가 昭子인데 일찍 죽어 소자의 아들을 세우니 바로 靈公이다. 영공이 卒하자 소자의 동생 悼子를 세우니 바로 簡公이다. 河西는 黃河의 서쪽이니 대개 漢나라 涼州 지역이다. 獻公은 이름이 師隰인데 영공이 卒하자 임금이 되지 못하고 나가서 河西에서 살았다. 出子는 바로 出公이다.
長, 展兩切. 庶長, 秦官, 言衆列之長. 改, 其名, 姓, 菌. 懷公太子曰昭子, 蚤死, 昭子之子立, 是爲靈公. 靈公卒, 昭子之弟悼子立, 是爲簡公. 河西者, 黃河之西, 蓋漢涼州之地. 獻公, 名

師隰, 靈公之卒, 不得立, 出居河西. 出子, 卽出公.

【綱】韓나라가 鄭나라를 정벌하고 이어서 宋나라를 정벌하였다.

韓이 **伐鄭**하야 **遂伐宋**①하다

① 宋나라는 子姓이고 分封 時의 작위는 公爵이다. 周나라 成王이 微子를 宋에 봉하였는데, 唐나라 宋州의 睢陽縣이 이곳이다. 微子부터 悼公에 이르기까지 29君이다. 悼公은 이름이 購由이다.
宋, 子姓, 公爵. 周成王封微子於宋, 唐宋州之睢陽縣是也. 自微子至悼公, 二十九君. 悼公, 名購由.

丁酉年(B.C. 384)

【綱】周나라 安王 18년이다.

十八年이라

【目】秦나라 獻公과 齊나라 桓公 午 원년이다.

秦獻公과 **齊桓公午**①**元年**이라

① 齊나라 桓公은 太公의 아들이다.
桓公, 太公子.

戊戌年(B.C. 383)

【綱】周나라 安王 19년이다. 魏나라가 趙나라의 군대를 兎臺에서 패배시켰다.

十九年이라 **魏敗趙師于兎臺**①하다

① 兎臺는 地名이니 河北에 있다.
兎臺, 地名, 在河北.

己亥年(B.C. 382)

【綱】周나라 安王 20년이다. 일식이 일어나 낮이 어두웠다.

二十年이라 日食晝晦하다

庚子年(B.C. 381)

【綱】周나라 安王 21년이다. 楚나라 임금 類가 卒하니 楚나라 사람이 吳起를 죽였다.

二十一年이라 楚君類卒하니 楚人殺吳起하다

【目】悼王이 薨하자 貴戚大臣이 亂을 일으켜서 吳起를 공격하여 죽였다. 오기를 활로 쏘고 칼로 찌를 때 아울러 임금의 시신에도 명중되었다. 太子 臧이 卽位하여 난을 일으킨 자를 토벌하여 70여 가문을 죽였다.

悼王이 薨하니 貴戚大臣이 作亂하야 攻吳起殺之할새 因射(석)刺起하야 幷中王尸①러니 太子臧이 卽位하야 討爲亂者하야 夷七十餘家②하다

① 射(활을 쏘다)은 食亦의 切이다. 中(적중하다)은 去聲이다. ≪資治通鑑≫에 "吳起가 임금의 시신이 있는 곳으로 도망가서 엎드렸는데, 오기를 공격하던 무리들이 오기를 활로 쏘고 칼로 찌를 때 아울러 임금의 시신에도 명중되었다."라고 하였다.
射, 食亦切. 中, 去聲. 通鑑 "起走之王尸而伏之, 擊起之徒因射刺起, 竝中王尸."

② 夷는 죽이고 멸하는 것이다.
夷, 誅也, 滅也.

辛丑年(B.C. 380)

【綱】周나라 安王 22년이다.

二十二年이라

【目】 楚나라 肅王 臧 원년이다.

楚肅王臧元年이라

【綱】 齊나라가 燕나라를 정벌하였다.

齊伐燕하다

【綱】 魏나라와 韓나라와 趙나라가 齊나라를 정벌하였다.

◑ 魏韓趙伐齊하다

壬寅年(B.C. 379)

【綱】 周나라 安王 23년이다.

二十三年이라

【目】 이해에 齊나라가 망하였다. 秦나라, 晉나라, 楚나라, 燕나라, 魏나라, 趙나라, 韓나라, 田氏의 齊나라를 합하여 모두 8大國이다.

是歲에 齊亡하다 統秦晉楚燕魏趙韓田齊하야 凡八大國이라

【綱】 趙나라가 衛나라를 습격하여 이기지 못하였다.

趙襲衛하야 不克하다

【綱】 齊侯 貸가 卒하니 자식이 없었다. 田氏가 마침내 齊나라를 겸병하였다.

◑ 齊侯貸卒하니 無子라 田氏遂幷齊하다

癸卯年(B.C. 378)

【綱】周나라 安王 24년이다.

二十四年이라

【目】齊나라 威王 因齊 원년이다.

齊威王因齊元年①이라

① 威王은 桓公의 아들이다.
威王, 桓公子.

【綱】狄이 魏나라의 군대를 澮에서 패배시켰다.

狄이 敗魏師于澮①하다

① 漢나라의 中山과 上黨과 西河와 上郡은 春秋시대 이래로 狄이 모두 거주하였는데, 여기의 狄 또한 그 종족이다. 澮는 古外의 切이다. 杜預가 이르기를 "澮水는 平陽 絳縣에서 나와 남서쪽으로 흘러 汾水에 들어간다."라고 하였다.
漢之中山·上黨·西河·上郡, 自春秋以來, 狄皆居之, 此亦其種也. 澮, 古外切. 杜預曰"澮水出平陽絳縣, 南西入汾."

【綱】魏나라와 韓나라와 趙나라가 齊나라를 정벌하였다.

◑ 魏韓趙伐齊하다

甲辰年(B.C. 377)

【綱】周나라 安王 25년이다.

二十五年이라

【目】晉나라 靖公 俱酒 원년이다.

晉靖公俱酒元年①이라

① 靖公은 孝公의 아들이다.
靖公, 孝公子.

【綱】 蜀나라가 楚나라를 정벌하였다.

蜀伐楚하다

乙巳年(B.C. 376)

【綱】 周나라 安王 26년이다.

二十六年이라

【目】 韓나라 哀侯 원년이다.

韓哀侯元年①이라

① 哀侯는 文侯의 아들이다.
哀侯, 文侯子.

【目】 이해에 晉나라가 망하였다. 秦나라, 楚나라, 燕나라, 魏나라, 趙나라, 韓나라, 齊나라를 합하여 모두 7大國이다.

◑ 是歲晉亡하다 統秦楚燕魏趙韓齊하야 凡七大國이라

【綱】 安王이 崩하고 아들 喜가 즉위하였다.

王이 **崩**하고 **子喜立**하다

【目】 바로 烈王이다.

是爲烈王이라

晉나라 멸망 시기도

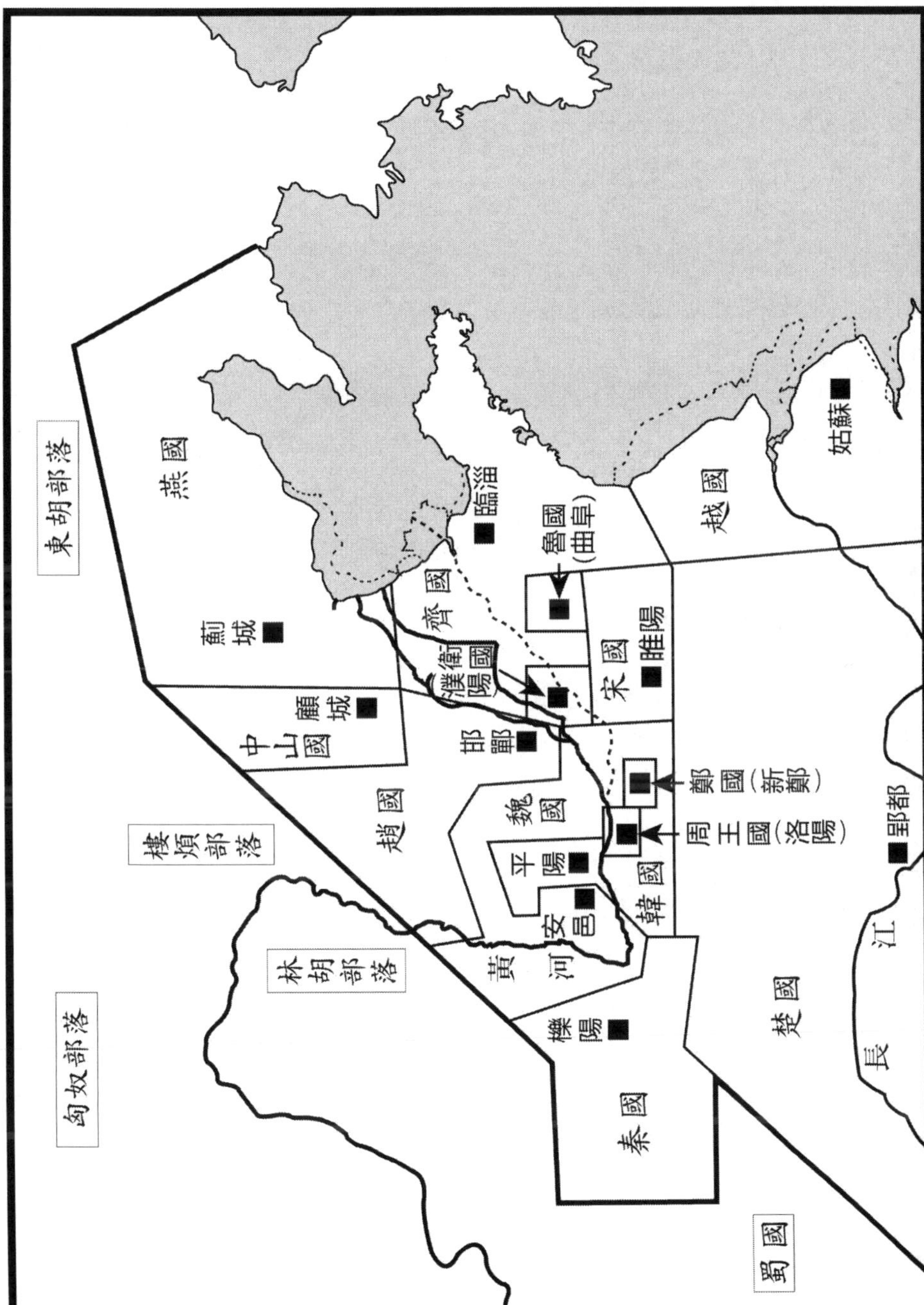
東胡部落
燕國
薊城
顧城
中山國
趙國
樓煩部落
林胡部落
匈奴部落
黃河
安邑
平陽
魏國
邯鄲
濮陽衛國
齊國
臨淄
魯國(曲阜)
宋國
睢陽
鄭國(新鄭)
周王國(洛陽)
韓國
櫟陽
秦國
楚國
郢都
長江
越國
姑蘇
蜀國

【綱】三晉이 함께 그 임금 俱酒를 폐위시켜서 家人(平民)으로 만들고 그 땅을 나누어 가졌다.

三晉이 共廢其君俱酒하야 爲家人而分其地①하다

① 家人은 집에 있는 사람이라는 말이니 관직이 없는 것이다.
家人, 謂居家之人, 無官職也.

丙午年(B.C. 375)

【綱】周나라 烈王 원년이다. 일식이 있었다.

烈王元年이라 日食하다

【綱】韓나라가 鄭나라를 멸망시키고 陽翟에서 이사하여 도읍으로 삼았다.29)

◑韓이 滅鄭하고 自陽翟徙都之하다

丁未年(B.C. 374)

【綱】周나라 烈王 2년이다.

二年이라

【目】趙나라 成侯 種 원년이다.

趙成侯種元年이라①

① 成侯는 敬侯의 아들이다.
成侯, 敬侯子.

29) 韓나라가……삼았다 : 韓나라가 도읍을 鄭나라의 도읍이었던 新鄭으로 옮긴 것을 말한다.

鄭나라 멸망 시기도

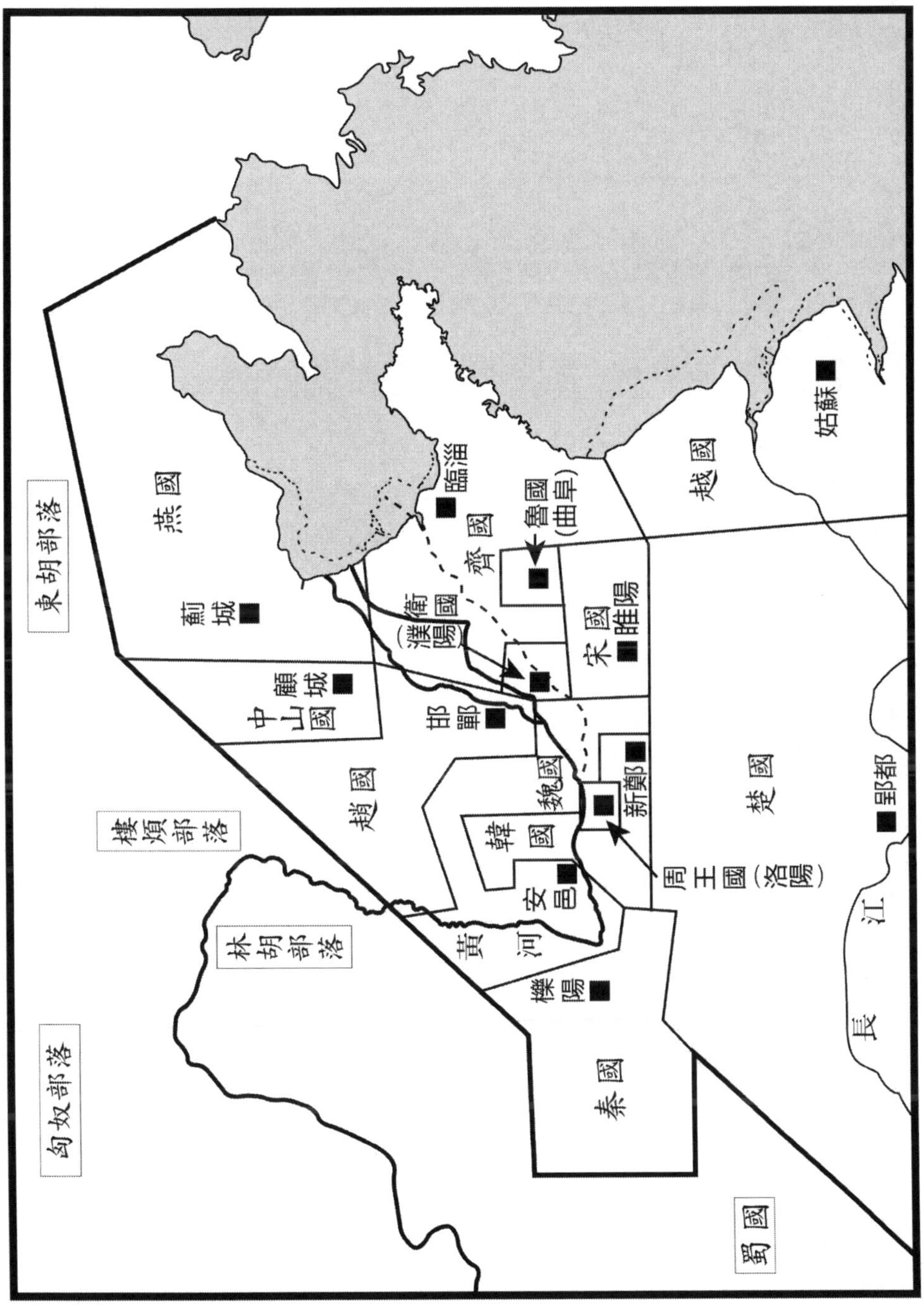
東胡部落
燕國
薊城
中山國
顧城
樓煩部落
趙國
林胡部落
匈奴部落
黃河
櫟陽
秦國
蜀國
韓國
安邑
魏國
邯鄲
濮陽
衛國
臨淄
齊國
魯國(曲阜)
宋國
睢陽
新鄭
周王國(洛陽)
楚國
郢都
長江
越國
姑蘇

戊申年(B.C. 373)

【綱】 周나라 烈王 3년이다. 燕나라가 齊나라 군대를 林狐에서 패배시켰다.

三年이라 **燕**이 **敗齊師于林狐**①하다

① 林狐는 ≪史記≫ 〈燕世家〉에 林營으로 되어 있는데 齊나라 땅이다.
林狐, 燕世家, 作林營, 齊地.

【綱】 魯나라와 魏나라가 齊나라를 정벌하였다.

◑ **魯魏伐齊**하다

己酉年(B.C. 372)

【綱】 周나라 烈王 4년이다.

四年이라

【目】 燕나라 桓公 원년이다.

燕桓公元年①이라

① 桓公은 僖公의 아들이다.
桓公, 僖公子.

【綱】 趙나라가 衛나라를 정벌하여 都鄙 73개를 취하였다.

趙伐衛하야 **取都鄙七十三**①하다

① 周나라 제도에 4縣을 都라 하는데 사방 40里이며, 5酇(찬)[30]을 鄙라 하는데 鄙는 500가호이다. 이때 衛나라가 작고 좁았는데 만일 都鄙가 73개라면 그 땅이 넓은 것이다. 衛나라의 封土를 모두 합하여도 반드시 이 숫자에 미치지 못할 것이다. 혹자가 말하기를 "≪春秋

30) 酇(찬) : 周나라 시대에 교외의 지역을 조직한 행정단위의 하나이다. 100家가 1酇이 된다.

左氏傳≫에 '衛 獻公이 公孫 免餘에게 邑 60개를 주었다.'라는 말과 같은 것으로 여기서는 1乘의 읍이고 4井의 읍이 아니다.[31)]"라고 하였다.

周制, 四縣爲都, 方四十里. 五鄙爲鄙, 鄙, 五百家也. 此時衛國偏褊小, 若都鄙七十三, 其地廣矣. 盡衛之提封, 未必能及此數也. 或曰 "如春秋左氏傳 '衛公與免餘邑六十'之類, 此一乘之邑, 非四井之邑."

【綱】 魏나라가 趙나라의 군대를 北藺에서 패배시켰다.

◑ 魏敗趙師于北藺①하다

① 藺은 음이 吝이니 地名이다. 趙나라의 서북쪽에 있었으므로 北藺이라 하였다.
藺, 音吝, 地名. 在趙之西北, 謂之北藺.

庚戌年(B.C. 371)

【綱】 周나라 烈王 5년이다. 魏나라가 楚나라를 정벌하였다.

五年이라 魏伐楚하다

【綱】 韓나라 嚴遂가 그 임금을 시해하였다.

◑ 韓嚴遂弑其君하다

【目】 哀侯가 韓廆를 정승으로 삼고서 嚴遂를 아끼니 두 사람이 서로 해쳐서 엄수가 한외를 조정에서 칼로 찔렀는데 그만 그 칼이 애후까지 찔렀다.

哀侯以韓廆爲相而愛嚴遂①하니 二人이 相害하야 遂刺廆於朝而幷中哀侯하다

① 廆는 五賄의 切이다.
廆, 五賄切.

---

31) 衛公이……아니다 : "衛 獻公이……주었다."라는 말은 ≪春秋左氏傳≫ 襄公 27년 傳에 나오고, 杜預의 註에 "1乘의……아니다."라고 하였다. 이 앞의 傳文에 "唯卿備百邑(오직 卿만이 1백 개의 邑을 소유할 수 있다.)"라고 할 때의 '百邑'을 ≪論語≫의 '百乘之家'의 '百乘'과 같은 것이라고 보아 1乘을 邑이라 하였으나 1乘을 邑으로 칭한 예가 문헌에 보이지 않는다. "四井爲邑"은 두예가 正邑을 가지고 해석한 것이다. ≪春秋左傳正義 권37 襄公 26년 3월 조≫

【綱】魏侯 擊이 卒하였다.

魏侯擊이 **卒**하다

【目】武侯가 太子를 세우지 않았는데, 이때에 이르러 아들 罃이 公中緩과 왕위를 다투니 나라 안이 어지러워졌다.

武侯不立太子러니 至是하야 子罃이 與公中緩으로 爭立하니 國內亂①하다

① 罃은 음이 鶯이다. 中은 仲으로 읽는다.
罃, 音鶯. 中, 讀曰仲.

辛亥年(B.C. 370)

【綱】周나라 烈王 6년이다.

六年이라

【目】魏나라 惠王 罃과 韓나라 懿侯 원년이다.

魏惠王罃과 韓懿侯①元年이라

① 懿侯는 哀侯의 아들이니 이름은 若山이다.
懿侯, 哀侯子, 名若山.

【綱】齊侯가 周나라에 와서 조회하였다.

齊侯來朝하다

【目】이때 周室이 微弱하여 諸侯들이 조회하지 않았는데 齊나라가 홀로 조회하니 天下가 이 때문에 威王을 어질게 여겼다.

時에 周室이 微弱하야 諸侯莫朝호대 而齊獨朝之하니 天下以此로 賢威王①하더라

① 朝는 直遙의 切이니, 제후가 임금을 만나는 일의 摠稱이다.
朝, 直遙切, 覲君之摠稱.

【綱】趙나라가 齊나라를 정벌하였다.

趙伐齊하다

【綱】魏나라가 趙나라의 군대를 懷에서 패배시켰다.

◑ **魏敗趙師于懷**①하다

① ≪漢書≫ 〈地理志〉에 "河內郡에 懷縣이 있다."고 하였다.
班志 "河內郡有懷縣."

【綱】齊侯가 卽墨大夫를 봉하고 阿大夫를 烹32)하였다.

◑ **齊侯封卽墨大夫**하고 **烹阿大夫**하다

【目】齊나라 威王이 卽墨大夫를 불러서 이르기를 "그대가 卽墨에 거처하면서부터 헐뜯는 말이 날로 이르렀다. 그러나 내가 사람을 시켜 즉묵을 살펴보게 하니 田野가 개간되고 人民이 넉넉하며 관청에 일이 없어 東方이 편안하였다. 이는 그대가 나의 좌우에 있는 신하를 섬겨 도움을 구하지 않았기 때문이다."라고 하고 그에게 萬家를 봉해주었다. 阿大夫를 불러 말하기를 "그대가 阿를 지키면서부터 칭찬하는 말이 날로 이르렀다. 내가 사람을 시켜 阿를 살펴보게 하니 田野가 개간되지 않았고 人民이 가난하고 굶주렸으며 趙나라가 鄄을 공격하였으나 그대는 구원하지 않았고 衛나라가 薛陵을 취하였으나 그대가 알지 못하였다. 이는 그대가 많은 예물

齊 威王이 賢臣을 표창하고 姦臣을 제거하다

32) 烹 : 사람을 솥에 넣고 삶는 혹독한 형벌이다.

로 내 좌우에 있는 신하를 섬겨 칭찬을 구하였기 때문이다."라고 하고, 그날로 아대부와 좌우에서 칭찬했던 자들을 팽형으로 다스렸다. 이에 여러 신하들이 두려워하여 감히 거짓을 꾸미지 못하고 진정으로 힘써 다하니, 齊나라가 크게 다스려지고 천하에서 강한 나라가 되었다.

齊威王이 召卽墨大夫하야 語之曰[①]自子之居卽墨也로 毁言이 日至하나 然吾使人視卽墨하니 田野辟하고 人民給하고 官無事하야 東方이 以寧[②]하니 是子不事吾左右하야 以求助也라하고 封之萬家하고 召阿大夫하야 語之曰[③]自子守阿로 譽言이 日至[④]하나 吾使人視阿하니 田野不辟하고 人民貧餒하고 趙攻鄄어늘 子不救[⑤]하고 衛取薛陵이어늘 子不知[⑥]하니 是子厚幣事吾左右하야 以求譽也[⑦]라하고 是日에 烹阿大夫及左右嘗譽者하다 於是에 群臣이 聳懼하야 莫敢飾詐하고 務盡其情하니 齊國이 大治하야 彊於天下[⑧]하니라

① ≪漢書≫ 〈地理志〉에 "卽墨縣은 膠東國에 소속되었다."라고 하였다. 語는 음이 御이니 고한다는 뜻이다.
班志 "卽墨縣屬膠東國." 語, 音御, 告也.

② 辟은 음이 闢이니 열어 넓히는 것이다.
辟, 音闢, 開廣也.

③ 阿는 곧 東阿縣이다. ≪漢書≫ 〈地理志〉에 "東郡에 소속되었다."라고 하였다.
阿, 卽東阿縣. 班志 "屬東郡."

④ 譽(칭찬)는 平聲이다.
譽, 平聲.

⑤ 鄄은 음이 絹이다. ≪漢書≫ 〈地理志〉에 "齊나라 陰郡에 鄄城縣이 있다."라고 하였다.
鄄, 音絹. 班志 "齊陰郡有鄄(견)城縣."

⑥ 薛陵은 阿의 屬邑이다.
薛陵, 阿之屬邑.

⑦ 幣는 비단이다.
幣, 帛也.

⑧ 聳(두려워하다)은 息勇의 切이니 悚과 같다. 飾은 음이 式이니 수식하고 더하는 것이다.
聳, 息勇切, 與悚同. 飾, 音式, 修也, 增也.

壬子年(B.C. 369)

【綱】 周나라 烈王 7년이다.

七年이라

【目】 楚나라 宣王 良夫 원년이다.

楚宣王良夫元年①이라

① 宣王은 肅王의 동생이다.
宣王, 肅王弟.

【綱】 일식이 있었다.

日食하다

【綱】 烈王이 崩하고 동생 扁(변)이 즉위하였다.

◑王이 崩하고 弟扁이 立①하다

① 扁은 邊典의 切이다.
扁, 邊典切.

【目】 이가 바로 顯王이다.

是爲顯王이라

【綱】 韓나라와 趙나라가 魏나라를 정벌하여 安邑을 포위하였다.

韓趙伐魏하야 圍安邑하다

【目】 韓나라 公孫頎가 懿侯에게 말하기를 "魏나라가 어지러우니 빼앗을 수 있습니다."라고 하니, 의후가 마침내 趙나라의 成侯와 군사를 합해 魏나라를 정벌하여 그 군대를 크게 패배시키고 드디어 安邑을 포위하였다. 성후가 말하기를 "罃을 죽이고 公中緩을 세운 다음 땅을 나누어 가지고 물러나면 우리 두 나라가 이로울 것입니다."라고 하니, 懿侯가 말하기를 "魏나라 임금을 죽이는 것은 포악한 것이고 땅을 나누어 가지는 것은 탐욕입니다. 둘로 쪼개는 것만 같지 못하니, 魏나라를 나누어 둘로 만들면 宋나라와 衛나

라보다 강하지 않을 것이니 우리는 종당에 魏나라에 대한 근심이 없을 것입니다."라고 하였다. 성후가 듣지 않고 마침내 포위를 풀고 떠나갔다.

韓公孫頎가 **謂懿侯曰 魏亂**하니 **可取也**[①]라한대 **懿侯乃與趙成侯**로 **合兵伐魏**하야 **大破其兵**하고 **遂圍安邑**이러니 **成侯曰 殺罃立公中緩**하고 **割地而退**하면 **我二國之利也**라 **懿侯曰 殺魏君**은 **暴也**요 **割地**는 **貪也**라 **不如兩分之**니 **魏分爲兩**이면 **不彊於宋衛**하리니 **則我終無魏患矣**리라 **趙人**이 **不聽**하고 **乃解而去**하다

① 公孫은 姓이다. 頎는 음이 祈이다.
公孫, 姓也. 頎, 音祈.

【目】 太史公이 다음과 같이 평하였다.

"魏나라 惠王이 자신도 죽지 않고 나라도 쪼개지지 않은 까닭은 두 나라의 모의가 불화하였기 때문이다. 만일 어느 한쪽의 계획을 따랐다면 魏나라는 반드시 쪼개졌을 것이다. 그러므로 '임금이 죽고 適子가 없으면 그 나라를 망하게 할 수 있다.'라고 말하는 것이다."

太史公이 **曰**[①]**魏惠王之所以身不死國不分者**는 **二國之謀不和也**라 **若從一家之謀**면 **魏必分矣**리니 **故曰 君終無適子**면 **其國**을 **可破也**[②]라하니라

① 漢나라 司馬遷은 武帝 때 太史令이 되었고 ≪史記≫를 지었으므로 自號를 太史公이라 하였다.
漢司馬遷, 武帝時爲太史令, 作史記, 自號太史公.

② 適(적자)은 嫡으로 읽는다.
適, 讀曰嫡.

癸丑年(B.C. 368)

【綱】 周나라 顯王 원년이다. 齊나라가 魏나라를 정벌하였다.

顯王元年이라 **齊伐魏**하다

【綱】 趙나라가 齊나라를 침략하였다.

◑ **趙侵齊**하다

甲寅年(B.C. 367)

【綱】周나라 顯王 2년이다.

二年이라

乙卯年(B.C. 366)

【綱】周나라 顯王 3년이다. 秦나라가 魏나라와 韓나라의 군사를 洛陽에서 패배시켰다.

三年이라 秦敗魏韓之師于洛陽①하다

① 洛陽은 洛水의 북쪽에 있으니 곧 成周이다.
洛陽在洛水之北, 卽成周也.

丙辰年(B.C. 365)

【綱】周나라 顯王 4년이다. 魏나라가 宋나라를 정벌하였다.

四年이라 魏伐宋하다

丁巳年(B.C. 364)

【綱】周나라 顯王 5년이다. 秦나라가 三晉의 군사를 石門에서 패배시키니 왕이 黼黻服을 하사하였다.

五年이라 秦敗三晉之師于石門이어늘 賜以黼黻之服①하다

① ≪括地志≫에 "堯門山은 俗名이 石門인데 雍州 三原縣 서북쪽에 있다. 위에 길이 있는데 그 모양이 門처럼 생겼다."라고 하였다. 黼는 음이 甫이고 黻은 음이 弗이다. 흰실과 검은 실로 만든 것이 黼이며, 도끼 모양을 형상한 것은 그 善으로 처단함을 취한 것이다. 검은 실과 푸른 실로 만든 것이 黻이며, '己'자 두 개가 서로 등진 모양을 말하니 臣民이 惡을 배반

하고 善으로 향하게 하려는 뜻을 취한 것이다. 모두 刺繡로 만든다. 黼黻을 하사하는 것은 그 강함을 두려워한 것이다.

括地志 "堯門山, 俗名石門, 在雍州三原縣西北. 上有路, 其狀若門." 黼, 音甫. 黻, 音弗. 白與黑謂之黼, 象斧形, 取其善斷也. 黑與青謂之黻, 謂兩已相背, 取臣民背惡向善之義, 皆刺繡爲之. 賜以黼黻, 畏其彊也.

【目】 6만 명을 斬首하였다.

斬首六萬하다

戊午年(B.C. 363)

【綱】 周나라 顯王 6년이다.

六年이라

己未年(B.C. 362)

【綱】 周나라 顯王 7년이다. 魏나라가 韓나라와 趙나라 군사를 澮에서 패배시켰다.

七年이라 魏敗韓趙之師于澮하다

【綱】 秦나라가 魏나라 군사를 少梁에서 패배시켰다.

◑ 秦敗魏師于少梁① 하다

① 魏나라에 大梁이 있으므로 少梁으로 구별하였다. ≪漢書≫ 〈地理志〉에 "馮翊 夏陽縣이 옛 少梁이다."라고 하였다.

魏有大梁, 故以少梁別之. 班志 "馮翊夏陽縣, 故少梁."

【綱】 秦伯이 卒하였다.

◑ 秦伯이 卒하다

【目】秦나라 獻公이 薨하고 아들 孝公이 즉위하니 나이 21세였다. 이때에 黃河와 太行山의 동쪽에 强盛한 나라가 6國이고, 淮水와 泗水의 사이에 小國이 10여 국이었다. 楚나라와 魏나라는 秦나라와 국경을 접하고 있었다. 魏나라가 長城을 쌓았는데 鄭縣으로부터 洛水에 다다라 북쪽으로 가서 上郡까지 있었고, 楚나라는 漢中에서부터 남쪽으로 巴郡과 黔中까지 있었다. 모두 秦나라를 오랑캐로 쳐서 배척하여 中國의 會盟에 참여할 수 없도록 하니, 이에 효공이 發憤하여 정사를 닦아 秦나라를 강하게 만들려고 하였다.

秦獻公이 **薨**하고 **子孝公**이 **立**하니 **生二十有一年矣**①러라 **是時河山以東**에 **彊國**이 **六**②이요 **淮泗之間**에 **小國**이 **十餘**③라 **楚魏與秦接界**하니 **魏築長城**호대 **自鄭濱洛以北**하야 **有上郡**④하고 **楚自漢中**으로 **南有巴黔中**⑤하니 **皆以夷翟遇秦**하야 **擯斥之**하야 **不得與中國之會盟**⑥하니 **於是**에 **孝公**이 **發憤修政**하야 **欲以彊秦**하더라

① 孝公은 이름이 渠梁이다.
名, 渠梁.

② 河는 龍門의 입구로부터 남쪽으로 華陰에 이르러 동쪽으로 흐르는데 秦나라는 河의 서쪽에 있었다. 山은 鳥鼠同穴로부터 이어져서 長安의 南山이 되고 泰華山에 이르니 秦나라는 山의 서쪽에 있었다. 韓나라, 魏나라, 趙나라, 齊나라, 楚나라, 燕나라 등 6국은 모두 황하와 태항산의 동쪽에 있었다.
河, 自龍門上口, 南抵華陰而東流, 秦國在河之西. 山, 自鳥鼠同穴, 連延爲長安南山, 至于泰華, 秦國在山之西. 韓魏趙齊楚燕六國, 皆在河山以東.

③ 南陽郡 平氏縣의 동남쪽에 있는 桐柏山과 大復山은 淮水가 나오는 곳으로, 동남쪽으로 흘러 淮陵에 이르러 바다로 들어간다. 泗水는 魯나라 卞縣의 서남쪽에서 나와 方與에 이르러 沛水로 들어간다. 宋나라, 魯나라, 鄒나라, 滕나라, 薛나라, 郳(예)나라 등의 나라가 그 사이에 있는 나라이다. 齊나라 威王이 말한 泗上의 12諸侯이다.
南陽郡平氏縣東南有桐柏·大復山, 淮水所出, 東南至淮陵入海. 泗水出魯國卞縣西南, 至方與入沛. 宋魯鄒滕薛郳等國, 國於其間. 齊威王所謂泗上十二諸侯.

④ 濱은 가장자리이다. 洛은 水名으로 옛 漆水와 沮水의 물이며 伊洛의 洛水가 아니다. 上郡은 漢나라 때 幷州의 소속이다.
濱, 邊也. 洛, 水名, 古漆沮之水, 非伊洛之洛. 上郡, 漢屬幷州.

⑤ 漢中郡은 漢나라 때 益州의 소속이다. 巴는 곧 春秋시대의 巴子國으로 漢나라 때는 巴郡으로 益州의 소속이다. 黔은 음이 琴이다. 黔中은 漢나라 때 牂柯郡 지역이다.
漢中郡, 漢屬益州. 巴, 卽春秋巴子之國, 漢爲巴郡, 屬益州. 黔, 音琴. 黔中, 漢爲牂柯郡之地.

⑥ 翟은 狄으로 읽는다. 擯은 必刃의 切이니 배척하고 버리는 것이다. 斥은 음이 尺이니 물리치는 것이다. 與(참여하다)는 預로 읽는다. 諸侯가 일이 있으면 會見하고 의심스런 일이 있으면 結盟한다.

翟, 讀曰狄. 擯, 必刃切, 排棄也. 斥, 音尺, 逐也. 與, 讀曰預. 諸侯有事則會, 有疑則盟.

庚申年(B.C. 361)

【綱】周나라 顯王 8년이다.

八年이라

【目】秦나라 孝公과 燕나라 文公 원년이다.

秦孝公과 燕文公① 元年이라

① 文公은 桓公의 아들이다.
文公, 桓公子.

【綱】彗星이 서쪽 하늘에 나타났다.

彗星이 見西方①하다

① 彗는 祥歲의 切과 徐醉의 切과 旋芮의 切이다. 見(나타나다)은 胡甸의 切이다. 彗星은 빛이 매우 길어서 마치 빗자루와 같으며, 옛것을 없애고 새것을 펴는 징조와 火災의 징조가 많다. 그 모습이 대빗자루나 나뭇가지와 같아서 길이가 일정하지 않은데, 그 길고 큰 모습이 오랫동안 나타나면 재해가 심하고, 짧고 작은 모습이 짧게 나타나면 재해가 적다. 그 색이 푸르면 王侯가 무너져서 天子가 兵事에 괴롭고, 붉으면 賊이 일어나고 강한 나라가 방자하며, 누르면 여자가 질투하며 권력을 后妃에게 빼앗기고, 희면 將軍이 반역하여 2년 이내에 전쟁이 크게 일어나며, 검으면 물의 정기가 펴져서 長江과 黃河가 터져 홍수가 나고 賊이 곳곳마다 일어난다.
彗, 祥歲・徐醉・旋芮三切. 見, 胡甸切. 彗星光甚參參如掃彗, 多爲除舊布新・火災. 其象若竹帚木條, 長短無常. 其長大見久則災深, 短小見不久則災狹. 蒼則王侯破, 天子苦兵. 赤則賊起, 彊國恣. 黃則女害色, 權奪於后妃. 白則將軍逆, 二年兵(六)〔大〕[33]作. 黑則水精(賊)〔賦〕[34], 江河決, 賊處處起也.

---

33) (六)〔大〕: 저본에 '六'으로 되어 있으나, ≪後漢書≫와 ≪文獻通考≫에 근거하여 '大'로 바로잡았다.

34) (賊)〔賦〕: 저본에는 '賊'으로 되어 있으나, ≪後漢書≫에 근거하여 '賦'로 바로잡았다.

【綱】衛나라 公孫鞅이 秦나라에 들어가다.

○衛公孫鞅이 入秦하다

【目】秦나라 孝公이 國中에 명하기를 "옛날에 우리 穆公께서 岐州와 雍州의 사이에서 德을 닦고 武를 써서 동쪽으로 晉나라의 亂을 평정하여 黃河로 경계를 삼고 서쪽으로 戎翟에게 패권을 잡아 땅을 千里나 넓히니, 天子가 方伯의 임무를 맡기시고[35] 諸侯가 모두 이를 경하하여 後世를 위하여 基業을 연 것이 매우 빛나고 아름다웠다. 마침 예전에 厲公, 躁公, 簡公, 出子(出公)가 편안하지 못하여서 國家가 안으로 근심이 있어 바깥의 일은 겨를이 없었다. 三晉이 우리 先君의 河西 땅을 공격하여 빼앗아가니 이보다 큰 수치가 없었다. 獻公이 卽位하여 邊境을 안정시켜 위무하고 治所를 櫟陽으로 옮겼으며 또 동방을 정벌하여 穆公의 옛 땅을 회복하고 穆公의 政令을 닦으려고 하였다. 寡人이 先君의 뜻을 생각하면 늘 마음이 아팠다. 賓客과 여러 신하들 가운데 기이한 계책을 내어 秦나라를 강하게 할 수 있는 자가 있으면, 내가 장차 벼슬을 높여주고 그에게 땅을 나누어주겠다."라고 하였다.

秦孝公이 令國中曰① 昔我穆公이 自岐雍之間으로 修德行武②하야 東平晉亂하야 以河爲界하고 西霸戎翟하야 廣地千里하니 天子致伯하고 諸侯畢賀하야 爲後世開業을 甚光美③러니 會往者厲躁簡公出子之不寧④에 國家內憂하야 未遑外事라 三晉이 攻奪我先君河西地하니 醜莫大焉⑤이라 獻公이 卽位하야 鎭撫邊境하고 徙治櫟陽⑥하고 且欲東伐하야 復穆公之故地하며 修穆公之政令이러니 寡人이 思念先君之意하야 常痛於心하노니 賓客群臣이 有能出奇計彊秦者면 吾且尊官하고 與之分土⑦호리라

① 令은 力正의 切이니 號令이다.
令, 力正切, 號令也.

② ≪漢書≫ 〈地理志〉에 "岐山은 扶風 美陽縣 서쪽에 있고, 雍縣은 扶風에 소속되었다."라고 하였다. 雍은 去聲이다.
班志 "岐山在扶風美陽縣西. 雍縣屬扶風." 雍, 去聲.

③ "東平晉亂(동쪽으로 晉나라의 亂을 평정하였다.)"은 晉나라의 惠公과 文公을 晉나라로 들여보낸 것을 말한다.[36] 致는 보내어 이르게 하는 것이다. 伯은 본음대로 읽는다. 옛날에 九州

---

35) 옛날에……맡기시고 : 목공이 春秋五霸의 하나가 된 것을 말한다. 춘추오패는 제후들 간에 會盟할 때 그 맹주를 가리킨다. 이들 패자들은 모두 명분상으로는 천자를 높이는 尊王攘夷를 내세웠다.

가 있었는데 하나는 王畿가 되고 八州의 八伯이 각각 그 지방의 제후를 주관하였다. 致伯은 方伯의 임무를 穆公에게 맡기는 것이다. 爲(위하다)는 去聲이며 아래도 같다.

東平晉亂, 謂納晉惠公及文公. 致, 送詣也. 伯, 如字. 古有九州, 一爲王畿, 八州八伯, 各主其方之諸侯. 致伯者, 以方伯之任致之穆公也. 爲, 去聲, 下同.

④ 會는 마침이다. 厲公, 躁公, 簡公, 出子는 네 임금이다. "不寧(편안하지 못하다)"은 자주 임금이 바뀌어 군신의 사이가 어지러운 것을 말한다.

會, 適遇也. 厲·躁·簡公及出子, 四公也. 不寧, 言以數易君, 君臣乖亂.

⑤ ≪史記正義≫에 "華州 북쪽에서부터 同州에 이르기까지 모두 魏나라 河西 땅이다."라고 하였다.

正義 "自華州北至同州, 竝魏河西之地."

⑥ 鎭은 안정이다. 憮는 위로이다. 櫟은 음이 藥이다. ≪漢書≫ 〈地理志〉에 "櫟陽縣은 馮翊에 소속되었다."고 하였다.

鎭, 安也. 憮, 慰也. 櫟, 音藥. 班志 "櫟陽縣屬馮翊."

⑦ 分은 扶問의 切이니, 땅을 나누어서 봉해주고 각각 分土가 있게 하는 것을 말한다.

分, 扶問切, 謂裂地以封之, 使各有分土.

이에 衛나라 公孫鞅이 소식을 듣고 마침내 서쪽으로 秦나라에 들어갔다. 공손앙은 衛나라의 庶孫이다. 刑名學을 좋아하여 魏나라의 정승 公叔痤를 모셨는데, 공숙좌가 그의 현명함을 알았으나 미처 추천하지는 못하였다. 마침 병이 들었는데 魏나라 惠王이 그에게 가서 묻기를 "그대가 병이 들었으니 만일 그대가 죽는다면 장차 社稷을 어떻게 해야겠소?"라고 하니, 공숙좌가 대답하기를 "저의 中庶子 衛鞅이 나이가 비록 어리지만 기이한 재주를 가졌으니, 바라건대 임금께서는 나랏일을 들어서 그에게 맡기소서."라고 하자, 王이 잠자코 있었다. 공숙좌가 말하기를 "임금께서 위앙을 등용하지 않으시려거든 반드시 그를 죽여 국경을 나가지 못하게 하소서."라고 하니, 왕이 허락을 하고 갔다. 공숙좌가 위앙을 불러 사과하며 말하기를 "나는 임금을 먼저 생각하고 신하를 나중에 생각한다. 따라서 먼저 임금을 위하여 모의하였고 나중에 그대에게 알려주니 그대는 반드시 속히 떠나가라."라고 하니, 위앙이 말하기를 "임금이 그대의 말을 받아들여 신에게 맡기려고 하지 않았는데, 또 어찌 그대의 말을 받아들여 신을 죽이려고 하겠습니까?"라

36) 晉나라의……말한다 : 晉 惠公은 이름은 夷吾이고, 獻公의 셋째 아들이다. 헌공이 총희 驪姬의 참언으로 태자 申生이 자살하자 이오는 梁나라로 달아났다. 여희의 소생 奚齊가 즉위하였으나 신하에게 죽임을 당하자 이오는 秦나라에 河西 땅을 주겠다고 약속하고 秦나라의 군대를 빌려 귀국하였다. 晉 文公은 獻公의 庶子로 여희의 흉계로 나라에서 쫓겨난 뒤 천하를 떠돌다가 혜공의 아들 懷公이 失政하자 秦 穆公의 원조를 받고 晉나라에 들어와 정권을 잡았다.

고 하고 끝내 떠나가지 않았다. 왕이 나오면서 좌우의 신하들에게 이르기를 "공숙좌가 병이 심하니 슬프다. 寡人에게 나랏일을 위앙에게 맡기라고 하였다가 또 그를 죽이라고 권유하니 어찌 이다지도 정신이 혼란하단 말인가."라고 하였다.

위앙이 秦나라에 도착하고 나서 嬖臣 景監을 통해 孝公 뵙기를 청하여 富國彊兵의 방법으로 설득하니 효공이 크게 기뻐하여 그와 더불어 國事를 의논하였다.

於是에 衛公孫鞅이 聞之하고 乃西入秦①하니 鞅은 衛之庶孫也라 好刑名之學②하야 事魏相公叔痤하니 痤知其賢호대 未及進이러니 會病에 魏惠王이 往問之曰 公叔이 病하니 如有不可諱면 將奈社稷何③오 公叔이曰 痤之中庶子衛鞅이 年雖少나 有奇才하니 願君은 擧國而聽之하소서 王이 嘿然④한대 公叔이 曰 君이 卽不聽用鞅이어든 必殺之하야 無令出境하소서 王이 許諾而去어늘 公叔이 召鞅謝曰 吾先君而後臣⑤이라 故先爲君謀하고 後以告子하니 子必速行矣⑥어다 鞅이 曰 君不能用子之言하야 任臣이어니 又安能用子之言하야 殺臣乎아 卒不去하다 王이 出謂左右曰 公叔이 病甚하니 悲乎로다 欲令寡人으로 以國聽衛鞅也하고 旣又勸寡人殺之하니 豈不悖哉⑦리오 鞅이 旣至秦하야 因嬖臣景監以求見하야 說(세)以富國彊兵之術하니 孝公이 大悅하야 與議國事⑧하다

① 鞅은 於兩의 切이니, 이름이다.
鞅, 於兩切, 名也.

② 刑名은 이름으로 실질을 따지고 임금을 높이고 신하를 낮추며 윗사람을 높이고 아랫사람을 억누르는 것이다.
刑名者, 以名責實, 尊君卑臣, 崇上抑下.

③ "不可諱(피할 수 없다)"는 것은 죽음을 말한다. 죽음은 사람이 피하지 못하는 것이기 때문이다.
不可諱, 謂死也. 死者, 人之所不能避故云.

④ 中庶子는 官名이다. 戰國시대 이래로 大夫의 집에는 中庶子도 있고 舍人도 있었다. 嘿은 默(침묵하다)과 같다.
中庶子, 官名. 自戰國以來, 大夫之家有中庶子, 有舍人. 嘿, 與默同.

⑤ 先(앞서다)과 後(뒤로 미루다)는 모두 去聲이다.
先·後, 皆去聲.

⑥ 여기의 先(먼저)과 後(뒤)는 모두 본음대로 읽는다.
此先·後, 皆如字.

⑦ 悖는 음이 佩이니, 병이 심하여 정신이 혼란한 것을 말한다.
悖, 音佩, 疾重而悖亂也.

⑧ 嬖는 낮은 신분으로 영화를 얻은 것이다. 景은 姓이다. 監(거울)은 去聲이니 이름이다.
嬖, 賤而得華. 景, 姓也. 監, 去聲, 名也.

辛酉年(B.C. 360)

【綱】 周나라 顯王 9년이다.

九年이라

壬戌年(B.C. 359)

【綱】 周나라 顯王 10년이다. 秦나라가 衛鞅을 左庶長으로 삼고 法을 변경하는 명령을 결정하였다.

十年이라 **秦以衛鞅爲左庶長**하고 **定變法之令**하다

【目】 衛鞅이 法을 변경하려고 하니 秦나라 사람들이 기뻐하지 않았다. 위앙이 孝公에게 말하기를 "무릇 처음에는 백성과 더불어 일을 꾸며서는 안 되지만 성공은 더불어 즐겨도 됩니다. 지극한 德을 논하는 자는 세속과 화합하지 못하고, 큰 공을 이루는 자는 대중과 상의하지 않습니다. 이 때문에 聖人이 만일 나라를 부강하게 할 수 있다면 옛것을 본받지 않는 것입니다."라고 하니, 甘龍이 말하기를 "그렇지 않습니다. 백성을 따라서 가르치는 것은 수고롭게 하지 않아도 공을 이루고, 法을 따라서 다스리는 것은 관리가 익숙하고 백성이 편안합니다."라고 하였다. 위앙이 말하기를 "常人은 옛 풍속에 안주하고 學者는 배운 바에 빠져 있으니, 이 두 가지로 관직에 있으면서 법을 지키는 것은 괜찮겠지만 법 밖의 일은 더불어 논의할 바가 아닙니다. 지혜로운 자가 법을 만들면 어리석은 자가 제지를 하고, 현명한 자가 禮를 바꾸면 불초한 자가 막아섭니다."라고 하니, 효공이 말하기를 "좋다."라고 하고 마침내 위앙을 左庶長으로 삼아서 마침내 법을 바꾸는 명령을 결정하였다.

백성으로 하여금 什과 伍를 만들어 서로 糾察하여 連坐하게 하여, 죄악을 고발하지 않는 자는 허리를 베어 죽이고, 죄악을 고발하는 자는 적의 머리를 벤 것과 같은 상을 내리며, 죄악을 숨기는 자는 적에게 항복한 것과 같은 벌을 내렸다. 백성들 중에 남자가 2명 이상 있는데도 分家하지 않는 자는 세금을 두 배로 내게 하고, 軍功이 있는 자는 등급에 따라 관작을 받고, 사사로이 싸우는 자는 경중에 따라 벌을 받았다. 크고 작

은 사람이 힘을 합하여 밭을 갈고 비단 짜는 것을 본업으로 삼아 곡식과 비단을 많이 바친 자는 賦役을 면제하고, 商工業에 종사하거나 게을러서 가난한 자는 찾아서 그 처자를 노비로 삼았다. 宗室도 의논할 만한 軍功이 있는 경우가 아니라면 종실의 호적을 가지지 못하게 하고, 높고 낮음을 밝혀서 爵秩의 등급을 각각 차등 있게 하고, 田宅과 臣妾과 衣服을 소유하게 하되 공이 있는 자는 현달하고 영화롭게 하며 공이 없는 자는 비록 부유하더라도 화려함이 없게 하였다.

衛鞅이 欲變法하니 秦人이 不悅이어늘 鞅이 言於孝公曰 夫民은 不可與慮始요 而可與樂成이라 論至德者不和於俗하고 成大功者不謀於衆하나니 是以로 聖人이 苟可以彊國이면 不法其故니이다 甘龍이 曰① 不然하다 因民而教者는 不勞而成功하고 緣法而治者는 吏習而民安之니이다 衛鞅이 曰 常人은 安於故俗하고 學者는 溺於所聞하니 以此兩者로 居官守法은 可也어니와 非所與論於法之外也라 智者作法에 愚者制焉하고 賢者更禮에 不肖者拘焉②이니이다 公이 曰 善타하고 乃以鞅으로 爲左庶長③하야 卒定變法之令하다 令民으로 爲什伍하야 而相收司連坐④하야 不告姦者는 要斬⑤하고 告姦者는 與斬敵首로 同賞하고⑥ 匿姦者는 與降敵으로 同罰⑦하고 民有二男以上不分異者어든 倍其賦하고 有軍功者는 各以率受爵⑧하고 爲私鬪者는 各以輕重被刑⑨하고 大小僇力하야 本業耕織하야 致粟帛多者는 復其身⑩하고 事末利及怠而貧者는 擧以爲收孥⑪하고 宗室이 非有軍功論이면 不得爲屬籍⑫하고 明尊卑하야 爵秩等級을 各以差次하고 名田宅臣妾衣服⑬호대 有功者는 顯榮하고 無功者는 雖富나 無所芬華러라

① 甘龍은 姓名이다.
甘龍, 姓名.

② 更(바꾸다)은 음이 庚이다. 肖는 비슷함이다. 不肖는 닮은 바가 없다는 말이니 재주가 없는 사람을 이른다. 현명하고 지혜로운 사람이 법을 만들고 예를 바꾸면 어리석고 불초한 사람이 변통할 줄 몰라서 곧 제재하고 구속하여 시행되지 못하게 하는 것을 말한 것이다.
更, 音庚. 肖, 似也. 不肖, 言無所象類, 謂不材之人也. 言賢智之人, 作法更禮, 而愚不肖者, 不明變通而輒拘制, 不使之行.

③ 左庶長은 秦나라의 열 번째 관작의 이름이다.
左庶長, 秦第十爵名.

④ 5인이 伍가 되고 2伍가 什이 된다. 司는 管(감시하다)과 같다. 收司[37]는 서로 규찰하는 것이다. 什伍法을 만들어 서로 규찰하게 하여 한 집이 죄가 있으면 아홉 집이 이를 고발하고, 만일 규찰하여 고발하지 않으면 아홉 집이 연좌되는 것이다.
五人爲伍, 二伍爲什. 司, 猶管也. 收司, 相糾發也. 爲什伍之法, 使之相收相管, 一家有罪, 九

37) 收司 : 收는 糾와 통용하여 쓴다.

家舉發, 若不糾擧, 則九家連坐.

⑤ 要는 腰와 통한다.
要, 與腰通.

⑥ 간악한 사람 1명을 고발하면 한 계급의 관작을 얻는다고 하였으므로 "적의 머리를 벤 것과 같은 상을 내린다."라고 말하였다.
謂告姦一人, 則得爵一級, 故云"與斬敵首同賞."

⑦ 律에 적에게 항복한 자는 그 몸을 죽이고 그 집안을 몰살한다고 하였으므로, 지금 간악함을 숨기는 자는 적에게 항복한 자와 똑같이 처벌하는 것이다.
律, 降敵者, 誅其身, 沒其家, 今匿姦者, 與之同罰.

⑧ 率은 음이 律이고 約數이니 差等과 같다.
率, 音律, 約數也, 猶差等也.

⑨ 被(당하다)는 去聲이다.
被, 去聲.

⑩ 僇은 음이 六이니 戮과 같다. 僇은 ≪說文解字≫에 힘을 합하는 것이라고 하였다. 復은 음이 福이니 賦役을 면제하는 것이다.
僇, 音六, 與戮同. 僇, 〔說〕[38]文, 幷力也. 復, 音福, 除其賦役也.

⑪ 事는 종사하는 것이다. 末利는 공업과 상업이다. 孥는 음이 奴이니 처자식이다. 규찰하고 고발하여 그 처자식을 거두어 기록하여 적출하여 官奴婢로 삼는 것을 이른다.
事, 務也. 末利, 謂工商也. 孥, 音奴, 妻子也. 謂糾擧而收錄其妻子, 沒爲官奴婢.

⑫ 論은 의논이니 의논할 만한 戰功이 있는 것이다. 一說에 論은 議法(법률을 논의한다)이라 하여 아래 구절에 연결하였다. 屬籍은 宗室의 호적이다.
論, 議也, 有戰功之可論也. 一說, 論, 議法也, 屬下句. 屬籍, 宗屬之籍也.

⑬ ≪史記≫ 〈商鞅傳〉에는 이 구절 아래에 "以家次" 3字가 있으니, 각각 그 집안 爵秩의 班次에 따르게 하고 지나치게 사치하거나 등급을 넘지 못하게 하는 것을 말한다. 名은 소유함이다. 一說에 "≪資治通鑑≫에서 이 3字를 삭제하였으니 이 구절은 마땅히 上文의 '各以差次' 4字와 연결하여 한 구절로 해야 한다."라고 하였다.[39]
商鞅傳, 此句下, 有"以家次"三字, 謂各隨其家爵秩之班次, 不使僭侈踰等也. 名, 占也. 一說"通鑑節去三字, 則此句當蒙上文'各以差次'四字, 通爲一句."

【目】法令을 이미 갖추고 아직 공포하지 않았는데 백성들이 믿지 않을까 걱정을 하여 마침내 세 길 되는 나무를 國都의 南門에 세우고 백성들을 모아놓고는 이것을 北門으

38) 〔說〕: 저본에는 없으나 ≪資治通鑑≫의 註에 근거하여 보충하였다.
39) 一說에……하였다: 이 말은 "爵秩의 등급을 각각 차등에 따라 田宅, 臣妾, 衣服을 소유하게 하며"라고 해야 한다는 것이다.

秦나라 임금을 설득하여 變法을 시행하는 衛鞅

로 옮겨놓는 자에게 10金을 주겠다고 하였다. 백성들이 괴이하게 생각하고 아무도 옮겨놓지 않았다. 다시 말하기를 "옮기는 자가 있으면 50금을 주겠다."라고 하였다. 어떤 사람이 이 나무를 옮기자 곧바로 50금을 주고 마침내 법령을 내렸다.

법령이 시행되고 1년이 지나니 백성들이 國都에 가서 새 법령이 불편하다고 말하는 자가 천 명이 넘었다. 이때 太子가 법령을 어기자 衛鞅이 말하기를 "法이 행해지지 않는 것은 위에서 어기기 때문이다. 太子는 임금의 후계자이니 형벌을 내릴 수 없다."라고 하고, 그의 傅 公子 虔을 형벌하고 그의 師 公孫賈에게 墨刑을 하였다. 다음 날로 秦나라 사람들이 모두 법령을 따랐다. 법령을 시행한 지 10년이 되니 길에 떨어진 물건을 줍지 않고 산에 도적이 없으며 백성들이 전쟁에 나가서는 용감하고 사사로운 싸움에는 겁을 내니 鄕邑이 크게 다스려졌다.

秦나라 백성 중에 처음에 법령이 불편하다고 말한 자가 다시 와서 법령이 편하다고 말을 하자, 위앙이 말하기를 "이들은 법령을 어지럽히는 백성이다."라고 하고 모두 변방으로 이주시켜버렸다. 이후로는 백성들이 아무도 법령에 대하여 말을 하지 않았다.

令既具未布에 恐民之不信하야 乃立三丈之木於國都南門하고 募民호대 能徙置北門者면 予十金①호리라 民이 怪之하야 莫敢徙러니 復曰 能徙者면 予五十金하리라 有一人이 徙之어늘 輒與五十金하고 乃下令하다 令行朞年에 民이 之國都②하야 言新令之不便者以千數러니 於是에 太子犯法이어늘 衛鞅이 曰 法之不行은 自上犯之라 太子는 君嗣니 不可施刑이라하고 刑其傅公子虔하고 黥其師公孫賈③하니 明日에 秦人이 皆趨令④하더라 行之十年에 道不拾遺하고 山無盜賊하고 民勇於公戰하고 怯於私鬪하니 鄕邑이 大治하더라 秦民이 初言令不便者有來言令便이어늘 鞅이 曰 此亂法之民也라하고 盡遷之於邊하니 其後에 民이 莫敢議令하더라

① 募는 널리 부르는 것이다. 予(주다)는 與로 읽는다. 金은 사방 1寸에 무게가 1斤인 것을

1金이라 하는데 10,000錢에 해당한다. 여러 下賜에서 黃金이라 말한 것은 모두 金을 주는 것이고40), 황금이라 말하지 않은 것은 1金 곧 10,000錢을 주는 것이다.

募, 廣招也. 予, 讀曰與. 金方寸重一斤, 爲一金, 直萬錢. 諸賜言黃金者, 皆與之金. 不言黃者, 一金與萬錢也.

② 之는 가는 것이다.

之, 往也.

③ 黥은 음이 擎이니 얼굴에 墨을 물들이는 것이다.

黥, 音擎, 墨涅其面.

④ 趨는 향하고 붙는 것이다.

趨, 向也, 附也.

【目】 司馬溫公이 다음과 같이 평하였다.

"무릇 信은 人君의 큰 보배이다. 나라는 백성에게서 보존되고 백성은 信에서 보존된다. 그러므로 옛날의 王者는 四海를 속이지 않았고 霸者는 四隣(사방의 이웃나라)을 속이지 않았으며, 나라를 잘 다스린 자는 그 백성을 속이지 않았고 집안을 잘 다스린 자는 그 친척을 속이지 않았다. 잘하지 못하는 자는 이와 반대로 하였으니, 이 때문에 上下의 마음이 떠나가서 패망에 이르렀다. 이로운 것이 그 손상된 것을 치료하지 못하고 얻은 것이 그 잃은 것을 보충하지 못하니, 어찌 슬프지 않겠는가. 商君이 刻薄한 자질로 공격하고 싸우는 시대에 살았으나 오히려 信을 잊지 않고 그 백성을 길렀으니, 하물며 四海를 고르게 다스리는 정치를 하는 자에게 있어서랴."

司馬公曰 夫信者는 人君之大寶也라 國保於民하고 民保於信하니 故古之王者는 不欺四海하고 霸者는 不欺四隣하고 善爲國者는 不欺其民하고 善爲家者는 不欺其親하고 不善者는 反之하나니 是以로 上下離心하야 以至於敗라 所利不能藥其所傷하고 所獲不能補其所亡하니 豈不哀哉리오 商君이 以刻薄之資로 處攻戰之世호대 猶且不敢忘信하야 以畜(휵)其民하니 況爲四海治平之政者哉아

癸亥年(B.C. 358)

【綱】 周나라 顯王 11년이다.

---

40) 黃金이라……것이고 : 思政殿訓義 ≪資治通鑑≫에는 "무릇 황금이라 말한 것은 모두 眞金이다.〔凡言黃金 眞金也〕"라 하였다.

十一年이라

【目】 韓나라 昭侯 원년이다.

韓昭侯元年[①]이라

① 昭侯는 懿侯의 아들이다.
昭侯, 懿侯子.

【綱】 秦나라가 韓나라의 군대를 西山에서 패배시켰다.

秦敗韓師于西山[①]하다

① 宜陽縣 熊耳山으로부터 동쪽으로 嵩高(嵩山)가 이어져 있고 남쪽으로 魯陽에 이르는데 모두 韓나라의 西山이다.
自宜陽熊耳東連嵩高, 南至魯陽, 皆韓之西山.

甲子年(B.C. 357)

【綱】 周나라 顯王 12년이다.

十二年이라

乙丑年(B.C. 356)

【綱】 周나라 顯王 13년이다.

十三年이라

丙寅年(B.C. 355)

【綱】 周나라 顯王 14년이다. 齊나라와 魏나라가 郊外에서 만나 사냥을 하였다.

十四年이라 齊魏會田于郊①하다

① 田은 짐승을 잡는 것이다. 농사에 해를 끼치는 짐승을 떠나가게 하는 것이므로 "田"이라고 하였다. ≪史記索隱≫41)에 "郊縣은 沛郡 소속이다."라고 하였다.
田, 取禽也. 去禽獸害稼者, 故以田言之. 索隱 "郊縣, 屬沛郡."

【目】 魏나라 惠王이 齊나라 威王에게 묻기를 "齊나라도 보배가 있습니까?"라고 하니, 威王이 말하기를 "없습니다."라고 하였다. 혜왕이 말하기를 "寡人이 나라는 비록 작으나 오히려 지름이 1치 되는 구슬로 수레의 앞뒤로 각각 12乘을 비추는 것이 10개 있습니다. 어찌 齊나라 같은 大國이 보배가 없겠습니까?"라고 하니, 위왕이 말하기를 "寡人이 보배로 생각하는 것은 왕과는 다릅니다. 제 신하 중에 檀子라는 자가 있는데 그에게 南城을 지키게 하였더니 楚나라 사람이 감히 노략질을 못하였고, 盼子(반자)라는 자가 있는데 그에게 高唐을 지키게 하였더니 趙나라 사람이 감히 동쪽으로 黃河에서 고기를 잡지 못하였으며, 黔夫라는 자가 있는데 그에게 徐州를 지키게 하였더니 燕나라와 趙나라 사람으로 그를 좇아서 이사 온 사람이 7,000여 집이나 되었고, 種首라는 자가 있는데 그에게 盜賊을 막게 하였더니 길에 떨어진 물건을 줍지 않았습니다. 이 네 신하는 장차 千里를 비출 것이니 어찌 다만 12乘뿐이겠습니까?"라고 하였다. 혜왕이 부끄러워하는 기색이 있었다.

魏惠王이 問齊威王曰 齊亦有寶乎아 威王이 曰 無有라 惠王이 曰 寡人이 國雖小나 尙有徑寸之珠照車前後各十二乘者十枚하니 豈以齊大國而無寶乎아 威王이 曰 寡人之所以爲寶者는 與王異라 吾臣有檀子者하니 使守南城則楚人이 不敢爲寇①하고 有盼子者하니 使守高唐則趙人이 不敢東漁於河②하고 有黔夫者하니 使守徐州則燕趙之人이 從而徙者七千餘家③요 有種首者하니 使備盜賊則道不拾遺④라 此四臣者는 將照千里니 豈特十二乘哉리오 惠王이 有慙色하더라

① 檀은 姓이고 子는 男子의 美稱이다. 史書에 그 이름이 전하지 않는다. ≪資治通鑑綱目集覽≫에 "南城은 縣名이고 泰山에 속한다."고 하였다.
檀, 姓也. 子, 男子之美稱. 史失其名. 集覽 "南城, 縣名, 屬泰山."
② 盼은 盼과 같다. 盼은 匹莧의 切과 披班의 切이다. 盼子는 곧 田盼이다. 高唐은 齊나라 西邑이다.
盼, 與盼同. 盼, 匹莧・披班二切. 盼子, 卽田盼也. 高唐, 齊西邑.
③ 黔은 음이 鉗이다. 黔夫는 姓名이다. ≪史記索隱≫에 "徐州는 곧 薛縣이고 九州의 하나인 徐州가 아니다."라고 하였다.

---

41) 史記索隱 : 唐나라 司馬貞이 편찬한 ≪史記≫의 주석서를 말한다.

黔, 音鉗. 黔夫, 姓名. 索隱"徐州, 卽薛縣也, 非九州之徐."

④ 種(씨앗)은 上聲이고 種首는 이름이다. 史書에 그 姓이 전하지 않는다.
種, 上聲. 種首, 名也. 史失其姓.

丁卯年(B.C. 354)

【綱】周나라 顯王 15년이다. 秦나라가 魏나라 군대를 元里에서 패배시키고 少梁을 빼앗았다.

十五年이라 **秦敗魏師于元里**하고 **取少梁**[①]하다

① 元里는 魏나라 邑이다. ≪史記正義≫에 "元里는 同州 澄城縣 경계에 있다."고 하였다.
元里, 魏邑. 正義"元里在同州澄城縣界."

【綱】魏나라가 趙나라를 정벌하여 邯鄲을 포위하였다.

◑ **魏伐趙**하야 **圍邯鄲**하다

戊辰年(B.C. 353)

【綱】周나라 顯王 16년이다. 齊나라가 魏나라를 정벌하여 趙나라를 구원하려고 하니 魏나라가 邯鄲을 이기고 돌아와 싸우다가 크게 패하였다.

十六年이라 **齊伐魏以救趙**러니 **魏克邯鄲**하고 **還戰**이라가 **敗績**[①]하다

① 크게 무너지는 것을 敗績이라 한다.
大崩曰敗績.

【目】처음에 孫臏이 龐涓과 함께 兵法을 배웠는데, 방연이 魏나라에 벼슬을 하여 將軍이 되었으나 스스로 능력이 손빈에게 미치지 못한다고 생각하여 마침내 그를 불렀다. 손빈이 도착하자 그의 발을 자르고 墨刑을 하여 그를 종신토록 廢固시키려고 하였다. 齊나라의 使者가 魏나라에 이르자 손빈이 몰래 그를 만났는데 使者가 몰래 그를 수레에 싣

桂陵 전투

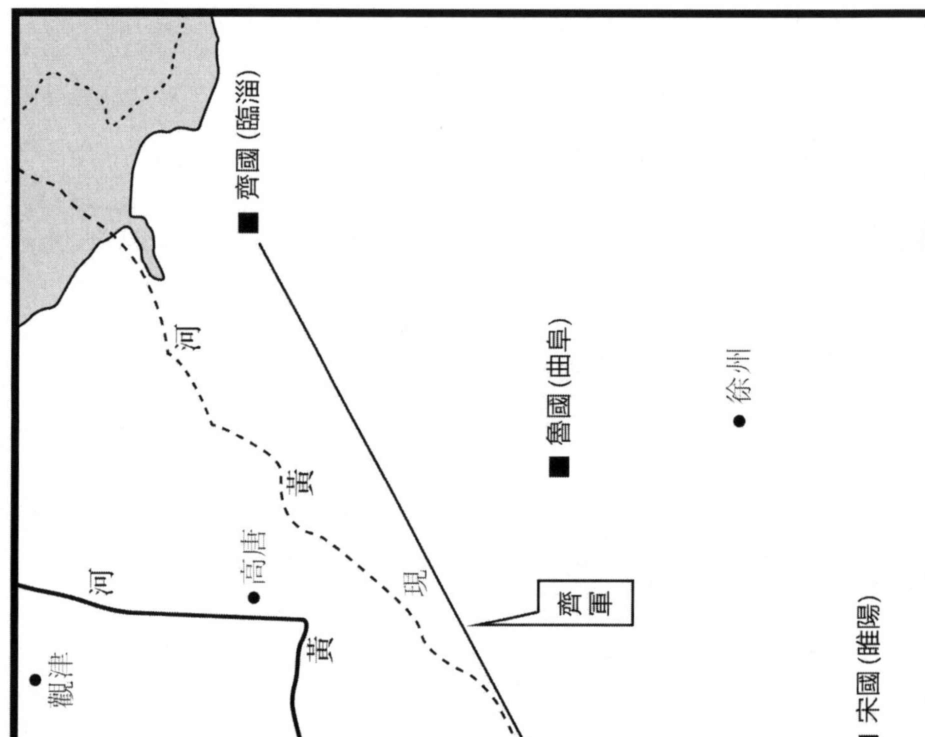
齊國(臨淄)
魯國(曲阜)
徐州
宋國(睢陽)
韓國(新鄭)
陽翟
大梁
桂陵
衛國(濮陽)
趙國(邯鄲)
齊軍
魏軍
河
黃
現
古
黃
河
高唐
觀津
房子
楡次

고 돌아갔다. 田忌가 그를 빈객으로 대우하고 威王에게 천거하였다. 위왕이 兵法을 묻고 드디어 그를 스승으로 삼았다.

이때 趙나라를 구원하려고 도모하면서 손빈을 장수로 삼으려고 하였더니, 형벌을 받은 사람이라 불가하다고 사양하였다. 마침내 전기를 장수로 삼고, 孫子를 軍師로 삼았는데 손자가 輜車 안에 있으면서 앉아서 계략을 내었다.

거짓으로 미친 척하여 龐涓의 마수에서 벗어난 孫臏

전기가 군사를 이끌고 趙나라로 가려고 하니, 손자가 말했다. "뒤섞여 어지러이 엉켜 싸우는 것을 푸는 자는 주먹으로 치지 않으며, 싸움을 말리는 자는 붙들거나 잡지 아니하니, 그 요해처를 공격하고 빈틈을 찔러서 形勢가 막히고 그치게 되면 스스로 풀 것입니다. 지금 梁42)의 날래고 정예로운 병졸은 모두 나라 밖에서 힘을 다하고, 늙고 약한 사람은 나라 안에서 지쳐 있을 것이니, 만일 병사를 이끌고 魏나라의 도읍으로 빨리 달려가면 저들이 반드시 趙나라를 풀어주고 자기 나라를 구하려 할 것입니다. 이는 우리가 한 번 행동으로 趙나라의 포위를 풀고 魏나라를 피폐하게 만드는 것입니다."라고 하였다. 전기가 이 말을 따랐다.

10월에 邯鄲이 魏나라에 항복하니, 魏나라 군사가 돌아와서 齊나라와 桂陵에서 싸웠는데 魏나라 군사가 크게 패하였다.

初에 孫臏이 與龐涓으로 俱學兵法①이러니 涓이 仕魏爲將軍한대 自以能不及臏이라하야 乃召之하야 至則斷其足而黥之하야 欲使終身廢棄러니 齊使者至魏어늘 臏이 陰見之②한대 使者竊載以歸하니 田忌客之하야 進之威王하니 威王이 問兵法하고 遂以爲師러니 至是하야 謀救趙할새 以臏爲將한대 辭以刑餘之人이 不可어늘 乃使田忌爲將하고 而孫子爲師하야 居輜車中하야 坐爲計謀③하더라 忌欲引兵之趙한대 孫子曰 夫解雜亂紛糾者는 不控拳④하고 救鬪者는 不搏撠⑤하나니 批亢擣虛하야 形格

42) 梁 : 魏나라를 가리킨다. 나중에 秦나라의 침입을 받아 수도를 大梁으로 옮겼는데, 이때부터 魏나라를 梁나라로 불렀다.

勢禁則自爲解耳⑥라 **今梁之輕兵銳卒**이 **竭於外**하고 **而老弱**이 **疲於內**하니 **若引兵疾走其都**하면 **彼必釋趙而自救**하리니 **是我一擧**에 **解趙之圍而收弊於魏也**라 **忌從之**하다 **十月**에 **邯鄲降魏**하니 **魏師還**하야 **與齊**로 **戰於桂陵**하야 **魏師大敗**⑦하다

① 臏은 頻忍의 切이니 발을 자르는 것이다. 두 발이 잘린 것으로 인하여 드디어 臏을 이름으로 하였다. 龐은 皮江의 切이니 姓이다. 涓은 古玄의 切이다.
臏, 頻忍切, 刖也. 因刖兩足, 遂名臏. 龐, 皮江切, 姓也. 涓, 古玄切.

② 아래의 使는 去聲이니 명을 받든 자이다. 見(만나다)은 胡甸의 切이다.
下使, 去聲, 將命者. 見, 胡甸切.

③ 輜는 側持의 切이다. 軿車에 衣蔽(장막으로 가림)가 있고 後轅이 없는 것을 輜라 하니, 군대가 행군할 때 輜重을 싣는 것이다.
輜, 側持切. 軿車有衣蔽無後轅者謂之輜, 軍行所以載輜重.

④ "雜亂紛糾(뒤섞여 어지러이 엉키어 있다.)"는 사람이 싸우는 것을 말한다. 뒤섞여 어지러이 엉킨 것을 푸는 자는 마땅히 손으로 풀어야 하고 주먹으로 쳐서는 안 된다. 一說에 拳은 絭과 같고 區願의 切이며 소매를 걷어서 묶는 끈이라고 하였다. "攘臂(팔소매를 걷어 올린다.)"는 팔을 잡는 것과 같다. "解雜亂紛糾者 不控拳"은 대개 엉킨 실을 정리하는 것으로 비유하였으니, 뒤섞여 어지러이 엉킨 것은 마땅히 천천히 풀어야 하고 급하게 붙들거나 잡아 뽑아서는 안 된다는 말이다. 一說에 控은 당김이며, 拳은 ≪史記≫에 捲으로 되어 있고 음은 權이며 힘을 쓰는 모습이라고 하였다. 어지러운 것을 풀려면 마땅히 천천히 해야 한다. 만일 천천히 하지 않고 급하게 당기고 힘을 쓰면 어지러움이 더욱 심해져서 풀 수가 없다.
雜亂紛糾者, 謂人鬪者耳. 解雜亂紛糾者, 當善以手解之, 不可控拳而擊之. 一說, 拳, 與絭同, 區願切, 攘臂繩也. 攘臂, 猶將臂也. 解雜亂紛糾者不控拳, 蓋以理亂絲爲喩, 言雜亂紛糾者, 當徐解之, 不可急持拘捋也. 一說, 控, 引也. 拳, 史記作捲, 音權, 用力貌. 解亂者, 當緩以解之, 若不緩而急控之捲之, 則亂益甚, 不可解矣.

⑤ 搏撠은 음이 搏戟이다. 손으로 치는 것을 搏이라 하고, 붙들어 잡는 것을 撠이라 한다. 싸움을 말리는 것은 마땅히 잘 나누어서 풀어야지, 손으로 서로 치고 붙들어 잡아서는 안 된다는 것을 이른다.
搏撠, 音搏戟. 手擊曰搏, 拘持曰撠. 謂救鬪者, 當善撝解之, 毋以手相搏撠也.

⑥ 批는 白結의 切이니 서로 밀치는 것이다. 亢은 두 사람이 서로 맞서서 대항하는 것을 말한다. 擣는 치는 것이다. 虛라는 것은 두 사람이 서로 대적하여 싸우는데 힘이 미치지 못하는 곳이다. 格은 그침이다. 爲(위하다)는 去聲이다. 그 서로 대적한 것을 밀치고 그 빈틈을 공격하면 그 모양이 서로 막히고 그 勢가 스스로 제지되어 저가 스스로 푸는 것을 이른다. 一說에 亢은 본래 목구멍의 뜻을 가진 글자이고 居郎의 切이며 요해처라고 하였다. 批亢은 그 요해처를 공격함을 말한 것이니 下文에 "병사를 이끌고 그 도읍으로 빨리 달려간다."라고 한 것이 곧 요해처이다. 만약 저들이 대항하고 있는데 내가 공격을 하는 것이라면 빈틈

을 친다는 의미와는 같지 않다.
批, 白結切, 相排批也. 亢, 言敵人相亢拒也. 擣者, 擊也. 虛者, 兩敵拒鬪, 力所不及之處. 格, 止也. 爲, 去聲. 謂批其相亢, 擊擣彼虛, 則其形相格, 其勢自禁止, 彼自爲解也. 一說, 亢, 本喉肮字, 居郎切, 衿要之處也. 批亢, 謂擊其要處也. 下文云"引兵疾走其都." 卽要處也. 若彼亢拒而我擊之, 則與擣虛之義, 不侔矣.

⑦ 桂陵은 齊나라 땅이다. ≪史記正義≫에 "桂陵은 曹州 乘民縣의 東北에 있다."고 하였다.
桂陵, 齊地. 正義"桂陵在曹州乘民縣東北."

【綱】 韓나라가 東周를 정벌하여 陵觀과 廩丘를 빼앗았다.

韓伐東周하야 **取陵觀廩丘**[①]하다

① 周나라 考王이 그 동생 揭를 河南에 봉하니 바로 西周 桓公이다. 桓公의 손자 惠公이 또 작은 아들 班을 鞏에 봉하니 이곳이 東周 顯王이 사는 곳이다. 觀은 古玩의 切이다. 陵觀과 廩丘는 모두 당시 邑聚의 이름이다.
考王, 封其弟揭于河南, 是爲西周桓公. 桓公之孫惠公, 又封少子班於鞏, 是爲東周顯王所居. 觀, 古玩切. 陵觀·廩丘, 皆當時邑聚之名.

己巳年(B.C. 352)

【綱】 周나라 顯王 17년이다. 秦나라가 魏나라를 정벌하였다.

十七年이라 **秦伐魏**하다

【綱】 諸侯들이 魏나라의 襄陵을 포위하였다.

○**諸侯圍魏襄陵**[①]하다

① ≪漢書≫ 〈地理志〉에 "河東에 襄陵縣이 있다."고 하였다.
班志 "河東有襄陵縣."

庚午年(B.C. 351)

【綱】 周나라 顯王 18년이다. 秦나라가 魏나라를 정벌하였다.

十八年이라 秦伐魏하다

【綱】 韓나라가 申不害를 정승으로 삼았다.

○韓以申不害로 爲相하다

【目】 申不害는 鄭나라의 하급 관리였다. 黃老와 刑名을 배워 韓나라 昭侯에게 벼슬을 구하였다. 소후가 등용하여 정승으로 삼아 안으로는 政教를 닦고 밖으로는 諸侯들에게 대응하니, 15년 동안 申子의 몸이 죽을 때까지 나라가 다스려지고 군대가 강하게 되었다.

신자가 일찍이 그의 從兄에게 벼슬을 주도록 부탁하였는데, 소후가 허락하지 않으니 신자가 원망하는 기색을 띠었다.

공을 세운 자에게 주려고 낡은 바지를 보관한 韓 昭侯

소후가 이르기를 "내가 그대에게 배운 이유는 나라를 잘 다스리려고 해서이다. 지금 장차 그대의 청을 들어주고 그대의 방법을 버릴 것인가. 아니면 그대의 방법을 행하고 그대의 청을 버릴 것인가? 그대가 일찍이 寡人으로 하여금 功勞를 닦고 次第를 살피게 하더니, 지금 사사로이 청하는 바가 있으니 장차 어느 것을 따라야 하겠는가."라고 하니, 신자가 마침내 안에 있지 못하고 나가서 죄를 청하며 말하기를 "임금께서야말로 참으로 제가 바라는 훌륭한 군주이십니다."라고 하였다.

소후가 낡은 바지를 가지고 있었는데 보관하라고 명령을 하였다. 侍者가 말하기를 "임금께서는 또한 인자하지 않으십니다. 좌우에게 하사하지 않고 보관하게 하시다니요."라고 하니, 소후가 이르기를 "내가 들으니 현명한 군주는 한 번 찡그리고 한 번 웃는 것을 아낀다고 하였으니, 찡그리면 찡그리는 일이 있게 되고 웃으면 웃을 일이 있게 된다. 지금 바지가 어찌 다만 찡그리고 웃는 정도일 뿐이겠는가. 나는 반드시 공이 있는 자를 기다릴 것이다."라고 하였다.

申不害者는 鄭之賤臣也라 學黃老刑名하야 以干韓昭侯①하니 昭侯用以爲相하야 內修政敎하고 外應諸侯하니 十五年終申子之身히 國治兵彊하더라 申子嘗請任其從兄②한대 昭侯不許하니 申子有怨色이어늘 昭侯曰 所爲學於子者는 欲以治國也③니 今將聽子之謁而廢子之術乎아 已其行子之術而廢子之請乎④아 子嘗敎寡人修功勞視次第러니 今有所私請하니 將奚聽乎아 申子乃辟(피)舍請罪曰 君眞其人也⑤로소이다 昭侯有弊袴하야 命藏之⑥한대 侍者曰 君亦不仁者矣로소이다 不賜左右而藏之온여 昭侯曰 吾聞明主는 愛一嚬一笑⑦라하니 嚬有爲嚬이요 笑有爲笑라 今袴豈特嚬笑哉리오 吾必待有功者하노라

① 申子의 학문은 黃老에 근본하고 刑名을 주장하였다. 黃老의 法은 淸簡하고 無爲하여 임금과 신하가 저절로 바르게 되는 것이다. 黃帝의 말은 전하는 것이 없고 老聃의 글은 81편이 있다.
申子之學, 本於黃老而主刑名. 黃老之法, 淸簡無爲, 君臣自正. 黃帝之言, 無傳, 老聃之書, 有八十一篇.
② 從은 才用의 切이다. 아버지 형제의 자식이 從父兄弟가 되니, 同祖從父에 근본하여 구별하는 것을 말한다.
從, 才用切. 父之兄弟之子爲從父兄弟, 言本同祖從父而別也.
③ 爲(위하다)는 去聲이니, 아래도 같다.
爲, 去聲, 下同.
④ 已는 語辭이다.
已, 語辭.
⑤ 辟(피하다)는 避라고 읽는다. 辟舍는 露天에 앉는 것이다.
辟, 讀曰避. 辟舍, 露坐也.
⑥ 袴는 苦故의 切이니 脛衣이다.
袴, 苦故切, 脛衣也.
⑦ 嚬은 顰과 같으니 근심하여 찡그리는 모습이다.
嚬, 與顰同, 愁蹙貌.

辛未年(B.C. 350)

【綱】周나라 顯王 19년이다. 秦나라가 咸陽으로 옮겨 도읍하고 비로소 井田을 폐지하였다.

十九年이라 秦徙都咸陽하고 始廢井田하다

【目】衛鞅이 冀闕과 宮庭을 咸陽에 건축하고 옮겨 도읍으로 삼았다. 백성들로 하여금 父子와 兄弟가 같은 방에 거처하는 것을 금지하고, 여러 작은 鄕과 聚를 아울러 모아서 하나의 縣으로 만들어 縣에 令과 丞을 두니 모두 31縣이었다. 井田을 폐지하고 阡陌(천맥)을 개간하며, 斗, 桶, 權, 衡, 丈, 尺을 통일하였다.

衛鞅이 築冀闕宮庭於咸陽하고 徙都之①하다 令民父子兄弟同室內息者를 爲禁②하고 幷諸小鄕聚하야 集爲一縣하야 縣置令丞하니 凡三十一縣③이라 廢井田開阡陌④하고 平斗桶權衡丈尺⑤하다

① 冀는 기록함이다. 教令을 기록하여 나열하는 것을 이 門闕에 하는 것이다. 闕은 문의 양쪽 옆에 있고 중앙은 비워서 도로를 만든다. 山의 남쪽을 陽이라 하고, 물의 북쪽을 또한 陽이라 한다. 그 城이 渭水의 북쪽과 九嵕山(구종산) 등 여러 산의 남쪽에 있으므로 咸陽이라 이름하였다.
冀, 記也, 記列教令, 當於此門闕也. 闕在門兩旁, 中央闕然爲道. 山南曰陽, 水北亦曰陽. 其城在渭水北, 九嵕諸山之南, 故名咸陽.

② 息은 머무는 것이다. 秦나라 풍속에 父子와 兄弟가 같은 방에서 거처하였으므로 衛鞅이 비로소 제도를 고쳐 금하였다.
息, 止也. 秦俗, 父子兄弟, 同室居止. 鞅始更爲制而禁之.

③ 幷(아우르다)은 去聲이다. 秦나라 제도에 큰 고을을 鄕이라 하고 작은 고을을 聚라고 한다. 令은 力正의 切이다. 縣令과 縣丞의 관직이 이때부터 시작되었다.
幷, 去聲. 秦制, 大曰鄕, 小曰聚. 令, 力正切. 縣令丞之官, 始此.

④ 開는 부수고 깎아낸다는 뜻이다. 阡陌은 음이 千貊이니 밭 사이의 길이다. 남북으로 난 길을 阡이라 하고 동서로 난 길을 陌이라 한다.
開者, 破壞刬削之義. 阡陌, 音千貊, 田間之道也. 南北曰阡, 東西曰陌.

⑤ 桶은 음이 勇이며 甬과 통하니 斛이다. 저울추를 權이라 하고, 저울대를 衡이라 한다. 저울추가 물건과 같게 되어 균형을 이루면 물건의 무게를 알게 된다.
桶, 音勇, 通作甬, 斛也. 稱錘曰權, 稱上曰衡. 權與物均而生衡, 所以知物輕重.

壬申年(B.C. 349)

【綱】周나라 顯王 20년이다.

二十年이라

【目】 趙나라 肅侯 원년이다.

趙肅侯元年①이라

① 肅侯는 成侯의 아들이니 이름은 語이다.
肅侯, 成侯子, 名, 語.

癸酉年(B.C. 348)

【綱】 周나라 顯王 21년이다. 秦나라가 賦稅法을 고쳤다.

二十一年이라 秦更賦稅法①하다

① 更(고치다)은 平聲이다. 井田이 이미 폐지되었으므로 周나라의 什一法을 다시 사용할 수 없었다. 대개 畝의 면적을 계산하여 賦稅法을 만들었다.
更, 平聲. 井田旣廢, 則周什一之法不復用, 蓋計畝而爲賦稅之法.

甲戌年(B.C. 347)

【綱】 周나라 顯王 22년이다.

二十二年이라

乙亥年(B.C. 346)

【綱】 周나라 顯王 23년이다. 衛나라가 호칭을 낮추어 侯라 하고 三晉에 복속하였다.

二十三年이라 衛貶號曰侯라하고 服屬三晉①하다

① 衛나라가 전에 公을 僭稱하였으나 이때에 이르러 점점 약소국이 되어 스스로 낮추어 侯라고 하였다.
衛, 前僭稱公, 至此, 寖以弱小, 自貶曰侯.

【目】 처음에 子思가 衛侯에게 苟變에 대하여 말하기를 “그 재주가 兵車 500乘을 거느릴 만합니다.”라고 하니, 公이 대답하기를 “나도 그럴 만하다는 것을 알고 있습니다. 그러나 구변이 일찍이 관리가 되었을 때 백성에게 세금을 거두며 남의 계란 두 개를 먹었기 때문에 쓰지 않는 것입니다.”라고 하였다. 자사가 말하기를 “聖人이 사람에게 벼슬을 주는 것은 匠人이 나무를 쓰는 것과 같아서 그 장점을 취하고 그 단점을 버립니다. 그러므로 몇 아름이 되는 杞나무와 梓나무는 몇 자 정도의 썩은 부분이 있더라도 훌륭한 장인은 버리지 않습니다. 지금 임금께서는 나라가 서로 싸우는 세상에 처하여 爪牙와 같은 武人을 선발하여야 되는데 계란 두 개 때문에 干城과 같은 장수를 버리시니, 이는 이웃 나라에 알려지게 해서는 안 됩니다.”라고 하였다.

衛侯가 옳지 않은 계책을 말하는데도, 여러 신하들은 마치 한입에서 나오는 것처럼 호응하였다. 자사가 “내가 衛나라를 보건대 이른바 임금은 임금답지 못하고 신하는 신하답지 못한 경우입니다.”라고 하니, 公丘懿子가 “어찌하여 이처럼 되었습니까?”라고 하였다. 자사가 이르기를 “임금이 스스로 옳다고 여기면 다른 사람들의 계책은 나오지 않습니다. 일이 옳아서 옳다고 하더라도 오히려 다른 사람의 계책을 막는데, 하물며 잘못된 일에 호응하여 惡을 키우는 것이야 말해서 무엇하겠습니까? 일의 옳고 그름을 살피지 아니하고 남이 자신을 칭찬하는 것을 기뻐함이 가장 심한 어리석음이고, 이치가 있는 곳을 헤아리지 않고 아첨하여 용납되기를 구함이 가장 심한 아첨이다. 임금은 어리석고 신하는 아첨하면서 백성의 위에 있으면 백성들이 따르지 않을 것이니, 이와 같이 하는 것을 그만두지 않으면 나라에 남는 백성이 없을 것입니다.”라고 하였다.

자사가 衛侯에게 말하기를 “임금의 나랏일이 장차 날로 잘못될 것입니다.”라고 하니, 公이 말하기를 “무슨 까닭이오.”라고 하였다. 자사가 대답하기를 “이유가 있습니다. 임금이 말을 하고 스스로 옳다고 여기면 卿大夫가 감히 그 잘못을 바로잡지 못하고, 卿大夫가 말을 하고 또한 스스로 옳다고 여기면 士庶人이 감히 그 잘못을 바로잡지 못합니다. 임금과 신하가 이미 스스로 현명하다고 하면 아랫사람들이 같은 소리로 현명하다고 하니, 현명하다고 하면 윗사람의 뜻에 순종하여 福이 있고, 바로잡으려고 하면 거역하여 禍가 있습니다. 이와 같다면 善이 어디로부터 생겨나겠습니까? ≪詩經≫에 이르기를 ‘모두 내가 聖人이라 하니 누가 까마귀의 암수를 구별하겠는가.’[43]라고 하였으니, 또한 임금님의 君臣과 같습니다.”라고 하였다.

---

43) 詩經에……구별하겠는가 : ≪詩經≫ 〈小雅 正月〉에 보인다.

初子思言苟變於衛侯曰 其材可將五百乘[①]이니이다 公曰 吾知其可將이나 然變이 嘗爲吏하야 賦於民而食人二雞子하니 故弗用也하노라 子思曰 夫聖人之官人은 猶匠之用木也하야 取其所長하고 棄其所短이라 故杞梓連抱而有數尺之朽라도 良工은 不棄[②]하나니 今君이 處戰國之世하야 選爪牙之士而以二卵으로 棄干城之將하니 此不可使聞於隣國也[③]로소이다 衛侯言計非是而群臣和者如出一口[④]이어늘 子思曰 以吾觀衛컨대 所謂君不君臣不臣者也로다 公丘懿子曰 何乃若是[⑤]오 子思曰 人主自臧則衆謀不進[⑥]하나니 事是而臧之라도 猶却衆謀어든 況和非以長惡乎[⑦]아 夫不察事之是非而悅人讚己闇莫甚焉[⑧]이요 不度(탁)理之所在而阿諛求容이 諂莫甚焉[⑨]이라 君闇臣諂하야 以居百姓之上이면 民不與也니 若此不已면 國無類矣리라 子思言於衛侯曰 君之國事將日非矣로소이다 公曰 何故오 子思曰 有由然焉하니 君出言自以爲是어든 而卿大夫莫敢矯其非하고 卿大夫出言亦自以爲是어든 而士庶人莫敢矯其非하야 君臣이 既自賢矣어든 而群下同聲賢之하니 賢之則順而有福하고 矯之則逆而有禍하나니 如此則善安從生이리오 詩曰 具曰予聖이라하니 誰知烏之雌雄고하니 抑亦似君之君臣乎인저

① 苟는 姓이다.
苟, 姓也.

② 杞와 梓는 모두 나무 이름이다. 連抱는 두 사람이 팔로 둘러싸는 것을 말한다.
杞梓, 皆木名. 連抱, 言兩人方合圍.

③ 處(처하다)는 昌呂의 切이다. 爪牙(손톱과 어금니)는 鳥獸가 사용하여 위협하는 것이다. 干城(방패와 城)은 모두 亂을 막는 것이다.
處, 昌呂切. 爪牙, 鳥獸所用以爲威者也. 干城, 皆所以禦亂也.

④ 和(화답하다)는 去聲이고 아래도 같다.
和, 去聲, 下同.

⑤ 公丘는 複姓이고 懿는 諡이다.
公丘, 複姓. 懿, 諡.

⑥ 藏은 善이다.
藏, 善也.

⑦ 長(장점)은 知文의 切이다.
長, 知文切.

⑧ 闇(어리석다)은 暗과 같다.
闇, 與暗同.

⑨ 度(헤아리다)은 大各의 切이다. 諛(아첨하다)는 음이 兪이다.
度, 大各切. 諛, 音兪.

丙子年(B.C. 345)

【綱】周나라 顯王 24년이다.

二十四年이라

丁丑年(B.C. 344)

【綱】周나라 顯王 25년이다. 諸侯들이 京師에 모였다.

二十五年이라 諸侯會于京師[①]하다

① 京은 큼이고 師는 많음이다. 天子가 사시는 곳은 반드시 많고 큰 것을 이르는 단어로 말을 한다.
京, 大也. 師, 衆也. 天子之居, 必以衆大之辭言之.

戊寅年(B.C. 343)

【綱】周나라 顯王 26년이다. 秦나라에 方伯의 임무를 맡기니 諸侯들이 하례하였다. 秦나라가 公子 少官으로 하여금 군사를 거느리고 諸侯들을 모아 조회하게 하였다.

二十六年이라 致伯于秦하니 諸侯賀之하다 秦이 使公子少官으로 帥(솔)師하야 會諸侯來朝하다

己卯年(B.C. 342)

【綱】周나라 顯王 27년이다.

二十七年이라

【目】≪史記≫를 살펴보면 이해는 齊나라 宣王 원년이다. ≪資治通鑑≫이 ≪史記≫와 같지 않은데, ≪資治通鑑考異≫[44]에 그 설을 기록하지 않았으니 근거한 바가 자세하지 않다. 뒤에 나오는 湣王 원년이 이것과 비슷하다.[45]

案史記에 是年이 齊宣王元年이로대① 通鑑與史記不同而考異에 不載其說하니 未詳所據로다 後湣王元年이 放此하다

① 宣王은 威王의 아들이다.
宣王, 威王子.

庚辰年(B.C. 341)

【綱】周나라 顯王 28년이다. 魏나라가 韓나라를 정벌하였는데, 齊나라가 魏나라를 정벌하여 韓나라를 구원하고 그 장수 龐涓을 죽이고 太子 申을 포로로 잡았다.

二十八年이라 魏伐韓이어늘 齊伐魏以救韓하야 殺其將龐涓하고 虜太子申하다

【目】魏나라가 龐涓으로 하여금 韓나라를 정벌하게 하였는데, 韓나라가 齊나라에 구원을 요청하였다. 齊나라 威王이 大臣을 불러 논의하였다. 成侯 鄒忌가 "구원하지 않는 것만 같지 못합니다."라고 하고, 田忌가 말하기를 "구원하지 않으면 韓나라가 장차 망하여 魏나라에 편입될 것이니, 일찍 구원해주는 것만 같지 못합니다."라고 하였다.

孫臏이 "韓나라와 魏나라의 병력이 아직 피폐하지 않았는데 구원해주면, 이는 우리가 韓나라를 대신하여 魏나라의 병력을 받게 되어 도리어 韓나라의 명령을 듣게 될 것입니다. 또 魏나라는 韓나라를 깨뜨릴 뜻을 가지고 있으니, 韓나라가 망할 형세가 되면 반드시 동쪽을 보면서 우리 齊나라에 호소할 것입니다. 이때를 기화로 우리는 韓나라와의 친분을 깊게 하고, 나중에는 魏나라가 전쟁으로 피폐해진 틈을 탄다면 결국엔 우리나라가 큰 이익을 받고 높은 명성을 얻을 수 있을 것입니다."라고 하니, 王이 "좋은 말이다."

44) 資治通鑑考異 : 宋나라 司馬光이 편찬한 ≪資治通鑑考異≫ 30권을 말한다. 사마광은 ≪자치통감≫을 편찬하면서 동일한 사실에 대하여 여러 가지 전적에서 뽑아내어 통일을 하고 그 차이 나는 것을 따로 기술하였는데, 이것이 ≪자치통감고이≫이다.

45) 史記를……비슷하다 : ≪資治通鑑綱目≫ 周 顯王 37년조에 齊 宣王 원년을 기록하였다. 齊 湣王 원년에 관한 것은 周 顯王 46년조 참조.

馬陵 전투

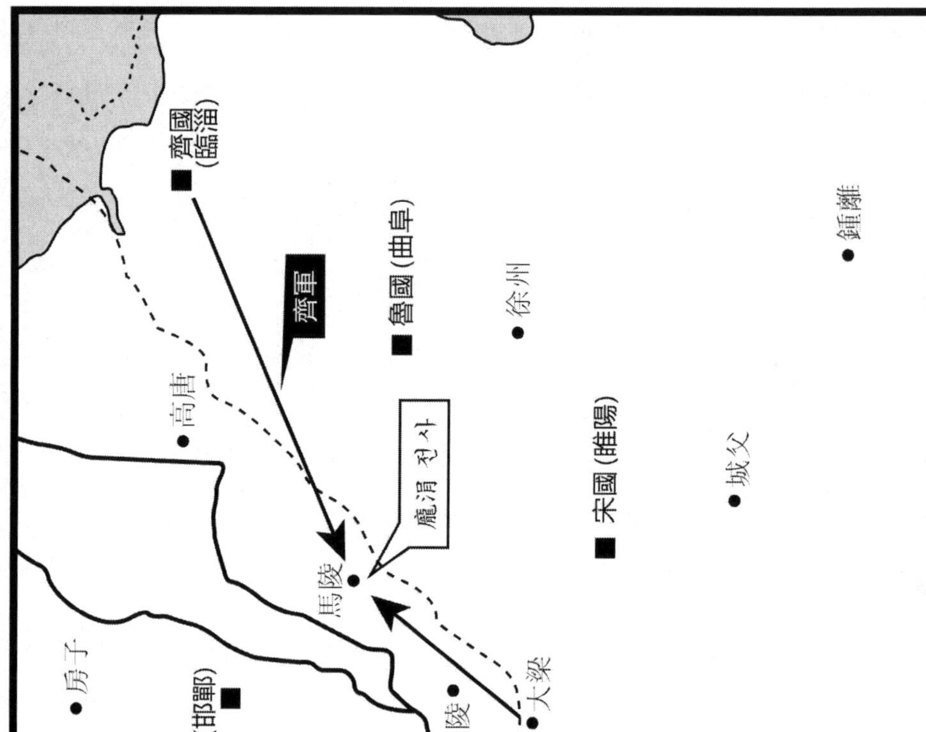
齊國(臨淄)
齊軍
魯國(曲阜)
徐州
鍾離
高唐
龐涓 전사
宋國(睢陽)
城父
馬陵
大梁
桂陵
房子
趙國(邯鄲)
衛國(濮陽)
鄭國(新鄭)
長子
晉陽
周王國(洛陽)
宛城
宜陽
平陽
衛國(安邑)
魏軍
黃
河

라고 하였다. 이에 마침내 몰래 韓나라의 사신에게 구원을 허락하고 보냈다. 韓나라가 이 때문에 齊나라를 믿고 다섯 번을 싸웠으나 이기지 못하자, 동쪽을 바라보며 齊나라에게 나라를 맡기었다.

그러자 齊나라는 군대를 일으켜 전기를 將帥로 삼고 孫子를 軍師로 삼아 韓나라를 구하기 위하여 곧바로 魏나라의 도성으로 달려갔다. 방연이 이 소식을 듣고 韓나라를 버리고 돌아오니, 魏나라 사람도 크게 군대를 일으켜 太子 申으로 하여금 군대를 거느리고 齊나라 군대를 막게 하였다. 손자가 "저 三晉의 군사들이 본래 사납고 용맹하여 齊나라를 경시하고 齊나라 사람을 겁쟁이라 불렀습니다. 전쟁을 잘하는 사람은 그 형세를 가지고 자신에게 이롭도록 만들어냅니다. 兵法에 '100리를 달려가서 이익을 쫓는 자는 上將을 잃고, 50리를 달려가서 이익을 쫓는 자는 군대가 반만 도착한다.'고 하였습니다." 하고는 마침내 齊나라 군대로 하여금 魏나라 땅에 들어가, 처음에는 10만 개의 아궁이를 만들고, 다음 날에는 5만 개의 아궁이를 만들고, 또 다음 날에는 2만 개의 아궁이를 만들게 하였다.

龐涓을 죽이기 위해 馬陵에 매복한 弓弩手

방연이 행군한 지 3일 만에 크게 기뻐하며 말하기를 "나는 참으로 齊나라 군사가 겁쟁이라는 것을 알았다. 우리 땅에 들어온 지 3일 만에 士卒이 반 넘게 도망하였구나."라 하고, 드디어 步軍을 버리고 날랜 정예병을 거느리고 이틀에 갈 거리를 하루에 달려 그들을 추격하니, 손자는 저녁에는 방연이 馬陵에 도착하리라고 생각했다. 마릉은 길이 좁고 주변에 막힌 곳이 많아서 병사를 매복시킬 만하였다. 마침내 큰 나무를 깎아 희게 만들고 거기에 "방연이 이 나무 아래에서 죽다."라고 썼다. 그리고 1만 개의 쇠뇌를 길의 좌우에 매복시키고 날이 저물어 횃불이 들려지는 것을 보면 일제히 발사하도록 하였다. 과연 방연이 밤에 도착하여 흰 나무에 쓰인 글을 보고 횃불을 밝혀 다 읽기도 전에

1만 개의 쇠뇌가 일제히 발사되니 魏나라 군사가 크게 어지러워졌다. 방연이 마침내 스스로 목을 찔러 죽으면서 말하기를 "드디어 어린놈이 이름을 날리게 되었구나."라고 하였다. 齊나라가 이를 계기로 勝機를 타고 魏나라 군대를 크게 패배시키고 태자 신을 포로로 잡았다.

魏使龐涓으로 伐韓한대 韓이 請救於齊어늘 齊威王이 召大臣而謀之한대 成侯鄒忌曰 不如勿救니이다 田忌曰 不救則韓且折而入於魏矣니 不如蚤救之①니이다 孫臏曰 夫韓魏之兵이 未弊而救之면 是는 吾代韓受魏之兵하야 顧反聽命於韓也요 且魏有破國之志하니 韓이 見亡하면 必東面而愬於齊②하리니 吾因深結韓之親而晩承魏之弊則可以受重利而得尊名也니이다 王曰 善타 乃陰許韓使而遣之하니 韓因恃齊하야 五戰不勝而東委國於齊어늘 齊因起兵하야 使田忌將하고 孫子爲師하야 以救韓하야 直走魏都하니 龐涓이 聞之하고 去韓而歸하니 魏人이 亦大發兵하야 使太子申將하야 以禦齊師어늘 孫子曰 彼三晉之兵이 素悍勇而輕齊하야 齊를 號爲怯이라 善戰者는 因其勢而利導之하나니 兵法에 百里而趣利者는 蹶上將하고 五十里而趣利者는 軍半至③라하고 乃使齊軍으로 入魏地하야 爲十萬竈하고 明日에 爲五萬竈하고 又明日에 爲二萬竈하니 龐涓이 行三日에 大喜曰 我固知齊軍怯이라 入吾地三日에 士卒亡者過半矣라하고 乃棄其步軍하고 率輕銳하야 倍日并行逐之④러니 孫子度(탁)其暮當至馬陵이요 馬陵道陝而旁多阻隘하니 可伏兵⑤이라 乃斫大樹하야 白而書之曰 龐涓이 死此樹下라하고 令萬弩로 夾道而伏하야 期日暮에 見火擧而俱發이러니 涓이 果夜至하야 見白書하고 以火燭之하야 讀未畢에 萬弩俱發하니 魏師大亂이어늘 涓이 乃自剄曰 遂成豎子之名⑥이라 齊因乘勝하야 大敗魏師하고 虜太子申하다

① 蚤는 早와 통한다.
蚤, 與早通.

② 見亡은 亡國의 형세가 있음을 본다는 말이다.
見亡, 言見有亡國之勢也.

③ 이것은 孫武子의 兵法이다. 趣는 七喩의 切이고 향함이다. 蹶은 其月의 切이니 쓰러짐이다.
此, 孫武子兵法也. 趣, 七喩切, 向也. 蹶, 其月切, 僵也.

④ 并行은 路程을 배로 하여 가는 것이다. 倍日은 하루에 이틀의 노정을 가는 것이니 또한 노정을 배로 하는 것이다.
并行, 兼程而行也. 倍日, 一日行兩日之程, 亦兼程也.

⑤ ≪虞喜志林≫에 "馬陵은 濮州 鄄城縣의 동북쪽에 있다."고 하였다. 陝(좁다)은 狹과 같다.
虞喜志林 "馬陵在濮州鄄城縣東北." 陝, 與狹同.

⑥ 剄은 古鼎의 切이니 머리를 자르는 것이다. 豎는 臣主의 切이니 관례를 하지 않은 童僕이다. 豎子는 손빈을 말한다.

剄, 古鼎切, 斷首也. 豎, 臣主切, 童僕之未冠者. 豎子, 謂臏.

辛巳年(B.C. 340)

【綱】周나라 顯王 29년이다. 秦나라 衛鞅이 魏나라를 정벌하여 그 장수 公子 卬을 유인하여 잡고 패배시키니, 魏나라가 秦나라에 河西의 땅을 헌납하고 大梁으로 도읍을 옮겼다. 秦나라가 위앙을 商君으로 봉하였다.

二十九年이라 秦衛鞅이 伐魏하야 誘執其將公子卬而敗之한대 魏獻河西地於秦하고 徙都大梁하니 秦이 封鞅爲商君하다

【目】衛鞅이 孝公에게 말하기를 "秦나라에 있어 魏나라는 비유하면 사람의 腹心에 있는 병과 같으니, 魏나라가 秦나라를 병탄하지 않으면 곧 秦나라가 魏나라를 병탄할 것입니다. 그 이유는 무엇이겠습니까? 魏나라의 서쪽에는 험준한 산악이 있어 도읍을 安邑에 두었으니, 秦나라와 黃河를 경계로 하여, 산 동쪽의 이로움을 독점하고 있습니다. 유리하면 서쪽으로 秦나라를 침략하고 불리하면 동쪽으로 땅을 늘려갑니다. 지금 임금의 현명하고 훌륭함에 나라가 힘을 입어 번성하고 있으며, 魏나라는 지난해 齊나라에게 크게 패배하여 諸侯들이 배반하고 있으니, 지금이 魏나라를 정벌할 만한 때입니다. 魏나라가 秦나라의 공격을 견뎌내지 못하면 반드시 동쪽으로 옮길 것이니, 그런 다음에 秦나라가 黃河와 산악의 험고함을 근거로 하여 동쪽으로 諸侯들을 통제하면 이는 帝王의 대업입니다."라고 하였다.

公이 이 말을 좇아서 위앙으로 하여금 군대를 거느리고 魏나라를 정벌하게 하자, 魏나라는 公子 卬으로 하여금 군대를 거느리고 막게 하였다. 두 나라의 군대가 서로 대치하고 있을 때, 위앙이 공자 앙에게 편지를 보내어 말하기를 "내가 처음에는 公子와 함께 서로 반가워하는 사이였는데, 이제는 모두 두 나라의 장수가 되어서 차마 서로 공격하지 못하고 있습니다. 공자와 함께 얼굴을 맞대고 맹약을 하여 즐겁게 마시고 싸움을 그쳐서 秦나라와 魏나라의 백성을 편안하게 하고 싶습니다."라고 하였다. 卬이 그렇게 생각하고 마침내 함께 會盟하고 술을 마셨는데, 위앙이 갑사를 매복시켰다가 卬을 습격하

여 포로로 잡고는 그대로 魏나라의 군대를 대파하였다.

魏나라 惠王이 두려워하여 秦나라에 河西의 땅을 헌납하여 화의를 맺고 인하여 安邑을 떠나 大梁으로 옮겼다. 마침내 탄식하여 말하기를 "내 公叔(公叔痤)의 말을 채용하지 않은 것이 한스럽다."라고 하였다. 秦나라가 위앙을 商과 於(오)의 15읍에 봉하고 이름을 商君이라 하였다.

衛鞅이 言於孝公曰 秦之與魏譬若人有腹心之疾하니 非魏幷秦이면 卽秦이 幷魏①라 何者오 魏居嶺阨之西하야 都安邑하야 與秦界河而獨擅山東之利②하야 利則西侵秦하고 病則東收地하니 今以君之賢聖으로 國賴以盛하고 而魏往年에 大破於齊하야 諸侯叛之하니 可因此時伐魏라 魏不支秦하면 必東徙하리니 然後에 秦據河山之固하야 東鄕以制諸侯하면 此帝王之業也니이다 公從之하야 使鞅으로 將兵伐魏한대 魏使公子卬으로 將而禦之③러니 軍旣相距에 鞅이 遺卬書曰④ 吾始與公子驩⑤이라가 今俱爲兩國將하야 不忍相攻하나니 欲與公子로 面相見盟하고 樂飮而罷兵하야 以安秦魏之民이라한대 卬이 以爲然하야 乃與會盟而飮이러니 鞅이 伏甲襲卬虜之하고 因大破魏師하니 魏惠王이 恐하야 獻河西地於秦하야 以和하고 因去安邑徙大梁⑥하고 乃歎曰 吾恨不用公叔之言⑦이라하더라 秦이 封鞅商於十五邑하야 號曰商君⑧이라하다

① 竝(아우르다)은 去聲이다.
竝, 去聲.

② ≪史記索隱≫에 "嶺阨은 지금 蒲州 中條山에서 동쪽으로 汾晉 지역의 險登까지 연해 있는 것이 모두 그 땅이다."라고 하였다.
索隱 "嶺阨, 今蒲州中條以東, 連汾晉之險登, 皆其地也."

③ 卬은 음이 昂이다.
卬, 音昂.

④ 遺는 去聲이니 준다는 뜻이다.
遺, 去聲, 與也.

⑤ 驩은 歡과 같다.
驩, 歡同.

⑥ ≪史記索隱≫에 "大梁은 汴州 浚儀縣이다."라고 하였다.
索隱 "大梁, 汴州浚儀縣."

⑦ 公叔의 말은 앞의 周 顯王 8년조에 보인다.
公叔之言, 見上八年.

⑧ 於는 본음대로 읽는다. ≪史記索隱≫에 "商과 於는 두 현의 이름이니 弘農에 있다."고 하였다.
於, 如字. 索隱 "商・於, 二46)縣名, 在弘農."

46) 二 : 저본에는 큰 글자로 되어 있으나, 訓義에 인용한 ≪史記索隱≫과 思政殿訓義 ≪資治通鑑≫에

【目】胡氏가 다음과 같이 평하였다.

"가령 衛鞅은 죽일 만한 사람이고, 위앙을 죽여서 魏나라가 오랫동안 근심이 없어서 아무 문제될 것이 없었다고 하더라도 무고한 사람을 죽여 자신을 이롭게 하는 것은 仁者가 하지 않는다. 하물며 천하에 위앙 같은 사람이 한 사람에 그치지 않으니, 어찌 다 죽일 수 있겠는가. 惠王이 孟子의 말[47]을 채용하지 않은 것을 한탄하지 않고, 公叔의 말을 채용하지 않은 것으로 한탄을 하니, 그 또한 어리석다고 하겠다."

胡氏曰 使鞅而可殺이요 殺鞅而魏長無患하야 未害爲라도 殺無罪以利已는 仁者不爲也어든 況天下에 不止一鞅이니 可勝殺乎①아 惠王이 不恨不用孟子之言하고 而以不用公叔之言으로 爲恨하니 其亦可謂愚矣로다

① 未害爲에서 句를 떼면 이렇게 하더라도 문제가 없다는 것을 말한다. 一說에 '未害爲殺無罪以利已' 9자를 마땅히 1句로 하여 아래 문장까지 연결해야 한다는 것은, 죄 없는 사람을 죽여 자기를 이롭게 하는 것은 仁者가 하지 않는다는 뜻에 문제가 없다는 것을 말한다.
未害爲句絶, 言爲此亦無傷也. 一說, 未害爲殺無罪以利已九字當爲一句, 而貫下文, 言於殺無罪以利已仁者不爲之義, 無傷也.

【綱】齊나라와 趙나라가 魏나라를 정벌하였다.

齊趙伐魏하다

壬午年(B.C. 339)

【綱】周나라 顯王 30년이다.

三十年이라

【目】楚나라 威王 商 원년이다.

楚威王商元年①이라

① 威王은 宣王의 아들이다.

따라 작은 글자로 고쳤다.

47) 孟子의 말 : 孟子가 梁 惠王에게 王道政治를 권유한 것을 말한다. 양 혜왕이 바로 魏 惠王이다.

威王, 宣王子.

癸未年(B.C. 338)

【綱】周나라 顯王 31년이다. 秦伯이 卒하였다. 秦나라 사람이 衛鞅을 죽이고 그 집안사람을 모두 없앴다.

三十一年이라 秦伯이 卒하다 秦人이 誅衛鞅하고 滅其家하다

【目】孝公이 薨하고 太子가 즉위하니 바로 惠文王이다. 公子 虔의 무리가 商君이 배반하려 한다고 고발하니, 관리를 보내어 체포하게 하였다. 상군이 도망하여 客舍에 머물려고 하였는데, 舍人이 말하기를 "상군의 法에 여행증이 없는 사람을 머물게 하면 연좌됩니다."라고 하니, 상군이 탄식하며 말하기를 "법의 폐단이 마침내 이에 이르렀구나."라고 하였다. 상군이 떠나서 魏나라에 가니 魏나라 사람이 받아주지 않고 秦나라로 들여보냈다. 秦나라 사람이 그를 공격하여 죽여서 車裂刑을 하여 조리돌리고 그 집안사람을 모두 죽였다.

孝公이 薨하고 太子立하니 是爲惠文王[①]이라 公子虔之徒告商君欲反한대 發吏捕之하니 商君이 出亡하야 欲止客舍한대 舍人이 曰 商君之法에 舍人無驗者를 坐之라하니 商君이 嘆曰 爲法之弊一至此哉인저 去之魏[②]하니 魏人이 不受하고 內(납)之秦[③]한대 秦人이 攻殺之하야 車裂以徇하고 盡滅其家[④]하다

① 惠文王은 이름이 駟이다.
惠文王, 名駟.

② 아래의 '之'는 간다는 뜻이다.
下之, 往也.

③ 衛鞅이 속여서 魏나라의 군대를 패배시킨 것을 원망하였기 때문에 받아주지 않았다. 內(들이다)는 納으로 읽는다.
怨其挾詐以破魏師, 故不受. 內, 讀曰納.

④ 徇은 다니면서 보여주는 것이니, 사람들로 하여금 돌아다니며 衆士에게 보여 경계를 삼게 하는 것이다.
徇, 行示也. 使人將行徧示衆士以爲戒.

【目】 처음에 商君이 법 적용을 엄하고 혹독하게 하여 걸음이 6척이 넘는 자는 罰을 받고, 길에 재를 버리는 자는 刑을 받았다.[48] 일찍이 渭水 가에서 죄수를 논죄할 때에 위수가 모두 붉어졌다. 정승이 된 지 10년 만에 원망하는 사람들이 많았다.

일찍이 趙良에게 묻기를 "내가 秦나라를 다스리는 것이 五羖大夫[49]와 더불어 누가 더 나은가?"라고 하니, 조량이 대답하기를 "천 사람이 좋다고 하는 것이 한 사람의 바른 말보다 못합니다. 청컨대 제가 하루 종일 바른말을 하여도 주벌하지 않을 수 있겠습니까?"라고 하자, 상군이 말하기를 "좋다."라고 하였다. 조량이 말하기를 "오고대부는 荊(楚)나라의 비천한 사람이었는데, 穆公이 그를 소를 먹이는 신분에서 등용하여 백성의 위에 올려놓았지만, 秦나라에서 누구도 불만하지 못하였습니다. 秦나라에서 정승으로 지낸 지 6, 7년 만에 동쪽으로 鄭나라를 정벌하고, 세 번 晉나라 임금을 세우고, 한 번 荊나라의 禍를 구원하여 巴人이 조공을 바치고 犬戎이 와서 복종하였습니다. 그가 정승이 되어서는 수고로워도 수레에 앉지 않았고 더워도 일산을 펴지 않았으며, 나라 안을 다닐 때에는 수레가 뒤따르지 않고 창과 방패로 호위하지 않았습니다. 그가 죽었을 때 남자와 여자들은 눈물을 흘리고 어린아이는 노래를 부르지 않으며 방아 찧는 자는 절구질을 해도 장단을 맞추지 않았습니다.

初에 商君이 用法嚴酷하야 步過六尺者有罰하고 棄灰於道者被刑하니 嘗臨渭論囚에 渭水盡赤이라 爲相十年에 人多怨之①러라 嘗問趙良曰 我治秦이 孰與五羖大夫賢②고 良이 曰 千人之諾諾이 不如一士之諤諤③이니 僕이 請終日正言而無誅可乎인저 商君이 曰 諾다 良이 曰 五羖大夫는 荊之鄙人也④라 穆公이 擧之牛口之下而加之百姓之上호대 秦國이 莫敢望焉하고 相秦六七年而東伐鄭하고 三置晉君하고 一救荊禍하야 巴人이 致貢하고 犬戎이 來服⑤하며 其爲相也에 勞不坐乘하고 暑不張蓋⑥하고 行於國中에 不從車乘하며 不操干戈⑦하고 及其死也에 男女流涕하고 童子不歌謠하며 舂者不相杵⑧러니

① ≪水經≫에 "渭水는 隴西郡 首陽縣 鳥鼠山에서 나와 동쪽으로 흘러 秦나라 도성 咸陽의 남쪽에 이른다."고 하였다. 죄를 결정하는 것을 論이라 한다.
水經 "渭水出隴西郡首陽縣鳥鼠山, 東流至秦都咸陽南." 決罪曰論.

② 羖는 음이 古이니 숫양이다. 百里奚는 다섯 마리 숫양의 가죽에 자신을 팔아 남을 위하여 소를 키웠다. 秦나라 穆公이 등용하여 정승으로 삼으니 秦나라 사람들이 그를 五羖大夫라 불렀다.

48) 처음에……받았다 : 전혀 벌하지 않을 것을 벌함으로써 백성을 길들이는 것이다.

49) 五羖大夫 : 秦나라 穆公 때의 뛰어난 재상 百里奚이다. 목공이 楚나라에 양가죽 다섯 장을 주고 데리고 왔다고 하여 오고대부라는 호칭을 얻었다. 목공을 섬겨 秦나라의 기틀을 잡았다.

羖, 音古, 牡羊也. 百里奚, 自賣以五羖羊之皮, 爲人養牛. 秦穆公擧以爲相, 秦人謂之五羖大夫.

③ 諾은 대답하는 소리이다. 諤은 五各의 切이니 바른말이다.
諾, 應聲也. 諤, 五各切, 直言也.

④ 百里奚는 南陽 宛 땅 사람이다. 宛은 楚나라 소속이므로 荊이라 하였다.
百里奚, 南陽宛人, 宛屬楚, 故云荊.

⑤ "東伐鄭(동쪽으로 鄭나라를 정벌하였다.)"은 ≪春秋左氏傳≫ 僖公 30년에 晉나라와 함께 鄭나라를 포위한 것을 말한다. "三置晉君(세 번 晉나라 임금을 세웠다.)"은 晉나라의 惠公과 懷公과 文公을 세운 것을 말한다. "一救荊禍(한 번 荊나라의 禍를 구원하였다.)"는 자세하지 않다. 黃帝의 후손이 幷明을 낳고 幷明이 白犬을 낳았는데, 白犬이 犬戎이다.
東伐鄭, 謂左傳僖三十年, 與晉圍鄭也. 三置晉君, 謂立晉惠公・懷公・文公也. 一救荊禍, 未詳. 黃帝之後, 生幷明, 幷明生白犬, 是爲犬戎.

⑥ 옛날에 수레는 서서 타는데 오직 安車는 앉아서 타는 것이다. 蓋는 수레의 위를 덮는 것이다.
古者, 車立乘, 惟安車則坐乘耳. 蓋, 所以覆冒車上也.

⑦ 從(따르다)은 才用의 切이다.
從, 才用切.

⑧ 악기의 반주 없이 노래하는 것이 謠이다. 相(돕다)은 去聲이고 杵는 昌署의 切이다. 相杵는 소리로 서로 권면하는 것이다.
徒歌曰謠. 相, 去聲. 杵, 昌署切. 相杵者, 以音聲相勸.

【目】 이제 그대가 임금을 뵙는데 주로 嬖臣 景監을 통했으며50), 정사를 맡아서 公族을 업신여기고 百姓에게 모질게 하니 公子 虔이 杜門不出한 지 이미 8년입니다. ≪詩經≫에 '인심을 얻은 자는 흥하고 인심을 잃은 자는 망한다.'라고 하였으니, 위의 몇 가지는 인심을 얻는 것이 아닙니다. 그대가 나갈 때는 뒤따르는 수레에 甲士를 태웠으며, 힘이 세고 기골이 건장한 자를 驂乘으로 하고, 창을 가진 자가 창으로 수레를 에워싸며 수레 옆에서 따라오게 하였습니다. ≪書經≫에 '德을 믿는 자는 번창하고 힘을 믿는 자는 패망한다.'라고 하였으니 위의 몇 가지는 德을 믿는 것이 아닙니다.

그대의 위태로움이 아침 이슬과 같은데도 오히려 商과 於(오)의 부유함을 탐하며, 秦나라의 정사를 농단하는 것을 총애로 여기고, 백성의 원망을 쌓으면서도 바꿀 생각이 없으니, 秦나라 왕이 하루아침에 賓客을 버리고 별세하여 조정에 서지 못하면 秦나라에서 그대를 잡으려는 자가 어찌 적겠습니까?"라고 하였다.

商君이 그 말을 따르지 않았는데 5개월이 지난 뒤에 난이 일어났다.

50) 이제……통했으며 : 명분을 가지고 만난 것이 아니라 총애하는 신하를 통해서 임금께 신임을 얻었다는 말이다.

今君之見也에 因景監하야 以爲主하고 其從政也에 陵轢公族하고 殘傷百姓①하니 公子虔이 杜門不出이 已八年矣라 詩曰 得人者興하고 失人者崩②이라하니 此數者는 非所以得人也요 君之出也에 後車載甲하며 多力而駢脅者爲驂乘③하고 持矛而操闟戟者旁車而趨④하니 書曰 恃德者昌이요 恃力者亡⑤이라하니 此數者는 非恃德也라 君之危若朝露而尙貪商於之富하며 寵秦國之政하고 畜百姓之怨而無變計⑥하니 秦王이 一旦에 捐賓客而不立朝면 秦國之所以收君者豈其微哉⑦리오 商君이 不聽이러니 居五月而難作하니라

① 轢은 음이 歷이니 수레가 밟고 지나가는 것을 이른다.
轢, 音歷, 謂車所踐也.
② ≪詩經≫에 빠져 없어진 詩이다.
逸詩也.
③ 駢은 蒲眠의 切이니 합함이다. 본래 骿으로 쓴다. 脅은 갈비뼈이다. 대개 겨드랑이 아래의 갈비뼈가 하나처럼 합쳐 있는 것이다.
駢, 蒲眠切, 合也, 本作骿. 脅, 肋也. 蓋腋下肋骨, 合比若一.
④ 闟은 所及의 切이다. 闟의 뜻은 상자처럼 싸는 것이니 네 면에서 창으로 수레를 둘러싸는 뜻을 취한 것이다. 旁은 步痕의 切이니 곁에 붙었다는 뜻이다. 이것은 力士로 하여금 수레 옆에서 따라오게 하다가 급한 일이 있으면 창을 잡고 북을 치며 방어하는 것이다.
闟, 所及切, 闟之爲言, 函也. 取四戟函車邊. 旁, 步痕切, 傍附也. 此蓋令力士旁車而趨, 有急則操闟鼓以禦之也.
⑤ ≪書經≫에 빠져 없어진 글이다.
逸書也.
⑥ 아침 이슬은 쉽게 마르니 오래가지 않음을 말한다. "寵秦國之政(秦나라의 정사를 농단했다.)"은 秦나라의 정사를 오로지하는 것을 총애로 여긴다는 것이다.
朝露, 易晞, 言不久也. 寵秦國之政, 以專秦國之政爲寵也.
⑦ 衛鞅이 秦나라에 인덕과 은혜가 없었으므로 秦나라에서 장차 衛鞅을 잡으려는 것은 그 징험이 매우 분명하였다. 그러므로 어찌 적겠는가라고 한 것이다.
鞅於秦無仁恩, 故秦之將欲收鞅者, 其效甚明, 故云豈其微哉.

【目】胡氏가 다음과 같이 평하였다.

"衛鞅이 이때에 이르러 비록 바꿀 생각이 있었더라도 시행할 수 없었을 것이다. 무슨 까닭인가. 백성은 그의 원수이고 六國은 그의 적이다. 惠文王의 서운함을 풀어줄 수 없고 公子 虔의 형벌을 보상할 수 없으며 商과 於의 작은 땅은 자신을 감추기에 부족하니, 뒷마무리를 잘하는 계책을 쓰고 싶더라도 해서 될 만한 일이 없었다. 오호라! 刑名

의 학문을 따르고 백성에게 모질게 하는 무리들에게 또한 조그만 경계가 될 만하다.”

胡氏曰 鞅이 至是하야 雖有變計나 亦無所施矣라 何則고 百姓者는 其讐也요 六國者는 其敵也요 惠文王之憾을 不可平이며 公子虔之刑을 不可補며 商於蕞爾之地不足以自蔽也①니 欲圖善後之策이라도 亦無所爲而可矣라 嗚呼라 刑名之學과 刻薄之徒亦可以少戒哉인저

① 蕞는 祖外의 切이니 작은 모양이다.
蕞, 祖外切, 小貌.

思政殿訓義 資治通鑑綱目 제1권 중

周 顯王 32년~周 赧王 30년

甲申年(B.C. 337)

【綱】 周나라 顯王 32년이다.

三十二年이라

【目】 秦나라 惠文王 원년이다.

秦惠文王元年이라

【綱】 韓나라 申不害가 죽었다.

韓申不害가 卒하다

乙酉年(B.C. 336)

【綱】 周나라 顯王 33년이다. 宋나라 太丘縣에 있는 社主[1)]가 없어졌다.

三十三年이라 宋太丘社가 亡①하다

① 宋나라 太丘는 丘로 지명을 삼은 것이다. 亡은 社主가 없어진 것을 말한다. 社主는 돌로 만든다.
宋有太丘, 蓋以丘名此地也. 亡, 謂社主亡也. 社主以石爲之.

【綱】 孟軻가 魏나라에 도착하였다.

◑孟軻가 至魏하시다

1) 社主 : 사직에 있는 돌로 된 토지신의 신주를 말한다.

【目】孟子는 鄒나라 사람이니 名은 軻이다. 孔子의 손자인 子思에게 수업하였다. 이해에 魏나라 惠王이 겸손한 말과 후한 예물로 賢人들을 초빙하였다. 이 때문에 맹자가 大梁(魏의 都邑)에 찾아가 혜왕을 알현하였다.

孟子가 梁 惠王에게 仁義를 논하다

王이 "선생께서 不遠千里하고 찾아오셨으니 우리나라를 이롭게 할 방법을 갖고 계시겠지요."라고 물었다. 맹자가 "왕은 하필 이익을 말씀하십니까. 오직 仁과 義가 있을 뿐입니다. 임금이 '어떻게 하면 우리나라를 이롭게 할까.'라고 하면, 대부는 '어떻게 하면 우리 집안을 이롭게 할까.'라고 하고, 士와 庶人은 '어떻게 하면 내 몸을 이롭게 할까.'라고 하여, 위아래가 서로 이익을 추구하면 나라는 위험해집니다. 어진 사람치고 그 어버이를 돌보지 않는 사람은 없고, 의로운 사람치고 그 主君을 뒤로 한 자는 없습니다."라고 대답하였다.

혜왕은 맹자의 말을 듣고 迂闊하여 時勢에 맞지 않다고 생각해 등용하지 않았다.

孟子는 鄒人이니 名은 軻[①]라 受業於孔子之孫子思러시니 是歲에 魏惠王이 卑詞厚禮하야 以招賢者한대 於是에 孟子가 至梁하사 見惠王하신대 王曰 叟不遠千里而來하시니 亦有以利吾國乎잇가 孟子가 曰 君何必曰利잇고 亦有仁義而已矣니이다 君曰 何以利吾國고하시면 大夫曰 何以利吾家오하며 士庶人이 曰 何以利吾身고하야 上下가 交征利면 而國이 危矣리이다 未有仁而遺其親者也며 未有義而後其君者也니이다 惠王이 以爲迂遠而闊於事情이라하야 不能用也하니라

① 鄒는 본래 邾나라이다.
鄒, 本邾國.

丙戌年(B.C. 335)

【綱】周나라 顯王 34년이다. 秦나라가 韓나라를 정벌하여 宜陽을 탈취

하였다.

三十四年이라 秦이 伐韓하야 拔宜陽하다

丁亥年(B.C. 334)

【綱】周나라 顯王 35년이다.

三十五年이라

【目】魏나라 惠王 1년이다.

魏惠王一年이라

【目】司馬溫公이 다음과 같이 평하였다.

"≪史記≫ 〈六國表〉에는 '魏나라 惠王은 재위 36년에 죽었고, 襄王은 16년에 죽었고, 哀王은 23년에 죽었다.'라고 하였고, 汲冢에서 나온 ≪竹書紀年≫에는 '혜왕은 36년에 改元하여 1년으로 칭하고 16년 뒤에 죽었다.'라고 하였다. 杜預와 和嶠는 모두 '≪史記≫가 착오로 혜왕의 시대를 나누어 두 王의 연대로 표기하였다.'라고 하였다. 대개 ≪世本≫에는 혜왕이 양왕을 낳았으나 애왕은 없고, 또 ≪竹書紀年≫은 魏나라 史官이 쓴 것이라서 반드시 사실을 담았을 것으로 생각되어 이제 이를 따른다."

司馬公曰 史記六國表에 魏惠王이 三十六年에 薨하고 襄王이 十六年에 薨하고 哀王은 二十三年에 薨이라하고 汲(家)〔冢〕[2] 竹書紀年에 惠王三十六年에 改元稱一年하고 後十六年에 薨①이라하고 杜預와 和嶠는 皆以爲史記誤分惠王之世하야 爲二王之年②이라하니 蓋世本에 惠王이 生襄王而無哀王이요 且竹書는 魏史所書라 必得其眞故로 今從之하노라

① 晉나라 武帝 때 汲郡 사람 不準이 魏 襄王의 墓(汲冢)를 도굴하였다. 安釐王(안희왕)의 무덤이라고도 한다. 무덤에서 수레 수십 대 분량의 竹書를 收拾하였는데 그중에 ≪紀年≫은 13편이다. 不는 方鳩의 切이니, 姓이다.
晉武帝時, 汲郡人不準, 盜發魏襄王墓, 或言安釐王(家)〔冢〕[3]. 得竹書數十車, 其紀年十三

2) (家)〔冢〕: 저본에는 '家'로 되어 있으나, ≪朱子全書≫의 ≪資治通鑑綱目≫과 ≪四庫全書≫의 ≪御批資治通鑑綱目≫에 근거하여 '冢'으로 바로잡았다.

3) (家)〔冢〕: 저본에는 '家'로 되어 있으나, ≪四庫全書≫의 ≪御批資治通鑑綱目≫에 근거하여 '冢'으로

篇. 不, 方鳩切, 姓也.

② 預는 晉나라의 杜陵 사람이고, 嶠는 晉의 西平人이다. 嶠는 居廟의 切이다.
預, 晉杜陵人, 嶠, 晉西平人. 嶠, 居廟切.

【綱】 齊나라와 魏나라가 徐州에서 만나 서로 왕으로 칭하자고 하였다.

齊魏會于徐州하야 **以相王**①하다

① 相王은 스스로 서로 왕으로 높이는 것이다. ≪大事記≫4)에 "齊나라와 魏나라가 왕을 칭한 지 이미 오래 되었는데, 이때에 이르러 제후들이 함께 모여 모두 왕으로 칭하여 같이 참람하려 한 것이다."라고 하였다.
相王, 自相尊王也. 大事記 "齊魏稱王已久, 至是共會諸侯, 欲其皆稱王, 同已之僭也."

【綱】 楚나라가 越나라를 멸망시켰다.

○**楚滅越**하다

【目】 越나라 王 無彊이 齊나라를 정벌하니, 齊나라가 달래어 楚나라를 정벌하도록 하였다. 楚나라 사람이 크게 패배시키고 吳나라의 옛 땅을 모두 빼앗아 동쪽으로 浙江에 이르렀다. 越나라가 이 때문에 분열되어 여러 公族이 경쟁적으로 독립하여 혹 王이 되기도 하고 혹 君이 되기도 해서 해변 가까이에 살면서 楚나라에 朝會하며 복종하였다.

越王無彊이 **伐齊**①어늘 **齊說之**하야 **使伐楚**한대 **楚人**이 **大敗之**하고 **盡取吳故地**하야 **東至浙江**②하니 **越**이 **以此散**하야 **諸公族**이 **爭立**하야 **或爲王或爲君**하야 **濱於海上而朝服於楚**③하더라

① 越나라는 姒姓이고 分封 때 작위는 侯爵이다. 禹임금의 苗裔가 會稽에 봉해졌는데, 30여 세를 전하여 允常에 이르러 비로소 크게 되고 왕을 僭稱하였다. 春秋시대에는 폄하되어 子爵이 되었고 於越이라 불렀다. 允常의 아들 勾踐이 吳나라를 멸망시키고 霸王이라 칭하였으며, 다시 6세를 지나 無彊에 이르렀다.
越, 姒姓, 侯爵. 禹之苗裔, 封於會稽, 傳三十餘世, 至允常始大, 僭稱王. 春秋, 貶爲子, 號爲於越. 其子勾踐滅吳, 號稱霸王, 又六世而至無彊.

바로잡았다.

4) 大事記 : 宋나라 呂祖謙이 편찬한 편년체 사서이다. ≪大事記≫가 12권이고, ≪大事記通釋≫이 3권, ≪大事記解題≫가 12권이다.

越나라 멸망 시기도

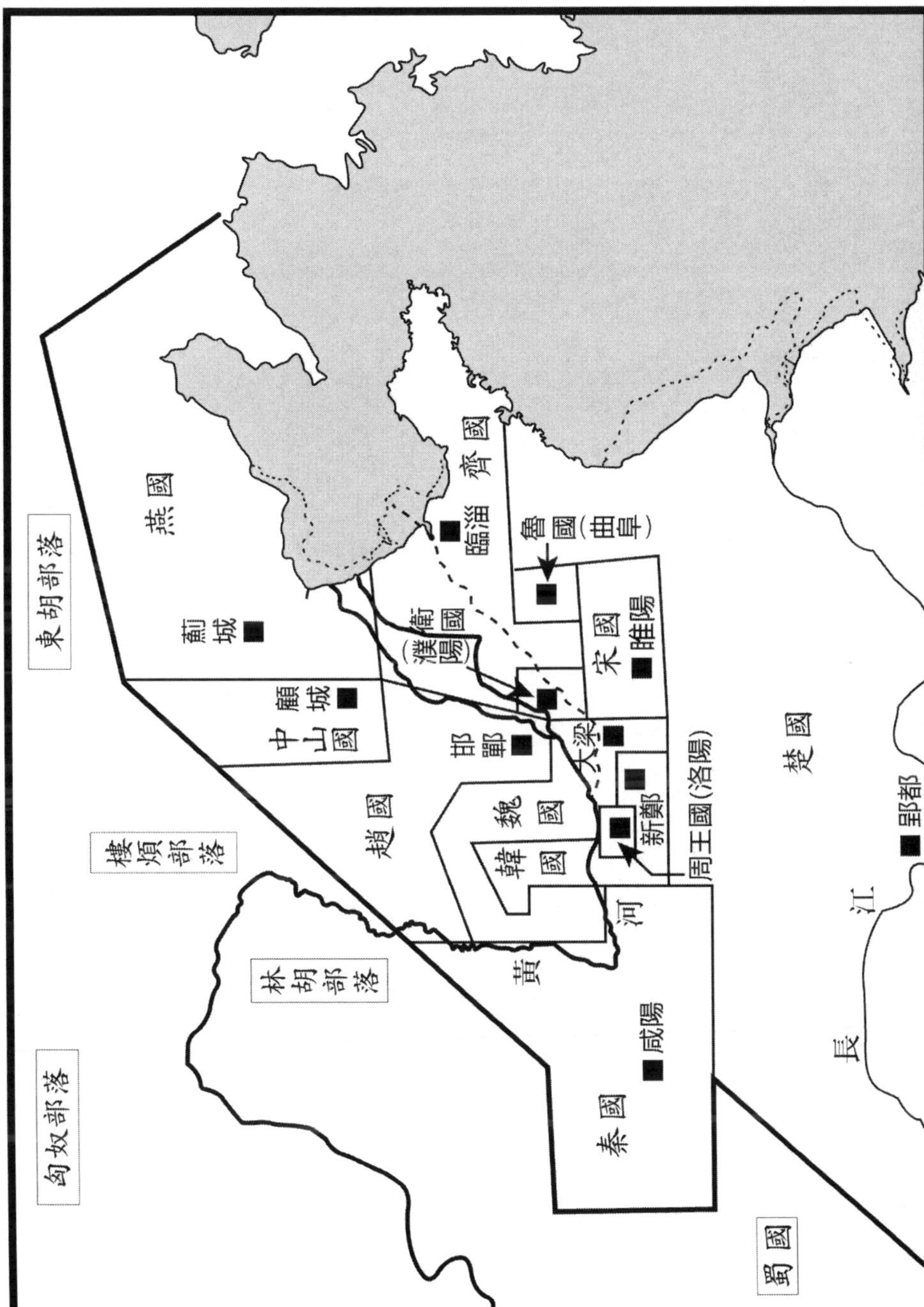
東胡部落
燕國
薊城
顧城
中山國
齊國
臨淄
魯國(曲阜)
衛國
(濮陽)
宋國
睢陽
邯鄲
大梁
趙國
魏國
韓國
新鄭
周王國(洛陽)
楚國
郢都
樓煩部落
林胡部落
匈奴部落
黃
河
咸陽
秦國
長
江
蜀國

② 浙은 之列의 切이다. 浙江은 발원지가 세 곳인데 太末에서 발원한 것을 穀水라 하고, 烏傷에서 발원한 것을 《水經》에서는 吳寧溪라 하고, 黝縣에서 발원한 것을 《漢書》〈地理志〉에서는 漸江水라 하였다. 세 물이 합하여 浙江이 되고 동쪽으로 錢唐에 이르러 바다로 들어간다.

浙, 之列切. 浙江有三源, 發於太末者, 謂之穀水. 發於烏傷者, 水經謂之吳寧溪. 發於黝縣者, 班志謂之漸江水. 三水合爲浙江, 東至錢唐, 入海.

③ 해변에 세운 나라는 漢나라 때 甌越과 閩越과 駱越이 그 후손들이다.

國於海上者, 漢之甌越·閩越·駱越, 其後也.

戊子年(B.C. 333)

【綱】 周나라 顯王 36년이다. 楚나라가 齊나라를 정벌하였다.

三十六年이라 楚伐齊하다

【綱】 韓侯가 卒하였다.

◑ 韓侯卒하다

【目】 韓나라 昭侯가 高門을 만들었는데, 屈宜臼가 말하기를 "임금께서는 반드시 이 문으로 나가지 못할 것입니다. 왜 그러냐면 때가 아닙니다. 제가 말하는 때라는 것은 날짜를 말하는 것이 아닙니다. 무릇 사람은 참으로 이로운 때와 이롭지 않은 때가 있습니다. 과거에 임금께서는 일찍이 이로웠지만 高門을 만들지 않았습니다. 작년에는 秦나라가 宜陽을 빼앗았고 금년에는 가뭄이 들었는데, 임금께서 이러한 때에 백성을 구휼하는 급한 일을 하지 않고 도리어 더욱 사치한 일을 하였으니, 이것이 이른바 나라의 형편이 좋지 않은데도 사치한 일을 벌인다〔時詘擧贏〕는 것입니다. 그러므로 때가 아니라고 하였습니다."라고 하였다. 이때에 이르러 高門이 완성되었는데 昭侯가 薨하였다.

韓昭侯作高門이어늘 屈宜臼曰[①] 君必不出此門이로다 何也오 不時라 吾所謂時者는 非時日也라 夫人이 固有利不利時하니 往者에 君嘗利矣로대 不作高門이러니 前年에 秦이 拔宜陽하고 今年에 旱이어늘 君이 不以此時로 恤民之急而顧益奢하니 此所謂時詘擧贏者也라 故曰不時[②]라하더니 至是하야 門成而昭侯薨하다

① 宜臼는 楚나라 大夫인데 이때 韓나라에 있었다.
宜臼, 楚大夫, 時在韓.
② 詘은 음이 屈이다. 시국의 상황이 쇠퇴하고 줄어들었는데 사치한 일을 벌이는 것을 말한다.
詘, 音屈. 言時衰耗而作奢侈.

【綱】秦나라가 魏나라의 군사를 대패시키고 그 장군 龍賈(용가)를 사로잡고 雕陰을 빼앗았다.

秦이 大敗魏師하야 禽其將龍賈하고 取雕陰[①]하다

① 禽은 사로잡음이다. 새는 힘이 작아 사로잡을 수 있어서 잡은 것을 말한다. 龍은 姓이다. ≪地理志≫에 "上郡에 雕陰縣이 있다."고 하였다.
禽, 擒也. 言鳥力小可擒捉而取之也. 龍, 姓也. 地理志"上郡有雕陰縣."

【綱】燕나라, 趙나라, 韓나라, 魏나라, 齊나라, 楚나라가 合從하여 秦나라를 물리칠 때, 蘇秦을 從約長으로 삼았으며 아울러 六國의 정승으로 삼았다.

○燕趙韓魏齊楚合從以擯秦할새 以蘇秦으로 爲從約長하야 幷相六國하다

【目】처음에 洛陽 사람 蘇秦이 秦나라 王에게 天下를 겸병하는 방법으로 유세를 하였는데, 그 말을 따르지 않았다. 소진이 마침내 떠나서 燕나라 文公에게 유세하여 말하기를 "燕나라가 병란을 당하지 않는 까닭은 趙나라가 남쪽에서 막아주기 때문입니다. 또 秦나라가 燕나라를 공격할 때는 천 리 밖에서 싸우고, 趙나라가 燕나라를 공격할 때는 백 리 안에서 싸우게 됩니다. 무릇 백 리 안을 걱정하지 않고 천 리 밖을 중히 여기니, 계책이 이보다 더 잘못된 것은 없습니다. 바라건대 王께서 趙나라와 合從하며 서로 친하여 天下가 하나가 된다면 燕나라는 반드시 근심이 없을 것입니다."라고 하였다.

初에 洛陽人蘇秦이 說秦王以兼天下之術한대 不用이어늘 乃去說燕文公曰 燕之所以不被兵者는 以趙之爲蔽其南也라 且秦攻燕에 戰於千里之外하고 趙攻燕에 戰於百里之內하나니 夫不憂百里之內而重千里之外하니 計無過於此者[①]라 願王은 與趙從親하야 天下爲一則燕必無患矣[②]리이다

蘇秦의 6국 遊說 經路

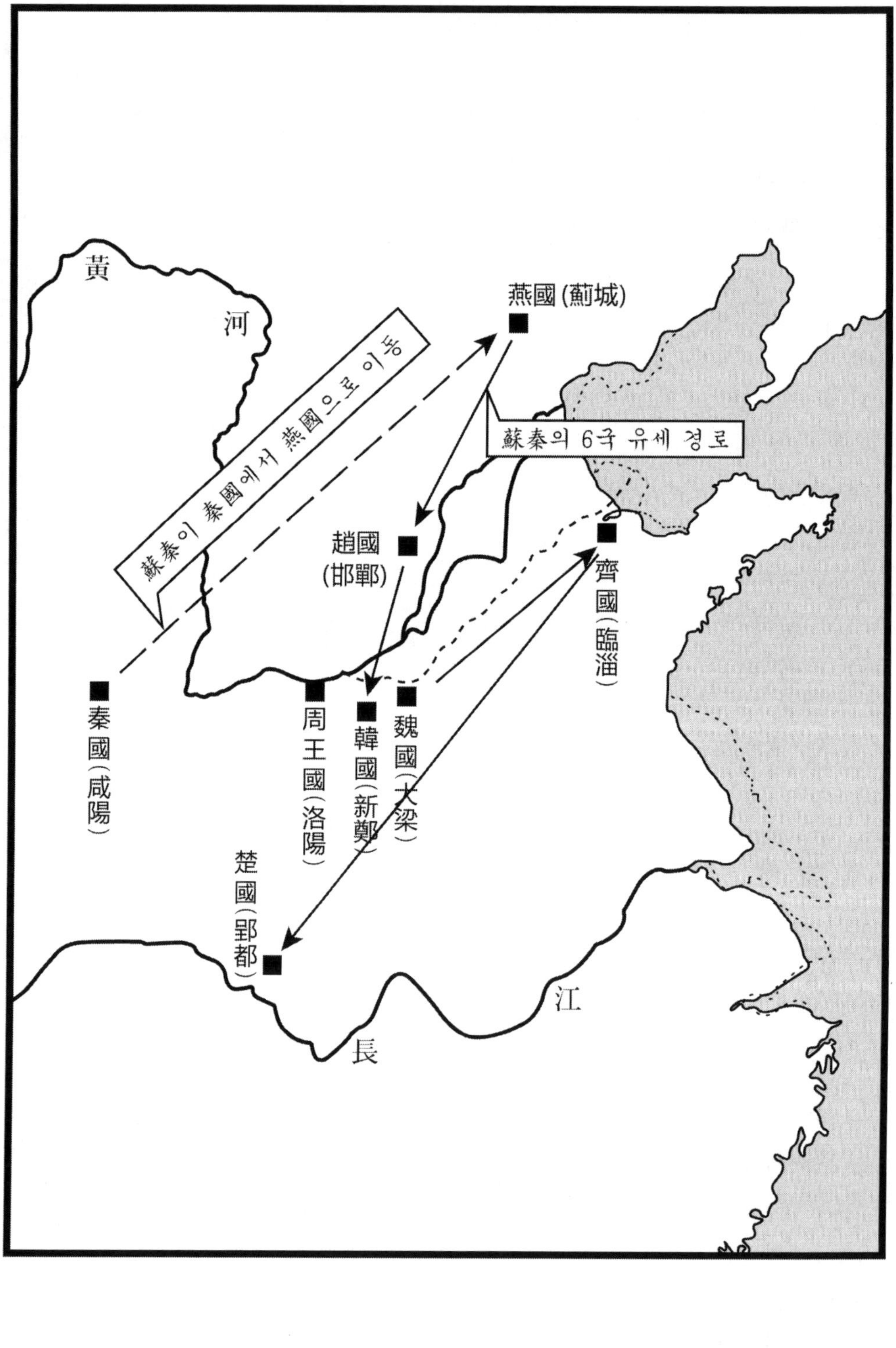

黃
河
燕國(薊城)
蘇秦이 秦國에서 燕國으로 이동
蘇秦의 6국 유세 경로
趙國(邯鄲)
齊國(臨淄)
秦國(咸陽)
周王國(洛陽)
韓國(新鄭)
魏國(大梁)
楚國(郢都)
長
江

① 燕나라 계책의 잘못이 이것보다 더 심한 것은 없다는 말이다.
言燕計之過, 無甚於此.
② 從은 縱橫이라 할 때의 縱이다.
從, 縱橫之縱.

【目】燕나라 文公이 그 말을 따라 蘇秦에게 수레와 말을 주면서 趙나라 肅侯를 유세하게 하였다.

소진이 말하기를 "지금 시기에 山東의 나라 중에 趙나라보다 더 강한 나라가 없고 秦나라의 폐해도 趙나라보다 심한 나라가 없습니다. 그런데 秦나라가 감히 군사를 일으켜 趙나라를 정벌하지 못하는 것은 韓나라와 魏나라가 그 배후를 도모할까 두려워서입니다. 秦나라가 韓나라와 魏나라를 공격할 때에 이름난 산이나 큰 강의 한계가 없어서 조금씩 蠶食하여 國都에 이르러서야 그칠 것입니다. 그러면 韓나라와 魏나라가 秦나라를 잘 지탱하지 못하여 반드시 秦나라에 들어가 신하가 될 터이니, 秦나라에 韓나라와 魏나라의 견제가 없으면 禍가 반드시 趙나라에 집중될 것입니다.

臣이 天下地圖로 諸侯들의 땅을 살펴보니 秦나라보다 다섯 배이고, 諸侯들의 사병을 헤아려보니 秦나라보다 열 배입니다. 그런데 連橫을 주장하는 사람은 밤낮으로 秦나라의 권위로 제후들을 공갈하여 그들로 하여금 땅을 떼어주며 秦나라를 섬기도록 힘쓰고 있습니다. 秦나라가 성공하면 그 자신은 부유하고 영화롭게 되고 나라가 秦나라의 환난을 당하더라도 그 우환에 관여하지 않습니다.

그러므로 臣이 大王을 위하여 계책을 생각하건대 韓나라, 魏나라, 齊나라, 楚나라, 燕나라, 趙나라를 하나로 하여 合從하며 서로 친하여 秦나라를 물리치는 것만 한 것이 없습니다. 그 장군과 정승으로 하여금 洹水 가에 모여 맹세하며 약속하기를 '秦나라가 어느 한 나라를 공격하면 다섯 나라가 각각 정예병을 내어 秦나라를 혼란스럽게 하거나 혹 공격받은 나라를 구원하되, 약속대로 하지 않는 나라가 있거든 다섯 나라가 함께 그 나라를 정벌한다.'라고 한다면 秦나라의 군대가 반드시 函谷關에서 감히 나와 山東 지방을 해치지 못할 것입니다."라고 하였다.

숙후가 크게 기뻐하여 후하게 물품을 하사하고 제후들과 약속을 하게 하였다.

文公이 從之하야 資秦車馬하야 以說趙肅侯曰 當今之時에 山東之國이 莫强於趙요 秦之所害도 亦莫如趙①로대 而秦이 不敢擧兵伐趙者는 畏韓魏之議其後也라 秦攻韓魏에 無名山大川之限하야 稍蠶食之하야 傳國都而止②하면 韓魏不能支秦하야 必入臣於秦하리니 秦無韓魏之規則禍必中於

趙矣[③]리이다 臣이 以天下之圖로 按諸侯之地하니 五倍於秦하고 度(탁)諸侯之卒하니 十倍於秦호대 而衡人이 日夜에 務以秦權으로 恐愒諸侯하야 使之割地以事秦[④]하나니 秦成則其身이 富榮하고 國被秦患而不與(예)其憂[⑤]라 故臣이 竊爲大王計컨대 莫如一韓魏齊楚燕趙하야 爲從親以擯秦하야 令其將相으로 會盟洹水之上[⑥]하야 約曰秦攻一國則五國이 各出銳師하야 以撓秦或救之[⑦]호대 有不如約者어든 五國이 共伐之라하면 則秦甲이 必不敢出於函谷하야 以害山東矣[⑧]리이다 肅侯大悅하야 厚賜賚之하야 以約於諸侯한대

① 害는 시기하고 미워하는 것이다.
害, 嫉也, 忌也.

② 蠶食은 점점 삼키며 없애는 것이 누에가 뽕잎을 먹는 것과 같다는 것을 이른다. 傅는 음이 附이니 붙음이다. 止는 병란이 여기에서 그침을 말한다.
蠶食, 謂漸呑滅之, 如蠶食葉. 傅, 音附, 麗著也. 止, 謂兵止於此.

③ 規는 謀와 같다. 中은 去聲이니 활을 쏘아 표적에 맞춘다는 것과 같다.
規, 猶謀也. 中, 去聲, 猶射中的也.

④ 衡은 橫이라고 읽는다. 衡人은 連橫을 주장하는 說客이다. 愒은 許曷의 切이다. 恐愒은 서로 협박하고 위협하는 것을 말한다.
衡, 讀曰橫. 衡人, 說客之連橫者. 愒, 許曷切. 恐愒, 謂相恐脅也.

⑤ 與(관여하다)는 預라고 읽는다.
與, 讀曰預.

⑥ 洹은 桓과 袁 두 가지 음이 있다. 徐廣이 말하기를 "洹水는 汲郡 林慮縣에서 나온다."라고 하였고, ≪水經≫에 "洹水는 上黨 泫氏縣의 동북쪽에서 나오고, 山逕 鄴縣의 남쪽으로 나오며, 또 동쪽으로 內黃縣의 북쪽을 거쳐 白溝로 들어간다."고 하였다.
洹, 桓·袁二音. 徐廣曰 "洹水出汲郡林慮縣." 水經 "洹水出上黨泫氏縣東北, 出山逕鄴縣南, 又東過內黃縣北, 入于白溝."

⑦ 撓는 女教의 切과 火高의 切이니 꺾거나 어지럽히는 것이다.
撓, 女教·火高二切, 擾也, 亂也.

⑧ 函은 음이 咸이다. ≪漢書≫ 〈地理志〉에 "弘農郡 弘農縣에 秦나라 函谷關이 있다."고 하였다. 漢나라 武帝가 楊僕의 요청에 따라 新安縣으로 關을 옮겼다.
函, 音咸. 班志 "弘農郡弘農縣有秦函谷關." 漢武帝從楊僕之請, 移關於新安縣.

【目】 蘇秦이 마침내 韓나라 宣惠王에게 유세하여 말하기를 "韓나라는 땅이 사방 900여 리이고 갑옷을 입은 병사가 수십만 명이며, 천하의 강한 활과 군센 쇠뇌와 예리한 검이 모두 韓나라에서 나옵니다. 韓나라 병졸의 용감함으로 단단한 갑옷을 입고 군센 쇠뇌를 밟고 예리한 검을 차고 있으면 한 사람이 백 명을 대적하는 것은 족히 말할 것도 없습

니다. 大王이 秦나라를 섬기시면 秦나라가 반드시 宜陽과 成皐를 요구할 것이니, 이제 이것을 바치면 明年에 또다시 땅을 떼어줄 것을 요구할 것입니다. 주면 지급할 땅이 없을 것이고, 주지 않으면 이전에 세운 공적을 버리고 나중에 닥칠 재앙을 받을 것입니다. 또 韓나라의 땅은 한정이 있으나 秦나라의 요구는 끝이 없을 것이니, 한정이 있는 땅으로 끝이 없는 요구를 맞이하면 이것이 이른바 원망을 사고 재앙을 맺는다는 것이므로 싸우지 않고도 땅은 이미 잘려나간 것입니다. 속담에 이르기를 '차라리 닭의 주둥이가 될지언정 소의 항문은 되지 말라.'라고 하였으니, 大王의 현명함으로 강력한 韓나라의 군사를 보유하고도 소의 항문이라는 이름이 있으니 臣이 속으로 대왕을 위하여 부끄럽게 생각합니다."라고 하니, 韓나라 王이 그 말을 따랐다.

秦이 乃說韓宣惠王曰① 韓이 地方九百餘里요 帶甲이 數十萬이요 天下之彊弓勁弩利劒이 皆從韓出하나니 以韓卒之勇으로 被堅甲蹠勁弩帶利劒이면 一人當百은 不足言也②니이다 大王이 事秦하시면 秦必求宜陽成皐③하리니 今玆效之면 明年에 又復求割地④하리니 與則無地以給之요 不與則棄前功受後禍라 且韓地有盡而秦求無已니 以有盡之地로 逆無已之求면 此所謂市怨結禍者也라 不戰而地已削矣니이다 鄙諺에 曰 寧爲雞口언정 無爲牛後⑤라하니 夫以大王之賢으로 挾彊韓之兵而有牛後之名⑥하니 臣이 竊爲大王羞之하노이다 韓王이 從其言이어늘

① 宣惠는 復謚이다. 昭侯의 아들이다.
宣惠, 復謚也. 昭侯子.

② 蹠은 음이 隻이니 밟음이다. 쇠뇌를 쏘는 자는 모두 앉아서 발을 들어 弩材를 밟고 손으로 湊機를 당긴 다음에 쏜다.
蹠, 音隻, 踏也. 欲放弩者, 皆坐, 擧足踏弩材, 手引湊機, 然後發之.

③ 成皐는 韓나라 邑이다. 一名 皐牢라 한다. ≪漢書≫ 〈地理志〉에 "成皐는 河南郡에 속한다."고 하였다.
成皐, 韓邑, 一名皐牢. 班志 "成皐屬河南郡."

④ 效는 드림이다.
效, 獻也.

⑤ 닭의 주둥이는 비록 작으나 오히려 음식을 먹는 곳이고, 소의 항문은 비록 크지만 바로 똥이 나오는 곳이다.
雞口雖小, 猶進食, 牛後雖大, 乃出糞.

⑥ 挾은 가짐이다.
挾, 持也.

【目】蘇秦이 魏나라 惠王에게 유세하여 말하기를 "大王의 땅은 사방 천 리이고 땅이 명

목상 적다고 하지만 人民이 매우 많아 武士와 蒼頭와 奮擊이 각각 20만 명이고 廝徒(시도)가 10만 명이며 수레가 600乘이고 말이 5,000필인데 마침내 여러 신하의 말을 듣고서 신하로 秦나라를 섬기고자 하시니, 臣은 바라건대 大王은 깊이 생각하고 계획하소서."라고 하니, 魏나라 王이 그 말을 따랐다.

秦이 **說魏惠王曰 大王之地方千里**라 **地名雖小而人民**이 **甚衆**하야 **武士蒼頭奮擊**이 **各二十萬**이요 **廝徒十萬**이요 **車六百乘**이요 **騎五千匹**①이로대 **乃聽於群臣之說而欲臣事秦**하시니 **臣願大王**은 **熟計之也**하소서 **魏王**이 **聽之**어늘

① 武士는 武卒이다. 蒼頭는 푸른 모자를 쓴 것을 이름이니, 그 군대를 다른 군대와 구분하기 위하여 창두라 하였다. 奮擊은 軍中의 勇士로서 용감하게 힘을 떨쳐 적을 치는 자를 가려서 구분한 것이다. 廝는 相支의 切이니 말을 기르는 자이다. 일설에는 땔감을 채취하는 군졸이라고 하였다. 徒는 종이다.
武士, 武卒也. 蒼頭, 謂著青帽, 殊異其軍爲蒼頭. 奮擊, 簡軍中之勇士敢奮力而擊敵者, 異之. 廝, 相支切, 養馬者. 一曰取薪之卒也. 徒, 僕隸也.

【目】**蘇秦**이 **齊**나라 王에게 유세하여 말하기를 "**齊**나라는 사방이 요새처럼 막혀 있는 나라이고 땅이 사방 2,000여 리이며 갑옷을 입은 병사가 수십만 명이고 곡식이 언덕과 산처럼 쌓여 있으니, 만일 軍役이 있으면 멀리 있는 縣에서 군사의 징발을 기다리지 않더라도 臨菑에 있는 병졸이 이미 21만 명입니다. 韓나라와 魏나라가 秦나라를 매우 두려워하는 까닭은 秦나라와 接境을 이루고 있기 때문입니다. 군사를 내어 서로 맞닥뜨리면 열흘이 안 되어 존속과 멸망의 기회가 결정되는데, 다행히 승리하더라도 병력의 반이 꺾여서 四境을 지키지 못하고, 이기지 못하면 나라가 이미 위태로워 망하는 일이 그 뒤를 따를 것이니, 이것이 韓나라와 魏나라가 秦나라와 전쟁하는 것을 무겁게 여기고 그의 신하가 되는 것을 가볍게 여기는 까닭입니다. 秦나라가 齊나라를 공격하는 것은 그렇지 않아서 韓나라와 魏나라를 등지고 陽晉을 지나서 亢父의 險路를 거치므로 수레가 나란히 갈 수 없고 말이 열을 지어 갈 수 없어서 100명이 험로를 지키면 1,000명이 감히 지나갈 수 없습니다. 秦나라가 깊이 쳐들어가려고 하지만 이리가 돌아보듯이 근심하면서 韓나라와 魏나라가 그 뒤를 도모할까 두려워합니다. 이 때문에 의구심을 가지고 헛된 공갈을 하여 교만하게 자랑을 하며 감히 나아가지 않으니, 秦나라가 齊나라를 해치지 못할 것이 또한 분명합니다. 그런데 이것을 깊이 헤아리지 않고 서쪽의 秦나라를 향하여 섬기려고 하니, 이는 여러 신하들의 계책이 잘못된 것입니다. 바라건대 大王은

조금 유의하여 헤아리소서."라고 하니, 齊나라 왕이 허락하였다.

秦이 說齊王曰 齊는 四塞之國①이라 地方이 二千餘里요 帶甲이 數十萬이요 粟如丘山하니 卽有軍役이면 不待發於遠縣而臨菑之卒이 已二十一萬矣②라 夫韓魏之所以重畏秦者는 爲與秦接境也라 兵出而相當이면 不十日而存亡之機 決矣니 幸而勝이라도 則兵半折하야 四境不守③하고 不勝이면 則國已危하야 亡隨其後하리니 此韓魏所以重與秦戰而輕爲之臣也라 秦之攻齊則不然하야 倍韓魏過陽晉經亢父之險이라 車不得方軌하고 騎不得比行하야 百人이 守險에 千人이 不敢過也④하나니 秦欲深入則狼顧하야 恐韓魏之議其後⑤라 是故로 恫疑虛喝하야 驕矜而不敢進하나니 則秦之不能害齊亦明矣⑥어늘 不深料此而欲西面事之하니 是群臣之計過也라 願大王은 少留意計之하소서 齊王이 許之어늘

① 塞(막히다)은 悉則의 切이다. 四塞는 四面이 모두 충실함이다. 齊나라는 남쪽에 泰山이 있고 동쪽에 琅邪가 있고 서쪽에 淸河가 있고 북쪽에 勃海가 있다.
塞, 悉則切. 四塞, 四面皆充實也. 齊南有泰山, 東有琅邪, 西有淸河, 北有勃海.

② 菑는 본래 淄로 쓰는데 側持의 切이다. 臨淄는 齊나라 國都이다. 城이 淄水에 임하였기 때문에 臨淄라 하였다.
菑, 本作淄, 側持切. 臨淄, 齊國都也. 城臨淄水, 故曰臨淄.

③ 折은 패함과 같다. 약한 군대로 강한 군대를 대적하면 비록 이겼더라도 오히려 반을 잃게 된다.
折, 猶敗也. 以弱敵强, 雖勝猶爲失半也.

④ 倍는 背라고 읽는다. 두 나라가 秦나라 배후에 있음을 말한다. ≪史記正義≫에 "陽晉故城은 曹州 乘氏縣 서북쪽에 있다."고 하였다. 亢은 抗과 剛 두 가지 음이 있다. 父는 음이 甫이다. ≪漢書≫ 〈地理志〉에 "亢父縣은 東平國에 속하였다."고 하였다. 수레가 나란히 가는 것을 方軌라 한다. 比는 聯次이다. 行은 胡剛의 切이니 행렬이다.
倍, 讀曰背. 言二國在其後. 正義 "陽晉故城在曹州乘氏縣西北." 亢, 抗·剛二音. 父, 音甫. 班志 "亢父縣屬東平國." 車竝行爲方軌. 比, 聯次也. 行, 胡剛切, 列也.

⑤ 狼顧는 이리의 성질이 겁이 많아 달릴 때 항상 돌아보는 것이다.
狼顧, 狼性怯, 走常還顧.

⑥ 恫은 음이 通이니 두려움이다. 喝은 猲로도 쓰는데 喝과 猲은 모두 呼葛의 切이다. 猲은 威力으로 협박함이다. 秦나라가 스스로 의심하고 두려워하여 감히 進軍하지 못하고 헛되이 공갈하는 말을 하여 韓나라와 魏나라를 위협하는 것이다.
恫, 音通, 懼也. 喝, 亦作猲, 竝呼葛切. 猲, 以威力脅之也. 秦自疑懼不敢進兵, 虛作恐猲之辭, 以脅韓魏也.

【目】 이에 蘇秦이 楚나라 威王에게 유세하여 말하기를 "楚나라는 天下의 강대국입니다. 땅이 사방 6,000여 리이고 갑옷을 입은 병사가 100만 명이며 수레가 1,000승이고 말

이 10,000필이며 곡식이 10년을 지탱할 수 있으니, 이는 霸王의 바탕입니다. 그러므로 秦나라에 해되는 것이 楚나라와 같은 것이 없으니, 楚나라와 秦나라는 그 세력이 양립할 수 없습니다. 合從하여 서로 친하면 諸侯가 땅을 떼어 楚나라를 섬기고, 連橫을 하면 楚나라가 땅을 떼어 秦나라를 섬기니, 이 두 가지 계책은 서로 거리가 멉니다. 大王은 어느 쪽에 있겠습니까?"라고 하니, 楚나라 王이 또한 허락하였다.

이에 소진이 從約長이 되어 아울러 六國의 정승이 되었다. 북쪽으로 趙나라에 보고하니, 車騎와 輜重이 王者에 비견되었다.

乃說楚威王曰 楚는 天下之彊國也라 地方이 六千餘里요 帶甲이 百萬이요 車千乘이요 騎萬匹이요 粟支十年하니 此는 霸王之資也라 故秦之所害 莫如楚이니 楚之與秦이 其勢不兩立이라 從親則諸侯割地以事楚하고 衡合則楚割地以事秦이니 此兩策者相去遠矣라 大王은 何居焉고 楚王이 亦許之어늘 於是에 蘇秦이 爲從約長하야 幷相六國하야 北報趙하니 車騎輜重이 擬於王者①러라

① 重은 直勇의 切이다. 輜重은 물품을 싣는 수레이다. 길 떠나는 자의 재물을 통틀어 輜重이라 한다. 擬는 비견함이다.
重, 直勇切. 輜重, 載物車也. 行者之資, 總曰輜重. 擬, 比也.

己丑年(B.C. 332)

【綱】 周나라 顯王 37년이다.

三十七年이라

【目】 燕나라 易王, 韓나라 宣惠王, 齊나라 宣王 辟彊 원년이다.

燕易王①과 韓宣惠王과 齊宣王辟彊元年이라

① 文公의 아들이다.
文公子.

【綱】 秦나라가 齊나라와 魏나라의 군사로 趙나라를 정벌하자, 蘇秦이 趙나라를 떠나 燕나라로 가니 從約이 모두 와해되었다.

秦이 以齊魏之師로 伐趙한대 蘇秦이 去趙適燕하니 從約이 皆解하다

【目】 秦나라가 公孫衍[5]으로 하여금 齊나라와 魏나라를 속여서 趙나라를 정벌하게 하니, 趙나라 肅侯가 蘇秦을 꾸짖었다. 소진이 두려워하여 燕나라에 사신을 가서 반드시 齊나라에 보복하겠다고 청하고 마침내 趙나라를 떠나자 從約이 모두 와해되었다.

秦이 使公孫衍으로 欺齊魏하야 以伐趙①한대 趙肅侯讓蘇秦②하니 秦이 恐하야 請使燕必報齊라하고 乃去趙而從約이 皆解하다

① 公孫衍은 魏나라 사람이다.
公孫衍, 魏人.
② 讓은 꾸짖음이다.
讓, 責也.

【綱】 魏나라가 陰晉으로 秦나라에 화해하였다.

魏以陰晉으로 爲和於秦하다

【目】 陰晉은 바로 華陰이다.

寔華陰①이라

① 寔은 음이 植이니 진실로이다. 華는 戶化의 切이다. ≪漢書≫ 〈地理志〉에 "華陰은 옛 陰晉으로 秦나라 惠文王이 이름을 寧秦으로 고쳤고, 漢나라 高帝가 華陰縣으로 고쳐 京兆에 속하게 하였는데, 그 지역이 華山의 북쪽에 있었기 때문이다."라고 하였다.
寔, 音植, 實也. 華, 戶化切. 班志 "華陰, 古陰晉, 秦惠文王更名寧秦, 漢高帝改曰華陰縣, 屬京兆, 以其地在華山之陰也."

【綱】 齊나라가 燕나라를 정벌하였다.

齊伐燕하다

庚寅年(B.C. 331)

【綱】 周나라 顯王 38년이다.

---

5) 公孫衍 : 魏나라 사람이다. 이때에 秦나라의 大良造가 되어 蘇秦의 합종책을 깨뜨렸다. 나중에 魏나라로 들어가 재상이 되어 제후들과 합종하여 張儀의 연횡책에 맞섰다. 공손연은 犀首라고도 한다.

三十八年이라

辛卯年(B.C. 330)

【綱】 周나라 顯王 39년이다. 秦나라가 魏나라를 정벌하니 魏나라가 少梁과 河西의 땅을 秦나라에 바쳤다.

三十九年이라 **秦**이 **伐魏**하니 **魏獻少梁河西地於秦**하다

壬辰年(B.C. 329)

【綱】 周나라 顯王 40년이다. 秦나라가 魏나라를 정벌하여 汾陰과 皮氏를 빼앗고 焦를 함락하였다.

四十年이라 **秦**이 **伐魏**하야 **取汾陰皮氏**하고 **拔焦**①하다

① ≪漢書≫ 〈地理志〉에 "汾陰縣은 河東郡에 속하고, 皮氏縣은 옛 耿國이므로 또한 河東郡에 속한다."고 하였다. 무릇 邑名에 氏를 붙인 것은 모두 氏로 인하여 이름을 지은 것을 말한다. 焦는 옛 焦國이니 ≪括地志≫에 "焦城은 陝城의 동북에 있다."고 하였다.
班志 "汾陰縣屬河東郡, 皮氏縣, 故耿國, 亦屬河東郡." 凡邑言氏者, 皆謂因之而立名也. 焦, 古焦國. 括地志 "焦城在陝城東北."

【綱】 宋公의 동생 偃이 그 임금 剔成을 몰아내고 스스로 즉위하였다.

○**宋公弟偃**이 **逐其君剔成而自立**하다

癸巳年(B.C. 328)

【綱】 周나라 顯王 41년이다.

四十一年이라

【綱】楚나라 懷王 槐 원년이다.

楚懷王槐元年[①]이라

① 懷王은 威王의 아들이다.
懷王, 威王子.

【綱】秦나라의 客卿 張儀가 魏나라를 정벌하여 蒲陽을 빼앗았다. 얼마 뒤에 돌려주니 魏나라가 上郡을 모두 주면서 감사해 하였다. 秦나라가 장의를 정승으로 삼았다.

秦客卿張儀伐魏하야 取蒲陽이러니 旣而歸之한대 魏盡入上郡하야 以謝하니 秦이 以儀爲相하다

【目】張儀는 魏나라 사람이다. 蘇秦과 함께 鬼谷先生을 섬기면서 縱橫의 술책을 배워 諸侯들에게 유세하였으나 知遇를 받지 못하였다. 소진이 불러서 모욕을 하니 장의가 화가 나서 秦나라에 들어갔는데, 秦나라 王이 기뻐하여 客卿으로 삼았다. 이때에 이르러 군사를 거느리고 魏나라를 정벌하여 蒲陽을 빼앗고, 秦나라 王에게 말하여 포양을 魏나라에 다시 주고 公子 繇를 魏나라에 인질로 보내라고 청하였다. 장의가 인하여 魏나라 王에게 유세하여 말하기를 "秦나라가 魏나라를 대우함이 매우 두터우니 魏나라는 秦나라에 無禮해서는 안 될 것입니다."라고 하였다. 魏나라가 인하여 上郡의 15개 縣을 모두 주면서 감사해 하였다. 장의가 돌아오자 秦나라의 정승으로 삼았다.

張儀者는 魏人이라 與蘇秦俱事鬼谷先生하야 學縱橫之術[①]하야 游諸侯無所遇러니 蘇秦이 召而辱之한대 儀怒入秦[②]하니 秦王이 說(열)之하야 以爲客卿[③]이러니 至是에 將兵伐魏하야 取蒲陽[④]하고 言於秦王하야 請復以與魏而使公子繇質焉[⑤]하고 儀因說魏王曰 秦之遇魏甚厚하니 魏不可以無禮於秦이라한대 魏因盡入上郡十五縣하야 以謝焉하니 儀歸而相秦하다

① 鬼谷先生은 周나라 때의 高士이다. 姓名이 알려지지 않은 것은 그가 숨어 살았던 지명으로 스스로 號를 삼았기 때문이다.
鬼谷先生, 周時高士, 姓名不聞, 以其所隱地名自號.

② 처음에 蘇秦이 趙나라 王에게 유세하여 合從하며 친할 것을 약속하였는데, 마침 秦나라가 魏나라를 정벌하고 또 군사를 이끌고 동쪽으로 오려고 하였다. 소진은 秦나라의 군사가 趙

나라에 이르러 합종의 약속을 깨뜨릴까 염려하였으나, 아무리 생각하여도 시키고 부릴 만한 사람이 秦나라에는 없었다. 마침내 張儀를 激怒시켜 秦나라에 들어가게 하고 몰래 舍人을 보내어 金帛을 가지고 가서 장의에게 도움이 되게 하였다. 장의가 秦나라 王을 만나게 되자, 舍人이 하직하면서 말하기를 "蘇君(蘇秦)께서 秦나라가 趙나라를 정벌하는 것을 걱정하고 그대가 아니면 秦나라의 권력을 잡을 사람이 없다고 여겼습니다. 그러므로 그대를 격노시키고 신으로 하여금 몰래 그대에게 물자를 공급하게 하였습니다."라고 하니, 장의가 말하기를 "나를 대신하여 소군에게 감사하다고 전해다오. 소군의 시대에 내가 어찌 감히 말을 하겠는가."라고 하였다.

初, 蘇秦說趙王約從親, 會秦伐魏, 且欲東兵. 蘇秦恐秦兵至趙而敗從約, 念莫可使用於秦者. 乃激怒張儀, 入之於秦, 陰遣舍人齎金帛資儀. 儀得見秦王, 舍人辭曰 "蘇君憂秦伐趙, 以爲非君莫能得秦柄. 故激怒君, 使臣陰奉給君資." 儀曰 "爲吾謝蘇君. 蘇君之時, 儀何敢言."

③ 客卿은 戰國시대의 벼슬 이름으로 다른 나라에서 유세하며 벼슬하는 자를 위하여 설치하였다.
客卿, 戰國時宦名, 爲他國遊官者設.

④ ≪史記正義≫에 "蒲陽은 隰州 隰川縣에 있다."고 하였다.
正義 "蒲陽在隰州隰川縣."

⑤ 質은 음이 致이니 믿음을 맺음이다. 자식 및 貴臣을 보내어 가서 人質이 되게 한다.
質, 音致, 結信也. 遣子及貴臣, 往爲質.

甲午年(B.C. 327)

【綱】周나라 顯王 42년이다. 秦나라가 義渠의 땅을 縣으로 삼았다.

四十二年이라 **秦**이 **縣義渠**[①]하다

① 義渠는 西戎의 나라 이름인데 秦나라가 그 땅을 빼앗아서 縣으로 삼았다.
義渠, 西戎國名, 秦取之以爲縣.

【綱】秦나라가 焦와 曲沃을 魏나라에 돌려주었다.

○**秦**이 **歸焦曲沃於魏**[①]하다

① ≪括地志≫에 "曲沃故城이 陝州 陝縣 西南에 있다."고 하였다.
括地志 "曲沃故城在陝州陝縣西南."

乙未年(B.C. 326)

【綱】 周나라 顯王 43년이다. 趙侯가 卒하였다.

四十三年이라 **趙侯卒**하다

【目】 肅侯가 일찍이 大陵에서 놀았는데, 大戊午가 諫하며 말하기를 "농사일이 지금 시급하니 하루 일하지 않으면 100일을 먹지 못합니다."라고 하니, 숙후가 수레에서 내려 사례하였다. 이해에 숙후가 薨하거늘 아들 武靈王이 즉위하여 博聞師 및 左司過와 右司過를 각각 세 사람씩 두고, 먼저 先君의 貴臣인 肥義에게 물어보고 그의 爵秩을 더하였다.

肅侯嘗遊大陵①이러니 **大戊午諫曰**② **耕事方急**하니 **一日不作**에 **百日不食**이니이다 **肅侯下車謝**하다 **是歲**에 **薨**커늘 **子武靈王**이 **立**③하야 **置博聞師及左右司過各三人**하고 **先問先君貴臣肥義**하야 **加其秩**④하다

① 徐廣은 "太原에 大陵縣이 있다."고 하였다.
徐廣曰 "太原有大陵縣."

② 大戊午는 趙나라 정승이다.
大戊午, 趙相.

③ 武靈王은 이름이 雍이다.
武靈王, 名雍.

④ 肥義는 姓名이다.
肥義, 姓名.

丙申年(B.C. 325)

【綱】 周나라 顯王 44년이다.

四十四年이라

【目】 趙나라 武靈王 元年이다.

趙武靈王元年이라

【綱】 여름 4월에 秦나라가 처음으로 王을 칭하였다.

夏四月에 **秦**이 **初稱王**하다

丁酉年(B.C. 324)

【綱】 周나라 顯王 45년이다. 秦나라 張儀가 魏나라를 정벌하고 陝을 빼앗았다.

四十五年이라 **秦張儀伐魏取陝**[①]하다

① 陝은 음이 閃이다. ≪漢書≫ 〈地理志〉에 "陝縣은 弘農郡에 속한다."고 하였다.
陝, 音閃. 班志 "陝縣屬弘農郡."

【綱】 蘇秦이 燕나라에서 齊나라로 달아났다.

◑**蘇秦**이 **自燕奔齊**하다

【目】 蘇秦이 燕나라 文公의 夫人과 정을 통하였는데 죄를 얻을까 두려워하여 易王에게 유세하며 말하기를 "臣이 燕나라에 있으면 燕나라를 중하게 할 수 없고, 齊나라에 있으면 燕나라가 중하게 될 것입니다."라고 하니, 王이 허락하였다. 마침내 거짓으로 燕나라에 죄를 얻었다고 하고 齊나라로 달아나니 齊나라 王이 客卿으로 삼았다. 소진이 齊나라 王에게 유세하여 宮室을 높게 짓고 苑囿를 크게 만들어서 得意하였음을 밝히게 하니, 齊나라를 피폐하게 하여 燕나라를 위하려고 해서였다.

蘇秦이 通於燕文公之夫人이러니 恐得罪하야 說易王曰 臣이 居燕에 不能使燕重이요 而在齊則燕重이니이다 王이 許之어늘 乃僞得罪於燕而奔齊하니 齊王이 以爲客卿한대 秦이 說齊王하야 高宮室大苑囿하야 以明得意하야 欲以敝齊而爲燕하더라

戊戌年(B.C. 323)

【綱】 周나라 顯王 46년이다.

四十六年이라

【目】≪史記≫를 살펴보니 이해가 齊나라 湣王 원년이다.6)

案史記 是年이 齊湣王元年①이라

① 湣王은 宣王의 아들이다.
湣王, 宣王子.

【綱】秦나라, 齊나라, 楚나라가 齧桑에서 만났다.

秦齊楚會于齧桑①하다

① 徐廣은 "齧桑이 梁과 彭城의 사이에 있다."고 하였다.
徐廣曰 "齧桑在梁與彭城之間."

【綱】秦나라 정승 張儀가 면직되고 나가서 魏나라의 정승이 되었다.

◑ 秦相張儀免出相魏하다

【綱】韓나라와 燕나라가 王을 칭하였다.

◑ 韓燕이 稱王하다

【目】당시에 諸侯들이 모두 王을 칭하였으나, 趙나라 武靈王이 홀로 옳게 여기지 않고 말하기를 "그 실상이 없는데 감히 그 명칭을 자처할 수 있겠는가?"라고 하고, 나라 사람들에게 명령하여 자신을 君으로 부르게 하였다.

時諸侯皆稱王호대 趙武靈王이 獨不肯曰 無其實敢處其名乎아하고 令國人謂己曰君이라하다

己亥年(B.C. 322)

【綱】周나라 顯王 47년이다. 秦나라가 魏나라를 정벌하여 曲沃과 平周를 빼앗았다.

---

6) 史記를……원년이다 : ≪資治通鑑綱目≫ 周 赧王 2년조에 齊 湣王 원년을 기록하였다. 이와 관련된 설명은 周 顯王 27년조 참조.

四十七年이라 **秦**이 **伐魏**하야 **取曲沃平周**①하다

① ≪十三州志≫에 "平周는 汾州 介休縣의 서쪽에 있다."고 하였다.
十三州志"平周在汾州介休縣西."

【目】張儀가 魏나라의 정승이 되어 魏나라로 하여금 秦나라를 섬기게 하고 諸侯들이 이를 본받게 하려고 하였으나, 魏나라 王이 듣지 않았다. 秦나라가 魏나라를 정벌하여 두 邑을 빼앗고 몰래 장의를 후대하는 것이 더욱 심하였다.

儀相魏에 **欲令魏事秦而諸侯效之**호대 **魏王**이 **不聽**이어늘 **秦**이 **伐魏取二邑而陰厚儀益甚**하더라

庚子年(B.C. 321)

【綱】 周나라 顯王 48년이다. 顯王이 崩하고 아들 定이 즉위하였다.

四十八年이라 **王**이 **崩**커늘 **子定**이 **立**하다

【目】定은 바로 愼靚王이다.

是爲愼靚王①이라

① 靚은 음이 淨이다.
靚, 音淨.

【綱】 齊나라가 薛公 田文의 이름을 孟嘗君이라 하였다.

齊號薛公田文爲孟嘗君하다

【目】처음에 齊나라 王이 田嬰을 薛에 봉하고 이름을 靖郭君이라 하였다. 전영이 齊나라 왕에게 말하기를 "五官의 簿書를 날마다 듣고 자주 살펴보지 않으면 안 됩니다."라고 하니, 왕이 따랐다. 얼마 뒤에 이 일에 싫증을 내어 모두 전영에게 맡겼는데, 전영이 이로 말미암아 齊나라의 권력을 오로지할 수 있었다.

전영은 아들이 40여 명이 있었는데, 그 賤妾의 아들이 田文이었다. 전문은 통달하고 뛰어났으며 智略이 풍부하였는데, 정곽군을 설득하여 재산을 뿌려서 선비들을 기르게

하였다. 정곽군이 전문으로 하여금 집안에서 賓客을 접대하는 일을 주관하게 하였는데, 빈객이 다투어 그의 훌륭함을 칭송하면서 전문을 후사로 삼으라고 청하였다. 전영이 卒하자 전문이 뒤를 이어 薛公이 되니 이름을 孟嘗君이라 하였다. 제후들에게 유세하는 선비와 죄가 있어 도망하는 사람들을 招致하니 食客이 늘 수천 명이었으므로 그 이름이 천하에 중하게 되었다.

初에 齊王이 封田嬰於薛하고 號曰靖郭君①이러니 嬰이 言於齊王曰 五官之計를 不可不日聽而數覽也②니이다 王이 從之러니 已而厭之하야 悉以委嬰③하니 嬰이 由是得專齊權하니라 嬰이 有子四十餘人하니 其賤妾之子曰文이라 通儻饒智略④이러니 說靖郭君以散財養士어늘 靖郭君이 使文으로 主家待賓(各)〔客〕[7]한대 賓客이 爭譽其美하야 請以文爲嗣러니 嬰이 卒에 文이 嗣立하니 號를 孟嘗君⑤이라 招致諸侯遊士及有罪亡人하니 食客이 常數千人이라 名重天下하더라

① 田嬰은 宣王의 庶弟이다. 혹은 여러 田氏의 別子라고도 한다. ≪漢書≫ 〈地理志〉에 "薛縣은 魯國에 속한다."고 하였다. ≪史記≫에 "田嬰이 卒하자 諡號를 靖郭君이라 하였다."라고 하고, 그 주석에 "死後에 別號를 靖郭이라 하였으니 靖郭은 혹시 封邑일 것이다."라고 하였다.
田嬰, 宣王庶弟, 或云諸田之別子也. 班志 "薛縣屬魯國." 史記 "嬰卒, 諡爲靖郭君." 註"死後別號靖郭, 則靖郭或是封邑."

② 五官은 일을 담당하는 다섯 大夫이다. 計는 簿書이다. 數은 음이 朔이다.
五官, 典事五大夫也. 計, 簿書也. 數, 音朔.

③ 厭之는 齊나라 王이 정사를 처리하는 데 싫증을 내었다는 말이다.
厭之, 謂齊王厭於聽覽也.

④ 通은 통달함이다. 儻은 뛰어나고 훌륭함이다. "饒智略"은 智略이 넉넉하다는 말이다.
通, 達也. 儻, 倜儻卓異也. 饒智略, 言智略有餘也.

⑤ 孟은 字이고 嘗은 邑名이니 薛의 옆에 있다.
孟, 字. 嘗, 邑名, 在薛之旁.

【目】 司馬溫公이 다음과 같이 평하였다.

"君子가 선비를 기르는 것은 백성을 위해서이다. 지금 田文이 임금의 祿을 도둑질하여 私黨을 세우고 헛된 명예를 과장하여 위로는 임금을 업신여기고 아래로는 백성을 좀먹었으니 이는 간사한 사람의 우두머리이다. ≪書經≫ 〈周書 武成〉에 이른바 '천하의 도망한 자들의 주인이 되어 물고기가 연못에 모이고 짐승이 숲에 모이듯 한다.'라고 한 것은 이것을 말하는 것입니다."

---

7) (各)〔客〕: 저본에는 '各'으로 되어 있으나, ≪朱子全書≫의 ≪資治通鑑綱目≫과 思政殿訓義 ≪資治通鑑≫에 근거하여 '客'으로 바로잡았다.

司馬公曰 君子之養士는 以爲民也어늘 今田文이 盜君之祿하야 以立私黨張虛譽하야 上侮其君하고 下蠹其民하니 是姦人之雄耳①라 書所謂逋逃主萃淵藪 此之謂也니라

① 蠹는 음이 妬이며, 나무를 갉아먹는 벌레이니 해로움을 말한다.
蠹, 音妬, 食木虫, 言害也.

【目】孟嘗君이 楚나라를 방문하니 楚나라 王이 象牀을 주었다. 登徒가 그것을 운송하게 되었으나 가고 싶지가 않아 公孫戌에게 말하기를 "足下가 저로 하여금 가지 않게 해주신다면, 선대부터 내려오는 보검이 있는데 이를 바치겠습니다."라고 하니, 공손술이 허락하였다.

공손술이 들어가 맹상군을 보고 말하기를 "작은 나라가 모두 그대에게 정승의 도장을 보내는 것은 그대의 의리를 좋아하고 그대의 청렴함을 흠모하기 때문입니다. 지금 처음으로 楚나라에 왔는데 象牀을 받는다면 아직 가지 않은 나라에서는 무엇으로 그대를 대접하겠습니까?"라고 하니, 맹상군이 말하기를 "좋습니다."라고 하며 드디어 象牀을 받지 않았다. 공손술이 종종걸음으로 나가는데, 아직 가운데 閨에 이르기도 전에 맹상군이 그를 불러 돌아오게 하고는 묻기를 "그대는 어찌하여 발걸음이 높고 의기양양한가?"라고 하니, 공손술이 사실대로 대답하였다.

맹상군이 마침내 門版에 쓰기를 "전문의 이름을 날릴 수 있는 사람과 전문의 잘못을 그치게 할 수 있는 사람이 있거든 사사로이 외부에서 보물을 얻은 자라도 빨리 들어와서 諫言을 하라."라고 하였다.

◑ 孟嘗君이 聘於楚하니 楚王이 遺之象牀한대 登徒直(치)送之①러니 不欲行하야 謂公孫戌曰② 足下能使僕無行者면 有先人之寶劍하니 願獻之하노라 戌이 許諾하고 入見曰 小國이 所以皆致相印於君者는 悅君之義慕君之廉也③니 今始至楚而受象牀則未至之國이 何以待君哉리오 孟嘗君이 曰 善타 遂不受한대 戌趨出未至中閨④에 孟嘗君이 召而反之曰 子何足之高志之揚也오 戌以實對어늘 孟嘗君이 乃書門版曰 有能揚文之名止文之過어든 私得寶於外者라도 疾入諫하라

① 象牀은 상아로 만든 것이다. 登徒는 楚나라 官名이다. 直은 當과 같으니 象牀을 운송하는 일을 담당하는 것이다.[8)]

8) 登徒……것이다 : 思政殿訓義 《資治通鑑》에 "登徒는 성명이니 楚나라 大夫이다. 혹자가 이르길 '登徒는 楚나라 관명이고 直은 當과 같으니 象牀을 운송하는 일을 담당하는 것이다.'라 하고, 一說에 '登徒는 성이고 直은 이름이다.'라고 하였다." 하였다. 思政殿訓義 《資治通鑑綱目》에서는 앞의 혹자의 설을 따랐으며, 中華書局 《資治通鑑》과 上海古籍 《資治通鑑綱目》에서는 일설의 설을 따라 登徒直을 인명으로 보았다.

象牀, 以象齒爲之. 登徒, 楚官. 直, 猶當也, 當送象牀.

② 公孫戌은 孟嘗君의 門人이다.
公孫戌, 孟嘗君門人.

③ 田文이 다른 나라의 정승을 겸하였으므로 다투어 도장을 바친 것이다.
文兼相他國, 故爭致印.

④ 宮中의 작은 문을 閨라고 한다. 위는 둥글고 아래는 네모난 모양이 圭와 같기 때문에 閨라고 하였다.
宮中小門曰閨. 上圓下方如圭, 故謂之閨.

【目】 司馬溫公이 다음과 같이 평하였다.

"孟嘗君은 諫言을 잘 채용하였다고 할 수 있다. 진실로 그 말이 옳다면 비록 속이는 마음을 품고 있더라도 오히려 장차 채용해야 하는데, 하물며 충성을 다하고 사심이 없이 그 윗사람을 섬기려 하는 경우에 있어서이겠는가. ≪詩經≫ 〈邶風 谷風〉에 '순무를 캐고 순무를 캐는 것은 그 뿌리 때문이 아니다.'라고 하였으니, 맹상군이 그러하였다."

司馬公曰 孟嘗君은 可謂能用諫矣로다 苟其言之善也인대 雖懷詐諼之心이라도 猶將用之[①]온 況盡忠無私하야 以事其上者乎아 詩曰 采葑采菲無以下體라하니 孟嘗君有焉이로다

① 諼은 許元의 切이니 또한 속이는 것이다.
諼, 許元切, 亦詐也.

辛丑年(B.C. 320)

【綱】 周나라 愼靚王 원년이다.

愼靚王元年이라

【目】 燕나라 王 噲 원년이다.

燕王噲元年[①]이라

① 噲는 易王의 아들이다.
噲, 易王子.

【綱】 衛나라가 다시 칭호를 낮추어 君이라 하였다.

衛가 更貶號曰君[①]이라하다

① 衛나라가 이미 칭호를 낮추어 侯라 칭하였는데, 국세가 나날이 쇠약해지자 다시 칭호를 낮추어 君으로 칭한 것이다.
衛已貶號曰侯, 國日以削弱, 更貶號曰君.

壬寅年(B.C. 319)

【綱】周나라 愼靚王 2년이다. 魏나라 임금 罃(영)이 卒하였다. 孟軻(孟子)가 魏나라를 떠나 齊나라로 갔다.

二年이라 魏君罃이 卒하다 孟軻가 去魏適齊하다

【目】魏나라 惠王이 薨하고, 아들 襄王이 즉위하였다. 孟子가 양왕을 알현하고 나와서 사람들에게 말하기를 "멀리서 바라보니 임금 같지가 않았고, 가까이 다가가서 보아도 위엄이라고는 찾아볼 수 없었다. 갑자기 '천하는 어떻게 해야 안정이 될까요.'라고 묻기에 내가 '통일이 되어야 안정될 것입니다.'라고 대답하였다. 다시 '누가 천하를 통일할 수 있을까요.' 하므로 답하기를 '殺人을 좋아하지 않는 사람이 통일할 수 있겠지요.'라고 하였다. '누가 그를 편들까요.' 하기에 내가 '온 천하 사람들이 그의 편을 들 것입니다. 지금 천하의 君王 가운데 살인을 좋아하지 않는 자가 없습니다. 만일 살인을 좋아하지 않는 자가 있다면 천하의 백성들이 모두 목을 높이 쳐들고 그를 우러러볼 것입니다.'라고 답하였다." 하였다.

孟子가 齊 宣王에게 소를 양으로 바꾼 일에 대해 묻다

魏惠王이 薨하고 子襄王이 立[①]하니 孟子가 入見하시고 出語人曰 望之不似人君이요 就之而不見

所畏焉이러니 卒然問曰 天下는 惡乎定고하야늘 吾가 對曰 定于一이라호라 孰能一之오하야늘 對曰 不嗜殺人者가 能一之라호라 孰能與之오하야늘 對曰 天下가 莫不與也니 今夫天下之人牧이 未有不嗜殺人者也니 如有不嗜殺人者면 則天下之民이 皆引領而望之矣리라호라

① 襄王은 이름이 嗣이다. 一本에 赫으로 되어 있다.
襄王名嗣, 一云赫.

【目】 齊나라에 갔을 때 宣王이 齊 桓公과 晉 文公의 事蹟에 대하여 물었다. 孟子가 답하기를 "仲尼의 문도들은 제 환공과 진 문공에 대하여는 말하는 사람이 없습니다. 신이 듣지 못하였으니, 굳이 말씀하시라면 王道政治에 대하여 말씀드리겠습니다."라고 하였다.

왕이 말하기를 "어떠한 도덕을 갖춰야 왕이 되겠습니까."라고 하기에 "백성을 사랑하고 그들의 생활을 安定시키면서 왕 노릇을 하면 막을 수 있는 자가 없습니다."라고 하였다.

다시 "나 같은 사람도 백성을 사랑하고 그들의 생활을 안정시킬 수 있을까요."라고 묻자, "할 수 있습니다."라고 하였다.

"무엇을 근거로 내가 할 수 있다는 것을 압니까."라고 하므로, "제가 胡齕에게서, 왕이 堂上에 앉아 계실 때 소를 끌고 堂下를 지나가는 사람이 있었는데 왕이 보시고 '소는 어디로 끌고 가느냐.'라고 물으시니 '釁鍾에 쓰려고 합니다.'라고 하자, 왕께서 '그만두어라. 나는 소가 죄 없이 부들부들 떨면서 死地로 끌려가는 것을 차마 못 보겠다.'라고 말씀하셨다고 들었습니다. 모르겠습니다. 그런 일이 있었습니까."라고 하니, "그런 일이 있었습니다."라고 하였다.

"이런 마음이 바로 천하에 왕 노릇 하기에 충분한 것입니다. ≪詩≫에 '내 아내에게 본을 보이면 나아가 형과 아우에게도 본이 되고 더 멀리는 마을과 나라도 다스려지겠지.'[9]라는 구절이 있는데, 이는 그런 착한 마음씨를 확대하면 다른 방면에도 행해질 수 있음을 말한 것일 뿐입니다. 그러므로 왕의 은혜의 범위를 확대해나가면 온 천하 사람도 사랑하고 생활도 안정시킬 수 있지만, 은혜를 널리 확대하지 않으면 제 처자도 지킬 수 없습니다. 옛사람들이 지금 사람보다 훨씬 뛰어나게 된 이유는 다른 것이 아니라 자기가 한 일을 남에게까지 잘 미치도록 한 것뿐입니다.

한 가구마다 지급된 5畝 되는 집터의 둘레에 뽕나무를 심으면 오십 된 노인이 비단옷을 입을 수 있고, 닭 돼지 개 등의 가축을 제때에 잡고 제때에 번식시키면 칠십 된 노인

9) 詩에……다스려지겠지 : ≪詩經≫ 〈大雅 思齊〉에 보인다.

이 고기를 먹을 수 있습니다. 한 가구에 지급된 100畝의 토지를 경작하는 농번기에 徵用에 동원하지 않으면 여덟 식구 되는 가정이 굶주리는 일은 없게 됩니다. 각급 학교를 정비하여 부모에게 효도하고 윗사람을 공경하는 도리를 반복해서 가르치면 머리 흰 노인이 머리에 이거나 등짐을 지고 길을 가는 일은 없게 됩니다. 노인이 비단옷에 고기를 먹고 일반 백성이 굶주리지 않고 추위에 떨지 않는 형편이 되고서도 왕 노릇 못하는 이는 없습니다." 하였다.

至齊하신대 宣王이 問齊桓晉文之事어늘 孟子가 曰 仲尼之徒는 無道桓文之事者라 臣이 未之聞也호니 無已則王乎인져 王曰 德이 何如則可以王矣리잇고 曰 保民而王이면 莫之能禦也리이다 曰 若寡人者도 可以保民乎哉잇가 曰 可하니이다 曰 何由로 知吾의 可也잇고 曰 臣이 聞之胡齕호니 曰 王이 坐於堂上이어시늘 有牽牛而過堂下者러니 王이 見之하시고 曰 牛는 何之오 對曰 將以釁鐘이니이다 王曰 舍之하라 吾는 不忍其觳觫若無罪而就死地하노라 不識케이다 有諸잇가 曰 有之하니이다 曰 是心이 足以王矣리이다 詩云 刑于寡妻하야 至于兄弟하야 以御于家邦이라하니 言擧斯心하야 加諸彼而已니 故로 推恩이면 足以保四海요 不推恩이면 無以保妻子니 古之人이 所以大過人者는 無他焉이라 善推其所爲而已矣니이다 五畝之宅에 樹之以桑이면 五十者가 可以衣帛矣며 鷄豚狗彘之畜을 無失其時면 七十者가 可以食肉矣며 百畝之田을 勿奪其時면 八口之家가 可以無饑矣며 謹庠序之敎하야 申之以孝悌之義면 頒白者가 不負戴於道路矣리니 老者가 衣帛食肉하며 黎民이 不饑不寒이요 然而不王者는 未之有也니이다

癸卯年(B.C. 318)

【綱】周나라 愼靚王 3년이다.

三年이라

【目】魏나라 襄王 원년이다.

魏襄王元年이라

【綱】楚나라・趙나라・魏나라・韓나라・燕나라의 연합군이 秦나라 정벌에 나서 函谷關을 공격하였는데, 秦나라가 出兵하여 맞아 싸우니

다섯 나라의 연합군이 모두 敗走하였다.

楚趙魏韓燕이 **伐秦**하야 **攻函谷關**한대 **秦**이 **出兵逆之**하니 **五國**이 **皆敗走**하다

【綱】宋나라가 처음으로 王을 자칭하였다.

◑**宋**이 **稱王**하다

甲辰年(B.C. 317)

【綱】周나라 愼靚王 4년이다. 秦나라가 韓나라 군대를 脩魚에서 크게 패배시키고 그 장수 鰒와 申差를 포로로 잡았다.

四年이라 **秦**이 **大敗韓師于脩魚**하고 **虜其將鰒申差**①하다

① 脩魚는 地名으로 韓나라에 속한다. 鰒는 음이 瘦이다. 鰒와 申差는 두 장수의 이름이다. 脩魚, 地名, 屬韓. 鰒, 音瘦. 鰒及申差, 二將名.

【目】8만 명을 斬首하니 諸侯들이 떨고 두려워하였다.

斬首八萬하니 諸侯振恐하더라

【綱】齊나라 大夫가 蘇秦을 죽였다.

齊大夫殺蘇秦하다

【綱】魏나라가 秦나라에 화친을 청하니, 張儀가 돌아와 다시 秦나라의 정승이 되었다.

◑**魏請成于秦**하니 **張儀歸復相秦**하다

【目】張儀가 魏나라 王에게 유세하기를 "梁나라 땅은 사방 1,000리가 안 되고 병사는 30만 명에 지나지 않습니다. 땅이 사방으로 평평하고 名山과 大川의 경계가 없어 四境

을 지키는 병사가 10만 명을 내려가지 않으니, 梁나라의 地勢는 참으로 전쟁터입니다. 諸侯들이 合從을 약속할 때에 洹水 가에서 맹세하여 兄弟관계를 맺어 서로 우호를 견고하게 하였으나, 지금 親兄弟로 같은 父母를 둔 자가 오히려 돈과 재물을 다투고 서로 殺傷을 하는 자가 있는데 번복하는 蘇秦의 남은 계책을 믿으려고 하시니 성공할 수 없음이 또한 분명합니다.

大王이 秦나라를 섬기지 않으면 秦나라가 군사를 내려보내 河外를 공격하여 卷衍과 酸棗를 점거하고 衛나라를 겁박하여 陽晉을 빼앗으면, 趙나라는 남쪽으로 가지 못하고 梁나라는 북쪽으로 가지 못하여 합종의 길이 끊어질 것입니다. 大王의 나라가 비록 위험을 없애려고 하지만 할 수 없을 것입니다."라고 하였다.

그러자 魏나라 왕이 마침내 합종의 약속을 배반하고 장의를 통하여 秦나라에 화친을 청하니, 장의가 돌아가서 다시 秦나라의 정승이 되었다.

張儀說魏王曰 梁地方不至千里요 卒不過三十萬[①]이요 地四平無名山大川之限하니 卒戍四境者不下十萬이라 梁之地勢固戰場也니이다 夫諸侯之約從에 盟洹水之上하야 結爲兄弟하야 以相堅也어니와 今親兄弟同父母尙有爭錢財相殺傷이어든 而欲恃反復蘇秦之餘謀하니 其不可成이 亦明矣라 大王이 不事秦하시면 秦이 下兵攻河外하야 據卷衍酸棗하고 劫衛取陽晉則趙不南梁不北而從道絶矣[②]니 大王之國이 雖欲無危나 不可得也리이다 魏王이 乃倍從約而因儀以請成於秦하니 儀歸復相秦[③]하다

① 戍는 병사를 주둔시켜 지키는 것이다.
戍, 屯兵而守也.

② 卷衍과 酸棗는 모두 黃河 南岸의 땅이므로 河外라고 하였다. 卷은 음이 權이다. ≪史記正義≫에 "卷과 衍은 鄭州에 속하고 酸棗縣은 滑州에 속한다."고 하였다. 從道는 합종을 약속하는 길이다.
卷衍酸棗, 皆黃河南岸地, 故曰河外. 卷, 音權. 正義 "卷與衍屬鄭州. 酸棗縣屬滑州." 從道, 謂約從之路也.

③ 成은 평온함이며 화친함이다.
成, 平也, 和也.

乙巳年(B.C. 316)

【綱】周나라 愼靚王 5년이다. 秦나라가 蜀나라를 정벌하고 그 땅을 빼

앗았다.

五年이라 秦이 伐蜀取之하다

【目】 巴나라와 蜀나라가 서로 공격하여 모두 급한 상황을 秦나라에 알렸다. 秦나라 惠王이 蜀나라를 정벌하려고 하자 韓나라가 또 침략하여 왔다. 司馬錯(조)가 蜀나라를 정벌하자고 청하자, 張儀가 말하기를 "韓나라를 정벌하는 것만 같지 못합니다."라고 하니, 王이 이르기를 "청컨대 그 이유를 듣고자 합니다."라고 하였다.

장의가 말하기를 "魏나라와 친하게 지내고 楚나라와 잘 지내면서 병사를 三川으로 내려보내 新城과 宜陽을 공격해서 두 周나라의 郊外까지 이르고 九鼎을 점거하고 地圖와 戶籍을 살펴서 天子를 끼고 天下를 호령하면 天下에 감히 듣지 않는 나라가 없을 것이니 이는 王業입니다. 신은 들으니 이름을 다투는 자는 조정에 있고, 이익을 다투는 자는 저자에 있다고 합니다. 지금 三川과 周室은 天下의 조정과 저자입니다. 王께서 이를 다투지 않으시고 도리어 戎翟과 다투게 되니 王業에서 멀어질 것입니다."라고 하였다.

사마조가 말하기를 "그렇지 않습니다. 신은 들으니 나라를 부유하게 하려는 자는 그 땅을 넓히는 데 힘쓰고, 군대를 강하게 하려는 자는 그 백성을 부유하게 하는 데 힘쓰며, 왕이 되려고 하는 자는 그 덕을 넓히는 데 힘쓴다고 하니, 이 세 가지 바탕이 갖추어지면 왕업은 따라올 것입니다. 지금 王이 땅은 작고 백성은 가난하므로 신은 먼저 쉬운 일에서부터 종사하기를 원합니다. 저 蜀나라는 서쪽에 치우친 나라로 戎翟의 우두머리인데 桀과 紂의 시대와 같은 혼란함이 있으니, 秦나라가 그들을 공격하는 것은 비유하자면 승냥이와 이리로 하여금 양 떼를 쫓게 하는 것과 같습니다. 그 땅을 얻으면 나라를 넓힐 수 있고 그 재물을 취하면 백성들을 부유하게 할 수 있으며 병사를 잘 다스리면 많은 사람을 상하게 하지 않고 蜀나라가 복속될 것입니다. 나라 하나를 함락시켰는데도 천하가 포악하다고 여기지 않고, 이익이 西海를 다하여도 천하가 탐욕스럽다고 여기지 않으며, 또 포악을 금지하고 혼란을 그치게 하였다는 명성이 있게 되니, 이는 우리가 한 번 움직임에 명분과 실리가 따라오는 것입니다. 지금 韓나라를 공격하여 天子를 겁주는 것은 명성을 나쁘게 하는 것이고, 천하가 하고자 하지 않는 것을 공격하면 또 반드시 이롭지 않을 것이니, 蜀나라를 정벌하여 온전히 하는 것만 같지 못합니다."라고 하였다.

王이 이 말을 따라 군대를 일으켜 蜀나라를 정벌하여 10월에 빼앗았다. 秦나라가 더욱 강하고 부유하게 되어 諸侯들을 경시하였다.

巴蜀이 相攻하야 俱告急於秦이어늘 秦惠王이 欲伐蜀①호대 韓又來侵이러니 司馬錯가 請伐蜀②한대 張儀曰 不如伐韓이니이다 王曰 請聞其說하노라 儀曰 親魏善楚하고 下兵三川하야 攻新城宜陽하야 以臨二周之郊하고 據九鼎按圖籍하야 挾天子以令天下이면 天下莫敢不聽이리니 此는 王業也③라 臣聞爭名者는 於朝하고 爭利者는 於市라하니 今三川周室은 天下之朝市也어늘 而王이 不爭焉하시고 顧爭於戎翟하니 去王業遠矣로소이다 錯가 曰 不然하다 臣聞之호니 欲富國者는 務廣其地하고 欲彊兵者는 務富其民하고 欲王者는 務博其德이라하니 三資者備而王隨之矣라 今王이 地小民貧이라 故臣願先從事於易(이)④하노니 夫蜀은 西僻之國而戎翟之長也요 有桀紂之亂하니 以秦攻之譬如使豺狼逐群羊⑤이라 得其地足以廣國이요 取其財足以富民이요 繕兵不傷衆而彼已服焉⑥이니 拔一國而天下不以爲暴요 利盡西海而天下不以爲貪⑦이요 而又有禁暴止亂之名하니 是我一擧而名實附也⑧라 今攻韓劫天子는 惡名也而攻天下之所不欲이면 又未必利也이니 不如伐蜀이 完⑨이니이다 王이 從之하야 起兵伐蜀하야 十月에 取之하니 秦이 以益彊富厚하야 輕諸侯하더라

① 惠王은 바로 惠文王이다.
惠王, 卽惠文王.

② 錯은 음이 措이니 이름이다.
錯, 音措, 名也.

③ 伊水와 洛水와 河水가 三川이다. 秦나라가 나중에 三川郡을 두었는데, 漢나라가 河南郡으로 고쳤다. 《漢書》 〈地理志〉에 "新城縣은 河南郡에 속한다."고 하였다. 二周는 곧 東周와 西周이다. 夏나라 禹임금이 九牧에서 金을 바치게 하여 九鼎을 만들어 九州의 상징물로 하였는데 마침내 三代가 전하는 國寶가 되었다. 圖籍은 地理圖 및 戶口版籍이다.
伊水・洛水・河水爲三川. 秦後置三川郡, 漢改爲河南郡. 班志"新城縣屬河南郡." 二周, 卽東西周也. 夏禹貢金九牧, 鑄九鼎, 以象九州之物, 乃三代傳國寶也. 圖籍, 地理圖及戶口版籍也.

④ 易(쉽다)는 去聲이다.
易, 去聲.

⑤ 豺는 이리의 종류이다.
豺, 狼屬.

⑥ 繕은 다스림이다.
繕, 治也.

⑦ 西海는 蜀川을 말한다. 바다는 진귀한 물품이 모여 생기는 곳으로 秦나라 안에 陸海가 있다고 말하는 것과 같다. 그 실상은 서쪽에 또한 바다가 있어서 西海라고 한 것이다.
西海, 謂蜀川也. 海者, 珍藏所聚生, 猶謂秦中爲陸海然也. 其實西亦有海, 所以云西海.

⑧ 名은 그 德을 넓히는 것을 이르고, 實은 土地와 財寶를 얻음을 이른다.
名, 謂博其德. 實, 謂得土地財寶也.
⑨ 完은 온전함이니, 군대로 蜀을 정벌하여 완전하게 빼앗는 것을 말한다.
完, 全也, 言以兵伐蜀, 十全必取也.

【綱】 燕나라 임금 噲가 나라를 정승 子之에게 선양하였다.

燕君噲以國으로 **讓**10) **其相子之**하다

燕王 噲가 燕나라를 정승 子之에게 주어 兵禍를 초래하다

【目】 燕나라 정승 子之가 蘇秦의 동생 蘇代와 혼인을 맺어 燕나라의 권력을 얻고자 하였다. 소대가 齊나라에 사신으로 갔다가 돌아오자, 燕나라 왕이 묻기를 "齊나라 왕이 霸者가 되겠는가?"라고 하니, 대답하기를 "될 수 없습니다."라고 하였다. 왕이 말하기를 "무슨 까닭인가?"라고 하자, 대답하기를 "그 신하를 믿지 않습니다."라고 하였다. 이에 燕나라 왕이 오로지 자지에게만 맡겼다.

鹿毛壽가 燕나라 왕에게 이르기를 "사람들이 堯임금을 어질다고 말하는 것은 천하를 사양하였기 때문입니다. 이제 왕께서 나라를 자지에게 사양하시면 이는 왕께서 요임금과 이름을 같이 할 것입니다."라고 하니, 燕나라 왕이 인하여 나라를 자지에게 맡겼다.

혹자가 말하기를 "禹임금은 益을 천거하고 啓의 사람들로 관리를 삼았는데, 늙어서 天下를 익에게 전하였습니다. 그런데 계가 그의 무리들과 함께 익을 공격하여 빼앗으니, 세상에서는 우임금이 명목상으로는 익에게 천하를 전하였으나 실질적으로는 계로

10) 讓 : ≪資治通鑑綱目≫ 凡例에 타인에게 나라를 주는 경우 讓이라 하였다.

하여금 스스로 빼앗게 하였다고 하였습니다. 이제 왕께서 나라를 자지에게 맡겼다고 말하였으나 관리는 太子의 사람이 아닌 사람이 없으니, 이는 명목상으로는 자지에게 맡겼으나 실질적으로는 태자가 권한을 가지고 있는 것입니다."라고 하니, 왕이 인하여 印綬를 거두고 三百石吏부터 이상은 印綬를 자지에게 바치라고 하였다.

자지가 南面하여 왕의 일을 행하고 噲는 늙어서 정사를 듣지 않아 도리어 신하가 되었다.

燕相子之與蘇秦之弟代昏하야 欲得燕權이러니 蘇代使齊而歸어늘 燕王이 問曰 齊王이 其霸乎아 對曰 不能이러이다 王曰 何故오 對曰 不信其臣이러이다 於是에 燕王이 專任子之러니 鹿毛壽謂燕王曰① 人謂堯賢者는 以其能讓天下也라 今王이 以國讓子之시면 是는 王與堯同名也니이다 燕王이 因屬國於子之한대 或曰 禹薦益而以啓人爲吏②러니 及老에 傳天下於益而啓與其黨攻益奪之하니 天下謂禹名傳天下於益而實令啓自取之라하니 今王이 言屬國於子之而吏無非太子人者라 是名屬子之而實太子用事也로소이다 王이 因收印綬하고 自三百石吏已上而效之子之③하니 子之南面行王事而噲老不聽政하야 顧爲臣④이러라

① 鹿은 姓이고 毛壽는 名이다.
鹿, 姓, 毛壽, 名.

② 人은 신하와 같으니, 啓의 신하를 益의 관리로 삼았음을 말한다.
人, 猶臣也, 謂以啓之臣爲益吏.

③ 綬는 음이 壽이니 組綬이다. 漢나라는 秦나라의 제도를 이어받았는데, 乘輿와 璽綬는 諸王 이하에게 印은 金, 銀, 銅으로 차별하고 綬는 赤, 紫, 靑, 黑, 黃으로 차별하였다. 三百石吏는 銅印에 黑綬인데 혹 黃綬로 하였다. 效는 바치는 것이니, 印을 子之에게 바치는 것이다.
綬, 音壽, 組綬也. 漢承秦制, 乘輿璽綬, 諸王以下, 印以金・銀・銅爲差, 綬以赤・紫・靑・黑・黃爲差. 三百石吏, 銅印黑綬, 或黃綬. 效, 呈也, 以印呈與子之.

④ 噲가 늙어서 스스로 쉬면서 도리어 子之의 신하가 되었음을 말한 것이다.
言噲以老自休, 反爲子之之臣也.

丙午年(B.C. 315)

【綱】 周나라 愼靚王 6년이다. 신정왕이 崩하고 아들 延이 즉위하였다.

六年이라 王이 崩커늘 子延이 立하다

【目】 바로 赧王이다.

是爲赧王[①]이라

① 赧은 부끄러움이 심한 것이다. 경미하고 위태롭고 약하여 동쪽과 서쪽에 더부살이하여 충분히 부끄러워할 만하였기 때문에 이름을 赧이라 하였다. 謚法에는 본래 赧字가 없다.
赧, 慙之甚也. 輕微危弱, 寄住東西, 足爲慙赧, 號之曰赧. 謚法, 本無赧字也.

丁未年(B.C. 314)

【綱】周나라 赧王 원년이다. 秦나라가 義渠를 침략하여 25개의 城을 얻었다.

赧王元年이라 **秦**이 **侵義渠**하야 **得二十五城**[①]하다

① 이보다 먼저 秦나라가 義渠를 縣으로 삼았다. 비록 秦나라에 신하로 복속하였으나 義渠國이 아직 멸망한 것은 아니었다. 秦나라가 조금씩 잠식하여 그 땅을 침략하여 지금 25개의 城을 얻은 것이다.
先此, 秦以義渠爲縣, 雖臣屬於秦, 義渠之國未滅也. 秦稍蠶食侵其地, 今得二十五城.

【綱】秦나라가 魏나라를 정벌하여 曲沃을 빼앗았다. 또 韓나라의 군사를 岸門에서 패배시키고 그 太子 倉을 인질로 삼아 화해하였다.

○**秦**이 **伐魏**하야 **取曲沃**하고 **又敗韓師於岸門**하고 **質其太子倉以和**[①]하다

① ≪續漢書≫에 "潁州郡 潁陰縣에 岸序가 있는데 바로 岸門이다."라고 하였다.
續漢書 "潁州郡潁陰縣有岸序卽岸門."

【綱】齊나라가 燕나라를 정벌하여 빼앗고, 子之를 죽여 젓을 담고 옛 燕나라 임금 噲를 죽였다.

◑**齊伐燕取之**하야 **醢子之**하고 **殺故燕君噲**하다

【目】燕나라 子之가 왕이 된 지 3년에 나라 안이 크게 어지러웠다. 將軍 市被가 太子 平과 함께 자지를 공격하려고 모의하였는데, 齊나라 王이 사람을 시켜 공격을 권유하게 하고 또 도와줄 것을 허락하였다. 평이 시피로 하여금 자지를 공격하게 하였으나 이기

지 못하고, 시피가 도리어 평을 공격하니, 나라 안이 연달아 몇 달 동안 전쟁을 하여 죽은 자가 수만 명이었다. 齊나라 왕이 章子로 하여금 燕나라를 정벌하게 하니, 燕나라의 士卒이 싸우지도 않고 城門은 닫지도 않았다. 齊나라 사람이 자지를 잡아 젓을 담고 드디어 왕 噲를 죽였다.

이때 齊나라 왕이 孟子에게 묻기를 "어떤 사람은 과인에게 燕나라를 빼앗지 말라 하고 어떤 사람은 과인에게 빼앗으라고 합니다. 어떻습니까?"라고 하니, 맹자가 대답하기를 "빼앗아서 燕나라 백성이 기뻐하면 빼앗고, 빼앗아서 燕나라 백성이 기뻐하지 않으면 빼앗지 마소서."라고 하였다.

諸侯들이 장차 燕나라를 구원하려고 모의하니, 왕이 또 맹자에게 물었는데, 맹자가 대답하기를 "신은 들으니 70리로 天下에 政事를 한 자는 湯임금이 그런 경우이니 千里를 가지고 남을 두려워하였다는 자는 듣지 못하였습니다. 天下가 참으로 齊나라의 강함을 두려워하고 있는데, 지금 또 땅을 배로 넓히고 仁政을 행하지 않으면 이는 천하의 군대를 움직이게 하는 것입니다. 왕께서 빨리 명령을 내려 노인과 어린이를 돌려보내며 重器(寶器)를 가져오는 것을 중지하고, 燕나라의 백성들과 의논하여 임금을 세운 뒤에 떠나신다면 오히려 중지시킬 수 있을 것입니다."라고 하였다.

왕이 따르지 않았더니 얼마 뒤에 燕나라 사람이 배반을 하였다. 왕이 말하기를 "나는 맹자에게 매우 부끄럽노라."라고 하니, 陳賈가 말하기를 "왕은 염려하지 마소서."라고 하였다. 마침내 맹자를 만나 묻기를 "周公이 管叔으로 하여금 商나라를 감독하게 하였는데, 관숙이 商나라를 가지고 배반하였으니 聖人도 잘못이 있는 것입니까?"라고 하니, 맹자가 말하기를 "주공은 동생이요, 관숙은 형이니, 주공의 잘못이 마땅하지 아니한가. 또 옛날의 君子는 잘못이 있으면 고쳤는데, 요즘의 君子는 잘못이 있으면 그것을 이루고 또 따라서 변명을 하는구나."라고 하였다.

燕子之爲王三年에 國內大亂하니 將軍市被與太子平謀攻子之①러니 齊王이 使人誘之하고 且許爲助어늘 平이 使市被攻子之라가 不克하야 被反攻平하니 國中이 連戰數月에 死者數萬人이러니 齊王이 使章子伐燕②한대 燕士卒이 不戰하고 城門이 不閉어늘 齊人이 取子之醢之하고 遂殺王噲③하다 於是에 齊王이 問於孟子曰 或謂寡人勿取라하며 或謂寡人取之라하나니 何如하니잇고 孟子對曰 取之而燕民이 悅則取之하고 取之而燕民이 不悅則勿取也하소서 諸侯將謀救燕이러니 王이 又問於孟子한대 孟子對曰 臣은 聞七十里로 爲政於天下者는 湯이 是也니 未聞以千里로 畏人者也케이다 天下固畏齊之彊也니 今又倍地而不行仁政이면 是는 動天下之兵也니이다 王速出令하사 反其耄倪하시며 止其重器하시고 謀於燕衆하야 置君而後에 去之則猶可及止也리이다 王이 不能用이러니 旣

而燕人이 畔이어늘 王曰 吾甚慙於孟子하노라 陳賈曰 王無患焉하소서 乃見孟子하고 問曰 周公이 使管叔監商이어시늘 管叔이 以商畔하니 聖人이 亦有過乎④잇가 孟子曰 周公은 弟也요 管叔은 兄也니 周公之過 不亦宜乎아 且古之君子는 過則改之러니 今之君子는 過則順之하고 又從而爲之辭로다

① 市被는 姓名이다.
市被, 姓名.
② 章子는 齊나라 사람이니 바로 ≪孟子≫에서 칭한 章子이다.11)
章子, 齊人, 卽孟子所稱章子也.
③ 醢는 음이 海이니, 그 骨肉을 삭히는 것이다.
醢, 音海, 殖其骨肉也.
④ ≪孟子≫에는 '監殷'이라고 하였는데, 지금 여기서 監商이라고 한 것은 宋나라 廟諱를 피한 것이다.12)
孟子云監殷, 今云監商, 避宋廟諱也.

【綱】孟軻가 齊나라를 떠나갔다.

孟軻去齊하시다

【目】이때 天下가 막 合從과 連衡에 힘써 공격과 정벌을 좋게 여기고, 處士 楊朱와 墨翟의 말이 天下에 가득하였다. 孟子가 마침내 唐虞와 三代의 德을 말하며 孔子의 道를 미루어 밝혀서 人心을 바로잡아 邪說을 종식시키는 것을 자신의 임무로 삼았다. 이 때문에 가는 곳마다 뜻이 합치하지 않아서 드디어 齊나라에서 신하 노릇을 그만두고 돌아갈 때 한숨을 쉬면서 탄식하며 말하기를 "하늘이 천하를 태평하게 다스리고자 하지 않는 것이다. 만일 천하를 태평하게 다스리고자 하신다면, 지금 세상을 당하여 나를 버리고 그 누가 하겠는가?"라고 하였다. 사후에 門人 公孫丑와 萬章의 무리들이 함께 그 말씀을 기록하여 ≪孟子≫ 7편을 만들었다.

韓愈가 말하기를 "이 道를 堯임금은 이것을 舜임금에게 전하시고, 순임금은 이것을 禹임금에게 전하시고, 우임금은 이것을 湯임금에게 전하시고, 탕임금은 이것을 文王과 武王과 周公에게 전하시고, 주공은 孔子에게 전하시고, 공자는 孟軻에게 전하셨는데,

11) 章子는……章子이다 : ≪孟子≫ 〈離婁 下〉에 나오는 匡章을 가리킨다.
12) 孟子에는……것이다 : ≪孟子≫ 〈公孫丑 下〉에는 '監殷'으로 되어 있다. '監殷'의 '殷'을 '商'으로 바꾼 것은 宋나라 太祖의 아버지도 宣祖에 추존된 趙弘殷의 이름에 '殷'字가 있어서 글자를 바꾸었음을 가리킨다.

맹가가 죽자, 그 전함을 얻지 못하였다. 荀子와 揚雄은 선택은 하였으나 精密하지 못하였고, 말은 하였으나 상세하지 못하였다."[13]라고 하였다.

또 말하기를 "맹가는 子思를 스승으로 삼았는데, 자사의 學問은 曾子에게서 나왔으니, 공자가 별세한 뒤로부터 오직 孟軻氏의 전함이 그 宗主를 얻었다. 그러므로 聖人의 道를 구해보려는 자는 반드시 ≪맹자≫로부터 시작하여야 한다."[14]라고 하였다.

또 말하기를 "맹자의 功이 우임금의 아래에 있지 않다."[15]라고 하였다.

是時에 天下方務於合從連衡하야 以攻伐爲賢而處士楊朱墨翟之言이 盈天下①라 孟子乃述唐虞三代之德하며 推明孔子之道하야 以正人心息邪說로 爲己任하시니 是以로 所如者에 不合하야 遂致爲臣於齊而歸하실새 喟然歎曰 夫天이 未欲平治天下也하시니 如欲平治天下인댄 當今之世하야 舍我其誰哉리오 及卒에 門人公孫丑萬章之徒相與記其所言하야 爲書七篇하니라 韓愈曰② 斯道也를 堯以是傳之舜하시고 舜이 以是傳之禹하시고 禹以是傳之湯하시고 湯이 以是傳之文武周公하시고 周公이 傳之孔子하시고 孔子傳之孟軻이러시니 軻之沒에 不得其傳焉하니 荀與楊也는 擇焉而不精하고 語焉而不詳하니라 又曰 孟軻師子思하시니 子思之學은 出於曾子라 自孔子沒로 獨孟軻氏之傳이 得其宗하니 故求觀聖人之道者 必自孟子始니라 又曰 孟子之功이 不在禹下하니라

① 處士는 조정에 벼슬을 하지 않고 집에 거처하는 자이다.
處士, 不官於朝而居家者.

② 韓愈는 唐나라 鄧州 사람이다.
愈, 唐鄧州人.

戊申年(B.C. 313)

【綱】 周나라 赧王 2년이다.

二年이라

【目】 齊나라 湣王 地 원년이다.

齊湣王地元年이라

---

13) 이 道를……못하였다 : 韓愈의 〈原道〉에 보인다.
14) 孟軻는……한다 : 韓愈의 〈送王秀才序〉에 보인다.
15) 맹자의……않다 : 韓愈의 〈與孟簡尙書書〉에 보인다.

【綱】 秦나라가 趙나라를 정벌하였다.

秦이 伐趙하다

【綱】 楚나라 屈匄(굴개)가 秦나라를 정벌하였다.

◑ 楚屈匄伐秦하다

【目】 秦나라가 齊나라를 정벌하려고 하였는데, 齊나라가 楚나라와 合從하여 서로 친한 것을 염려하였다. 마침내 張儀로 하여금 楚나라 王에게 유세하며 말하기를 "大王께서 참으로 齊나라에 대하여 關門을 닫고 합종의 약속을 끊을 수 있다면, 臣이 商과 於(오)의 땅 600리를 바치고 秦나라의 여자로 하여금 大王을 위하여 청소하는 첩이 되게 할 것을 청하겠습니다."라고 하니, 楚나라 王이 기뻐하여 허락하였다.

여러 신하들이 모두 축하하였으나 陳軫이 홀로 傷心하였다. 왕이 화를 내며 이르기를 "어찌하여 상심하는가?"라고 하니, 진진이 대답하기를 "저 秦나라가 楚나라를 중하게 여기는 까닭은 齊나라가 있기 때문입니다. 이제 齊나라와 관계를 끊으면 楚나라는 고립이 되는데, 秦나라가 어찌 고립된 나라를 탐내어 商과 於의 땅 600리를 주겠습니까? 장의가 秦나라에 도착하면 반드시 왕을 배반할 것이니, 이는 왕께서 북쪽으로는 齊나라와의 관계를 끊고 서쪽으로는 秦나라에 근심거리를 만드는 것이므로 두 나라의 군대가 반드시 함께 닥칠 것입니다."라고 하였다. 왕이 이르기를 "바라건대 그대는 입을 닫고 다시는 말을 하지 말고 寡人이 땅을 얻는 것을 기다리라."라고 하고, 마침내 장의에게 후하게 하사하고 齊나라에 대하여 관문을 닫고 합종의 약속을 끊고 將軍 한 명으로 하여금 장의를 따라 秦나라에 가게 하였다.

장의가 거짓으로 수레에서 떨어져 석 달 동안 조회에 나가지 않으니, 楚나라 왕이 소식을 듣고 말하기를 "장의는 과인이 齊나라와 관계를 끊은 것이 아직 대단하지 않다고 여기는 것인가?"라고 하고, 마침내 勇士 宋遺로 하여금 宋나라의 符節을 빌려서 북쪽으로 가서 齊나라 왕을 욕하게 하였다. 齊나라 왕이 크게 화를 내어 몸을 굽혀 秦나라를 섬기니, 齊나라와 秦나라가 서로 연합하였다. 장의가 마침내 조회에 나가서 楚나라의 使者를 보고 말하기를 "그대는 어찌하여 땅을 받지 않았소? 어디부터 어디까지 너비와 길이가 6리입니다."라고 하였다.

사자가 돌아와 보고를 하니, 楚나라 왕이 크게 화를 내어 군대를 출동시켜 秦나라를 공격하려 하자, 진진이 말하기를 "제가 입을 열어 말을 해도 되겠습니까. 秦나라를 공격하는 것이 하나의 이름난 都邑을 뇌물로 주어 秦나라와 함께 군대를 합쳐 齊나라를 공격하는 것만 못합니다. 이는 우리가 秦나라에 잃은 땅을 齊나라에서 빼앗아 보상받는 것입니다. 이제 이미 齊나라와 관계를 끊었는데 또 秦나라에게 속인 것을 책임지우면, 이는 우리가 齊나라와 秦나라의 결합을 이루어주어 천하의 군대가 오게 하는 것이니, 나라가 반드시 크게 상할 것입니다."라고 하였다.

왕이 듣지 않고 屈匄로 하여금 군사를 이끌고 秦나라를 정벌하게 하니, 秦나라가 또한 군대를 동원하여 庶長 魏章으로 하여금 공격하게 하였다.

秦欲伐齊호대 患其與楚從親하야 乃使張儀說楚王曰 大王이 誠能閉關絶約於齊하시면 臣이 請獻商於之地六百里하고 使秦女로 得爲大王箕帚之妾[①]호리이다 楚王이 悅而許之하니 群臣이 皆賀러니 陳軫이 獨弔어늘 王이 怒曰 何弔也오 對曰 夫秦之所以重楚는 以其有齊也일새라 今絶齊則楚孤이니 秦이 奚貪夫孤國하야 與之商於之地六百里哉리잇고 儀至秦이면 必負王호리니 是는 王이 北絶齊交而西生患於秦也라 兩國之兵이 必俱至矣리이다 王이 曰 願子는 閉口毋復言하야 以待寡人得地하라 乃厚賜張儀而閉關絶約於齊하고 使一將軍으로 隨張儀至秦하니 儀詳(양)墮車하야 不朝三月[②]이어늘 楚王이 聞之하고 曰 儀以寡人絶齊未甚邪아 乃使勇士宋遺로 借宋之符하야 北罵齊王[③]한대 齊王이 大怒하야 折節而事秦[④]하니 齊秦之交合하다 儀乃朝하고 見楚使者曰 子何不受地오 自某至某히 廣袤六里[⑤]라 使者還報한대 楚王이 大怒하야 欲發兵攻秦이어늘 陳軫이 曰 軫可發口言乎아 攻之不如賂以一名都하야 與之并兵而攻齊니 是는 我亡地於秦而取償於齊也[⑥]라 今已絶齊而又責欺於秦이면 是는 我合齊秦之交而來天下之兵也니 國必大傷矣리이다 王이 不聽하고 使屈匄帥師伐秦[⑦]하니 秦이 亦發兵하야 使庶長章擊之[⑧]하다

① "閉關(관문을 닫는다.)"은 옛날에 列國들이 각각 關尹을 두어 敵國의 손님이 오면 관윤이 보고하여 行理가 맞이하게 하는데, 관문을 닫으면 그 사신을 거절하여 통하지 않게 하는 것이다. "灑掃之妾(청소하는 첩)"은 첩으로 삼아 청소를 하게 하겠다는 말이다.
閉關者, 古之列國各置關尹, 敵國賓至, 關尹以告, 則行理以節逆之. 閉關則距絶其使, 不爲通也. 箕帚之妾, 言爲妾以供灑掃也.

② 詳은 佯이라고 읽으니, 속이는 것이다.
詳, 讀曰佯, 詐也.

③ 符는 대나무로 만들고 나누어 서로 합하는 것이다. 다니는 자가 그것을 가지고 증명서로 삼는데, 부절이 없으면 통행할 수가 없다. 당시에 楚나라가 齊나라에 대하여 합종의 약속을 끊었으므로 齊나라가 사신을 통행시키지 않았다. 宋나라가 齊나라와 楚나라의 사이에

있었으므로 宋나라의 부절을 빌려 齊나라에 갔다.

符, 以竹爲之, 分而相合. 行者執以爲信, 無符則不得達. 時楚絶約於齊, 齊不通其使. 宋在齊楚之間, 故借宋符以達之.

④ 折節은 몸을 굽혀서 秦나라를 섬기는 것이다.

折節, 屈折肢節以服事也.

⑤ 袤는 음이 茂이다. 東西의 길이를 廣이라 하고, 南北의 길이를 袤라고 한다.

袤, 音茂. 東西曰廣, 南北曰袤.

⑥ 賂는 贈與이다. 都는 큰 읍이다. 名은 당시에 이름난 곳을 말한다. 償은 辰羊의 切이니 보답이다. 齊나라를 이기면 땅을 얻으므로 비록 뇌물로 준 땅이 없더라도 충분히 보상이 된다는 말이다.

賂, 贈與也. 都, 大邑也. 名, 謂有聞於時者. 償, 辰羊切, 報也. 言勝齊則得地, 雖亡所賂, 足以相償

⑦ 匄는 음이 蓋이다.

匄, 音蓋.

⑧ 章은 이름이고 그 姓은 魏이다.

章, 名也. 其姓, 魏.

己酉年(B.C. 312)

【綱】周나라 赧王 3년이다. 秦나라가 丹陽에서 楚나라 군사를 크게 패배시켜 屈匄를 사로잡고 드디어 漢中을 빼앗았다. 楚나라가 다시 秦나라를 습격하였다가 또 藍田에서 크게 패배하니, 韓나라와 魏나라가 楚나라를 습격하여 楚나라가 두 城을 떼어주어 秦나라와 화해하였다.

三年이라 **秦**이 **大敗楚師于丹陽**하야 **虜屈匄**하고 **遂取漢中**하니 **楚復襲秦**이라가 **又大敗于藍田**하니 **韓魏襲楚**이어늘 **楚割兩城**하야 **以和于秦**[①]하다

① ≪漢書≫ 〈地理志〉에 "藍田縣은 京兆에 속한다."고 하였다.

班志 "藍田縣屬京兆."

【目】丹陽의 싸움에서 〈秦나라가 楚나라 군사〉 8만 명을 斬首하였다.

丹陽之戰에 斬首八萬①하다

① 丹陽은 丹水의 북쪽을 이른다. ≪漢書≫ 〈地理志〉에 "丹水는 上洛의 冢嶺山에서 나와 동쪽으로 析에 이르러 鈞水로 들어간다."고 하였다. 그 물이 대개 弘農郡의 丹水縣과 析縣 두 현 사이에 있으니 武關의 바깥이다.

丹陽, 謂丹水之陽. 班志"丹水出上洛(冡)〔冢〕16)嶺山, 東至析入鈞水." 其水蓋在弘農丹水·析兩縣之間, 武關之外也.

【綱】燕나라 사람이 太子 平을 세워 임금으로 삼았다

燕人이 立太子平하야 爲君하다

【目】昭王이 燕나라가 격파된 뒤에 즉위하여 죽은 사람을 조문하고 고아들을 위문하며, 백성들과 괴로움과 즐거움을 함께하고, 몸을 낮추고 폐백을 후하게 하여 賢者를 초청하였다.

郭隗에게 묻기를 "齊나라가 孤(昭王)의 나라가 어지러운 틈을 타서 燕나라를 습격하여 격파하였습니다. 孤는 燕나라가 작아 보복할 수 없음을 잘 알지마는 참으로 어진 선비를 얻어 나라를 함께 다스려서 先王의 치욕을 씻는 것이 孤의 바람입니다. 先生은 합당한 사람을 살피시오. 몸소 그를 섬기겠습니다."라고 하였다.

곽외가 대답하기를 "옛날 임금 중에 千金으로 涓人을 시켜 千里馬를 구하게 한 사람이 있었습니다. 그런데 천리마가 이미 죽었으므로 그 뼈를 500金에 사서 돌아왔는데, 임금이 화를 내었습니다. 涓人이 말하기를 '죽은 말도 사왔는데 하물며 살아 있는 말이겠습니까? 말이 금방 올 것입니다.'라고 하였는데, 1년이 안 되어 천리마가 세 마리나 왔습니다. 이제 王께서 반드시 선비를 초치하고자 하신다면 먼저 저 곽외부터 시작하소서. 하물며 저보다 나은 자가 어찌 천리를 멀다고 여기겠습니까?"라고 하였다.

이에 소왕이 곽외를 위하여 宮을 개축하고 스승으로 섬기니, 이에 선비들이 다투어 燕나라로 달려왔다. 樂毅가 魏나라에서 가자 王이 亞卿으로 삼아 國政을 맡겼다.

昭王이 卽位於破燕之後하야 弔死問孤하며 與百姓同甘苦하고 卑身厚幣하야 以招賢者러니 問郭隗曰① 齊因孤之國亂而襲破燕②하니 孤極知燕小하야 不足以報어니와 然誠得賢士하야 與之共國하야 以雪先王之恥 孤之願也라 先生이 視可者하라 得身事之하리라 隗曰 古之人君이 有以千金으로 使涓人求千里馬者③러니 馬已死라 買其(首)〔骨〕17)五百金而返이어늘 君이 怒한대 涓人이 曰 死馬도

16) (冡)〔冢〕: 저본에는 '冡'으로 되어 있으나, ≪漢書≫ 〈地理志〉에 근거하여 '冢'으로 바로잡았다.

且買之온 況生者乎아 馬今至矣리라하더니 不期年而千里馬至者三이라 今王이 必欲致士인댄 先從隗始하소서 況賢於隗者가 豈遠千里哉리잇고 於是에 昭王이 爲隗하야 改築宮而師事之하니 於是에 士爭趣燕④하야 樂毅自魏往이어늘 王이 以爲亞卿하야 任以國政⑤하다

① 隗는 五罪의 切이다.
隗, 五罪切.
② 임금이 직접 臣民들과 더불어 말을 할 때는 孤라고 칭한다. 孤라는 것은 홀로 서서 德이 없음을 말한다.
君自與臣民言則稱孤. 孤者, 特立無德之稱.
③ 涓人은 謁者와 같다. 涓은 깨끗함이니 궁중에 있으면서 청결과 청소를 담당하는 것을 말한다.
涓人, 如謁者. 涓, 潔也, 言其在中主知潔淸灑掃之事.
④ 趣는 혹 趨로 쓴다.
趣, 或作趨.
⑤ 樂毅는 樂羊의 후예이다.
毅, 樂羊之後.

【綱】韓君이 卒하였다.

韓君이 卒하다

【目】韓나라 宣惠王이 일찍이 公仲과 公叔 두 사람을 등용하여 정치를 하게 하려고 하였는데, 繆留(목류)가 말하기를 "불가합니다. 晉나라는 六卿을 등용하여 나라가 나뉘어졌으며, 齊나라 簡公은 陳恒과 闞止를 등용하여 살해당하였고, 魏나라는 犀首와 張儀를 등용하여 西河 밖의 땅을 잃었습니다. 이제 임금께서 두 사람을 등용하시면 그중 힘이 많은 사람은 안으로 당을 만들 것이고, 힘이 적은 사람은 외부의 권력에 의지할 것입니다. 신하들이 안으로는 당을 만들어 그 임금을 교만하게 하고, 밖으로는 교섭하여 땅을 떼어주면 임금의 나라가 위태로워질 것입니다."라고 하였다.

韓宣惠王이 嘗欲兩用公仲公叔하야 爲政이어늘 繆留曰① 不可하이다 晉用六卿而國分하고 齊簡公이 用陳恒闞止而見殺②하고 魏用犀首張儀而西河之外亡③하니 今君이 兩用之하시면 其多力者는 內樹黨하고 其寡力者는 藉外權④하리니 群臣이 有內樹黨하야 以驕主하고 有外爲交하야 以削地면 君

17) (首)〔骨〕: 저본에는 '首'로 되어 있으나, ≪朱子全書≫의 ≪資治通鑑綱目≫에 근거하여 '骨'로 바로잡았다.

之國이 危矣리이다

① 繆은 음이 目이니 姓이다.
繆, 音目, 姓也.
② 陳恒은 바로 田恒이다. 闞은 음이 勘이니 姓이다. 止는 이름이다.
陳恒, 卽田恒. 闞, 音勘, 姓也. 止, 名也.
③ 犀首는 魏나라 官名이다. 公孫衍이 이 관직을 맡고 인하여 서수라고 이름하였는데, 虎牙將軍이라는 명칭과 같다.
犀首, 魏官名. 公孫衍爲此官, 因號犀首, 猶虎牙將軍之稱.
④ 藉는 慈夜의 切이니 빌림이다.
藉, 慈夜切, 借也.

【目】 胡氏가 다음과 같이 평하였다.

"繆留의 의논이 옳은 듯하면서도 틀렸으니 결코 법으로 삼아서는 안 된다. 가령 등용한 사람이 어질면 한 사람으로 충분하니 그의 전횡을 염려할 것이 없고, 左右와 參副에 당을 결성함을 염려할 것이 없다. 만일 그가 어질지 않으면 한 사람이 나라를 망치기에 충분하니, 또 하물며 그 무리를 두 배 세 배로 하는 경우이겠는가. 생각하건대 목류가 公仲과 公叔에 대하여 몰래 관련된 것이 있어서, 나라의 권력이 하나로 귀일되어 나뉘어지지 않게 하려고 하였으므로 危言으로 그 임금을 충동한 것이다."

胡氏曰 繆留之論이 似是而非하니 不可遂以爲法也라 使所用而賢則一人而足이니 不虞其專擅이요 左右參副에 不虞其比黨이어니와 使其不賢則一人이 足以喪國이니 又況二三其衆乎아 意者繆留於仲叔에 陰有所附하야 欲國柄이 歸一而不分이라 故危言以動其君耳로다

庚戌年(B.C. 311)

【綱】 周나라 赧王 4년이다.

四年이라

【目】 燕나라 昭王 平과 韓나라 襄王 倉의 원년이다.

燕昭王平韓襄王倉①元年이라

① 襄王은 宣惠王의 아들이다.
襄王, 宣惠王子.

【綱】蜀나라 정승이 蜀侯를 살해하였다.

蜀相이 **殺蜀侯**①하다

① 蜀相은 바로 陳莊이다. 愼靚王 5년에 秦나라가 蜀나라를 정벌하여 빼앗았는데, 蜀나라 王을 폄하하여 名號를 고쳐 侯로 만들고, 陳莊으로 하여금 蜀나라의 정승으로 삼았다.
蜀相, 卽陳莊. 愼靚王五年, 秦伐蜀取之, 貶蜀王更號爲侯, 使陳莊相蜀.

【綱】秦나라가 張儀로 하여금 楚나라, 韓나라, 齊나라, 趙나라, 燕나라를 유세하여 連衡으로 秦나라를 섬기게 하였는데, 秦나라 임금이 卒하니 諸侯들이 다시 合從을 하였다.

◑ **秦**이 **使張儀**로 **說楚韓齊趙燕**하야 **連衡以事秦**이러니 **秦君**이 **卒**하니 **諸侯復合從**하다

【目】秦나라 惠王이 사람을 시켜서 楚나라 懷王에게 고하여 武關 밖의 땅을 黔中의 땅과 바꿀 것을 청하니, 楚나라 王이 말하기를 "원하지 않는 일입니다. 바라건대 張儀를 얻으면 검중을 바치겠습니다."라고 하였다. 장의가 가기를 청하니, 秦나라 왕이 말하기를 "楚나라가 그대를 죽이려는 마음을 가지고 있는데 어찌 가겠는가?"라고 하니, 장의가 대답하기를 "秦나라가 강하고 楚나라가 약하며 大王이 계시니 楚나라가 감히 신을 어쩌지 못할 것입니다. 또 臣이 楚나라의 嬖臣 靳尙에게 잘해주었는데, 근상이 총애하는 첩 鄭袖를 잘 섬기고 있고 정수의 말을 왕이 듣지 않는 것이 없습니다."라고 하고 드디어 楚나라로 갔다.

楚나라 왕이 그를 가두어 죽이려고 하니, 근상이 정수에게 말하기를 "秦나라 왕이 장의를 매우 아껴서 장차 6縣의 땅과 美女로 바꾸려고 할 것입니다. 왕이 땅을 중하게 여기고 秦나라를 존중하시니, 秦나라 여자를 반드시 귀하게 여기고 夫人을 물리칠 것입니다."라고 하였다. 이에 정수가 밤낮으로 울며 왕에게 말하기를 "신하는 각각 그 주인을 위할 뿐입니다. 이제 장의를 죽이면 秦나라가 반드시 크게 화를 낼 것입니다. 妾은 청

하건대 아들과 어미를 모두 江南으로 옮겨 秦나라의 魚肉이 되지 말게 하소서."라고 하니, 왕이 마침내 장의를 사면하고 후하게 예우하였다.

장의가 인하여 유세하기를 "무릇 合從을 하는 것은 여러 羊을 몰아 사나운 호랑이를 공격하는 것과 다름이 없으니 대적하지 못할 것이 분명합니다. 이제 王께서 秦나라를 섬기지 않으시면 秦나라가 韓나라를 겁박하고 梁나라를 몰아 楚나라를 공격할 것이니 그렇게 되면 楚나라가 위태로울 것입니다. 또 巴와 蜀으로부터 배를 만들고 곡식을 쌓아 岷江을 따라 내려와서 하루에 300여 리를 가면 10일이 안 되어 扞關에 이를 것이니, 한관이 놀라게 되면 黔中과 巫郡이 왕의 소유가 아닐 것이고, 또 무장한 병사를 움직여 武關으로 내보내면 북쪽의 땅은 끊어질 것입니다. 秦나라가 楚나라를 공격하는 것은 危難이 석 달 안에 있고, 楚나라가 諸侯들의 구원을 기다리는 것은 반년 이상이 걸리니, 이것이 신이 대왕을 위하여 근심하는 바입니다. 大王께서 참으로 신의 말을 따르신다면, 청컨대 秦나라와 楚나라로 하여금 오랫동안 兄弟의 나라가 되게 하겠습니다." 라고 하니, 楚나라 왕이 이미 장의를 얻었으므로 땅을 내어주기가 아까웠지만 마침내 허락을 하였다.

秦惠王이 使告楚懷王하야 請以武關之外로 易黔中地①어늘 楚王이 曰 不願이요 願得張儀而獻黔中하노라 儀請行이어늘 秦王이 曰 楚將甘心於子하나니 奈何②오 儀曰 秦彊而楚弱하고 大王이 在하시니 楚不宜敢取臣이요 且臣이 善其嬖臣靳尙③호니 尙이 得事幸姬鄭袖④라 袖言을 王無不聽者니이다 遂往하니 楚王이 囚將殺之러니 尙이 謂袖曰 秦王이 甚愛張儀하야 將以六縣及美女贖之하나니 王이 重地尊秦하시리니 秦女必貴而夫人이 斥矣리라 於是에 袖日夜泣於王曰 臣各爲其主耳라 今殺張儀면 秦必大怒하리니 妾이 請子母俱遷江南하야 毋爲秦所魚肉也⑤하야지이다 王이 乃赦儀而厚禮之어늘 儀因說曰 夫爲從者 無異於驅群羊而攻猛虎니 不格이 明矣⑥라 今王이 不事秦하시면 秦이 劫韓驅梁而攻楚則楚危矣요 又自巴蜀으로 治船積粟하야 浮岷江而下하야 一日行三百餘里하면 不十日而距扞關⑦이니 扞關이 驚則黔中巫郡이 非王之有⑧요 又擧甲而出武關則北地絶⑨이니 夫秦之攻楚는 危難이 在三月之內⑩而楚待諸侯之救는 在半歲之外하니 此臣所爲大王患也⑪라 大王이 誠聽臣이시면 請令秦楚로 長爲兄弟之國호리이다 楚王이 已得儀而重出地하야 乃許之⑫하다

① 武關은 漢나라 弘農郡 析縣 서쪽에 있다.
武關, 在漢弘農郡析縣西.

② 甘心은 통쾌하게 죽이는 것이다.
甘心, 快意戮殺之.

③ 靳은 居欣의 切이니 姓이다. 靳尙은 楚나라 大夫이다.
靳, 居欣切, 姓也. 靳尙, 楚大夫.

④ 幸은 親愛함이다. 姬는 본래 周나라의 姓으로 여러 나라의 여자보다 귀하다. 그러므로 婦人의 아름다운 칭호를 모두 姬로 칭하였다. 나중에 인하여 여러 첩을 모두 일러 姬라고 하였다.
幸, 親愛也. 姬者, 本周之姓, 貴於衆國之女, 所以婦人美號, 皆稱姬. 後因總謂衆妾爲姬.

⑤ 魚肉은 魚肉에 비유하여 먹는 것이다.
魚肉, 以比魚肉而食噉也.

⑥ 不格은 대적하지 못한다는 말과 같다.
不格, 猶言不敵也.

⑦ 岷은 음이 旻이다. 江水가 蜀郡 湔氐道의 岷山에서 나오기 때문에 岷江이라고 한다. 距는 이름이다. 扞關은 楚나라의 서쪽 경계이다. 徐廣이 "巴郡의 魚復縣에 扞關이 있다."라고 하였다.
岷, 音旻. 江水出蜀郡湔(氏)〔氐〕[18]道之岷山, 故謂之岷江. 距, 至也. 扞關, 楚之西界. 徐廣曰 "巴郡魚復縣有扞關."

⑧ ≪史記正義≫에 "巫郡은 夔州 巫山縣이다."라고 하였다.
正義 "巫郡, 夔州巫山縣."

⑨ 北地는 楚나라 북쪽 경계의 땅이고, 幽州의 北地郡을 말하는 것이 아니다.
北地, 楚北境之地, 非謂幽州北地郡也.

⑩ 難(재난)은 去聲이다.
難, 去聲.

⑪ 爲(위하다)는 去聲이다.
爲, 去聲.

⑫ 重은 어려움이니 애석함과 같다.
重, 難也, 猶愛惜也.

【目】 **張儀**가 마침내 **韓**나라 王에게 유세하여 말하기를 "**韓**나라의 땅은 험악한 산에 자리하고 있어서 나라에 2년 먹을 식량이 없고 현재 있는 군사가 20만 명에 지나지 않는데, **秦**나라 병사는 100여만 명입니다. 山東의 군사들이 갑옷을 입고 투구를 쓰고 만나서 싸움을 하지만, **秦**나라 사람들은 갑옷을 버리고 맨몸으로 적을 쫓습니다. 이는 千鈞의 무게를 새알 위에 올려놓는 것과 다름이 없으니 반드시 요행이 없을 것입니다. 大王께서 **秦**나라를 섬기지 않으시면 **秦**나라가 군사를 보내 **宜陽**을 점거하고 **成皐**를 막으면 王

---

18) (氏)〔氐〕: 저본에는 '氏'로 되어 있으나, ≪資治通鑑≫에 근거하여 '氐'로 바로잡았다.

의 나라가 나누어질 것입니다. 大王을 위하여 계책을 생각하건대, 秦나라를 섬기고 楚나라를 공격하여 禍를 돌려 秦나라를 기쁘게 하는 것만 못합니다."라고 하니, 韓나라 왕이 허락하였다. 장의가 돌아와 보고하니, 秦나라가 6邑으로 봉하고 號를 武信君이라 하였다.

儀遂說韓王曰 韓地險惡山居①하야 **國無二歲之食**하고 **見**(현)**卒**이 **不過二十萬而秦兵**은 **百餘萬**②이라 **山東之士被甲蒙冑而會戰**③이어든 **秦人**은 **捐甲徒裼以趨敵**④하나니 **此無異垂千鈞於鳥卵之上**이니 **必無幸矣**⑤라 **大王**이 **不事秦**하시면 **秦**이 **下甲**하야 **據宜陽塞成皐則王之國**이 **分矣**⑥리니 **爲大王計**컨대 **莫如事秦而攻楚**하야 **以轉禍而悅秦**이니이다 **韓王**이 **許之**어늘 **儀歸報**한대 **秦**이 **封以六邑**하야 **號武信君**이라하고

① 韓나라에 宜陽과 成皐가 있는데 남쪽으로 魯陽에 이르기까지 모두 산이 험한 지역이다.
韓有宜陽·成皐, 南盡魯陽, 皆山險之地.
② 見卒은 현재의 병졸이다.
見卒, 見在之兵.
③ 冑는 투구이다.
冑, 兜鍪也.
④ 徒는 맨발이다. 裼은 先的의 切이니, 어깨를 드러내어 살을 보이는 것이다.
徒, 跣也. 裼, 先的切, 袒而見肉也.
⑤ 鈞은 30斤이다. 無幸은 요행으로 온전함을 얻을 리가 없다는 말이다.
鈞, 三十斤也. 無幸, 言無幸而獲全之理.
⑥ 下甲은 병기를 버린다는 말과 같다. 塞은 막음이다.
下甲, 猶言下兵也. 塞, 窒也.

【目】다시 동쪽으로 사신을 가서 齊나라 王에게 유세하여 말하기를 "合從을 주장하는 사람으로 大王에게 유세하는 자들은 반드시 '齊나라는 三晉에 가려져 있고 땅이 넓고 백성이 많으며 군대가 강하고 용감하니 비록 백 개의 秦나라가 있더라도 장차 齊나라를 어찌할 수 없습니다.'라고 하면, 대왕께서 그 말을 현명하다고 여겨 그 실상을 계산하지 않습니다. 이제 秦나라와 楚나라가 서로 시집보내고 장가들며, 韓나라는 宜陽을 바치고 梁나라는 河外를 바치며 趙나라는 河間을 떼어주었습니다. 대왕께서 秦나라를 섬기지 않으시면, 秦나라가 韓나라와 梁나라를 몰아 남쪽 땅을 공격하고, 趙나라 군대를 모두 동원하여 博關을 가리키면 臨菑와 卽墨이 왕의 소유가 아닐 것입니다."라고 하니, 齊나라 왕이 허락하였다.

復使東說齊王曰 從人說大王者 必曰 齊蔽於三晉하고 地廣民衆하며 兵彊士勇하니 雖有百秦이라도 將無奈齊何①라하면 大王이 賢其說而不計其實하시리니 今秦楚嫁娶하고 韓獻宜陽하고 梁效河外하고 趙割河間②하니 大王이 不事秦이시면 秦이 驅韓梁攻南地하고 悉趙兵指博關하면 臨菑卽墨이 非王有也리이다 齊王이 許之③하다

① 從人은 合從을 주장하는 사람이다.
從人, 合從之人也.

② 秦나라는 河東을 河外라 하고, 梁나라는 河西를 河外라 한다. 張儀는 秦나라의 처지에서 말한 것이다. 河間은 河水와 漳水 사이의 邑이다.
秦, 以河東爲河外. 梁, 以河西爲河外. 張儀以秦言之也. 河間, 河·漳之間邑.

③ 漢秦山과 城陽은 齊나라 남쪽 경계의 땅이다. ≪史記正義≫에 "博關은 博州에 있다."고 하였다.
漢秦山·城陽, 齊南境之地也. 正義"博關在博州."

【目】張儀가 서쪽으로 가서 趙나라 王에게 유세하여 말하기를 "大王께서 天下를 통솔하여 秦나라를 물리치시니, 秦나라 군대가 감히 函谷關을 나가지 못한 지가 15년이 된 것은 오직 대왕께서 그 잘못을 심하게 문책하는 생각이 있었기 때문입니다.

이제 대왕(秦王)의 힘으로 巴와 蜀을 함락하고 漢中을 병합하였으며, 兩周[19]를 포위하고 白馬津을 지켰으니, 秦나라가 비록 편벽되고 먼 곳에 있으나 마음으로 분노를 품은 지 오래되었습니다. 이제 낡은 갑옷과 쇠잔한 군대[20]가 澠池에 주둔하고 있으니, 河水를 건너고 漳水를 넘어 番吾(파오)를 점거하여 邯鄲의 아래에서 만나서, 甲子日에 싸움을 하여 殷나라의 紂를 바로잡는 일을 하기를 바랍니다.

삼가 사신을 보내어 먼저 좌우에서 소식을 듣게 하소서. 이제 楚나라는 秦나라와 형제의 나라가 되었고, 韓나라와 梁나라가 藩臣을 칭하며, 齊나라는 어물과 소금이 나는 땅을 바쳤으니 이는 趙나라의 오른쪽 어깨를 끊은 것입니다. 오른쪽 어깨를 끊기고서 다른 사람과 싸우며, 그 黨을 잃고 외롭게 있으면 위태롭지 않기를 구한들 되겠습니까? 이제 秦나라가 세 將軍을 출동시켜 午道를 막고 成皐와 澠池에 주둔하여 네 나라와 약속하여 하나가 되어 趙나라를 공격할 것이니, 趙나라가 항복하면 반드시 그 땅을 넷으로 나눌 것입니다. 臣이 가만히 대왕을 위하여 계책을 생각하건대 秦나라와 함께 형제의 나라가 되는 것만 못합니다."라고 하니, 趙나라 왕이 허락하였다.

---

19) 兩周 : 西周와 東周를 가리킨다.
20) 낡은……군대 : 謙辭로 秦나라 군대를 표현한 것이다.

儀西說趙王曰 大王이 收率天下하야 以擯秦하시니 秦兵이 不敢出函谷關者十五年은 唯大王이 有意督過之也①일새라 今以大王之力으로 擧巴蜀幷漢中하고 包兩周守白馬之津②하니 秦雖僻遠하나 然而心含忿怒之日이 久矣라 今有敝甲凋兵하야 軍於澠池③하니 願渡河하야 踰漳據番吾하야 會邯鄲之下하야 願以甲子合戰하야 正殷紂之事일새 謹使使臣으로 先聞左右④러이다 今楚與秦爲昆弟하고 韓梁이 稱藩臣하고 齊獻魚鹽之地하니 此는 斷趙之右肩也⑤라 夫斷右肩而與人鬪하며 失其黨而孤居하면 求欲毋危인들 得乎아 今秦이 發三將軍하야 塞午道하고 軍成皐澠池⑥하야 約四國爲一하야 以攻趙하나니 趙服이면 必四分其地라 臣이 竊爲大王計컨대 莫若與秦으로 約爲兄弟之國也니이다 趙王이 許之어늘

① 督은 그 일을 바로잡아 책임지우는 것이다. 督過는 그 잘못을 심하게 문책하는 것이다.
督者, 正其事而責之. 督過, 深責其過也.

② 擧는 드는 것이며 뽑는 것이다. 그 나라를 뽑는 것이 물건을 드는 것과 같으니 쉽다는 뜻이다. ≪漢書≫ 〈地理志〉에 "白馬縣은 東郡에 속한다."고 하였고, ≪水經註≫에 "白馬津은 白馬城의 서북쪽에 있다."고 하였다.
擧, 挈也, 拔也. 拔其國, 如擧物然, 言易也. 班志 "白馬縣屬東郡." 水經註 "白馬津在白馬城之西北."

③ 澠은 莫善의 切이다. 澠池는 秦나라 땅이다. 漢나라가 縣으로 만들어 弘農郡에 소속시켰다.
澠, 莫善切. 澠池, 秦地也. 漢爲縣屬弘農郡.

④ 漳은 諸良의 切이다. ≪漢書≫ 〈地理志〉에 "탁한 漳水는 上黨 長子縣 鹿谷山의 동쪽에서 나와서 鄴에 이르러 맑은 漳水에 들어간다."고 하였다. ≪史記≫ 〈張儀列傳〉에는 '正'字 위에 '以'字가 있다. 周나라 武王이 甲子日에 殷나라를 이겼다.
漳, 諸良切. 班志 "濁漳水出上黨長子縣鹿谷山東, 至鄴入淸漳." 張儀傳, 正字上有以字. 周武王, 甲子日克殷.

⑤ 齊나라 동쪽은 바다인데, 해변이 넓고 갯벌이어서 물고기와 소금이 나온다. 이때에 齊나라가 아직 秦나라에 땅을 바치지 않았는데, 張儀가 허풍을 쳐서 趙나라를 놀라 동요하게 한 것이다.
齊東濱于海, 海濱廣斥, 魚鹽所出也. 此時齊未嘗獻地于秦, 張儀駕說以恐動趙耳.

⑥ 午道는 地名이니 趙나라 동쪽 齊나라 서쪽에 있다.
午道, 地名, 在趙東齊西.

【目】張儀가 북쪽으로 가서 燕나라 王에게 유세하여 말하기를 "趙나라가 이미 秦나라를 섬기기로 하였으니, 大王께서 秦나라를 섬기지 않으시면 秦나라가 雲中과 九原에 군대를 보내 趙나라를 몰아 燕나라를 공격하면 易水와 長城이 왕의 소유가 아닐 것입니다."

라고 하니, 燕나라 왕이 常山의 끝에 있는 다섯 城을 바치며 화친을 청하였다. 장의가 돌아가 보고하려는데, 함양에 도착하기 전에 惠王이 薨하고 아들 武王이 즉위하였다. 무왕이 太子 때부터 장의를 좋아하지 않았으므로 諸侯들이 듣고 모두 연횡을 배반하고 다시 합종을 하였다.

儀北說燕王曰 趙已事秦하니 **大王**이 **不事秦**이시면 **秦**이 **下甲雲中九原**하야 **驅趙攻燕則易**(역)**水長城**이 **非王之有矣**①리이다 **燕王**이 **請獻常山之尾五城**하야 **以和**어늘 **儀歸報未至而惠王**이 **薨**하고 **子武王**이 **立**②하니 **武王**이 **自爲太子時**로 **不說儀**라 **諸侯聞之**하고 **皆畔衡復合從**하다

① ≪史記正義≫에 雲中郡은 勝州 榆林縣 동북쪽에 있고, 九原郡은 榆林縣 서남쪽에 있다고 하였다. 易은 羊益의 切이다. ≪水經注≫에 "易水는 涿郡 故安縣 閻鄕의 西山에서 나와 동쪽으로 關城의 서남쪽에 이르니 곧 燕나라 長城門이다. 역수는 또 長城을 거쳐 동쪽으로 范陽縣과 容城縣, 安次縣, 泉州縣의 남쪽을 지나 동쪽으로 바다로 들어간다."고 하였다.
正義 "雲中郡在勝州榆林縣東北, 九原郡在榆林縣西南." 易, 羊益切. 水經注 "易水出涿郡故安縣閻鄕西山, 東屆關城西南, 卽燕長城門也. 易水又歷長城而東過范陽・容城・安次・泉州縣南而東入海."

② 武王은 이름이 蕩이다.
武王, 名蕩.

辛亥年(B.C. 310)

【綱】 周나라 赧王 5년이다.

五年이라

【目】 秦나라 武王 원년이다.

秦武王元年이라

【綱】 秦나라 張儀가 다시 魏나라의 정승이 되어 나갔다.

秦張儀復出相魏하다

【目】 張儀가 秦나라 武王에게 속여 말하여 魏나라 정승이 되었다가 1년 만에 卒하였다.

張儀가 蘇秦과 함께 모두 合從과 連横의 방법으로 諸侯에게 유세하여 지위를 얻고 부귀해졌으니 天下가 다투어 흠모하고 본받았다. 또 魏나라 사람 公孫衍이라는 자가 있었는데 號를 犀首라 하였고, 소진의 동생 蘇代와 蘇厲 그리고 周最와 樓緩의 무리가 분분하게 천하에 두루 있어서 변설과 속임수로 서로 높이기를 힘써서 다 기록할 수가 없으나 장의와 소진, 공손연이 가장 드러났다.

景春이 말하기를 "공손연과 장의는 어찌 진실로 大丈夫가 아니겠습니까. 한 번 성을 내면 諸侯들이 두려워하고 편안히 있으면 천하가 잠잠하였습니다."라고 하니, 孟子가 말하기를 "이는 妾婦의 道이니 어떻게 大丈夫가 될 수 있겠는가. 천하의 넓은 집에 거하며 천하의 바른 자리에 서며 천하의 큰 도를 행하여, 뜻을 얻으면 백성들과 함께 이를 행하고 뜻을 얻지 못하면 홀로 그 道를 행하여 富貴가 마음을 방탕하게 하지 못하며 貧賤이 절개를 바꾸지 못하며 威武가 지조를 굽힐 수 없는 것 이것을 大丈夫라 이른다."라고 하였다.[21]

張儀詭說秦武王而相魏러니 一歲에 卒하다 儀與蘇秦으로 皆以從横之術로 遊諸侯致位富貴하니 天下爭慕效之하더라 又有魏人公孫衍者號犀首라하고 及秦弟代・厲及周最・樓緩之徒 紛紜徧於天下하야 務以辨詐로 相高하야 不可勝載而儀・秦・衍이 最著러라 景春이 曰 公孫衍・張儀는 豈不誠大丈夫哉리오 一怒而諸侯懼하고 安居而天下熄하니라 孟子曰 是妾婦之道而已니 惡得爲大丈夫乎리오 居天下之廣居하며 立天下之正位하며 行天下之大道하야 得志하얀 與民由之하고 不得志하얀 獨行其道하야 富貴不能淫하며 貧賤이 不能移하며 威武不能詘이 此之謂大丈夫니라

【綱】秦나라가 蜀나라 정승 莊을 죽였다.

秦이 誅蜀相莊하다

【綱】秦나라와 魏나라가 臨晉에서 만났다.

◑ 秦魏會于臨晉①하다

① ≪漢書≫ 〈地理志〉에 "臨晉縣은 馮翊에 속한다."고 하였다.
班志 "臨晉縣屬馮翊."

21) 景春이……하였다 : ≪孟子≫ 〈滕文公 下〉에 보인다.

壬子年(B.C. 309)

【綱】 周나라 赧王 6년이다. 秦나라가 처음으로 丞相을 두었다.

六年이라 **秦**이 **初置丞相**①하다

① 丞은 받드는 것이고 相은 도우는 것이니, 天子를 받들어 萬機를 도와 다스림을 이른다. 丞相의 명칭이 여기에서 비롯하였다.
丞, 承也, 相, 佐也, 謂掌承天子助理萬機也. 丞相之名, 始於此.

癸丑年(B.C. 308)

【綱】 周나라 赧王 7년이다. 秦나라와 魏나라가 應에서 만났다.

七年이라 **秦魏會于應**①하다

① 應은 乙陵의 切이니 地名이다. ≪後漢書≫ 〈郡國志〉에 "潁川 父城縣의 서남쪽에 應鄕이 있는데 옛 應國이다."라고 하였다.
應, 乙陵切, 地名. 後漢志 "潁川父城縣西南有應鄕, 古應國也."

【綱】 秦나라 甘茂가 韓나라 宜陽을 정벌하였다.

◑秦甘茂伐韓宜陽하다

【目】 秦나라 王이 甘茂로 하여금 魏나라와 약속하여 韓나라를 정벌하게 하였다. 감무가 魏나라에 도착하여 사람을 시켜 돌아가 王에게 일러 말하기를 "魏나라는 臣의 말을 들을 것입니다. 그러나 바라건대 왕은 韓나라를 정벌하지 마소서."라고 하였다. 왕이 감무를 息壤에서 맞이하고 그 까닭을 물었다.

감무가 대답하기를 "宜陽은 큰 縣으로 그 실상은 郡입니다. 지금 여러 험한 지형을 등지고 千里를 가서 공격하는 것은 어렵습니다. 魯나라 사람 중에 曾參과 이름이 같은 자가 있었는데 사람을 죽였습니다. 어떤 사람이 이를 증삼의 어머니에게 알렸더니, 그의 어머니가 태연자약하게 길쌈을 하였습니다. 세 사람이 더 와서 말을 하자 그 어머니가 북〔杼〕을 던지고 베틀에서 내려와 담을 넘어 도망을 갔습니다. 신의 현명함이 증삼만 같지 않고 왕께서 신을 믿는 것이 증삼의 어미와 같지 않은데, 신을 의심하는 자는 세 사람뿐만이 아니니 신은 大王께서 북을 던질까 염려됩니다.

魏나라 文侯가 樂羊으로 하여금 中山을 공격하게 하여 3년 만에 함락하였습니다. 돌아와 공적을 논할 때에 문후가 악양을 비방하는 글을 담은 상자 하나를 보여주니, 악양이 두 번 절하고 머리를 조아리며 말하기를 '이것은 신의 공이 아니라 임금님의 공입니다.'라고 하였습니다. 지금 臣은 타국에서 온 나그네 신하이므로, 樗里子와 公孫奭이 韓나라를 끼고 의논을 하면 왕께서는 반드시 들을 것입니다. 이는 왕이 魏나라 왕을 속이는 것이고 신이 公仲侈의 원망을 받을 것입니다. 그러므로 신이 바라건대 왕께서는 정벌하지 마소서."라고 하였다.

王이 말하기를 "寡人이 듣지 않을 것이니, 청컨대 그대와 함께 맹약을 하겠다."라고 하고 마침내 식양에서 맹약을 하였다.

秦王이 使甘茂로 約魏以伐韓①한대 茂至魏하야 乃使人還謂王曰 魏聽臣矣어니와 然願王은 勿伐하소서 王이 迎茂息壤하야 而問其故②한대 對曰 宜陽은 大縣이니 其實은 郡也③라 今에 倍數險行千里하야 攻之難④하니이다 魯人이 有與曾參으로 同姓名者 殺人이어늘 人이 告其母한대 母織自若也러니 及三人이 告之하얀 則其母投杼下機하야 踰墻而走⑤하니 臣之賢이 不若曾參하고 王之信臣이 不如其母어늘 疑臣者는 非特三人이라 臣이 恐大王之投杼也⑥하노이다 魏文侯令樂羊으로 攻中山하야 三年에 拔之하고 返而論功할새 文侯示之謗書一篋한대 樂羊이 再拜稽首曰 此非臣之功이라 君之力也⑦라하니 今臣은 羈旅之臣也⑧라 樗里子公孫奭이 挾韓而議之하면 王必聽之⑨하시리니 是는 王이 欺魏王이요 而臣이 受公仲侈之怨也⑩라 故臣이 願王之勿伐也하노이다 王曰 寡人이 弗聽也리니 請與子盟호리라하고 乃盟于息壤하다

① 茂는 秦나라 左丞相이다.
茂, 秦左丞相.

② 息壤은 秦나라 邑名이다. 땅이 길고 융기하였으며 평탄하고 더욱 높았으므로 인하여 이름을 얻었다. 長(길다)은 知兩의 切이다.
息壤, 秦邑名, 地長隆然而起, 夷之而益高, 因以得名. 長, 知兩切.

③ 春秋시대에는 縣이 크고 郡이 작았으나, 戰國시대에 이르러 郡이 크고 縣이 작았으므로 이렇게 말하였다.
春秋時, 縣大而郡小. 至于戰國, 則郡大而縣小故云.

④ 倍는 背와 같다. 여러 험한 지형은 函谷關 및 三崤, 五谷의 험준함을 말한다.
倍, 與背同. 數險, 謂函谷及三崤五谷之險.

⑤ 杼는 直呂의 切이니, 베틀의 씨실을 잡는 것이다.

杼, 直呂切, 機之持緯者.

⑥ "疑臣(신을 의심하는 자)"은 왕에게 그를 의심하게 함을 이른다.
疑臣, 謂疑之於王.

⑦ 稽首는 머리를 땅에 닿게 하는 것이다.
稽首, 首至地也.

⑧ 甘茂는 楚나라 下蔡 사람이므로 그렇게 말하였다.
茂, 楚下蔡人故云然.

⑨ 樗里子는 이름이 疾이다. 樗는 음이 攄이니 나무 이름이다. 疾은 渭南에 살았는데, 그 마을에 큰 樗나무가 있었기 때문에 호를 樗里子라고 하였다. 疾과 奭은 모두 秦나라의 여러 公子이고 그 外家가 韓나라이다.
樗里子, 名疾. 樗, 音攄, 木名. 疾居渭南, 其里有大樗, 故號樗里子. 疾及奭, 皆秦諸公子也, 其外家, 韓也.

⑩ 公仲侈는 韓나라 정승이다.
公仲侈, 韓相也.

甲寅年(B.C. 307)

【綱】 周나라 赧王 8년이다. 秦나라가 宜陽을 함락하였다.

八年이라 秦이 拔宜陽하다

【目】 甘茂가 宜陽을 공격하여 5개월이 되도록 함락시키지 못하자, 樗里子와 公孫奭이 과연 이 문제를 따졌다. 秦나라 王이 군대를 철군하려고 하자, 감무가 말하기를 "息壤이 저기에 있습니다."라고 하였다. 王이 마침내 군사를 모두 동원하여 감무를 도와 6만 명을 斬首하고 드디어 宜陽을 함락시켰다.

甘茂攻宜陽五月而不拔한대 樗里子公孫奭이 果爭之어늘 秦王이 欲罷兵이러니 茂曰 息壤이 在彼니이다 王이 乃悉起兵佐茂하야 斬首六萬하고 遂拔宜陽하다

【綱】 秦나라 임금이 卒하자 동생 稷이 즉위하니 그 어머니 羋氏(미씨)[22]가 나랏일을 다스려서 외삼촌 魏冉을 將軍으로 삼았다.

22) 羋氏(미씨) : 宣太后 羋八子로 楚나라 사람이다. 동생인 魏冉, 羋戌 등과 함께 B.C. 266년까지 秦나라 국정을 좌지우지하였다.

秦君이 **卒**커늘 **弟稷**이 **立**하니 **母羋氏治國事**하야 **以舅魏冄**으로 **爲將軍**하다

【目】 秦나라 武王이 힘쓰는 놀이를 좋아하니 力士가 많이 大官에 이르렀다. 孟說(맹열)과 함께 鼎을 들다가 脈이 끊어져 薨하였는데 아들이 없었다. 여러 동생들이 즉위를 다툴 때 이복동생 稷이 燕나라에 인질로 있었는데, 그의 어머니 羋八子의 異父동생 魏冄이 惠王과 武王 때부터 직책을 맡아 권세를 부려서 나라 사람들과 함께 맞이하여 즉위시켰다. 稷이 年少하였으므로 太后가 일을 다스리고 위염을 將軍으로 삼아 咸陽을 호위하게 하였다.

秦武王이 好以力戲하니 力士多至大官이러라 與孟說擧鼎이라가 絶脈而薨①하니 無子하고 諸弟爭立할새 異母弟稷이 質於燕이러니 其母羋八子之異父弟魏冄이 自惠王武王時로 任職用事하야 與國人迎而立之②하니 稷이 年少라 太后治事하고 以冄으로 爲將軍하야 衛咸陽하다

① 說은 음이 悅이다. 무릇 人名의 說자는 모두 같은 음이다. 脈은 脉의 古字이다. 脉은 臟腑와 연결되어 그 血理가 支體의 사이에서 나뉘어 운행하는 것이다.
說, 音悅. 凡人名說者, 皆同音. 脈, 古脉字. 脉者, 係絡臟腑, 其血理分行於支體之間.

② 羋는 음이 米이니 楚나라 姓이다. 漢나라는 秦나라의 제도를 인습하였으므로 嫡은 皇后라 칭하고 다음은 夫人이라 칭하고, 또 美人, 良人, 八子, 七子, 長使, 小使의 칭호가 있었다. 八子는 작위가 千石과 동등하다.
羋, 音米, 楚姓也. 漢因秦制, 嫡稱皇后, 次稱夫人, 又有美人・良人・八子・七子・長使・小使之號. 八子爵視千石.

【綱】 趙나라가 처음으로 胡服을 입고 말 타는 사람과 활 쏘는 사람을 초청하였다.

趙始胡服招騎射하다

【目】 趙나라 武靈王이 북쪽으로 中山 지역을 순행하여 房子에 이르렀고, 드디어 代에 가서 북쪽으로 無窮에 이르고, 서쪽으로 河水에 이르러 黃華山의 정상에 올랐다. 肥義와 함께 胡服과 騎射를 百姓에게 가르칠 것을 모의하며 말하기를 "어리석은 사람이 웃는 바를 현명한 사람은 살피니, 비록 세상 사람을 몰아 나를 비웃더라도 오랑캐 지역의 中山을 내가 반드시 차지하겠다."라고 하고, 드디어 胡服을 입었는데, 나라 사람들이 모두

따르려고 하지 않았다.

公子 成이 병을 핑계 대고 조회에 나오지 아니하였다. 王이 사람을 시켜서 그를 청하며 말하기를 "집에서는 어버이의 말을 듣고 나라에서는 임금의 말을 듣습니다. 지금 寡人이 복장을 바꾸는 것을 가르치려고 하는데, 公叔(公子 成)이 따르지 않으니 나는 天下가 이 일을 의논할까 염려됩니다. 나라를 통제하는 데 원칙이 있으니 백성을 이롭게 하는 것이 근본이 되고, 정사를 처리하는 데 원칙이 있으니 명령이 행해지는 것이 으뜸이 됩니다. 덕을 밝히는 것은 천한 사람에게서 먼저 의논해야 하고 정사를 처리하는 것은 귀한 사람에게서 먼저 신임을 얻어야 합니다. 그러므로 바라건대 공숙을 흠모하는 뜻으로 胡服으로 바꾸는 공적을 이루고자 합니다."라고 하였다.

공자 성이 두 번 절하고 머리를 조아리며 말하기를 "中國은 聖賢이 가르친 곳이고 禮樂이 쓰이는 곳이며, 먼 지방에서 보러 오는 곳이며 蠻夷가 본받는 곳입니다. 지금 王이 이를 버리고 먼 지방의 복장을 이어받아 옛 道를 변화시키고 人心을 거스르니, 臣은 바라건대 왕은 심사숙고하여 도모하소서."라고 하고, 使者에게 보고하게 하였다.

왕이 스스로 가서 청하며 말하기를 "우리나라가 동쪽으로는 齊나라와 中山이 있고, 북쪽으로는 燕나라와 東胡가 있고, 서쪽으로는 樓煩과 秦나라와 韓나라의 변경이 있습니다. 騎射의 준비가 없으면 어떻게 지킬 수 있겠습니까. 옛날에 中山이 齊나라의 강함을 등에 업고 우리 땅을 침범하여 포학하게 하며 물을 끌어당겨 鄗(곽)을 포위하였는데, 社稷의 신령함이 아니었으면 鄗은 거의 지키지 못하였을 것입니다. 先君이 이를 부끄럽게 여겼으므로 寡人이 호복으로 바꾸어 騎射를 편리하게 하여 사방 국경의 어려움을 대비하며 中山의 원한을 갚고자 합니다. 그런데 공숙이 中國의 풍속을 따르고 복장을 바꾼다는 명분을 싫어하여 鄗의 일에 대한 부끄러움을 잊고자 하니 과인이 바라는 바가 아닙니다."라고 하였다. 공자 성이 명을 따르니 마침내 胡服을 하사하여 조회에 나오게 하고 비로소 변복의 명령을 내렸다.

趙武靈王이 北略中山之地하야 至房子①하고 遂之代하야 北至無窮②하고 西至河하야 登黃華之上③하고 與肥義로 謀胡服騎射하야 以教百姓曰④ 愚者所笑를 賢者察焉하나니 雖驅世以笑我라도 胡地中山을 吾必有之호리라하고 遂胡服하니 國人이 皆不欲이러니 公子成이 稱疾不朝한대 王이 使人請之曰 家聽於親하고 國聽於君하나니 今寡人이 作教易服이어늘 而公叔이 不服하니 吾恐天下議之也일까하노라 制國有常하니 利民이 爲本이요 從政有經하니 令行이 爲上이라 明德은 先論於賤而從政은 先信於貴⑤니 故願慕公叔之義하야 以成胡服之功也하노라 公子成이 再拜稽首曰 中國者는 聖賢之所教요 禮樂之所用이요 遠方之所觀赴요 蠻夷之所則效也어늘 今王이 舍此而襲遠方

之服하야 變古道逆人心하니 臣願王은 熟圖之也하소서 使者以報한대 王이 自往請之曰 吾國이 東有齊中山하고 北有燕東胡하고 西有樓煩秦韓之邊하니 無騎射之備면 則何以守之哉⑥리오 先時에 中山이 負齊之彊하야 侵暴吾地하야 引水圍鄗⑦하니 微社稷之神靈則鄗幾於不守也라 先君이 醜之하시니 故寡人이 變服騎射하야 欲以備四境之難하며 報中山之怨이어늘 而叔이 順中國之俗하고 惡變服之名하야 以忘鄗事之醜하니 非寡人之所望也로다 公子成이 聽命이어늘 乃賜胡服以朝하고 而始出令焉하다

① 略은 巡行을 나타내는 명칭이고, 行은 邊境을 뜻한다. ≪漢書≫ 〈地理志〉에 "房子縣은 常山郡에 속한다."고 하였다.
略者, 巡行之名. 按行, 邊境也. 班志 "房子縣屬常山郡."

② ≪戰國策≫ 〈趙策 二〉에 "武靈王이 '옛날에 先君 襄王이 代와 인접한 지역의 경계에 城을 쌓아 국경으로 정하고 이름을 無窮之門(끝없이 영토를 확장하는 문)이라 한 것은 후세에 알려 원대함을 기원한 것이다.'라고 말하였다."고 하였다.
戰國策 "武靈王曰 '昔先君襄王與代交地, 城境封之, 名曰無窮之門, 所以詔後而期遠也.'"

③ 黃華는 西河 옆의 산 이름이다.
黃華, 西河側之山名.

④ 騎(기병)는 去聲이고 아래도 같다.
騎, 去聲, 下同.

⑤ 德은 아래까지 미치고자 하므로 먼저 천한 사람에게 논의되어야 한다. 비천한 사람이 그 德을 느끼면 德이 넓게 미치는 것을 알 수 있다. 法은 집행을 귀하고 가까운 데서부터 시작하므로 먼저 귀한 사람에게 신뢰를 받아야 한다. 귀하고 가까운 사람이 법을 지키면 법이 반드시 시행됨을 알 수 있다.
德欲其下及, 故先論於賤. 卑賤者感其德, 則德廣所及可知矣. 法行自貴近始, 故先信於貴. 貴近者奉法, 則法之必行可知矣.

⑥ 胡는 북쪽 오랑캐이다. 그 나라가 匈奴의 동쪽에 있으므로 東胡라 하였다. 漢나라 雁門郡 樓煩縣이 있는데, 樓煩이라는 오랑캐가 胡가 거주한 곳이다.
胡, 北狄也. 其國在匈奴之東者曰東胡. 漢雁門郡樓煩縣, 樓煩胡所居地.

⑦ 先은 悉薦의 切이다. 鄗은 음이 霍이니 趙나라 邑이다.
先, 悉薦切. 鄗, 音霍, 趙邑.

乙卯年(B.C. 306)

【綱】 周나라 赧王 9년이다.

九年이라

【目】 秦나라 昭襄王 稷 원년이다.

秦昭襄王稷元年이라

【綱】 趙나라 임금이 中山과 胡地를 순행하고 사신을 보내어 秦나라와 韓나라, 楚나라, 魏나라, 齊나라와 약속하고 아울러 胡兵을 불러왔다.

趙君이 略中山及胡地하고 遣使하야 約秦韓楚魏齊하고 幷致胡兵①하다

① 致는 불러오는 것이다.
致, 招致也.

【綱】 楚나라, 齊나라, 韓나라가 合從하였다.

◑ 楚齊韓이 合從하다

丙辰年(B.C. 305)

【綱】 周나라 赧王 10년이다. 彗星이 나타났다.

十年이라 彗星이 見하다

【綱】 趙나라가 中山을 정벌하여 여러 邑을 빼앗으니 中山이 다시 4邑을 바치고 화친하였다.

◑ 趙伐中山하야 取數邑하니 中山이 復獻四邑以和하다

【綱】 秦나라 魏冉이 그 임금의 嫡母를 시해하고 그 옛 임금의 妃를 내쫓아 魏나라로 돌아가게 하였다.

◑ 秦魏冉이 弑其君之嫡母하고 出其故君之妃하야 歸于魏하다

【目】 秦나라 庶長인 壯이 大臣과 여러 公子와 함께 난을 일으키자 魏冉이 그들을 죽였다. 惠文后(昭襄王의 적모)까지 모두 제명대로 죽지 못하였으며 悼武后(武王의 妃)는 나가 魏나라로 돌아갔고, 王의 형제 가운데 착하지 않은 자를 모두 죽이고, 위염이 드디어 정사를 다스리니 위엄이 秦나라를 진동시켰다.

秦庶長壯及大臣諸公子作亂이어늘 魏冉이 誅之하고 及惠文后皆不得良死而悼武后出歸于魏①하고 王兄弟不善者를 皆滅之하고 冉이 遂爲政하니 威振秦國하더라

① 惠文后는 昭王의 嫡母이다. 혜문후의 黨이 公子 壯을 즉위시키려고 하자, 穰侯(위염)가 壯과 혜문후를 죽였다. 그러므로 "제명대로 죽지 못하였다."고 하였으니, 史官이 諱한 것이다. 悼武后는 바로 武王의 后이고 昭王의 형수이다.
惠文后, 昭王嫡母也. 后黨公子壯欲立之, 穰侯誅壯及后, 故云 "不得良死." 史諱之也. 悼武后, 卽武王后, 昭王嫂也.

丁巳年(B.C. 304)

【綱】 周나라 赧王 11년이다. 秦나라와 楚나라가 黃棘에서 맹약하고, 秦나라가 楚나라에게 上庸을 되돌려주었다.

十一年이라 秦楚盟于黃棘하고 秦이 復與楚上庸①하다

① 胡三省[23]이 말하기를 "≪史記正義≫에 '黃棘은 대개 房州와 襄州에 있다.'고 하였다. 내가 ≪漢書≫ 〈地理志〉를 살펴보니, 南陽郡에 棘陽縣이 있는데, 應劭는 '棘陽縣이 棘水의 북쪽에 있다.'라고 하였다. ≪한서≫ 〈지리지〉에 '上庸縣은 漢中郡에 속한다.'고 하였다. ≪資治通鑑≫ 赧王 3년조에 秦나라가 楚나라의 군대를 패배시키고 屈匄를 사로잡고 楚나라 上庸을 빼앗았다."라고 하였다.
胡三省曰 "史記正義曰 '黃棘蓋在房・襄二州.' 余按班志, 南陽郡有棘陽縣. 應劭曰 '縣在棘水之陽.' 班志 '上庸縣屬漢中郡.' 三年, 秦敗楚師, 虜屈匄, 取楚上庸."

---

23) 胡三省 : 1230~1302. 宋元 교체기 때 史學者이다. 자는 元魯, 身之이고 호는 梅磵이다. 元나라 世祖 至元 22년(1285)에 ≪資治通鑑音注≫ 294권을 완성하였는데, 이를 胡注라고도 한다.

戊午年(B.C. 303)

【綱】 周나라 赧王 12년이다. 彗星이 나타났다.

十二年이라 彗星이 見하다

【綱】 秦나라가 魏나라의 蒲阪과 晉陽과 封陵을 빼앗고 韓나라의 武遂를 빼앗았다.

◑ 秦이 取魏蒲阪晉陽封陵하고 取韓武遂①하다

① 阪은 음이 反이다. ≪漢書≫ 〈地理志〉에 "蒲阪縣은 河東郡에 속하는데 옛날에는 蒲州이다." 라고 하였다. ≪史記正義≫에 "封陵은 蒲州에 있고, 武遂는 平陽에 가깝다."라고 하였다.
阪, 音反. 班志 "蒲阪縣屬河東郡, 舊曰蒲." 正義曰 "封陵在蒲州, 武遂近平陽."

【綱】 齊나라, 韓나라, 魏나라가 楚나라를 정벌하였는데, 楚나라가 太子 橫으로 하여금 秦나라에 인질이 되게 하니 秦나라가 楚나라를 구원하였다.

◑ 齊韓魏伐楚한대 楚使太子橫으로 質於秦하니 秦이 救之하다

【目】 처음에 楚나라가 齊나라, 韓나라와 함께 合從을 하였는데, 이때에 이르러 齊나라, 韓나라, 魏나라가 楚나라가 약속을 저버렸다고 하여 군사를 합쳐 정벌하였다. 楚나라 王이 그 太子 橫으로 하여금 인질로 삼아 秦나라에 구원을 청하였다. 秦나라 사람이 구원을 하니 세 나라가 군사를 이끌고 떠나갔다.

初에 楚與齊韓合從이러니 至是하야 齊韓魏以楚負約이라하야 合兵伐之한대 楚王이 使其太子橫으로 爲質하야 以請救於秦이어늘 秦人이 救之하니 三國이 引去하다

己未年(B.C. 302)

【綱】 周나라 赧王 13년이다. 秦나라, 魏나라, 韓나라가 臨晉에서 회합

하니 秦나라가 다시 魏나라에게 蒲阪을 돌려주었다.

十三年이라 秦魏韓이 會于臨晉하니 秦이 復與魏蒲阪하다

【綱】 楚나라 太子 橫이 秦나라 大夫를 죽이고 도망하여 돌아갔다.

○楚太子橫이 殺秦大夫하고 亡歸하다

庚申年(B.C. 301)

【綱】 周나라 赧王 14년이다. 일식이 일어나 낮이 어두웠다.

十四年이라 日食晝晦하다

【綱】 秦나라가 韓나라의 穰縣을 빼앗았다.

○秦이 取韓穰[①]하다

① ≪漢書≫ 〈地理志〉에 "穰縣은 南陽郡에 속한다."고 하였다. 시기로 살펴보면 마땅히 楚나라에 속해야 한다. 그러나 七國이 서로 싸우면서 戰場이 한 번은 이쪽에 한 번은 저쪽에 속하였는데, 아마도 이때에는 穰縣이 韓나라에 소속되었던 듯하다.
班志 "穰縣屬南陽郡." 以時考之, 當屬楚. 然七國兵爭, 疆埸之間, 一彼一此, 或者此時穰屬韓歟.

【綱】 蜀의 수령이 秦나라를 배반하자 秦나라가 그를 죽였다.

○蜀守叛秦이어늘 秦이 誅之[①]하다

① 이때 秦나라가 蜀나라를 멸망시키고 수령을 두었다. 그 수령의 이름은 煇이다.
時, 秦滅蜀, 置守. 其守名煇.

【綱】 秦나라, 韓나라, 魏나라, 齊나라가 楚나라를 정벌하여 그 장수 唐昧을 죽이고 重丘를 빼앗았다.

○**秦韓魏齊伐楚**하야 **殺其將唐**昧하고 **取重丘**①하다

① 昧은 莫葛의 切이다. 重은 平聲이다. ≪呂氏春秋≫에 "齊나라가 章子로 하여금 韓나라와 魏나라와 함께 荊나라를 공격하게 하니, 荊나라가 唐蔑에게 군사를 이끌고 대응하게 하였는데, 泚水를 끼고 주둔하였다. 章子가 밤에 습격하여 唐蔑을 이 물가에서 참수하였다."라고 하였다. ≪水經註≫에 "차수는 또 서쪽에서 澳水가 들어오는데, 물이 북쪽 疵丘山에서 나와 남쪽으로 차수에 들어간다."라고 하였다. 생각하건대 重丘는 곧 疵丘이다. 疵는 才支의 切이다.
昧, 莫葛切. 重, 平聲. 呂氏春秋曰 "齊令章子與韓・魏攻荊, 荊使唐蔑將兵應之, 夾泚而軍, 章子夜襲之, 斬蔑於是水之上." 水經註曰 "泚水又西, 澳水注之. 水北出疵丘山, 南入于泚水." 意者重丘卽疵丘也. 疵, 才支切.

【綱】 趙나라가 中山을 정벌하니 中山의 임금이 齊나라로 달아났다.

○**趙伐中山**하니 **中山君**이 **奔齊**①하다

① 中山의 임금은 史書에 世系가 없고, 이름과 시호도 없다.
中山君, 史不世不名諡.

辛酉年(B.C. 300)

【綱】 周나라 赧王 15년이다. 秦나라 公子 悝가 齊나라에 인질이 되었다.

十五年이라 **秦公子悝質于齊**①하다

① 悝는 王의 同母弟이다.
悝, 王之同母弟.

【綱】 秦나라 羋戎이 楚나라 군사를 대패시켜 그 장수 景缺을 죽이고 襄城을 빼앗았다. 楚나라가 太子 橫으로 하여금 齊나라에 인질이 되게 하여 화평을 청하였다.

○**秦羋戎**이 **大敗楚師**하야 **殺其將景缺**하고 **取襄城**하니 **楚使太子橫**으로 **質**

於齊하야 **以請平**[①]하다

① 羋戎은 秦나라 宣太后의 同父弟이다. ≪漢書≫ 〈地理志〉에 "襄城縣은 穎川郡에 속한다."고 하였다.
羋戎, 秦宣太后同父弟. 班志 "襄城縣屬穎川郡."

壬戌年(B.C. 299)

【綱】周나라 赧王 16년이다. 趙나라 임금이 太子 章을 폐하고, 작은 아들 何에게 나라를 전하고 스스로 主父라고 이름하였다.

十六年이라 **趙君**이 **廢其太子章而傳國於少子何**하고 **自號主父**하다

【目】처음에 武靈王이 長子 章으로 太子를 삼았는데, 뒤에 吳廣의 딸 孟姚를 들이고 총애하여 아들 何를 낳았다. 何를 사랑하여 자신이 살아 있을 때 즉위시키려고 하여 마침내 章을 폐하고 나라를 전하였다. 肥義로 하여금 相國이 되어 王位를 전하게 하였는데, 스스로 主父라 이름하고 士大夫를 거느리고 서북쪽으로 胡地를 순행하고, 장차 雲中과 九原에서 남쪽으로 咸陽을 습격하고자 하였다. 이에 거짓으로 使者가 되어 秦나라에 들어가 秦나라의 地形과 秦나라 王의 사람됨을 보려고 하였다. 秦나라 왕이 알지 못하다가 나중에 그의 모습이 매우 훌륭하여 人臣의 풍도가 아님을 이상하게 여기고, 사람을 시켜 그를 쫓게 하니 주부의 일행은 이미 관문을 벗어났다. 秦나라 사람들이 크게 놀랐다.

初에 **武靈王**이 **以長子章**으로 **爲太子**러니 **後納吳廣之女孟姚**[①]하야 **有寵**하야 **生子何**하니 **愛之**하야 **欲及其生而立之**하야 **乃廢章而傳國焉**하고 **使肥義**로 **爲相國傳王**하고 **而自號主父**[②]라하고 **將士大夫**하야 **西北略胡地**하고 **將自雲中九原**으로 **南襲咸陽**할새 **於是**에 **詐爲使者入秦**하야 **欲以觀秦地形及秦王之爲人**하니 **秦王**이 **不知**러니 **已而**요 **怪其狀甚偉非人臣之度**[③]하야 **使人逐之**하니 **主父行已脫關矣**라 **秦人大驚**[④]하더라

① 姚는 음이 遙이다.
姚, 音遙.

② 主父는 나라 주인의 아버지라는 말이다.
主父, 言爲國之主之父也.

③ 偉는 기이하고 큼이다.
偉, 奇也, 大也.
④ 脫關은 몸을 빼어내 관문을 나간 것을 말한다.
脫關, 謂脫身出關也.

【綱】 齊나라와 魏나라가 韓나라에서 만났다.

齊魏會于韓하다

【綱】 秦나라가 楚나라를 정벌하여 城 여덟 개를 빼앗고, 드디어 楚나라 임금 槐를 武關에 유인하여 잡아서 돌아가니 楚나라 사람이 太子 橫을 세웠다.

◑ **秦伐楚**하야 **取八城**하고 **遂誘楚君槐于武關**하야 **執之以歸**하니 **楚人**이 **立太子橫**하다

【目】 秦나라가 楚나라를 정벌하고 城 여덟 개를 빼앗았다. 秦나라 王이 마침내 楚나라 왕에게 편지를 보내어 말하기를 "처음에 寡人이 왕과 형제가 되기를 약속하여 黃棘에서 맹약하고 太子가 인질로 들어와서 매우 화락하였습니다. 태자가 과인의 重臣을 죽이고 사과도 없이 도망을 갔으므로, 과인이 참으로 분노를 이기지 못하고 군사들로 하여금 君王의 변경을 침범하게 하였습니다. 이제 들으니 군왕이 마침내 태자로 하여금 齊나라에 인질로 보내 화평을 구하였다고 하였습니다. 과인은 楚나라와 경계를 접하고 婚姻을 하여 서로 친한데, 이제 두 나라가 화락하지 않으면 諸侯들을 호령할 수 없습니다. 과인이 바라건대 군왕과 더불어 武關에서 만나 얼굴을 맞대고 서로 약속하며 맹약을 맺고 돌아가는 것이 과인의 소원입니다."라고 하였다.

楚나라 왕이 가려고 하니 속임을 당할까 두렵고, 가지 않으려고 하니 秦나라가 노할까 두려워했다. 昭睢와 屈平 두 사람이 말하기를 "가지 말고 군사를 동원하여 스스로 지킬 뿐입니다. 秦나라는 호랑이로 諸侯들을 병합하려는 마음이 있으니 믿을 수 없습니다."라고 하였다. 왕의 어린 아들 子蘭이 왕에게 갈 것을 권유하여 왕이 마침내 秦나라에 들어가니, 秦나라 왕이 將軍 한 명을 거짓으로 왕으로 꾸미게 하고 武關에 병사를 매복

하였다가 왕을 협박하여 함께 서쪽으로 갔다. 咸陽에 이르러 章臺에서 조회하기를 藩臣의 禮로 하고 巫와 黔中郡을 떼어 달라고 요구하였다. 楚나라 왕이 노하여 허락하지 않으니 마침내 억류하였다.

秦이 伐楚하야 取八城하고 秦王이 乃遺楚王書曰 始寡人이 與王約爲弟兄하야 盟于黃棘하고 太子入質하니 至驩也러니 太子陵殺寡人之重臣하고 不謝而亡去하니 寡人이 誠不勝怒하야 使兵侵君王之邊①호니 今聞君王이 乃令太子로 質於齊하야 以求平이라하니 寡人이 與楚接境하고 婚姻相親이라 而今不驩이면 則無以令諸侯②일새 寡人이 願與君王으로 會武關하야 面相約結盟而去寡人之願也로라 楚王이 欲往호대 恐見欺하고 欲不往호대 恐秦怒러니 昭睢屈平이 曰③ 毋行이요 而發兵自守耳니 秦은 虎狼也라 有幷諸侯之心하니 不可信也니이다 王稚子子蘭이 勸王行④한대 王이 乃入秦하니 秦王이 令一將軍으로 詐爲王하야 伏兵武關劫之與西하야 至咸陽朝章臺를 如藩臣禮하고 要以割巫黔中郡⑤한대 楚王이 怒不許어늘 遂留之하다

① 重丘에서 싸운 것과 襄城을 빼앗는 것을 말한다.
謂戰重丘, 取襄城.
② 赧王 4년부터 이해에 이르기까지 秦나라와 楚나라는 혼인하지 않았다. 19년에 이르러 懷王이 秦나라에서 죽고, 23년에 襄王이 新婦를 秦나라에서 맞이하였다. 대개 먼저 이미 혼인을 약속하고 나중에 상례를 마치고 비로소 신부를 맞이하여 婚姻을 이루었다.
自赧王四年至是年, 秦楚未嘗嫁娶也. 至十九年, 懷王死於秦. 二十三年, 襄王逆婦於秦. 蓋先已約親, 其後終喪, 始逆婦, 成婚姻.
③ 昭睢와 屈平은 두 사람의 성명이다.
昭睢・屈平, 二人姓名.
④ 子蘭은 어린 아들의 이름이다.
子蘭, 稚子之名.
⑤ 章臺宮은 渭南에 있다. 要는 음이 邀이니 약속이다.
章臺宮, 在渭南. 要, 音邀, 約也.

【目】 당시에 楚나라 太子 橫이 齊나라에 인질로 가 있었다. 楚나라 大臣이 서로 의논하여 말하기를 "우리 왕이 돌아올 수 없고 태자는 齊나라에 있으니, 齊나라와 秦나라가 함께 모의하면 楚나라는 나라가 없을 것입니다."라고 하고, 王子 중에 나라에 있는 자를 세우려고 하였다. 昭睢가 말하기를 "왕과 태자가 모두 제후들에게 곤욕을 당하고 있는데, 이제 다시 왕명을 배반하고 그 庶子를 세우는 것은 마땅하지 않습니다."라고 하고, 마침내 거짓으로 齊나라에 訃告를 전하였다. 齊나라 사람이 혹 태자를 억류하면서 楚나

라의 淮北 땅을 요구하니, 齊나라 정승이 말하기를 "불가하다. 郢中에서 왕을 세우면, 이는 우리가 쓸모없는 인질을 붙잡고 천하에 不義를 행하는 것입니다."라고 하였다. 그 사람이 말하기를 "郢中에서 왕을 세우게 되면 우리는 인하여 새 왕과 더불어 거래를 하면서 이르기를 '우리에게 下東國을 주면 우리는 왕을 위하여 태자를 죽이겠소. 그렇지 않으면 장차 세 나라와 더불어 태자를 왕으로 세울 것이오.'라고 하면 됩니다."라고 하였다. 齊나라 王이 마침내 그 정승의 계획을 채용하여 楚나라 태자를 돌려보내니, 楚나라 사람이 왕으로 세웠다.

時에 楚太子橫이 方質於齊러니 楚大臣이 相與謀曰 吾王이 不得還而太子在齊하니 齊秦이 合謀則楚無國矣라하고 欲立王子之在國者어늘 昭睢曰 王與太子俱困於諸侯어늘 今又倍王命而立其庶子不宜라하고 乃詐赴於齊[①]하니 齊人이 或欲留太子하야 以求楚之淮北[②]한대 其相이 曰 不可하다 郢中이 立王하면 是吾抱空質而行不義於天下也[③]라 其人이 曰 郢中이 立王이어든 吾因與其新王市曰[④] 予我下東國이면 吾爲王殺太子요 不然이면 將與三國共立之[⑤]호리라 齊王이 卒用其相計하야 歸楚太子하니 楚人이 立之하다

① 赴는 訃와 같다. 죽음을 알리는 것을 訃라고 한다.
赴, 與訃同. 告死曰訃

② 楚나라가 陳나라와 蔡나라를 멸망시키고 汝에 국경을 만들고, 越나라를 멸망시키고 吳나라의 故地를 빼앗았으며, 아울러 옛 徐夷의 땅을 가졌는데 모두 淮北에 있다. 이것이 바로 楚나라의 이른바 下東國이다.
楚滅陳・蔡, 封畛於汝, 滅越, 取吳故地, 幷有古徐夷之地, 皆在淮北, 卽楚所謂下東國.

③ 郢은 楚나라 도읍이다. ≪漢書≫ 〈地理志〉에 "南郡 江陵縣이 옛날 楚나라 郢都이다."라고 하였다.
郢, 楚都. 班志"南郡江陵縣, 故楚郢都."

④ 市는 서로 이익으로 요구하는 것이 시장에서 매매하는 것과 같음을 말한다.
市, 謂相要以利, 如市道也.

⑤ 三國은 齊나라, 韓나라, 魏나라를 이른다.
三國, 謂齊・韓・魏.

【目】 처음에 屈平이 懷王의 左徒가 되어 뜻이 개결하고 행위가 청렴하며 다스리는 도리에 밝아서 王이 매우 신임하였다. 나중에 참소로 인하여 소외당하니 돌아보며 잊지 못하고 〈離騷經〉을 지어 스스로 원망하여 오히려 王의 깨달음을 기대하였으나 王이 끝내 깨닫지 못하였다. 그 뒤에 子蘭이 또 頃襄王에게 참소하니 王이 怒하야 江南으로 귀양

을 보냈다. 屈原이 드디어 돌을 안고 스스로 汨羅(멱라)에 뛰어들어 죽었다.

初에 屈平이 爲懷王左徒①하야 志潔行廉하고 明於治體하니 王이 甚任之러니 後에 以讒見疏하니 而睠顧不忘②하야 作離騷之辭以自怨하야 尙冀王之一寤로대 而王이 終不寤也③러라 其後子蘭이 又譖之於頃襄王④하니 王이 怒하야 遷之於江南하니 原이 遂懷石自投汨羅以死⑤하니라

① 左徒는 官名이다. ≪史記正義≫에 "지금의 左右拾遺와 같다."고 하였다.
左徒, 官名. 正義"猶今左右拾遺."

② 睠은 古倦의 切이니 머리를 돌려 보는 것이다.
睠, 古倦切, 視而回首.

③ 離는 만남이다. 시끄럽고 어수선한 것을 騷라고 한다.
離, 遭也. 擾動曰騷.

④ 頃은 음이 傾이다.
頃, 音傾.

⑤ 原은 屈平의 字이다. 汨은 음이 覓이다. 汨水는 羅縣에 있으므로 汨羅라고 하였는데 바로 長沙 汨羅淵이다.
原, 平字. 汨, 音覓. 汨水在羅縣, 故曰汨羅, 卽長沙汨羅淵也.

【綱】 秦나라가 齊나라의 田文(孟嘗君)으로 丞相을 삼았다.

秦이 以齊田文으로 爲丞相하다

【目】 秦나라 王이 田文이 어질다는 말을 듣고 齊나라에 청하여 승상으로 삼았다.

秦王이 聞文賢하고 使請於齊하야 以爲相하다

癸亥年(B.C. 298)

【綱】 周나라 赧王 17년이다.

十七年이라

【目】 楚나라 頃襄王 橫과 趙나라 惠文王 何 원년이다.

楚頃襄王橫과 趙惠文王何元年이라

【綱】田文이 秦나라에서 도망하여 돌아갔다.

田文이 **自秦逃歸**하다

【目】或人이 秦나라 王에게 말하기를 "田文이 秦나라의 승상이 되었으니, 반드시 齊나라를 우선시하고 秦나라를 나중으로 하여 秦나라가 위태할 것입니다."라고 하니, 왕이 전문을 가두어 죽이려고 하였다. 전문이 사람을 시켜 왕의 幸姬에게 풀어줄 것을 요구하니, 행희가 전문의 狐白裘를 달라고 하였는데, 전문은 이미 그것을 秦나라 왕에게 바치고 없었다. 전문의 門客 중에 개처럼 도둑질을 잘하는 자가 있어 호백구를 훔쳐 바치니 행희가 왕에게 말하여 보내게 하였다. 왕이 後悔하여 그를 뒤쫓게 하였다. 전문이 關門에 도착하니, 關法에 닭이 울어야 客을 내보내게 되어 있었는데, 때는 아직 이르고 추격하는 자는 장차 이르게 되었다. 문객 중에 닭 울음을 잘 내는 자가 있어 흉내를 내니 들의 닭들이 모두 울었으므로, 전문이 마침내 탈출하여 돌아올 수 있었다.

或이 謂秦王曰 文이 相秦하니 必先齊而後秦하리니 秦其危哉인저 王이 囚文欲殺之어늘 使人求解於王之幸姬하니 姬欲得其狐白裘로내 而文이 先以獻於秦王矣[①]라 文客이 有善爲狗盜者盜裘以獻하니 姬言於王而遣之러니 王이 後悔하야 使追之한대 文이 至關하니 關法에 鷄鳴乃出客이라 時尙蚤요 追者將至러니 客有善爲鷄鳴者라 野鷄皆應之하니 文이 乃得脫歸하다

① 狐白裘는 여우의 겨드랑이 흰 털을 모아 만든 가죽옷으로 아름답고 구하기 어려운 것이다.
狐白裘, 集狐腋之白毛爲裘, 美而難得者.

【綱】秦나라가 楚나라를 정벌하여 城 열여섯 개를 빼앗았다.

秦이 **伐楚**하야 **取十六城**하다

【目】楚나라 사람이 秦나라에 고하기를 "社稷의 神靈함에 힘입어 나라에 왕이 있습니다." 라고 하니, 秦나라 王이 화를 내고 정벌하여 城 열여섯 개를 빼앗았다.

楚人이 告于秦曰 賴社稷神靈하야 國有王矣라하니 秦王이 怒伐之하야 取十六城하다

【綱】齊나라, 韓나라, 魏나라가 秦나라를 정벌하여 函谷關에서 秦나라 군대를 패배시키니 河水와 渭水가 하루 동안 끊어졌다. 秦나라가 河

東의 세 城을 떼어주고 화친을 하니 세 나라가 마침내 물러났다.

齊韓魏伐秦하야 **敗其軍於函谷關**하니 **河渭絶一日**이러니 **秦**이 **割河東三城**하야 **以和**하니 **三國**이 **乃退**하다

【目】 孟嘗君이 秦나라를 원망하여 韓나라와 魏나라와 함께 공격하여 函谷關으로 들어가니 秦나라 昭王이 丞相 樓緩과 公子 池에게 말하기를 "세 나라의 군대가 깊이 쳐들어왔다. 寡人이 河東을 떼어주고 講和하고자 한다."라고 하니, 대답하기를 "강화를 해도 후회하고, 강화를 하지 않아도 후회할 것입니다."라고 하였다. 王이 말하기를 "무엇 때문인가?"라고 하니, 대답하기를 "왕이 하동을 떼어주고 강화하면 세 나라가 비록 가더라도 王은 반드시 '아깝다. 세 나라가 어차피 갈 것인데 내가 괜히 세 城으로 따라주었다.'라고 하실 것이니, 이는 강화하고 하는 후회입니다. 왕이 강화하지 않으면 세 나라가 함곡관에 들어와 咸陽이 반드시 위태로울 것입니다. 그러면 왕은 또 말하기를 '아깝다. 내가 세 城을 아껴 강화하지 않았구나.'라고 하실 것이니, 이는 강화하지 않고 하는 후회입니다."라고 하였다. 왕이 말하기를 "모두 나의 후회이니 차라리 세 城을 잃고 후회할지언정 함양을 위태롭게 하는 후회는 않겠다."라고 하고, 마침내 公子 池로 하여금 세 城으로 세 나라에 강화를 하였다.

孟嘗君이 怨秦하야 與韓魏攻之하야 入函谷關하니 秦昭王이 謂丞相樓緩公子池曰[①] 三國之兵이 深矣라 寡人이 欲割河東而講[②]하노라 對曰 講亦悔요 不講亦悔리이다 王曰 何也오 對曰 王이 割河東而講하시면 三國이 雖去나 王必曰 惜矣라 三國이 且去어늘 吾特以三城從之라하시리니 此는 講之悔也요 王이 不講하시면 三國이 入函谷하야 咸陽이 必危니 王이 又曰 惜矣라 吾愛三城而不講이라하시리니 此는 不講之悔也니이다 王曰 鈞吾悔也니 寧亡三城而悔언정 無危咸陽而悔也라하고 乃使公子池로 以三城講於三國하다

① 昭王은 바로 昭襄王이다.
昭王, 卽昭襄王.

② 河東은 大河의 동쪽이지 郡名이 아니다. 講은 古項의 切이니 和解함이다.
河東, 大河之東, 非郡名. 講, 古項切, 和解也.

【目】 처음에 孟嘗君이 西周에서 군사와 식량을 빌리려고 하였는데, 蘇代가 西周를 위하여 맹상군에게 말하기를 "君이 楚나라를 공격한 지 9년에 宛과 葉의 以北을 빼앗아 韓

나라와 魏나라를 강하게 하였고, 지금 다시 秦나라를 공격하여 그들을 이롭게 하려고 합니다. 韓나라와 魏나라는 남쪽으로 楚나라에 대한 근심이 없고 서쪽으로 秦나라에 대한 걱정이 없으면, 齊나라가 위태로울 것입니다. 君이 敝邑(西周)으로 하여금 秦나라와 깊게 화합하게 하면서 君이 공격하지 않고 또 군사와 식량을 빌리지 않는 것이 낫겠습니다. 君이 함곡관에 도착하여 공격하지 않고, 폐읍으로 하여금 君의 뜻으로 秦나라 王에게 말하기를 '薛公은 반드시 秦나라를 깨트려서 韓나라와 魏나라를 강하게 하지 않을 것입니다. 그가 秦나라를 공격하는 것은, 왕이 楚나라 왕으로 하여금 東國을 떼어 齊나라에 주게 하고, 秦나라도 楚나라 왕을 풀어주어 화친하기를 바라는 것입니다.[24]'라고 하게 하십시오. 秦나라는 군대가 패배하지 않고 동국으로 스스로 화를 면할 수 있다고 하면 秦나라는 반드시 하려고 할 것입니다. 楚나라 왕이 풀려나오면 반드시 齊나라에 고마워할 것이고, 齊나라는 동국을 얻으면 더욱 강해질 것이니, 薛이 대대로 근심이 없을 것입니다."라고 하였다. 맹상군이 그 계책을 따르려고 하니, 마침 公子 池가 와서 강화하여 드디어 군대를 철수하였는데, 秦나라가 끝내 楚나라 懷王을 풀어주지 않았다.

初에 孟嘗君이 欲借兵食於西周한대 蘇代爲西周하야 謂孟嘗君曰 君이 攻楚九年①에 取宛葉以北하야 以彊韓魏②하고 今復攻秦以益之하니 韓魏南無楚憂하고 西無秦患이면 則齊危矣리니 君不如令敝邑深合於秦③하고 而君無攻하고 又無借兵食④하고 君이 臨函谷而無攻⑤하고 令敝邑以君之情으로 謂秦王曰 薛公이 必不破秦以彊韓魏라 其攻秦也는 欲王之令楚王割東國以與齊⑥하고 而秦도 出楚王以爲和니 秦得無破而以東國自免也라하면 秦必欲之리니 楚王이 得出이면 必德齊요 齊得東國이면 益彊하리니 而薛이 世世無患矣리라 孟嘗君이 從其計러니 會公子池來講解하니 遂罷兵하고 而秦이 卒不出楚懷王하다

① 九字는 잘못되었으니, 六이나 五가 되어야 한다.
九字誤, 當云六或五.
② 宛은 음이 鴛이다. 葉은 式涉의 切이다. ≪漢書≫ 〈地理志〉에 "두 縣은 南陽郡에 속한다."고 하였다.
宛, 音鴛. 葉, 式涉切. 班志 "二縣屬南陽郡."
③ 敝邑은 周나라이다.
敝邑, 周也.
④ 공격하지 않는 것은 모두 출병하여 秦나라에 가서는 공격하지 않음이다. 군사와 식량을 빌

24) 楚나라 왕을……것입니다 : 楚 懷王이 秦나라에 억류된 사건은 赧王 16년조 참조.

리지 않는 것은 秦나라에 약한 모습을 보여주지 않음이다.
無攻, 俱出兵臨秦, 不用攻也. 無借兵食, 勿示秦以弱.

⑤ 臨은 군대가 그 지역에 이르렀음을 말한다.
臨, 言以兵至其地.

⑥ 東國은 바로 下東國[25]이다.
東國, 卽下東國.

【目】 蘇氏(蘇轍)가 다음과 같이 평하였다.

"戰國시대에 속임수와 무력으로 서로 침략하고 정벌한 것이 200여 년 동안 出兵을 한 것이 일찍이 명분이 있은 적이 없었다. 秦나라 昭王이 楚나라 懷王을 속여서 가두고 그에게 땅을 떼어 달라고 요구하였으나, 諸侯들은 익히 보기만 할 뿐 감히 한마디도 秦나라에 따지는 자가 없었다. 오직 田文이 秦나라에서 정승을 그만두고 거의 어려움에서 벗어나지 못할 뻔하다가 돌아와 원망하면서 楚나라를 공격한다는 명분으로 韓나라와 魏나라의 병사와 함곡관에 이르렀다. 秦나라 사람들이 놀랍고 두려워서 땅을 떼어 주고 講和하여 겨우 위험을 벗어났으니, 山東의 나라들이 秦나라를 어렵게 여긴 이래로 이처럼 씩씩하였던 일이 없었다. 무릇 전쟁은 명분이 바르면 사기가 왕성하고 명분이 바르지 못하면 사기가 쇠퇴하니,[26] 명분 있는 전쟁을 누가 막을 수 있겠는가. 전문으로 하여금 그 위엄을 떨치게 하였으면, 이 전쟁에서 齊나라는 霸者가 되었을 것인데, 아깝게도 蘇代의 계책을 들어서 함곡관에 가서도 공격하지 않고 楚나라에 東國을 요구하였으니 군사를 출동시킨 명분이 남김없이 사라졌다. 동국을 이미 얻을 수 없었고 회왕이 끝내 秦나라에서 죽었다. 이로 말미암아 살피건대 秦나라는 오직 齊나라 桓公과 晉나라 文公 같은 사람을 만나지 못하였고, 이 때문에 秦나라가 橫行하는데도 막지 못했던 것이다. 세상에 어찌 大義가 있는데 不義에 굽히겠는가."[27]

蘇氏曰① 戰國이 以詐力相侵伐이 二百餘年에 兵出未嘗有名이라 秦昭王이 欺楚懷王而囚之하야 要之割地호대 諸侯熟視하고 無敢以一言問秦者어늘 惟田文이 免相於秦하야 幾不得脫하고 歸而怨之하야 借楚爲名하야 兵至函谷하니 秦人이 震恐하야 割地講解하야 僅乃得免하니 自山東難秦으로 未有若此其壯者也②라 夫兵은 直爲壯 曲爲老니 有名之兵을 誰能禦之리오 使田文能奮其

25) 下東國 : 303쪽 訓義 ② 참조.

26) 전쟁은……쇠퇴하니 : ≪春秋左氏傳≫ 僖公 28년에 晉나라의 子犯이 "師直爲壯 曲爲老"라고 하였다.

27) 戰國시대에……굽히겠는가 : 蘇轍의 〈古史論〉 중 孟嘗君에 대한 평론에 보인다.

威면 則是役也에 齊可以霸어늘 惜其聽蘇代之計하야 臨函谷而無攻하야 以求楚東國하니 而出師之名이 索然以盡이라 東國을 旣不可得이요 而懷王이 卒死於秦하니 由此觀之컨대 秦惟不遇桓文이라 是以橫行而莫之制耳니 世豈有大義而屈於不義哉리오

① 蘇氏는 이름이 轍이고 宋나라 眉山 사람이다.
蘇氏, 名轍, 宋眉山人.

② 難은 去聲이니, 의문을 설명하고 물음에 답한다고 할 때의 難과 같다. 文告(文德으로 告諭)의 말로 따지는 것을 이른다.
難, 去聲, 猶難疑答問之難, 謂以文告之辭責之也.

【綱】 趙나라 임금이 동생 勝을 책봉하여 平原君으로 삼았다.

趙君이 封弟勝爲平原君하다

【目】 平原君이 선비를 좋아하여 食客이 항상 수천 명이었다. 公孫龍이라는 사람이 있는데 堅白과 同異의 변론을 잘하니 평원군이 그를 客으로 대우하였다. 孔子의 玄孫 穿이 魯나라에서 趙나라로 가서 공손룡과 함께 "臧三耳"의 명제를 가지고 논변하였는데, 공손룡이 분석을 매우 잘하였다. 穿이 대응하지 않았는데, 평원군이 그 까닭을 물으니 穿이 말하기를 "하마터면 노비는 귀가 셋이라고 할 뻔하였습니다. 그러나 노비가 귀가 셋이라고 하면 매우 어렵고 실제로 잘못이며, 노비가 귀가 둘이라고 하면 매우 쉽고 실제로 사실입니다. 君이 장차 쉽고 옳은 것을 따를 것인지, 또는 어렵고 잘못된 것을 따를 것인지 모르겠습니다."라고 하였다. 평원군이 공손룡에게 이르기를 "公은 다시는 孔子高(孔穿)과 함께 일을 변론하지 마시오. 공자고는 이치가 말솜씨보다 뛰어나고, 공은 말솜씨가 이치보다 뛰어납니다. 말솜씨가 이치보다 뛰어나면 끝내는 반드시 굴복할 것입니다."라고 하였다.

平原君이 好士하니 食客常數千人①이라 有公孫龍者善爲堅白同異之辯하니 平原君이 客之②러니 孔子之玄孫穿이 自魯適趙하야 與龍論臧三耳③할새 龍이 甚辯析이어늘 穿이 弗應한대 平原君이 問之하니 穿이 曰 幾能令臧三耳矣④로다 然謂三耳甚難而實非也요 謂兩耳甚易而實是也⑤니 不知君이 將從易而是者乎아 其亦從難而非者乎아 平原君이 謂龍曰 公이 無復與孔子高辯事也⑥하라 其人은 理勝於辭하고 公은 辭勝於理하니 辭勝於理하면 終必受詘⑦이니라

① ≪漢書≫ 〈地理志〉에 "平原縣은 平原郡에 속한다."고 하였다. 勝은 東武城에 봉해져서 號를

平原君이라 하였고 平原에 봉해진 것은 아니다. 東武城은 淸河郡에 속한다.

(縣屬平原班志平原郡)〔班志 "平原縣屬平原郡."〕[28] 勝封於東武城. 號平原君, 非封於平原也. 東武城屬淸河郡.

② ≪荀子≫ 〈修身篇〉에 이르기를 "무릇 堅白과 同異에 대해 살핌은 세밀하게 살핀 것이다."[29]라고 하였다. 楊倞의 주석에 "이것은 公孫龍의 왜곡된 말은 올바른 법이 될 수 없음을 말한 것이다. 공손룡의 의론에 '눈으로 돌을 보면 흰색만 볼 뿐 그 단단함은 모르고, 손으로 돌을 만지면 단단함만 알 뿐 그 흰색은 모른다.'고 하였으니, 이 때문에 단단함과 흰색은 결국 합쳐서 하나가 될 수 없는 것이다. 司馬彪가 말하기를 '同異는 다른 것을 같게 하고 같은 것을 다르게 하는 것을 말한다.'라고 했다." 하였다.

荀子修身篇曰"夫堅白同異之察, 非不察也." 楊倞註云"此言公孫龍曲說不可爲法. 其論曰'視石, 但見白, 不知其堅. 觸石則知其堅而不知其白.' 是堅白終不可合爲一也. 司馬彪曰'同異, 謂使異者同, 同者異.'"

③ 臧과 臧은 옛날에 통용하였다. 三은 堅과 白과 石이 별개인 것과 같이 말한 것이다. 耳는 語辭이다. ≪公孫龍子≫ 〈堅白論篇〉에 이르기를 "天下에 흰색이 없으면 돌을 볼 수 없고, 天下에 단단함이 없으면 돌이라 할 수 없다. 堅과 白과 石은 서로 한계를 구분하지 않으니 두 개를 감추는 것이 되겠는가."라고 하였다. 일설에는 "臧은 臧獲(사내종과 계집종)의 臧이고, 耳는 청각을 주관한다. 실재하는 두 귀는 귀의 형체를 가지고 말한 것이고, 여기에다 청각의 기능을 하는 귀를 합치면 셋이라고 할 수 있다."라고 하였다.

臧臧, 古通用. 三, 謂堅白石. 耳, 語辭. 公孫龍子堅白論篇云"天下無白, 不可以視石. 天下無堅, 不可以謂石. 堅・白・石, 不相外, 臧二[30]可乎." 一說"臧, 臧獲之臧. 耳, 主聽. 兩耳, 形也. 兼聽而言可得爲三."

④ 幾(하마터면)와 令(하여금)은 모두 平聲이다.

幾令, 竝平聲.

⑤ 易(쉽다)는 去聲이다.

易, 去聲.

⑥ 子高는 孔穿의 字이다.

子高, 孔穿字.

⑦ 詘은 말이 막힘이다.

詘, 辭塞也.

---

28) (縣屬平原班志平原郡)〔班志平原縣屬平原郡〕: 저본에는 '縣屬平原班志平原郡'으로 되어 있으나, ≪資治通鑑≫에 근거하여 '班志平原縣屬平原郡'으로 바로잡았다.

29) 무릇……것이다 : ≪荀子≫에는 이 문장 뒤에 "그러자 군자가 논변하지 않는 것은 그칠 곳을 알기 때문이다.〔君子不辨 止之也〕"라 하였다.

30) 二 : 저본에는 '二'로 되어 있는데 ≪公孫龍子≫ 〈堅白論〉에는 '三'으로 되어 있다.

甲子年(B.C. 297)

【綱】周나라 赧王 18년이다. 楚나라 임금 槐가 秦나라에서 趙나라로 달아났는데, 趙나라에서 받아주지 않자 秦나라가 쫓아가 잡아서 돌아갔다.

十八年이라 楚君槐自秦走趙한대 不納하니 秦이 追及之以歸하다

乙丑年(B.C. 296)

【綱】周나라 赧王 19년이다. 楚나라 임금 槐가 秦나라에서 卒하였다.

十九年이라 楚君槐卒于秦하다

【目】懷王이 병이 나서 秦나라에서 薨하니, 秦나라 사람이 그 喪輿를 돌려보냈다. 楚나라 사람이 가련하게 생각하여 마치 친척이 죽은 듯이 슬퍼하였다. 諸侯들이 이 때문에 秦나라를 정직하게 여기지 않았다.

懷王이 發病薨于秦하니 秦人이 歸其喪한대 楚人이 憐之하야 如悲親戚하고 諸侯由是로 不直秦하더라

丙寅年(B.C. 295)

【綱】周나라 赧王 20년이다.

二十年이라

【目】魏나라 昭王과 韓나라 釐王 咎의 원년이다.

魏昭王①과 韓釐王咎②元年이라

① 昭王은 襄王의 아들이고 이름은 遫이다.
襄王子, 名遫.

中山國 멸망 시기도

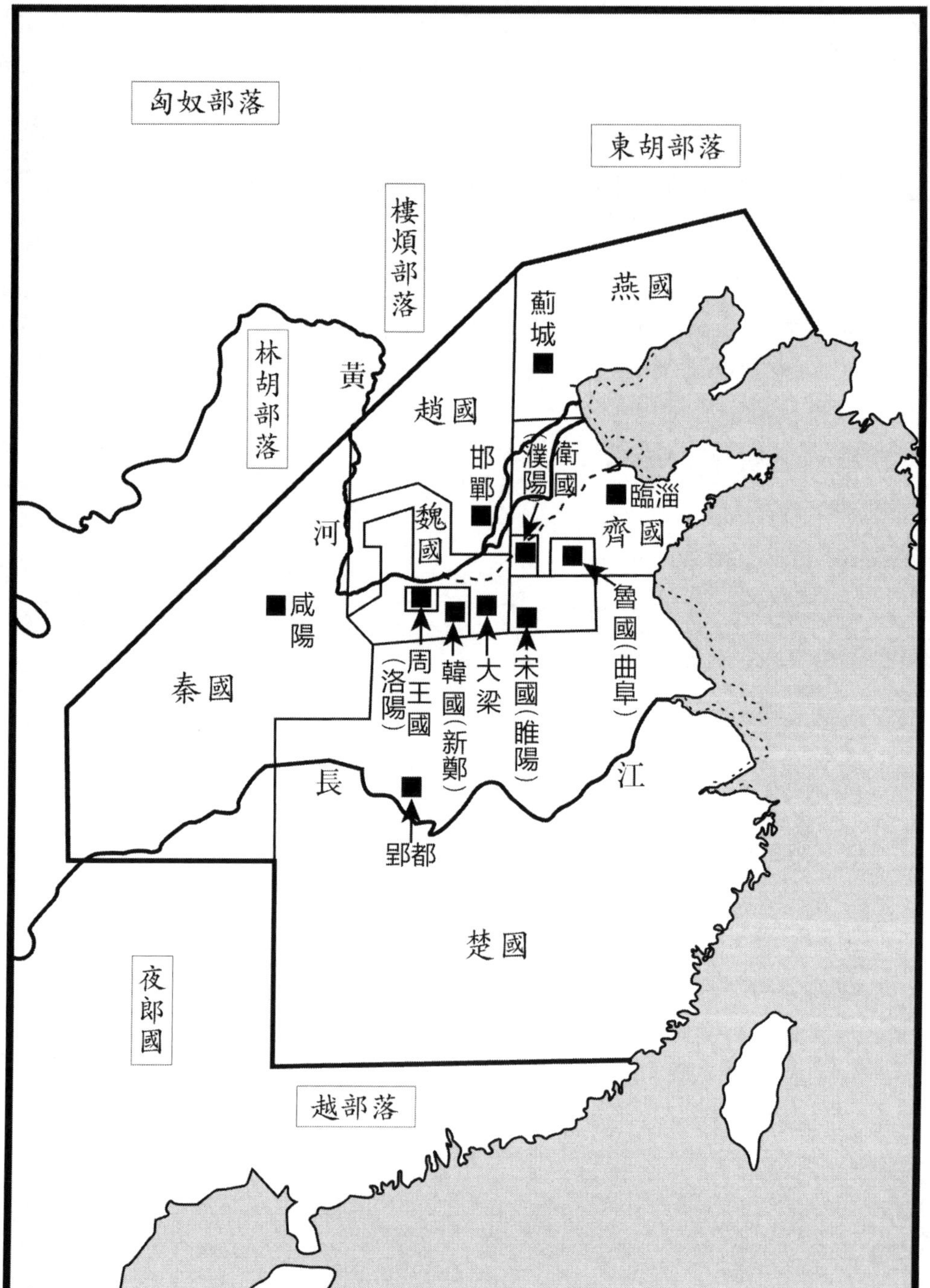
匈奴部落
東胡部落
樓煩部落
林胡部落
燕國
薊城
趙國
邯鄲
黃河
濮陽
衛國
臨淄
齊國
魏國
咸陽
秦國
魯國(曲阜)
周王國(洛陽)
韓國(新鄭)
大梁
宋國(睢陽)
長江
郢都
楚國
夜郎國
越部落

② 釐王은 襄王의 아들이다. 釐는 음이 僖이다.
襄王子. 釐, 音僖.

【綱】 趙나라 主父가 燕나라와 齊나라의 군사로 中山을 멸망시키고 돌아와 크게 赦免하고 5일 동안 잔치를 하였다.

趙主父以燕齊之師로 **滅中山**하고 **歸**하야 **大赦**하고 **酺五日**[①]하다

① 酺는 음이 蒲이다. 酺의 뜻은 펴는 것이니, 王者가 덕을 펴고 크게 마시는 것이다.
酺, 音蒲. 酺之爲言, 布也, 言王者布德而大飮也.

【綱】 趙나라 옛 太子 章이 亂을 일으키자 公子 成과 李兌가 그를 죽이고 드디어 主父(武靈王)를 沙丘에서 시해하였다.

◑ **趙故太子章**이 **作亂**이어늘 **公子成李兌**가 **誅之**하고 **遂弑主父於沙丘**하다

【目】 趙나라 主父가 長子 章을 代에 봉하고 田不禮로 하여금 돕게 하였다. 李兌가 肥義에게 말하기를 "章은 무리를 모아 크게 되려고 하고, 전불례는 잔인하게 죽이고 교만하니, 두 사람이 서로 힘을 합하면 반드시 陰謀가 있을 것입니다. 그대는 책임이 무겁고 세력이 커서 亂이 시작되는 곳이며 禍가 모이는 곳입니다. 그대는 어찌 병을 핑계대고 杜門不出하지 아니합니까. 그렇게 하면 재앙의 階梯(발단)가 되지 않는 것이 또한 가능하지 않겠습니까?"라고 하니, 비의가 말하기를 "옛날 주부(武靈王)께서 王(惠文王)을 저에게 부탁할 때에 이르기를 '너의 법도를 변하지 말고 너의 생각을 바꾸지 말며, 한마음을 굳게 지켜서 너의 일생을 마쳐라.'라고 하였습니다. 저는 두 번 절하고 받아서 기록하여 두었습니다. 이제 전불례가 해코지할까 두려워하여 내가 기록한 것을 잊는다면 변함이 어느 것이 더 크겠소. 속담에 이르기를 '죽은 사람이 다시 살아나더라도 산 사람이 부끄럽지 않아야 한다.'라고 하였으니, 나는 나의 말을 온전하게 하려고 하니 어찌 내 몸을 온전하게 할 수 있겠소."라고 하였다. 이태가 눈물을 흘리며 나갔다.

비의가 信期에게 말하기를 "公子 章과 田不禮는 말은 착하지만 실상은 악하고, 안으로 주부의 마음을 얻고 밖으로 포학하니, 명령을 사칭하여 하루아침의 목숨을 마음대로 하는 것이 어렵지 않을 것입니다. 지금부터 왕을 찾는 자가 있거든 반드시 나를 만나라

고 하십시오. 앞으로 내가 먼저 만나서 탈이 없다고 판단한 뒤에 왕께서 들어갈 것입니다."라고 하였다. 이때에 吳娃(惠文王의 母)가 죽었기 때문에 왕(혜문왕)은 주부의 총애가 시들해졌다. 일찍이 신하들에게 조회를 받을 적에 주부가 곁에서 살펴보다가 옛 太子가 실의한 표정으로 도리어 北面하여 자기 동생에게 복종하는 모습을 보고 마음으로 가련하게 여겨서 趙나라를 나누어 章을 代에서 왕이 되게 하려고 하였으나 계획을 결정하지 못하였다.

趙나라 主父가 沙丘宮에서 餓死하다

주부와 왕이 沙丘로 놀러 갔을 때 宮을 달리하여 거처하였다. 공자 장과 전불례가 亂을 일으켜 주부의 명령이라 속이고 왕을 부르니, 비의가 먼저 들어오자 그를 죽였다. 공자 성과 이태가 병력을 일으켜서 반란을 막았다. 공자 장이 패하여 주부에게 달려가니 공자 성과 이태가 인하여 주부의 宮을 포위하여 공자 장과 전불례를 죽이고 그 무리를 없앴다. 공자 성과 이태가 서로 모의하여 말하기를 "공자 장 때문에 주부를 포위하였으니 즉시 병력을 해산하면 우리들이 죽임을 당할 것이다."라고 하며, 마침내 포위하고 명령하기를 "宮中 사람으로 나중에 나오는 사람은 죽일 것이다."라고 하였다. 주부가 나가려고 하여도 나갈 수가 없어서 참새를 잡아먹었는데, 석 달여 만에 굶어 죽었다.

趙主父封長子章於代①하고 使田不禮로 相之러니 李兌謂肥義曰 章이 黨衆而欲大하고 不禮忍殺而驕하니 二人이 相得이면 必有陰謀하리니 子任重而勢大하니 亂之所始而禍之所集也라 子何不稱疾不出고 毋爲禍梯不亦可乎②아 義曰 昔主父以王屬義也에 曰 毋變而度하며 毋易而慮하고 堅守一心하야 以沒而世③라하야시늘 義再拜受而籍之④호니 今畏不禮之難하야 而忘吾籍이면 變孰大焉이리오 諺曰 死者復生이라도 生者不愧⑤라하니 吾欲全吾言이어니 安得全吾身乎리오 李兌涕泣而出하다 肥義謂信期曰⑥ 公子章田不禮聲善而實惡하고 內得主而外爲暴하니 矯令以擅一旦之

命이 不難爲也[⑦]라 自今有召王者어든 必見吾面하라 我將以身先之하야 無故而後에 王可入也니라 時에 吳娃死라 王이 愛弛[⑧]러니 嘗朝群臣할새 主父從旁窺之라가 見故太子傫然也하야 反北面詘於其弟하고 心憐之[⑨]하야 欲分趙而王章於代호대 計未決이러니 主父及王이 游沙丘할새 異宮[⑩]이러니 公子章田不禮作亂하야 詐以主父令으로 召王한대 肥義先入이어늘 殺之하니 公子成李兌起兵距難[⑪]한대 章이 敗走主父어늘 成兌因圍主父宮하야 殺章及不禮而滅其黨하고 成兌相與謀하고 曰 以章故로 圍主父하니 卽解兵이면 吾屬이 夷矣라하고 乃遂圍之하고 令宮中人後出者夷[⑫]라하니 主父欲出不得하야 探雀鷇食之러니 三月餘에 餓死[⑬]하다

① 公子 章의 號를 安陽君이라 하였다.
號曰安陽君.

② 禍梯는 '禍階(재앙의 계제)'라는 말과 같다.
禍梯, 猶言禍階也.

③ 而는 너이다.
而, 汝也.

④ 籍은 기록이다.
籍, 記也.

⑤ 晉나라 獻公이 奚齊車子를 사랑하여 荀息을 스승으로 삼게 하였다. 獻公이 병이 들어 장차 죽게 되었을 때, 순식에게 말하기를 "선비가 어떻게 하여야 믿을 수 있다고 하겠는가."라고 하니, 순식이 대답하기를 "죽은 사람을 다시 살아나게 하더라도 산 사람이 그 말에 부끄럽지 않다면 믿을 수 있다고 하겠습니다."라고 하였다.
晉獻公愛奚齊車子, 使荀息傅焉. 獻公病將死, 謂荀息曰 "士何如則可謂之信." 息對曰 "使死者反生, 生者不愧乎其言則可謂信矣."

⑥ 信은 음이 申이고, 또 본음대로 읽으니, 姓이다.
信, 音申, 又如字, 姓也.

⑦ 得主는 公子 章이 主父에게 동정을 받음을 말한다. 矯는 속이고 핑계 대는 것이니, 주부의 명령을 사칭하는 것을 말한다.
得主, 謂章爲主父所憐也. 矯, 詐也, 託也, 謂詐託主父之命也.

⑧ 娃은 於佳의 切이다. 吳나라와 楚나라에서는 美女를 娃라고 한다. 吳娃는 바로 吳廣의 딸로 孟姚이다. 弛는 음이 豕이니 활시위를 풀어놓는 것이다.
娃, 於佳切. 吳楚之間, 謂美女曰娃. 吳娃, 卽吳廣之女, 孟姚也. 弛, 音豕, 弓解也.

⑨ 傫는 力追의 切이다. 傫然은 뜻을 얻지 못한 모습이다.
傫, 力追切. 傫然, 不得意之貌.

⑩ 沙丘臺는 紂가 만들었다. ≪漢書≫ 〈地理志〉에 "沙丘는 鉅鹿郡 鉅鹿縣의 동북쪽에 있다."고 하였다. 異宮은 궁을 달리하여 거처함이다.
沙丘臺, 紂所作也. 班志, 沙丘在鉅鹿郡鉅鹿縣東北. 異宮, 異宮而處也.

⑪ 距는 拒(막다)와 같다.
距, 猶拒也.

⑫ 令(명령하다)은 力政의 切이다.
令, 力政切.

⑬ 鷇는 居候의 切이다. 새 새끼가 태어나서 어미 새가 음식을 먹여주기를 기다리는 것을 鷇라고 하는데, 제비와 참새의 종류이다.
鷇, 居候切. 鳥子生而須母哺食者爲鷇, 燕雀之屬也.

【綱】秦나라가 魏冉을 丞相으로 삼았다.

秦이 以魏冉爲丞相하다

丁卯年(B.C. 294)

【綱】周나라 赧王 21년이다. 秦나라가 魏나라의 군대를 解에서 패배시켰다.

二十一年이라 秦이 敗魏師于解①하다

① ≪漢書≫ 〈地理志〉에 "解縣은 河東郡에 속한다."고 하였다.
班志 "解縣屬河東郡."

戊辰年(B.C. 293)

【綱】周나라 赧王 22년이다. 魏나라와 韓나라가 秦나라를 정벌하니, 秦나라 左更 白起가 패배시키고 城 다섯 개를 함락하였다.

戊辰 二十二年이라 魏韓이 伐秦하니 秦左更白起敗之하고 拔五城하다

【目】韓나라와 魏나라가 秦나라를 정벌하니, 魏冉이 左更 白起를 추천하였다. 백기가 군사를 거느리고 가서 伊闕에서 韓나라와 魏나라의 군대를 패배시키고 그 장수를 죽이고 포로로 잡았으며 24만 명을 참수하고 城 다섯 개를 함락하였다. 백기를 國尉로 삼았다.

韓魏伐秦이어늘 魏冉이 薦左更白起[①]하야 將兵敗之于伊闕하고 殺虜其將하고 斬首二十四萬하고 拔五城한대 以起로 爲國尉[②]하다

① 左更은 秦나라 14번째 벼슬 이름이다.
左更, 秦第十四爵名.

② 戰國시대에 國尉가 있었고 郡尉가 있었다. 위에서 아래를 편안하게 하는 것을 尉라고 하는데, 武官은 모두 일컫는다.
戰國之時, 有國尉, 有郡尉. 自上安下曰尉, 武官悉以爲稱.

己巳年(B.C. 292)

【綱】周나라 赧王 23년이다. 楚나라 임금이 秦나라에서 신부를 맞이하였다.

二十三年이라 楚君이 迎婦于秦하다

【目】秦나라 王이 楚나라 왕에게 편지를 보내어 말하기를 "楚나라가 秦나라를 배반하니, 秦나라가 또 諸侯를 거느리고 楚나라를 정벌할 것입니다. 바라건대 士卒을 신칙하여 한번 속 시원하게 싸우고자 합니다."라고 하였다. 楚나라 왕이 걱정하여 마침내 다시 秦나라와 和親하였다.

秦王이 遺楚王書曰 楚倍秦하니 秦이 且率諸侯伐楚호리니 願飭士卒하야 得一樂戰[①]하노라 楚王이 患之하야 乃復與秦和親하다

① 飭은 整備이다. 樂은 상쾌한 뜻이니 한 번 싸워서 마음을 상쾌하게 함을 말한다.
飭, 整備也. 樂, 快意也, 言一戰以快其意.

【目】司馬溫公이 다음과 같이 평하였다.

"심하도다. 秦나라의 無道함이여. 그 아비를 죽이고 그 자식을 협박하였도다. 楚나라의 강하지 못함이여, 그 아비의 일을 참고 원수와 혼인하였도다. 아! 楚나라의 임금이 참으로 그 道를 얻고 신하가 참으로 그 적임자를 얻으면 秦나라가 비록 강하더라도 어찌 이렇게 능욕할 수 있겠습니까. 그러므로 荀卿이 논하기를 '무릇 道를 잘 사용하면 100里의 땅으로도 홀로 우뚝 설 수 있으며, 잘 사용하지 못하면 楚나라처럼 6,000리의

땅으로도 원수에게 부림을 받는다.'라고 하였으니 믿을 만합니다."

司馬公曰 甚哉라 秦之無道也여 殺其父而劫其子로다 楚之不競也여 忍其父而昏其讐[①]로다 嗚呼라 楚之君이 誠得其道하고 臣이 誠得其人이면 秦雖彊이나 烏得陵之哉리오 故荀卿이 論之曰[②] 夫道를 善用之면 則百里之地에 可以獨立이요 不善用之면 則楚以六千里로 而爲讐人役이라하니 信哉로다

① 競은 강함이다.
競, 强也.

② 荀卿은 趙나라 사람이고 이름은 況이다. 당시 사람들이 서로 존경하여 卿이라 불렀다. 著書가 數萬言이다.
荀卿, 趙人, 名況. 時人相尊, 號之曰卿. 著書數萬言.

庚午年(B.C. 291)

【綱】周나라 赧王 24년이다. 秦나라가 韓나라를 정벌하여 宛을 함락하였다.

二十四年이라 秦이 伐韓하야 拔宛하다

【綱】秦나라 임금이 魏冉을 穰侯에 봉하고, 公子 市를 宛侯에 봉하고 公子 悝를 鄧侯에 봉하였다.

◑ 秦君이 封魏冉爲穰侯하고 公子市爲宛侯하고 公子悝爲鄧侯[①]하다

① 市는 秦나라 임금의 同母弟이다. ≪漢書≫ 〈地理志〉에 "鄧縣은 南陽郡에 속한다."고 하였다.
市, 秦君之同母弟. 班志 "鄧縣屬南陽郡."

辛未年(B.C. 290)

【綱】周나라 赧王 25년이다. 東周君이 秦나라에 갔다.

二十五年이라 東周君이 如秦하다

【綱】秦나라 魏冉이 魏나라를 정벌하였는데, 魏나라는 秦나라에 河東을 주고 韓나라는 秦나라에 武遂를 주었다.

◑ **秦魏冉**이 **伐魏**한대 **魏入河東**하고 **韓入武遂于秦**[①]하다

① 河東은 대개 安邑, 大陽, 蒲阪, 解縣 등 황하 가까운 땅이다.
河東, 蓋安邑・大陽・蒲阪・解縣瀕河之地.

【目】魏나라 땅은 400리이고 韓나라 땅은 200리이다.

魏地四百里요 **韓地二百里**라

壬申年(B.C. 289)

【綱】周나라 赧王 26년이다. 秦나라의 大良造 白起가 魏나라를 정벌하여 61개의 城을 取하였다.

二十六年이라 **秦大良造白起**가 **伐魏**하야 **取六十一城**[①]하다

① 大良造는 大上造 중에 뛰어난 자이다. 大上造는 秦나라 16번째 작위의 명칭이다.
大良造, 大上造之良者. 大上造, 秦第十六爵名.

癸酉年(B.C. 288)

【綱】周나라 赧王 27년이다. 겨울 10월에 秦나라 임금이 西帝로 자칭하고 사신을 파견하여 齊나라 임금을 세워 東帝로 삼았다가 얼마 후 모두 사용하지 않았다.

二十七年이라 **冬十月**에 **秦君**이 **稱西帝**하고 **遣使**하야 **立齊君爲東帝**러니 **已而皆去之**하다

【目】齊나라 王이 蘇代에게 묻기를 "秦나라가 사신을 보내어 내게 帝號를 바치고 稱帝를 권하는데 어떻게 생각하는가?" 하니, 대답하기를 "대왕은 존호를 받아만 두시고 부르지

는 말고서 天下의 인심을 사소서. 이것이 소위 스스로 낮춤으로써 높인다는 것입니다." 하였다. 齊나라 왕이 소대의 건의를 따라 칭제한 지 2일 만에 다시 왕호를 사용하니, 秦나라도 帝號를 버리고 쓰지 않았다.

齊王이 問於蘇代호대 秦使가 致帝하니 何如오 對曰 願王은 受之而勿稱하야 以收天下之望하소서 所謂以卑爲尊也[①]니이다 齊王이 從之하야 稱帝二日에 而復歸之[②]하니 秦이 亦去帝號하다

① 옛사람이 한 말에 "스스로를 낮추는 사람은 남들이 그를 높인다."라고 하였다.
古人有言曰 "自卑者人尊之."

② 歸之는 帝號를 돌려주고 칭하지 않는 것을 말한다.
歸之, 謂歸帝號而不稱也.

【綱】 秦나라가 趙나라를 공격하여 梗陽을 함락하였다.

秦이 攻趙하야 拔梗陽[①]하다

① ≪漢書≫ 〈地理志〉에 "梗陽은 太原郡 楡次縣의 경계에 있다."고 하였다.
班志 "梗陽在太原郡楡次縣界."

甲戌年(B.C. 287)

【綱】 周나라 赧王 28년이다. 秦나라가 魏나라를 공격하여 新垣과 曲陽을 함락하였다.

二十八年이라 秦이 攻魏하야 拔新垣曲陽[①]하다

① ≪括地志≫에 "曲陽의 옛 성이 懷州 濟源縣의 서쪽에 있다. 新垣은 곡양 가까이에 있다."라고 하였다.
括地志 "曲陽故城在懷州濟源縣西, 新垣近曲陽."

乙亥年(B.C. 286)

【綱】 周나라 赧王 29년이다. 秦나라가 魏나라를 습격하니 魏나라가 安邑을 바치고 강화를 요구하였는데, 秦나라가 백성들을 魏나라로 내

쫓고 秦나라 백성들을 모집하여 안읍으로 이주시켰다.

二十九年이라 秦이 擊魏하니 魏獻安邑以和어늘 秦이 出其人하고 募民徙之①하다

① ≪資治通鑑≫에 "그 백성들을 축출하여 魏나라로 돌려보냈다."고 하였다.
通鑑 "出其人, 歸之魏."

【綱】 秦나라가 韓나라 군대를 夏山에서 무찔렀다.

◑ 秦이 敗韓師于夏山하다

【綱】 齊나라가 宋나라를 멸망시켰다.

◑ 齊가 滅宋①하다

① 安王 6년(B.C. 396)에 宋나라 悼公이 죽고 아들 休公 田이 즉위하여 周 烈王 3년(B.C. 373)에 죽었다. 아들 辟公 辟兵이 즉위하여 6년 만에 죽고 아들 剔成이 즉위하였다. 顯王 40년(B.C. 329)에 아우 康王 偃이 剔成을 축출하고 스스로 즉위하였다. 悼公에서 康王까지 모두 5君이다.
安王六年, 宋悼公卒. 子休公田立, 烈王三年卒. 子辟公辟兵立, 六年卒. 子剔成立. 顯王四十年, 弟康王偃, 攻剔成自立. 自悼公至康王, 凡五君.

【目】 宋나라에서 참새가 새매를 닮은 새를 낳았다. 史가 占을 쳐보고 말하기를 "길조입니다. 작은 것이 큰 것을 낳았으니 반드시 천하를 制霸할 징조입니다."라고 하였다. 康王이 기쁜 나머지 군대를 동원하여 滕나라를 멸망시키고, 齊나라와 楚나라, 魏나라를 패배시켜 수백 리 되는 땅을 奪取하니, 마침내 점점 제후들의 霸者가 되리라 자신을 갖게 되었다. 빨리 패권을 이루고자 하여 하늘을 향해 활을 쏘고[31] 땅에 매질을 하였으며 社稷의 社主를 잘라 불태우고 밤새워 방안에서 연회를 열어 방 안에 있는 사람이 萬歲를 부르면 堂上에 있는 이들이 호응하고, 이어서 堂下에 있는 이들이 호응하고, 문밖에 있는 이들이 또 호응하여 나라 전체에 이르기까지 모든 이들이 호응하여 감히 만세를 부르지 않는 자가 없게 되니, 천하 사람들이 그를 桀宋이라고 불렀다. 齊나라가 宋나라를 정벌할 때에 백성들이 흩어져서 성을 지키는 자가 없었다. 康王은 도망가다가 溫에서 죽었다.

31) 하늘을……쏘고 : 射天은 가죽 주머니에 짐승의 피를 담아 높이 매달고 활로 쏘아 맞추는 것으로 하늘과 武威를 겨룬 것이다.

宋나라 멸망 시기도

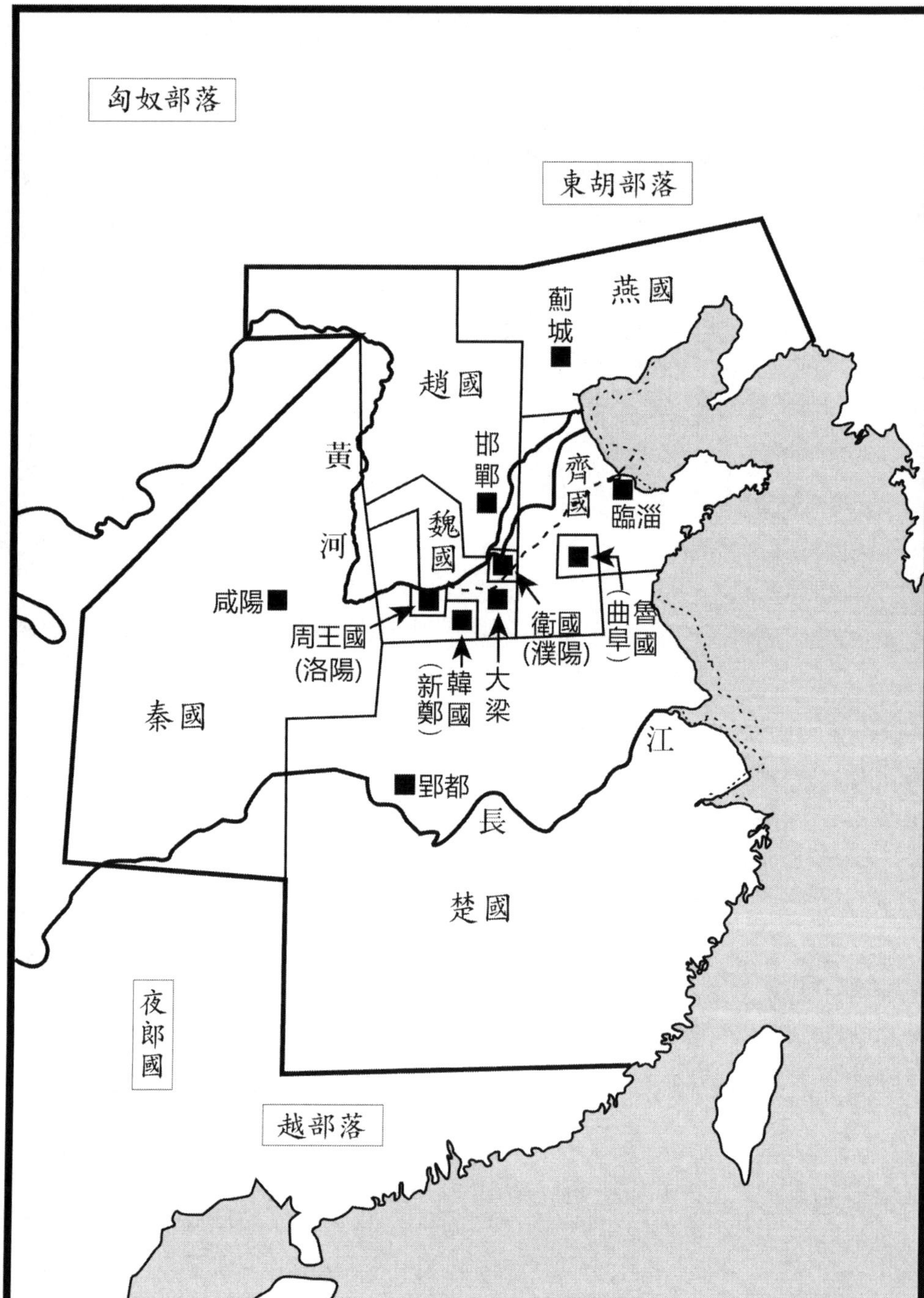
匈奴部落
東胡部落
燕國
薊城
趙國
邯鄲
齊國
臨淄
黃
河
魏國
咸陽
周王國
(洛陽)
衛國
(濮陽)
魯國
(曲阜)
韓國
(新鄭)
大梁
秦國
江
郢都
長
楚國
夜郎國
越部落

宋에 有雀이 生鸇[①]하니 史占之曰 吉하다 小而生巨하니 必霸天下로다 康王이 喜하야 起兵滅滕하고 敗齊楚魏하야 取地數百里[②]하고 乃愈自信其霸하야 欲霸之亟成하야 射(석)天笞地[③]하며 斬社稷而焚滅之[④]하고 爲長夜之飮於室中하야 室中人이 呼萬歲어든 則堂上之人이 應之하고 堂下之人이 應之하고 門外之人이 又應之하야 至於國中에 無敢不呼者하니 天下가 謂之桀宋[⑤]이라하더라 齊가 伐之한대 民이 散城不守하니 王이 走死溫하다

① 鸇은 諸延의 切이다. ≪說苑≫에는 鸇자로 되어 있는데, 새매의 종류이다.
鸇, 諸延切. 說苑, 作鸇, 鷂屬.
② 滕나라는 姬姓이고 侯爵이다. 文王의 아들인 叔繡의 후손이다.
滕, 姬姓, 侯爵. 文王子叔繡之後.
③ 射(활을 쏘아 맞추다)은 食亦의 切이다. 笞은 超之의 切이다. 친다는 뜻이다.
射, 食亦切. 笞, 超之切, 擊也.
④ 위엄을 보여 귀신을 복종시키는 것이다.
以示威服鬼神.
⑤ 어리석고 포악하기가 桀王과 같음을 말한 것이다.
言其昏暴如桀也.
⑥ ≪漢書≫ 〈地理志〉에 "溫縣은 河內郡에 속한다."고 하였다.
班志 "溫縣屬河內郡."

丙子年(B.C. 285)

【綱】 周나라 赧王 30년이다. 秦나라가 宛에서 楚나라와 會見하고, 趙나라와 中陽에서 회견하였다.

三十年이라 秦이 會楚于宛하고 會趙于中陽[①]하다

① ≪漢書≫ 〈地理志〉에 "中陽縣은 西河郡에 속한다."고 하였다.
班志 "中陽縣屬西河郡."

【綱】 秦나라 蒙武가 齊나라를 습격하여 아홉 성을 탈취하였다.

◑秦蒙武가 擊齊하야 拔九城하다

【綱】 齊나라가 狐咺과 陳擧를 죽였다. 燕나라가 亞卿인 樂毅를 파견하여 趙나라로 갔다.

◑ **齊**가 **殺狐咺陳擧**하다 **燕**이 **使亞卿樂毅**로 **如趙**하다

【目】 齊나라 湣王이 宋나라를 멸망시키고 교만해져서 마침내 楚나라와 三晉을 침략하고 東周와 西周 두 나라를 합병하여 천자가 되고자 하였다. 狐咺이 도리를 들어 간하자 檀臺로 통하는 큰 거리에서 베어 죽였고, 陳擧가 다시 직언하자 東閭에서 죽였다. 燕나라 昭王이 밤낮으로 그의 백성들을 慰撫하고 수하들을 부귀하게 만들어주어 마침내는 齊나라를 정벌할 수 있도록 계획을 세워나갔다. 樂毅가 "齊나라는 霸權을 가졌던 나라를 이어받아 땅이 넓고 인구가 많으니 독자적으로는 공격하기 쉽지 않습니다. 王께서 반드시 정벌하고자 하신다면 趙나라와 楚나라 그리고 魏나라와 연합하는 것이 제일입니다." 라고 건의하였다. 그리하여 악의를 보내 趙나라와 연합하고 이익으로 秦나라를 유인하고 楚나라 魏나라와 연합하게 하니, 각국의 제후들이 齊나라 왕의 교만과 횡포를 꺼려 모두들 허락하였다.

齊湣王이 滅宋而驕하야 乃侵楚及三晉하고 欲幷二周하야 爲天子어늘 狐咺이 正議한대 斮之檀衢①하고 陳擧가 直言이어늘 殺之東閭②하다 燕昭王이 日夜에 撫循其人하야 益以富實이라 乃謀伐齊러니 樂毅가 曰 齊는 霸國之餘業이라 地大人衆하니 未易獨攻也③라 王이 必欲伐之인대 莫若約趙及楚魏라한대 於是에 使樂毅로 約趙嚪秦하고 連楚及魏하니 諸侯가 害齊王之驕暴하야 皆許之④하다

① 狐는 姓이다. 咺은 火遠의 切이니, 이름이다. 斮은 側略의 切이니 벤다는 뜻이다. 檀衢는 檀臺로 통하는 도로이다.
狐, 姓. 咺, 火遠切, 名也. 斮, 側略切, 斬也. 檀衢, 通檀臺之衢路也.

② 東閭는 齊나라의 東門이다.
東閭, 齊東門.

③ 齊나라 桓公이 天下의 패자가 되어 나라가 강대해졌고, 田氏가 餘業을 이어받았다.
自齊桓公霸天下, 國以彊大, 田氏藉其餘業.

④ 嚪은 啗자와 뜻이 같으니, 이익으로 유혹하는 것이다. 害는 꺼린다는 뜻이니, 걱정한다는 말과 같다.
嚪, 與啗同, 以利誘之也. 害, 忌也, 猶言患之.

思政殿訓義 資治通鑑綱目 제1권 하

周 赧王 31년~周 赧王 59년

丁丑年(B.C. 284)

【綱】 周나라 赧王 31년이다. 燕나라 上將軍 樂毅가 秦나라, 魏나라, 韓나라, 趙나라의 군대를 이끌고 齊나라를 정벌하여 臨菑[1])로 쳐들어갔다. 齊나라의 임금 田地[2])가 달아나자, 齊나라의 재상인 淖齒가 그를 죽였다. 악의가 齊나라 70여 성을 함락시키니, 燕나라가 악의를 봉하여 昌國君으로 삼았다.

三十一年이라 燕上將軍樂毅以秦魏韓趙之師로 伐齊하야 入臨菑한대 齊君地出走어늘 其相淖齒殺之하다 毅下齊七十餘城하니 燕이 封毅爲昌國君하다

【目】 燕나라가 군대를 모두 일으켜 樂毅를 상장군으로 삼고는 秦나라, 魏나라, 韓나라, 趙나라의 군대를 아울러 거느리고 齊나라를 정벌하게 하였다. 濟水[3])의 서쪽에서 전투를 벌였는데, 齊나라 군대가 크게 패하였다. 악의가 秦나라와 韓나라의 군대를 돌려보내고, 魏나라의 군대를 나누어 宋나라 땅을 점령하도록 하였으며, 趙나라 군대를 배치하여 河間을 점거하도록 하고는 자신은 燕나라 군대를 이끌고 곧바로 말을 몰아 패잔병을 추격하였다.

劇辛[4])이 말하기를, "齊나라는 크고 燕나라는 작다. 제후의 도움에 힘입어서 齊나라의 군대를 격파하였으니 제때에 변경의 성을 점령하여 우리의 상황을 이롭게 만들어야

1) 臨菑 : 齊나라의 수도이다. 菑水 가에 있어서 이러한 이름을 얻게 되었다.

2) 田地 : 齊나라 湣王의 성명이다.

3) 濟水 : 河南省 濟源에서 발원하여 山東省을 거쳐 바다로 들어가는 강이다. 여기의 제수는 지금의 산동성 濟南의 서북쪽으로 흐르는 제수를 가리킨다.

4) 劇辛 : 본래 趙나라 사람이다. 燕나라 昭王이 郭隗의 건의를 받아들여 黃金臺를 짓고 겸손한 말과 후한 폐백으로 어진 인재를 초청하니, 燕나라로 가서 장군에 발탁되었다.

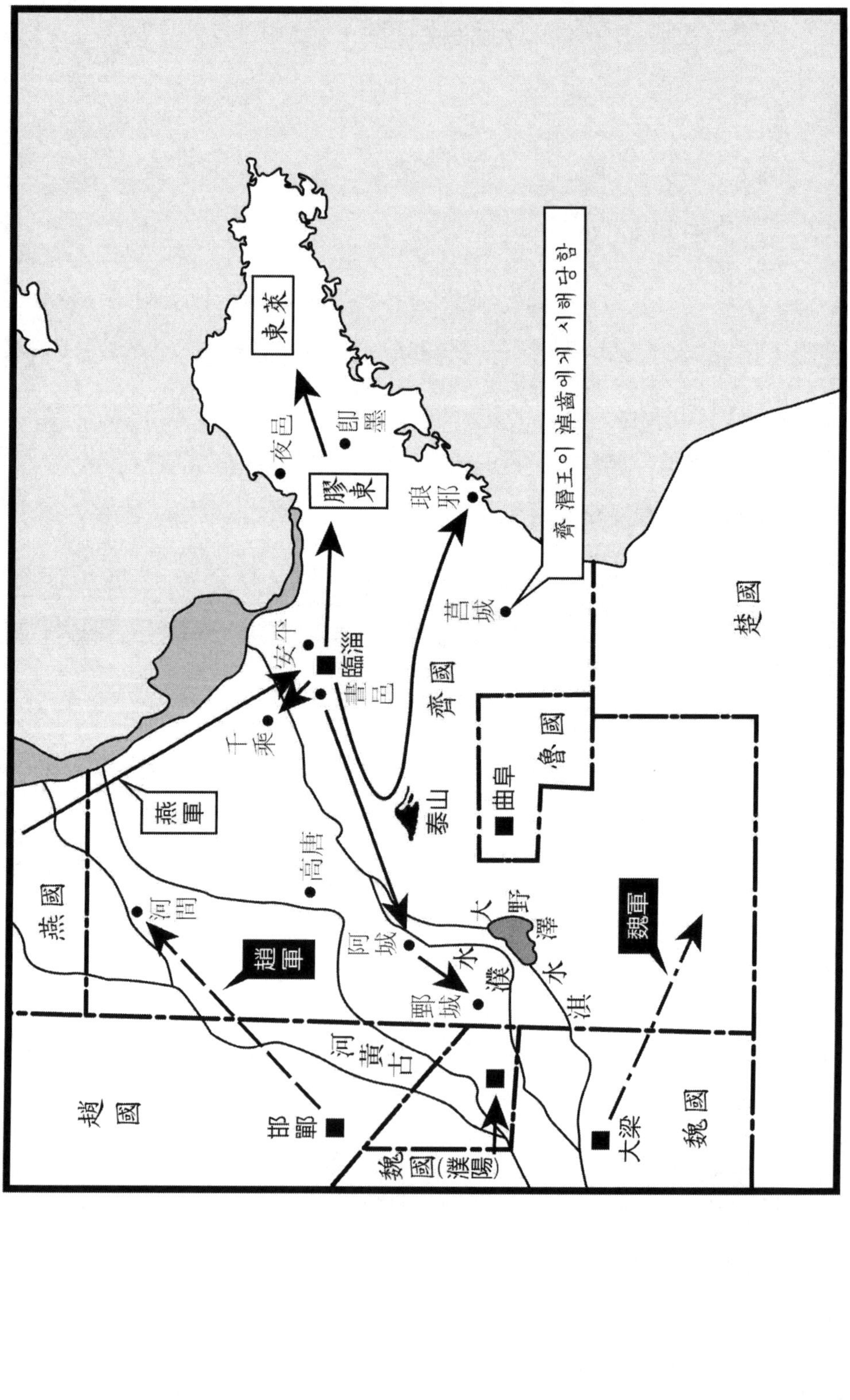

燕·趙·魏 3국 군대의 진격 경로

한다. 이것이 오래 지속될 수 있는 이익이다. 지금 齊나라의 성읍을 지나치면서도 공격하지 않고, 내부로 깊숙이 들어가는 것으로 명분을 삼고 있으니, 齊나라에 손해될 것이 없고 우리에게 이득될 것이 없으면서 깊은 원한을 맺게 될 것이다. 나중에 반드시 후회하리라." 하였다.

燕이 悉起兵하야 使樂毅爲上將軍하야 并將秦魏韓趙之師하야 以伐齊하야 戰于濟西한대 齊師大敗①어늘 毅還秦韓之師②하고 分魏師以略宋地③하고 部趙師以收河間④하고 身率燕師하야 長驅逐北(배)⑤러니 劇辛이 曰⑥ 齊大燕小로대 賴諸侯之助하야 以破其軍하니 宜及時하야 收取其邊城하야 以自益이니 此長久之利也어늘 今에 過而不攻하고 以深入爲名하니 無損於齊며 無益於我요 而結深怨이니 後必悔之리라

① 濟西는 濟水의 서쪽으로, 齊나라 땅이다.
濟西, 濟水之西, 齊地.

② 秦나라와 韓나라는 齊나라와 거리가 멀었다. 그러므로 그 나라의 군대를 먼저 돌려보낸 것이다.
秦韓與齊隔遠, 故先還其師.

③ 땅을 점령한다는 것은 가서 취하는 것이니, 들이는 힘이 적다. 宋나라 땅은 齊나라가 宋나라를 멸망시키고 취한 땅이다. 魏나라에 가까웠으므로 魏나라 군대로 하여금 점령하게 하였다.
略地者, 行而取之, 用功力少. 宋地, 齊滅宋所取之地. 近於魏, 故使略之.

④ 河間은 趙나라에 가까웠다. 그러므로 전략적으로 趙나라 군대를 배치하여 취하게 한 것이나.
河間近於趙, 故以方略部趙取之.

⑤ 逐北는 패하여 도망가는 자를 쫓아가는 것을 말한다. 사람은 陽을 좋아하고 陰을 싫어하는데, 북방은 어둡고 음한 땅이다. 그러므로 군사가 패하여 달아나는 것을 '北'라고 하는 것이다.
逐北, 謂奔北者逐之. 人好陽而惡陰, 北方幽陰之地, 故軍師退敗奔走者曰北.

⑥ 劇은 奇逆의 切이니, 姓이다.
劇, 奇逆切, 姓也.

【目】이에 樂毅가 "齊나라 왕은 자신의 공적과 재능을 자랑하고 계책을 세울 때에는 아랫사람과 상의하지 않으며, 어진 사람들을 파면하여 내쫓고 아첨꾼을 믿고 임용하여, 정책과 법령이 가혹하여 백성이 원망하고 있다. 지금 그 군대가 패한 것을 틈타 그 기회를 이용한다면 그 백성들이 반드시 반란할 것이니, 齊나라를 도모할 수 있을 것이다. 만약 끝내 기회를 이용하지 않은 채 그가 지난 잘못을 후회하여 잘못을 고치

고 백성을 위로하기를 기다린다면 좋은 계책이라고 하기 어려울 것이다." 하고는 마침내 진군하니, 齊나라가 과연 크게 어지러워져서 湣王이 달아났다. 악의가 臨菑로 쳐들어가서 보물과 祭器를 취하여 燕나라로 수송하니, 燕나라 왕이 친히 濟水 가에까지 와서 군대를 위로하고 상을 내렸다. 그리고 악의를 봉하여 昌國君으로 삼아 齊나라에 머물며 아직 함락되지 않은 성을 돌면서 굴복시키도록 하였다.

樂毅가 4국을 설득하여 齊나라를 멸하다

毅曰 齊王이 伐功矜能하고 謀不逮下하고 廢黜賢良하며 信任諂諛하야 政令戾虐한대 百姓怨懟하나니 今因其軍破而乘之면 則其民必叛이요 而齊를 可圖也라 若不遂乘之하고 待彼悔前之非하야 改過而撫其民則難慮矣①라하고 遂進軍하니 齊果大亂하야 湣王이 出走어늘 毅入臨菑하야 取寶物祭器하야 輸之於燕②한대 燕王이 親至濟上하야 勞軍行賞③하고 封毅爲昌國君④하야 留徇齊城未下者⑤하다

① 難慮는 계책이 되기 어려움을 말한다.
難慮, 謂難爲計慮也.

② 무릇 왕은 큰 제사에 반드시 文物[5], 軒車[6], 彝器[7] 등을 진설하는데, 이것들을 일컬어 祭器라고 한다.
凡王者, 太祭祀, 必陳設文物·軒車·彝器等, 謂此爲祭器.

③ 勞는 去聲이니, 위로한다는 뜻이다.
勞, 去聲, 慰勞也.

④ ≪漢書≫ 〈地理志〉에 "昌國縣은 齊郡에 속한다."고 하였다. 樂毅를 봉하여 昌國君으로 삼은

5) 文物 : 禮服, 旌旗, 儀仗 등의 물건을 말한다.

6) 軒車 : 장막을 친 수레이다. 大夫 이상이 탔다.

7) 彝器 : 옛날 宗廟에서 사용하던 靑銅으로 만든 鍾, 鼎, 尊, 罍, 俎, 豆와 같은 제기를 총칭하는 말이다.

것은 그가 燕나라를 창대하게 만들었기 때문이다.
班志 "昌國縣屬齊郡." 封毅爲昌國君, 以其能昌大燕國也.

⑤ 徇은 군대를 돌며 명령을 선포하는 것이다.
徇, 巡師宣令也.

【目】齊나라 왕이 衛나라로 갔다. 衛나라 임금이 궁을 비워 그를 머물게 하고는 신하를 자칭하며 물자를 공급해주었는데 齊나라 왕이 불손하자 衛나라 사람들이 그를 공격하였다. 鄒나라와 魯나라로 달아나서도 여전히 교만한 기색이 있어서 鄒나라와 魯나라에서 받아들이지 않았다. 마침내 莒로 갔다. 楚나라가 淖齒로 하여금 군사를 이끌고 齊나라를 구원하게 하고는 그대로 齊나라의 재상으로 삼았다.

요치가 燕나라와 함께 齊나라의 땅을 나누고자 하여 湣王을 사로잡고서 따지기를, "千乘과 博昌 사이 사방 수백 리 지역에 핏빛의 비가 내려 옷을 적실 정도였는데, 왕은 그 사실을 아는가?" 하니, 민왕이 안다고 하였다. "嬴과 博 사이에 땅이 갈라져 지하수가 있는 곳까지 이를 정도였는데, 왕은 그 사실을 아는가?" 하니, 민왕이 안다고 하였다. "어떤 사람이 궁궐문에서 울어 사람들이 그 소리를 듣고는 그를 찾았으나 찾지 못하였고, 사람들이 궁궐문을 떠난 뒤에 그 울음소리가 다시 들렸다. 왕은 그 사실을 아는가?" 하니, 민왕이 안다고 하였다. 요치가 말하기를 "핏빛의 비가 내린 것은 하늘이 알려준 것이고, 땅이 갈라진 것은 땅이 알려준 것이고, 궁궐 앞에서 운 것은 사람이 알려준 것이다. 그런데도 왕이 경계하지 않으니 어찌 주벌이 없으리오?" 하고는 마침내 민왕의 늑골을 뽑고서 종묘의 대들보에 매달아두니 하루 저녁 만에 죽었다.

齊王이 之衛한대 衛君이 辟(피)宮舍之하고 稱臣共具①호대 王이 不遜이어늘 衛人이 侵之한대 去奔鄒魯하야 又有驕色이어늘 鄒魯不納한대 遂走莒②하다 楚使淖齒로 將兵救齊하고 因爲齊相③이러니 齒欲與燕分齊地하야 乃執湣王而數之曰④ 千乘博昌之間方數百里에 雨血沾衣하니 王이 知之乎아 曰 知之⑤로라 嬴博之間에 地坼及泉하니 王이 知之乎아 曰 知之⑥로라 有人이 當闕而哭者어늘 求之不得하고 去則聞其聲하니 王이 知之乎아 曰 知之로라 齒曰 雨血者는 天이 以告也요 地坼者는 地以告也요 當闕而哭者는 人이 以告也로대 而王이 不戒焉하니 何得無誅리오하고 遂擢王筋하야 懸之廟梁하니 宿昔而死⑦하다

① 辟(피하다)는 避라고 읽는다. 共은 음이 供이고, 또 居用의 切이니, 설치한다는 뜻이다.
辟, 讀曰避. 共, 音供, 又居用切, 設也.

② ≪史記≫ 〈魯仲連傳〉에 "湣王이 魯나라에 갔을 때에 夷維子가 따라가서 말하기를 '천자가

순수하면 제후는 자신의 궁궐을 비워 천자를 머물게 한다.'라고 하자, 魯나라 사람들이 湣王을 들이지 않았다. 鄒나라에 길을 빌리려고 하였는데, 鄒나라 임금이 마침 죽었기에 민왕이 들어가 조문을 하려고 하였는데 夷維子가 말하기를, '천자는 남면을 하고 조문을 한다.'라고 하자, 鄒나라의 신하들이 '우리들은 장차 칼날에 엎어져 죽으리라.'라고 하므로 감히 들어가지 않았다."라고 하였다[8]. 莒는 춘추시대 莒子[9]의 나라이다. 漢나라 때에 莒縣으로 삼았으니, 城陽王[10]의 도읍이다.

魯仲連傳 "湣王之魯, 夷維子從曰 '天子巡狩, 諸侯避舍.' 魯人不納. 假途於鄒, 鄒君死, 欲入弔, 夷維子曰 '天子南面而弔.' 鄒臣曰 '吾將伏劍死.' 不敢入." 莒, 春秋莒子之國. 漢爲莒縣, 城陽王所都.

③ 淖는 女教의 切이고 竹角의 切이니, 姓이다.
淖, 女教・竹角二切, 姓也.

④ 數는 所具의 切이니, 하나하나 따진다는 뜻이다.
數, 所具切, 一二而責之也.

⑤ ≪唐書≫ 〈地理志〉에 "千乘과 博昌 두 읍은 모두 青州에 속한다."고 하였다. 雨는 去聲이니, 위에서 아래로 내려오는 것을 雨라고 한다.
唐志 "千乘・博昌二邑, 皆屬青州." 雨, 去聲, 自上及下曰雨.

⑥ 嬴은 음이 盈이다. ≪漢書≫ 〈地理志〉에 "嬴과 博 두 현은 泰山郡에 속한다."고 하였다. 坼은 丑厄의 切이니, 갈라진다는 뜻이다.
嬴, 音盈. 班志 "嬴・博二縣屬泰山郡." 坼, 丑厄切, 裂也.

⑦ 擢은 끄집어낸다는 뜻이다. 宿昔은 하루저녁 사이이다.

---

8) 史記……하였다 : ≪史記≫ 〈魯仲連傳〉에는 다음과 같이 실려 있다. 齊나라 민왕이 魯나라로 가자 이유자가 말채찍을 잡고서 따라가서 魯나라 사람들에게 "그대들은 우리 임금을 어떻게 대우할 것입니까?"라고 물었으니, 魯나라 사람들이 "우리는 열 개의 太牢로 그대의 임금을 모시겠습니다."라고 하였다. 이유자가 말하기를 "어떤 예법을 근거로 우리 임금을 대우하는 것입니까? 우리 임금께서는 천자이십니다. 천자가 순수하면 제후는 자신의 궁궐을 비워 천자를 머물게 하고, 성문과 궁문의 열쇠를 내어주고, 옷깃을 여미고 식판을 들고서 대청 아래에서 천자의 식사를 살피고, 천자가 식사를 마쳐야 비로소 물러나 정사를 처리하는 것입니다."라고 하니, 魯나라 사람들이 성문을 걸어 잠그고 민왕을 들이지 않았다. 魯나라에 들어갈 수 없게 되자, 薛나라로 가려고 鄒나라에 길을 빌렸다. 이때에 마침 鄒나라의 임금이 죽었기에, 민왕이 들어가 조문을 하려고 하였다. 이유자가 상을 당한 鄒나라 임금의 아들에게 말하기를, "천자가 조문할 때에 주인은 반드시 관의 위치를 반대로 뒤집어 남쪽에다 北面을 하도록 설치함으로써 천자가 南面하여 조문할 수 있게 해야 합니다."라고 하니, 鄒나라의 신하들이 "반드시 그렇게 해야 한다면 우리들은 장차 칼날에 엎어져 죽으리라."라고 하였다. 그래서 민왕이 감히 鄒나라에 들어갈 수 없었다.

9) 莒子 : 莒의 군주가 子의 작위를 가지고 있었으므로 莒子라고 하였다. 莒는 西周시대 제후국의 이름으로, B.C. 431년에 楚나라에 멸망하였다.

10) 城陽王 : 漢 高祖의 손자이고 齊나라 悼惠王 劉肥의 아들인 劉章(B.C. 200~B.C 177)이다. 呂后에 의해 朱虛侯에 봉해졌다가, 나중에 周勃, 陳平 등과 함께 呂氏들을 베어 죽이는 데 공을 세워 城陽王에 봉해졌다. 지금 山東省 莒縣에 유장의 묘가 남아 있다.

擢, 抽出也. 宿昔, 一夕之間也.

【目】 樂毅가 畫邑(획읍) 사람 王蠋이 어질다는 소문을 듣고 군대로 하여금 획읍의 주위 30리를 에워싸 출입을 못하게 하고는 사람을 보내 왕촉을 초청하였다. 왕촉이 가지 않자 燕나라 사람들이 "오지 않으면 우리들이 장차 획읍을 도륙할 것이다." 하였다. 왕촉은 "내가 듣자니, 忠臣은 두 임금을 섬기지 않고 烈女는 두 남편을 섬기지 않는다고 한다. 齊나라 왕이 나의 간언을 채용하지 않아 내가 초야로 물러나 밭을 갈게 되었다. 나라가 망하고 임금이 죽었는데 내가 살 수가 없고, 또 군대로 위협하고자 하니, 의롭지 못하게 사는 것이 죽는 것만 못하다."라고 하고는 마침내 스스로 목을 매어 죽었다.

齊나라 忠臣 王蠋이 자결하다

악의가 군대를 정돈하여 침략을 금지하고 숨어 사는 어진 백성을 예우하며 賦稅를 경감하고 가혹한 법령을 제거하며 옛 정책을 보완하니, 齊나라의 백성들이 기뻐하였다. 그리고는 左軍을 파견하여 膠東과 東萊로 건너가도록 하고, 前軍은 太山을 따라 동쪽으로 바다에 이르러 琅邪를 점령하도록 하고, 右軍은 黃河와 濟水를 따라 阿와 鄄에 주둔하여 魏나라 군대와 연결하도록 하고, 後軍은 北海를 근거로 千乘을 다스리도록 하고, 中軍을 臨菑를 근거로 齊나라의 도성을 수비하도록 하였으며, 桓公과 管仲을 교외에서 제사하고 왕촉의 묘를 보수하게 하니, 6개월 사이에 齊나라 70여 성을 굴복시켜 모두 郡縣으로 삼았다.

樂毅聞畫邑人王蠋의 賢①하고 令軍中環畫三十里無入②하고 使人請蠋한대 蠋이 不往이어늘 燕人이 曰 不來면 吾且屠畫③호리라 蠋曰 吾聞忠臣은 不事二君이요 烈女는 不更二夫라하니 齊王이 不用吾諫이라 吾退耕於野러니 國破君亡호대 吾不能存하고 而又欲劫之以兵하니 與其不義而生으론 不若死라하고 遂自經死④하다 毅整軍禁侵掠하고 禮逸民하며 寬賦斂하며 除暴令하고 修舊政하니 齊民이

喜悅⑤하더라 **乃遣左軍**하야 **渡膠東東萊**⑥하고 **前軍**은 **循太山**하야 **東至海**하야 **略琅邪**⑦하고 **右軍**은 **循河濟**하야 **屯阿鄄**하야 **以連魏師**⑧하고 **後軍**은 **旁北海而撫千乘**⑨하고 **以中軍**으로 **據臨菑而鎭齊都**하고 **祀桓公管仲於郊**하고 **封王蠋之墓**하니 **六月之間**에 **下齊七十餘城**하야 **皆爲郡縣**⑩하다

① 畫은 음이 獲이고, 또 胡卦의 切이니, 齊나라 서남쪽의 가까운 읍이다. 蠋은 음이 觸이다.
畫, 音獲, 又胡卦切, 齊西南近邑. 蠋, 音觸.

② 環은 본음대로 읽고, 또는 음이 患이니, 에워싼다는 뜻이다.
環, 如字, 又音患, 繞也.

③ 屠는 성곽을 파괴하고 그곳의 사람을 죽이기를 마치 六畜[11]을 도살하듯이 한다는 말이다.
屠, 謂破取城郭, 誅殺其人, 如屠六畜然.

④ 經은 목을 맨다는 뜻이다.
經, 縊也.

⑤ 掠은 음이 亮이니, 탈취한다는 뜻이다. 禮는 예우한다는 뜻이다. 逸은 빠뜨린다는 뜻이다. 逸民은 지위가 없는 자를 일컫는다. 일설에 의하면, 逸民은 지조와 행실이 뛰어난 자이다.
掠, 音亮, 奪取也. 禮, 以禮遇之也. 逸, 遺. 逸民者, 無位之稱. 一說, 逸民者, 節行超逸也.

⑥ 膠東은 漢나라 때에 제후왕의 나라가 되었다. 膠水의 동쪽이 膠東國이고, 膠水의 서쪽이 膠西國이다. 東萊는 춘추시대 萊子의 나라이다. 漢나라 때에 東萊郡을 두었다.
膠東, 漢爲王國. 膠水之東, 爲膠東國. 膠水之西, 爲膠西國. 東萊, 春秋萊子之國. 漢置東萊郡.

⑦ 循은 산을 따라서 간다는 뜻이다. ≪漢書≫ 〈地理志〉에 "泰山은 泰山郡 博縣 동북쪽에 있다."고 하였다. 琅邪는 음이 郎耶이다. 齊나라 동남쪽 국경 가에 있는 읍으로, 琅邪山으로 인해 이름을 삼았다. 그 땅이 동쪽으로 바다에 이르고 남쪽으로 淮水에 이른다.
循, 緣山而行也. 班志 "泰山在泰山郡博縣東北." 琅邪, 音郎耶. 齊東南境上邑, 因琅邪山爲名. 其地東至海, 南距淮.

⑧ 阿는 곧 東阿이고 鄄은 곧 鄄城이니, 모두 齊나라 땅이다.
阿, 卽東阿. 鄄, 卽鄄城. 皆齊地.

⑨ 旁(의지하다)은 去聲이다. 臨淄 동북쪽으로부터 바다에 이르는 곳까지가 北海의 땅이다. 漢나라 때에 郡을 두었다.
旁, 去聲. 自臨淄東北至海, 北海地也. 漢置郡.

⑩ 下는 군대의 위력으로써 사람을 굴복시키는 것을 말한다.
下, 謂以兵威服人也.

【目】 荀子가 말하였다.

"국가라는 것은 천하에서 가장 이로운 그릇이고, 임금이라는 것은 천하에서 가장 이

---

11) 六畜 : 말, 소, 양, 닭, 개, 돼지이다.

로운 권세이다. 올바른 방법을 얻어 유지하면 크게 편안하고 크게 영화로워서 美德을 쌓는 근원이 되지만, 올바른 방법을 얻어 유지하지 못하면 크게 위태롭고 크게 해를 끼치게 되어 있는 것이 없느니만 못하게 될 것이니, 극에 이르러서는 필부가 되기를 바라더라도 될 수가 없을 것이다. 齊나라 湣王과 宋나라 獻王이 이러한 사람들이다."[12]

荀子曰 國者는 天下之利用也요 人主者는 天下之利勢也라 得道以持之면 則大安也며 大榮也라 積美之源也요 不得道以持之면 則大危也며 大累也①라 有之不如無之니 及其綦也하얀 索爲匹夫라도 不可得也니 齊湣宋獻이 是也②니라

① 累는 力僞의 切이니, 일이 서로 영향을 끼치는 것이다.
累, 力僞切, 事相緣及也.

② 綦는 음이 其이니, 궁극의 시점을 말한다. 宋나라 獻王은 宋나라 임금 偃이다. 赧王 29년에서는 康王이라고 부르고 여기서는 宋나라 獻王이라고 불렀는데, 나라가 멸망한 뒤에 그의 신하들이 각자 사사로이 시호를 지었으므로 같지 않은 것이다.
綦, 音其, 謂窮極之時. 宋獻, 卽宋君偃. 赧王二十九年, 稱康王, 此稱宋獻, 國滅之後, 其臣各私爲諡, 故不同.

【綱】 秦나라, 魏나라, 韓나라가 京師[13]에서 회합하였다.

秦魏韓이 會于京師하다

戊寅年(B.C. 283)

【綱】 周나라 赧王 32년이다.

三十二年이라

【目】 齊나라 襄王 法章 원년이다.

齊襄王法章元年이라

【綱】 秦나라와 趙나라가 穰에서 회합하였다.

12) 국가라는……사람들이다 : ≪荀子≫ 〈王霸〉에 보인다.

13) 京師 : 東周의 도읍인 洛陽을 가리킨다.

秦趙가 **會于穰**하다

【綱】 秦나라가 魏나라 安城을 함락시키고 군사를 大梁까지 진격시켰다가 되돌렸다.

◑ **秦**이 **拔魏安城**하고 **兵至大梁而還**[①]하다

① 《漢書》〈地理志〉에 "安城縣은 汝南郡에 속한다."고 하였다.
班志 "安城縣屬汝南郡."

【綱】 齊나라 사람들이 淖齒를 주살하고 자신들 군주의 아들 法章을 세워 莒城을 지켰다.

◑ **齊人**이 **討殺淖齒而立其君之子法章**하야 **保莒城**하다

【目】 淖齒의 난에 湣王의 아들 法章이 성명을 바꾸고 莒의 太史敫 집안의 머슴이 되었다. 태사목의 딸이 법장의 용모를 비범하게 여기고 좋아하여 남몰래 옷과 음식을 주다가 이로 인해 그와 사통하게 되었다.

민왕의 종자 王孫賈가 왕이 있는 곳을 잃고서 집으로 돌아오자, 그 모친이 "네가 아침에 나가서 늦게 돌아오면 내가 집의 문에 기대어 바라보고, 네가 저물녘에 나가서 돌아오지 않으면 내가 마을의 문에 기대어 바라본다. 네가 지금 왕을 섬기다가 왕이 달아나셨는데, 너는 계신 곳을 알지 못하니, 네가 그러고도 어떻게 돌아온단 말이냐?"라고 하였다.

왕손가가 이에 저자에 들어가 소리 높여 말하기를 "요치가 齊나라를 어지럽히고 민왕을 시해하였으니, 나와 함께 그를 주벌하려는 자는 오른쪽 어깨를 걷으라." 하니, 저자 사람들 중에 따르는 자가 400인이었다. 왕손가가 그들과 함께 요치를 공격하여 죽였다.

이에 齊나라의 도망갔던 신하들이 서로 함께 민왕의 아들을 찾아 옹립하고자 하였는데, 법장이 의심하고 두려워하다가 한참 만에야 비로소 감히 자기의 신분을 말하였다. 마침내 그를 세워 齊나라 왕을 삼아 莒城을 지키면서 燕나라에 항거하고, 나라 안에 포고하기를 "왕께서 이미 즉위하여 莒에 계시다."라고 하였다.

淖齒之亂에 湣王子法章이 變名姓하고 爲莒太史敫(목)家傭[①]이러니 敫女奇法章狀貌하야 憐

而竊衣食(사)之하고 因與私通[②]하다 湣王從者王孫賈 失王處而歸어늘 其母曰 汝朝出而晩來則吾倚門而望하고 汝暮出而不還則吾倚閭而望[③]이러니 汝今事王이라가 王이 走어늘 汝不知其處하니 汝尙何歸焉고 賈乃入市呼曰[④] 淖齒亂齊國하야 殺湣王하니 欲與我誅之者는 袒右[⑤]하라 市人從者가 四百人이어늘 與攻淖齒하야 殺之하니 於是에 齊亡臣이 相與求湣王子하야 欲立之한대 法章이 疑懼久之라가 乃敢自言이어늘 遂立以爲齊王하야 保莒城하야 以拒燕하고 布告國中曰 王이 已立在莒矣라하니라

① 太史는 氏이다. 敫은 穆의 古字이니, 이름이다. 傭은 남을 위해 일을 해주고 품삯을 받는 것이다.
太史, 氏也. 敫, 古穆字, 名也. 傭, 爲人作役而受雇也.
② 衣(입히다)와 食(먹이다)는 모두 去聲이다.
衣・食, 竝去聲.
③ 門은 한 집의 문이다. 閭는 스물다섯 집이니, 한 마을의 대문이다.
門, 一家之門. 閭, 二十五家, 一巷之都門也.
④ 呼(탄식하며 소리치다)는 去聲이다.
呼, 去聲.
⑤ 袒은 옷소매를 걷는 것이니, 袒右는 오른쪽 어깨를 걷는 것이다.
袒, 脫衣袖, 袒右, 袒右肩也.

【綱】趙나라가 藺相如로 하여금 秦나라에 璧14)을 바치게 하였다.

趙使藺相如로 獻璧于秦하다

【目】趙나라가 楚나라 和氏璧을 얻었는데, 秦나라 왕이 15개의 성으로 바꾸고자 하였다. 趙나라는 주지 않자니 秦나라의 강대함이 두렵고, 주자니 속임을 당할까 두려웠다.

藺相如가 말하기를 "성을 가지고 璧을 요구하는데 주지 않으면 잘못이 우리에게 있게 될 것이고, 璧을 주었는데 우리에게 성을 주지 않으면 잘못이 秦나라에 있게 될 것입니다. 신이 璧을 받들고 갔는데 秦

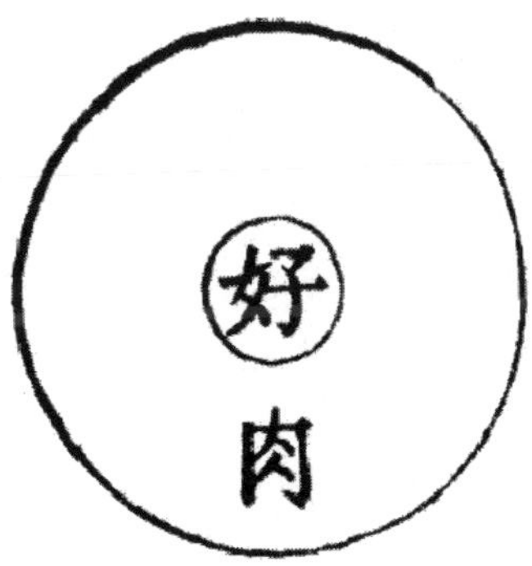

璧

14) 璧 : 碧玉은 평평하고 동그랗게 생겼으며 가운데 작은 구멍이 있다. 고대에 귀족이 朝聘, 제사, 초상 때 사용했던 禮器이며, 패용하는 장식품이다.

나라가 趙나라에 성을 들이지 않는다면 신이 璧을 온전히 가지고 돌아오겠습니다.” 하니, 왕이 그를 보냈다.

인상여가 秦나라에 이르러 璧을 바치고서 秦나라 왕을 보니 성으로 값을 치를 생각이 없었다. 이에 秦나라 왕을 속여서 璧을 취하고는 종자로 하여금 그것을 품고서 몰래 趙나라로 돌아가도록 하였다. 그리고 자신은 秦나라에서 명령을 기다리니, 秦나라 왕이 그를 어질게 여겨서 돌려보냈다. 趙나라 왕이 인상여를 上大夫로 삼았다.

趙得楚和氏璧①이러니 **秦王**이 **請以十五城**으로 **易之**어늘 **趙欲勿與**호대 **畏秦彊**하고 **欲與之**호대 **恐見欺**어늘 **藺相如曰**② **以城求璧**이어든 **而不與**면 **曲在我矣**요 **與之璧**이어든 **不與我城**이면 **則曲在秦**이니 **臣**이 **願奉璧而往**하야 **城不入**이어든 **則臣**이 **請完璧而歸**호리이다 **王**이 **遣之**하다 **相如**가 **至秦**하야 **既獻璧**에 **視秦王**하니 **無意償城**이어늘 **乃紿取璧**③하야 **遣從者懷之**하야 **間行歸趙**하고 **而以身待命於秦**④한대 **秦王**이 **賢而歸之**어늘 **趙王**이 **以爲上大夫**하다

① 楚나라 卞和가 옥의 原石을 얻어서 楚나라 厲王에게 바쳤다. 왕이 玉工을 시켜 감정하게 하니 돌이라고 하였다. 왕이 변화가 속였다고 생각하고는 그의 왼쪽 발을 베었다. 武王이 즉위하자 다시 그것을 바치니, 옥공이 다시 돌이라고 하였다. 왕이 다시 변화가 속였다고 생각하고는 그의 오른쪽 발을 베었다. 文王이 즉위하자 변화가 원석을 안고서 荊山의 아래에서 우니, 왕이 듣고서 옥공으로 하여금 그 원석을 다듬게 하여 寶玉을 얻었다. 인하여 '和氏璧'이라고 명명하였다. 테두리가 구멍의 배가 되는 것을 璧이라고 한다. 바깥이 둥근 것은 하늘을 본뜬 것이고, 안이 네모난 것은 땅을 본뜬 것이다. 肉은 而勑의 切이니, 테두리이다. 好는 구멍이다.
楚人卞和得玉璞, 獻楚厲王. 王使玉人視之, 曰石也. 王以和爲詐, 刖其左足. 及武王立, 又獻之, 玉人又曰石也. 王又以爲詐, 而刖其右足. 及文王立, 和乃抱璞而泣於荊山之下. 王聞之, 使玉人理其璞而得寶. 因命曰和氏璧. 肉倍好謂之璧. 外圓象天, 內方象地. 肉, 而勑切, 邊也. 好, 孔也.

② 藺은 성이고, 相如는 이름이다.
藺, 姓. 相如, 名.

③ 紿는 음이 殆이니, 속인다는 뜻이다.
紿, 音殆, 欺也.

④ 間(몰래)은 古莧의 切이다.
間, 古莧切.

【綱】 衛나라 군주가 卒하였다.

衛君이 卒하다

【目】 嗣君이 은미한 일을 살피기 좋아하였다. 어떤 현령이 요를 걷으니 낡은 자리가 드러난 일이 있었다. 사군이 듣고서 그에게 새 자리를 하사하자 현령이 매우 놀라서 神이라고 여겼다. 또 사람을 關市[15]의 관리에게 보내 금을 뇌물로 주게 하고는, 얼마 뒤에 관시의 관리를 소환하여 추궁하기를 "어떤 객이 와서 네게 금을 주었을 것이다. 너는 돌려주어라." 하니, 관시의 관리가 매우 두려워하였다. 또한 泄姬를 사랑하고 如耳를 총애하였는데, 그들에 대한 사랑과 총애로 인하여 자신의 총명이 막힐까 두려워하여 薄疑를 귀하게 하여 如耳와 맞서게 하고, 魏妃를 높여 泄姬와 필적하게 하고는 "이렇게 함으로써 서로 견제하게 한다." 하였다.

嗣君이 好察微隱하야 縣令이 有發褥而席弊者어늘 嗣君이 聞之하고 乃賜之席한대 令이 大驚하야 以爲神이라하더라 又使人過關市하야 賂之以金①하고 既而召關市하야 問有客이 過與汝金하니 汝回遣之하라한대 關市大恐②하더라 又愛泄姬하고 重如耳호대 而恐其因愛重以壅己也③하야 乃貴薄疑하야 以敵如耳하고 尊魏妃하야 以偶泄姬曰 以是相參也④라하더라

① 이것은 아마도 關市를 관장하는 관리에게 뇌물을 준 것인 듯하다.
此, 蓋賂掌關市之官.
② 回遣은 그 금을 돌려주는 것을 말한다.
回遣, 謂還其金也.
③ 泄은 성이다. 如도 성이다. 如耳는 衛나라 대부이다.
泄, 姓也. 如, 亦姓也. 如耳, 衛大夫.
④ 薄疑는 성명이니, 衛나라 현인이다. 敵은 맞섬이다. 偶는 짝이니, 대적함이다. 參은 삼이니, 相參은 배열한다는 뜻이다.
薄疑, 姓名, 衛賢人. 敵, 當也. 偶, 匹也, 對也. 參, 三也, 相參, 列也.

【目】 衛나라에 어떤 胥靡[16]가 魏나라로 도망갔다. 嗣君이 50금으로 그를 사오게 하였으나 이루지 못하자 左氏를 가지고 바꾸려고 하였다. 좌우의 신하들이 "한 고을을 가지고 한 명의 胥靡를 사오는 것이 옳습니까?"라고 하니, 사군이 "다스림에 작은 일이 따로 없고, 혼란함에 큰 일이 따로 없는 법이다.[17] 법도가 서지 않고 주벌이 기필코

---

15) 關市 : 교통의 요충지에 위치한 市場이다.
16) 胥靡 : 고대에 勞役에 종사하던 노예나 죄수이다.

행해지지 않는다면 비록 열 개의 左氏가 있더라도 도움이 되지 않을 것이요, 법도가 서고 주벌이 기필코 행해진다면 비록 열 개의 左氏를 잃더라도 손해가 없을 것이다." 라고 하였다.

衛有胥靡가 亡之魏①어늘 嗣君이 使以五十金買之不得하야 乃以左氏易之②한대 左右曰 以一都買一胥靡可乎잇가 嗣君曰 治無小요 亂無大니 法不立하며 誅不必이면 雖有十左氏라도 無益也요 法立誅必하면 雖失十左氏라도 無害也니라

① 胥는 新於의 切이니, 서로의 뜻이다. 靡는 毋被의 切이니, 따른다는 뜻이다. 죄가 扑刑[18]에 미치지 않는 자는 갈옷을 입고 끈을 허리에 두르게 한 뒤에 엮어서 서로 따르게 하여 노역에 종사토록 한다. 그러므로 胥靡라고 부른다.
胥, 新於切, 相也. 靡, 毋被切, 隨也. 罪不至扑刑者, 令衣褐帶索, 聯繫使相隨(面)〔而〕[19]服役也. 故謂之胥靡.

② 左氏는 읍의 이름이다.
左氏, 邑名.

【目】 荀子가 말하였다.

"嗣君은 취렴하여 이익을 따지는 군주였으나, 민심을 얻는 데는 이르지 못하였고, 子産은 민심을 얻은 사람이었으나, 정사를 잘하는 데는 이르지 못하였고, 管仲은 정사를 잘한 사람이었으나, 禮教를 닦는 데는 이르지 못하였다. 그러므로 禮教를 닦는 자는 왕노릇을 하고, 정사를 잘하는 자는 부강하게 되고, 민심을 얻는 자는 편안하게 되고, 취렴하는 자는 멸망한다."[20]

荀子曰 嗣君은 聚斂計數之君也라 未(必)〔及〕[21]取民也①요 子産은 取民者也라 未及爲政也②요 管仲은 爲政者也라 未及修禮也③니 故修禮者는 王하고 爲政者는 彊하고 取民者는 安하고 聚斂者는 亡하나니라

① 取民은 민심을 얻는 것을 말한다.

17) 다스림에……법이다 : 다스려지고 혼란해짐에 있어서 크고 작은 일에 관계없이 모두 조심해야 한다는 의미이다.

18) 扑刑 : 몽둥이나 채찍 등으로 때리는 형벌이다.

19) (面)〔而〕 : 저본에는 '面'으로 되어 있으나, ≪兩漢博聞≫과 ≪學林≫ 등에 의거하여 '而'로 바로잡았다.

20) 嗣君은……멸망한다 : ≪荀子≫ 〈王制〉에 보인다.

21) (必)〔及〕 : 저본에는 '必'로 되어 있으나, 思政殿訓義 ≪資治通鑑≫과 ≪朱子全書≫의 ≪資治通鑑綱目≫에 의거하여 '及'으로 바로잡았다.

取民, 謂得民心.

② 爲政은 잘 가르치는 것을 말한다.
爲政, 謂能教之也.

③ 修禮는 교화를 말한다.
修禮, 謂教化也.

己卯年(B.C. 282)

【綱】周나라 赧王 33년이다. 秦나라가 趙나라를 정벌하여 두 성을 함락시켰다.

三十三年이라 秦이 伐趙하야 拔兩城하다

庚辰年(B.C. 281)

【綱】周나라 赧王 34년이다. 秦나라가 趙나라를 정벌하여 石城을 함락시켰다.

三十四年이라 秦이 伐趙하야 拔石城①하다

① 石城은 곧 漢나라 西河 離石縣의 성이다.
石城, 卽漢西河之離石縣城.

【綱】楚나라가 침입하여 노략질하려고 하자 赧王이 東周公으로 하여금 타일러 그만두게 하였다.

◑ 楚謀入寇어늘 王이 使東周公으로 喩止之하다

【目】楚나라가 周나라를 취하려고 하자, 왕이 東周 武公을 보내 楚나라의 令尹 昭子에게 말하기를 "西周의 땅이 100리에 불과하지만, 명색이 천하의 종주이다. 그 땅을 잘라 갖더라도 나라를 살찌우기에 부족하며, 그 백성을 얻더라도 군대를 강하게 만들기에 부족하다. 그런데도 공격하는 자는 임금을 시해한 자로 불릴 것이다. 하지만 그래

도 공격하려는 자가 있는 것은 祭器가 있다는 것을 알기 때문이다. 호랑이는 그 고기에서 누린내가 나고 날카로운 무기를 몸에 지녔는데도 사람들이 오히려 공격한다. 만약 늪에 사는 사슴으로 하여금 호랑이의 가죽을 뒤집어쓰게 한다면 필시 만 배나 더 많은 사람들이 공격할 것이다. 楚나라의 땅을 잘라 갖는다면 나라를 살찌우기에 충분하고 楚나라의 참람한 호칭을 저지한다면 主君을 존숭한다고 하기에 충분하다. 지금 그대는 천하의 종주를 해쳐서 三代로부터 전해온 제기를 차지하려고 한다. 제기가 남쪽으로 옮겨가면 楚나라를 정벌할 군대가 이를 것이다.” 하였다. 이에 楚나라의 계책이 실행되지 않았다.

楚欲圖周어늘 **王**이 **使東周武公**으로 **謂楚令尹昭子曰**① **西周之地不過百里**로되 **而名爲天下共主**②하니 **裂其地**라도 **不足以肥國**이며 **得其衆**이라도 **不足以勁兵**이요 **而攻之者**는 **名爲弑君**이나 **然而猶有欲攻之者**는 **見祭器在焉故也**③라 **夫虎肉臊而兵利身**이로대 **人猶攻之**④하나니 **若使澤中之麋**로 **蒙虎之皮**면 **人之攻之 必萬倍矣**⑤리라 **裂楚之地**면 **足以肥國**이요 **詘楚之名**이면 **足以尊主**⑥어늘 **今子欲誅殘天下之共主**하고 **居三代之傳器**하니 **器南**이면 **則兵至矣**⑦리라 **於是**에 **楚計不行**하다

① 東周 武公은 定王의 玄孫이고 西周 惠公의 아들이다. 令尹은 楚나라의 上卿이니, 국정을 관장하는 자이다.
東周武公, 定王玄孫而西周惠公之子. 令尹, 楚上卿, 執政者也.

② 천하가 모두 周나라를 종주로 삼아 제후의 주인으로 섬긴다는 말이다.
言天下共宗周, 以爲諸侯主.

③ 祭器는 三代로부터 전해오는 제기를 일컫는데, 이를테면 九鼎[22]과 같은 따위가 이것이다.
祭器, 謂三代所傳之祭器, 如九鼎之類, 是也.

④ 臊는 蘇遭의 切이니, 누린내가 난다는 뜻이다. 호랑이에게 발톱과 송곳니가 있는 것은 날카로운 무기가 몸에 있는 것과 같다. 그 고기에서 비록 누린내가 나지만 사람들이 그래도 공격하는 것은 호랑이 가죽이 있기 때문이다.
臊, 蘇遭切, 腥也. 虎之爪牙, 如兵之利刃在身. 其肉雖臊, 而人猶攻之者, 以其皮之所在也.

⑤ 사슴은 날카로운 발톱과 송곳니가 없고 고기도 먹을 만하다.
麋無爪牙之利, 而肉可食.

⑥ 詘(물리치다)은 黜로 읽으니, 왕의 호칭을 참칭하는 것을 저지한다는 말이다.
詘, 讀曰黜, 言黜其僭王之名也.

⑦ 居는 쌓아둔다는 뜻이다. 傳器는 나라에 전해오는 寶器이다.
居, 停畜也. 傳器, 傳國之器.

---

22) 九鼎 : 夏나라 禹王이 천하를 九州로 區劃한 뒤에 구주에서 보내온 靑銅으로 주조했다고 전해지는 큰 솥으로, 구주 곧 천하를 상징한다.

辛巳年(B.C. 280)

【綱】周나라 赧王 35년이다. 秦나라 白起가 趙나라를 정벌하여 代의 光狼城을 취하고, 司馬錯가 蜀을 통해 楚나라를 정벌하여 黔中을 함락시켰다. 楚나라가 漢水 이북과 上庸을 秦나라에 바쳤다.

三十五年이라 秦白起伐趙하야 取代光狼城하고 司馬錯(조)因蜀伐楚하야 拔黔中한대 楚獻漢北上庸於秦①하다

① 秦나라 군대가 당시에 蜀을 통해 巴郡과 枳縣의 길로 나가 楚나라의 黔中을 공격하여 함락시켰다. 漢北은 漢水 이북의 宛·葉(섭)·樊·鄧·隋·唐 지역을 이른다.
秦兵, 時因蜀, 出巴郡·枳縣路, 以攻拔楚之黔中. 漢北, 謂漢水以北宛·葉·樊·鄧·隋·唐之地.

壬午年(B.C. 279)

【綱】周나라 赧王 36년이다. 秦나라 白起가 楚나라를 정벌하여 鄢, 鄧, 西陵을 취하였다.

三十六年이라 秦白起伐楚하야 取鄢鄧西陵①하다

① ≪括地志≫에 "옛 鄢城은 襄州에 있다."고 하였다. 西陵은 곧 夷陵이다. ≪漢書≫〈地理志〉에 "夷陵縣은 南郡에 속한다고 하였다."
括地志 "故鄢城在襄州." 西陵, 卽夷陵. 班志 "夷陵縣屬南郡."

【綱】秦나라와 趙나라가 澠池에서 회합하였다.

◑秦趙會于澠池하다

【目】秦나라 왕이 趙나라 왕에게 河水의 바깥에 있는 澠池에서 우호의 회합을 하자고 알렸다. 廉頗와 藺相如가 말하기를 "왕께서 가지 않으시면 趙나라가 나약하고 겁을 낸다고 비치게 됩니다." 하니, 趙나라 왕이 비로소 길을 나섰는데 인상여가 수행하였다. 염파가 배웅하면서 국경에 이르러 왕과 작별하기를 "왕이 가심에 여정과 회합의 예를 마

치는 시간을 헤아려 보니 불과 30일입니다. 이 기간이 지나도 돌아오지 않으시면 태자를 왕으로 세워 秦나라가 바라는 일을 끊어버리고자 합니다." 하니, 왕이 허락하였다.

秦王이 告趙王하야 願爲好會於河外澠池①어늘 廉頗藺相如曰② 王이 不行하시면 示趙弱且怯也라한대 趙王이 乃行할새 相如從③이러니 頗送至境하야 與王訣曰④ 王行에 度(탁)道里會遇之禮畢이 不過三十日⑤이니 過此不還인대 則請立太子하야 以絶秦望하야지이다 王이 許之하다

① 우호의 회합은 승거의 회합23)이다.
好會, 乘車之會.
② 頗는 普和의 切이다.
頗, 普和切.
③ 從(따르다)은 才用의 切이다.
從, 才用切.
④ 訣은 음이 決이니, 작별한다는 뜻이다.
訣, 音決, 別也.
⑤ 度(헤아리다)은 大各의 切이다. 제후가 약속한 시기가 되기 전에 서로 만나는 것을 遇라고 한다.
度, 大各切. 諸侯未及期相見曰遇.

【目】 회합하여 술을 마실 적에 秦나라 왕이 趙나라 왕에게 비파를 탈 것을 청하자 趙나라 왕이 비파를 탔다. 藺相如가 秦나라 왕에게 질장구를 칠 것을 청하였는데 秦나라 왕이 치려고 하지 않았다. 인상여가 말하기를 "다섯 발자국 안에서 신이 목의 피로써 대왕에게 뿌리겠습니다." 하니, 秦나라 왕 주위의 신하들이 인상여를 찌르려고 하였다. 인상여가 눈을 부릅뜨고 꾸짖으니, 주위의 신하들이 모두 물러났다. 秦나라 왕이 결국 한 번 질장구를 치고 술자리를 파하였다. 秦나라는 끝내 趙나라에 능욕을 가할 수 없었고 趙나라 사람들도 충분히 대비를 하니, 秦나라가 감히 움직이지 못하였다.

及會飮酒에 秦王이 請趙王鼓瑟한대 趙王이 鼓之①하고 相如請秦王擊缶한대 秦王이 不肯②이어늘 相如曰 五步之內에 臣이 請得以頸血로 濺大王矣③리이다 左右欲刃相如어늘 相如張目叱之한대 左右皆靡④라 秦王이 乃一擊缶하고 罷酒하니 秦이 終不能有加於趙하고 趙人이 亦盛爲之備하니 秦이 不敢動이러라

---

23) 승거의 회합 : 乘車는 평상시에 타는 수레로, 제후가 우호의 회합 때에 타는 수레이다. '衣裳之會'라고도 한다. 이와 대칭되는 것으로 '병거의 회합〔兵車之會〕'이 있는데, 병거는 전쟁에 타는 수레로, 제후가 정벌하는 일로 회합할 때에 타는 수레이다.

① 비파는 25개의 줄이 있는데, 伏羲氏가 만든 것이다. 趙나라 사람들이 비파를 잘 탔으므로 秦나라 왕이 연주하기를 청한 것이다.
瑟, 二十五絃, 伏羲所作. 趙人善瑟, 故秦請鼓之.

② 缶는 俯九의 切이니, 술을 담는 질그릇이다. 秦나라 풍속에 그것을 쳐서 음악의 가락을 맞춘다.
缶, 俯九切, 盛酒瓦器. 秦俗, 擊之以節樂.

③ 다섯 발자국 안은 매우 가깝다는 말이다. 濺은 음이 箭과 贊 두 가지이고, 더럽히도록 뿌리는 것이니, 秦나라 왕을 죽이겠다는 말이다.
五步之內, 蓋言至近也. 濺, 箭贊二音, 汚灑也. 言將殺秦王也.

④ 靡는 음이 美이니, 움츠려 떨치지 못하는 모양이다.
靡, 音美, 委靡不振之貌.

藺相如가 秦나라를 두 번 굴복시키다

【目】趙나라 왕이 귀국하여 藺相如를 上卿으로 삼으니 지위가 廉頗의 위였다. 염파가 말하기를 "나는 장수가 되어 성을 공격하고 야전에서 싸운 공로가 있다. 인상여는 본래 신분이 천하였는데 한낱 말재주로 지위가 나의 위에 올랐으니, 내가 만나면 반드시 모욕을 주겠다." 하였다. 인상여가 이 말을 듣고는 그와 함께 만나려고 하지 않아 조회 때마다 항상 병을 핑계하였고, 외출하였을 때 멀리서 보면 바로 수레를 끌고 피하였다. 그의 舍人들이 모두 이러한 행동을 수치스럽게 여겼다.

인상여가 말하기를 "그대들이 보기에 廉將軍의 위세가 秦나라 왕과 비교하여 어떠한가?" 하니, "秦나라 왕만 못합니다." 하였다. 인상여가 말하기를 "저 秦나라 왕의 위세 앞에서도 내가 그를 궁정에서 꾸짖었는데, 내가 비록 미련하나 유독 염장군을 두려워하겠는가? 다만 내가 생각건대, 秦나라가 趙나라에 감히 침입하지 못하는 것은 단지 우리 두 사람이 있기 때문이다. 지금 두 마리 호랑이가 함께 싸우면 그 형세가 둘 다 살지는 못할 것이니, 내가 이렇게 행동하는 이유는 국가의 위급함을 우선으로 삼고 사적인 원한을 뒤로 미루었기 때문이다." 하였다.

염파가 이 말을 듣고 웃통을 벗은 채 가시나무를 지고 인상여의 집 문에 와서 사죄하였다. 마침내 刎頸之交[24])를 맺었다.

趙王이 歸하야 以相如爲上卿하니 位在廉頗右①라 頗曰 我爲將하야 有攻城野戰之功이어니와 相如는 素賤이라 徒以口舌로 而位加我上하니 我見에 必辱之호리이다 相如聞之하고 不肯與會하야 每朝에 常稱病하고 出而望見에 輒引車避匿하니 其舍人이 皆以爲恥한대 相如曰 子視廉將軍이 孰與秦王고 曰 不若이니라 相如曰 夫以秦王之威로 而相如廷叱之호니 相如雖駑나 獨畏廉將軍哉②아 顧吾念之호니 秦所以不敢加兵於趙는 徒以吾兩人이 在也니 今兩虎共鬭면 其勢不俱生이니 吾所以爲此者는 先國家之急이요 而後私讐也니라 頗聞之하고 肉袒負荊하야 至門謝罪하고 遂爲刎頸交③하다

① 秦漢 이전에는 오른쪽을 위로 삼았다.
秦漢以前, 用右爲上.
② 駑는 음이 奴이니, 평범한 말을 일컫는다.
駑, 音奴, 凡馬之稱.
③ 肉袒은 옷을 벗어 맨살을 노출하는 것이다. 荊은 가시나무이니, 채찍을 만들 수 있다. 刎은 無粉의 切이니, 자른다는 뜻이다. 刎頸交는 의기가 투합한 것이 깊고 중하여 비록 목을 자르더라도 후회함이 없다는 말이다.
肉袒者, 袒衣而露肉也. 荊, 楚也, 可以爲鞭. 刎, 無粉切, 斷也. 刎頸交, 言托契深重, 雖斷頭, 無所顧也.

【目】 楊氏[25])가 다음과 같이 평하였다.

"옛날 지혜로운 사람이 작은 나라로서 큰 나라를 섬기다가 폐백과 견마와 주옥을 바쳐도 위태로운 상황을 면할 수 없으면 마침내 나라를 버리고 도망하는 지경에 이르렀는데[26]) 더구나 일개 璧玉임에랴. 비록 벽옥을 줘버리더라도 괜찮았거늘 藺相如는 이러한 계책을 내놓지 않고서 몸을 바쳐 죽으려고 하였으니 의로움을 잃었고 용기를 해쳤다고 말할 수 있다[27]). 그가 벽옥을 온전히 가지고 귀국한 것이 趙나라에 또한 무슨 이익이

---

24) 刎頸之交 : 생사를 함께하여 목이 잘려도 여한이 없는 친밀한 사이를 일컫는 말이다.

25) 楊氏 : 北宋 때의 학자인 楊時(1053~1135)이다. 자는 中立, 호는 龜山, 시호는 文靖이다. 벼슬이 龍圖閣直學士에 이르렀다. 程子의 문인이다.

26) 옛날……이르렀는데 : 周나라 太王이 일찍이 豳에 살 때에 狄人들이 침범하자, 幣帛과 犬馬와 珠玉을 가지고 그들을 섬겼으나 아무런 소용이 없으므로, 끝내 豳을 버리고 岐山 아래로 가서 정착했던 고사에서 온 말이다. 《孟子 梁惠王 下》

27) 의로움을……있다 : 의로운 일도 아니었고 진정한 용기라고 할 수도 없다는 말이다. 《孟子》 〈離婁 下〉에 "얼핏 보면 죽을 만하고, 자세히 보면 죽지 말아야 할 경우에 죽으면 용기를 해친다.〔可以死 可以無死 死傷勇〕" 하였다.

었겠는가.

澠池의 회합에 이르러서는 위태로움이 더욱 심하였다. 비록 가지 않더라도 괜찮았는데, 인상여가 나라의 卿相의 지위에 있으면서 만승의 군주를 끼고 위험한 일을 감행하고자 하였다. 그의 지혜와 용기 또한 趙나라가 존중을 받게 하기에 부족하여 秦나라로 하여금 감히 두려워하지 않게 하고 결국 목의 피를 뿌리고자 하였으니, 어찌 孔子가 이른바 '맨손으로 호랑이를 때려잡고 맨몸으로 黃河를 건너다가 죽어도 후회하지 않는다.'는 자가 아니겠는가28). 혹자는 '인상여는 전국시대의 일개 선비가 아니었다. 태평한 세상에 살았더라도 大臣이라고 할 수 있었을 것이다.'라고 하였는데29), 나는 그 말이 옳은지 모르겠다."

楊氏曰① 古之智者 以小事大하야 有以皮幣犬馬珠玉而不得免者면 至乃棄國而逃之어든 況一璧乎아 雖與之라도 可也어늘 相如計不出此하고 而欲以身死之하니 可謂失義而傷勇矣라 及其完璧而歸에 於趙亦何益哉리오 至於澠池之會하야 則其危又甚矣라 雖勿往이라도 可也어늘 相如가 爲國卿相하야 挾萬乘之君하야 以蹈危事호대 其智勇이 又不足重趙하야 使秦不敢惴焉하고 乃欲以頸血濺之하니 豈孔子所謂暴虎馮河死而無悔者歟아 而或者謂相如非戰國之士라 使居平世라도 可謂大臣이라하니 則吾不知其說也로이다

① 楊氏는 이름이 時로, 宋나라 延平 사람이다.
楊氏, 名時, 宋延平人.

【綱】燕나라 군주 平이 卒하니 樂毅가 趙나라로 달아났다. 齊나라 田單이 燕나라 군대를 습격하여 격파하고 齊나라 땅을 모두 회복하자, 齊나라 군주가 臨菑에 들어가 전단을 봉하여 安平君으로 삼았다. 趙나라가 악의를 봉하여 望諸君으로 삼았다.

28) 孔子가……아니겠는가 : 무모한 용기를 일컫는 말이다. 孔子가 子路에게 "맨손으로 호랑이를 때려잡고 맨몸으로 황하를 건너다가 죽어도 후회하지 않는 자와는 내가 함께하지 않을 것이다. 일을 앞에 두었을 때 두려워할 줄을 알고 계획을 잘 세워서 일을 잘 마무리하는 사람과 함께할 것이다.〔暴虎馮河 死而無悔者 吾不與也 必也臨事而懼 好謀而成者也〕"라고 충고한 말이 있다. ≪論語 述而≫

29) 혹자는……하였는데 : 蘇轍(1039~1112)의 〈藺相如廉頗李牧論〉에 "인상여는 전국시대의 일개 선비가 아니었다. 죽음으로써 의를 실천하여 강한 秦나라에 굴복하지 않았고, 예로써 나라를 다스려 염파와 비교하지 않았다. 그가 剛柔와 進退에 대처할 때에 道를 배운 사람 같았으니, 태평한 세상에 살았더라도 대신이라고 할 수 있었을 것이다. 전국시대의 일개 선비가 아니었다."라는 말이 나온다.

燕君平이 **卒**하니 **樂毅奔趙**어늘 **齊田單**이 **襲破燕軍**하고 **盡復齊地**한대 **齊君**이 **入臨菑**하야 **封單爲安平君**하다 **趙封樂毅爲望諸君**하다

【目】 처음에 燕나라 사람들이 安平을 공격하자, 臨菑의 市掾인 田單이 자신의 宗人으로 하여금 쇠로 만든 덮개를 수레의 굴대 끝에 부착하도록 하였다. 성이 함락될 때에 사람들이 다투어 성을 나가다가 모두 굴대가 부러져 사로잡혔는데, 전단의 宗人만이 모면하여 마침내 卽墨으로 달아났다. 당시에 齊나라의 땅이 모두 이미 燕나라에 점령되었고 莒와 卽墨만이 함락되지 않았다. 樂毅가 군대를 모아 포위하였는데 즉묵의 大夫가 전사하였다. 즉묵의 사람들이 "安平의 전투에서 전단의 宗人이 쇠로 만든 덮개를 써서 온전할 수 있었으니 이는 지혜가 많고 군사에 익숙한 것이다."라고 하고는 전단을 세워 장수로 삼았다.

初에 燕人이 攻安平①이어늘 臨菑市掾田單이 使其宗人으로 以鐵籠으로 傅車轊②러니 及城潰에 人이 爭門出이라가 皆以軸折로 被擒호대 獨單宗人이 得免하야 遂奔卽墨하다 時에 齊地皆已屬燕호대 獨莒卽墨이 未下어늘 樂毅并軍圍之한대 卽墨大夫戰死하다 卽墨人曰 安平之戰에 田單宗人이 以鐵籠得全하니 是는 多智習兵이라하고 立以爲將하다

① ≪括地志≫에 "安平城은 青州 臨菑縣 동쪽에 있다."고 하였다.
括地志 "安平城在青州臨菑縣東."

② 市掾은 시장을 관장하는 관속이다. 單은 음이 丹이다. 田單은 齊나라 왕실의 먼 일가이다. 傅는 음이 附이다. 轊는 음이 衛이니, 수레 굴대의 머리이다. 傅라는 것은 굴대를 잘라 바퀴통과 가지런하게 하고 쇠 덮개를 굴대의 끝에 부착한 다음, 쇠 덮개 가운데에 빗장을 걸어 바퀴통을 고정하는 것으로, 견고하고 쉽게 전진할 수 있다.
市掾, 掌市官屬也. 單, 音丹. 田單, 齊疎屬也. 傅, 音附. 轊, 音衛, 車軸頭也. 傅者, 截其軸與轂齊, 以鐵鍱傅軸末, 施轄於鐵中以制轂, 堅而易進也.

【目】 樂毅가 두 읍을 포위한 지 1년이 되었으나 이기지 못하자 결국 포위를 풀게 하고서 성에서 9리 떨어진 곳에 보루를 쌓고 명령하기를 "성 안에서 탈출한 백성을 사로잡지 말고, 빈곤한 자는 구휼하여 그들로 하여금 옛일을 하게끔 하라." 하였는데 3년이 되도록 여전히 함락하지 못하였다.

누군가 악의를 昭王에게 참소하기를 "악의의 지모가 남보다 뛰어나서 잠깐 만에 70여 성을 이겼고 지금 함락하지 못한 것이 두 성뿐이니, 그의 능력으로 볼 때 함락시킬 수

없는 것이 아닙니다. 3년을 공격하여 이기지 못하는 것은 오랫동안 군대의 위세에 의지하여 齊나라 사람들을 복종시켜서 마침내 남면하고 왕 노릇을 하려는 것일 뿐입니다." 하였다.

소왕이 이에 술자리를 마련하여 사람들을 크게 모으고, 말을 한 자를 끌어다 꾸짖기를 "선왕께서 토지를 탐하지 않으시고 온 나라로 현자를 예우하셨는데 왕위를 계승한 자가 덕이 부족하여 大命을 감당할 수가 없었으며, 나라의 백성들이 따르지 않았다. 그런데 齊나라가 무도한 짓을 저질러 선왕을 해치니30), 과인이 왕위를 계승하여 애통한 마음이 골수에 사무쳤다. 그래서 신하들을 맞이하고 빈객을 초빙하여 원수를 갚고자 하였으니, 성공하는 자가 있다면 그와 더불어 燕나라도 함께 나누어 가지고자 하였다. 지금 樂君이 직접 과인을 위해 齊나라를 깨뜨리고 그들의 종묘를 무너뜨려 선왕의 원한을 갚았으니 齊나라는 본래 악군의 소유이지 燕나라가 취득할 것이 아니다. 그런데 너는 어찌 감히 이렇게 말한단 말이냐?" 하고 바로 베어 죽이고 나라의 재상을 보내 악의를 세워 齊나라 왕으로 삼았다. 악의가 황공하여 받지 않고 글을 올려 목숨을 바쳐 충성할 것을 스스로 맹세하였다.

이 일로 인하여 齊나라 사람들이 그 의리에 감복하고 제후들이 그 신의를 두려워하여 감히 다시는 도모하는 자가 없었다.

樂毅圍二邑期年不剋하야 乃令解圍하야 去城九里而爲壘①하고 令曰 城中民이 出者를 勿獲하며 困者를 賑之하야 使卽舊業②이라호대 三年而猶未下라 或이 讒之於昭王曰 樂毅智謀가 過人하야 呼吸之間에 剋七十餘城하고 今不下者兩城耳니 非其力不能拔이라 所以三年不攻者는 欲久仗兵威하야 以服齊人하야 遂南面而王耳니라 昭王이 於是에 置酒大會하고 引言者하야 讓之曰 先王이 不貪土地하야 而擧國以禮賢者러니 遭所傳이 德薄하야 不能堪命이라 國人이 不順이어늘 齊爲無道하야 以害先王③하니 寡人이 統位하야 痛之入骨이라 故延群臣招賓客하야 以求報讐호니 有成功者면 尙欲與共燕國이라 今樂君이 親爲寡人破齊하야 夷其宗廟하야 報塞先仇④하니 齊固樂君之有라 非燕所得也어늘 汝何敢言若此오하고 乃斬之하고 遣國相하야 立毅爲齊王한대 毅惶恐不受하고 拜書하야 以死自誓⑤하니 由是로 齊人이 服其義하고 諸侯畏其信하야 莫敢復有謀者러니

① 壘는 군대를 주둔시키는 벽이다.

---

30) 그런데……해치니 : 先王은 燕나라 왕 噲를 가리킨다. 연나라 왕 쾌 즉위 5년(B.C. 316)에 堯를 본받아 재상인 子之에게 나라를 禪讓하고 개혁을 시행하도록 하였다. 2년 뒤에 太子 平이 반란을 일으켜 일대 혼란이 일어났는데, 이를 틈탄 齊나라가 燕나라를 침입하여 쾌와 자지를 살해하였다.

壘者, 屯軍之壁.

② 樂毅가 두 읍을 회유하여 그들로 하여금 스스로 복종하게 하려 한 것이다.
毅欲懷綏二邑, 使之自服.

③ 계승한 자는 子之를 일컫는다. 堪은 이긴다는 뜻이고, 감당한다는 뜻이다. "不能堪命(大命을 감당할 수가 없었다.)"은 子之가 燕나라 왕 噲가 명한 것을 이겨내어 燕나라의 정사를 감당하지 못한 것을 말한다.
所傳, 謂子之. 堪, 勝也, 任也. 不能堪命者, 言子之不能勝王噲所命, 而任燕國之事也.

④ 爲(위하다)는 去聲이다. 夷는 평평하게 한다는 뜻이다.
爲, 去聲. 夷, 平也.

⑤ 拜書는 절을 하고 글을 올리는 것이다.
拜書, 拜而上書也.

【目】 얼마 뒤에 昭王이 죽었다. 惠王은 태자였을 때부터 樂毅를 달갑게 여기지 않았다. 田單이 이에 반간을 놓아 말하기를 "악의가 燕나라의 새 왕과 틈이 있어 죽임을 당할까 두려워하여 군대를 연합하여 齊나라에서 왕 노릇하려고 하는데, 齊나라 사람들이 아직 따르지 않고 있다. 그러므로 우선 卽墨을 느슨하게 공격하여 일이 성사되기를 기다리고 있다. 齊나라 사람들이 두려워하는 것은 다만 다른 장수가 오게 되면 즉묵이 장차 해를 입게 되리라는 것이다."라고 하였다. 혜왕이 그 말을 듣고 즉시 騎劫으로 하여금 대신 장수가 되게 하였다. 악의가 마침내 趙나라로 달아나니 燕나라의 장병들이 이 일로 인해 분개하며 불화하였다.

頃之요 昭王이 薨①하니 惠王이 自爲太子時로 不快於樂毅라 田單이 乃縱反間曰② 樂毅與燕新王有隙하야 畏誅하야 欲連兵王齊호대 齊人이 未附라 故且緩攻卽墨하야 以待其事하나니 齊人所懼는 惟恐他將之來면 卽墨이 殘矣니라 惠王이 聞之하고 卽使騎劫代將③한대 毅遂奔趙하니 將士由是憤惋不和④하더라

① 頃之는 오래지 않은 시간을 말한다.
頃之, 言無幾何時.

② 間(첩자)은 去聲이다. ≪孫子≫에 "反間이라는 것은 적의 첩자를 이용하는 것이다."라고 하였는데, 그 주에 "적이 첩자를 두어 우리의 득실을 와서 살피면 우리가 많은 뇌물을 주어 그로 하여금 도리어 우리의 첩자가 되게 한다."라고 하였다.
間, 去聲. 孫子 "反間者, 因其敵間而用之." 註 "敵有間, 來窺我之得失, 我厚賂之, 而令彼反爲我間也."

③ 騎는 奇寄의 切이니, 姓이다. 일설에, "騎劫이 당시에 재능으로 장수가 되었으니, 騎는 관

직의 이름이지 姓이 아니다."라고 하였다.
騎, 奇寄切, 姓也. 一說 "騎劫, 時以能而將. 騎, 以官稱, 非姓也."

④ 憤은 房吻의 切이니, 성낸다는 뜻이다. 惋은 음이 腕이니, 놀라 탄식한다는 뜻이다.
憤, 房吻切, 懣也. 惋, 音腕, 驚嘆也.

【目】 田單이 이에 성 안의 사람들로 하여금 식사 때에 반드시 뜰에서 선조에게 제사를 올리게 하니, 날던 새가 모두 날다가 춤추듯이 내려앉았다. 燕나라 사람들이 이 일을 괴이하게 생각하였다. 전단이 이 일로 인하여 선포하기를 "반드시 神師가 내려와 우리를 가르쳐주리라." 하였는데, 얼마 후 갑자기 한 사졸이 "臣이 신사가 될 수 있겠습니까?"라고 하니, 전단이 마침내 그를 신사로 삼아 매번 군대를 신칙할 때에 반드시 신사의 뜻이라 말하였다.

그리고 다시 선포하기를 "나는 오직 燕나라 사람들이 사로잡은 齊나라 병사의 코를 베어 앞 열에 세울까 두렵다. 그러면 卽墨이 패할 것이다."라고 하니, 燕나라 사람들이 그 말대로 하였다. 성 안의 사람들이 모두 노하여 굳게 성을 지키면서 사로잡힐까 두려워하였다. 전단이 다시 선포하기를 "나는 燕나라 사람들이 나의 성 밖의 묘소를 파헤칠까 두렵다. 그러면 우리들을 낙담시킬 수 있을 것이다."라고 하니, 燕나라 군대가 묘소를 파헤쳐 불살랐다. 齊나라 사람들이 멀리서 바라보고 모두 눈물을 흘리며 모두 나가서 싸우고자 하니 분노가 절로 열 배에 이르렀다.

田單이 乃令城中人으로 食必祭先祖於庭하니 飛鳥가 皆翔舞而下라 燕人이 怪之러라 單이 因宣言曰[①] 當有神師가 下教라하더니 俄有一卒이 曰 臣이 可以爲師乎[②]아 單이 遂師之하야 每有約束에 必稱神師[③]하고 又宣言曰 吾惟懼燕人이 劓所得齊卒하야 置之前行하면 卽墨이 敗矣[④]리라 燕人이 如其言한대 城中이 皆怒堅守하야 唯恐見得이러니 單이 又言吾懼燕人이 掘吾城外冢墓면 可爲寒心이니라 燕軍이 掘燒之한대 齊人이 望見하고 皆涕泣하야 共欲出戰하야 怒自十倍어늘

① 宣言은 그 말을 밖에 선포하는 것이다.
宣言, 宣布其言於外也.

② ≪資治通鑑≫에는 이 아래에 "그대로 몸을 돌려 달아났다. 田單이 일어나 데리고 돌아와 동쪽을 향해 앉히고 神師로 섬겼다. 사졸이 '臣이 군주를 속였습니다.'라고 하니, 田單이 '그대는 말하지 말라.'라고 하였다."라고 기록되어 있다.
通鑑, 此下云 "因反走. 田單起引還, 坐東鄕, 師事之. 卒曰 '臣欺君.' 田單曰 '子勿言也.'"

③ 約束은 문서 없이 말로 결속하는 것이다. 田單이 대중의 마음이 일치하지 않을까 두려웠으므로 신을 가탁하여 대중에게 명령한 것이다.

約束, 無文書, 以言語要結. 單恐衆心未一, 故假神以令其衆.

④ 劓는 魚器의 切이니, 코를 벤다는 뜻이다. 行(행렬)은 戶郎의 切이다.
劓, 魚器切, 割鼻也. 行, 戶郎切.

【目】田單이 그들이 쓸 만하다는 것을 알고서 마침내 몸소 판자와 삽을 잡고 사졸들과 일을 나누고 처첩을 군대의 조직에 편입시키고 음식을 모두 풀어서 병사들을 먹였다. 갑옷 입은 병사로 하여금 매복하게 하고 노인과 어린아이와 여자로 하여금 성에 올라가 지키게 하고 사자를 보내 항복하겠다고 약속하자, 燕나라 군대가 더욱 해이해졌다.

火牛

전단이 성 안에서 징집하여 소 천여 마리를 마련한 뒤에 붉은 비단옷을 입혀서 다섯 빛깔의 용 무늬를 그려 넣고, 그 소의 뿔에는 칼날을 묶고 꼬리에는 기름을 부은 갈대를 묶었다. 그리고 성벽에다 수십 개의 구멍을 뚫고서 밤에 소를 풀어놓을 때 갈대의 끝에 불을 붙이고 장사 5천 명이 그 뒤를 따르게 하였다. 소 꼬리가 뜨거워지자 성이 나서 燕나라 군사에게 달려가니 소에게 받힌 자들이 모두 죽거나 다쳤다. 燕나라 군대가 크게 놀라자 성 안의 사람들이 북을 치고 환호성을 지르며 따랐다. 燕나라 군대가 패주하자 齊나라 사람들이 騎劫을 죽이고 도망하는 燕나라 군대를 추격하여 河水 가에 이르니 70여 성이 모두 다시 齊나라 땅이 되었다. 이에 왕을 영접하여 莒에서 臨菑로 들어갔다.

왕이 太史敫의 딸로 왕후를 삼으니 이 사람이 君王后이다. 태자 建을 낳았다. 전단을 재상으로 삼아 安平君에 봉하였다. 태사목이 "딸이 중매를 구하지 않고 스스로 시집을 갔으니 나의 가문을 더럽혔다."라고 하여 평생토록 군왕후를 만나보지 않았고, 군왕후도 부친이 만나주지 않는다는 이유로 자식의 예를 저버리지 않았다.

單이 知其可用하고 乃身操版鍤하야 與士卒分功①하고 妻妾을 編於行伍之間②하고 盡散飲食하야 饗士하고 令甲卒皆伏하고 使老弱女子乘城③하고 遣使約降한대 燕軍이 益懈러라 單이 收城中하야 得牛千餘하야 爲絳繒衣하야 畫以五采龍文④하고 束兵刃於其角하고 灌脂束葦於其尾⑤하고 鑿城數十穴하야 夜縱牛할새 燒葦端하고 壯士五千人이 隨之한대 牛熱하야 怒犇燕軍⑥하니 所觸이 盡死

傷이라 燕軍이 大驚이어늘 而城中이 鼓譟從之⑦한대 燕軍이 敗走어늘 齊人이 殺騎劫하고 追亡逐北(배)하야 至河上⑧하니 七十餘城이 皆復爲齊하다 乃迎王하야 自莒入臨菑한대 王이 以太史敫之女로 爲后하니 是爲君王后라 生太子建⑨하다 以單爲相하야 封安平君⑩하다 太史敫曰 女不取媒하고 因自嫁하니 汚吾世라하여 終身不見君王后하고 君王后가 亦不以不見故로 失人子之禮러라

① 版은 牆版이니, 흙을 막는 것이다. 鍤은 初洽의 切이니, 가래이다.
版, 牆版, 障土者也. 鍤, 初洽切, 鍬也.
② 25인이 行이다.
二十五人爲行.
③ 乘은 오른다는 뜻이니, 성에 올라 지킨다는 뜻이다.
乘, 登也, 登城而守也.
④ 絳繒은 붉은색 비단이다. 畫(그리다)는 去聲이다.
絳繒, 赤色帛也. 畫, 去聲.
⑤ 葦는 于鬼의 切이니, 갈대이다.
葦, 于鬼切, 葭也.
⑥ 犇은 奔의 古字이다.
犇, 古奔字.
⑦ 譟는 先到의 切이니, 무리가 환호한다는 뜻이다.
譟, 先到切, 群呼也.
⑧ "追亡逐北(도망하는 자를 추격하고 패주하는 자를 좇는다.)"는 추격한다는 뜻이다. 河上은 齊나라의 변경으로, 河東에 가깝다.
追亡逐北者, 追之. 河上, 齊之地界, 近河東.
⑨ 성이 后여서 后后라고 부를 수 없기 때문에 君王后라고 하였다.
以其姓后, 不可稱后后, 故曰君王后.
⑩ 齊나라는 田單이 나라를 안정시키고 난을 평정하였으며, 또 일찍이 安平을 보호하였다고 하여 인하여 安平에 봉하였다.
齊以單安國平難, 又嘗保安平, 故因以安平封之.

【目】田單이 일찍이 밖에 나갔다가 노인이 淄水를 건너고 추워서 가지 못하고 있는 것을 보고 갖옷을 벗어 입혀주었다. 襄王이 그를 미워하여 말하기를 "전단이 이러한 일을 함으로써 내 나라를 취하고자 하는가?" 하였는데, 殿陛 아래에서 구슬을 꿰던 자가 듣고는 왕에게 아뢰기를 "왕께서 그것을 이용하여 자신의 善行으로 삼는 것이 낫습니다. 영을 내리시기를 '과인이 백성이 굶주리는 것을 걱정하면 전단이 그들을 거두어 먹이고, 과인이 백성이 헐벗는 것을 걱정하면 전단이 그들을 거두어 입힌다. 과인이 백성의 노

고를 걱정하면 전단도 걱정하여 과인의 뜻에 맞게 한다.'라고 하십시오. 전단에게 이러한 선행이 있어서 왕께서 칭찬하신다면 전단의 선행도 왕의 선행일 것입니다."라고 하였다. 왕이 좋다고 하고는 전단에게 소와 술을 하사하였다.

며칠 뒤에 구슬을 꿰던 자가 다시 왕을 만나 말하기를 "왕께서 조회가 있는 날에 전단을 불러 궁정에서 읍을 하시고 직접 치하한 뒤에 영을 반포하여 백성 가운데 굶주리고 헐벗는 자들을 찾아 거두어 기르소서." 하였다. 그리고 사람을 보내 민간의 여론을 들었는데 장부들이 서로들 하는 말을 들어보니 "전단이 백성을 사랑하는 것은, 아! 바로 왕께서 가르치신 것이다."라고 하는 것이었다.

◑田單이 嘗出이라가 見老人이 涉淄而寒不能行하고 解裘衣之①한대 襄王이 惡之曰 單이 將欲以是로 取吾國乎아 巖下에 有貫珠者가 聞之하고 言於王曰② 王이 不如因以爲己善이니 下令曰 寡人이 憂民之飢也어늘 單이 收而食(사)之하고 寡人이 憂民之寒也어늘 單이 收而衣之하고 寡人이 憂勞百姓이어늘 而單이 亦憂之하야 稱寡人之意③라하소서 單有是善이어든 而王이 嘉之하시면 單之善이 亦王之善也리이다 王曰 善타하고 乃賜單牛酒하다 後數日에 貫珠者가 復見王曰 王이 朝日에 宜召田單而揖之於庭하사 口勞之하시고 乃布令하야 求百姓之飢寒者하야 收穀之④하소서 乃使人聽於閭里하야 聞丈夫之相與言하니 曰 田單之愛人은 嗟乃王之教也랏다하더라

① ≪水經≫에 "淄水는 泰山 萊蕪縣 原山 동북쪽에서 발원하여 臨淄縣을 지난다."고 하였다.
水經 "淄水出泰山萊蕪縣原山東北, 過臨淄縣."
② 巖下는 殿巖(殿陛) 아래이다.
巖下, 殿巖之下也.
③ 稱은 去聲이니, 만족한다는 뜻이다.
稱, 去聲, 愜也.
④ 朝는 陟遙의 切이니, 아침이고, 또 直遙의 切이니, 신하들을 조회하는 날이다. 穀은 기른다는 뜻이다. 收穀은 거두어 기른다는 뜻이다.
朝, 陟遙切, 旦日, 又直遙切, 朝群臣之日也. 穀, 養也. 收穀, 收而養之也.

【目】왕에게 총애하는 신하 아홉이 있었는데, 왕에게 아뢰기를 "安平君이 왕과 君臣으로서의 차이도 없고, 안으로는 백성을 위무하고 밖으로는 戎狄을 회유하며 천하의 어진 선비를 예우하니, 그 뜻이 무엇인가를 하고자 하는 것입니다."라고 하였다. 다른 날에 왕이 "재상 田單을 불러오도록 하라." 하였다.

전단이 추천했던 貂勃이 듣고서 머리를 조아리며 왕에게 아뢰기를 "周나라 文王이 呂尙31)을 얻고서 太公으로 삼았고 齊나라 桓公이 管夷吾32)를 얻고서 仲父로 삼았는데,

지금 왕께서는 안평군을 얻고서 유독 '單'이라고 부르시니, 어떻게 이러한 망국의 말을 하실 수 있습니까? 저 안평군은 위태로운 卽墨의 3리 되는 내성과 5리 되는 외성을 가지고 齊나라 천 리 영토를 회복하였습니다. 그때에 스스로 왕 노릇을 하였다면 천하에 그를 막을 자가 없었을 것입니다. 하지만 도리에 맞추어보고 의리에 입각하여 옳지 않다고 생각하였으므로 棧道木閣[33]을 설치하여 城陽에서 왕을 영접하였던 것입니다. 지금 나라가 이미 평정되고 백성이 이미 안정되었는데 왕께서 '單'이라고 부르시니 어린아이의 생각으로도 이렇게 하지 않을 것입니다."라고 하였다.

왕이 이에 아홉 신하를 죽이고 안평군에게 만호를 더 봉하여 주었다.

王有所幸臣九人이 語王曰 安平君이 與王으로 君臣無異요 而內撫百姓하며 外懷戎翟하고 禮天下之賢士하니 其志가 欲有爲也①니이다 異日에 王曰 召相單來하라 單의 所任貂勃이 聞之하고 稽首於王曰② 周文王이 得呂尙하야 以爲太公하시고 齊桓公이 得管夷吾하야 以爲仲父③어늘 今王은 得安平君하사 而獨曰單이라하시니 安得此亡國之言乎잇고 夫安平君이 以惴惴卽墨三里之城五里之郭으로 而反千里之齊④하니 當是時하야 而自王이면 天下莫之能止로대 然計之於道하고 歸之於義하야 以爲不可라 故棧道木閣而迎王於城陽⑤이러니 今國已定民已安矣어늘 王乃曰單이라하시니 嬰兒之計도 不爲此也리이다 王乃殺九人하고 而益封安平君萬戶하다

① 〈그 뜻이 무엇인가 하고자 한다는 것은〉 반역함을 말한다.
謂反也.

② 任은 如鴆의 切이니, 담보한다는 뜻이다. 바로 任子[34]라고 할 때의 任이다. 貂는 음이 凋이니 성이다.
任, 如鴆切, 保也, 卽任子之任. 貂, 音凋, 姓也.

③ 呂尙은 본성이 姜氏인데, 그 선조가 呂에 봉해졌으므로 봉지를 따라 姓을 呂라고 하였다. 呂尙이 渭水 가에서 낚시를 하고 있을 때에 周나라 文王이 사냥을 나왔다가 그를 수레에 태우고 함께 돌아와 "우리 太公(父祖)께서 그대를 기다리신 지 오래입니다."라고 하고는 그로 인해 그를 太公望이라고 불렀다. 齊나라 공자 無知의 난에 管夷吾가 公子 糾를 받들고 桓公과 나라를 다투었다. 공자 규가 죽자 管仲이 옥에 갇혔는데 환공이 그의 죄를 용서하고 국정을 맡긴 뒤에 仲父라고 불렀다.

---

31) 呂尙 : 周나라 초기의 정치가이다. 文王이 渭水 가에서 처음 만나 그를 스승으로 삼았으며, 뒤에 武王을 도와 殷나라를 멸망시키고 천하를 평정하였다. 太公望 혹은 姜太公이라고도 부른다.

32) 管夷吾 : 춘추시대 齊나라의 재상인 管仲이다. 齊나라 桓公을 도와서 富國强兵을 이루어 霸者가 되게 하였다.

33) 棧道木閣 : 깎아지른 벼랑에 구멍을 뚫고 나무를 걸쳐서 길을 만든 것이다.

34) 任子 : 漢나라 때에 父兄의 공적에 따라 그 子弟를 관직에 추천하던 제도이다.

呂尙, 本姓姜氏. 其先祖封於呂, 故從其封, 姓曰呂. 呂尙釣於渭濱, 周文王出獵, 載與俱歸, 曰 "吾太公望子久矣." 因號曰太公望. 齊公子無知之亂, 管夷吾奉公子糾, 與桓公爭國. 子糾死, 管仲囚, 桓公釋其罪, 任之以政, 號曰仲父.

④ 惴는 之睡의 切이니, 두려워한다는 뜻이다.
惴, 之睡切, 憂懼也.

⑤ 棧은 士限의 切이다. 험난한 곳에서 산의 바위를 옆에서 뚫고 나무를 걸어 길을 낸 것을 棧道라고 한다. 襄王이 湣王을 따라 莒로 도망갔는데, ≪漢書≫ 〈地理志〉에 "莒縣은 城陽國에 속한다."고 하였다.
棧, 士限切. 絶險之處, 傍鑿山巖, 架木通路曰棧道. 襄王, 從湣王走莒. 班志 "莒縣, 屬城陽國."

【目】 田單이 狄을 공격하려고 할 때에 魯仲連[35]을 찾아가 만났다. 노중련이 말하기를 "장군이 狄을 공격해도 함락시킬 수 없을 것입니다." 하니, 전단이 말하기를 "내가 卽墨의 남은 병사를 데리고도 燕나라를 깨뜨리고 齊나라를 회복하였는데, 지금 狄을 공격해도 함락할 수 없다고 하는 것은 무슨 까닭입니까?" 하고는 인사도 하지 않고 떠나갔다. 마침내 적을 공격하여 3개월이 지나도 이기지 못하였다.

전단이 이에 두려워져서 노중련에게 물으니, 노중련이 말하기를 "장군이 즉묵에서는 삼태기를 짜고 삽을 잡고서 사졸들의 창도가 되어 말하기를 '갈 만한 곳이 없구나. 종묘가 망하였도다. 오늘은 그래도 희망이 있으니, 어느 부류로 귀착할 것인가.' 하였습니다. 그때에 장군은 죽으려는 마음이 있었고 사졸들은 살아야겠다는 기색이 없어 모두가 눈물을 훔치면서 팔을 휘두르며 싸우고자 하였습니다. 이것이 燕나라를 깨뜨릴 수 있었던 까닭입니다. 지금 장군은 동쪽으로 夜邑(액읍)[36]의 封地에서 바치는 조세가 있고 서쪽으로 淄水 가에서 노니는 즐거움이 있으며, 황금 띠를 허리에 두르고 淄水와 澠水 사이에서 말을 타고 달려서, 사는 즐거움이 있고 죽으려는 마음이 없습니다. 이것이 이기지 못하는 까닭입니다." 하였다.

전단이 다음 날 기운을 가다듬고 성을 순행하여 화살과 돌이 쏟아지는 곳에 서서 북채를 당겨 북을 치니 狄 사람들이 마침내 항복하였다.

---

35) 魯仲連 : 齊나라의 高士이다. 그가 趙나라에 가 있을 때 秦나라 군대가 趙나라의 수도인 邯鄲을 포위하였다. 이때 魏나라가 장군 新垣衍을 보내 秦나라 임금을 帝로 섬기면 포위를 풀 것이라고 하였다. 이에 노중련이 "秦나라가 방자하게 帝를 칭한다면 나는 동해를 밟고 빠져 죽겠다."라고 하니, 秦나라 장군이 이 말을 듣고 군사를 50리 뒤로 물렸다는 고사가 전한다. ≪史記 권83 魯仲連列傳≫

36) 夜邑(액읍) : 掖邑이라고도 한다. 齊나라 襄王이 전단에게 萬戶를 더해 준 封地가 바로 액읍이다.

◑ 田單이 將攻狄할새 往見魯仲連[①]한대 仲連이 曰 將軍이 攻狄不能下也리라 單曰 單이 以卽墨餘卒로 破燕復齊호니 今攻狄而不下는 何也오 弗謝而去하야 遂攻狄하야 三月不剋이라 單이 乃懼하야 問仲連한대 仲連이 曰 將軍이 在卽墨에 織蕢仗鍤하야 爲士卒倡하야 曰[②] 無可往矣요 宗廟亡矣라 今日尙矣니 歸於何黨矣[③]오하니 當此之時하야 將軍은 有死之心이요 士卒은 無生之氣하야 莫不揮泣하야 奮臂而欲戰하니 此所以破燕也어니와 今에 將軍이 東有夜邑之奉하며 西有淄上之娛[④]하고 黃金橫帶하야 騁乎淄澠(승)之間[⑤]하야 有生之樂이요 無死之心이라 所以不勝也니라 單이 明日에 厲氣循城하야 立於矢石之所하야 援枹鼓之한대 狄人乃下[⑥]하니라

① ≪漢書≫ 〈地理志〉에 "狄縣은 千乘郡에 속한다."고 하였다. 魯는 姓이다. 魯仲連은 齊나라 사람이다.
班志 "狄縣, 屬千乘郡." 魯, 姓也. 魯仲連, 齊人也.

② 蕢는 求位의 切이니, 풀로 짠 용기이다. 仗은 기대고 멘다는 뜻이다. 倡(창도하다)은 唱으로 읽는다.
蕢, 求位切, 草器也. 仗, 憑荷也. 倡, 讀曰唱.

③ 尙은 바란다는 뜻이다. 田單이 그때에 "오늘의 일은 그래도 희망이 있다."라고 했음을 말한 것이다. 黨은 부류이다. 전쟁에는 승부가 있어서 죽지 않으면 항복해야 하는데, 장차 어느 부류로 귀착할 것인가라고 말한 것이다.
尙, 庶幾也. 言單於其時, 蓋言曰"今日之事, 尙庶幾焉." 黨, 類也. 言戰有勝負, 不死則降, 將歸於何類也.

④ 이것은 대체로 安平의 식읍에 夜邑을 더하여 받았음을 말한 것이다. 액읍은 안평의 동쪽에 있다. 치수는 안평의 서쪽에 있다. 액읍에서는 조세를 바침이 있고 치수 가에는 유람하는 즐거움이 있으므로 魯仲連이 그렇게 말한 것이다.
此蓋言安平封邑, 益之以夜邑. 夜邑在安平東. 淄水在安平西. 夜邑有租賦之奉, 淄上有遊觀之樂, 故仲連云然.

⑤ 澠은 음이 繩이다. ≪資治通鑑綱目集覽≫에 "澠水는 益都 臨淄縣에서 발원한다."고 하였다.
澠, 音繩. 集覽 "澠水出益都臨淄縣."

⑥ 援은 당긴다는 뜻이다. 枹는 음이 孚이니, 북을 치는 채이다.
援, 引也. 枹, 音孚, 擊鼓杖也.

【目】 趙나라 왕이 樂毅와 함께 燕나라를 정벌하는 일을 도모하려고 하였는데, 악의가 울며 말하기를 "신이 지난날 昭王을 섬겼던 일은 오늘날 대왕을 섬기는 일과 같습니다. 만약 다시 죄를 지어 다른 나라에 있더라도 평생토록 趙나라의 노예조차 감히 해치지 않을 것인데, 더구나 자손이겠습니까." 하였다. 趙나라 왕이 이에 그만두고 악의

를 觀津에 봉하고 望諸君이라고 불러 존경하고 총애함으로써 燕나라와 齊나라를 각성시켰다.

燕나라 惠王이 趙나라가 악의를 기용하여 자신들이 피폐한 틈을 노릴까 두려워하여 마침내 사람을 보내 악의를 꾸짖으면서 한편으로 사과하기를 "장군이 燕나라를 버리고 趙나라에 귀의하였으니, 스스로 계책을 세운 것은 괜찮지만, 선왕께서 장군을 대우했던 마음은 어떻게 갚겠는가?" 하니, 악의가 답서를 보내기를 "화를 면하고 공을 세워 선왕의 업적을 밝히는 것은 신의 가장 좋은 계책이고, 모욕적인 비방을 당해 선왕의 명성을 무너뜨리는 것은 신이 가장 두려워하는 일이며, 크나큰 죄를 짓고서 요행히 모면하는 것을 이롭다고 여기는 것은 의리상 감히 할 수 없는 일입니다. 옛 군자는 교유를 끊을 때에 나쁜 말을 하지 않고, 충신은 나라를 떠날 때에 자신의 명성을 깨끗이 하지 않는다고 합니다. 신이 비록 재주가 없으나 자주 군자의 가르침을 받았습니다." 하였다.

燕나라가 이에 다시 악의의 아들 樂間(악한)으로 昌國君을 삼으니, 악의가 왕래하여 燕나라와 다시 통하더니 결국 趙나라에서 卒하였다.

◑ 趙王이 欲與樂毅로 謀伐燕이어늘 毅泣曰 臣이 疇昔之事昭王은 猶今日之事大王也①니 若復得罪하야 在他國이라도 終身不敢謀趙之奴隷어든 況子孫乎잇가 趙王이 乃止하고 而封毅於觀津하야 號望諸君이라하야 尊寵之하야 以警動於燕齊②러라 燕惠王이 恐趙用之以乘其敝하야 乃使人讓毅하고 且謝之曰 將軍이 捐燕歸趙하니 自爲計則可矣어니와 而何以報先王所以遇將軍之意乎리오 毅報書曰 免身立功하야 以明先王之迹은 臣之上計也요 罹毁辱之謗하야 墮(휴)先王之名은 臣之所大恐也③요 臨不測之罪하야 以幸爲利는 義之所不敢出也④라 古之君子交絶에 不出惡聲⑤하고 忠臣이 去國에 不絜其名⑥하나니 臣雖不佞이나 數(삭)奉教於君子矣로이다 燕이 乃復以毅子間(한)으로 爲昌國君하니 而毅이 往來復通燕이러니 竟卒於趙⑦하다

① 疇昔은 前日이라고 말하는 것과 같다.
疇昔, 猶言前日也.

② 觀은 工喚의 切이다. ≪漢書≫ 〈地理志〉에 "觀津縣은 信都國에 속한다."고 하였다. 望諸는 늪지의 이름이다. 본래 齊나라 땅이었는데, 나중에 趙나라의 소유가 되었다. 樂毅가 齊나라에서 趙나라로 달아나 왔으므로 이것으로 그를 불러 그가 온 곳을 밝혔다.
觀, 工喚切. 班志"觀津縣, 屬信都國." 望諸, 澤名. 本齊地, 後爲趙所有. 毅自齊奔趙, 以此號之, 示其所從也.

③ 罹는 만난다는 뜻이다. 墮는 火規의 切이고, 隳와 같으니, 무너뜨린다는 뜻이다.
罹, 遭也. 墮, 火規切, 與隳同, 壞也.

④ 出은 도피하는 것을 말한다. 이미 크나큰 죄를 짓고서 만약 요행히 면하는 것을 이롭다고 여긴다면 목숨을 바치는 의리를 저버리는 것임을 말하였다.
出, 謂逃避. 言旣臨不測之罪, 若以幸免爲利, 則失授命之義矣.
⑤ 자신의 장점을 말하지 않고 상대의 단점을 말하지 않는 것이다.
不說己長而談彼短.
⑥ 絜은 潔과 같다. 충신이 본국을 떠나면서 스스로 자신의 이름을 깨끗이 하여 자신에게 죄가 없다고 하지 않음을 말하였다.
絜, 與潔同. 言忠臣去離本國, 不自素其名云已無罪.
⑦ 不佞(재주 없다)은 不才와 같다. 數은 음이 朔이다. 君子는 현자를 말한다. 間은 음이 閑이다.
不佞, 猶不才也. 數, 音朔. 君子, 謂賢者. 間, 音閑.

【綱】 薛公 田文이 卒하였다.

薛公田文이 **卒**하다

【目】 처음에 齊나라 湣王이 宋나라를 멸망시키고 나서 孟嘗君(田文)을 제거하려고 하자 맹상군이 魏나라로 달아났다. 魏나라가 그를 재상으로 삼아 제후들과 함께 齊나라를 정벌하여 깨뜨렸다. 齊나라 襄王이 나라를 수복함에 맹상군이 제후들 가운데에서 中立을 지키고 누구에게 소속되지 않았다. 양왕이 두려워하여 그와 화친을 맺었는데, 이때에 이르러 卒하였다. 여러 아들들이 왕위에 오르기를 다투자 齊나라와 魏나라가 함께 멸망시켰다.

初에 **齊湣王**이 **旣滅宋**하고 **欲去孟嘗君**이어늘 **孟嘗君**이 **奔魏**한대 **魏以爲相**하야 **與諸侯共伐破齊**러니 **襄王**이 **復國**에 **而孟嘗君**이 **中立爲諸侯**하야 **無所屬**이어늘 **襄王**이 **畏之**하야 **與連和**러니 **至是卒**하니 **諸子爭立**이어늘 **齊魏共滅之**하니라

癸未年(B.C. 278)

【綱】 周나라 赧王 37년이다.

三十七年이라

【目】 燕나라 惠王 원년이다.

燕惠王元年이라

【綱】 秦나라 白起가 楚나라를 정벌하여 郢을 함락시키고 夷陵을 불살랐다. 楚나라가 도읍을 陳으로 옮기자 秦나라가 南郡을 설치하고 백기를 봉하여 武安君으로 삼았다.

秦白起伐楚하야 拔郢하고 燒夷陵한대 楚徙都陳이어늘 秦이 置南郡하고 封起爲武安君①하다

① 夷陵은 곧 西陵이니, 夷山이 서북쪽에 있다. 陳은 곧 옛 陳나라이다. ≪漢書≫ 〈地理志〉에 "陳縣은 淮陽國에 속하고, 武安縣은 魏郡에 속한다."고 하였다. 전국시대의 군주가 자신의 신하를 분봉할 때에 平原君, 武安君과 같은 부류는 그 현의 수입을 정말로 먹은 것이 아니었다. 張守節[37]이 말하기를 "군사를 잘 기르고, 싸우면 반드시 이기며, 백성을 편히 살게 하므로 '武安'이라고 하였음을 말한 것이다." 하였다.
夷陵, 卽西陵, 夷山在西北. 陳, 卽古陳國. 班志 "陳縣, 屬淮陽國. 武安縣, 屬魏郡." 戰國之君, 分封其臣, 如平原・武安之類, 非眞食其縣之入也. 張守節曰 "言能撫養軍士, 戰必克得, 百姓安集, 故曰武安."

甲申年(B.C. 277)

【綱】 周나라 赧王 38년이다. 秦나라가 黔中郡을 설치하였다.

三十八年이라 秦이 置黔中郡하다

乙酉年(B.C. 276)

【綱】 周나라 赧王 39년이다.

三十九年이라

37) 張守節 : 唐나라 開元 연간(713~741)의 학자로, ≪史記正義≫를 지었다.

白起의 楚나라 遠征 경로

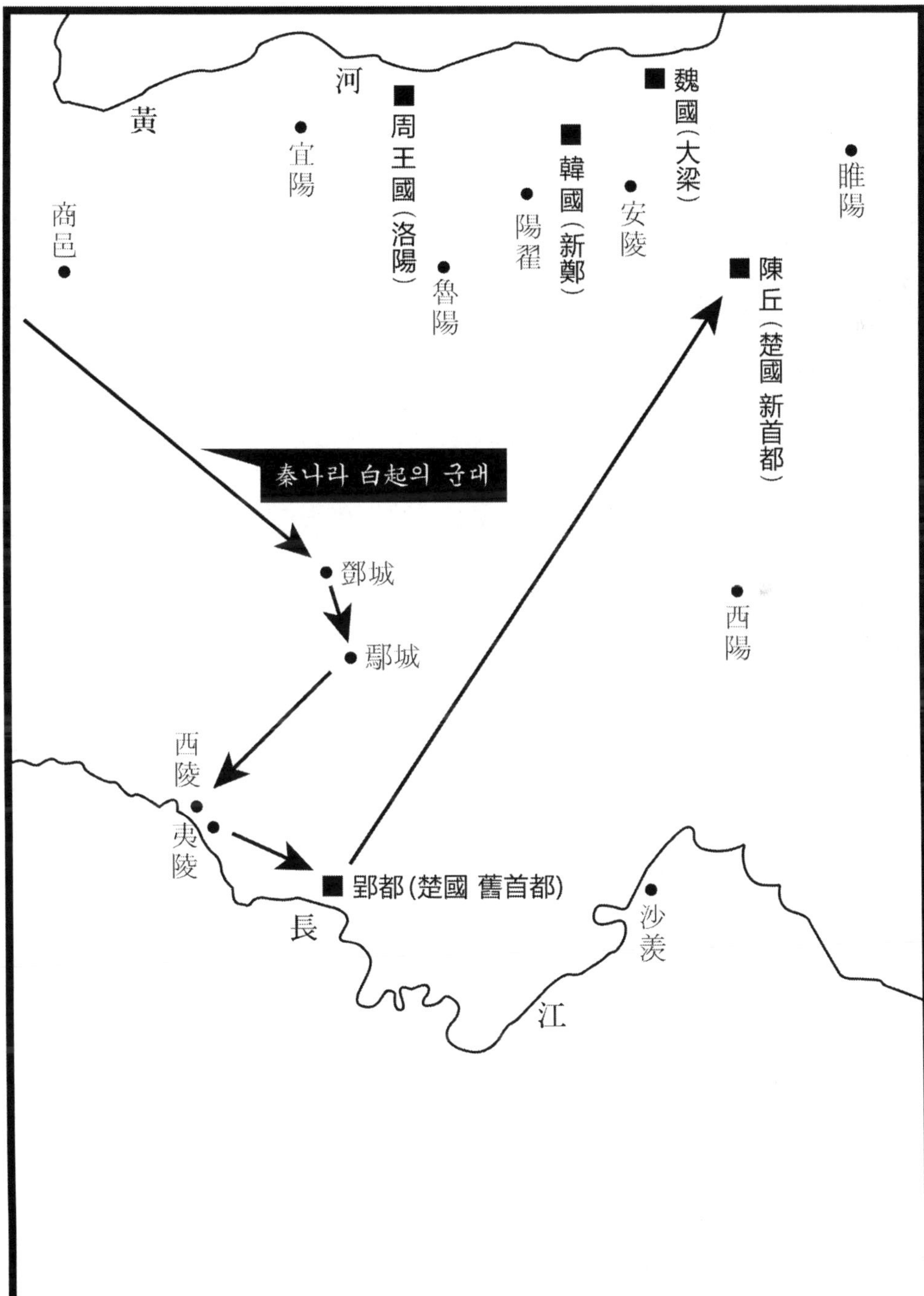
河
黃
宜陽
周王國(洛陽)
韓國(新鄭)
魏國(大梁)
安陵
陽翟
睢陽
商邑
魯陽
陳丘(楚國 新首都)
秦나라 白起의 군대
鄧城
鄢城
西陽
西陵
夷陵
郢都(楚國 舊首都)
沙羨
長
江

【目】 魏나라 安釐王(안희왕) 원년이다.

魏安釐王元年이라

【綱】 秦나라 白起가 魏나라를 정벌하여 두 성을 함락시켰다.

秦白起伐魏하야 拔兩城하다

【綱】 楚나라가 長江 남쪽의 15개 읍을 수복하였다.

◑ 楚復取江南十五邑하다

【目】 楚나라 왕이 동쪽 지방의 병사를 수합하여 秦나라에게 함락당한 長江 남쪽의 15개 읍을 수복하고 郡으로 삼아 秦나라에 맞섰다.

楚王이 收東地兵하야 復取秦所拔江南十五邑하야 爲郡以距秦①하다

① 東地는 대개 楚나라의 동쪽인 淮水와 汝水 지역이다.
東地, 蓋楚之東境, 淮・汝之地也.

【綱】 魏나라가 公子 無忌를 봉하여 信陵君으로 삼았다.

魏封公子無忌하야 爲信陵君①하다

① 無忌는 安釐王의 동생이다. 宋白[38]이 말하기를 "信陵君은 甯을 식읍으로 받았는데, 지금의 宋州 寧陵縣의 옛 甯城이다."라고 하였다.
無忌, 安釐(희)王弟. 宋白曰 "信陵君邑於甯, 今宋州寧陵縣, 古甯城也."

丙戌年(B.C. 275)

【綱】 周나라 赧王 40년이다. 秦나라 魏冉이 魏나라를 정벌하자 韓나라가 구원하다가 크게 패하였다. 魏나라가 성 여덟 개를 秦나라에 바쳤

---

38) 宋白 : 936~1021. 宋나라 때의 학자이자 문신이다. 吏部尙書를 지냈다. ≪文苑英華≫의 편찬에 참여하였다.

는데, 秦나라가 魏나라를 다시 정벌하여 大梁을 포위하였다. 魏나라가 溫을 다시 떼어주고서 화친하였다.

四十年이라 **秦魏冉**이 **伐魏**한대 **韓**이 **救之大敗**라 **魏納八城於秦**이러니 **秦**이 **復伐魏**하야 **圍大梁**한대 **魏又割溫以和**하다

【目】 秦나라가 韓나라의 구원병을 패배시켜 4만 명을 참수하였다.

秦이 敗韓救兵하야 斬首四萬하다

丁亥年(B.C. 274)

【綱】 周나라 赧王 41년이다. 魏나라가 齊나라와 다시 합종하였다. 秦나라 魏冉이 魏나라를 정벌하여 성 네 개를 함락시켰다.

四十一年이라 **魏復與齊合從**하다 **秦魏冉**이 **伐魏**하야 **拔四城**하다

【目】 魏나라 군사 4만 명을 참수하였다.

斬首四萬하다

戊子年(B.C. 273)

【綱】 周나라 赧王 42년이다. 趙나라와 魏나라가 韓나라를 정벌하자 秦나라가 구원하여 그들의 군대를 크게 패퇴시키니, 魏나라가 南陽을 떼어주고 화친하였다.

四十二年이라 **趙魏伐韓**이어늘 **秦**이 **救之**하야 **大破其軍**하니 **魏割南陽以和**하다

【目】 秦나라가 韓나라를 구원하여 趙나라와 魏나라의 군대를 패배시켜 목을 베고 물에 빠뜨려 죽인 것이 15만 명이었다. 魏나라의 段干子가 南陽을 떼어 秦나라에 주어 화친

하기를 청하였다.

蘇代가 魏나라 왕에게 아뢰기를 "秦나라 재상의 印信을 원하는 자는 단간자이고, 魏나라의 땅을 원하는 것은 秦나라입니다. 지금 왕께서 인신을 원하는 자로 하여금 땅을 재단하게 하시고, 땅을 원하는 자로 하여금 인신을 재단하게 하시니, 魏나라의 땅이 다 없어질 것입니다. 땅을 가지고 秦나라를 섬기는 것은 땔나무를 안고서 불을 끄려는 것과 같습니다. 땔나무가 다 타서 없어지지 않으면 불이 꺼지지 않을 것입니다." 하였다.

왕이 말하기를 "네 말이 옳다. 그러나 일이 이미 시행되었으니 바꿀 수 없다." 하니, 소대가 대답하기를 "장기에서 梟를 귀중하게 여기는 이유는 마땅하면 상대의 말을 먹고 마땅치 않으면 머무를 수 있기 때문입니다. 지금 어찌 왕께서 지혜를 쓰는 것이 梟를 쓰는 것만 못하단 말입니까." 하였다.

왕이 듣지 않고 마침내 남양을 주고서 화친하였는데, 사실은 修武를 준 것이었다.

秦이 救韓하야 敗趙魏之師하야 斬首沈卒十五萬하다 魏段干子請割南陽하야 予秦以和어늘 蘇代가 謂魏王曰 欲璽者는 段干子也요 欲地者는 秦也[①]어늘 今王이 使欲璽者制地하시고 欲地者制璽하시니 魏地盡矣[②]로소이다 夫以地事秦은 猶抱薪救火라 薪不盡이면 火不滅이리이다 王曰 是則然矣어니와 然事始已行하니 不可更矣로다 對曰 夫博之所以貴梟者는 便則食하고 不便則止하나니 今何王之用智不如用梟也[③]잇고 王이 不聽하고 卒以南陽爲和하니 寔修武[④]라

① 璽는 음이 徙이니, 印信이다. 옛날에는 신분이 높건 낮건 통용하였는데, 秦漢 이후로 비로소 왕의 인신만을 칭하였다. "欲璽(인신을 원한다.)"는 땅으로 秦나라를 섬겨서 봉해져 그 인신을 받으려고 함을 말한 것이다.
璽, 音徙, 印也. 古者, 尊卑通用, 至秦漢以後, 始專名王者印. 欲璽, 謂以地事秦, 欲得封之而受其璽.

② 制는 재단한다는 뜻이다.
制, 裁斷也.

③ 博이라는 것은 장기이니, 곧 陸博이다. 5개의 윷짝으로 주사위를 만드는데 梟, 盧, 雉, 犢, 塞의 다섯 가지가 승부의 패가 된다. 梟는 맞이한다는 뜻이다. 육박에서는 맞이하게 되는 자가 이긴다. 便은 마땅하다는 뜻이다. 梟를 얻으면 말을 마땅히 움직여야 하나, 만약 편치 않으면 움직임을 미룬다. ≪戰國策≫에 "움직이고 싶으면 움직이고, 가만히 있고 싶으면 가만히 있는다."라고 하였는데, 그 주에 "食이라는 것은 말을 움직이는 것이고, 握은 움직이지 않는 것이다."라고 하였다.
博者, 局戲也, 卽陸博也. 以五木爲骰, 有梟·盧·雉·犢·塞五者爲勝負之采. 梟, 邀也. 六博得邀者勝. 便, 宜也. 得梟則宜食其子, 若不便則爲餘行也. 戰國策作 "欲食則食, 欲握則握." 註 "食者, 行棊也. 握, 不行也."

④ ≪漢書≫ 〈地理志〉에 "修武縣은 河內郡에 속한다."고 하였다.
班志 "修武縣, 屬河內郡."

己丑年(B.C. 272)

【綱】周나라 赧王 43년이다.

四十三年이라

【目】韓나라 桓惠王 원년이다.

韓桓惠王①元年이라

① 桓惠王은 釐(희)王의 아들이다.
桓惠王 釐王子

【綱】楚나라 太子 完이 秦나라에 인질이 되었다.

楚太子完이 **質於秦**하다

【目】秦나라 왕이 武安君으로 하여금 韓나라, 魏나라와 함께 楚나라를 정벌하게 하려고 하였다. 楚나라 사자 黃歇이 秦나라에 왔다가 그 소식을 듣고 일거에 楚나라를 멸망시킬까 두려워서 다음과 같이 글을 올렸다.

"신이 듣건대 사물은 극한에 이르면 돌아간다고 하니, 겨울과 여름이 이러한 것입니다. 쌓는 것은 극한에 이르면 위태로워진다고 하니, 바둑알을 쌓는 것이 이러한 것입니다. 지금 대국의 영토는 온 천하에 두루 미쳐 두 방면을 가지고 있으니39) 이것은 백성을 내린 이래로 만승의 나라에 없던 일입니다. 왕께서 또한 韓나라를 겸병하고 魏나라를 복속시켜 濮과 磨 이북의 땅을 떼어 받아 秦나라와 齊나라의 허리를 연결하고 楚나라와 趙나라의 등마루를 끊었는데, 천하가 이리저리 규합하지만 감히 구원하지 못하니, 왕의 위세가 모두 행해진 것입니다.

왕께서 만약 능히 공적을 유지하고 위세를 지켜서, 공격하여 차지하려는 마음을 억제

39) 지금……있으니 : 秦나라가 중국의 서쪽과 남쪽을 차지하고 있었으므로 이렇게 말하였다.

하시고 仁義의 도리를 두텁게 하여 후환이 없도록 하신다면 三王에 王을 더하여 四王으로 해도 부족하고 五霸에 王을 더하여 六霸로 해도 부족할 것입니다[40].

하지만 왕께서 만약 인구가 많은 것을 믿고 군사력이 강한 것에 기대어 무력으로 천하의 군주들을 신하로 복속시키려고 하신다면 신은 후환이 있을까 두렵습니다. ≪易≫에 '여우가 물을 건넘에 그 꼬리를 적시도다.'라고 하였으니[41] 이것은 시작하기는 쉬워도 잘 마치기는 어렵다는 것을 말한 것입니다.

그리고 楚나라는 원조국이고, 이웃 나라는 적국입니다. 그런데 지금 왕께서는 楚나라가 망하지 않는 것을 미워하시고, 楚나라를 망하게 하는 것이 韓나라와 魏나라를 강대하게 만드는 것임을 잊고 계시니, 신이 왕을 위해 염려하나 왕께서는 제 말을 취하지 않으십니다. 저 韓나라와 魏나라의 부자와 형제가 연이어 秦나라에게 죽임을 당한 것이 거의 10대입니다. 그러므로 韓나라와 魏나라가 망하지 않는 것은 秦나라 社稷의 걱정입니다. 그런데 지금 왕께서는 韓나라와 魏나라가 왕께 잘한다고 믿고서 그들을 바탕으로 함께 楚나라를 공격하고자 하시니, 이것은 바로 吳나라가 越나라를 믿었던 경우입니다[42].

신이 왕을 위해 생각건대, 楚나라와 우호하는 것이 가장 좋습니다. 秦나라와 楚나라가 연합하여 하나가 되면 韓나라와 魏나라가 반드시 關內의 제후가 될 것이니, 齊나라에 땅을 연결하면 齊나라의 오른쪽 땅을 팔짱을 낀 채로 얻을 수 있을 것입니다. 왕의 영토가 동서로 두 바다를 하나로 연결하여 천하를 제어하게 되면, 이는 燕나라와 趙나라가 齊나라와 楚나라에 연결할 길이 없게 되고, 齊나라와 楚나라가 燕나라와 趙나라에 연결할 길이 없게 될 것입니다. 그런 뒤에 燕나라와 趙나라를 위태롭게 다그치고 齊나라와 楚나라를 바로 흔들면 이 네 나라가 고통을 받기도 전에 굴복할 것입니다."

왕이 그 말을 따라 황헐로 하여금 돌아가 楚나라와 화친을 맺게 하였는데, 楚나라가 다시 황헐로 하여금 태자 완을 모시고 秦나라에 인질이 되게 하였다.

---

40) 삼왕에……것입니다 : 功績이 三王과 五霸도 秦나라 왕에게는 미치지 못할 것이라는 말이다. 三王은 여러 가지 설이 많으나, ≪孟子≫ 趙岐 註를 따르면 夏나라의 禹王, 殷나라의 湯王, 周나라의 文王을 가리킨다. 五霸는 春秋시대 齊나라의 桓公, 晉나라의 文公, 宋나라의 襄公, 楚나라의 莊公, 秦나라의 繆公을 가리킨다.

41) 역에……하였으니 : ≪周易≫ 未濟卦에 "어린 여우가 물을 건넘에 용감하여 그 꼬리를 적시니 이로운 바가 없다.〔小狐 汔濟 濡其尾 无攸利〕"라는 말이 있다. 어린 여우처럼 너무 과감하고 신중하지 못하면 일을 이루지 못할 것이라는 말이다.

42) 吳나라가……경우입니다 : ≪資治通鑑≫에는 "吳나라가 越나라를 믿고 齊나라를 쳐서 艾陵에서 이기고 돌아오다가 三江의 포구에서 오히려 越나라 왕에게 사로잡혔다."고 되어 있다.

秦王이 將使武安君으로 與韓魏伐楚러니 楚使者黃歇이 至秦이라가 聞之하고 恐其一擧而滅楚也하야 乃上書曰 臣은 聞物至則反하나니 冬夏是也①요 致至則危하나니 累棊②是也라 今大國之地徧天下有其二垂하니 此는 從生民以來로 萬乘之地 未嘗有也③니이다 王이 又兼韓服魏하고 割濮磨之北하야 注秦齊之要하며 絶楚趙之脊④한대 天下五合六聚而不敢捄하니 王之威亦單矣⑤로소이다 王이 若能保功守威하야 絀攻取之心하고 而肥仁義之地하야 使無後患이면 則三王을 不足四요 五伯(패)를 不足六也⑥어니와 王이 若負人徒之衆하고 仗兵革之彊⑦하야 而欲以力으로 臣天下之主하면 臣이 恐其有後患也하노이다 易曰 狐涉水에 濡其尾라하니 此는 言始之易終之難也라 且楚國은 援也요 隣國은 敵也어늘 今王이 妬楚之不毁하고 而忘毁楚之彊韓魏也하시니 臣이 爲王慮而不取也하노이다 夫韓魏父子兄弟接踵而死於秦者 將十世矣라 故韓魏之不亡은 秦社稷之憂也어늘 今王이 信韓魏之善王하야 而欲資之與攻楚하시니 此正吳之信越也⑧로소이다 臣이 爲王慮컨대 莫若善楚니 秦楚合而爲一하면 則韓魏必爲關內之侯니 注地於齊하면 則齊右壤을 可拱手而取也⑨라 王之地一經兩海하야 要約天下⑩하면 是는 燕趙無齊楚요 齊楚無燕趙也니 然後危動燕趙하고 直搖齊楚하면 此四國者不待痛而服矣리이다 王이 從之하야 使歇歸하야 約親於楚한대 楚復使歇로 侍太子完하야 爲質於秦하다

① 至는 극에 달한다는 뜻이다. 극에 달하면 반드시 돌아온다는 말이다. 冬至에 陰이 극에 달해 陽이 생겨나고, 夏至에 陽이 극에 달해 陰이 생겨난다.
至, 極也. 極則必反. 冬至, 陰之極而陽生焉, 夏至, 陽之極而陰生焉.

② 致는 물건을 가져다 다른 물건의 위에 두는 것을 말한다. 晉나라 靈公이 9층의 누대를 만들자 주위의 신하들이 감히 간하지 못하였다. 荀息이 뵙기를 청하자 영공이 쇠뇌에 시위를 매기고 화살을 들고서 그를 만났다. 순식이 아뢰기를 "신은 12개의 바둑돌을 쌓고 그 위에 9개의 계란을 올려놓을 수 있습니다."라고 하니, 영공이 "그대는 한번 해보라."라고 하였다. 순식이 이에 안색을 가다듬고 마음을 안정시킨 뒤에 그것을 하였다. 영공이 숨을 죽이며 말하기를 "위태롭구나! 위태로워!"라고 하니, 순식이 아뢰기를 "이것보다 더 위태로운 일이 있습니다. 9층의 누대가 3년이 되도록 완성되지 않아 국고가 텅 비고 사직이 망하려고 합니다."라고 하였다. 영공이 즉시 그 누대를 헐었다.
致, 言取物置之物上也. 晉靈公造九層臺, 左右莫敢諫. 荀息求見, 靈公張弩持矢而見之. 荀息曰"臣能累十二博棊, 加九鷄子其上." 公曰"子試作之." 息乃正顔色, 定志意, 而作之. 靈公氣息不續曰"危哉危哉." 息曰"復有危於此者, 九層之臺, 三年不成, 國用空虛, 社稷將亡." 靈公卽毁其臺.

③ 二垂는 서쪽과 남쪽을 가리킨다. 대개 秦나라가 서쪽에서 먼저 蜀나라를 멸망시키고 다시 楚나라를 정벌하여 漢中, 黔中, 南郡의 땅을 취하였다.
二垂, 指西與南. 蓋秦國在西先滅蜀, 又伐楚取漢中·黔中·南郡地.

④ 磨는 莫賀의 切이다. 濮과 磨는 모두 魏나라 땅이다. 要(허리)는 腰로 읽는다. 脊은 資昔의 切이니, 등마루이다. 秦나라가 魏나라를 복속시키고 나서 다시 濮·磨 이북의 땅을 떼어 받으니 영토가 齊나라에 연결되었다. 이것이 齊나라의 허리에 연결하였다는 것이다. 魏나라의 땅이 秦나라로 편입되자 楚나라와 趙나라의 세력이 연결되지 못하였다. 이것이 楚나라와 趙나라의 등마루를 끊었다는 것이다.

磨, 莫賀切. 濮·磨, 竝魏地. 要讀曰腰. 脊, 資昔切, 背脊也. 言秦旣服魏, 又割濮·磨之北, 則地連於齊, 是注齊之要也. 魏地旣入於秦, 則楚趙之聲勢不接, 是絶楚趙之脊也.

⑤ 捄(구하다)는 救로 읽는다. 單은 殫과 같으니, 다 이루어졌다는 뜻이다. 왕의 위세가 다 행해졌음을 말한 것이다.

捄, 讀曰救. 單, 與殫同, 盡也. 言王之威盡行矣.

⑥ 絀은 黜과 같다. 肥는 厚와 같다. 地는 道와 같다.

絀, 與黜同. 肥, 猶厚也. 地, 猶道也.

⑦ 負는 恃와 같다.

負, 猶恃也.

⑧ 資之는 그들을 바탕으로 전쟁을 벌이는 것을 말한다. 吳나라가 越나라를 믿고 그들을 따라 齊나라를 쳤는데, 齊나라 군대를 이기고 나자 오히려 越나라 왕에게 사로잡혔다.

資之, 謂資以兵也. 吳信越, 從而伐齊, 旣勝齊人, 還爲越王禽.

⑨ 齊나라의 오른쪽 땅은 齊나라 서쪽의 땅을 말한다.

齊右壤, 謂齊西之地也.

⑩ 동서가 經이다. 두 바다는 동해와 서해이다. 서해부터 동해에 이르기까지 그 땅이 모두 秦나라 소유임을 말한 것이다. 要約은 約束과 같다. ≪戰國策≫ 〈秦策 4〉에 "두 바다를 하나로 연결하여 천하를 끊었다."라고 하였는데, 要絶은 중간을 끊는다는 말이다.

東西爲經. 兩海, 東海·西海也. 謂自西海至東海, 其地一爲秦所有也. 要約, 猶約束也. 戰國策 "一注[43]兩海, 要絶天下." 要絶, 謂中斷.

【綱】 秦나라가 南陽郡을 설치하였다.

秦이 置南陽郡[①]하다

① 무릇 산의 남쪽, 물의 북쪽을 모두 南陽이라고 부른다. 秦나라의 남양은 修武에 있었는데, 太行山의 남쪽, 大河의 북쪽에 있었기 때문이다. 秦나라가 南陽郡을 설치하였는데, 南山의 남쪽, 漢水의 북쪽에 있었기 때문이다.

凡山南水北, 皆謂之南陽. 晉南陽在修武, 以在太行(항)之南, 大河之北也. 秦置南陽郡, 以在南山之南, 漢水之北也.

---

43) 注 : ≪戰國策≫ 판본 중에는 '注'가 '任'으로 된 것도 있다.

【綱】秦나라, 魏나라, 楚나라가 燕나라를 정벌하였다.

◑ **秦魏楚伐燕**하다

庚寅年(B.C. 271)

【綱】周나라 赧王 44년이다.

四十四年이라

【目】燕나라 武成王 원년이다.

燕武成王元年①이라

① 武成王은 惠王의 아들이다.
武成王, 惠王子.

【綱】趙나라가 齊나라를 정벌하였다.

趙伐齊하다

辛卯年(B.C. 270)

【綱】周나라 赧王 45년이다. 秦나라가 趙나라를 정벌하여 閼與를 포위하자 趙奢가 격퇴하였다. 趙나라가 조사를 봉하여 馬服君을 삼았다.

四十五年이라 **秦**이 **伐趙**하야 **圍閼與**어늘 **趙奢擊却之**한대 **趙封奢爲馬服君**하다

【目】처음에 趙奢가 田部의 관리가 되어 조세를 거두었는데, 平原君 집안이 내려고 하지 않았다. 조사가 법에 의거하여 그 집안의 일을 보는 자 9명을 죽이자 평원군이 노하여 그를 죽이려고 하였다.

조사가 말하기를 "군께서는 趙나라에서 귀공자입니다. 지금 군의 집안을 방종하게 두어 공무를 받들지 않게 하면 법령이 손상될 것이고, 법령이 손상되면 나라가 약해질 것

이고, 나라가 약해지면 제후가 군대로 침입할 것입니다. 이것은 趙나라를 망하게 하는 것이니, 군께서 어떻게 이러한 부를 지닐 수 있겠습니까. 군의 존귀함으로 공무를 받들어 법대로 하면 상하가 공평해지고 상하가 공평해지면 나라가 부강해지고 나라가 부강해지면 趙나라가 공고해질 것입니다. 그리고 군은 나라의 貴戚이니 어찌 천하에서 경시하겠습니까." 하였다.

평원군이 그를 어질다고 여겨 왕에게 아뢰어 나라의 세금을 관리하게 하였는데, 나라의 세금이 매우 공평해져서 백성이 부유해지고 나라의 창고가 가득 찼다.

初에 趙奢爲田部吏하야 收租稅[①]러니 平原君家不肯出이어늘 奢以法으로 殺其用事者九人한대 平原君이 怒하야 將殺之어늘 奢曰 君이 於趙에 爲貴公子하니 今에 縱君家而不奉公이면 則法削이요 法削이면 則國弱이요 國弱이면 則諸侯加兵이니 是는 無趙也라 君安得有此富乎[②]리오 以君之貴로 奉公如法이면 則上下平이요 上下平이면 則國彊이요 國彊이면 則趙固니 而君爲貴戚하야 豈輕於天下邪리오 平原君이 賢之하야 言於王하야 使治國賦한대 國賦가 大平하야 民富而府庫實이러니

① 田部吏는 田地의 조세 징수를 담당하는 자이다.
田部吏, 部收田之租稅者也.

② 削은 침범한다는 뜻이고, 빼앗는다는 뜻이다.
削, 侵也, 奪也.

【目】 秦나라가 閼與를 포위하자 왕이 신하들을 불러 자문하였는데, 廉頗와 樂乘은 모두 길이 멀고 지세가 험하고 좁아 구원하기 어렵다고 하였다. 趙奢가 말하기를 "길이 멀고 지세가 험하고 좁으니 두 마리 쥐가 구멍 속에서 싸우는 격입니다. 용감한 쪽이 이길 것입니다." 하였다. 왕이 이에 조사로 하여금 군사를 이끌고 가서 구원하게 하였다.

邯鄲을 떠나 30리 지점에서 머무르며 軍中에 명령하기를 "군사에 대해 간언하는 자가 있으면 죽일 것이다." 하였다. 秦나라 군대가 武安 서쪽에 주둔하여 북을 치며 시끄럽게 병사를 조련하니 무안의 기왓장이 모두 흔들렸다. 급히 무안을 구원해야 한다고 말하는 자가 있었는데, 조사가 바로 베어 죽이고 벽을 굳게 지키면서 28일 동안 움직이지 않은 채 보루를 더욱 보강하였다.

及秦이 圍閼與[①]에 王이 召群臣問之한대 廉頗樂乘이 皆曰 道遠險陿이라 難救[②]니이다 奢曰 道遠險陿하니 如兩鼠鬪於穴中이라 將勇者勝[③]이니이다 王이 乃令奢로 將兵救之한대 去邯鄲三十里而止하야 令軍中曰 有以軍事諫者면 死하리라 秦師軍武安西[④]하야 鼓譟勒兵하니 武安屋瓦盡震이러니 有言急救武安者어늘 奢立斬之하고 堅壁二十八日不行하고 復益增壘러니

① 閼은 於葛의 切과 於連의 切이다. 與는 預와 余 두 가지 음이 있다. 閼與는 趙나라의 읍이다.
閼, 於葛・於連二切. 與, 預・余二音. 閼與, 趙邑.

② 樂乘은 樂毅의 宗人이다. 乘은 平聲이다.
乘, 毅之宗人也. 乘, 平聲.

③ 將(장차)은 平聲이니, 헤아려봄에 장차 그러할 것이라는 말이다. 마땅히 용감한 쪽이 이길 것임을 말한 것이다.
將, 平聲, 料度將然之辭. 言當是勇者勝也.

④ 武安은 邯鄲의 서쪽에 있다.
武安, 在邯鄲西.

【目】秦나라 첩자가 趙나라의 군중에 들어오자 趙奢가 잘 먹여서 보냈다. 첩자가 돌아가 보고하니 秦나라 장수가 매우 기뻐하였다. 조사가 첩자를 돌려보낸 뒤에 갑옷을 벗고 급히 달려가 하룻낮 하룻밤 만에 閼與에서 50리 떨어진 곳에 주둔하였다. 군대의 보루가 완성되자 秦나라 군대가 그 소식을 듣고는 모두 갑옷을 입고 달려왔다.

趙나라 군사 許歷이 간언하기를 청하자 조사가 간언을 들이게 하였는데, 허력이 말하기를 "秦나라는 趙나라가 여기에 이르리라 예상하지 못하였습니다. 밀려드는 기세가 대단하니, 장군께서는 반드시 군진을 두텁게 배치하여 그들을 대비해야 할 것입니다. 그렇지 않으면 반드시 패할 것입니다." 하니, 조사가 "그대의 의견을 받아들이겠다."라고 하였다. 허력이 형벌을 청하자 허락하지 않았다. 허력이 다시 간언하기를 청하고 말하기를 "북산을 먼저 점거하는 쪽이 승리할 것입니다." 하였다. 조사가 즉시 만 명을 조발하여 달려가게 하니, 秦나라 군대가 나중에 도착하여 산을 다투었으나 올라갈 수 없었다. 조사가 병사를 풀어 공격하자 秦나라 군대가 크게 패하여 알여의 포위를 풀고 돌아갔다.

趙나라가 조사를 봉하여 馬服君을 삼고, 허력을 國尉로 삼았다.

秦間이 入趙軍이어늘 奢善食(사)而遣之[①]한대 間이 還報하니 秦將이 大喜러라 奢旣遣間하고 卷甲而趨[②]하야 一日一夜에 距閼與五十里而軍하니 軍壘成에 秦師聞之하고 悉甲而往이어늘 趙軍士許歷이 請諫한대 奢進之하니 歷曰 秦이 不意趙至此라 其來氣盛하니 將軍이 必厚集其陳하야 以待之하라 不然이면 必敗[③]리라 奢曰 請受敎호리라 歷請刑이어늘 不許한대 歷이 復請曰 先據北山者勝이니라 奢卽發萬人趨之하니 秦師後至하야 爭山不得上[④]이어늘 奢縱兵擊之한대 秦師大敗하야 解閼與而還하다 趙封奢爲馬服君하고 以許歷爲國尉[⑤]하다

① 間(첩자)은 去聲이다. 食는 음이 嗣이다.
間, 去聲. 食, 音嗣.

② 卷(말다)은 捲으로 읽는다.
卷, 讀曰捲.
③ 陳(군진)은 陣으로 읽는다.
陳, 讀曰陣.
④ 上(올라가다)은 上聲이다.
上, 上聲.
⑤ 邯鄲의 서북쪽에 馬服山이 있다. 이 산으로 인해 봉호를 삼은 것이다. 馬兵의 우두머리이니, 능히 말을 복종시킬 수 있음을 말한 것이다.
邯鄲西北有馬服山, 因山爲號. 馬兵之首, 言能服馬也.

【綱】 秦나라가 齊나라를 정벌하여 剛과 壽를 취하였다.

秦이 伐齊하야 取剛壽하다

【目】 穰侯가 秦나라 왕에게 아뢰어 客卿 竈로 하여금 齊나라를 쳐서 剛과 壽를 취하게 함으로써 자신의 陶邑[44]을 넓혔다.

穰侯言於秦王하야 使客卿竈로 伐齊取剛壽하야 以廣其陶邑①하다

① 竈는 이름이다. 史書에 그 姓이 전하지 않는다. ≪資治通鑑綱目集覽≫에 "剛縣은 濟北郡에 속하고, 壽는 바로 鄆州 壽張縣이다."라고 하였다. 魏冉이 먼저 穰에 봉해진 뒤에 다시 陶에 더하여 봉해졌다. 陶는 곧 定陶이다. ≪漢書≫ 〈地理志〉에 "定陶縣은 濟陰郡에 속한다." 고 하였다.
竈, 名也, 史失其姓. 集覽 "剛縣屬濟北郡. 壽, 卽鄆州壽(陵)〔張〕[45]縣." 魏冉先封穰, 復益封陶. 陶, 卽定陶. 班志 "定陶縣, 屬濟陰郡."

【綱】 秦나라가 義渠를 멸망시켰다.

秦이 滅義渠하다

【目】 義渠의 戎王이 秦나라 太后와 淫行을 저질러 두 아들을 두었는데, 태후가 戎王을 甘泉에서 속여 죽이고 마침내 군대를 일으켜 義渠를 멸망시켰다.

---

44) 陶邑 : 穰侯의 封邑이다.

45) (陵)〔張〕: 저본에는 '陵'으로 되어 있으나, ≪資治通鑑≫과 ≪史記≫에 근거하여 '張'으로 바로잡았다.

義渠戎王이 與秦太后亂하야 有二子이러니 太后詐殺戎王於甘泉하고 遂起兵하야 滅義渠①하다

① 甘泉은 漢나라 馮翊 雲陽縣에 있었다. 漢나라가 여기에 甘泉宮을 지었다.
甘泉, 在漢馮翊雲陽縣. 漢起甘泉宮於此.

【綱】 秦나라가 范雎(범수)로 客卿을 삼았다.

秦이 以范雎로 爲客卿하다

范雎가 죽은 체하여 秦나라로 도망가다

【目】 처음에 魏나라 사람 范雎가 中大夫 須賈를 따라 齊나라에 사신을 갔는데, 齊나라 왕이 그의 말솜씨를 듣고 사사로이 금을 하사하였다. 수가는 범수가 나라의 기밀을 齊나라에 알렸다고 생각하여 귀국하여 재상 魏齊에게 고하였다. 위제가 노하여 범수를 채찍으로 쳐서 늑골을 부러뜨리고 치아를 부러뜨린 뒤에 변소 안에 버려두었는데, 범수가 죽은 체하여 탈출하였다. 魏나라 사람 鄭安平이 범수를 데리고 도망가 숨어 범수의 성명을 張祿이라고 바꾸었다. 秦나라의 謁者 王稽가 魏나라에 사신으로 갔다가 수레에 태우고 함께 돌아와서 왕에게 천거하였다.

初에 魏人范雎從中大夫須賈하야 使於齊①어늘 齊王이 聞其辯口하고 私賜之金한대 賈以爲雎가 以國陰事로 告齊也라하야 歸告其相魏齊하니 齊怒하야 笞擊雎하야 折脅摺齒하야 置厠中②한대 雎佯死得出이라 魏人鄭安平이 操雎亡匿하야 更姓名曰張祿이라하다 秦謁者王稽使魏③라가 載與俱歸하야 薦之王이어늘

① 雎는 음이 雖이고, 또 千餘의 切이다. 전국시대에 周나라 제도를 그대로 써서 上大夫・中大夫・下大夫의 三大夫를 두었다. 須賈는 성명이다.
雎, 音雖, 又千餘切. 戰國時, 仍周制置上・中・下三大夫. 須賈, 姓名.

② 摺(꺾다)은 落答의 切이니, 拉과 같다. 늑골을 쳐서 부러뜨리고 다시 치아를 꺾어 부러뜨렸

음을 말한 것이다.
摺, 落答切, 與拉同. 謂擊折其脅, 又拉折其齒也.
③ 謁者는 관직명이니, 의식을 진행하고 왕명을 받는 일을 관장한다.
謁者, 官名, 掌賓贊受事.

【目】 왕이 離宮[46]에서 그를 만나고자 하였다. 范雎가 永巷[47]인줄 모른 척하고는 그 안에 들어갔는데, 왕이 오자 환관이 노하여 그를 쫓으며 왕께서 납시었다고 하였다. 범수가 짐짓 말하기를 "秦나라에 어디 왕이 있단 말이오? 오직 太后와 穰侯가 있을 뿐이오." 라고 하였다. 왕이 어렴풋이 그 말을 알아듣고서 주변의 사람들을 물러가게 하고 꿇어앉아 묻기를 "선생은 무엇을 과인에게 가르쳐주겠소?" 하니, "글쎄요."라고 대답하였다. 이렇게 문답하기를 세 차례 하자 왕이 말하기를 "선생이 끝내 과인을 가르쳐주지 않으려는 것이오?" 하였다.

범수가 아뢰기를 "감히 그러려는 것이 아닙니다. 신은 타국에서 온 나그네 신하라 왕과의 관계도 소원합니다. 그리고 아뢰고자 하는 말은 모두 군주의 잘못을 바로잡는 일입니다. 왕의 골육지친들 사이에 처해 있으니, 어리석은 신의 충성을 바치고 싶지만 왕의 마음이 어떠하신지 모르니, 이것이 왕께서 세 번 물으셔도 감히 대답하지 못한 까닭입니다. 신은 오늘 앞에서 말씀드리다가 내일 뒤에서 벌을 받아 죽게 되리라는 것을 알고 있지만, 만약 秦나라에 조금이라도 도움을 줄 수 있다면 죽음을 신이 감히 피하지 않겠습니다. 다만 두려운 것은 신이 죽은 뒤에 천하의 사람들이 입을 다물고 진언하지 않으며 발을 싸매고 움직이지 않아 秦나라로 오려는 자가 없게 되는 것입니다." 하였다.

왕이 무릎을 꿇고 말하기를 "이것이 무슨 말씀이오? 과인이 선생을 만나게 되었으니, 이것은 하늘이 과인으로 하여금 선생을 번거롭게 하여 선왕의 종묘를 존속하게 하려는 것입니다. 일의 대소에 관계없이 위로 太后에서 아래로 大臣에 이르기까지 선생은 빠짐없이 과인을 가르쳐주고, 과인을 의심하지 마시오." 하였다.

王이 見之離宮①한대 睢佯爲不知永巷而入其中②이러니 王來而宦者怒逐之曰 王至니라 睢謬曰③ 秦安得王이리오 獨有太后穰侯耳니라 王이 微聞其言하고 乃屛左右跽而請曰 先生이 何以幸教寡人④고 對曰 唯唯라 如是者三⑤이어늘 王曰 先生이 卒不幸教寡人邪아 睢曰 非敢然也라 臣은 羈旅之臣也라 交疎於王이요 而所願陳者는 皆匡君之事⑥라 處人骨肉之間하니 願效愚忠이로대 而未

46) 離宮 : 正宮 이외에 왕이 임시로 거처하는 別宮이다.
47) 永巷 : 宮中의 골목 또는 妃嬪이 거처하는 곳을 가리킨다.

知王之心也하니 此所以王三問而不敢對也니이다 臣이 知今日言之於前이요 明日伏誅於後이나 然苟可以少有補於秦이면 而死를 臣不敢避也언마는 獨恐臣死之後에 天下가 杜口裏足하야 莫肯鄉秦耳⑦라 王이 跽曰 是何言也오 寡人이 得見先生하니 是는 天이 以寡人溷先生而存先王之宗廟也라⑧ 事無大小히 上及太后하고 下至大臣히 願先生은 悉以教寡人이요 無疑寡人也하라

① 무릇 離宮이라고 하는 것은 모두 별도의 장소에다 설치하여 특별한 때에 거처하는 곳을 이른다.
凡言離宮者, 皆謂於別處置之, 非常所居也.
② 永은 길다는 뜻이다. 永巷은 궁중의 긴 골목이다. 후대에 掖庭으로 고쳤다.
永, 長也. 永巷, 宮中之長巷也. 後改爲掖庭.
③ 謬는 靡幼의 切이니, 잘못이라는 뜻이고, 속인다는 뜻이다.
謬, 靡幼切, 誤也, 詐也.
④ 屛은 必郢의 切이다. 跽는 음이 忌이니, 허리를 펴고 꿇어앉아 두 무릎을 땅에 대는 것이다.
屛, 必郢切. 跽, 音忌, 長跪而兩膝被地也.
⑤ 唯는 以水의 切이니, 승낙한다는 뜻이다.
唯, 以水切, 諾也.
⑥ 匡은 돕는다는 뜻이다.
匡, 輔助也.
⑦ 천하의 선비가 范雎의 죽음을 거울로 삼아 감히 다시 진언하지 않을 것임을 말한다.
謂天下之士懲雎之死, 不敢復言.
⑧ 溷은 胡困의 切이니, 번거롭게 한다는 뜻이다.
溷, 胡困切, 溷瀆之也.

【目】范雎가 주위에 몰래 듣는 자가 많은 것을 보고, 감히 내부의 문제를 말하지 아니하고 먼저 외부의 문제를 말하고서 秦나라 왕의 태도를 살폈다.

그리고는 아뢰기를 "穰侯가 韓나라와 魏나라를 넘어 齊나라의 剛과 壽를 공격한 것은 좋은 계책이 아닙니다. 齊나라 湣王이 楚나라를 공격하여 천 리의 땅을 넓혔으나, 寸尺의 땅도 얻지 못한 것은 어찌 얻고 싶지 않아서였겠습니까. 형세가 가질 수 없었기 때문입니다. 제후들이 齊나라가 피폐해진 것을 보고 정벌하자 齊나라가 거의 망하는 지경에 이르렀습니다.

지금 왕께서는 먼 나라와 우호하고 가까운 나라를 공격하는 것이 가장 좋은 계책입니다. 한 치의 땅을 얻으면 왕의 한 치 땅이 될 것이요, 한 자의 땅을 얻더라도 역시 왕의 한 자 땅이 될 것입니다. 지금 저 韓나라와 魏나라는 중원에 위치한 나라이면서 천하의

중추입니다. 왕께서 만약 패자가 되고자 하신다면 반드시 중원의 나라와 화친하여 천하의 중추가 된 뒤에 楚나라와 趙나라를 굴복시켜야 하니, 그러면 齊나라가 친하게 되어 韓나라와 魏나라를 인하여 빼앗을 수 있을 것입니다."라고 하였다.

왕이 좋다고 하고 범수를 객경으로 삼아 더불어 군사를 모의하였다.

睢見左右多竊聽者하고 未敢言內하야 先言外事하야 以觀秦王之俯仰하야 因進曰 穰侯越韓魏而攻齊剛壽하니 非計也니이다 齊湣王이 攻楚하야 再闢地千里而尺寸을 無得焉者는 豈不欲得地哉아마는 形勢不能有也라 諸侯見其罷敝而伐之한대 齊幾於亡하니이다 今王이 不如遠交而近攻이니 得寸則王之寸也요 得尺이라도 亦王之尺也니이다 今夫韓魏는 中國之處而天下之樞也①라 王若欲霸인대 必親中國하야 以爲天下樞하야 而威楚趙니 則齊附而韓魏를 因可虜矣②리이다 王曰 善타하고 乃以睢爲客卿하야 與謀兵事하다

① 處(거하다)는 去聲이다. 중국에 있음을 말한 것이다. 천하의 중추라는 것은 문을 가지고 비유한 것이니, 문의 개폐가 모두 지도리에서 말미암는다.
處, 去聲. 謂中國所在也. 天下之樞, 以門戶爲喩, 門戶之闔闢, 皆由於樞.

② 먼 나라와 화친하고 가까운 나라를 공격하라는 范雎의 계책은 타당하다. 다시 친하고자 하였으니, 즉석에서 말하는 사이에 바뀌고 어지러운 것이 이러하다면 임금이 무엇을 따라야 한단 말인가.[48] 附는 친하다는 뜻이다.
遠交近攻, 雎策當矣. 復欲親之, 立談之間, 矯亂如此, 人主何適從乎. 附, 親也.

壬辰年(B.C. 269)

【綱】周나라 赧王 46년이다. 秦나라가 趙나라의 閼與를 공격하여 함락시키지 못하였다.

四十六年이라 秦이 攻趙閼與하야 不拔하다

48) 먼……말인가 : 이 부분은 宋나라 鮑彪의 ≪戰國策≫의 注에서 따온 말인데, 축약하여 의미가 잘 통하지 않는다. 해당 주석의 전문은 다음과 같다. "먼 나라와 화친하고 가까운 나라를 공격하라는 범수의 계책은 타당하다. 말을 다 마치기도 전에 다시 화친하고자 하고, 화친하였다가는 다시 정벌하고자 하니, 즉석에서 말하는 사이에 바뀌고 어지러운 것이 이러하다면 임금으로 하여금 무엇을 따르라는 것인가. 무엇이 상책이고, 무엇이 차선책이라고 말하는 것이 옳다.〔遠交近功 睢之策 當矣 語未卒 而復欲親之 既親之 又欲伐之 立談之間 矯亂如此 使人主 何適從乎 若曰某策爲上 某次之 其可也〕"

癸巳年(B.C. 268)

【綱】周나라 赧王 47년이다. 秦나라가 魏나라를 정벌하여 懷를 함락시켰다.

四十七年이라 秦이 伐魏하야 拔懷하다

【目】처음으로 范睢의 계책을 썼다.

始用范睢之謀也라

甲午年(B.C. 267)

【綱】周나라 赧王 48년이다. 秦나라 태자가 魏나라에 인질이 되었다가 卒하였다.

四十八年이라 秦太子質於魏而卒하다

乙未年(B.C. 266)

【綱】周나라 赧王 49년이다. 秦나라가 魏나라의 邢丘를 함락시켰다.

四十九年이라 秦이 拔魏邢丘①하다

① ≪史記正義≫에 "邢丘는 懷州 武德縣 동남쪽 20리에 있다."고 하였다.
正義 "邢丘, 在懷州武德縣東南二十里."

【綱】秦나라 군주가 그 모친(宣太后 芈氏)을 폐하여 정사를 다스리지 못하게 하고 魏冉, 芈戎, 公子 市, 公子 悝를 축출하고 范睢로 승상을 삼아 應侯에 봉하였다.

◑秦君이 廢其母하야 不治事하고 逐魏冉芈戎公子市公子悝하고 以范睢로 爲

丞相하야 封應侯하다

【目】 范睢가 날마다 왕과 친해져 정사를 관장하였다. 인하여 왕에게 말하기를 "신이 산동쪽에 살 때에 齊나라에 孟嘗君이 있다는 말은 들었고 齊나라 왕이 있다는 말은 듣지 못하였으며, 秦나라에 太后와 穰侯가 있다는 말은 들었고 秦나라 왕이 있다는 말은 듣지 못하였습니다. 국정을 독단하는 자를 왕이라고 하고, 이로움과 해로움을 마음대로 할 수 있는 자를 왕이라 하고, 죽이고 살리는 일을 제어하는 자를 왕이라고 합니다. 지금 太后는 독단하여 왕을 돌아보지 않고, 양후는 사자를 보내면서도 왕에게 보고하지 않고, 華陽君과 涇陽君은 사람을 처단하면서도 왕에게 거리낌이 없고, 高陵君은 조정에 나아가고 물러남에 왕에게 보고하지 않으니, 이러한 네 權貴가 조정에 다 있는데도 국가가 위태롭지 않은 경우는 없었습니다. 이러한 네 권귀의 전횡 아래에 있기 때문에 이른바 왕이 없다는 것입니다.

范睢日益親用事하야 因說王曰 臣이 居山東時에 聞齊之有孟嘗君이요 不聞有王하며 聞秦有太后穰侯요 不聞有王하니 夫擅國之謂王이며 能利害之謂王이며 制殺生之謂王이어늘 今太后는 擅行不顧①하고 穰侯는 出使不報②하고 華陽涇陽은 擊斷無諱③하고 高陵은 進退不請하니 四貴備요 而國不危未之有也니 爲此四貴者下하니 乃所謂無王也니이다

① 독단하면서 왕을 돌아보지 않았음을 말하였다.
謂專擅而不顧王.

② 使(사신)는 疏吏의 切이다. 報는 아뢴다는 뜻이다. 왕에게 아뢰지 않고 마음대로 사신을 파견하여 외국에 보냈음을 말한 것이다.
使, 疏吏切. 報, 白也. 言不白王而擅遣使出外也.

③ 華는 戶化의 切이다. 華陽은 芈戎이 봉해진 곳이니, 바로 武王이 兵馬를 돌려보냈던 곳이다[49]. 涇陽은 悝가 봉해진 곳이니, ≪漢書≫ 〈地理志〉에 "涇陽縣은 安定에 속한다."고 하였다. 斷은 都玩의 切이니, 결단한다는 뜻이다. 擊斷은 사람에게 형벌을 가하는 것을 이른다. 無諱는 왕에게 거리낌이 없음을 말한다.
華, 戶化切. 華陽, 芈戎所封, 卽武王歸馬之地. 涇陽, 悝所封. 班志"涇陽縣屬安定." 斷, 都玩切, 決也. 擊斷, 謂刑人也. 無諱, 言不避王也.

---

49) 華陽은……곳이다. : ≪書經≫ 〈周書 武成〉에 "왕이 商나라로부터 오시어 豊에 이르러 武를 쉬고 文을 닦으시어 兵馬를 華山의 남쪽에 돌려보내고 소를 桃林의 들에 풀어놓아 천하에 武力을 쓰지 않을 것임을 보였다."라는 말이 나온다. 周나라 武王이 殷나라를 이긴 뒤에 화산의 남쪽 즉 華陽에 말을 풀어 전쟁의 종식을 선언한 것이다.

【目】 穰侯의 사자가 왕의 권위를 쥐고서 제후를 제어하고, 천하에 사자를 보내어 적국을 정벌함에 감히 그 말을 듣지 않는 자가 없습니다. 전쟁에서 이기거나 싸워서 취하게 되면 그 이익을 陶[50]로 옮겨가고, 전쟁에서 패하면 백성을 원망하고 사직으로 화근을 돌립니다.

신이 또 듣건대, 나무의 열매가 많으면 그 가지가 부러지고 그 가지가 부러지면 나무의 心을 손상한다고 하며, 지방의 도시를 지나치게 넓히는 것은 그 국도를 위태롭게 만들고 신하를 지나치게 높이는 것은 그 임금을 경시하게 한다고 합니다. 淖齒는 齊나라를 장악하여 湣王을 시해하였고,[51] 李兌는 趙나라를 장악하여 主父를 가두었습니다.[52] 지금 신이 네 權貴가 정권을 천단하는 것을 보니, 이들 또한 요치와 이태의 부류입니다.

그리고 三代가 나라를 잃은 이유는 군주가 신하에게 정권을 완전히 줘버리고 술과 사냥에 빠지며, 왕이 권력을 준 신하가 현능한 자를 질투하고 아랫사람을 제어하여 윗사람의 이목을 가려서 사욕을 이루고, 군주를 위해 도모하지 않아도 군주는 깨닫지 못하였기 때문입니다. 그러므로 나라를 잃게 되었던 것입니다.

지금 爵秩이 있는 자 이상으로 대관에 이르기까지와 아래로 왕 좌우의 신하에 相國의 사람이 아닌 사람이 없습니다. 신이 왕께서 조정에 홀로 서 계신 것을 보노라니, 萬世의 뒤에 秦나라를 소유하는 사람이 왕의 자손이 아닐까 봐 두렵습니다." 하였다.

왕이 옳다고 생각하고서 太后를 폐하고 穰侯, 華陽君 羋戎, 高陵君 市, 涇陽君 悝를 關外로 축출하고 范雎로 승상을 삼아 應侯에 봉하였다.

魏나라 須賈가 秦나라에 빙문 사절로 왔다. 범수가 이를 기회로 그를 모욕하고 그로 하여금 돌아가 魏王에게 "속히 魏齊의 머리를 베어 오라. 그렇지 않으면 大梁을 도륙하겠다."라고 고하게 하였다. 위제가 趙나라로 달아나 平原君의 집에 숨었다.

穰侯使者操王之重하야 決制於諸侯하며 剖符於天下①하야 征敵伐國에 莫敢不聽하고 戰勝攻取則利歸於陶하고 戰敗則怨結於百姓이요 而禍歸於社稷이니이다 臣이 又聞之호니 木實이 繁者는 披其枝요 披其枝者는 傷其心②이요 大其都者는 危其國이요 尊其臣者는 卑其主③라하니 淖齒管齊而弑湣王하고 李兌管趙而囚主父④하니 今臣이 觀四貴之用事하니 此亦齒兌之類也로소이다 且三代之所以亡國者는 君專授政於臣하고 縱酒弋獵⑤하며 其所授者는 妬賢疾能하고 御下蔽上하야 以成其私요 不爲主計而主不覺悟라 故失其國⑥하니이다 今自有秩以上至諸大吏와 下及王左右가 無非相

50) 陶 : 양후의 봉토인 陶邑이다.

51) 淖齒는……시해하였고 : 赧王 31년조에 보인다.

52) 李兌는……가두었습니다 : 趙나라 武靈王이 公子 何에게 왕위를 물려주고 스스로 '主父'라고 칭하자, 장자인 공자 章이 난을 일으켜 재상인 肥義를 죽였다. 李兌가 공자 成과 함께 군사를 일으켜 공자 장을 죽이고 왕궁을 포위하여 무령왕을 굶겨 죽였다. 赧王 21년조에 보인다.

國之人者⑦라 臣이 見王獨立於朝호니 竊恐萬世之後에 有秦國者가 非王子孫也일까하노이다 王이 以爲然하야 於是에 廢太后하고 逐穰侯華陽君芈戎高陵君市涇陽君悝於關外하고 以睢爲丞相하야 封應侯⑧하다 魏須賈가 聘於秦이어늘 睢因辱之하고 使歸告魏王曰 速斬魏齊頭來하라 不然이면 且屠大梁호리라 齊走趙하야 匿平原君家하다

① 剖는 나눈다는 뜻이다. 부절을 나누어 사신을 보냄을 말한 것이다.
剖, 分也. 謂剖符而出使也.

② 實은 나무열매이다. 披는 上聲이니, 훼손시킨다는 뜻이다. 褫는 直利의 切이니, 푼다는 뜻이다.
實, 木子也. 披, 上聲, 褫之也. 褫, 直利切, 解也.

③ ≪春秋左氏傳≫에서 "지방의 읍성이 나라의 도성과 맞먹는 것은 난을 초래하는 근본이다.53)"라고 하였고, "國都 이외의 都城이 백 치를 넘는 것은 나라의 해로움이다.54)"라고 하였다.
左傳 "大都耦國, 亂之本也." "都城過百雉, 國之害也."

④ 管은 장악한다는 뜻이다.
管, 掌也.

⑤ 弋은 명주실을 화살에 묶어 쏘는 것이다.
弋, 以生絲繫矢而射也.

⑥ 爲(위하다)는 去聲이다.
爲, 去聲.

⑦ 漢나라는 秦나라의 제도를 계승하여 鄕에 有秩을 두어 한 鄕의 백성을 관장하게 하였다. 大吏는 左吏, 右吏, 中吏 이상으로 관리가 된 자를 일컫는다.55)
漢承秦制, 鄕置有秩, 掌一鄕之(入)〔人〕56). 大吏, 謂左・右・中吏以上爲吏者也.

⑧ 應은 나라의 이름이다. 周나라 武王의 아들이 應에 봉해졌다.
應, 國名. 周武王之子封於應.

【綱】 趙나라가 公子 勝(平原君)을 재상으로 삼았다.

趙以公子勝으로 爲相하다

53) 지방의……근본이다 : ≪春秋左氏傳≫ 閔公 2년조에 보인다.

54) 도읍의……해로움이다 : ≪春秋左氏傳≫ 隱公 원년조에 보인다.

55) 漢나라는……일컫는다 : 秦나라의 작위는 20등급이다. 左吏, 右吏, 中吏은 각각 12, 13, 14등급에 해당한다.

56) (入)〔人〕: 저본에는 '入'으로 되어 있으나, ≪後漢書≫ 〈百官志〉의 주석에 "有秩은 郡에서 임명하는데, 녹봉이 100石이고 한 鄕의 백성을 관장한다.〔有秩 郡所署 秩百石 掌一鄕人〕"라고 되어 있는 것에 의거하여 '人'으로 바로잡았다.

丙申年(B.C. 265)

【綱】 周나라 赧王 50년이다.

五十年이라

【目】 趙나라 孝成王 丹 원년이다.

趙孝成王丹元年[①]이라

① 孝成王은 惠文王의 아들이다.
孝成王, 惠文王子.

【綱】 秦나라 군주의 모친 羋氏(宣太后)가 근심으로 인해 卒하였다.

秦君의 母羋氏以憂로 卒하다

司馬溫公이 다음과 같이 평하였다.

"穰侯가 昭王을 옹립하여 재해를 제거하고 白起를 천거해 써서 남쪽으로 鄢과 郢을 탈취하고 동쪽으로 齊나라와 영토를 연결하였으니, 공이 또한 컸다. 비록 그가 전횡하고 방자하고 교만하고 탐욕을 부린 것이 충분히 화를 초래할 만하였으나 또한 范雎가 말한 정도에는 이르지 않았고, 범수도 秦나라를 위해 충성을 다해 도모한 것이 아니라 단지 양후의 지위를 얻고자 했을 뿐이었다. 마침내 秦나라 왕으로 하여금 모자의 의리를 끊고 생질과 외숙의 은혜를 잃게 하였으니, 범수는 참으로 위험한 인물이었도다."

司馬公曰 穰侯援立昭王하야 除其災害하고 薦用白起하야 南取鄢郢하고 東屬地於齊하니 功亦大矣[①]라 雖其專恣驕貪이 足以賈禍나 亦未至如雎之言也[②]요 雎亦非能爲秦忠謀라 直欲得穰侯之處耳[③]라 遂使秦王으로 絶母子之義하고 失甥舅之恩하니 雎眞傾危之士哉인저

① 屬(잇다)은 之欲의 切이다. 영토를 넓혀 동쪽으로 齊나라에 연결하였음을 말한다.
屬, 之欲切. 言拓地, 東聯於齊也.

② 賈는 음이 古이니, 산다는 뜻이다. 그가 화를 초래한 것이 장사꾼이 물건을 사는 것과 같았음을 말한다.

賈, 音古, 買也. 言其致禍, 如商賈之賈物也.

③ 爲(위하다)는 去聲이다. 范雎가 단지 魏冉의 재상 자리를 빼앗고자 했음을 말한다.
爲, 去聲. 言雎直欲奪得魏冉之相位.

【綱】秦나라가 趙나라를 정벌하여 성 세 개를 취하였는데, 齊나라가 구원하여 물리치고 마침내 趙나라의 군대를 이끌고 燕나라를 정벌하여 中陽을 취하고 韓나라를 정벌하여 注人을 취하였다.

秦이 **伐趙**하야 **取三城**한대 **齊救却之**하고 **遂以趙師**로 **伐燕**하야 **取中陽**하고 **伐韓**하야 **取注人**①하다

① 陽은 어떤 곳에는 人이라고 되어 있다. 燕나라에는 中陽이라는 지명이 없다. ≪括地志≫에 "中山 옛 성은 一名 中人亭인데, 定州 唐縣 북쪽에 있으니, 당시에는 아마도 燕나라에 속하였을 것이다."라고 하였다. 注人은 읍의 이름이다. ≪括地志≫에 "성이 汝州 梁縣 서쪽에 있다."고 하였다.
陽, 一作人. 燕無中陽. 括地志"中山故城, 一名中人亭, 在定州唐縣北. 是時, 蓋屬燕." 注人, 邑名. 括地志"城在汝州梁縣西."

【目】秦나라가 趙나라를 공격하였다. 趙나라 왕이 새로 즉위하고, 太后가 정사를 관장하였다. 齊나라에 구원을 요청하자 齊나라 사람이 "반드시 長安君을 인질로 삼으라."라고 하였다. 태후가 허락하지 않으니, 齊나라 군대가 출동하지 않았다. 대신이 강력하게 간하자 태후가 주위의 신하들에게 명백하게 말하기를 "다시 언급하는 자가 있으면 이 老婦가 반드시 그 얼굴에 침을 뱉겠다." 하였다.

左師 觸龍이 뵙기를 청하자 태후가 성이 나서 그가 들어오기를 기다렸다. 左師公이 천천히 걸어와 앉으며 사과하기를 "노신이 발에 병이 나서 배알하지 못한 지 오래인데, 태후의 옥체에 불편한 곳이 있을까 걱정이 되어 태후를 배알하기를 희망하였습니다." 하니, 태후가 "老婦가 수레에 의지하여 다니노라." 하였다. 좌사가 "드시는 것은 줄지 않으셨습니까?"라고 하니, "죽에만 의지하고 있다."라고 하였다.

태후의 화평하지 못했던 표정이 조금 풀어지자 좌사가 말하기를 "미천한 신의 자식 舒祺가 가장 어리고 재주가 없으나, 신이 노쇠하여 총애하니, 흑의를 입은 衛士에 보임되어 왕궁을 호위하게 하기를 원합니다." 하였다. 태후가 "그러마. 나이가 몇인고?"라고 하니, 좌사가 "15세입니다. 비록 어리지만, 신이 죽기 전에 그 아이를 부탁드리고자 합니다."라고 하였다. 태후가 "남자도 막내 자식을 사랑하는가?"라고 하니, "부인보다 더

합니다."라고 대답하였다. 그러자 태후가 웃으며 "부인은 특별히 사랑이 심하지."라고 하였다.

좌사가 대답하기를 "저는 태후께서 燕后를 사랑하시는 것이 장안군에 대한 사랑보다 더하다고 생각합니다." 하니, 태후가 말하기를 "그대가 잘못 보았다. 장안군에 대한 깊은 사랑만은 못하다." 하였다. 좌사가 말하기를 "부모가 자식을 사랑함에 그를 위한 계책이 심원합니다. 태후께서 연후를 시집보낼 적에 그의 다리를 붙들고 울었으니 멀리 떠남을 염려한 것이고 또한 불쌍히 여겼던 것입니다. 떠난 뒤에는 그리워하지 않은 것은 아니지만 제사를 지내면 '결코 친정으로 돌아오지 않게 해주십시오.'라고 축원합니다. 이것은 그가 오래 지속되기를 생각하여 그의 자손들이 서로 이어서 왕이 되도록 하려는 것이 아닙니까?" 하니, 태후가 그렇다고 하였다.

좌사가 말하기를 "지금 3세 이전에 趙나라 왕의 자손으로서 侯에 봉해진 자 가운데 대를 이어 지위에 있는 사람이 있습니까?" 하니, 태후가 없다고 하였다. 좌사가 말하기를 "이것은 가깝게는 그 화가 자신에게 미치고, 멀게는 자손에게 미친 것입니다. 어찌 임금의 아들이 侯가 되는 것이 좋지 않겠습니까. 하지만 지위가 높아도 공적이 없고 봉록이 많아도 공로가 없으면서 보물을 가진 것이 많기 때문입니다. 지금 태후께서 장안군의 지위를 높여서 비옥한 땅에 봉하고 그에게 보물을 많이 주셨지만, 지금 그로 하여금 趙나라에 공을 세우게 하지는 않고 있습니다. 하루아침에 山陵이 무너지면 장안군이 어떻게 趙나라에 자신을 의탁할 수 있겠습니까." 하니, 태후가 말하기를 "좋다. 그대가 하라는 대로 하리라." 하였다.

이에 장안군을 위해 수레 백 대를 준비하여 齊나라에 인질로 보내니, 齊나라 군대가 비로소 출동하여 秦나라 군대가 퇴각하였다.

秦이 攻趙어늘 趙王이 新立하고 太后用事라 求救於齊한대 齊人이 曰 必以長安君으로 爲質①하라 太后不可라하니 齊師不出이라 大臣이 彊諫한대 太后明謂左右曰② 有復言者면 老婦必唾其面③호리라 左師觸龍請見④이어늘 太后盛氣而胥之入⑤이러니 左師公이 徐趨而坐하야 謝曰 老臣病足하야 不得見이 久矣러니 而恐太后體之有所苦也라 故願望見太后하노이다 太后曰 老婦恃輦而行하노라 曰食得毋衰乎잇가 曰恃粥耳로라 太后不和之色이 稍解어늘 左師曰 賤息舒祺가 最少不肖로대 而臣이 衰라 竊愛之하노니 願得補黑衣之缺하야 以衛王宮⑥하노이다 太后曰 諾다 年幾何矣오 對曰 十五歲矣라 雖少나 願及臣未塡溝壑而託之⑦하노이다 太后曰 丈夫도 亦愛少子乎아 對曰 甚於婦人하니이다 太后笑曰 婦人은 異甚하니라 對曰 老臣은 竊以爲媼之愛燕后 賢於長安君⑧이라하노이다 太后曰 君이 過矣로다 不如長安君之甚하니라 左師曰 父母愛其子에 則爲之計深遠하나니⑨ 媼之送燕后也에 持

其踵而哭⑩하니 念其遠也요 亦哀之矣라 已行에 非不思也로대 祭祀則祝之曰 必勿使反⑪이라하니 豈非爲之計長久하야 爲子孫相繼爲王也哉아 太后曰 然하다 左師曰 今三世以前으로 至於趙王之子孫爲侯者가 其繼有在者乎⑫잇가 曰 無有하니라 曰 此其近者는 禍及身하고 遠者는 及其子孫하니 豈人主之子 侯則不善哉리오마는 位尊而無功하며 奉厚而無勞하고 而挾重器多也⑬일새니이다 今媼이 尊長安君之位하야 封以膏腴之地하고 多與之重器하니 而不及今하야 令有功於趙⑭하고 一旦에 山陵이 崩에 長安君이 何以自託於趙哉리오 太后曰 諾다 恣君之所使之호리라 於是에 爲長安君하야 約車百乘하야 質於齊한대 齊師乃出하니 秦師退하다

① 長安君은 惠文后의 막내아들이다. 長安은 땅의 이름이 아니고, 장구히 평안한 것이 좋다고 여겨서 이름으로 삼은 것이다.
長安君, 惠文后之少子也. 長安, 非地, 以長安善, 故以爲號.

② "明謂左右(주위의 신하들에게 명백하게 말했다.)"는 명백하게 말했다는 것이다.
明謂左右者, 顯言之也.

③ 唾는 日臥의 切이니, 침이다.
唾, 日臥切, 口液也.

④ 춘추시대 宋나라에 左師와 右師가 있었으니, 上卿이다. 趙나라가 觸龍으로 左師를 삼았는데, 아마도 散官으로, 연로한 신하를 우대한 듯하다. 일설에 "좌사는 성이고, 촉룡은 이름이다."라고 하였다.
春秋時, 宋有左右師, 上卿也. 趙以觸龍爲左師, 蓋冗散之官, 以優(者)〔老〕[57]臣者也. 一說"左師, 姓, 觸龍, 名."

⑤ 胥는 기다린다는 뜻이니, 그가 들어오기를 기다리는 것이다.
胥, 待也, 待其入也.

⑥ 息은 아들이니, 舒祺가 그 이름이다. 검은 옷은 衛士의 복장이다.
息, 子也. 舒祺, 其名. 黑衣, 衛士之服也.

⑦ 塡은 음이 田이니, 채운다는 뜻이다. 죽어서 필시 고랑을 메우게 될 것이니 죽기 전에 막내아들을 부탁한다는 것을 겸손하게 말한 것이다.
塡, 音田, 塞也. 謙言死必塡溝壑, 願及未死而託少子也.

⑧ 媼은 烏浩의 切이니, 여자 노인에 대한 호칭이다. 燕后는 태후의 딸로, 燕나라에 시집갔다. 賢은 지나다는 뜻이고, 낫다는 뜻이다.
媼, 烏浩切, 女老者稱. 燕后, 太后女, 嫁於燕. 賢, 過也, 愈也.

⑨ 爲(위하다)는 去聲이다.
爲, 去聲.

---

57) (者)〔老〕: 저본에는 '者'로 되어 있으나, ≪七國攷≫에 "조나라가 촉룡을 좌사로 삼았는데, 산관으로 노신을 우대한 것이다.〔趙以觸讋爲左師 冗散之官 以優老臣〕"라고 한 것에 의거하여 '老'로 바로잡았다.

⑩ 부인이 수레에 오르면 엎드린다. 엎드리면 발꿈치가 수레 위에 있게 되므로 손으로 붙잡을 수 있게 된다.
婦人升車則伏, 伏則踵在上, 故可得以手持之也.
⑪ 反은 남편의 집안에서 쫓겨나는 것을 일컫는다.
反, 謂爲夫家所遣.
⑫ '趙'자 위에 ≪戰國策≫에는 '趙之爲趙' 4자가 있다.
趙字上, 戰國策, 有趙之爲趙四字,
⑬ 奉(봉록)은 俸으로 읽는다. 挾은 둔다는 뜻이다. 重器는 보물이다.
奉 讀曰俸. 挾, 藏也. 重器, 寶器.
⑭ 膏는 음이 高이니, 기름이다. 腴는 음이 兪이니, 배의 아래가 살찐 것을 腴라고 한다. 膏腴는 이것으로 비옥한 땅을 비유한 것이다.
膏, 音高, 脂也. 腴, 音兪, 腹之下肥曰腴. 膏腴, 取以喩肥饒之地.

【綱】齊나라 군주 法章이 卒하였다. 아들 建이 즉위하니, 국사가 모두 모후인 太史氏에 의해 결정되었다.

齊君法章이 卒커늘 子建이 立하야 國事를 皆決於其母太史氏하다

【目】建이 나이가 어렸다. 국사가 모두 君王后(太史敫의 딸)에 의해 결정되었다.

建이 年少라 國事를 皆決於君王后이리라

丁酉年(B.C. 264)

【綱】周나라 赧王 51년이다.

五十一年이라

【目】齊王 建 원년이다.

齊王建元年이라

【綱】秦나라 白起가 韓나라를 정벌하여 아홉 성을 함락시켰다.

秦白起伐韓하야 **拔九城**하다

【目】 5만 명을 참수하였다.

斬首五萬하다

戊戌年(B.C. 263)

【綱】 周나라 赧王 52년이다. 秦나라 白起가 韓나라를 정벌하여 南陽을 취하고 太行道를 공격하여 끊었다.

五十二年이라 **秦白起伐韓**하야 **取南陽**하고 **攻絶太行道**[①]하다

① 南陽은 곧 河內 野王의 땅이다. ≪漢書≫ 〈地理志〉에 "太行(항)山은 野王의 서북쪽에 있다."고 하였다.
南陽, 卽河內野王之地. 班志"太行山在野王西北."

【綱】 楚나라 태자 完이 秦나라에서 도망쳐 돌아가니 楚나라 군주 橫이 卒하였다. 완이 즉위하여 黃歇로 재상을 삼고 春申君에 봉하였다.

◑ **楚太子完**이 **自秦逃歸**러니 **楚君橫**이 **卒**커늘 **完**이 **立**하야 **以黃歇**로 **爲相**하고 **封春申君**하다

【目】 楚나라 頃襄王의 병이 위독해졌다. 黃歇이 秦나라에서 태자를 모시고 있었는데, 그 소식을 듣고서 應侯에게 말하기를 "楚나라 왕께서 병이 위독하시니 일어나지 못하실까 두렵습니다. 秦나라가 태자를 돌려보내면 이는 우방과 친선하고 만 대의 수레를 비축하는 것이요, 돌려보내지 않는다면 태자는 咸陽의 일개 평민일 뿐입니다. 楚나라가 다른 군주를 세운다면 필시 秦나라를 섬기지 않을 것입니다." 하였다. 응후가 이 말을 秦나라 왕에게 고하자, 왕이 "태자의 사부로 하여금 먼저 가서 楚나라 왕을 문안하게 하고, 그가 돌아온 뒤에 이 일을 논의하라." 하였다.

황헐이 태자와 함께 모의하기를 "왕께서 위독해지셨습니다. 그런데 陽文君의 아들 두

사람이 楚나라 안에 있으니, 왕께서 만약 세상을 떠나신다면 양문군의 아들이 반드시 즉위하여 후사가 되어 태자께서 종묘를 받들 수 없을 것입니다." 하였다. 이에 태자로 하여금 楚나라 사신의 수레 몰이꾼으로 변장을 하고 관문을 나가게 하고, 자신은 숙소를 지키면서 병을 핑계로 객을 사절하였다. 태자가 이미 멀리 갔을 것이라고 생각되자 비로소 사실을 알리고 죽음을 청하였다.

秦나라 왕이 진노하여 그의 청대로 죽이려고 하자 응후가 아뢰기를 "황헐이 몸을 바쳐서 군주를 위해 도모하였으니, 태자가 즉위하면 반드시 황헐을 등용할 것입니다. 그를 돌려보내 楚나라와 화친하는 것이 낫습니다." 하니 왕이 그 말을 따랐다.

황헐이 楚나라에 도착한 지 3개월 만에 楚나라 왕이 薨하니, 태자가 즉위하여 황헐을 재상으로 삼고 淮北에 봉하였다.

楚頃襄王이 疾病이어늘 黃歇이 侍太子於秦이러니 聞之하고 言於應侯曰 楚王이 疾하니 恐不起라 秦이 若歸其太子면 則是親與國而得儲萬乘也①요 不歸면 則咸陽布衣耳니 楚更立君이면 必不事秦하리라 應侯以告王한대 王曰 令太子傅로 先往問疾하야 反而後圖之②니라 歇이 與太子謀曰 王이 疾病이요 而陽文君之子二人이 在中③하니 王이 若卒大命이면 陽文君之子가 必立爲後하리니 太子가 不得奉宗廟矣리라 乃敎太子하야 變服爲楚使者御하야 以出關하고 而自爲守舍하야 謝病하야 度已遠하고 乃自言請死④한대 王이 怒하야 欲聽之어늘 應侯曰 歇이 出身하야 以徇其主⑤하니 太子立이면 必用歇하리니 不如歸之하야 以親楚니이다 王이 從之하다 歇至三月에 而楚王이 薨커늘 太子卽位하야 以歇로 爲相하고 封之淮北하다

① 與國은 우호하여 서로 교유하는 나라이다. 儲는 저축한다는 뜻이다.
與國, 和好相與之國也. 儲, 貯也.
② 태자의 사부는 黃歇을 이른다.
太子傅, 謂黃歇.
③ 陽文君은 楚나라 왕이 총애하는 姬妾이다.
陽文君, 楚王幸姬.
④ 아래의 爲(위하다)는 去聲이다. 守舍는 楚나라 태자가 우거하는 관사를 지키는 것이다. 謝는 알린다는 뜻이다. 謝病은 ≪資治通鑑≫에는 "항상 태자를 위해 병을 핑계로 손님을 사절하였다.〔常爲太子謝病〕"라고 되어 있다. 度(헤아리다)은 都洛의 切이다.
下爲, 去聲. 守舍者, 守楚太子所寓館舍也. 謝, 告也. 謝病, 通鑑作"常爲太子謝病." 度, 都洛切.
⑤ 徇은 도모한다는 뜻이다.
徇, 營也.

己亥年(B.C. 262)

【綱】周나라 赧王 53년이다.

五十三年이라

【目】楚나라 考烈王 完 원년이다.

楚考烈王完元年이라

【綱】楚나라가 州를 秦나라에 바쳤다.

楚納州于秦[①]하다

① 徐廣이 말하기를 "州는 楚나라 읍의 이름이다. 지금의 南郡 州陵縣이다." 하였다.
徐廣曰 "州, 楚邑名. 今南郡州陵縣."

【綱】秦나라 白起가 韓나라를 정벌하여 野王을 함락시키자 上黨이 趙나라에 투항하였다.

◑ 秦白起伐韓하야 拔野王한대 上黨이 降趙하다

【目】秦나라 武安君이 韓나라를 정벌하여 野王을 함락시키자 上黨이 도로가 두절되었다. 상당의 군수 馮亭이 자신의 백성들과 의논하기를 "鄭으로 가는 도로가 이미 두절되었으니 趙나라에 투항하느니만 못하다. 趙나라가 우리를 받아주면 秦나라가 반드시 趙나라를 공격할 것이고, 趙나라가 秦나라에 침공을 당하면 반드시 韓나라와 화친할 것이니, 韓나라와 趙나라가 협력하여 하나가 되면 秦나라에 대적할 수 있을 것이다." 하였다.

이에 趙나라에 알리기를 "韓나라가 상당을 지킬 수 없어서 秦나라의 수중에 들어가게 되었는데, 상당의 관리와 백성들이 모두 趙나라에 대해서는 편히 여기고 秦나라에 대해서는 기뻐하지 않습니다. 城市가 있는 큰 읍 17개를 거느리고 있으니 두 번 절하고 대왕께 바치기를 원합니다." 하였다.

秦武安君이 伐韓하야 拔野王한대 上黨이 路絶[①]이라 上黨守馮亭이 與其民謀曰 鄭道已絶하니 不

如歸趙②니 趙受我면 秦必攻之요 趙被秦兵이면 必親韓이니 韓趙爲一이면 則可以當秦矣리라 乃告於趙曰 韓이 不能守上黨하야 入之秦호대 其吏民이 皆安爲趙요 不樂爲秦③이라 有城市邑十七하야 願再拜獻之大王④하노라

① ≪漢書≫ 〈地理志〉에 "河內郡 野王縣은 太行山 동남쪽에 있고, 河東 上黨縣은 幷州에 속한다."고 하였다.
地理志 "河內郡野王縣在太行東南, 河東上黨縣屬幷州."
② 韓나라가 新鄭에 도읍을 정하였는데, 上黨에서 鄭으로 가려면 野王에서 河水를 건너야 한다. 지금 秦나라가 야왕을 함락시켰으므로 정으로 가는 길이 두절되었다.
韓都新鄭, 自上黨趨鄭, 由野王渡河. 今秦拔野王, 故鄭道絶.
③ 爲(여기다)는 去聲이다.
爲, 去聲.
④ 城市邑은 성시가 있는 읍을 말하니, 큰 읍을 지칭한다.
城市邑, 言邑之有城市者, 指言大邑也.

【目】 趙나라 왕이 平陽君 豹에게 이 일을 자문하니, 대답하기를 "聖人은 이유 없이 생기는 이익을 매우 재앙으로 여겼습니다." 하였다. 왕이 말하기를 "사람들이 내 덕을 좋아하는 것이니 어찌 이유가 없다 하는가?" 하니, 豹가 말하기를 "秦나라가 韓나라의 영토를 잠식하여 중간을 끊어 서로 통하지 않게 하였으니, 본래 스스로 앉아서 上黨을 얻을 수 있다고 여겼던 것입니다. 韓나라가 秦나라에 그 땅을 바치지 않은 것은 그 재앙을 趙나라에 전가하려는 것입니다. 秦나라가 수고를 했는데 趙나라가 그 이익을 얻는다면, 비록 강대국이라도 약소국에게서 이러한 이익을 얻을 수 없거늘 약소국이 도리어 강대국에게 이러한 이익을 얻을 수 있겠습니까. 어찌 이유 없이 생기는 이익이 아니라고 할 수 있겠습니까. 받아들이지 않는 것이 낫습니다." 하였다.

平原君이 받아들이기를 청하니, 왕이 평원군으로 하여금 가서 땅을 접수하게 하고 馮亭을 봉하여 華陽君으로 삼았다. 풍정이 눈물을 흘리며 사신을 만나지 않고 말하기를 "내가 차마 군주의 영토를 팔아서 식읍을 삼을 수 없다." 하였다.

趙王이 以問平陽君豹한대 對曰 聖人은 甚禍無故之利①하시니이다 王曰 人樂吾德이니 何謂無故리오 豹曰 秦이 蠶食韓地하야 中絶不令相通하니 固自以爲坐而受上黨也어늘 韓氏가 所以不入之秦者는 欲嫁其禍於趙也②라 秦服其勞어늘 而趙가 受其利하면 雖彊大라도 不能得之於弱小어든 弱小顧能得之於彊大乎아 豈得謂之非無故哉리오 不如勿受니이다 平原君이 請受之어늘 王이 乃使平原君으로 往受地하고 封馮亭하야 爲華陽君한대 亭이 垂涕하야 不見使者曰 吾不忍賣主之地而食之

也하노라

① 甚禍는 매우 재앙으로 여겼음을 말한 것이다.
甚禍, 言甚以爲禍也.

② 나쁜 것을 미루어 남에게 주는 것을 嫁禍라고 한다.
推惡與人曰嫁禍.

庚子年(B.C. 261)

【綱】周나라 赧王 54년이다.

五十四年이라

辛丑年(B.C. 260)

【綱】周나라 赧王 55년이다. 秦나라 王齕이 趙나라의 上黨을 공격하여 함락시켰다. 白起가 대신 장수가 되어 趙나라 군대를 크게 무찔러 趙나라 장수 趙括을 죽이고, 항복한 병사 40만 명을 구덩이에 묻었다.

五十五年이라 秦王齕이 攻趙上黨하야 拔之러니 白起代將하야 大破趙軍하야 殺其將趙括하고 坑降卒四十萬하다

【目】秦나라 王齕이 上黨을 공격하여 함락시키자 상당의 백성들이 趙나라로 달아났다. 趙나라의 廉頗가 長平에 주둔하여 그들은 안정시켰다. 왕흘이 마침내 趙나라를 공격하자 趙나라 군대가 여러 번 패하였다. 樓昌이 신분이 높은 사신을 파견하여 강화하기를 趙나라 왕에게 청하였다.

虞卿이 아뢰기를 “지금 강화의 여부가 秦나라에 달려 있으니, 秦나라는 필시 왕의 군대를 깨뜨리고자 할 것입니다. 비록 가서 강화를 청하더라도 말을 듣지 않을 것이니, 많은 보물을 써서 楚나라, 魏나라와 화친하는 것만 못합니다. 그렇게 되면 秦나라는 천하가 합종을 한 것으로 의심을 하여 강화가 비로소 이루어질 수 있을 것입니다.” 하였다.

長平 전투

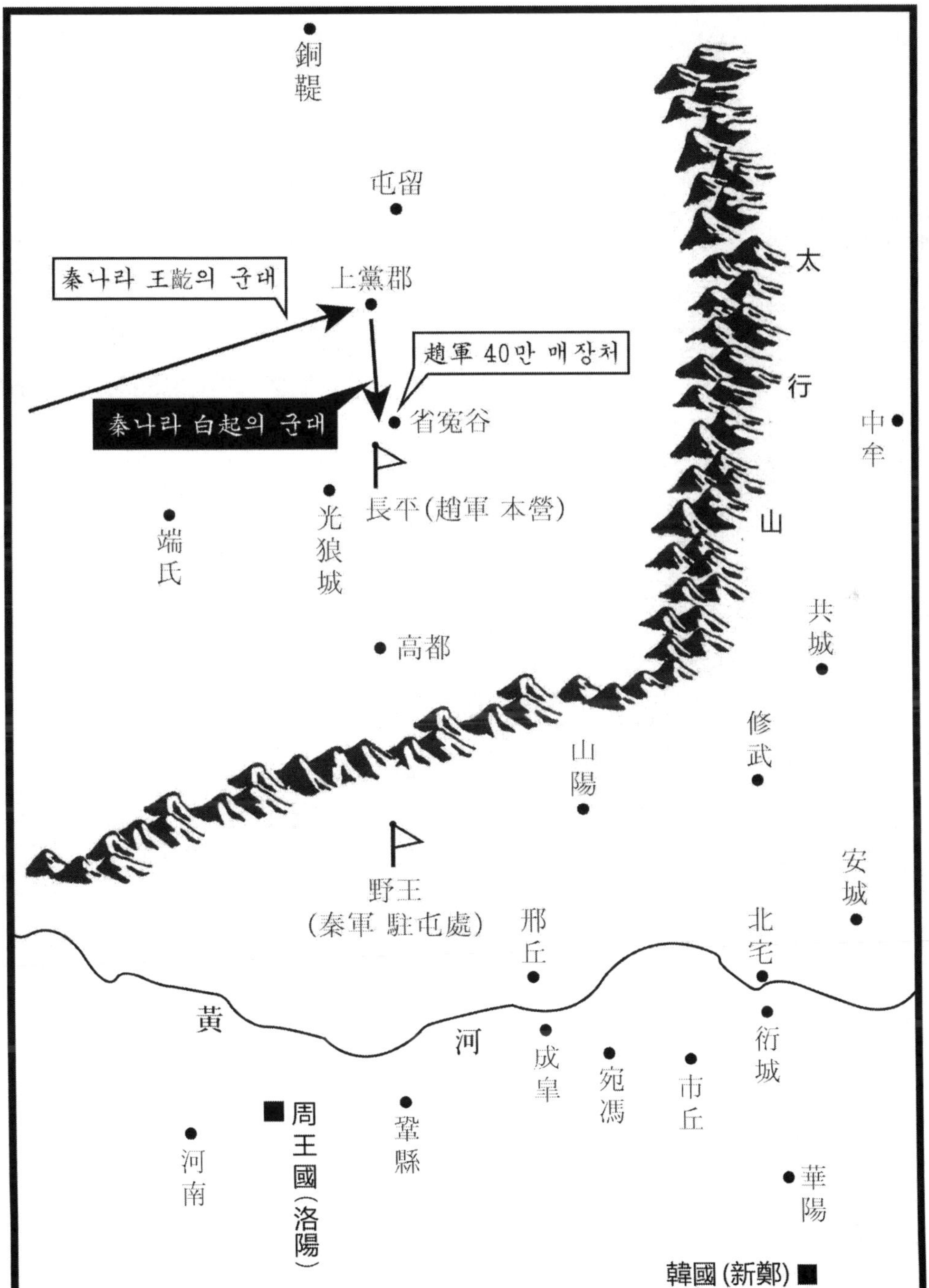
銅鞮
屯留
上黨郡
秦나라 王齕의 군대
趙軍 40만 매장처
秦나라 白起의 군대
省冤谷
長平(趙軍 本營)
光狼城
端氏
高都
太行山
中牟
共城
修武
山陽
野王
(秦軍 駐屯處)
安城
邢丘
北宅
黃河
衍城
成皐
宛馮
市丘
鞏縣
河南
周王國(洛陽)
華陽
韓國(新鄭)

왕이 말을 듣지 아니하고 鄭朱를 秦나라로 보내 강화하도록 하자, 우경이 아뢰기를 "전쟁의 승리를 축하하러 온 천하의 사람들이 모두 秦나라에 있습니다. 정주는 귀인입니다. 秦나라가 필시 그를 보란듯이 잘 대우하여 천하에 보일 것이니, 천하의 제후들이 왕께서 秦나라와 강화한 것을 본다면 필시 왕을 구원하지 않을 것이고, 秦나라가 천하의 제후들이 왕을 구원하지 않을 것임을 알게 된다면 강화가 이루어지지 않을 것입니다."라고 하였는데, 얼마 뒤에 과연 그렇게 되었다.

秦王齕이 攻上黨拔之①한대 上黨民이 走趙어늘 趙廉頗軍長平하야 以按據之②러니 齕이 遂攻趙한대 趙軍이 數敗라 樓昌이 請發重使爲媾한대 虞卿曰 今制媾者在秦③하니 秦必欲破王之軍矣라 雖往請이라도 將不聽이리니 不如以重寶로 附楚魏면 則秦이 疑天下之合從이니 媾乃可成也리이다 王이 不聽하고 使鄭朱媾於秦이어늘 虞卿曰 天下之賀戰勝者가 皆在秦矣라 鄭朱는 貴人也라 秦必顯重之하야 以示天下하리니 天下見王之媾於秦하면 必不救王이요 秦이 知天下之不救王이면 則媾不可成矣리라하더니 既而果然하니라

① 齕은 음이 紇이다.
齕, 音紇.

② 《後漢書》〈郡國志〉에 "上黨 泫氏縣에 長平亭이 있다."고 하였다. 按은 於旰의 切이니, 누른다는 뜻이고, 억제한다는 뜻이다. 據는 의거한다는 뜻이고, 당긴다는 뜻이고, 항거하여 지킨다는 뜻이다. 廉頗가 상당의 험지에 의거하여 상당의 백성을 이끌고 항거하여 지킴을 말한 것이다.
司馬彪志 "上黨泫氏縣有長平亭." 按, 於旰切, 抑也, 止也. 據, 依據也, 引援也, 拒守也. 言廉頗依據上黨地險, 引援上黨之民而拒守也.

③ 制는 들을지 말지가 그에게서 결정됨을 말한다.
制, 言聽否由之.

【目】廉頗가 성벽을 굳게 지키며 나가지 않고 또 잃은 병사가 많자, 趙나라 왕이 노하여 자주 그를 책망하였다. 應侯가 다시 사람을 시켜 천금을 써서 반간을 놓아 말하게 하기를 "秦나라는 오직 馬服君의 아들 趙括로 장수를 삼을까 봐 두려워한다. 염파는 상대하기 쉽고 장차 항복할 것이다." 하였다. 趙나라 왕이 마침내 염파를 대신하여 조괄로 장수로 삼았다. 藺相如가 아뢰기를 "조괄은 한낱 그 아비가 써서 전한 책만 읽었을 뿐이지 임기응변할 줄은 모릅니다."라고 하였으나, 왕이 듣지 않았다.

廉頗堅壁不出하고 又失亡이 多하니 趙王이 怒하야 數讓之어늘 應侯又使人行千金爲反間曰 秦은 獨畏馬服君之子括로 爲將耳니 廉頗는 易與요 且降矣리라 趙王이 遂以括代頗將이어늘 藺相如曰

括이 徒能讀其父書傳이요 不知合變也니이다 王이 不聽①하다

① 傳(전하다)은 直變의 切이다. 〈合變은〉 전쟁에서는 원칙적인 전술(正兵)로 맞붙어 싸우다가 변칙적인 전술(奇兵)로 변화를 꾀한다는 뜻이다.
傳, 直變切. 兵以正合, 以奇變.

【目】 趙括이 어렸을 때부터 병법을 배워 천하에 자신을 대적할 자가 없다고 여겼다. 아버지인 趙奢와 대화를 하였는데, 조사가 논란하지 못하였으나 잘한다고 말하지 않았다. 조괄의 모친이 그 까닭을 묻자 조사가 말하기를 "전쟁이란 死地인데 括이 쉽게 말을 하니, 그로 하여금 趙나라 장수가 되게 한다면 趙나라 군대를 패하게 할 자는 필시 括이일 것이다." 하였다.

조괄이 길을 떠나게 되자 모친이 趙나라 왕에게 글을 올려 조괄을 장수가 되게 해서는 안 된다고 하였다. 왕이 그 까닭을 물으니, 모친이 아뢰기를 "괄의 아비가 장수가 되었을 때에 친히 밥을 싸가지고 가서 밥을 먹인 자가 십여 명이었고, 벗으로 사귄 자가 수백 명이었습니다. 상으로 하사를 받으면 모두 군리와 사대부에게 나누어주었고, 왕명을 받든 날에는 집안일을 묻지 않았습니다. 그런데 지금 괄이는 하루아침에 장수가 되어 동쪽을 바라보고 軍吏를 조회하니 감히 고개를 들어 그를 바라보는 자가 없으며, 왕께서 하사하신 황금과 비단을 집안에 가지고 와서 감추어두고서 날마다 구입할 만한 좋은 곳의 밭과 집을 물색하다가 삽니다. 아비와 자식이 다른 마음을 가지고 있으니, 왕께서는 보내지 마시기 바랍니다."라고 하였으나, 趙나라 왕은 "조괄의 모친은 그만하시오. 나는 이미 결정하였소."라고 하였다.

그러자 모친이 아뢰기를 "설령 괄이가 직무를 감당하지 못하는 일이 있더라도 첩은 연좌되지 않기를 청합니다." 하니, 왕이 허락하였다.

括이 自少時學兵法하야 以天下莫能當이라하야 與奢言之하니 奢不能難이나 然不謂善也①어늘 括母問其故한대 奢曰 兵은 死地也어늘 而括이 易言之하니 使趙將之면 破趙軍者必括也라하더니 及括이 將行에 母上書言括不可使어늘 王이 問之한대 母曰 括父爲將에 身所奉飯而進食者以十數요 所友者以百數요 得賞賜하야 盡以與軍吏士大夫하고 受命之日에 不問家事하더니 今括이 一旦爲將하야 東鄕而朝軍吏하니 無敢仰視之者②요 王所賜金帛을 歸藏於家하야 而日視利便田宅可買者하야 買之하니 父子異心이라 願王은 勿遣하소서 王曰 母는 置之하라 吾已決矣③로라 母因曰 卽如有不稱이라도 妾이 請無隨坐하노이다 王이 許之④하다

① 難(힐난하다)은 去聲이니, 변론하여 꺾는 것이다.
難, 去聲, 辨折之也.
② 鄕(향하다)은 嚮으로 읽는다. 높은 자가 동쪽을 향한다.
鄕, 讀曰嚮. 尊者, 東嚮.
③ "毋置之"는 趙括 모친의 말을 그치게 하여 그 일을 그만두고 다시 말하지 않도록 한 것이다.
毋置之, 止括母之言, 使置其事而無復言.
④ 稱(걸맞다)은 去聲이다. 不稱은 임무를 감당하지 못함을 말한 것이다. 隨坐는 서로의 관계에 따라 연좌되어 죄를 받는 것이다.
稱, 去聲. 不稱, 謂不勝任也. 隨坐, 相隨而坐罪也.

【目】秦나라 왕이 趙括이 이미 장수가 되었다는 소식을 듣고 몰래 武安君을 보내 上將軍을 삼고 王齕을 裨將으로 삼고서, 감히 이 일을 누설하는 자는 베어 죽이겠다고 군중에 영을 내렸다. 조괄이 군중에 이르러 군령을 모조리 바꾸고 군리를 바꾸어 배치하고는 출병하여 秦나라 군대를 공격하였는데, 무안군이 거짓으로 달아나면서 두 부대의 복병을 배치하여 위협하게 하였다. 조괄이 승세를 타고 秦나라 성벽까지 추격하여 이르렀다가 성벽 안에서 굳게 항거하자 들어가지 못하였고, 秦나라의 복병이 후미를 끊으니, 趙나라의 군대가 둘로 나뉘고 보급로가 끊겼다. 무안군이 날랜 군사를 보내 공격하였는데, 趙나라 군대는 전세가 불리하자 그대로 보루를 쌓고 굳게 지키면서 구원병이 오기를 기다렸다. 秦나라 왕이 그 소식을 듣고 몸소 河內로 가서 15세 이상의 백성을 조발하여 모두 長平으로 보내 趙나라의 구원병과 식량 보급을 막도록 하였다.

趙나라가 齊나라에 곡식을 요청하니 齊나라 왕이 허락하지 않았다. 周子가 아뢰기를 "저 趙나라는 齊나라와 楚나라에게 있어서 이에 입술이 있는 것과 같은 존재입니다. 입술이 없어지면 이가 시리게 되니, 오늘 趙나라가 멸망하면 내일 환란이 齊나라와 楚나라에 닥치게 될 것입니다. 趙나라를 구원하는 일은 마땅히 물이 새는 옹기라도 가져다 달아오른 솥에다 물을 부어 식히는 것처럼 급히 해야 합니다. 더구나 趙나라를 구원하는 일은 의리를 드높이는 일이고, 秦나라를 물리치는 일은 명성을 드날리는 일입니다. 이 일에 힘쓰지 아니하고 곡식을 아끼니, 나라의 계책을 세우는 자가 잘못하고 있습니다." 하였으나, 齊나라 왕이 듣지 않았다.

秦王이 聞括已將하고 乃陰使武安君爲上將軍而齕爲裨將하고 令軍中敢泄者斬[①]호리라 括이 至軍하야 悉更約束하야 易置軍吏하고 出擊秦軍이어늘 武安君이 佯敗走하고 張二奇兵하야 以劫之[②]한대 括이 乘勝하야 追造秦壁이라가 壁이 堅拒하니 不得入하고 而秦奇兵이 絶其後한대 軍分爲

二하고 糧道絶이어늘 武安君이 出輕兵擊之③한대 趙戰不利하야 因築壁堅守하야 以待救至어늘 秦王이 聞之하고 自如河內④하야 發民十五以上하야 悉詣長平하야 遮絶趙救兵及糧食하다 趙請粟於齊하니 齊王이 弗許어늘 周子曰⑤ 夫趙之於齊楚에 猶齒之有脣也라 脣亡則齒寒하나니 今日亡趙면 則明日患及齊楚矣리니 救趙之務는 宜若奉漏甕沃焦釜然⑥이니라 且救趙는 高義也요 却秦은 顯名也어늘 不務此而愛粟하니 爲國計者가 過矣로소이다 弗聽⑦하다

① 裨는 음이 陴이니, 장군의 보좌이다. 泄은 누설한다는 뜻이다.
裨, 音陴, 將之偏副. 泄, 漏也.

② 전쟁에서는 원칙적인 전술(正兵)로 맞서 싸우다가 변칙적인 전술(奇兵)을 써서 이긴다.[58] 잘 싸우는 사람은 변칙적인 전술을 끊임없이 만들어내니, 변칙적인 전술과 원칙적인 전술을 번갈아 내놓기를 마치 둥근 고리가 끝이 없는 것처럼 한다. 劫은 위협한다는 뜻이다. 사람이 가려고 하는데, 무력으로 위협하여 멈추게 하는 것을 劫이라 한다.
兵以正合, 以奇勝. 善之者, 出奇無窮, 奇正還相生, 如環之無端. 劫, 勢脅也. 人欲去, 以力脅止曰劫.

③ 사람과 말이 갑옷을 걸치지 않은 것이 輕兵이다.
人馬不帶甲爲輕兵.

④ 如는 간다는 뜻이다. ≪史記正義≫에 "옛 帝王의 도읍이 河東과 河北에 많았다. 그러므로 河北을 河內라고 부르고 河南을 河外라고 불렀다. 하내는 蒲州 동쪽으로 懷州와 衛州까지를 이른다."라고 하였다.
如, 往也. 正義 "古帝王之都, 多在河東・河北, 故呼河北爲河內, 河南爲河外. 河內謂蒲州以東至懷衛也."

⑤ 周子는 史書에 그 이름이 전하지 않는다.
周子, 史失其名.

⑥ 奉(들다)은 捧으로 읽는다. 沃은 물을 붓는다는 뜻이니, 〈물이 새는 옹기라도 가져다 달아오른 솥에다 물을 부어 식히는 것처럼 한다는 것은〉 제때에 못할까 두려워함을 말한 것이다.
奉, 讀曰捧. 沃, 灌也, 言惟恐不及也.

⑦ 爲(위하다)는 去聲이다.
爲, 去聲.

【目】 趙나라 군대가 식량이 떨어진 지 46일 만에 사람들이 서로 잡아먹었다. 서둘러 秦나라의 보루를 공격하였는데, 병사를 출동시키려 하였으나 할 수 없자, 趙括이 직접 나가 육박전을 벌였다. 秦나라 군대가 화살을 쏘아 조괄을 죽이니, 40만 趙나라 병졸이 모두 항복하였다. 무안군이 말하기를 "秦나라가 이미 上黨을 함락시켰는데, 상당의 백

58) 전쟁에서는……이긴다 : ≪孫子≫ 〈兵勢〉에 보인다.

성들이 秦나라의 백성이 되는 것을 좋아하지 않아 趙나라에 투항하였다. 이처럼 趙나라의 병사들이 변덕을 부려 난을 일으킬까 두렵다." 하고는 사람들을 거짓말로 속여 모두 구덩이에 파묻고 나이가 어린 사람 200여 명을 남겨 趙나라로 돌려보내니, 전후로 참수한 포로가 또한 45만 명이었다. 趙나라 사람들이 매우 두려워하였다.

趙軍이 食絶四十六日에 人相食이라 急攻秦壘하야 欲出不得하니 括이 自出搏戰①이어늘 秦이 射殺之하니 卒四十萬人이 皆降이어늘 武安君曰 秦이 已拔上黨호대 其民이 不樂爲秦而歸趙하니 趙卒이 反覆하니 恐爲亂이라하고 乃挾詐盡坑之②하고 遺其小者二百餘人하야 歸趙하니 前後斬首虜가 又四十五萬人이라 趙人이 大震③이러라

① 손으로 치면서 맞서 싸우는 것이다.
搏手對戰也.

② 坑은 客庚의 切이니, 구덩이이고, 빠뜨린다는 뜻이다. 구덩이에 빠뜨려 죽이는 것이다.
坑, 客庚切, 塹也, 陷也. 陷之於坑而殺之.

③ 이것은 秦나라 군대가 廉頗를 꺾은 때부터 趙括을 크게 무찌른 때까지 전후로 참수한 포로의 숫자를 말한 것일 뿐이다.
此言秦兵, 自挫廉頗, 至大破趙括, 前後所斬首虜之數耳.

壬寅年(B.C. 259)

【綱】周나라 赧王 56년이다. 秦나라가 趙나라를 공격하여 武安과 皮牢를 함락시키고, 太原과 上黨을 평정하였다. 韓나라와 趙나라가 다시 땅을 떼어 주고 화친하였다.

五十六年이라 秦이 攻趙하야 拔武安皮牢하고 定太原上黨한대 韓趙又割地以和하다

【目】武安君이 군사를 세 부대로 나누었다. 王齕은 趙나라를 공격하여 武安과 皮牢를 함락시키고, 司馬梗은 북쪽으로 太原을 평정하여 上黨의 땅을 다 점령하였다. 韓나라와 魏나라가 두려워하여 蘇代를 보내 應侯를 설득하기를 "趙나라가 망하면 秦나라 왕이 천하의 왕이 되고 무안군이 三公이 될 것이다. 그대는 무안군 아래에 있을 수 있겠는가? 그대로 땅을 떼어 바치게 하여 무안군의 공이 되지 않게 하는 것이 나을 것이다." 하였

다. 응후가 秦나라 왕에게 "秦나라 병사들이 지쳤으니, 韓나라와 趙나라가 땅을 떼어 바쳐서 화친하려는 것을 허락하소서."라고 아뢰니, 왕이 그 말을 듣고서 韓나라의 垣雍과 趙나라의 성 여섯 개를 떼어 받고서 전쟁을 중지하였다. 무안군이 이 일로 인해 응후와 틈이 생겼다.

武安君이 分軍爲三하야 王齕은 攻趙하야 拔武安皮牢①하고 司馬梗은 北定太原하야 盡有上黨地②한대 韓魏가 恐하야 使蘇代說應侯曰 趙亡則秦王이 王而武安君이 爲三公矣리니 君能爲之下乎③아 不如因而割之하야 毋以爲武安君功也니라 應侯言秦兵이 勞하니 請許韓趙割地以和하소서 王이 聽之하야 割韓垣雍趙六城而罷兵④하니 武安君이 由是로 與應侯有隙하다

① ≪史記正義≫에 "皮牢의 옛 성이 絳州 龍門縣 서쪽에 있다."고 하였다. 일설에 "秦나라 군대가 이미 上黨에 이르렀으니, 길을 되돌아가서 絳州의 皮牢를 공격하지는 않았을 것이다."라고 하였다.
正義, "皮牢故城, 在絳州龍門縣西." 一說 "秦兵已至上黨, 不應復回攻絳州之皮牢."
② 梗은 古杏의 切이다. 太原은 곧 韓나라 太原郡 지역이니, 上黨의 서북쪽에 있다.
梗, 古杏切. 太原, 卽漢太原郡地, 在上黨西北.
③ 秦나라가 왕을 칭했던 것은 스스로 자기 나라에서 왕 노릇 하는 것일 뿐이었다. 지금 趙나라를 깨뜨린다면 장차 천하에 왕 노릇 할 것이다.
秦之稱王, 自王其國耳. 今破趙國 則將王天下也.
④ 雍은 於用의 切이다. ≪史記正義≫에 "垣雍城은 鄭州 原武縣 서북쪽에 있다."라고 하였다.
雍, 於用切. 正義 "垣雍城, 在鄭州原武縣西北."

趙나라가 땅을 떼어주기로 약속하자 虞卿이 아뢰기를 "秦나라가 왕을 공격하다가 지쳐서 돌아가는 것입니까? 힘이 아직 진군할 수 있을 정도지만, 왕을 사랑해서 공격하지 않는 것입니까?" 하니, 왕이 "秦나라가 여력이 남지 않았다. 필시 지쳐서 돌아가는 것이리라."라고 하였다. 우경이 아뢰기를 "秦나라가 자신의 힘으로 차지할 수 없는 것을 공격하다가 지쳐서 돌아가는데, 왕께서 또 그들의 힘으로 차지할 수 없었던 것을 주어서 보내시면 이것은 秦나라가 자신을 공격하도록 도와주는 꼴입니다. 내년에 秦나라가 왕을 공격하면 왕께서는 구제하지 못할 것입니다." 하였다.

樓緩이 말하기를 "경은 하나는 알고 둘은 모르는구려. 秦나라와 趙나라가 전쟁을 벌이면 천하가 기뻐합니다. 지금 땅을 떼어주어 화친을 함으로써 천하가 의심을 하게 하고 秦나라의 마음을 위로하지 않는다면, 천하가 장차 秦나라의 분노에 의지하고 趙나라의 피폐함을 틈타서 趙나라를 나누어 가질 것입니다." 하였다.

이에 우경이 아뢰기를 "위태하도다. 樓子의 계책이여! 이것은 천하를 더욱 의심하게 만드는 것이니, 어떻게 秦나라의 마음을 위로할 수 있겠습니까. 그리고 신이 땅을 주지 말라고 한 것은 반드시 주지 말라고 하는 것이 아닙니다. 秦나라가 성 여섯 개를 왕에게 요구할 때에 왕께서 이 성 여섯 개를 齊나라에 뇌물로 주면, 이는 왕께서 齊나라에 성을 잃더라도 秦나라에게 보상을 받을 수 있을 것입니다. 이 일을 소문낸다면, 秦나라에서 보내는 많은 뇌물이 趙나라에 당도하고 秦나라가 도리어 왕에게 강화를 요청하는 것을 신이 보게 될 것입니다." 하였다.

趙나라 왕이 "좋다." 하고 우경을 사신으로 齊나라에 보냈는데, 그가 돌아오기도 전에 秦나라의 사신이 이미 趙나라에 도착해 있었다.

趙王之約割地也에 虞卿이 曰 秦之攻王也는 倦而歸乎아 其力이 尙能進이로대 愛王而弗攻乎아 王曰 秦이 不遺餘力矣라 必以倦而歸也니라 虞卿이 曰 秦以其力으로 攻其所不能取하야 倦而歸어든 王이 又以其力之所不能取로 以送之면 是助秦自攻也라 來年에 秦이 攻王이면 王無救矣①리이다 樓緩曰 卿得其一이요 不得其二로다 秦趙構難에 而天下說②하니 今不割地求和하야 以疑天下하며 慰秦之心하면 則天下將因秦之怒하고 乘趙之弊하야 而瓜分之矣③리라 虞卿이 曰 危哉라 樓子之計여 是는 愈疑天下이니 而何慰秦之心哉④리오 且臣言勿與者는 非固勿與而已라 秦이 索六城於王이어든 而王이 以六城賂齊하면 則是는 王이 失之於齊라도 取償於秦也⑤니 以此發聲하면 臣이 見秦之重賂가 至趙而反媾於王矣로소이다 趙王曰 善타 使卿如齊호대 未返에 而秦使者已在趙矣⑥러라

① 無救는 강화를 한 잘못을 구원할 수 없음을 말한 것이다.
無救, 言無救於講和之失計也.

② 說(기쁘다)은 悅이라고 읽는다.
說, 讀曰悅.

③ 樓緩은 趙나라와 秦나라가 강화하면 천하의 제후들이 趙나라가 秦나라의 원조를 얻었다고 생각하여 앞으로 감히 趙나라의 국력이 약함을 틈타서 침입하지 않을 것이라고 여긴 것이다. 瓜分은 그 땅을 나누어 가지기를 오이 쪼개듯이 함을 말한 것이다.
緩謂趙與秦和, 則天下疑趙有秦之援, 將不敢乘弱而圖之. 瓜分, 言分其地如破瓜然.

④ 虞卿은 趙나라와 秦나라가 강화하면 천하가 의심하여 趙나라와 화친하려고 하지 않을 것이라고 여긴 것이다.
卿謂趙與秦和, 則天下有疑, 而不肯親趙也.

⑤ 趙나라가 齊나라에 뇌물을 주어서 땅을 잃게 되지만, 秦나라를 공격하여 秦나라의 땅을 취함으로써 잃은 땅을 보상받을 수 있음을 말한 것이다.
言趙失地於賂齊, 而能攻秦取其地, 以償所失.

⑥ 趙나라에 강화를 요구한 것이다.
求和於趙也.

【綱】 魏나라가 孔斌[59]으로 재상을 삼았는데, 오래지 않아 병으로 물러났다.

魏가 以孔斌爲相이러니 尋以病免하다

【目】 처음에 魏나라 왕이 子順이 어질다는 소문을 듣고 초빙하여 재상을 삼으려고 하였다. 자순이 사자에게 이르기를 "만약 왕께서 나의 방책을 믿고 쓰신다면, 나의 방책은 본래 세상을 다스리기 위한 것이니, 비록 채소를 먹고 물을 마시더라도 내가 오히려 나의 방책을 실행할 것입니다. 만약 한낱 나를 부리려고 많은 녹봉을 준다면, 나는 오히려 일개 범부일 뿐이니, 魏나라 왕께서 어찌 일개 범부가 부족하시겠습니까." 하니, 사자가 굳이 청하였다.

자순이 이에 魏나라로 가서 왕이 총애하던 관원을 교체하여 어질고 재능 있는 사람을 임용하고, 일을 맡지 않는 관원의 녹봉을 빼앗아 공이 있는 자에게 주었다. 관직과 봉록을 잃은 여러 사람들이 모두 기뻐하지 않았고, 魏나라 왕에게 중대한 계책을 아뢰었는데 또한 쓰이지 않으니, 마침내 병을 핑계로 관직에 물러났다.

사람들이 그에게 이르기를 "그대가 떠나야 할 것입니다." 하니, 자순이 대답하기를 "떠나서 장차 어디로 가리오? 山東의 나라가 장차 秦나라에 병탄될 것인데, 秦나라가 의롭지 못한 짓을 하니, 의로운 사람이라면 들어가지 않소." 하고는 마침내 집에 누워서 한숨을 쉬며 탄식하기를 "죽을병에는 좋은 의사도 소용이 없다고 하였으니, 20년이 지나지 않아 천하가 모두 秦나라가 될 것이다." 하였다.

初에 魏王이 聞子順賢하고 聘以爲相①한대 子順이 謂使者曰 若王이 能信用吾道인댄 吾道固爲治世也②니 雖疏食飮水라도 吾猶爲之어니와 若徒欲制服吾身하야 委以重祿이면 吾猶一夫耳니 魏王이 奚少於一夫이리오 使者固請이어늘 子順이 乃之魏하야 改嬖寵之官하야 以事賢才하고 奪無任之祿하야 以賜有功③한대 諸喪職秩者가 咸不悅하고 陳大計한대 又不用이어늘 乃以病致仕④하다 人이 謂之曰 子其行乎인저 答曰 行將安之리오 山東之國이 將幷於秦⑤이요 秦爲不義하니 義所不入이라하고 遂寢於家하야 喟然歎曰 死病에 無良醫⑥라하니 不出二十年에 天下其盡爲秦乎인저

59) 孔斌 : 아래에 나오는 子順이다. 孔子의 6세손이다.

① 子順은 孔斌의 자이다.
子順, 孔斌字.
② 爲(위하다)는 去聲이다. 治(다스리다)는 直之의 切이다.
爲, 去聲. 治, 直之切.
③ 無任之祿은 맡은 일이 없으면서 녹봉을 먹는 자를 일컫는다.
無任之祿, 謂不任事而食祿者.
④ 致仕는 벼슬하는 일을 그만두는 것을 말한다.
致仕, 言致其仕事.
⑤ 并(겸병하다)은 去聲이다.
并, 去聲.
⑥ 병을 어찌할 수 없으면 좋은 의사도 속수무책이다.
病不可爲, 則良醫束手.

【目】秦나라가 처음 趙나라를 정벌할 때에 魏나라 왕이 대부들에게 물으니, 모두 "秦나라가 이기지 못한다면 피폐해진 틈을 타서 공격할 수 있고, 이긴다면 그로 인해 복종하면 되니, 우리에게 무슨 손해이겠습니까."라고 하였다.

孔斌이 말하기를 "그렇지 않다. 秦나라는 탐욕스럽고 포악한 나라이다. 趙나라를 이긴다면 반드시 다시 다른 나라에 무엇인가를 요구할 것이니, 나는 그때에 魏나라가 秦나라 군대의 침공을 받을까 두렵다. 이전 사람들이 한 말에 '제비가 집에 살 때에 새끼와 어미가 서로 먹여주고 다정하게 서로 즐거워하며 스스로 안락하게 여기다가, 굴뚝에서 불길이 치솟아서 집이 타려고 하는데도 제비는 안색을 변하지 않고 재앙이 자신에게 닥칠 줄 알지 못한다.' 하였다. 지금 그대들은 趙나라가 패하면 환란이 자신들에게 닥칠 줄 알지 못하니, 사람이면서 제비와 같아서야 되겠는가." 하였다. 孔斌은 孔穿의 아들이다.

秦之始伐趙也에 魏王이 問於諸大夫한대 皆曰 秦若不勝則可乘敝而擊之요 勝則因而服焉이니 於我何損이리오 斌曰 不然①하다 秦은 貪暴之國也라 勝趙면 必復他求리니 吾恐於時에 魏受其師也②하노라 先人이 有言호대 燕雀處屋에 子母相哺하야 呴呴相樂하야 自以爲安矣③라가 竈突炎上하야 棟宇將焚이어든 燕雀이 顔不變하야 不知禍之將及己也④라하니 今子不悟趙破而患將及己하니 可以人而同於燕雀乎아 斌은 穿之子也라

① 斌은 음이 彬이다.
斌, 音彬.

② 於時는 "於此時(이때에)"라고 말하는 것과 같다.
於時, 猶言於此時也.

③ 晡(먹이다)는 음이 步이다. 呴는 香句의 切이다. 呴呴는 화목하고 기뻐하는 모양이다.
晡, 音步. 呴, 香句切. 呴呴, 和悅貌.

④ 突(굴뚝)은 陁沒의 切이다. 竈는 굴뚝이다. 炎은 불길이 올라오는 것이다. 棟은 용마루이고, 宇는 서까래이다.
突, 陁沒切. 竈, 窓也. 炎, 火光上也. 棟, 屋脊. 宇, 椽也.

【綱】秦나라가 趙나라 公子 勝을 유인해 잡았다가 오래지 않아 돌려보냈다.

秦이 **誘執趙公子勝**이러니 **旣而歸之**하다

【目】秦나라 왕이 應侯를 위해 반드시 원수를 갚고자 하였다. 이에 平原君을 유인하여 秦나라에 오자 잡고서 사신을 보내 趙나라 王에게 말하기를 "魏齊의 머리를 얻지 못하면 나는 趙나라 왕의 동생을 關에서 내보내지 않겠다." 하였다. 위제가 곤란하여 虞卿에게 가니, 우경이 재상의 자리를 버리고 위제와 함께 魏나라로 도망하였다. 信陵君이 그를 접견하기 어렵다는 뜻을 비치자 위제가 노하여 자살하였다. 趙나라 왕이 그의 머리를 가져다 秦나라에 주자 秦나라가 비로소 평원군을 돌려보냈다.

秦王이 平原君을 인질로 잡고 魏齊를 요구하다

范雎가 王稽를 추천하자 왕이 河東 太守로 삼았고, 다시 鄭安平을 추천하자 왕이 장군으로 삼았다. 범수는 집안의 재물을 모두 풀어서 자신이 곤액을 겪을 때 도와주었던 사람들에게 갚았는데, 밥 한 끼를 베풀어준 작은 은혜라도 반드시 보답했고 눈을 부라리며 성을 낸 사소한 원한이라도 반드시 보복하였다고 한다.

秦王이 欲爲應侯하야 必報其仇하야 乃誘平原君하야 至而執之하고 使謂趙王曰 不得齊首면 吾不出王弟於關호리라 齊窮抵虞卿①한대 卿이 棄相印하고 與偕亡走魏하니 信陵君이 意難見之어늘 齊怒自殺하니 趙王이 取其首與秦한대 秦이 乃歸平原君하다 睢言王稽어늘 王이 以爲河東守②하고 又任鄭安平이어늘 王이 以爲將軍③하다 睢散家財物하야 以報所嘗困厄者하야 一飯之德을 必償④하고 睚眦之讐를 必報云⑤이러라

① 抵는 돌아간다는 뜻이다.
抵, 歸也.

② ≪史記≫ 〈范睢傳〉에 "范睢가 재상이 된 뒤에 왕에게 아뢰기를 '王稽가 아니었으면, 신을 函谷關에 들이지 못하였을 것입니다. 지금 신의 관직이 재상에 이르렀는데, 왕계의 관직은 아직도 謁者에 머물러 있으니, 신을 들였던 뜻이 아닙니다.' 하니, 昭王이 왕계를 河東太守에 임명하였다."라고 하였다. 河東은 본래 魏나라 땅인데, 秦나라가 취하였다. 그 땅이 大河의 동쪽에 있는 까닭에 河東郡을 설치하였다.
范睢傳 "睢旣相, 言於王曰 '非王稽 莫能納臣於函谷關. 今臣官至於相, 王稽官尙止於謁者, 非納臣之意也.' 昭王, 拜稽爲河東守." 河東本魏地, 秦取之. 以其地在大河之東, 置河東郡.

③ 鄭安平이 范睢를 숨겼다가 王稽를 만나게 하였다. 이로 인해 범수가 秦나라에 들어가 재상이 되었다. 그러므로 범수가 정안평을 추천하여 등용하게 하였다.
鄭安平匿范睢, 以見王稽. 因此入秦爲相, 故睢保任安平而用之.

④ 償은 보답한다는 뜻이다.
償, 報也.

⑤ 睚는 음이 厓이니, 눈을 치켜뜬다는 뜻이다. 眦는 곧 眥자이니, 눈가를 일컫는다. 눈을 부라리며 대든 자는 곧 보복하였음을 말한 것이다. 일설에 "睚는 五懈의 切이고, 眦는 士懈의 切이니, 睚眦는 눈을 부릅뜬 모양이다."라고 하였다.
睚, 音厓, 擧眼也. 眦, 卽眥字, 謂目匡[60]也. 言擧眼相忤者, 卽報之也. 一說 "睚, 五懈切, 眦, 士懈切. 睚眦, 瞋目貌."

癸卯年(B.C. 258)

【綱】 周나라 赧王 57년이다. 秦나라가 趙나라를 정벌하여 邯鄲을 포위하였다.

五十七年이라 秦이 伐趙하야 圍邯鄲하다

60) 匡 : 眶과 통용된다.

【目】 秦나라 武安君이 병이 나자 王陵으로 하여금 趙나라를 정벌하게 하였는데, 邯鄲을 공격하여 패하였다. 무안군의 병이 낫자 왕이 그를 보내 왕릉을 대신하게 하고자 하였다.

무안군이 아뢰기를 "한단은 실제로 공격하기 쉽지 않고, 또 제후들의 구원이 바로 도착할 것입니다. 秦나라가 비록 長平에서 승리하였으나, 사졸 가운데 전사한 자가 반을 넘었습니다. 나라 안이 빈 상황에서 멀리 大河와 산을 건너 다른 나라의 國都를 다투다가 趙나라가 안에서 호응하고 제후들이 밖에서 공격하면 秦나라 군대가 패하는 것은 필연적입니다." 하였다.

왕이 다시 應侯를 보내 무안군에게 가기를 청하였으나 끝내 사양하고 가지 않았다. 결국 王齕로 왕릉을 교체하였다.

秦武安君이 病이어늘 使王陵伐趙하야 攻邯鄲하야 少利①하다 武安君이 病愈어늘 王이 欲使伐之한대 武安君曰 邯鄲은 實未易攻也요 且諸侯之救日至리니 秦이 雖勝於長平하나 然士卒死者過半이라 國內空이어늘 遠絶河山而爭人國都②라가 趙應其內하고 諸侯攻其外면 破秦軍이 必矣리이다 王이 又使應侯請之호대 終辭不行이어늘 乃以王齕代陵하다

① 少利는 전쟁에서 자못 패하였음을 말한 것이다.
少利, 謂兵頗失利也.

② 秦나라로부터 邯鄲을 공격함에 大河와 王屋山, 太行山 등의 험난함이 있다. 가로질러 건너는 것을 絶이라고 한다.
自秦而攻邯鄲, 有大河(反)〔及〕61)王屋・太行諸山之阻. 橫度曰絶.

【綱】 趙나라 公子 勝이 楚나라에 가서 군대를 빌리자 楚나라 黃歇이 군대를 이끌고 趙나라를 구원하였다.

趙公子勝이 如楚乞師이어늘 楚黃歇이 帥師救趙하다

【目】 趙나라 왕이 平原君으로 하여금 楚나라에 가서 구원을 요청하게 하였다. 평원군이 문하의 식객 가운데 文武를 갖춘 자 20인과 함께 가기로 약속하였는데, 19인을 얻고는 나머지는 뽑을 만한 사람이 없었다. 毛遂가 자신을 천거하자 평원군이 말하기를 "어진

61) (反)〔及〕: 저본에는 '反'으로 되어 있으나, 思政殿訓義 《資治通鑑》에 근거하여 '及'으로 바로잡았다.

선비가 세상에 처하는 것은 비유하자면 송곳이 주머니 속에 있는 것과 같아서 그 끝이 바로 드러납니다. 지금 선생이 저의 문하에 계신 지가 이제 3년인데, 제가 들은 바가 없으니, 이것은 선생이 가지고 있는 것이 없기 때문입니다." 하니, 모수가 말하기를 "신이 오늘에야 주머니 속에 있고자 청합니다. 신으로 하여금 진작에 주머니 속에 있게 하였다면 뾰쪽한 송곳의 끝이 삐져나왔을 것이니, 끝이 보일 뿐만이 아니었을 것입니다." 하였다.

毛遂가 자신을 천거하다

趙王이 使平原君으로 求救於楚할새 約其門下文武備具者二十人與俱러니 得十九人하고 餘無可取者러니 毛遂自薦이어늘 平原君曰 夫賢士之處世는 如錐處囊中이라 其末이 立見①(현)하나니 今先生이 處勝門下가 三年於此矣로대 勝이 未有所聞호니 是는 先生이 無所有也로이다 遂曰 臣이 乃今日에 請處囊中耳로리라 使臣으로 得蚤處囊中이면 乃脫穎而出이니 非特其末見而已②니라

① 錐는 날카로운 것이니, 또한 송곳과 같은 물건이다. 囊은 주머니이다. 立은 바로이다. 見(드러나다)은 胡甸의 切이다.
錐, 銳也, 又器如鑽. 囊, 袋也. 立, 卽便也. 見, 胡甸切.

② 脫은 吐活의 切이니, 돌출한다는 뜻이다. 穎은 송곳 끝이다. 송곳 끝의 뾰족한 부분이 돌출하여 주머니 밖으로 삐져나오는 것과 같음을 말한 것이다.
脫, 吐活切, 突也. 穎, 錐鋩也. 言猶錐鋩銳上突然而出.

【目】平原君이 마침내 그와 함께 楚나라에 도착하여 楚나라 왕과 합종의 이해득실에 대하여 논의하였는데, 오래도록 결정이 나지 않았다.

毛遂가 칼을 어루만지며 계단을 지나 올라가 말하기를 "합종의 이해득실은 두 마디 말이면 결정이 나는데, 오늘 해가 뜨면서 논의하기 시작하여 해가 중천에 이르도록 결정을 내리지 않는 것은 무슨 까닭입니까?" 하였다. 왕이 노하여 꾸짖자 모수가 칼을 어루만지며 앞으로 나아가 말하기를 "왕께서 저를 꾸짖는 것은 楚나라의 많은 병사들 때문인데, 지금 10보 안에서는 왕께서 楚나라의 많은 병사를 의지할 수 없으니, 왕의 생명이 저의 손에 달려 있습니다. 저의 주군이 앞에 계신데 저를 꾸짖는 것은 어째서입니까? 그리고 제가 들은 바로는 湯王은 70리의 땅을 가지고 천하에 왕 노릇 하였고, 文王은 100리의 땅을 가지고 제후들을 신하로 거느렸다고 합니다. 지금 楚나라가 땅이 사방 5천 리요 군사가 100만이니, 이는 霸者와 王者의 자질을 갖춘 것입니다. 白起는 애송이일 뿐인데, 수만의 군대를 이끌고 첫 번째 전투에서 鄢과 郢을 함락시키고 두 번째 전투에서 夷陵을 불태우고 세 번째 전투에서 왕의 선조를 욕보였으니[62], 이 놈은 백대의 원수입니다. 趙나라도 수치스럽게 여기는데, 왕께서는 미워할 줄 모르십니다. 합종이라는 것은 楚나라를 위한 것이지 趙나라를 위한 것이 아닙니다." 하니, 왕이 "그렇소. 그렇소."라고 하였다. 마침내 楚나라 왕과 歃血[63]하여 합종을 정하고서 돌아왔다.

평원군이 말하기를 "나는 감히 다시는 천하의 선비를 외모로 판단하지 않겠다." 하고, 이 일로 인하여 모수를 上客으로 삼았다. 그리고 楚나라가 春申君으로 하여금 군대를 이끌고 趙나라를 구원하도록 하였다.

平原君이 乃與之俱하야 至楚하야 與楚王言合從之利하야 久而不決이어늘 毛遂按劒歷階而上曰 從之利害는 兩言而決耳①어늘 今日出而言하야 日中不決은 何也오 王이 怒叱之한대 遂按劒而前曰 王之所以叱遂者는 以楚國之衆也어니와 今十步之內에 王이 不得恃楚國之衆也니 王之命이 懸於遂手하니이다 吾君이 在前이어늘 叱者는 何也오 且遂聞湯이 以七十里而王天下하시고 文王이 以百里而臣諸侯라 今楚地方五千里요 持戟이 百萬이니 此霸王之資也라 白起는 小豎子耳로대 率數萬之衆하야 一戰而擧鄢郢하고 再戰而燒夷陵하고 三戰而辱王之先人②하니 此는 百世之怨이라 趙之所羞로대 而王이 不知惡焉③하니 合從者는 爲楚라 非爲趙也④니라 王曰 唯唯라하야늘 乃與楚王으로 歃血定從而歸⑤하다 平原君曰 勝이 不敢復相天下士矣⑥리라하고 因以毛遂로 爲上客而楚가 使春申君으로 將兵救趙하다

① 兩言은 이로움과 해로움을 말한다.
兩言, 謂利與害也.

② 왕의 선조를 욕보였다는 것은 楚나라의 능묘를 불태우고 파괴한 것을 말한다.

---

62) 白起는……욕보였으니 : 白起가 楚나라를 정벌한 것은 赧王 36년조에 보인다.

63) 歃血 : 맹세할 때에 犧牲을 잡아 그 피를 입에 머금고서 誓約을 꼭 지킬 것을 신에게 약속하는 일이다.

辱王之先人, 謂焚夷楚之陵廟也.

③ 惡(미워하다)는 去聲이다.
惡, 去聲.

④ 爲(위하다)는 去聲이다.
爲, 去聲.

⑤ 歃은 所甲의 切이니, 입에 피를 머금는 것이다.
歃, 所甲切, 口含血也.

⑥ 相은 去聲이니, 본다는 뜻이다.
相, 去聲, 視也.

【綱】魏나라의 晉鄙가 군대를 이끌고 趙나라를 구원할 때에 鄴에 주둔하였는데, 公子 無忌(信陵君)가 진비를 습격하여 죽이고 그 군대를 탈취하여 진군하였다.

魏晉鄙帥師救趙할새 **次于鄴**이러니 **公子無忌襲殺鄙**하고 **奪其軍以進**하다

【目】魏나라 왕이 晉鄙로 하여금 趙나라를 구원하게 하니, 秦나라 왕이 사신을 보내 魏나라에게 말하기를 "내가 趙나라를 공격하여 조만간 함락시킬 것이니, 제후 가운데 감히 구원하는 자가 있으면 반드시 군대를 이동하여 먼저 공격하겠다." 하였다. 魏나라 왕이 두려워서 진비로 하여금 구원을 중지하여 鄴의 성벽에 주둔하게 하고, 다시 新垣衍으로 하여금 邯鄲에 들어가 趙나라를 설득하여 함께 秦나라를 높여 帝로 삼아 그 군대를 퇴각시키고자 하였다.

魯仲連이 그 소식을 듣고 가서 신원연을 만나 말하기를 "저 秦나라는 예의를 버리고 적을 참수한 공로를 숭상하는 나라입니다. 저들이 만약 방자하게 천하에 帝가 된다면 내가 동해에 뛰어들어 죽을지언정 그 백성이 되기를 원하지 않습니다. 그리고 梁나라[64]는 秦나라가 帝를 칭했을 때의 해악을 간파하지 못했기 때문에 이러는 것입니다.

옛날에 九侯, 鄂侯, 文王은 紂王의 三公이었습니다. 주왕이 구후를 죽여 젓갈을 담그자 악후가 강력하게 간쟁하였습니다. 이것을 이유로 주왕은 악후를 죽여 포를 떴습니다. 문왕이 이 소식을 듣고 한숨을 쉬며 탄식하였는데, 이것을 이유로 주왕은 문왕을 牖里[65]의 감옥에 가두어 죽게 만들고자 하였습니다.

---

64) 梁나라 : 곧 魏나라를 가리킨다. 大梁에 도읍을 두었기 때문에 이렇게 불렀다.

지금 秦나라와 梁나라가 모두 만승의 나라를 근거로 각자 왕을 칭하는 명성을 갖고 있는데, 어찌하여 秦나라가 한 번 전투에서 승리하는 것을 보고 바로 복종하여 帝로 섬기고 마침내 포와 젓갈이 되는 지경으로 나아간단 말입니까.

그리고 秦나라가 여기서 그치지 않고 帝의 노릇을 계속한다면, 장차 天子의 예를 행하여 천하를 호령하고 제후의 大臣을 바꿀 것이며, 미워하는 자에게 빼앗아 좋아하는 자에게 주고, 또 자신들의 딸과 참소하기 좋아하는 여자들로 하여금 제후들의 비빈이 되게 할 것이니, 梁나라 왕이 어떻게 편안히 지낼 수 있겠으며, 장군은 또한 어떻게 이전의 은총을 얻을 수 있겠습니까." 하였다.

魯仲連이 秦나라가 帝를 칭하는 해악을 논하다

新垣衍이 일어나 두 번 절하고 말하기를 "제가 오늘에야 선생께서 천하의 선비임을 알았습니다. 여기서 나가 감히 다시는 秦나라를 帝로 높이자는 말을 하지 않겠습니다." 하였다.

魏王이 使晉鄙救趙①러니 秦王이 使謂魏曰 吾攻趙하야 旦暮且下니 諸侯敢救者면 必移兵先擊之호리라 魏王이 恐하야 止晉鄙壁鄴하고 又使新垣衍으로 入邯鄲說趙하야 欲共尊秦爲帝하야 以却其兵②이어늘 魯仲連이 聞之하고 往見衍曰 彼秦者는 棄禮義而上首功之國也③라 彼卽肆然而爲帝於天下면 則連이 有蹈東海而死耳언정 不願爲之民也④하노라 且梁이 未睹秦稱帝之害故耳⑤니라 昔者에 九侯鄂侯文王은 紂之三公也⑥라 紂醢九侯어늘 鄂侯爭之彊이라 故脯鄂侯⑦하니 文王이 聞之하시고 喟然而歎하신대 故拘之牖里之庫하야 欲令之死⑧하니 今秦梁이 俱擧[66] 萬乘之國하야 各有稱王之名하니 奈何로 睹其一戰而勝하고 欲從而帝之하야 卒就脯醢之地乎아 且秦이 無已而帝면 則將行其天子之禮하야 以號令天下하야 變易諸侯之大臣하야 奪其所憎而與其所愛하고 又使女

65) 牖里 : 羑里라고도 한다.

66) 擧 : ≪史記≫와 ≪資治通鑑≫에는 '據'로 되어 있다.

子讒妾으로 爲諸侯妃姬하리니 梁王이 安得晏然而已乎며 而將軍이 又何以得故寵乎이리오 衍이 起再拜曰 吾乃今에 知先生은 天下士也라 吾請出하야 不敢復言帝秦矣리라

① 胥은 姓이다.
胥, 姓也.
② 新垣은 複姓이며, 衍은 이름이다.
新垣, 複姓, 衍, 名也.
③ 上(숭상하다)은 尙과 같다. 首功은 참수한 것으로 공을 삼는 것이다.
上, 猶尙也. 首功, 以斬首爲功.
④ 肆然은 肆志(뜻대로 함)와 같다
肆然, 猶肆志也.
⑤ 梁은 곧 魏나라이다.
梁, 卽魏也.
⑥ ≪括地志≫에 "相州 釜陽縣 서남쪽에 九侯城이 있다."고 하였다. 鄂은 음이 蕚이니, 나라 이름이다.
括地志 "相州釜陽縣西南, 有九侯城." 鄂, 音蕚, 國名.
⑦ 九侯에게 훌륭한 딸이 있어서 紂王에게 바쳤다. 그 딸이 음란한 짓을 좋아하지 않자 紂王이 화가 나서 죽이고는 구후를 죽여 젓갈을 담갔다. 爭(간쟁하다)은 去聲이다. 脯는 음이 斧이니, 마른 고기이다.
九侯有好女, 入之紂. 其女不憙淫, 紂怒殺之, 而醢九侯. 爭, 去聲. 脯, 音斧, 乾肉.
⑧ 牖는 음이 酉인데, 본래는 羑라고 쓴다. ≪漢書≫ 〈地理志〉에 "河內 湯陰縣에 羑里城이 있다."고 하였다. 庫는 병거를 보관하는 곳이다.
牖, 音酉, 本作羑. 地理志 "河內湯陰縣有羑里城." 庫, 兵車藏也.

【目】 처음에 魏나라 公子 無忌가 사람들을 사랑하고 선비를 예우하여 초치한 식객이 3천 명이었다. 은사 侯嬴이라는 사람이 집이 가난하여 夷門의 문지기가 되었다. 公子가 술자리를 마련하고 빈객을 크게 모아 자리가 정해지자, 왼쪽 자리를 비워둔 수레를 따르게 하여 자신이 직접 侯生을 맞이하였다. 후생이 곧바로 올라타서 자리를 사양하지 않으니, 公子가 고삐를 잡고 더욱 공손히 하였다. 후생이 다시 공자에게 말하기를 "신이 시장 푸줏간에 문객이 있는데, 수레를 둘러 가서 방문하고자 합니다." 하니, 공자가 수레를 끌고 시장에 들어갔다. 후생이 수레에 내려가 자신의 문객인 朱亥를 만나서 곁눈질로 공자를 보며 일부러 오래 서서 문객과 대화하고 몰래 공자를 관찰하니 공자의 안색이 더욱 온화해졌다. 이에 문객과 작별하고 수레에 올라 공자의 집에 이르러서는 공자가 후생을 인도하여 윗자리에 앉히니, 빈객들이 모두 놀랐다.

初에 魏公子無忌愛人下士하야 致食客三千人①이러니 有隱士侯嬴이 家貧하야 爲夷門監者②어늘 公子置酒大會하야 賓客坐定에 從車騎虛左하야 自迎侯生③한대 生이 直上載하야 不讓이어늘 公子執轡愈恭이러니 生이 又謂公子曰 臣이 有客在市屠中하니 願枉車騎過之하노라 公子引車入市한대 生이 下見其客朱亥하야 睥睨故久立④하야 與其客語하고 微察公子하니 公子色愈和어늘 乃謝客就車하야 至公子家하야는 公子引侯生坐上坐하니 賓客이 皆驚⑤하다

① 下는 예우하는 것을 말한다.
下, 謂禮遇之.
② 嬴은 음이 盈인데, 또 다른 음은 羸瘦의 羸이다. 夷門은 大梁城의 東門이다. 監은 문지기이다.
嬴, 音盈, 又音(嬴瘦之嬴)〔羸瘦之羸〕67). 夷門, 大梁城東門. 監, 抱關者.
③ 옛날에 수레를 탈 때에 높은 사람이 왼쪽에 앉았다. 生은 제생을 이른다.
古者乘車, 尊者在左. 生, 謂諸生.
④ 睥는 普計의 切이다. 睨는 魚計의 切이다. 睥睨는 똑바로 보지 않는 것이다.
睥, 普計切. 睨, 魚計切. 睥睨, 不正視也.
⑤ 아래 坐(자리)는 才臥의 切이다.
下坐, 才臥切.

【目】秦나라가 趙나라를 포위했을 때에 趙나라 平原君의 부인은 公子 無忌의 누이였다. 趙나라 사신의 수레가 魏나라에 잇달아 이르러 공자 무기를 나무랐다. 공자가 근심하여 여러 번 魏나라 왕에게 晉鄙로 하여금 趙나라를 구원하게 할 것을 청하였고, 심지어 빈객과 변사가 백방으로 설득하였으나, 왕이 끝내 듣지 않았다. 공자가 이에 빈객을 모으고 수레 백여 대를 준비하여 싸움에 달려가 趙나라에서 죽고자 하였다.

趙나라로 가는 길에 侯生을 만났는데, 후생이 말하기를 "공자께서 별다른 계책도 없이 秦나라 군대에게 달려들려고 하니, 이것은 마치 굶주린 호랑이에게 고기를 주는 격입니다. 무슨 공이 있겠습니까." 하였다. 공자가 두 번 절하고 계책을 묻자 후생이 말하기를 "제가 듣건대, 진비의 兵符가 왕의 침실 안에 있고 如姬가 가장 총애를 받는다고 하니, 충분히 병부를 훔쳐낼 수 있습니다. 그리고 공자께서 일찍이 여희를 위해 그 아비의 원한을 갚아주었으니, 여희가 공자를 위하여 죽음도 사양하지 않을 것입니다. 진실로 여희에게 한 번 말을 하면 병부를 얻을 수 있을 것이니, 진비의 병부를 탈취하여

67) (嬴瘦之嬴)〔羸瘦之羸〕: 저본에는 '嬴瘦之嬴'로 되어 있으나, ≪資治通鑑綱目集覽≫에 의거하여 '羸瘦之羸'로 바로잡았다.

북쪽으로 趙나라를 구원하고 서쪽으로 秦나라를 물리치면, 이것이 五霸의 공적입니다." 하였다.

及秦이 圍趙는 趙平原君夫人은 無忌姊也라 使者冠蓋가 相屬於魏하야 讓公子①한대 公子患之하야 數請魏王하야 勅晉鄙救趙하고 及賓客辯士遊說萬端호대 王이 終不聽이어늘 公子乃屬(촉)賓客하야 約車騎百餘乘하야 欲赴鬪以死於趙할새 過見侯生한대 生曰 公子無他端이요 而欲赴秦軍하니 如以肉投餒虎라 何功之有②리오 公子再拜問計한대 生曰 吾聞晉鄙兵符在王臥內而如姬가 最幸하니 力能竊之요 且公子嘗爲報其父仇하니 如姬欲爲公子하야 死無所辭하나니 誠一開口면 則得虎符하리니 奪鄙兵하야 北救趙하고 西却秦이면 此五伯(패)之功也③니라

① 蓋는 일산이다. 冠蓋는 관모도 있고 일산도 있는 사대부이다. 屬(닿다)은 음이 燭이니, 아래도 같다.
蓋, 繖也. 冠蓋, 有冠有蓋之士大夫. 屬, 音燭, 下同.
② "無佗端"은 별다른 기이한 계책이 없어 단서를 열 수 없음을 말한 것이다.
無佗端, 言無佗奇策以發端也.
③ 爲(위하다)는 모두 去聲이다. 如姬의 아비가 어떤 사람에게 피살되었는데, 公子가 문객으로 하여금 그 원수의 머리를 베어 여희에게 바치게 하였다. 호랑이는 위엄이 있고 용맹한 짐승이므로 병부로 삼았다. 漢나라 때에 銅虎符가 있었다.
爲, (普)〔並〕68)去聲. 如姬之父爲人所殺, 公子使客斬其仇頭, 以進如姬. 虎, 威猛之獸, 故以爲兵符. 漢有銅虎符.

【目】 公子가 그의 말대로 하여 兵符를 얻으니, 侯生이 말하기를 "장수가 야전에 있을 때에는 군주의 명령을 받지 않는 경우가 있습니다. 만약 晉鄙가 의심하여 다시 왕에게 물으면 일이 위태로워질 것입니다. 신의 문객인 朱亥는 힘센 장사이니 데리고 갈만 합니다. 진비가 말을 듣지 않으면 그로 하여금 공격하게 하십시오." 하였다. 공자가 鄴에 이르자 진비가 병부를 맞추어 보고 과연 의심하여 손을 든 채로 공자를 보고 말하기를 "내가 10만의 군대를 이끌고 국경에 주둔하고 있으니, 국가의 중임입니다. 그런데 지금 한 대의 수레를 타고 와서 이를 대신하려는 것은 무슨 까닭입니까?" 하니, 주해가 40근짜리 철퇴를 소매 속에 넣고 있다가 진비를 쳐서 죽였다. 공자가 병사를 모아놓고 명령을 내리기를 "父子가 함께 군중에 있는 자는 아비가 집으로 돌아가고, 兄弟가 함께 군중에 있는 자는 형이 집에 돌아가고, 獨子로 형제가 없는 자는 집에 돌아가 부모를 봉양하라." 하고 8만 명의 병사를 뽑아 그들을 이끌고 진군하였다.

68) (普)〔並〕: 저본에는 '普'로 되어 있으나, 문맥을 살펴 '並'로 바로잡았다.

公子如其言하야 得兵符어늘 侯生曰 將이 在外에 君令을 有所不受①하나니 有如鄙疑而復請之면 則事危矣리니 臣客朱亥는 力士니 可與俱하야 鄙不聽이어든 使擊之하라 公子至鄴한대 晉鄙合符果疑之하야 擧手視公子曰 吾擧十萬之衆하야 屯於境上하니 國之重任이어늘 今單車來代之는 何如哉오 亥袖四十斤鐵椎라가 椎殺鄙②하고 公子勒兵下令曰 父子俱在軍中者는 父歸하고 兄弟俱在軍中者는 兄歸하고 獨子無兄弟者는 歸養③하라하고 得選兵八萬人하야 將之而進하다

① 孫武子의 말이다.
孫武子之言.

② 椎殺은 쳐서 죽이는 것이다.
椎殺, 擊殺也.

③ 養(봉양)은 去聲이다.
養, 去聲.

甲辰年(B.C. 257)

【綱】 周나라 赧王 58년이다.

五十八年이라

【目】 燕나라 孝王 원년이다.

燕孝王元年①이라

① 孝王은 武成王의 아들이다.
孝王, 武成王子.

【綱】 秦나라가 白起를 죽였다.

秦이 殺白起하다

【目】 王齕이 전쟁에서 불리하였는데, 武安君이 말하기를 "왕이 나의 계책을 듣지 않더니 지금 어떠한가?" 하니, 왕이 그 말을 듣고 진노하여 그를 억지로 기용하였다. 무안군이 병이 더쳤다고 핑계를 대자, 마침내 파면하여 사졸에 편입시키고는 陰密로 유배를 보냈다. 무안군이 杜郵에 이르렀을 때에 應侯가 아뢰기를 "백기가 유배를 가면서 마음에 아

직도 불만이 가득하여 원망하는 말을 하였다고 합니다." 하니, 왕이 이에 검을 내려주도록 하였다. 무안군이 마침내 자살을 하니, 秦나라 사람들이 불쌍히 여겼다. 응후가 이에 鄭安平을 천거하여 그로 하여금 군대를 이끌고 趙나라를 공격하게 하였다.

武安君 白起가 원한을 품고 杜郵에서 자살하다

王齕이 戰不利어늘 武安君曰 不聽吾計러니 今何如矣오 王이 聞之하고 怒하야 彊起之한대 武安君이 稱病篤이어늘 乃免爲士伍하야 遷之陰密이러니 行至杜郵①하얀 應侯曰 起之遷에 意尙怏怏하야 有餘言②이라하야늘 王이 乃使賜之劍한대 武安君이 遂自殺하니 秦人이 憐之러라 應侯乃任鄭安平하야 使將擊趙하다

① 법률에 의하면, 죄가 있어 관작을 잃게 되는 것을 士伍라고 칭하니, 작위를 빼앗고 그로 하여금 사졸의 대오를 따르게 하는 것을 이른다. ≪漢書≫ 〈地理志〉에 "陰密縣은 安定郡에 속한다."고 하였다. ≪水經注≫에 "渭水의 옛 水路가 安陵 남쪽을 지나는데, 수로 가에 杜郵亭이 있다."고 하였다.
律有罪失官爵稱士伍. 謂奪其爵. 使從士卒之伍也. 班志 "陰密縣屬安定郡." 水經注 "渭水故渠逕安陵南, 渠側有杜郵亭."

② 怏은 倚兩의 切이다. 怏怏은 뜻이 만족스럽지 않은 것이다.
怏, 倚兩切. 怏怏, 志不滿也.

【綱】魏나라 公子 無忌가 秦나라 군대를 邯鄲 아래에서 크게 무찔렀다.

魏公子無忌大破秦軍邯鄲下하다

【目】信陵君이 秦나라 군대를 邯鄲 아래에서 무찌르자, 王齕은 포위를 풀고 달아나고 鄭安平은 2만의 군사를 이끌고 趙나라에 항복하였다. 신릉군은 감히 魏나라로 돌아갈 수 없어서 장수로 하여금 군대를 거느리고 魏나라로 돌아가게 하였다. 趙나라 왕이 다섯

성으로 公子를 봉하려고 하였는데, 공자가 이 소식을 듣고 스스로 공이 있다고 생각하는 기색이 있었다.

어떤 빈객이 공자에게 말하기를 "사물에는 잊어서는 안 되는 것이 있고, 잊지 않아서는 안 되는 것이 있습니다. 남이 공자께 덕을 베풀었으면 공자께서는 잊어서는 안 되고, 공子께서 남에게 덕을 베풀었으면 공자께서는 잊기 바랍니다. 그리고 왕의 명령을 속이고 군사를 탈취하여 趙나라를 구하였으니, 趙나라에게는 공이 있습니다만, 魏나라에는 충신이 되지 못합니다. 그런데도 공자께서 스스로 오만하게 공이라고 여기시니, 저는 공자가 취하지 말아야 한다고 생각합니다." 하니, 이에 공자가 바로 자책하여 마치 용납될 곳이 없는 것처럼 부끄러워하였다.

信陵君이 大破秦軍於邯鄲下한대 王齕은 解圍走하고 鄭安平은 以二萬人으로 降趙하다 信陵君이 不敢歸魏하야 使將으로 將其軍以還하다 趙王이 欲以五城으로 封公子한대 公子聞之하고 有自功之色이어늘 客이 有說公子曰 物有不可忘하고 有不可不忘하니 人有德於公子어든 公子不可忘也어니와 公子有德於人이어든 願公子는 忘之也하라 且矯令奪兵하야 以救趙하니 於趙則有功矣어니와 於魏則未爲忠臣也어늘 公子乃自驕而功之하니 竊爲公子不取也하노라 於是에 公子立自責하야 若無所容이러라

【目】趙나라 왕이 스스로 公子를 맞이하고 주인의 예를 행하여 공자를 인도하여 서쪽 계단으로 나아가게 하였다. 공자가 옆으로 비켜서 걸어 사양하고 동쪽 계단으로 올라가 스스로 말하기를 "죄과를 범하여 魏나라를 저버렸고 趙나라에도 공이 없다." 하였다. 趙나라 왕이 공자와 함께 해가 질 때까지 술을 마셨는데, 공자의 겸손함 때문에 끝내 차마 다섯 성을 주겠다는 말을 꺼내지 못하였다.

趙王이 自迎하야 執主人之禮하야 引公子就西階한대 公子側行辭讓하야 從東階上①하야 自言辠過以負於魏하고 無功於趙②하니 趙王이 與公子飮하야 至暮로대 以公子退讓이라 竟不忍言獻五城③하니라

① 《禮記》 〈曲禮 上〉에 "주인은 동쪽 계단으로 나아가고 객은 서쪽 계단으로 나아가는데, 객의 신분이 낮으면 주인의 계단으로 나아간다."라고 하였다.
禮 "主人就東階, 客就西階, 客若降等, 則就主人之階."

② 辠는 罪의 古字이다. 秦 始皇이 그 글자가 皇자와 비슷하다고 하여 罪로 바꾸었다. 負는 음이 佩이고, 또 본음대로 읽으니, 저버린다는 뜻이다.
辠, 古罪字. 秦始皇以其似皇字, 故改爲罪. 負, 音佩, 又如字, 孤負也.

③ 不忍은 不敢이라고 말하는 것과 같다. 無忌가 大義로써 따질까 봐 두려웠으므로 감히 성을 주겠다고 말하지 못한 것이다.
不忍, 猶言不敢也. 恐無忌以大義相責, 故不敢言獻城.

平原君이 魯仲連을 봉하고자 하였는데, 노중련도 받지 않았다. 이에 천금을 가지고 축수를 하니, 노중련이 웃으며 말하기를 "천하의 선비를 소중히 여기는 것은 남을 위해 환난을 제거하고 분란을 해결하되 보상을 취하지 않기 때문입니다. 만일 취하는 것이 있다면 이것은 장사치의 일이니, 저는 차마 할 수 없습니다." 하고는 평원군과 작별하고 떠나가서 평생토록 다시 만나지 않았다.

平原君이 欲封魯仲連이어늘 仲連이 亦不受한대 乃以千金爲壽어늘 連이 笑曰 所貴爲天下之士者는 爲人排患難解紛亂而無取也①라 卽有取者면 是는 商賈之事니 連不忍爲也②라하고 遂辭去하야 終身不復見하다

① 爲(위하다)는 去聲이다.
爲, 去聲.
② 물건을 운반하여 교역하는 것이 商이고, 시장에 앉아 판매하는 것이 賈이다.
轉貨販易者爲商, 坐市販賣者爲賈.

【綱】秦나라 太子의 아들 異人이 趙나라에서 도망쳐 돌아왔다.

秦太子之子異人이 自趙逃歸하다

【目】秦나라 太子妃는 華陽夫人이니 아들이 없었고, 夏姬가 아들 異人을 낳아 趙나라에 인질로 보냈다. 秦나라가 자주 趙나라를 정벌하였으므로 趙나라가 이인을 예우하지 않으니, 곤궁하여 뜻을 이루지 못하였다.

陽翟의 큰 상인인 呂不韋가 邯鄲에 갔다가 그를 보고 말하기를 "이는 진귀한 보화이다. 쌓아둘 만하다." 하였다. 그리고는 설득하기를 "秦나라 왕은 연로하였고, 태자가 화양부인을 사랑하나 자식이 없으며, 그대의 형제 20여 명 가운데 그대가 중간에 있어 그다지 총애를 받지 못하니, 태자가 즉위하더라도 그대가 후사가 되기를 다툴 수 없을 것이다." 하니, 이인이 "어떻게 해야겠소?"라고 물었다. 여불위가 말하기를 "능히 후계자를 세울 수 있는 사람은 화양부인뿐이다. 내가 비록 가난하나 천금을 가지고 그대를 위해 서쪽에 가서 그대를 세워 후계자로 삼게 하리라." 하니, 이인이 말하기를 "반드시 그

대의 계책대로 된다면 秦나라를 그대와 더불어 공유하리라." 하였다.

秦太子妃曰華陽夫人이니 無子①하고 夏姬가 生子異人하야 質於趙러니 秦이 數伐趙한대 趙가 不禮之하니 困不得意러니 陽翟大賈呂不韋가 適邯鄲見之하고 曰 此는 奇貨라 可居②라하고 乃說之曰 秦王이 老矣요 太子愛華陽夫人而無子하고 子之兄弟二十餘人에 子居中하야 不甚見幸하니 太子卽位라도 子不得爭爲嗣矣리라 異人曰 奈何오 不韋曰 能立適嗣者는 獨華陽夫人耳라 不韋雖貧이나 請以千金으로 爲子西游하야 立子爲嗣호리라 異人曰 必如君策인대 秦國을 與子共之호리라

① 華陽夫人은 아마도 華陽에 湯沐邑69)을 두었으므로 인하여 호로 삼은 듯하다.
華陽夫人, 蓋食湯沐邑於華陽, 因以爲號.
② 異人을 재화에 견준 것이다. 居는 쌓는다는 뜻이다.
以異人方財貨也. 居, 蓄積也.

【目】 呂不韋가 이에 500금을 異人에게 주어 빈객과 사귀게 하고, 다시 500금으로 기이한 보물과 좋은 노리개를 사서 스스로 받들고 서쪽으로 가서 부인의 언니를 만나 그를 통해 부인에게 바쳤다. 이를 계기로 이인이 어질고, 그의 빈객이 천하에 두루 있으며, 밤낮으로 울면서 태자와 부인을 사모하여 "이인은 부인을 하늘로 여긴다."라고 말한다고 하였다. 부인이 기뻐하자, 여불위가 이에 부인의 언니로 하여금 설득하게 하기를 "부인이 사랑을 받고 있으나 아들이 없습니다. 꽃다운 때에 일찌감치 스스로 여러 公子들 중에 어질고 효성스러운 자와 모자의 관계를 맺어 그를 들어 후사로 삼지 않고 있다가, 만일 외모가 쇠하고 사랑이 식게 되면 비록 한마디 말을 하고자 한들 할 수가 있겠습니까. 지금 이인이 어질지만, 자신이 가운데 아들이라서 후사가 될 수 없다는 것을 알고 있습니다. 진실로 이러한 때에 그를 발탁한다면, 이는 이인에게는 없던 나라가 생기는 것이고, 부인에게는 없던 자식이 생기는 것입니다. 이렇게 되면 평생토록 秦나라에서 총애를 받으시게 될 것입니다." 하였다. 부인이 옳다고 여기고 기회를 봐서 태자에게 말하니, 태자가 부인과 함께 다시 玉符를 새겨서 후사로 삼을 것을 약속하고, 인하여 여불위에게 그를 가르치도록 부탁하였다.

不韋乃與五百金하야 令結賓客하고 復以五百金으로 買奇物玩好①하야 自奉而西하야 見夫人姊而以獻於夫人하고 因譽異人之賢호대 賓客이 遍天下하고 日夜에 泣思太子及夫人曰 異人也가 以夫人爲天이라한대 夫人이 喜어늘 不韋因使其姊로 說曰 夫人이 愛而無子하니 不以繁華時로 蚤自結於諸子中賢孝者하야 擧以爲適이라가 卽色衰愛弛하면 雖欲開一言인들 尙可得乎아 今異人이 賢호대 而自知中子라 不得爲適②하나니 誠以此時拔之면 是는 異人이 無國而有國이요 夫人이 無子而有子

69) 湯沐邑 : 임금이나 皇后, 公主 등이 賦稅를 거두어 경비에 조달하던 邑이다.

也라 則終身有寵於秦矣리라한대 夫人이 以爲然하야 乘間言之[③]하니 太子與夫人으로 又刻玉符하야 約以爲嗣하고 因請不韋傅之하다

① 玩은 翫과 같다.
玩, 翫同.
② 中(중간)은 仲으로 읽는다.
中, 讀曰仲.
③ 間(틈)은 去聲이다. 틈나는 시간을 이용함을 말한 것이다.
間, 去聲. 謂乘其間隙之時.

【目】 呂不韋가 邯鄲의 절세 미녀를 맞이하여 살다가 그녀가 임신한 것을 알았다. 異人이 그녀를 보고서 자신에게 달라고 청하였는데, 여불위가 성을 내는 척하다가 얼마 뒤에 그녀를 바쳤다. 만 일 년 만에 아들 政을 낳으니, 이인이 마침내 그녀를 부인으로 삼았다. 한단이 포위되었을 때에 趙나라 사람들이 이인을 죽이려고 하였는데, 여불위가 수위에게 뇌물을 주어 탈출할 수 있었다. 그리하여 이인이 秦나라 군중으로 도망쳐서 마침내 秦나라로 돌아왔다. 이인이 楚나라 옷을 입고 부인을 뵙자, 부인이 말하기를 "나는 楚나라 사람이다. 마땅히 내가 너를 키워 후사로 삼으리라." 하고는 이름을 바꾸어 楚라고 불렀다.

不韋娶邯鄲姬絶美者與居하야 知其有娠[①]이러니 異人이 見而請之한대 不韋佯怒라가 旣而獻之하야 期年而生子政[②]하니 異人이 遂以爲夫人하다 邯鄲之圍에 趙人이 欲殺之어늘 不韋賂守者得脫하야 亡赴秦軍하야 遂歸하다 異人이 楚服而見夫人[③]한대 夫人曰 吾는 楚人也라 當自子之라하야 更名曰楚[④]라하다

① 娶는 取가 되어야 한다. 絶은 기이하고 출중하다는 뜻이고, 서로 거리가 멀다는 뜻이다. 임신한 것을 娠이라고 한다.
娶, 當作取. 絶, 奇冠也, 相去遼遠也. 懷胎爲娠.
② 期는 12개월이다.
期, 十二月也.
③ 呂不韋는 王后가 楚나라 사람이므로 異人으로 하여금 楚나라 복장을 입게 하여 왕후를 기쁘게 한 것이다. 見(뵈다)은 形甸의 切이다.
不韋, 以王后楚人, 故使異人服楚製而說之. 見, 形甸切.
④ 子는 후사이다. 내가 마땅히 스스로 키워 후사로 삼겠다는 것이다.
子, 嗣也. 我當自養之爲嗣也.

周나라 멸망 시기도

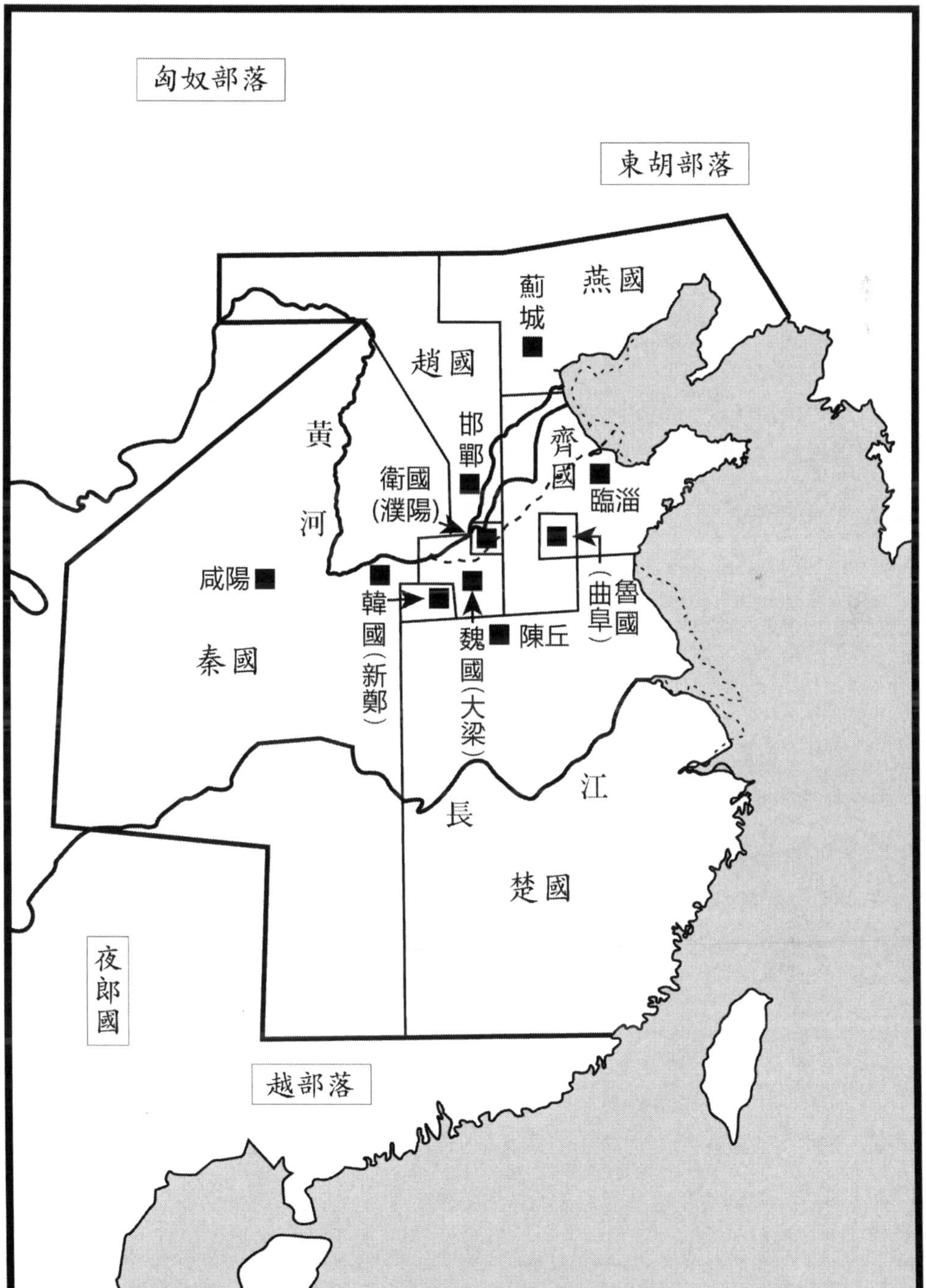
匈奴部落
東胡部落
燕國
薊城
趙國
邯鄲
黃
河
衛國
(濮陽)
齊國
臨淄
魯國
(曲阜)
咸陽
秦國
韓國
(新鄭)
魏國
(大梁)
陳丘
長
江
楚國
夜郎國
越部落

乙巳年(B.C. 256)

【綱】 周나라 赧王 59년이다. 秦나라가 韓나라와 趙나라를 정벌하자, 왕이 제후들에게 명하여 秦나라를 토벌하게 하였다. 秦나라가 마침내 周나라를 침입하여 노략질을 하니, 왕이 秦나라에 들어가 周나라의 땅을 다 바치고 돌아와 卒하였다.

五十九年이라 秦이 伐韓趙어늘 王이 命諸侯討之한대 秦이 遂入寇어늘 王이 入秦하야 盡獻其地하고 歸而卒하다

【目】 秦나라가 韓나라를 정벌하여 陽城과 負黍를 취하고 4만 명을 참수하였으며, 趙나라를 정벌하여 20여 개의 현을 취하고 9만 명을 참수하였다. 赧王이 두려워하여 秦나라에 등을 돌리고 제후들과 합종을 맺어 秦나라를 정벌하려고 하였다. 秦나라가 장군 摎(규)를 보내 西周를 공격하게 하자, 난왕이 秦나라에 들어와 머리를 조아리며 죄를 받고 西周의 읍 36개와 인구 3만 명을 바쳤다. 秦나라가 난왕이 바친 것을 받고 그를 서주로 돌려보냈다. 이해에 난왕이 卒하였다.

秦이 伐韓하야 取陽城負黍하야 斬首四萬①하고 伐趙하야 取二十餘縣하야 斬首九萬한대 赧王이 恐하야 倍秦하고 與諸侯約從하야 欲伐秦이러니 秦이 使將軍(繆)〔摎〕[70]로 攻西周②한대 赧王이 入秦하야 頓首受罪하고 盡獻其邑三十六과 口三萬이어늘 秦受其獻하고 而歸赧王於周하니 是歲에 卒③하다

① 負黍는 마을 이름이다. ≪括地志≫에 "陽城은 洛州縣이고, 負黍亭은 陽城 서남쪽 30리에 있다."고 하였다.
負黍, 聚名. 括地志"陽城, 洛州縣也. 負黍亭, 在陽城西南三十五里."

② 摎는 음이 鳩이니, 이름이다. 역사에서 그 성이 실전되었다.
摎, 音鳩, 名也. 史失其姓.

③ 周나라는 총 37명의 왕에 歷年이 867년이었다.
周凡三十七王, 八百六十七年.

---

70) (繆)〔摎〕: 저본에는 '繆'으로 되어 있으나, ≪史記≫와 思政殿訓義 ≪資治通鑑≫에 근거하여 '摎'으로 바로잡았다. 摎는 ≪資治通鑑≫ 胡三省의 註에 紀虯의 翻, 居由의 切이라 하였다.

附 錄

思政殿訓義 資治通鑑綱目 總目次

卷次	分卷	時期		年數
1	上·中·下	周 威烈王 23 戊寅(B.C. 403)	周 赧王 59 乙巳(B.C. 256)	148
2	上·中·下	秦昭襄王 52 丙午(B.C. 255)	楚霸王 4・漢王 4 戊戌(B.C. 203)	53
3	上·中·下	漢 高祖 5 己亥(B.C. 202)	漢 文帝 後7 甲申(B.C. 157)	46
4	上·中·下	漢 景帝 1 乙酉(B.C. 156)	漢 武帝 元鼎 6 庚午(B.C. 111)	46
5	上·中·下	漢 武帝 元封 1 辛未(B.C. 110)	漢 宣帝 元康 4 己未(B.C. 62)	49
6	上·中·下	漢 宣帝 神爵 1 庚申(B.C. 61)	漢 成帝 陽朔 4 庚子(B.C. 21)	41
7	上·下	漢 成帝 鴻嘉 1 辛丑(B.C. 20)	漢 平帝 元始 2 壬戌(A.D. 2)	22
8	上·中·下	漢 平帝 元始 3 癸亥(3)	漢 光武帝 建武 2 丙戌(26)	24
9	上·中·下	漢 光武帝 建武 3 丁亥(27)	漢 明帝 永平 18 乙亥(75)	49
10	上·中·下	漢 章帝 建初 1 丙子(76)	漢 安帝 延光 4 乙丑(125)	50
11	上·中·下	漢 順帝 永建 1 丙寅(126)	漢 桓帝 延熹 9 丙午(166)	41
12	上·中·下	漢 桓帝 永康 1 丁未(167)	漢 獻帝 初平 4 癸酉(193)	27
13	上·中·下	漢 獻帝 興平 1 甲戌(194)	漢 獻帝 建安 13 戊子(208)	15
14	上·下	漢 獻帝 建安 14 己丑(209)	漢 後主 建興 5 丁未(227)	19

卷次	分卷	時期		年數
15	上·中·下	漢 後主 建興 6 戊申(228)	漢 後主 延熙 15 壬申(252)	25
16	上·中·下	漢 後主 延熙 16 癸酉(253)	晉 武帝 咸寧 5 己亥(279)	27
17	上·下	晉 武帝 太康 1 庚子(280)	晉 惠帝 永興 1 甲子(304)	25
18	上·下	晉 惠帝 永興 2 乙丑(305)	晉 元帝 太興 1 戊寅(318)	14
19	上·下	晉 元帝 太興 2 己卯(319)	晉 成帝 咸康 3 丁酉(337)	19
20	上·下	晉 成帝 咸康 4 戊戌(338)	晉 穆帝 升平 3 己未(359)	22
21	上·下	晉 穆帝 升平 4 庚申(360)	晉 孝武帝 太元 9 甲申(384)	25
22	上·下	晉 孝武帝 太元 10 乙酉(385)	晉 安帝 隆安 2 戊戌(398)	14
23	上·下	晉 安帝 隆安 3 己亥(399)	晉 安帝 義熙 6 庚戌(410)	12
24	上·下	晉 安帝 義熙 7 辛亥(411)	宋 文帝 元嘉 4 魏 太武帝 始光 4 丁卯(427)	17
25	上·中·下	宋 文帝 元嘉 5 魏 太武帝 神䴥 1 戊辰(428)	宋 文帝 元嘉 27 魏 太武帝 太平眞君 11 庚寅(450)	23
26	上·下	宋 文帝 元嘉 28 魏 太武帝 太平眞君 12 辛卯(451)	宋 明帝 泰始 1 魏 文成帝 和平 6 乙巳(465)	15
27	上·下	宋 明帝 泰始 2 魏 獻文帝 天安 1 丙午(466)	齊 武帝 永明 1 魏 孝文帝 太和 7 癸亥(483)	18
28	上·下	齊 武帝 永明 2 魏 孝文帝 太和 8 甲子(484)	齊 明帝 建武 3 魏 孝文帝 太和 20 丙子(496)	13

卷次	分卷	時期		年數
29	上·下	齊 明帝 建武 4 魏 孝文帝 太和 21 丁丑(497)	梁 武帝 天監 3 魏 宣武帝 正始 1 甲申(504)	8
30	上·中·下	梁 武帝 天監 4 魏 宣武帝 正始 2 乙酉(505)	梁 武帝 普通 6 魏 孝明帝 孝昌 1 乙巳(525)	21
31	上·下	梁 武帝 普通 7 魏 孝明帝 孝昌 2 丙午(526)	梁 武帝 中大通 4 魏 孝武帝 永熙 1 壬子(532)	7
32	上·下	梁 武帝 中大通 5 魏 孝武帝 永熙 2 癸丑(533)	梁 武帝 太淸 1 魏 文帝 大統 13 東魏 孝靜帝 武定 5 丁卯(547)	15
33	上·下	梁 武帝 太淸 2 魏 文帝 大統 14 東魏 孝靜帝 武定 6 戊辰(548)	梁 元帝 承聖 3 魏 恭帝 1 齊 文宣帝 天保 5 甲戌(554)	7
34	上·下	梁 敬帝 紹泰 1 魏 恭帝 2 齊 文宣帝 天保 6 乙亥(555)	陳 宣帝 太建 3 齊 後主 武平 2 周 武帝 天和 6 丁卯(571)	17
35	上·下	陳 宣帝 太建 4 齊 後主 武平 3 周 武帝 建德 1 壬辰(572)	陳 後主 至德 1 隋 文帝 開皇 3 癸卯(583)	12
36	上·中·下	陳 後主 至德 2 隋 文帝 開皇 4 甲辰(584)	隋 煬帝 大業 3 丁卯(607)	24
37	上·中·下	隋 煬帝 大業 4 戊辰(608)	戊寅(618)	10.5
38	上·下	隋 恭帝 皇泰 1 唐 高祖 武德 1 戊寅(618)	唐 高祖 武德 7 甲申(624)	6.5
39	上·中·下	唐 高祖 武德 8 乙酉(625)	唐 太宗 貞觀 14 庚子(640)	16

卷次	分卷	時期		年數
40	上·下	唐 太宗 貞觀 15 辛丑(641)	唐 高宗 龍朔 1 辛酉(661)	21
41	上·中·下	唐 高宗 龍朔 2 壬戌(662)	唐 中宗 嗣聖 13 丙申(696)	35
42	上·中·下	唐 中宗 嗣聖 14 丁酉(697)	唐 玄宗 開元 1 癸丑(713)	17
43	上·中·下	唐 玄宗 開元 2 甲寅(714)	唐 玄宗 天寶 6 丁亥(747)	34
44	上·中·下	唐 玄宗 天寶 7 戊子(748)	唐 肅宗 乾元 1 戊戌(758)	11
45	上·中·下	唐 肅宗 乾元 2 己亥(759)	唐 代宗 大曆 13 戊午(778)	20
46	上·中·下	唐 代宗 大曆 14 己未(779)	唐 德宗 興元 1 甲子(784)	5.5
47	上·中·下	唐 德宗 興元 1 甲子(784)	唐 德宗 貞元 16 庚辰(800)	16.5
48	上·中·下	唐 德宗 貞元 17 辛巳(801)	唐 憲宗 元和 13 戊戌(818)	18
49	上·中·下	唐 憲宗 元和 14 己亥(819)	唐 文宗 開成 2 丁亥(837)	19
50	上·中·下	唐 文宗 開成 3 戊午(838)	唐 懿宗 咸通 8 丁亥(867)	30
51	上·下	唐 懿宗 咸通 9 戊子(868)	唐 僖宗 中和 4 甲辰(884)	16.5
52	上·下	唐 僖宗 中和 4 甲辰(884)	唐 昭宗 乾寧 3 丙辰(896)	12.5
53	上·下	唐 昭宗 乾寧 4 丁巳(897)	唐 昭宗 天祐 3 丙寅(906)	10
54	上·下	唐 昭宗 天祐 4 丁卯(907)	梁 末帝 貞明 5 己卯(919)	13
55	上·下	梁 末帝 貞明 6 庚辰(920)	唐 明宗 天成 1 丙戌(926)	7

卷次	分卷	時期		年數
56	上·中·下	唐 明宗 天成 2 丁亥(927)	晉 高祖 天福 1 丙申(936)	10
57	上·中·下	晉 高祖 天福 2 丁酉(937)	晉 出帝 開運 3 丙午(946)	10
58	上·下	漢 高祖 天福 12 丁未(947)	周 太祖 廣順 1 辛亥(951)	5
59	上·下	周 太祖 廣順 2 壬子(952)	周 恭帝 顯德 6 己未(959)	8
총계	149			1,362

思政殿訓義 資治通鑑綱目 1 年表

年度	在位年	쪽수	주요 사건
B.C. 403 戊寅年	周 威烈王 23 秦 簡公 12 晉 烈公 17 齊 康公 2 楚 聲王 5 燕 閔公 31 魏 文侯 22 趙 烈侯 6 韓 景侯 6	p.142 p.161	• 晉나라 大夫인 魏斯, 趙籍, 韓虔이 諸侯가 됨. • 魏 文侯(魏斯)의 善政으로 魏나라가 강성해짐.
B.C. 402 己卯年	周 威烈王 24 燕 僖公 1	p.170	• 周 威烈王 사망, 安王 즉위. • 楚 聲王이 암살당함.
B.C. 401 庚辰年	周 安王 1 楚 悼王 1		
B.C. 400 辛巳年	周 安王 2		
B.C. 399 壬午年	周 安王 3 秦 惠公 1 趙 武侯 1 韓 烈侯 1		
B.C. 398 癸未年	周 安王 4		
B.C. 397 甲申年	周 安王 5	p.173	• 聶政이 嚴仲子를 위해 그 원수인 韓나라 정승 俠累를 죽임.
B.C. 396 乙酉年	周 安王 6	p.174	• 鄭나라가 그 임금 繻公을 시해하고 그 동생인 康公을 세움.
B.C. 395 丙戌年	周 安王 7		

年度	在位年	쪽수	주요 사건
B.C. 394 丁亥年	周 安王 8		
B.C. 393 戊子年	周 安王 9		
B.C. 392 己丑年	周 安王 10 晉 孝公 1		
B.C. 391 庚寅年	周 安王 11		
B.C. 390 辛卯年	周 安王 12		
B.C. 389 壬辰年	周 安王 13		
B.C. 388 癸巳年	周 安王 14		
B.C. 387 甲午年	周 安王 15	p.179	• 魏 文侯 사망. • 魏나라 吳起가 楚나라로 도망하니 楚나라가 정승으로 삼음.
B.C. 386 乙未年	周 安王 16 秦 出公 1 魏 武侯 1 趙 敬侯 1 韓 文侯 1 齊 太公 1	p.183	• 齊나라 大夫 田和가 諸侯가 됨.
B.C. 385 丙申年	周 安王 17	p.183	• 秦나라 庶長 菌改가 그 임금 出公을 시해하고 獻公을 세움.
B.C. 384 丁酉年	周 安王 18 秦 獻公 1 齊 桓公 1		

年度	在位年	쪽수	주요 사건
B.C. 383 戊戌年	周 安王 19		
B.C. 382 己亥年	周 安王 20		
B.C. 381 庚子年	周 安王 21	p.185	• 楚 悼王이 사망하니 楚나라 貴戚大臣들이 吳起를 죽임.
B.C. 380 辛丑年	周 安王 22 楚 肅王 1		
B.C. 379 壬寅年	周 安王 23	p.186	• 田氏가 齊나라를 겸병함.
B.C. 378 癸卯年	周 安王 24 齊 威王 1		
B.C. 377 甲辰年	周 安王 25 晉 靖公 1		
B.C. 376 乙巳年	周 安王 26 韓 哀侯 1	p.188 p.190	• 周 安王 사망, 烈王 즉위. • 晉나라 멸망.
B.C. 375 丙午年	周 烈王 1	p.190	• 韓나라가 鄭나라를 멸망시키고 陽翟에서 新鄭으로 천도.
B.C. 374 丁未年	周 烈王 2 趙 成侯 1		
B.C. 373 戊申年	周 烈王 3		
B.C. 372 己酉年	周 烈王 4 燕 桓公 1		
B.C. 371 庚戌年	周 烈王 5	p.193 p.194	• 韓나라 嚴遂가 그 임금 哀侯를 시해함. • 魏 武侯 사망, 왕위 다툼으로 내란 발발.
B.C. 370 辛亥年	周 烈王 6 魏 惠王 1 韓 懿侯 1	p.194 p.195	• 齊 威王이 天子에게 朝會. • 齊 威王이 卽墨大夫를 봉하고 阿大夫를 烹함.

年度	在位年	쪽수	주요 사건
B.C. 369 壬子年	周 烈王 7 楚 宣王 1	p.197	• 周 烈王 사망, 顯王 즉위. • 韓나라와 趙나라가 魏나라의 내란을 틈타 침입하여 安邑을 포위함.
B.C. 368 癸丑年	周 顯王 1		
B.C. 367 甲寅年	周 顯王 2		
B.C. 366 乙卯年	周 顯王 3		
B.C. 365 丙辰年	周 顯王 4		
B.C. 364 丁巳年	周 顯王 5		
B.C. 363 戊午年	周 顯王 6		
B.C. 362 己未年	周 顯王 7	p.200	• 秦 獻公 사망, 孝公 즉위.
B.C. 361 庚申年	周 顯王 8 秦 孝公 1 燕 文公 1	p.203	• 衛鞅이 秦나라에 입국함.
B.C. 360 辛酉年	周 顯王 9		
B.C. 359 壬戌年	周 顯王 10	p.206	• 秦나라가 衛鞅을 左庶長으로 삼아 법을 고침.(1차 變法)
B.C. 358 癸亥年	周 顯王 11 韓 昭侯 1		
B.C. 357 甲子年	周 顯王 12		

年度	在位年	쪽수	주요 사건
B.C. 356 乙丑年	周 顯王 13		
B.C. 355 丙寅年	周 顯王 14		
B.C. 354 丁卯年	周 顯王 15	p.213	• 魏나라가 趙나라의 邯鄲을 포위함.
B.C. 353 戊辰年	周 顯王 16	p.213	• 齊나라가 魏나라와 桂陵에서 싸워 魏軍을 격파함.(桂陵 전투)
B.C. 352 己巳年	周 顯王 17		
B.C. 351 庚午年	周 顯王 18	p.218	• 韓나라가 申不害를 정승으로 삼음.
B.C. 350 辛未年	周 顯王 19	p.219	• 秦나라가 咸陽으로 천도, 井田制를 폐지하고 阡陌制 실시.(2차 變法)
B.C. 349 壬申年	周 顯王 20 趙 肅侯 1		
B.C. 348 癸酉年	周 顯王 21	p.221	• 秦나라가 賦稅法을 고침.
B.C. 347 甲戌年	周 顯王 22		
B.C. 346 乙亥年	周 顯王 23	p.221	• 衛나라가 칭호를 公에서 侯로 낮춤.
B.C. 345 丙子年	周 顯王 24		
B.C. 344 丁丑年	周 顯王 25		
B.C. 343 戊寅年	周 顯王 26		

年度	在位年	쪽수	주요 사건
B.C. 342 己卯年	周 顯王 27		
B.C. 341 庚辰年	周 顯王 28	p.225	• 魏나라가 韓나라를 정벌하자 齊나라가 韓나라를 구원하여 龐涓을 죽이고 魏나라 太子 申을 사로잡음.(馬陵 전투)
B.C. 340 辛巳年	周 顯王 29	p.229	• 秦나라 衛鞅이 魏나라를 정벌하니 魏나라가 河西의 땅을 바치고 大梁으로 천도함. 衛鞅이 商君에 봉해짐.
B.C. 339 壬午年	周 顯王 30 楚 威王 1		
B.C. 338 癸未年	周 顯王 31	p.232	• 秦 孝公 사망, 秦나라 사람들이 衛鞅을 죽임.
B.C. 337 甲申年	周 顯王 32 秦 惠文王 1	p.237	• 韓나라 申不害 사망.
B.C. 336 乙酉年	周 顯王 33	p.237	• 孟軻가 魏 惠王을 만남.
B.C. 335 丙戌年	周 顯王 34		
B.C. 334 丁亥年	周 顯王 35 魏 惠王 改元 1	p.240	• 齊나라와 魏나라가 王을 칭함. • 楚나라가 越나라를 멸망시킴.
B.C. 333 戊子年	周 顯王 36	p.242 p.243	• 韓 昭侯 사망. • 燕·趙·韓·魏·齊·楚 6국이 合縱, 蘇秦이 6국의 재상이 됨.
B.C. 332 己丑年	周 顯王 37 燕 易王 1 韓 宣惠王 1 齊 宣王 1	p.250	• 秦나라가 齊나라와 魏나라의 군사로 趙나라 정벌하자, 蘇秦이 趙나라에서 燕나라로 도망가니 合縱이 와해됨.
B.C. 331 庚寅年	周 顯王 38		

年度	在位年	쪽수	주요 사건
B.C. 330 辛卯年	周 顯王 39	p.252	• 秦나라가 魏나라를 정벌하자 魏나라가 少梁과 河西의 땅을 바침.
B.C. 329 壬辰年	周 顯王 40	p.252	• 宋公 剔成의 동생 偃이 宋公을 몰아내고 즉위함.
B.C. 328 癸巳年	周 顯王 41 楚 懷王 1	p.253	• 秦나라가 張儀를 정승으로 삼음.
B.C. 327 甲午年	周 顯王 42	p.254	• 秦나라가 義渠의 땅을 縣으로 삼음.
B.C. 326 乙未年	周 顯王 43	p.255	• 趙 肅侯 사망.
B.C. 325 丙申年	周 顯王 44 趙 武靈王 1	p.255	• 秦나라가 王을 칭함.
B.C. 324 丁酉年	周 顯王 45	p.256	• 秦나라 張儀가 魏나라를 공격함. • 蘇秦이 燕나라에서 齊나라로 도망함.
B.C. 323 戊戌年	周 顯王 46	p.257	• 秦나라 정승 張儀가 면직되고 魏나라 정승이 됨. • 韓나라와 燕나라가 왕을 칭함.
B.C. 322 己亥年	周 顯王 47		
B.C. 321 庚子年	周 顯王 48	p.258	• 周 顯王 사망, 愼靚王 즉위. • 齊나라 田文이 孟嘗君이 됨.
B.C. 320 辛丑年	周 愼靚王 1 燕王 噲 1	p.261	• 衛나라가 칭호를 侯에서 君으로 낮춤.
B.C. 319 壬寅年	周 愼靚王 2	p.262	• 魏 惠王 사망, 孟軻가 魏나라에서 齊나라로 감.
B.C. 318 癸卯年	周 愼靚王 3 魏 襄王 1	p.264 p.265	• 楚·趙·魏·韓·燕 5국 연합군이 秦나라 函谷關을 공격하나 패함. • 宋나라가 왕을 칭함.

年度	在位年	쪽수	주요 사건
B.C. 317 甲辰年	周 愼靚王 4	p.265	• 齊나라 大夫가 蘇秦을 죽임. • 魏나라가 秦나라에 화친을 청함. 張儀가 秦나라에 돌아와 정승이 됨.
B.C. 316 乙巳年	周 愼靚王 5	p.266 p.269	• 秦나라가 蜀나라 정벌함. • 燕王 噲가 정승 子之에게 양위함.
B.C. 315 丙午年	周 愼靚王 6	p.270	• 周 愼靚王 사망, 赧王 즉위.
B.C. 314 丁未年	周 赧王 1	p.271 p.273	• 秦나라가 魏나라를 정벌하고, 또 韓나라 군대를 격파하고 韓나라 太子 倉을 인질로 삼음. • 齊나라가 燕나라를 정벌하여 燕王 噲와 子之를 죽임. • 孟軻가 齊나라를 떠남.
B.C. 313 戊申年	周 赧王 2 齊 湣王 1	p.275	• 秦나라 張儀가 모략으로 楚나라와 齊나라의 合縱을 끊게 하였는데, 秦나라가 약속한 땅을 주지 않자 楚나라가 秦나라를 공격함.
B.C. 312 己酉年	周 赧王 3	p.277 p.278 p.279	• 秦나라가 丹陽에서 楚軍을 격파하고 漢中을 차지함. • 燕 昭王 즉위. • 韓 宣惠王 사망.
B.C. 311 庚戌年	周 赧王 4 燕 昭王 1 韓 襄王 1	p.281	• 秦나라 張儀가 楚·韓·齊·趙·燕에 유세하여 連橫하게 하였는데, 秦 惠王이 사망하고 武王이 즉위하니 連橫이 붕괴됨.
B.C. 310 辛亥年	周 赧王 5 秦 武王 1	p.287	• 秦나라 張儀가 魏나라 정승이 됨.
B.C. 309 壬子年	周 赧王 6	p.289	• 秦나라가 丞相을 설치함.
B.C. 308 癸丑年	周 赧王 7	p.289	• 秦나라 甘茂가 韓나라의 宜陽을 공격함.
B.C. 307 甲寅年	周 赧王 8	p.291 p.292	• 秦나라가 宜陽을 함락함. • 秦 武王이 사망하고, 昭襄王 즉위하니 그 모친 芈氏가 국사를 다스림. 外叔인 魏冉이 장군이 됨. • 趙 武寧王이 胡服을 입게 함.

年度	在位年	쪽수	주요 사건
B.C. 306 乙卯年	周 赧王 9 秦 昭襄王 1	p.295	• 楚 · 齊 · 韓이 合縱함.
B.C. 305 丙辰年	周 赧王 10	p.295	• 公子 壯의 반란이 일어나자 魏冉이 반란을 진압하고 昭襄王의 嫡母 惠文后를 시해하고 왕의 모친인 羋氏와 함께 정권을 장악함.
B.C. 304 丁巳年	周 赧王 11	p.296	• 秦나라가 楚나라에게 上庸을 되돌려줌.
B.C. 303 戊午年	周 赧王 12	p.297	• 齊 · 韓 · 魏가 楚나라를 공격하자 楚나라가 太子 橫을 秦나라에 인질로 보내고 구원을 요청함.
B.C. 302 己未年	周 赧王 13	p.298	• 楚나라 太子 橫이 도망하여 楚나라로 돌아감.
B.C. 301 庚申年	周 赧王 14	p.298	• 秦 · 韓 · 魏 · 齊가 楚나라를 공격함.
B.C. 300 辛酉年	周 赧王 15	p.299	• 楚나라가 齊나라에 太子 橫을 인질로 보내 화평을 청함.
B.C. 299 壬戌年	周 赧王 16	p.300 p.301 p.304	• 趙 武寧王이 太子를 폐하고 惠文王에게 讓位하고 스스로 主父라고 칭함. • 楚 懷王이 武關에 갔다가 秦나라에 억류당하자 楚나라가 太子 橫(頃襄王)을 세움. • 秦나라가 齊나라의 孟嘗君을 丞相으로 삼음.
B.C. 298 癸亥年	周 赧王 17 楚 頃襄王 1 趙 惠文王 1	p.305 p.309	• 齊나라가 孟嘗君이 秦나라에서 도망하여 齊나라로 돌아감. • 孟嘗君이 韓나라와 魏나라의 군대와 함께 秦나라의 函谷關으로 진격하여 秦軍을 격파함. • 趙王이 公子 勝을 平原君에 봉함.
B.C. 297 甲子年	周 赧王 18		
B.C. 296 乙丑年	周 赧王 19	p.311	• 楚 懷王이 秦나라에서 사망함.

年度	在位年	쪽수	주요 사건
B.C. 295 丙寅年	周 赧王 20 魏 昭王 1 韓 釐王 1	p.313 p.316	• 趙나라가 中山國을 멸망시킴. 趙나라 廢太子 章의 반란에 主父가 餓死함. • 秦나라가 魏冉을 秦나라 승상으로 삼음.
B.C. 294 丁卯年	周 赧王 21		
B.C. 293 戊辰年	周 赧王 22		
B.C. 292 己巳年	周 赧王 23	p.317	• 楚나라가 秦나라와 혼인함.
B.C. 291 庚午年	周 赧王 24	p.318	• 秦나라가 韓나라를 공격하여 宛을 함락시킴. 秦나라가 魏冉을 穰侯에 봉함.
B.C. 290 辛未年	周 赧王 25		
B.C. 289 壬申年	周 赧王 26		
B.C. 288 癸酉年	周 赧王 27	p.319	• 秦나라는 西帝를, 齊나라가 東帝를 칭함.
B.C. 287 甲戌年	周 赧王 28		
B.C. 286 乙亥年	周 赧王 29	p.320 p.321	• 秦나라가 魏나라를 습격하자 安邑을 바치고 강화를 청하니, 秦나라가 백성을 安邑에 이주시킴. • 齊나라가 宋나라를 멸망시킴.
B.C. 285 丙子年	周 赧王 30	p.324	• 燕나라가 樂毅를 趙나라에 파견함.
B.C. 284 丁丑年	周 赧王 31	p.325	• 燕나라 樂毅가 秦·魏·韓·趙의 군대를 이끌고 齊나라를 정벌하여 70여 성을 함락시킴. • 齊나라 재상 淖齒가 湣王을 시해함.

年度	在位年	쪽수	주요 사건
B.C. 283 戊寅年	周 赧王 32 齊 襄王 1	p.334 p.335 p.336	• 齊나라 사람들이 淖齒를 죽이고 襄王을 세움. • 趙나라 藺相如가 秦나라에 和氏璧을 바치러 갔다가 온전히 가지고 돌아옴. • 衛나라 嗣君 사망.
B.C. 282 己卯年	周 赧王 33		
B.C. 281 庚辰年	周 赧王 34		
B.C. 280 辛巳年	周 赧王 35	p.341	• 楚나라가 漢水 이북 지역을 秦나라에 바침.
B.C. 279 壬午年	周 赧王 36	p.341 p.345 p.357	• 秦나라가 趙나라와 澠池에서 회합할 때 趙나라 藺相如가 秦王을 굴복시킴. • 燕 昭王 사망하고 惠王이 즉위하니 樂毅가 趙나라로 도망함. • 齊나라 田單이 燕나라 군대를 격파하고 齊나라 영토를 회복하여 安平君이 됨. • 孟嘗君 사망.
B.C. 278 癸未年	周 赧王 37 燕 惠王 1	p.358	• 秦나라 白起가 楚나라를 정벌하여 수도 郢을 함락시키자 楚나라가 陳으로 천도함. 白起가 武安君에 봉해짐.
B.C. 277 甲申年	周 赧王 38		
B.C. 276 乙酉年	周 赧王 39 魏 安釐王 1	p.360	• 魏나라 公子 無忌가 信陵君에 봉해짐.
B.C. 275 丙戌年	周 赧王 40	p.360	• 秦나라 魏冉이 魏나라 수도 大梁을 포위하자 魏나라가 溫을 떼어주고 화친함.
B.C. 274 丁亥年	周 赧王 41	p.361	• 魏나라가 齊나라와 合縱하자 秦나라 魏冉이 魏나라를 정벌함.
B.C. 273 戊子年	周 赧王 42	p.361	• 趙나라와 魏나라가 韓나라를 정벌하자 秦나라가 구원하여 크게 격파하니 魏나라가 修武를 떼어주고 화친함.

年度	在位年	쪽수	주요 사건
B.C. 272 己丑年	周 赧王 43 韓 桓惠王 1	p.363 p.366	• 楚나라가 太子 完을 秦나라에 인질로 보냈는데 黃歇이 侍奉함. • 秦나라가 修武에 南陽郡을 설치함.
B.C. 271 庚寅年	周 赧王 44 燕 武成王 1		
B.C. 270 辛卯年	周 赧王 45	p.367 p.370 p.371	• 秦나라가 趙나라를 정벌하여 閼與를 포위하자 趙奢가 閼與에 격퇴함.(閼與 전투) 趙奢가 馬服君에 봉해짐. • 秦나라가 義渠를 멸망시킴. • 秦나라가 范雎를 客卿으로 삼음.
B.C. 269 壬辰年	周 赧王 46		
B.C. 268 癸巳年	周 赧王 47		
B.C. 267 甲午年	周 赧王 48	p.375	• 秦나라 太子가 魏나라에 인질로 있다 사망함.
B.C. 266 乙未年	周 赧王 49	p.375 p.378	• 秦 昭襄王이 母后인 芈氏를 폐하고 외숙인 魏冉 등을 축출하고 范雎를 승상으로 삼아 應侯에 봉함. • 趙나라가 平原君을 재상으로 삼음.
B.C. 265 丙申年	周 赧王 50 趙 孝成王 1	p.383	• 齊 襄王 사망, 齊王 建이 즉위하자 母后인 太史氏가 정권을 장악함.
B.C. 264 丁酉年	周 赧王 51 齊王 建 1		
B.C. 263 戊戌年	周 赧王 52	p.384	• 楚나라 태자 完이 秦나라에서 탈출하여 돌아왔는데, 頃襄王이 사망하자 즉위하여 黃歇을 春申君에 봉함.
B.C. 262 己亥年	周 赧王 53 楚 考烈王 1	p.386	• 秦나라 白起가 韓나라를 정벌하자 上黨이 趙나라에 항복함.
B.C. 261 庚子年	周 赧王 54		

年度	在位年	쪽수	주요 사건
B.C. 260 辛丑年	周 赧王 55	p.388	• 秦나라 王齕이 趙나라 上黨을 함락시킴. 趙나라 廉頗가 長平에 주둔하였는데, 趙나라가 廉頗 대신 趙括을 장수로 삼아 秦나라를 공격하게 하다가 크게 패하여 趙軍 40만 명이 죽임을 당함.(長平 전투)
B.C. 259 壬寅年	周 赧王 56	p.394 p.399	• 趙나라가 秦나라와 화친함. • 秦나라가 平原君을 포로로 잡고 魏齊의 머리를 요구하자 趙나라가 가져다 바치니 秦나라가 平原君을 풀어줌.
B.C. 258 癸卯年	周 赧王 57	p.400 p.404	• 秦나라가 趙나라를 정벌하여 邯鄲 포위함. 平原君이 楚나라에 원군을 요청하니, 春申君이 군대를 이끌고 가서 趙나라를 구원함. • 魏나라 信陵君이 장수 晉鄙를 죽이고 군대를 이끌고 가서 趙나라를 구원함.
B.C. 257 甲辰年	周 赧王 58 燕 孝王 1	p.409 p.410 p.412	• 秦나라가 白起를 죽임. • 魏나라 信陵君이 秦나라 군대를 邯鄲에서 격파함. • 秦나라 太子의 아들 異人이 呂不韋의 도움을 받아 趙나라에서 도망쳐 秦나라로 돌아옴
B.C. 256 乙巳年	周 赧王 59	p.416	• 秦나라가 周나라를 멸망시킴, 周 赧王 사망.

譯註者 略歷

辛承云

京畿 楊平 出生

文學博士, 成均館大學校 文科大學 文獻情報學科(書誌學) 및

한문고전번역 석·박사 통합과정 教授

成均館大學校 동아시아학술원장 겸 대동문화연구원장

論文 및 譯書

〈成宗朝의 文士養成과 文集編刊〉〈儒教社會의 出版文化〉 등 多數

譯書《國譯弘齋全書 18》(〈群書標記〉)《禮記集說大全 1》

共譯《國譯眉叟記言 2》《國譯惺所覆瓿藁 2, 3》《國譯靑莊館全書 5, 8, 12》

《國譯宋子大全 11》《國譯五洲衍文長箋散稿 16, 17, 18》

《退溪全書 5》등 多數

思政殿訓義
譯註 資治通鑑綱目 1　　　정가 35,000원

2011년 12월 30일 초판 발행
2019년 10월 30일 초판 3쇄

譯　註　辛承云
編　輯　東洋古典飜譯編輯委員會
發行人　李啓晃
發行處　社團法人 傳統文化硏究會

서울시 종로구 삼일대로 428 낙원빌딩 411호
전화 : (02)762-8401　전송 : (02)747-0083
전자우편 : juntong@juntong.or.kr
홈페이지 : juntong.or.kr
사이버書堂 : cyberseodang.or.kr
온라인서점 : book.cyberseodang.or.kr
등록 : 1989. 7. 3. 제1-936호

인쇄처 : 한국법령정보주식회사(02-462-3860)
총　판 : 한국출판협동조합(070-7119-1750)

ISBN 979-11-5794-062-2 94910
979-11-5794-061-5(세트)

※이 책은 2011년도 교육과학기술부 고전국역사업 지원비에 의해 초판 간행.

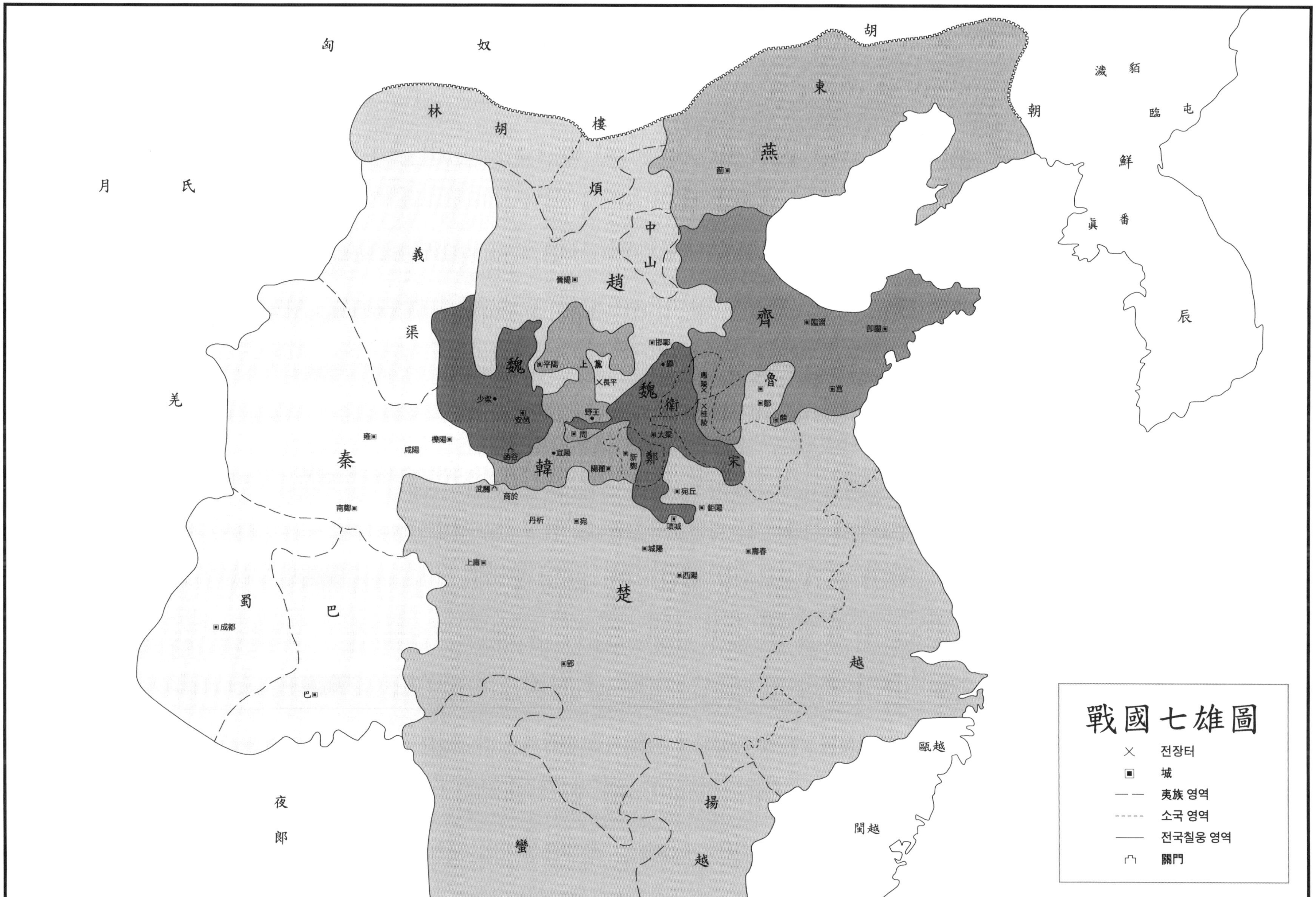

戰國七雄圖
전장터
城
夷族 영역
소국 영역
전국칠웅 영역
關門
匈 奴
林 胡
樓 煩
東 胡
燕
薊
濊 貊
朝 鮮
臨 屯
眞 番
辰
月 氏
義 渠
中 山
趙
晉陽
邯鄲
齊
臨淄
即墨
莒
魏
平陽
上 黨
長平
少梁
安邑
野王
魏
衛
馬陵
桂陵
魯
宋
周
韓
宜陽
陽翟
新鄭
鄭
大梁
宛丘
項城
秦
雍
咸陽
櫟陽
函谷
武關
商於
南鄭
丹析
宛
城陽
壽春
上庸
西陽
羌
蜀
成都
巴
巴
楚
郢
越
甌越
閩越
揚 越
蠻
夜 郎